Das Internationale Privatrecht der Persönlichkeitsrechtsverletzungen

Studien zum vergleichenden und internationalen Recht -
Comparative and International Law Studies

Herausgeber: Bernd von Hoffmann, Erik Jayme
und Heinz-Peter Mansel

Band 86

PETER LANG
Frankfurt am Main · Berlin · Bern · Bruxelles · New York · Oxford · Wien

Ursula Kerpen

Das Internationale Privatrecht der Persönlichkeitsrechtsverletzungen

Eine Untersuchung auf rechtsvergleichender Grundlage

PETER LANG
Europäischer Verlag der Wissenschaften

Bibliografische Information Der Deutschen Bibliothek
Die Deutsche Bibliothek verzeichnet diese Publikation in der Deutschen Nationalbibliografie; detaillierte bibliografische Daten sind im Internet über <http://dnb.ddb.de> abrufbar.

Zugl.: Trier, Univ., Diss., 2003

D 385
ISSN 0930-4746
ISBN 3-631-51457-3

www.peterlang.de

Vorwort

Die vorliegende Arbeit wurde im Wintersemester 2002/2003 vom Fachbereich Rechtswissenschaft der Universität Trier als Dissertation angenommen.

Die Arbeit wurde vor der Reform des internationalen Deliktsrechts erstellt und im Januar 1999 als Dissertation eingereicht. Dem Gesetz zum Internationalen Privatrecht für außervertragliche Schuldverhältnisse und für Sachen vom 21. Mai 1999 wurde in der Druckfassung Rechnung getragen. Wo in der Arbeit de lege ferenda eine abweichende Meinung vertreten wird, wird dies deutlich gemacht. In Bezug auf das deutsche Kollisionsrecht wurden Literatur und Rechtsprechung bis Juli 2003 überwiegend berücksichtigt. Die neueren Entwicklungen im materiellen Recht Englands (insb. Human Rights Act 1998) wurden einbezogen. Im übrigen wurden Literatur und Rechtsprechung nach dem Einreichungsdatum nur vereinzelt berücksichtigt, da sich, soweit ersichtlich, keine wesentlichen Änderungen ergeben haben.

Ich danke dem Betreuer der Arbeit Herrn Prof. Dr. Bernd von Hoffmann sowie dem Zweitgutachter Herrn Prof. Dr. Mathias Reimann.

Frankfurt am Main, im Juli 2003 — Ursula Kerpen

Inhaltsverzeichnis

Abkürzungsverzeichnis

A.C.	Law Reports, Appeal cases
AfP	Archiv für Presserecht
Ala.	Alabama Supreme Court
Alb. L. Rev.	Albany Law Review
All E.R.	All England Law Reports
Am. J. Comp. L.	American Journal of Comparative Law
Am. J. Int'l L.	American Journal of International Law
Ann. prop. ind.	Annales de la propriété industrielle, artistique et littéraire
App. Div.	Supreme Court, Appellate Division (New York)
ArchPR	Archiv presserechtlicher Entscheidungen
Ariz.	Arizona Supreme Court
A.2d	Atlantic Reporter, Second Series
BCC	Broadcasting Complaints Commission
BGE	Entscheidungen des Schweizerischen Bundesgerichts
Brook. L. Rev.	Brooklyn Law Review
Bull.	Bulletin des arrêts de la Cour de Cassation
BYIL	British Yearbook of International Law
C.A.	Court of Appeals
Cal.	California Supreme Court
Cal. Ct. App.	California Court of Appeal
Cal. Dist. Ct. App.	California District Court of Appeal
Cal. L. Rev.	California Law Review
CApp	Cour d'Appel
Cass.	Cour de Cassation, chambre civile
Cass. com.	Cour de Cassation, chambre commercial et financière
Cass. crim.	Cour de Cassation, chambre criminelle
C.c.	Code civil
Ch.	Chancery Division
chr.	Chronique (Recueil Dalloz)
Cir.	Circuit (United States Court of Appeals)

civ.	civil(e)
Clunet	Journal du droit international privé et de la jurisprudence comparée
Colum. L. Rev.	Columbia Law Review
Cont. L.J.	Contemporary Law Journal
Cornell L. Rev.	Cornell Law Review
C.P.C.	Code de procédure civile
D.	Recueil Dalloz
DC	Décisions concernant la conformité à la Constitution (Conseil Constitutionnel)
D.C. Cir.	United States Court of Appeal for the District of Columbia Circuit
D. Conn.	United States District Court for the District of Connecticut
D.D.C.	United States District Court for the District of Columbia
D. Haw.	United States District Court for the District of Hawaii
Dick. J. Int'l L.	Dickinson Journal of International Law
D. Kan.	United States District Court for the District of Kansas
D. Mass.	United States District Court for the District of Massachusetts
D.P.	Dalloz, Recueil périodique et critique
D.R.I.	United States District Court for the District of Rhode Island
D. Wis.	United States District Court for the District of Wisconsin
E.D. La.	United States District Court for the Eastern District of Louisiana
E.D. Pa.	United States District Court for the Eastern District of Pennsylvania
E.M.L.R.	Entertainment & Media Law Review
EWCA	Court of Appeal (England & Wales); zu finden unter www.courtservice.gov.uk
EWHC	High Court (England & Wales); zu finden unter www.courtservice.gov.uk

Ex. D.	Exchequer Division
F.	Federal Reporter
Fordham Int'l L.J.	Fordham International Law Journal
F.R.D.	Federal Rules Decisions
F.S.R.	Fleet Street Reports
F. Supp.	Federal Supplement
F.2d	Federal Reporter, Second Series
F.3d	Federal Reporter, Third Series
Ga.	Georgia Supreme Court
Ga. L. Rev.	Georgia Law Review
Gaz. Pal.	Gazette du Palais
Harv. L. Rev.	Harvard Law Review
Hastings L.J.	Hastings Law Journal
H.L.	House of Lords
HRLJ	Human Rights Law Journal
ICLQ	International Comparative Law Quarterly
Ill. App. Ct.	Illinois Appellate Court
IPRG	Bundesgesetz über das internationale Privatrecht (Schweiz bzw. Österreich)
IR	Informations Rapides (Recueil Dalloz)
JBl	Juristische Blätter (Österreich)
J.C.P.	Juris Classeur Périodique (La semaine juridique)
J.O.	Journal Officiel
Jtrib	Journal des Tribunaux
jur.	Jurisprudence (Recueil Dalloz)
K.B.	King's Bench Division
Ky.	Kentucky Supreme Court
La.	Louisiana Supreme Court
La. Civil Code	Louisiana Civil Code
La. L. Rev.	Louisiana Law Review
Law & Contemp. Probs.	Law and Contemporary Problems

Lloyd's Mar. & Com. L. Qu.	Lloyd's Maritime and Commercial Law Quarterly
L.Q.R.	The Law Quarterly Review
Mass.	Massachusetts Supreme Judicial Court
Md.	Court of Appeals of Maryland
M.D. Fla.	United States District Courtfor the Middle District of Florida
Mich. L. Rev.	Michigan Law Review
Minn.	Minnesota Supreme Court
Minn. L. Rev.	Minnesota Law Review
Miss.	Mississippi Supreme Court
N.	Numero
N.C. J. Int'l L. & Com. Reg.	North Carolina Journal of International Law and Commercial Regulations
N.C. L. Rev.	North Carolina Law Review
N.D. Cal.	United States District Court for the Northern District of California
N.D. Ill.	United States District Court for the Northern District of Illinois
N.D. L. Rev.	North Dakota Law Review
N.E.	North Eastern Reporter
Nebr.	Nebraska Supreme Court
New L.J.	New Law Journal
N.E.2d	North Eastern Reporter, Second Series
N.H.	New Hampshire Supreme Court
NILR	Netherlands International Law Review
N.J.	New Jersey Supreme Court
No.	Number
n°	Numéro
Notre Dame L. Rev.	Notre Dame Law Review
Nw. U. L. Rev.	North Western University Law Review
N.W.2d	North Western Reporter, Second Series
N.Y.	New York Court of Appeals
N.Y. Civ. Rights Law	New York Civil Rights Law (McKinney)
N.Y.L. Sch. J. Int'l & Comp. L.	New York Law School Journal of Internatio-nal and Comparative Law
N.Y.S.	New York Supplement

N.Y.S.2d	New York Supplement, Second Series
N.Y.U. L. Rev.	New York University Law Review
ÖJZ	Österreichische Juristenzeitung
OGH	Oberster Gerichtshof (Österreich)
Ohio	Ohio Supreme Court
Ohio St. L.J.	Ohio State Law Journal
Or.	Oregon Supreme Court
Öst.Z.öff.R.	Österreichische Zeitschrift für öffentliches- und Völkerrecht
P.	Pacific Reporter
Pa. Super. Ct.	Pennsylvania Superior Court
P.C.	Privy Council
PCC	Press Complaints Commission
P.2d	Pacific Reporter, Second Series
Q.B.	Queen's Bench Division
RDV	Recht der Datenverarbeitung
Rec. des Cours	Recueil des Cours de l'Academie de Droit International
réf.	référé
Rev. crit. d.i.p.	Revue critique de droit international privé
Rev. int. dr. comp.	Revue international de droit comparé
Rev. trim. dr. civ.	Revue trimestrielle de droit civil
Riv. dir. int. priv. proc.	Rivista di diritto internazionale privato e processuale
Rocky Mtn. L. Rev.	Rocky Mountain Law Review
s.	section (oder "siehe")
S.	Recueil Sirey
SC	Session Court (Schottland)
S. Ct.	Supreme Court Reporter
S.D.	South Dakota Supreme Court
S.D. Cal.	United States District Court for the Southern District of California
S.D. L. Rev.	South Dakota Law Review
S.D.N.Y.	United States District Court for the Southern

	District of New York
S.D. Tex.	United States District Court for the Southern District of Texas
S.E.	South Eastern Reporter
S.E.2d	South Eastern Reporter, Second Series
SJZ	Schweizerische Juristenzeitung
So.	Southern Reporter
Sol. J.	Solicitors' Journal
somm.	Sommaire (Recueil Dalloz)
So.2d	Southern Reporter, Second Series
Suffolk U. L. Rev.	Suffolk University Law Review
Sup. Ct.	Supreme Court of Judicature (New York)
Supp.	Supplement
S.W.2d	South Western Reporter, Second Series
TGI	Tribunal de Grande Instance
T.L.R.	Times Law Reports
Transnat'l Law.	The Transnational Lawyer
Trib.	Tribunal
Trib. com.	Tribunal commercial
Trib. corr.	Tribunal correctionnel
Tul. L. Rev.	Tulane Law Review
U.C. Davis L. Rev.	University of California at Davis Law Review
U. Cin. L. Rev.	University of Cincinnati Law Review
UCLA L. Rev.	UCLA Law Review
U. Pa. L. Rev.	University of Pennsylvania Law Review
U. Pitt. L. Rev.	University of Pittsburgh Law Review
U.S.	United States Reports
Va. L. Rev.	Virginia Law Review
Vand. J. Transnat'l L.	Vanderbilt Journal of Transnational Law
Vand. L. Rev.	Vanderbilt Law Review
Wash.	Washington Supreme Court
Wash. & Lee L. Rev.	Washington & Lee Law Review
W.D.N.Y.	United States District Court for the Western District of New York

W.D. Tex.	United States District Court for the Western District of Texas
Western Reserve L. Rev	Western Reserve Law Review
W.L.R.	Weekly Law Reports
Wm. & Mary L. Rev.	William and Mary Law Review
Yale L.J.	Yale Law Journal
Yb. Eur. Conv. H.R.	Yearbook of the European Convention on Human Rights

Literaturverzeichnis

Ackermann, Stephan, Ausgewählte Rechtsprobleme der Mailbox-Kommunikation, Dissertation Saarbrücken 1994.

Acquarone, D., L'ambiguïté du droit à l'image, D. 1985, chr. 128 – 136.

Agostini, Eric, Le grand secret, D. 1996, chr. 58.

Alder, Daniel, Urheberpersönlichkeits- und Persönlichkeitsrechte auf dem Information Highway, in: Information Highway, Reto M. Hilty (Hrsg.), Bern, München 1996, S. 331 – 352.

Amiaud, Arthur, Rapport sur les droits de la personnalité, Travaux de l'Association Henri Capitant, Band 2, Paris 1947, S. 82 – 98.

Auernhammer, Herbert, Bundesdatenschutzgesetz, Kommentar, 2. Aufl., Köln, Berlin, Bonn, München 1981.

Bachmann, Birgit, Internet und internationales Privatrecht, in: Michael Lehmann (Hrsg.), Internet- und Multimediarecht (Cyberlaw), Stuttgart 1997, S. 167 – 183.

Dies., Der Gerichtsstand der unerlaubten Handlung im Internet, Anmerkung zu LG München I v. 17.10.1996, IPRax 1998, S. 179 – 187.

Ballarino, Tito, Diritto internazionale privato, 2. Aufl., Padua 1996.

von Bar, Christian, Der Einfluss des Verfassungsrechts auf die westeuropäischen Deliktsrechte, RabelsZ 59 (1995), S. 203 – 228.

Ders., Internationales Privatrecht, Band 2, Besonderer Teil, München 1991.

Ders., Persönlichkeitsschutz im gegenwärtigen und zukünftigen deutschen internationalen Privatrecht, in: Recht in Ost und West, Institute of Comparative Law Waseda Universität (Hrsg.), Tokio 1988, S. 575 - 595, zit.: Waseda FS.

Ders., Grundfragen des Internationalen Deliktsrechts, JZ 1985, S. 961 – 969.

Barnett, Stephen R., The Right of Publicity and the first amendment. Some Counter-Points to Professor McCarthy, in: Immenga, Ulrich u.a. (Hrsg.), Festschrift für Ernst-Joachim Mestmäcker, Baden-Baden 1996, S. 51 – 61.

Barron, James H., Warren and Brandeis, *The Right to Privacy*, 4 Harv. L. Rev. 193 (1890): Demystifying a landmark citation, 13 Suffolk U. L. Rev. 875 – 922 (1979).

Batiffol, Henri, Anmerkung zu Cour d'Appel de Paris v. 18.10.1955, Rev. crit. d.i.p. 1956, S. 484 – 487.

Ders. / Lagarde, Paul, Droit international privé, Band 2, 7. Aufl., Paris 1983.

Baur, Jürgen F., Namensschutz im deutschen internationalen Privatrecht unter besonderer Berücksichtigung des Schutzes der Handelsnamen, AcP 167 (1967), S. 535 – 560.

Beater, Axel, Zivilrechtlicher Schutz vor der Presse als konkretisiertes Verfassungsrecht, Tübingen 1996.

Beignier, Bernard, L'Honneur et le Droit, Paris 1995.

Beitzke, Günther, Auslandswettbewerb unter Inländern – BGHZ 40, 391, JuS 1966, S. 139 – 147.

Ders., Les obligations délictuelles en droit international privé, Rec. des Cours 1965 II, S. 63 – 145.

Ders., Grundgesetz und Internationalprivatrecht, Berlin 1961.

Bergmann, Michael, Grenzüberschreitender Datenschutz, Baden-Baden 1985.

Bernstein, Herbert, Ein Kollisionsrecht für die Verfassung, NJW 1965, S. 1173 – 2276.

Biesalki, Dieter, Grundzüge der Deliktshaftung nach Art. 1382, 1383 des Code civil im französischen Recht, Dissertation Mannheim 1975.

Binder, Heinz, Zu Auflockerung des Deliktsstatuts, RabelsZ (20) 1955, S. 402 – 499.

Birk, Rolf, Schadensersatz und sonstige Restitutionsformen im IPR, Karlsruhe 1969.

Bischoff, Jean-Marc, Anmerkung zu Cour de Cassation v. 14.1.1997, Rev. crit. d.i.p. 1997, S. 504 – 514.

Blackstone, William, Commentaries on the laws of England, Book the fourth, Oxford 1769, Nachdruck New York 1966, zit.: Blackstone's commentaries.

Di Blase, Antonietta, Riforma del sistema italiano di diritto internazionale privato, Articolo 24, Riv. dir. int. priv. proc. 1995, S. 1026 – 1036.

Bloustein, Edward J., Privacy as an Aspect of Human Dignity: An Answer to Dean Prosser, 39 N.Y.U. L. Rev. 962 – 1007 (1964).

Boehmer, Gustav, Zur Ehestörungsklage, AcP (155) 1956, S. 181 – 208.

De Boer, Ted M., Beyond lex loci delicti, Deventer, 1987.

Borchardt, Klaus-Dieter, Bundesrepublik Deutschland, in: Grundrechte in Europa und USA, Band I, Strukturen nationaler Systeme, Eberhard Grabitz (Hrsg.), Kehl am Rhein 1986, S. 115 – 202, zit.: Grundrechte in Europa.

Bormann, Dirk Gerald, Die Praxis des Persönlichkeitsschutzes in Frankreich, Augsburg 1974.

Born, Gary B., International Civil Litigation in United States Courts, 3. Aufl., The Hague, Boston, London 1996.

Bourel, Pierre, Du rattachement de quelques délits spéciaux en droit international privé, Rec. des Cours 1989 II, S. 255 – 398.

Ders., Les conflits de lois en matière d'obligations extracontractuelles, Paris 1961.

Ders., Responsabilité civile, in: Ph. Francescakis (Hrsg.), Dalloz, Répertoire de droit international, Band 2, Paris 1969, S. 770 – 780, zit.: Encyclopédie Dalloz.

Ders., Anmerkung zu Cour de Cassation v. 13.4.1988, Rev. crit. d.i.p. 1988, S. 546 – 554.

Ders., Anmerkung zu Cour de Cassation v. 15.12.1969, Rev. crit. d.i.p. 1971, S. 512 – 517.

Ders., Anmerkung zu Cour de Cassation v. 30.5.1967, Rev. crit. d.i.p. 1967, S. 728 – 733.

Brandt, Gisela, Die Sonderanknüpfung im internationalen Deliktsrecht, Göttingen 1993.

Breitenmoser, Stephan, Der Schutz der Privatsphäre gemäß Art. 8 EMRK, Basel 1986.

Briggs, Adrian, Choice of law in tort and delict, Lloyd's Mar. & Com. L. Qu. 1995, S. 519 – 526.

Brittan, Leon, The right of privacy in England and the United States, 37 Tul. L. Rev. 235 – 268 (1963).

Bröcker, Walter, Möglichkeiten der differenzierten Regelbildung im Internationalen Deliktsrecht, Dissertation München 1967.

Brödermann, Eckart, Europäisches Gemeinschaftsrecht versus IPR: Einflüsse und Konformitätsgebot, MDR 1992, S. 89 – 95.

Brömmekamp, Birgit, Persönlichkeitsschutz – eine Sache des Gesetzgebers?, in: Medienrecht im Wandel, Festschrift für Manfred Engelschall, Prinz, Matthias / Peters, Butz (Hrsg.), 1. Aufl., Baden-Baden 1996, S. 37 – 46.

Bungert, Hartwin, Vollstreckbarkeit US-amerikanischer Schadensersatzurteile in exorbitanter Höhe in der Bundesrepublik, ZIP 1992, S. 1707 – 1725.

Burdeau, Georges, Droit constitutionnel et institutions politiques, 19. Aufl., Paris 1980.

Burnstein, Matthew R., Conflicts on the net: Choice of Law in Transnational Cyberspace, 29 Vand. J. Transnat'l L. 75 – 116 (1996).

Burst, Silke, Pönale Momente im ausländischen Privatrecht und deutscher ordre public, Frankfurt am Main 1994.

von Caemmerer, Ernst, Der privatrechtliche Persönlichkeitsschutz nach deutschem Recht, in: Festschrift für Fritz von Hippel, J. Esser u. a. (Hrsg.), Tübingen 1967, S. 27 – 40.

Ders. (Hrsg.), Entwurf einer gesetzlichen Regelung des internationalen außervertraglichen Schuldrechts und Begründung des Entwurfs, in: Vorschläge und Gutachten zur Reform des deutschen internationalen Privatrechts der außervertraglichen Schuldverhältnisse, Tübingen 1983, S. 1 – 28.

Canaris, Claus-Wilhelm, Grundrechtswirkungen und Verhältnismäßigkeitsprinzip in der richterlichen Anwendung und Fortbildung des Privatrechts, JuS 1989, S. 161 – 172.

Ders., Gewinnabschöpfung bei Verletzung des allgemeinen Persönlichkeitsrechts, in: Festschrift für Erwin Deutsch, Hans-Jürgen Ahrens u. a. (Hrsg.), Köln 1999, S. 85 – 109.

Carbonnier, Jean, Droit civil, Band 1, Introduction, les personnes, 14. Aufl., Paris 1982, Band 4, Les obligations, 16. Aufl., Paris 1992.

Carter, P.B., Torts in English Private international law, 52 BYIL 9 – 28 (1981).

Ders., The Private International Law (Miscellaneous Provisions) Act 1995, L.Q.R. 112 (1996), S. 190 – 194.

Ders., Choice of Law in Tort and Delict, L.Q.R. 107 (1991), S. 405 – 418.

Cavers, David F., The Choice-of-Law Process, Ann Arbor 1965.

Ders., Contemporary Conflicts Law in American Perspective, Rec. des Cours 1970 III, S. 75 – 308.

Ders., A Critique of the Choice-of-law Problem, 47 Harv. L. Rev. 173 – 208 (1933).

Cheshire / North, Cheshire and North's Private International Law, P. M. North, J. J. Fawcett (Hrsg.), 12. Aufl., London, Dublin, Edinburgh 1992.

Coester-Waltjen, Dagmar, Deutsches internationales Zivilverfahrensrecht und die punitive damages nach US-amerikanischem Recht, in: Andreas Heldrich / Toshiyuki Kono (Hrsg.), Herausforderungen des internationalen Zivilverfahrensrechts, Tübingen 1994, S. 15 – 34.

Collins, Lawrence (Hrsg.), Dicey and Morris on the Conflict of Laws, Band 2, 12. Aufl., London 1993.

Cook, Sidney, E., Long distance torts, 10 La. L. Rev. 329 – 339 (1950).

Cook, Walter Wheeler, The logical and legal bases of the conflict of laws, Cambridge, Massachusetts 1942.

Cramton, Roger C. / Currie, David P. / Kay, Herma H., Conflict of Laws, 4. Aufl., St. Paul, Minnesota 1987.

Cray, Richard C., Choice of Law in Right of Publicity, 31 UCLA L. Rev. 640 – 670 (1984).

Currie, Brainerd, Selected Essays on the Conflict of Laws, Durham 1963.

Damm, Karl-Dieter, Die Einwirkung der Grundrechte des Grundgesetzes auf das nach deutschem Internationalen Privatrecht anwendbare ausländische

Sach- und Kollisionsrecht, Pfaffenweiler 1993.

Dane, Perry, Vested Rights, „Vestedness“, and Choice of Law, 96 Yale L. J. 1191 – 1275 (1987).

Delachaux, Jean Louis, Die Anknüpfung der Obligationen aus Delikt und Quasidelikt im internationalen Privatrecht, Dissertation Zürich 1960.

Derieux, Emmanuel, Droit de la communication, Paris 1991.

Dethloff, Nina, Schmerzensgeld nach ausländischem Recht vor inländischen Gerichten, FS für Hans Stoll, Hrsg. Gerhard Hohloch u.a., Tübingen 2001, S. 481 – 489.

Deutsch, Erwin, Allgemeines Haftungsrecht, 2. Aufl., Köln 1996.

Dicey, Albert Venn / Morris, John Humphrey Carlile, Dicey and Morris on the Conflict of Laws, Lawrence Collins (Hrsg.), Band 2, 12. Aufl., London 1993.

Dölle, Hans, Internationales Privatrecht, 2. Aufl., Karlsruhe 1972.

Drobnig, Ulrich / Puttfarken, Hans-Jürgen, Arbeitskampf auf Schiffen fremder Flagge, Kehl am Rhein 1989.

Drolshammer, Jens / Schärer, Heinz, Die Verletzung des materiellen ordre public als Verweigerungsgrund bei der Vollstreckung eines US-amerikanischen „punitive damages-Urteils“, SJZ 1986, S. 309 – 318.

Duffy, P. J., The Sunday Times Case: Freedom of Expression, Contempt of Court and the European Convention on Human Rights, Human Rights Review 1980, S. 17 – 53.

Ebert, Jessica Annabell, Die Gegendarstellung in Deutschland und den USA, Hamburg 1997.

Edelman, Bernard, Esquisse d'une théorie du sujet: l'homme et son image, D. 1970, chr. 119 – 122.

Ders., Anmerkung zu Cour de Cassation v. 13.2.1985, D. 1985, jur. 488 – 492.

Ders., Anmerkung zu Cour de Cassation v. 13.4.1988, Clunet 1988, S. 752 – 766.

Ders., Anmerkung zu Cour d'Appel de Paris v. 11.5.1994, Clunet 1995, S. 952 – 964.

Ehlers, Wolfram / Baumann, Denise, Verletzungen des Persönlichkeitsrechts in der französischen Rechtsprechung – ein Vergleich mit dem deutschen Recht, ZvglRWiss 77 (1978), S. 241 – 285.

Ehmann, Horst, Zur Struktur des Allgemeinen Persönlichkeitsrechts, JuS 1997, S. 193 – 203.

Ehmann, Horst / Thorn, Karsten, Erfolgsort bei grenzüberschreitenden Persönlichkeits-verletzungen, AfP 1996, S. 20 – 25.

Ehrenzweig, Albert A., The Place of Acting in Intentional Multistate Torts: Law and Reason Versus the Restatement, 36 Minn. L. Rev. 1 – 49 (1951).

Ders., Private International Law, General Part, Dobbs Ferry, New York 1967.

Ders., Zum Handwerkszeug des amerikanischen internationalen Privatrechts, Öst.Z.öff.R. 1956, S. 521 – 529.

Ders., Wirklichkeiten einer lex-fori Theorie, in: Multitudo legum ius unum, Festschrift für Wilhelm Wengler, Band 2, Josef Tittel u.a. (Hrsg.), Berlin 1973, S. 251 – 268.

Ders., Der Tatort im amerikanischen Kollisionsrecht der außervertraglichen Schadensersatzansprüche, Festschrift für Ernst Rabel, Band 2, Hans Dölle (Hrsg.), Tübingen 1954, S. 655 – 683.

Ders., Specific principles of private transnational law, Rec. des Cours 1968 III, S. 167 – 370.

Ders. / Jayme, Erik, Private International Law, Band 3, Special Part, Obligations, Leyden 1977.

Eissen, Marc-André, La Convention Européenne des Droits de l'Homme et les obligations de l'individu, in Festschrift für René Cassin, Amicorum Discipulorumque Liber III, Protection des droits de l'homme dans les rapports entre personnes privées, Paris 1971, S. 151 – 162.

Elbing, Gunther, Zur Anwendbarkeit der Grundrechte bei Sachverhalten mit Auslandsbezug, Berlin 1992.

Ellger, Reinhard, Der Datenschutz im grenzüberschreitenden Datenverkehr, Baden-Baden 1990.

Engel, Christoph, Ausstrahlungen der Europäischen Menschenrechtskonvention auf das Kollisionsrecht, RabelsZ 53 (1989), S. 3 – 51.

Epe, Axel, Die Funktion des Ordre Public im deutschen internationalen Privatrecht, Dissertation Tübingen 1983.

Erdsieck, Gerhard, Anmerkung zu BayObLG v. 26.6.1962, NJW 1962, S. 2242.

Ermann, Handkommentar zum Bürgerlichen Gesetzbuch, Band 1, 9. Aufl., Münster, Westf. 1993, zit.: Ermann-Bearbeiter.

Ernst-Moll, Jürgen, Das Recht am eigenen Bildnis – vor und vor allem nach dem Tode, GRUR 1996, S. 558 – 566.

Esmein, Paul, La commercialisation du dommage moral, D. 1954, chr.113–116.

Fahrenhorst, Irene, Paparazzi: Pressefotos und Privatsphäre – eine kritische Betrachtung der neueren Rechtsprechung des BGH im Lichte der EMRK, ZEuP 1998, S. 84 – 103.

Faucher, John D., Let the Chips Fall Where They May: Choice of Law in Computer Bulletin Board Defamation Cases, 26 U.C. Davis L. Rev. 1045 – 1078

(1993).

Favoreu, Louis, Le Conseil Constitutionnel et la protection de la libertée individuelle et de la vie privée, Festschrift für Pierre Kayser Band I, Aix-Marseille 1979, S. 411 – 425.

Ficker, Hans, Anmerkung zu BGH v. 15.1.1953, JZ 1953, S. 728 – 730.

Firsching, Karl: Anwendungsbereich des Deliktsstatus, in: Vorschläge und Gutachten zur Reform des deutschen internationalen Privatrechts der außervertraglichen Schuldverhältnisse, von Caemmerer, Ernst (Hrsg.), Tübingen 1983, S. 181 – 189, zit.: Vorschläge und Gutachten.

Ders. / von Hoffmann, Bernd, Einführung in das internationale Privatrecht, 5. Aufl., München 1997.

Flechsig, Norbert, Haftung von Online-Diensteanbietern im Internet, AfP 1996, S. 333 – 346.

Ders., Rechtsprobleme internationaler Datennetze im Lichte des Persönlichkeits- und Äußerungsrechts, in: Rechtsprobleme internationaler Datennetze, Jürgen Becker (Hrsg.), Baden-Baden 1996, S. 57 – 86.

Fleming, John, American Law, in: Die Haftung der Massenmedien, insbesondere der Presse, bei Eingriffen in persönliche oder gewerbliche Rechtspositionen, Dworkin, Gerald u.a. (Verf.), Frankfurt am Main 1972, S. 45 – 61.

Ders., The law of torts, 7. Aufl., Sydney, Melbourne, Brisbane, Perth 1987.

Ders., Libel and constitutional free speech, in: Essays for Patrick Atiyah, Peter Cane, Jane Stapleton (Hrsg.), Oxford 1991, S. 333 – 349, zit.: FS Atiyah.

Forkel, Hans, Lizenzen an Persönlichkeitsrechten durch gebundene Rechtsübertragung, GRUR 1988, S. 491 – 501.

Frangi, Marc, Constitution et droit privé, Aix-en-Provence, Paris 1992.

Frankenstein, Ernst, Internationales Privatrecht (Grenzrecht), Band 1, Berlin-Grunewald 1926, Band 2, Berlin 1929.

Franklin, Marc A. / Rabin, Robert L., Cases and Materials on Tort Law and Alternatives, 3. Aufl., Mineola 1983, zit.: Tort Law.

Frazer, Tim, Appropriation of personality – a new tort?, L.Q.R. 99 (1983), S. 281 – 313.

Frowein, Jochen / Peukert, Wolfgang, Europäische Menschenrechtskonvention, EMRK-Kommentar, 2. Aufl., Kehl am Rhein 1996.

Gaillard, Emmanuel, La double nature du droit à l'image et ses conséquences en droit positif français, D. 1984, chr. 161 – 164.

Ders., Les conflits de lois relatifs au droit patrimonial à l'image aux Etats-Unis (A propos de la jurisprudence *Groucho Marx*), Rev. crit. d.i.p. 1984, S.1–28.

Gardiner, Fohn, Another step towards a right of privacy?, New L.J. 145 (1995),

S. 225 – 226.

Gatley, Gatley on libel and slander, Lewis, Philipp (Hrsg.), 8. Aufl., London 1981.

Gaudemet-Tallon, Hélène, Anmerkung zu Tribunal de Grande Instance Paris v. 23.6.1976, Rev. crit. d.i.p. 1978, S. 132 – 140.

Dies., Anmerkung zu Cour d'Appel de Paris v. 19.3.1984 u. Tribunal de Grande Instance Paris v. 30.6.1984, Rev. crit. d.i.p. 1985, S. 141 – 150.

Dies., Anmerkung zu Tribunal de Grande Instance Paris v. 29.9.1982 u. v. 27.4.1983, Rev. crit. d.i.p. 1983, S. 670 – 678.

Gautier, Pierre-Yves, Du droit applicable dans le „village planétaire" au titre de l'usage immatériel des œuvres, D. 1996, chr. 131 – 135.

Genevois, Bruno, La jurisprudence du Conseil Constitutionnel, Paris 1988.

Gerth, J., Diskussionsbericht, in: Das Persönlichkeitsrecht im Spannungsfeld zwischen Informationsauftrag und Menschenwürde, Heinz Hübner u.a., München 1989, S. 133 – 138.

Geyer-Schäfer, Klaus, Schutz vor Indiskretionen, Pfaffenweiler 1988.

Ginsburg, Jane C., Putting cars on the information „superhighway": Authors, exploiters, and copyright in cyberspace, 95 Colum. L. Rev. 1466 – 1499 (1995).

Götting, Horst-Peter, Persönlichkeitsrechte als Vermögensrechte, Tübingen 1995.

González Campos, Julio D., Derecho internacional privado, Parte especial, 6. Aufl., Madrid 1995.

Gotlieb, Allan / Dalfen, Charles / Katz, Kenneth, The Transborder Transfer of Information by Communication & Computer Systems: Issues & Approaches to Guiding Principles, 68 Am. J. Int'l L. 227 – 257 (1974).

Gottwald, Stefan, Das allgemeine Persönlichkeitsrecht, Baden-Baden 1996.

Goubeaux, Gilles, Traité de droit civil, Les Personnes, Paris 1989.

Goudet, Claude, Le droit de réponse à la radio et à la télévision, D. 1975, chr. 197 – 200.

Gounalakis, Georgis / Glowalla, Rainer, Reformbestrebungen zum Persönlichkeitsschutz in England, AfP 1997, S. 771 – 777 und S. 870 – 875.

Graf von Westphalen, Friedrich, „Punitive Damages" in US-amerikanischen Produkthaftungsklagen und der Vorbehalt des Art. 12 EGBGB, RIW 1981, S. 141 – 149.

Greenawalt, Kent, New York's Right of Privacy - The Need for Change, 42 Brook. L. Rev. 159 - 188 (1985).

Grimm, Dieter, Persönlichkeitsschutz im Verfassungsrecht, in: Egon Lorenz (Hrsg.), Schutz der Persönlichkeit, Karlsruher Forum 1996, Karlsruhe 1997,

S. 3 – 26.

Gudd, Thomas, Der Gegendarstellungsanspruch in internationalprivatrechtlicher, interlokalrechtlicher und internationalverfahrensrechtlicher Sicht, Dissertation Bochum 1990.

Haase-Becher, Inga, Der Gegendarstellungsanspruch in rechtsvergleichender Sicht, Dissertation Freiburg i. Br. 1970.

Hahn, Ulrich, Datenschutzrecht und grenzüberschreitender Datenverkehr, Frankfurt am Main 1994.

Hardy,Trotter, The proper legal regime for „Cyberspace", 55 U. Pitt. L. Rev. 993 – 1055 (1994).

Hauch, Jeanne M., Protecting private facts in France, 68 Tul. L. Rev. 1219 – 1301 (1994).

Hay, Peter, Entschädigung und andere Zwecke, FS für Hans Stoll, Hrsg. Gerhard Hohloch u.a., Tübingen 2001, S. 521 – 531.

von Hein, Jan, Das Günstigkeitsprinzip im Internationalen Deliktsrecht, Tübingen 1999.

Heini, Anton / Keller, Max / Siehr, Kurt / Vischer, Frank / Volken, Paul, (Hrsg.), IPRG Kommentar, Zürich 1993, zit.: IPRG-Bearbeiter.

Heisig, Carsten, Persönlichkeitsschutz in Deutschland und Frankreich, Hamburg 1999.

Heldrich, Andreas, Persönlichkeitsverletzungen im Internationalen Privatrecht, Festschrift für Imre Zajtay, Graveson, Kreuzer u.a. (Hrsg.), Tübingen 1982, S. 215 – 232.

Ders., Persönlichkeitsverletzungen im Internationalen Privatrecht, in: Vorschläge und Gutachten zur Reform des deutschen internationalen Privatrechts der außervertraglichen Schuldverhältnisse, von Caemmerer, Ernst (Hrsg.), Tübingen 1983, S. 361 – 379, zit.: Vorschläge und Gutachten.

Helle, Jürgen, Besondere Persönlichkeitsrechte im Privatrecht, Tübingen 1991.

Ders., Persönlichkeitsrechtsverletzungen im Internet, JZ 2002, S. 592 – 601.

Henrich, Dieter, Die Bedeutung der Grundrechte bei der Anwendung fremden Rechts, RabelsZ 36 (1972), S. 2 – 18.

Herth, Christiane, Persönlichkeitsschutz im englischen Zivilrecht, Frankfurt am Main 1989.

Hillgenberg, Hartmut, Der Verletzungsort im internationalen Privatrecht, NJW 1963, S. 2198 – 2201.

von Hinden, Michael, Persönlichkeitsverletzungen im Internet, Hamburg 1999.

von Hoffmann, Bernd, Internationales Haftungsrecht, IPRax 1996, S. 1 – 8.

Ders., Internationales Privatrecht, 7. Aufl., München 2002.

Ders., Internationales Privatrecht: US-Pflanzenschutzmittel in inländischen Obstgärten, JuS 1986, S. 385 – 388.

Hofstadter, Samuel H. / Horowitz, George, The Right of Privacy, New York, New York 1964.

Hohloch, Gerhard, Das Deliktsstatut, Frankfurt am Main 1984.

Ders., Neue Medien und Individualrechtsschutz, ZUM 1986, S. 165 – 179.

Ders., Erfolgsort und Schadensort – Abgrenzung bei Ansprüchen auf Ersatz von (primären und sonstigen) Vermögensschäden, Anmerkung zu EuGH, 19.9.1995 – Rs. C 364/93 – Marinari/Lloyds Bank, IPRax 1997, S. 312 – 314.

Hondius, Frits W., A decade of international data protection, NILR 1983, S. 103 – 128.

Hooper, David., Reputations under Fire, London 2000.

Hubmann, Heinrich, Inhalt und Abgrenzung des zivilrechtlichen Allgemeinen Persönlichkeitsrechts, in: Erlanger Festschrift für Karl Heinz Schwab, Wolfram Wadener u. a. (Hrsg.), Erlangen 1990, S. 3 – 21.

Ders., Der Anspruch auf Widerruf ehrverletzender Pressedarstellungen, JuS 1963, S. 98 – 102.

Huet-Weiller, Danièle, La protection juridique de la voix humaine, Rev. trim. dr. civ. 1982, S. 497 – 513.

Jaffey, A.J.E., Topics in choice of law, Norwich 1996.

Jayme, Erik, Methoden der Konkretisierung des ordre public im Internationalen Privatrecht, Heidelberg 1989.

Johnson, Nancy C., Vereinigte Staaten von Amerika, in: Grundrechte in Europa und USA, Band I, Strukturen nationaler Systeme, Eberhard Grabitz (Hrsg.), Kehl am Rhein 1986, S. 885 – 971, zit.: Grundrechte in Europa und USA.

Juenger, Friedrich K., General Course on Private International Law, Rec. des Cours 1985 IV, S. 119 – 387.

Jürgens, Ralf Erich, IPR und Verfassung in Italien und in der Bundesrepublik Deutschland, Frankfurt am Main 1990.

Junker, Abbo, Die IPR-Reform von 1999: Auswirkungen auf die Unternehmenspraxis, RIW 2000, S. 241 – 255.

Kadner Graziano, Thomas, Europäisches Internationales Deliktsrecht, Tübingen 2003.

Kalven, Harry Jr., Privacy in Tort Law - Were Warren and Brandeis wrong?, 31 Law & Contemp. Probs. 326 – 341 (1966).

Kamenshine, Robert D., Embargoes on Exports of Ideas and Information: First

Amendment Issues, 26 Wm. & Mary L. Rev. 863 – 895 (1985).

Karsten, I.G.F., Chaplin v. Boys: Another Analysis, 19 ICLQ 35 – 46 (1970).

Kaye, Peter, Recent Developments in the English Private International Law of Tort, IPRax 1995, S. 406 – 409.

Kayser, Pierre, Les droits de la personnalité, Rev. trim. dr. civ. 1971, S. 445 – 509.

Ders., La protection de la vie privée, 2. Aufl., Paris 1990.

Ders., Le droit dit à l'image, in: Festschrift für Paul Roubier, Mélanges en l'Honneur de Paul Roubier, Band 2, Paris 1961, S. 73 – 88, zit.: FS Roubier.

Ders., Diffamation et atteinte au droit au respect de la vie privée, in: Etudes offertes à Alfred Jauffret, Aix-Marseille 1974, S. 409 – 427, zit.: FS Jauffret.

Ders., La défense du nom de famille d'après la jurisprudence civile et d'après la jurisprudence administrative, Rev. trim. dr. civ. 1959, S. 10 – 42.

Ders., Les pouvoirs du juge des référés civil à l'égard de la liberté de communication et d'expression, D. 1989, chr. 11 – 22.

Keeton, Page W., Prosser and Keeton on the law of torts, 5. Aufl., St. Paul, 1984, zit.: Prosser / Keeton, Tort Law.

Kegel, Gerhard / Schurig, Klaus, Internationales Privatrecht, 8. Aufl., München 2000.

Kelly, Lynn M., Defamation by mass communication media: Some problems, 32 U. Cin. L. Rev. 520 – 530 (1963).

Kern, Bernd-Rüdiger, Die Genugtuungsfunktion des Schmerzensgeldes – ein pönales Element im Schadensrecht?, AcP 191 (1991), S. 247 – 272.

Kingston, Paula / Imrie, Colin, Vereinigtes Königreich von Großbritannien und Nordirland, in: Grundrechte in Europa und USA, Band I, Strukturen nationaler Systeme, Eberhard Grabitz (Hrsg.), Kehl am Rhein 1986, S. 715 – 884, zit.: Grundrechte in Europa.

Kleinheyer, Gerd, Rechtsgutsverwendung und Bereicherungsausgleich, JZ 1970, S. 471 – 477.

Klippel, Diethelm, Neuere Entwicklungen des Persönlichkeitsschutzes im deutschen Zivilrecht, in: Weick, Günther (Hrsg), Entwicklungen des Deliktsrechts in rechtsvergleichender Sicht, Frankfurt am Main 1987, S. 13 – 38.

Knakal, Joseph C., Jr., Problems Under The Uniform Single Publication Act, 15 Wash. & Lee L. Rev. 321 – 327 (1958).

Koch, Harald, Rechtsvereinheitlichung und Kollisionsrecht im Recht des grenzüberschreitenden Datenverkehrs – Europäische Initiativen, RDV 1991, S. 105 – 112.

Kötz, Hein, Persönlichkeitsschutz und Pressefreiheit im US-amerikanischen Recht, in: Medienrecht im Wandel, Festschrift für Manfred Engelschall,

Prinz, Matthias / Peters, Butz (Hg.), 1. Aufl., Baden-Baden 1996, S. 25 – 35.

Ders., Deliktsrecht, 5. Aufl., Neuwied 1991.

Kramer, Larry, Choice of Law in the American Courts in 1990; Trends and Developments, 39 Am. J. Comp. L. 465 – 491 (1991).

Krebber, Sebastian, Internationales Privatrecht des Kündigungsschutzes bei Arbeitsverhältnissen, Baden-Baden 1997.

Kreuzer, Karl F., Buchbesprechung zu: Benvenuti, Paolo: Comunità Statale, Comunità Internazionale e Ordine Pubblico Internazionale, Mailand 1977, RabelsZ 43 (1979), S. 571 – 578.

Ders., Die Vollendung der Kodifikation des deutschen Internationalen Privatrechts durch das Gesetz zum Internationalen Privatrecht der außervertraglichen Schuldverhältnisse und Sachen vom 21.5.1999, RabelsZ 65 (2001), S. 383 – 462.

Kristin, Tanja, Das Deliktsstatut bei Persönlichkeitsrechtsverletzungen über das Internet, München 2001.

Kropholler, Jan, Internationales Privatrecht, 4. Aufl., Tübingen 2001.

Ders., Europäisches Zivilprozessrecht, Kommentar zum EuGVÜ, 3. Aufl., Heidelberg 1991.

Kuner, Christopher, Internationale Zuständigkeitskonflikte im Internet, Computer und Recht 1996, S. 453 – 458.

Laddie, Hugh / Prescott, Peter / Vitoria, Mary, The Modern Law of Copyright, London 1980.

Lagarde, Paul, Anmerkung zu EuGH v. 7.3.1995, Rev. crit. d.i.p. 1996, S. 487 – 503.

Ders., Anmerkung zu Tribunal de Grande Instance Paris v. 7.6.1974, Rev. crit. d.i.p. 1974, S. 696 – 705.

Ders., Le principe de proximité dans le droit international privé contemporain, Rec. des Cours 1986 I, S. 9 – 238.

Larenz, Karl, Allgemeiner Teil des deutschen Bürgerlichen Rechts, 7. Aufl., München 1989.

Larenz, Karl / Canaris, Claus-Wilhelm, Lehrbuch des Schuldrechts, 2. Band, Besonderer Teil, 2. Halbb., 13. Aufl., München 1994.

Law Commission, The Law Commission and the Scottish Law Commission, Private International Law, Choice of Law in Tort and Delict, Law Commission Report No. 193, Scottish Law Commission Report No. 129, London 1990, zit.: Law Commission Report No. 193.

Leflar, Robert A., The Single Publication Rule, 25 Rocky Mtn. L. Rev. 263 – 278 (1953).

Ders., Choice of law: Current trends, 6 Vand. L. Rev. 467 – 463 (1953).

Ders., American Conflicts Law, 3. Aufl., Indianapolis 1977.

Ders., Choice-influencing Considerations in Conflicts Law, 41 N.Y.U. L. Rev. 267 – 327 (1966).

Lindon, Raymond, Dictionnaire juridique: Les droits de la personnalité, Paris 1983, zit.: Dictionnaire juridique.

Ders., Une création prétorienne: Les droits de la personnalité, Paris 1974, zit.: Les droits de la personnalité.

Ders., Vie privée: Un triple dérapage, J.C.P. 1970 I, 2336.

Ders., Anmerkung zu Cour d'Appel de Paris v. 27.2.1981, D. 1981 jur. 457 – 458.

Löffler, Martin / Ricker, Reinhart, Handbuch des Presserechts, 2. Aufl., München 1986.

Löffler, Severin, Mediendelikte im IPR und IZPR, Frankfurt am Amin 2000.

Looschelders, Dirk., Persönlichkeitsschutz in Fällen mit Auslandsberührung, ZVglRWiss 95 (1996) S. 48 – 91.

Ders., Die Ausstrahlung der Grund- und Menschenrechte auf das Internationale Privatrecht, RabelsZ 65 (2001), S. 463 – 491.

Lorenz, Werner, Die allgemeine Grundregel betreffend das auf die außervertragliche Schadenshaftung anzuwendende Recht, in: Vorschläge und Gutachten zur Reform des deutschen internationalen Privatrechts der außervertraglichen Schuldverhältnisse, von Caemmerer, Ernst (Hrsg.), Tübingen 1983, S. 97 – 159, zit.: Vorschläge und Gutachten.

Lorenzen, Ernest G., Tort liability and the conflict of laws, L.Q.R. 47 (1931), S. 483 – 501.

Loussouarn, Yvon, Anmerkung zu Tribunal de Grande Instance de la Seine v. 22.6.1967, Rev. crit. d.i.p. 1969, S. 474 – 479.

Luchaire, François, Les fondements constitutionnels du droit civil, Rev. trim. dr. civ. 1982, S. 245 – 328.

Ludwig, Frederick J., "Peace of mind" in 48 pieces vs. uniform right of privacy, 32 Minn. L. Rev. 73 – 765 (1948).

Lüderitz, Alexander, Internationales Privatrecht, 2. Aufl., Neuwied 1992.

Ders., Ehrenschutz im internationalen Privatrecht, NJW 1962, S. 2142 – 2144.

Ders., Grundgesetz contra Internationales Privatrecht?, RabelsZ 36 (1972), S. 35 – 53.

Lütcke, Jens, Persönlichkeitsrechtsverletzungen im Internet, München 2000.

Machado, João Baptista, Lições de direito internacional privado, 3. Aufl., Coimbra 1985.

Maltby, Jeremy, Juggling comity and self-government: The enforcement of foreign libel judgments in U.S. courts, 94 Colum. L. Rev. 1978 – 2024 (1994).

Mankowski, Peter, Das Internet im Internationalen Vertrags- und Deliktsrecht, RabelsZ 63 (1999), S. 203 – 294.

Mann, F.A., The Proper Law in the Conflict of Laws, 36 ICLQ 437 – 453 (1987).

Martin, Lucien, Le secret de la vie privée, Rev. trim. dr. civ. 1959, S. 227 – 256.

Marty, Gabriel / Raynaud, Pierre, Droit civil, Band 1, Introduction générale à l'étude du droit, 2. Aufl., Paris 1972, Band 2, Les personnes, 3. Aufl., Paris 1976.

Matscher, Franz, IPR und IZVR vor den Organen der EMRK, Festschrift für Karl H. Neumayer, Hrsg. Werner Barfuß u.a., Baden-Baden 1985, S. 459 – 478.

Maurice-Hersant, A., Le droit de réponse, D. 1982, chr. 167 – 172.

Max-Planck-Institut für ausländisches und internationales Privatrecht, Kodifikation des deutschen Internationalen Privatrechts, Stellungnahme des Max-Planck-Instituts für ausländisches und internationales Privatrecht zum Regierungsentwurf von 1983, RabelsZ 47 (1983), S. 594 – 690.

Max-Planck-Institut für ausländisches und internationales Privatrecht, Gutachten über die Regelung des zivilrechtlichen Persönlichkeitsschutzes in Frankreich, der Schweiz, England und den Vereinigten Staaten von Amerika, Hamburg 1959, abgedruckt in: BT-Drucks. III, 1237, S. 63 – 163, zit: MPI-Gutachten.

Mayer, Pierre, Droit international privé, 2. Aufl., Paris 1983.

Mazeaud, Jean, Henri u. Léon, Leçons de droit civil, Band 1, 2. Halbband, 5. Aufl., Paris 1972.

McDougall, Luther L. III, Toward the increased use of interstate and international policies in Choice-of-law analysis in tort cases under the Second Restatement and Leflar's Choice-influencing considerations, 70 Tul. L. Rev. 1465 – 2485 (1996).

von Mehren, Arthur, T., Special substantive rules for multistate problems: their role and significance in contemporary choice of law methodology, 88 Harv. L. Rev. 347 – 371 (1974).

Ders. / Trautmann, Donald T., The Law of Multistate Problems, Boston 1965.

Mestre, Jacques, Les conflits de lois relatifs à la protection de la vie privée, Festschrift für Pierre Kayser Band II, Aix-Marseille 1979, S. 239 – 256, zit.: FS Kayser II.

Meyer-Witting, Bernd, Das Personennamensrecht in England, Geschichte und

Gegenwart, Frankfurt am Main 1990.
Morange, Jean, La protection constitutionelle et civile de la liberté d'expression, Rev. int. dr. comp. 1990, S. 771 – 787.
Ders., Libertés publiques, Paris 1985.
Morris, J.H.C., The proper law of a tort, 64 Harv. L. Rev. 881 – 895 (1951).
Ders., The Conflict of Laws, 3. Aufl., London 1984.
Morse, C.G.J., Choice of law in Tort: A Comparative Study, 32 Am. J. Comp. L. 51 – 97 (1984).
Ders., Torts in private international law: A new statutory framework, 45 ICLQ 888 – 902 (1996).
Münchener Kommentar, Münchener Kommentar zum Bürgerlichen Gesetzbuch, Band 7, Einführungsgesetz zum Bürgerlichen Gesetzbuche, Internationales Privatrecht, 2. Aufl., München 1990, zit.: MüKo-Bearbeiter.
Murphy, Scott M., North Dakota Choice of Law in Tort and Contract Actions: A Summary of Cases and a Critique, 71 N.D. L. Rev. 721 – 741 (1995).
Murswieck, Dietrich, Die Pflicht des Staates zum Schutz vor Eingriffen Dritter nach der Europäischen Menschenrechtskonvention, in: Grundrechtsschutz und Verwaltungsverfahren, Hans-Joachim Konrad (Hrsg.), Berlin 1985, S. 213 – 242.

Nerson, Roger, De la protection de la personnalité en droit privé français, Travaux de l'Association Henri Capitant pour la culture française, Band 13, Paris 1963, S. 60 – 94.
Ders., Les noms des personnages de romans, Festschrift für Pierre Kayser Band II, Aix-Marseille 1979, S. 303 – 315.
Ders., La protection de la vie privée en droit positif français, Rev. int. dr. comp. 1971, S. 737 – 764.
Neu, Michael, Die kollisionsrechtliche Behandlung von Persönlichkeitssrechtsverletzungen im Internet, Bielefeld 2002.
Neuhaus, Paul Heinrich, Die Grundbegriffe des Internationalen Privatrechts, 2. Aufl., Tübingen 1976.
Ders., Bundesverfassungsgericht und Internationales Privatrecht, RabelsZ 36 (1972), S. 127 – 140.
Neumann, Gerald L., Whose Constitution?, 100 Yale L.J. 909 – 991 (1991).
Neumann-Duesberg, Horst, Das Recht der Gegendarstellung im Presserecht, NJW 1960, S. 2032 – 2035.
Nimmer, Melville B., The right of publicity, 19 Law & Contemp. Probs. 203 – 223 (1954).
Note, Characterization of multi-state libel in conflict of laws, 48 Colum. L. Rev.

932 – 939 (1948).

Note, An Examination of Publication and Choice of Law Problems in Multi-State Libel, 56 Nw. U. L. Rev. 823 – 833 (1962).

Note, Conflict of laws – multi-state defamation – constitutional limitations on choice of law, 28 N.Y.U. L. Rev. 1006 – 1014 (1953).

Note, The choice of law in multistate defamation – a functional approach, 77 Harv. L. Rev. 1463 – 1485 (1964).

Note, The choice of law in multistate defamation and invasion of privacy: An unsolved problem, 60 Harv. L. Rev. 941 – 952 (1947).

Note, Conflict of Laws – Obligations: Tort – Virginia Law applied in Libel Suit by Virginia Resident against New York Newspaper, 63 Harv. L. Rev. 1272 – 1274 (1950).

Nussbaum, Arthur, Deutsches internationales Privatrecht, Tübingen 1932.

O'Connell, Kathleen A., Libel Suits Against American Media in Foreign Courts, 9 Dick. J. Int'l L. 147 – 175 (1991).

Ohly, Ansgar, Der Schutz der Persönlichkeit im englischen Zivilrecht, RabelsZ 65 (2001), S: 39 – 7.

O'Neill, Patrick, Optimizing and Restricting the Flow of Information: Remodeling the First Amendment for a Convergent World, 55 U. Pitt. L. Rev. 1057 – 1984 (1994).

Page, Gérald, Autoroutes de l'information et flux transfrontières de données, in: Information Highway, Reto M. Hilty (Hrsg.), Bern, München 1996, S. 395 – 435.

Palandt, Bürgerliches Gesetzbuch, 62. Aufl., München 2003.

Peltier, Donald L., Choice of law in multistate libel suits, 10 La. L. Rev. 339 - 346 (1950).

Pérez Vera, Elisa, Derecho internacional privado, Parte Especial, Madrid 1980.

Pielemeier, James R., Constitutional limitations on choice of law: The special case of multistate defamation, 133 U. Pa. L. Rev. 381 – 440 (1985).

Planiol, Marcel / Ripert, Georges, Traité pratique de droit civil français, Band 6, Les obligations, 2. Aufl., Paris 1952.

Pocar, Fausto, Riforma del sistema italiano di diritto internazionale privato, Articolo 62, Riv. dir. int. priv. proc. 1995, S. 1210 – 1217.

Posner, Richard A., The right of privacy, 12 Ga. L. Rev. 393 – 422 (1978).

Potvin, Louise, La personne et la protection de son image, Etude comparée des droits québécois, français et de common law anglaise, Cowansville, Québec 1991.

Pound, Roscoe, The Fourteenth Amendment and the Right of Privacy, 13 Western Reserve L. Rev. 34 – 55 (1961).

Pradel, Jean, Les dispositions de la loi n° 70-643 du 17 juillet 1970 sur la protection de la vie privée, D. 1971, chr. 111 – 116.

Pratt, Walter F., Privacy in Britain, London 1979.

Probst, Philippe Marc, Art. 10 EMRK – Bedeutung für den Rundfunk in Europa, Baden-Baden 1996.

Prosser, William L., Das Recht auf die Privatsphäre in Amerika, RabelsZ 21 (1956), S. 401 – 417.

Ders., Privacy, 48 Cal. L. Rev. 383 – 423 (1960).

Ders., Interstate publication, 51 Mich. L. Rev. 959 – 1000 (1953).

Ders. / Keeton, W. Page, Prosser and Keeton on the law of torts, 5. Aufl., St. Paul, Minnesota 1984, zit.: Prosser / Keeton, Torts.

Prosser, Sean Thomas, The English Libel Crisis: A Sullivan Appellate Review Standard is Needed, 13 N.Y.L. Sch. J. Int'l & Comp. L. 337 – 358 (1992).

Puttfarken, Hans-Jürgen, Grundrechte im internationalen Rechtsraum, RIW 1995, S. 617 – 627.

Raape, Leo, Internationales Privatrecht, 4. Aufl., Berlin 1955.

Ders. / Sturm, Fritz, Internationales Privatrecht, Band I: Allgemeine Lehren, 6. Aufl., München 1977.

Rabel, Ernst, The Conflict of Laws, A Comparative Study, Band 2, Foreign Corporations, Torts, Contracts in General, 2. Aufl., Ann Arbor 1960.

Rauscher, Thomas, Sachnormverweisungen aus dem Sinn der Verweisung, NJW 1988, S. 2151 – 2154.

Ravanas, Jacques, La protection des personnes contre la réalisation et la publication de leur image, Paris 1978, zit.: La protection des personnes.

Reimann, Mathias, Amerikanisches Privatrecht und europäische Rechtseinheit - Können die USA als Vorbild dienen?, in: Amerikanische Rechtskultur und europäisches Privatrecht, Zimmermann, Reinhard (Hrsg.), Tübingen 1995, S. 132 – 155.

Ders., Conflict of laws in Western Europe: a guide through the jungle, Irvington, New York, 1995.

Reinmüller, Bernd, Gesamtschaden und internationale Deliktszuständigkeit nach dem EuGVÜ, Anmerkung zu Cour d'Appel Paris v. 19.3.1984 – RG n° K 12.158 – Prinzessin Caroline v. Monaco c. Burda GmbH, IPRax 1985, S. 233 – 235.

Richards, Kimberly, Defamation via modern communication: Can countries preserve their traditional policies?, The Transnat'l Law. 1990, S. 613 – 659.

Riegl, Werner, Streudelikte im internationalen Privatrecht, Dissertation Augsburg 1986.

Rigaux, François, La loi applicable à la protection des individus à l'égard du traitement automatisé des données à caractère personnel, Rev. crit. d.i.p. 1980, S. 443 – 478.

Rivero, Jean, La protection des droits de l'homme dans les rapports entre personnes privées, in: Protection des droits de l'homme dans les rapports entre personnes privées, Festschrift für René Cassin, Amicorum Discipulorumque Liber III, Paris 1971, S. 311 – 322.

Robertson, Geoffrey / Nicol, Andrew, Media law, 3. Aufl., London, Harmondsworth, 1992, 2. Aufl., London 1990.

Romatka, Georg, Gegendarstellung in Presse und Rundfunk unter Berücksichtigung der Vorstellungen der EG-Kommission, ZUM 1985, S. 400 – 408.

Rose, Laurence M., Interstate Libel and Choice of Law: Proposals for the Future, 30 Hastings L.J. 1515 – 1547 (1979).

Rothkrug, Lionel, Torts: Defamation: Uniform Single Publication Act: Civil Sections 3425.3, 3425.1, 44 Cal. L. Rev. 146 – 152 (1956).

Rubellin-Devichi, Jacqueline, Jurisprudence française en matière de droit civil, Personnes et droits de famille, Rev. trim. dr. civ. 1988, S. 79 – 103.

Rummel, Peter (Hrsg.), Kommentar zum Allgemeinen Bürgerlichen Gesetzbuch, Band 2, §§ 1175 – 1502 ABGB, Nebengesetze, 2. Aufl., Wien 1992, zit.: Rummel-Bearbeiter, ABGB.

Rutsaert, Joseph, Le systeme jurisprudentiel du droit au respect de la vie privée, Jtrib 1973, S. 489 – 497.

Sanders, Jeff, Extraterritorial Application of the First Amendment to Defamation Claims against American Media, 19 N.C.J. Int'l L. & Com. Reg. 515 – 552 (1994).

Santa Croce, Muriel, Anmerkung zu Cour de Cassation v. 14.1.1997, D. 1997, jur. 177 – 179.

Savell, Lawrence Edward, Right of privacy - appropriation of a person's name, portrait, or picture for advertising or trade purposes without prior written consent: History and scope in New York, 48 Alb. L. Rev. 1 – 47 (1983).

Savoie, Eric, Frankreich, in: Grundrechte in Europa und USA, Band I, Strukturen nationaler Systeme, Eberhard Grabitz (Hrsg.), Kehl am Rhein 1986, S. 203 – 257, zit.: Grundrechte in Europa.

Schack, Haimo, Die grenzüberschreitende Verletzung allgemeiner und Urheberpersönlichkeitsrechte, UFITA 108 (1988), S. 51 – 72.

Ders., Rechtsschutz gegen grenzüberschreitende Persönlichkeitsverletzungen durch Rundfunksendungen, in: Das Persönlichkeitsrecht im Spannungsfeld zwischen Informationsauftrag und Menschenwürde, Hübner, Heinz u.a. (Verf.), München 1989, S. 113 – 131.

Ders., Internationales Zivilverfahrensrecht, 3. Aufl., München 2002.

Schaub, Renate, Die Neuregelung des Internationalen Deliktsrecht in Deutschland und das europäische Gemeinschaftsrecht, RabelsZ 66 (2002), S. 18 – 65.

Schefer, Markus, Konkretisierung von Grundrechten durch den U.S.-Supreme Court, Berlin 1997.

Schemmer, Franz, Der *ordre public*-Vorbehalt unter der Geltung des Grundgesetzes, Frankfurt am Main 1995.

Schmitz, Inge, Persönlichkeitsrechte und zivilrechtliche Deliktshaftung im französischen und deutschen Recht, Dissertation Münster 1967.

Schneeweiß, Franz Josef, Das Verhältnis von Handlungs- und Erfolgsort im deutschen internationalen Privatrecht unter besonderer Berücksichtigung der Rechtsprechung, Dissertation Köln 1959.

Schnorr von Carolsfeld, Ludwig, Internationalrechtliche Fragestellungen zur Dogmatik des deutschen Zivilprozessrechtes, Festschrift für Friedrich Lent, Leo Rosenberg (Hrsg.), München 1957, S. 245 – 270.

Schönberger, Thomas, Das Tatortprinzip und seine Auflockerung im deutschen internationalen Deliktsrecht, Dissertation Mainz, München 1990.

Schurig, Klaus, Ein ungünstiges Günstigkeitsprinzip – Anmerkungen zu einer misslungenen gesetzlichen Regelung des internationalen Deliktsrechts, Gedächtnisschrift für Alexander Lüderitz, Hrsg. Haimo Schack u.a., München 2000, S. 699 - 711.

Schwarz, Cornelia, Privatrechtlicher Schutz der Persönlichkeitsrechte gegenüber den Massenmedien: Entwicklung von 1900 bis heute, Erlangen, Nürnberg 1995.

Schwarz, Mathias, Urheberrecht im Internet, in: Rechtsprobleme internationaler Datennetze, Jürgen Becker (Hrsg.), Baden-Baden 1996, S. 13 – 34.

Schwenk, Edmund H., Das allgemeine Persönlichkeitsrecht in amerikanischer Sicht, in: Wahl, Eduard u. a. (Hrsg), Rechtsvergleichung und Rechtsvereinheitlichung, Heidelberg 1967, S. 233 – 258.

Schwerdtner, Peter, Das Persönlichkeitsrecht in der deutschen Zivilrechtsordnung, Berlin 1977.

Ders., Persönlichkeitsschutz im Zivilrecht, in: Egon Lorenz (Hrsg.): Schutz der Persönlichkeit, Karlsruher Forum 1996, Karlsruhe 1997, S. 27 – 51.

Ders., Der zivilrechtliche Persönlichkeitsschutz, JuS 1978, S. 289 – 299.

Schwiegel-Klein, Evelyn, Persönlichkeitsrechtsverletzungen durch Massenme-

dien im Internationalen Privatrecht, Dissertation Münster 1983.
Schwimann, Michael, Grundriß des internationalen Privatrechts, Wien 1982.
Schwung, Siegfried, Die Rechtsfolgen aus der Anwendung der ordre public-Klausel im Internationalen Privatrecht, Dissertation Mainz 1983.
Ders., Das Ersatzrecht bei einem Verstoß des ausländischen Rechts gegen den ordre public, RabelsZ 49 (1985), S. 407 – 425.
Scoles, Eugene F. / Hay, Peter, Conflict of Laws, St. Paul, Minnesota 1982.
Seemann, Bruno, Prominenz als Eigentum, Baden-Baden 1996.
Siehr, Kurt, Wechselwirkungen zwischen Kollisionsrecht und Sachrecht, RabelsZ 37 (1973), S. 466 – 484.
Simon, Gesa, Persönlichkeitsschutz gegen herabsetzende Karikaturen in Deutschland und Frankreich, Frankfurt am Main 1995.
Simon, Jürgen, Das allgemeine Persönlichkeitsrecht und seine gewerblichen Erscheinungsformen, Berlin 1981.
Smart, Paul M., Conflict of Laws - Substantive Law Applied in Multistate Libel Cases, 14 Ohio St. L.J. 96 – 103 (1953).
Soergel, Bürgerliches Gesetzbuch, Band 10, Einführungsgesetz, 12. Auflage, Stuttgart, Berlin, Köln 1996.
Sonnenberger, Hans-Jürgen, Die Bedeutung des Grundgesetzes für das deutsche Internationale Privatrecht, Dissertation München 1962.
Ders., Der Persönlichkeitsschutz nach den Art. 40-42 EGBGB, FS für Dieter Henrich, Hrsg. Peter Gottwald u.a., Bielefeld 2000. S. 575 – 591.
Spickhoff, Andreas, Der ordre public im internationalen Privatrecht, Neuwied, Frankfurt am Main 1989.
Ders., Die Tatortregel im neuen Deliktskollisionenrecht, IPRax 2000, S. 1 – 8.
Ders., Die Restkodifikation des Internationalen Privatrechts: Außervertragliches Schuld- und Sachenrecht, NJW 1999, S. 2209 – 2215.
Spindler, Gerald, Deliktsrechtliche Haftung im Internet – nationale und internationale Rechtsprobleme, ZUM 1996, S. 533 – 563.
Stadler, Astrid, Persönlichkeitsrecht kontra Medienfreiheit – Zivilrechtliche Aspekte der Kontroverse in den U.S.A., JZ 1989, S. 1084 – 1095.
Stäheli, Thomas, Persönlichkeitsverletzungen im IPR, Basel 1990.
Ders., Kollisionsrecht auf dem Information Highway, in: Information Highway, Reto M. Hilty (Hrsg.), Bern, München 1996, S. 597 – 623.
von Staudinger, Julius, Staudinger's Kommentar zum Bürgerlichen Gesetzbuch mit Einführungsgesetz und Nebengesetzen, EGBGB/IPR, Einl. zum IPR, Art. 3 – 6 EGBGB, 13. Aufl., Berlin 1996, Art. 38 EGBGB, 13. Bearbeitung, Berlin 1998, Art. 38 – 42 EGBGB, 14. Aufl. 2001; zit.: Staudinger/Bearbeiter; 14. Aufl. soweit nicht anders vermerkt.

Stegemann,Norbert, Der Anknüpfungsgesichtspunkt der most significant relationship nach dem Restatement of the laws, second, conflict of the laws, im deutschen internationalen Deliktsrecht und Vertragsrecht, Dissertation Mainz 1995.

Steindorff, Ernst, Persönlichkeitsschutz im Zivilrecht, Heidelberg 1983.

Stern, Klaus, Das Staatsrecht der Bundesrepublik Deutschland, Band III, Halbband 1, München 1988.

Stiefel, Ernst C. / Stürner, Rolf / Stadler, Astrid, The enforceability of excessive U.S. punititve damage awards in Germany, 39 Am. J. Comp. L. 779 – 802 (1991).

Stöcker, Hans A., Internationaler ordre public zum Schutz der Menschenrechte, StAZ 1981, S. 16 – 22.

Stoll, Hans, Freiheit der Meinungsäußerung und Schutz der Persönlichkeit in der neueren Rechtsprechung zur zivilrechtlichen Haftung, Jura 1979, S. 576 – 590.

Ders., Handlungsort und Erfolgsort im internationalen Deliktsrecht. Überlegungen zu Art. 40 Abs. 1 EGBGB, Gedächtnisschrift für Alexander Lüderitz, Hrsg. Haimo Schack u.a., Münschen 2000, S. 733 – 750.

Ders., Typen der Feststellungsklage aus der Sicht des bürgerlichen Rechts, Festschrift für Eduard Bötticher, Karl August Bettermann (Hrsg.), Berlin 1969, S. 341 – 368.

Stoufflet, Jean, Le droit de la personne sur son image, J.C.P. 1957 I, 1374.

Strömholm, Stig, Torts in the conflict of laws, a comparative study, Stockholm 1961.

Ders., Right of privacy and rights of the personality, a comparative survey, Stockholm 1967.

Ders., La protection de la vie privée – Essai de morphologie juridique comparée, Festschrift für Ake Målstroem, P.A. Norstedt / Sonners Forlag (Hrsg.), Stockholm 1972, S. 185 – 210.

Strothmann, York, Werbung mit bekannten Persönlichkeiten, GRUR 1996, S. 693 – 696.

Symeonides, Symeon C., Choice of Law in the American Courts in 1995: A year in Review, 44 Am. J. Comp. L. 181 – 241 (1996).

Ders., Private International Codification in a Mixed Jurisdiction: The Louisiana Experience, RabelsZ 57 (1993), S. 460 – 516.

Ders., Louisiana's new law of choice of law for torts conflicts: an exegesis, 66 Tul. L. Rev. 677 – 770 (1992).

Tallon, Denis, Droits de la personnalité, in: Encyclopédie juridique Dalloz,

Répertoire de droit civil, Paris 1981.

Thatcher, Charles M., Choice of law in multi-state tort actions after *Owen v. Owen*: The less things change..., 35 S.D. L. Rev. 372 – 401 (1990).

Thomas, E. B., Jr., Multi-State Libel and Conflict of Laws, 35 Va. L. Rev. 627 – 640 (1949).

Thümmel, Hans / Schütze, Rolf A., Zum Gegendarstellungsanspruch bei ausländischen Presseveröffentlichungen, JZ 1977, S. 786 – 789.

Trutmann, Verena, Das Internationale Privatrecht der Deliktsobligationen, Basel, Stuttgart 1973.

Tsakiridis, Panagiotis, Das Recht der Meinungsäußerungsfreiheit nach Artikel 10 der Europäischen Menschenrechtskonvention und die Frage seiner Drittwirkung, Frankfurt am Main 1988.

Vaaler, David A., Conflicts of Laws – Multi-state Libel – Choice of Laws Under Single Publication Rule, 32 N.D. L. Rev. 120 – 124 (1956).

Velu, Jacques, Le droit au respect de la vie privée, Namur, Bruxelles 1974.

Vischer, Frank, Das neue Restatement „Conflict of Laws", RabelsZ 38 (1974), S. 128 – 154.

Vitta, Edoardo / Mosconi, Franco, Corso di diritto internazionale privato e processuale, 5. Aufl., Turin 1994.

Wacks, Raymond, The poverty of privacy, L.Q.R. 96 (1980), S. 73 – 89.

Ders., The Protection of Privacy, London 1980.

Ders., Privacy and Press Freedom, London 1995.

Wade, E.C. S. / Bradley, A. W., Constitutional and administrative law, 10. Aufl., London 1985.

Wade, Hamlin, Libel – multistate defamation – place of commission of tort, 35 N.C. L. Rev 535 – 541 (1957).

Wagner, Gerhard, Ehrenschutz und Pressefreiheit im europäischen Zivilverfahrens- und Internationalen Privatrecht, RabelsZ 62 (1998), S. 243 – 285.

Wagner, Rolf, Zur Anknüpfung der Frage nach dem Bestehen von Persönlichkeitsrechten im außervertraglichen Schuldrecht, JZ 1993, 1034 – 1041.

Ders., Das deutsche internationale Privatrecht bei Persönlichkeitsrechtsverletzungen, Frankfurt am Main 1986.

Ders., Der Regierungsentwurf eines Gesetzes zum Internationalen Privatrecht für außervertragliche Schuldverhältnisse und für Sachen, IPRax 1998, S. 429 – 438.

Walden, I.N. / Savage, R.N., Data protection and privacy laws: Should organisations be protected?, 37 ICLQ S. 337 – 347 (1988).

Walker, Gustav, Internationales Privatrecht, 5. Aufl., Wien 1934.

Walters, Gregory T., Bachchan v. India Abroad Publications Inc.: The clash between protection of free speech in the United States and Great Britain, 16 Fordham Int'l L.J. 895 – 936 (1993).

Waltl, Peter, Online-Netzwerke und Multimedia, in: Michael Lehmann (Hrsg.), Internet- und Multimediarecht (Cyberlaw), Stuttgart 1997, S. 185 – 203.

Warner, Harry P., Multistate publication in radio and television, 23 Law & Contemp. Probs. 14 – 33 (1958).

Warren, Samuel D. / Brandeis,Louis D., The right to privacy, 4 Harv. L. Rev. 193 – 220 (1890).

Weaver, Russell L. / Bennett, Geoffrey, Is the *New York Times* „actual malice" standard really necessary? A comparative perspective, 53 La. L. Rev. 1153 – 1190 (1993).

Webb, P.R.H. / North, P.M., Thoughts on the place of commission of a non-statutory tort, 14 ICLQ 1314 – 1359 (1965).

Weintraub, Russell J., Commentary on the Conflict of Laws, 3. Aufl., Mineola, New York 1986, zit.: Commentary.

Wenzel, Karl Egbert, Das Recht der Wort- und Bildberichterstattung, 4. Aufl., Köln 1994.

Winfield, Percy H., Privacy, L.Q.R. 47 (1931), S. 23 – 42.

Winfield / Jolowicz, Winfield and Jolowicz on Tort, Bearbeiter: W.V.H. Rogers, 13. Aufl., London 1989.

Wochner, Lucius N., Der Persönlichkeitsschutz im grenzüberschreitenden Datenverkehr, Zürich 1981.

Wolf, Uwe, Spötter vor Gericht, Frankfurt am Main 1996.

Wolff, Martin, Das Internationale Privatrecht Deutschlands, 3. Aufl., Berlin, Göttingen, Heidelberg 1954.

Woodard, Raymond S., Invasion of Privacy, 19 U. Pitt. L. Rev. 98 – 111 (1957).

Yang, T.L., Privacy: A comparative study of English and American law, 15 ICLQ 175 – 198 (1966).

Yankwich, Leon R., The right of privacy, 27 Notre Dame L. Rev. 499 – 527.

Zimmerman, Diane L., Requiem for a heavyweight: A farewell to Warren and Brandeis's privacy tort, 68 Cornell L. Rev. 291 – 367 (1983).

Zitelmann, Ernst, Internationales Privatrecht, Band 1, Leipzig 1897, Band 2, München, Leipzig 1912.

Zweigert, Konrad / Kötz, Hein, Einführung in die Rechtsvergleichung auf dem Gebiete des Privatrechts, Band 2, Institutionen, 3. Aufl., Tübingen 1996.

Einleitung

Persönlichkeitsrechtsverletzungen werfen häufig kollisionsrechtliche Fragen auf: Internationale Veröffentlichungen aus dem Privatleben global bekannter Personen, beleidigende Äußerungen über ausländische Politiker, Abbildungen Prominenter zu Werbezwecken, ehrverletzende Darstellungen im Internet, Verarbeitung oder Verbreitung persönlicher Daten über Computer. Diese und andere den Persönlichkeitsschutz tangierenden Sachverhalte machen heutzutage an Staatsgrenzen nicht mehr halt. Sprachbarrieren schrumpfen. Prominenz ist nicht auf bestimmte Staaten begrenzt. Prominente verlegen ihren Wohnsitz aus dem Heimatland. Ein Computer kann überall auf der Welt vernetzt werden. Das Internet symbolisiert die Internationalisierung des Persönlichkeitsschutzes.

In den materiellen Rechten sind jedoch große Unterschiede zu finden. Aus dieser Kombination – zunehmende Internationalisierung der Sachverhalte und Abweichungen in den nationalen Schutzstandards – ergibt sich die erhebliche Bedeutung der Kollisionsregeln. Eine weitere Besonderheit, die sich auch auf das IPR auswirken muss, ist der in den meisten Rechtsordnungen erkennbare Einfluss des Verfassungsrechts auf den Persönlichkeitsschutz.

Am 1. Juni 1999 trat das Gesetz zum Internationalen Privatrecht für außervertragliche Schuldverhältnisse und für Sachen in Kraft. Mit dieser überraschenden Reform des Internationalen Deliktsrechts ist die Frage der Anknüpfung des Persönlichkeitsschutzes allerdings keineswegs erledigt. Im Rahmen des Art. 40 Abs. 1 EGBGB sind insbesondere Handlungs- und Erfolgsort zu lokalisieren und das Verhältnis mehrerer Verletzungsorte zu erörtern.

Darüber hinaus gibt die Neuregelung des EGBGB auch zu Kritik Anlass, welche bei einer absehbaren EU-einheitlichen Regelung des Internationalen Deliktsrechts berücksichtigt werden sollte. Diese Kritik bezieht sich vor allem auf die vorrangige Anknüpfung an das Handlungsortsrecht, das Wahlrecht des Art. 40 Abs. 1 EGBGB, die spezielle Vorbehaltsklausel des Art. 40 Abs. 2 EGBGB, Auflockerungsklauseln sowie die Frage des *renvoi*.

Diese Arbeit beginnt mit einem materiell rechtsvergleichenden Teil, welcher der Vorbereitung für den kollisionsrechtlichen Teil dient. Die Zwecke dieser Untersuchung werden dort im Einzelnen dargestellt. Der kollisionsrechtlich rechtsvergleichende Teil soll den Blick für neue Lösungsansätze öffnen. In der Diskussion des deutschen IPR wird neben der Erörterung der Lokalisation der Tatorte und der Bestimmung des Verhältnisses mehrerer Verletzungsorte insbesondere versucht, die verfassungsrechtlichen Bezüge des Persönlichkeitsschutzes auf kollisionsrechtlicher Ebene zu berücksichtigen. Nach hier vertretener Ansicht ist es vorzugswürdig, diese bereits in einem allseitigen System bei der Grundanknüpfung einzubeziehen und nicht stets den *ordre public* Vorbehalt zu bemühen.

Erster Teil: Materielle Rechte des Persönlichkeitsschutzes

A. Einleitung

I. Zweck der Untersuchung

Mit dieser rechtsvergleichenden Untersuchung wird nicht die Absicht verfolgt, eine umfassende Darstellung in materiellrechtlicher Hinsicht niederzulegen. Einerseits würde damit der Rahmen der Arbeit gesprengt. Andererseits kann darauf verzichtet werden, da auch in deutscher Sprache eine recht umfangreiche rechtsvergleichende Literatur existiert.[1] Vielmehr soll es sich nur um einen Überblick handeln. Dabei wird auf die für die kollisionsrechtliche Frage wichtigen Gesichtspunkte genauer eingegangen. Zudem werden die in grenzüberschreitender Form auftretenden Delikte ausführlicher behandelt.

Der Überblick über vier nationale Rechte des Persönlichkeitsschutzes dient mehreren Aufgaben im Hinblick auf den kollisionsrechtlichen Teil dieser Arbeit:

Zunächst soll er ganz allgemein zeigen, welche Relevanz die Frage nach dem anwendbaren Recht hat. Es soll also herausgearbeitet werden, wie der Schutz in den Rechtsordnungen ausgestaltet ist und in welchen Fällen sich Unterschiede ergeben können. Es wird also generell das Schutzniveau verglichen, wobei dies nicht mit der Frage nach dem Bestehen bzw. Fehlen eines allgemeinen Persönlichkeitsrechts übereinstimmt, da andere Anspruchsgrundlagen den Schutz verwirklichen können.

Darüber hinaus soll diese Untersuchung das Rechtsgut oder die Rechtsgüter des Persönlichkeitsrechts definieren. Die Charakterisierung des Schutzgutes ist für die Anknüpfung der deliktischen Ansprüche - im Hinblick auf den Verletzungsort - von erheblicher Bedeutung. Ferner können hieraus Anhaltspunkte für oder gegen ein einheitliches Persönlichkeitsrechtsstatut geben.

Des weiteren ist eine materiell rechtsvergleichende Untersuchung auch insofern relevant, als sie zeigt, welche Ansprüche in den Rechtsordnungen dem Schutz des Persönlichkeitsrechts dienen. Hierdurch wird gemäss der funktionellen Sichtweise der Umfang einer eventuellen Verweisung auf ein ausländisches Recht bestimmt.

Schließlich dient der materiell rechtsvergleichende Teil auch dazu, die privatrechtsgestaltenden Einflüsse des Verfassungsrechts herauszuarbeiten. Diese sind

---

1 Vgl. z. B. *Zweigert / Kötz*, Rechtsvergleichung II, S. 691 ff.; *G. Simon*, Persönlichkeitsschutz gegen herabsetzende Karikaturen in Deutschland und Frankreich, 1995; *MPI-Gutachten*, BT Drucks. III/1237, S. 63 ff. (1959); *Ehlers / Baumann.*, ZvglRWiss 1978, 241 ff.; *Herth*, Persönlichkeitsschutz im englischen Zivilrecht, 1989.

für die Anknüpfung ebenfalls relevant.

Hinsichtlich der US-amerikanischen Rechtsordnung kann der erste Teil außerdem noch einem weitergehenden Zweck dienen. Die Definition der Unterschiede zwischen den einzelstaatlichen Rechten kann für die Diskussion der US-amerikanischen Ansätze zum interlokalen Privatrecht hilfreich sein.

Letztlich soll im Hinblick auf den kollisionsrechtlichen Teil geklärt werden, in welchen Konstellationen das internationalprivatrechtliche Problem auftaucht und welcher Art die Auslandsbeziehungen in Fällen von Persönlichkeitsrechtsverletzungen sind.

II. Gang der Untersuchung

Damit deutlich wird, welche Unterschiede zu dem deutschen Recht bestehen, wird zunächst kurz das deutsche Schutzsystem dargestellt. Die Ausführungen zu den ausländischen Rechten werden sich nach einem kurzen Überblick über die relevanten Rechtsinstitute darauf beschränken, die Abweichungen von dem deutschen Recht zu zeigen. Zu diesem Zweck wird der Aufbau der Darstellung des deutschen Rechts angepasst. Hierdurch soll geprüft werden, ob und durch welche Rechtsinstitute die einzelnen nach deutschem Recht unter den Begriff des Persönlichkeitsrechts fallenden Aspekte geschützt werden.

Im Anschluss wird untersucht, ob die ausländische Rechtsordnung entsprechende Rechtsfolgen vorsieht. Dies betrifft zum Beispiel den Unterlassungsanspruch oder Art und Umfang des Schadensersatzes.

Von großer Bedeutung ist die Frage nach verfassungsrechtlichen Einflüssen auf das Privatrecht, welche im Rahmen der Darstellung einer Rechtsordnung separat behandelt wird.

Eine Zusammenfassung soll die für den zweiten Teil der Arbeit relevanten Ergebnisse noch einmal deutlich herausstellen.

B. Deutschland

I. Einleitung

Dieser Teil der Arbeit zielt nicht auf eine vollständige Darstellung des deutschen Persönlichkeitsschutzes ab, sondern versucht, die für die kollisionsrechtliche Anknüpfung möglicherweise relevanten Aspekte zu bearbeiten. Dafür ist zunächst einmal erforderlich, den Umfang der Arbeit durch eine Begriffsbestimmung grob abzustecken. Es soll die Anknüpfung dessen, was wir unter dem zivilrechtlichen Persönlichkeitsrecht verstehen, untersucht werden. Der Einwand, man dürfe das internationalprivatrechtliche Problem nicht aus der deutschen Brille heraus betrachten, greift dagegen nicht. Denn die Frage, welche Bereiche zu dem Persönlichkeitsschutz zu rechnen sind, ist nicht mit der Frage, ob ein Anspruch zum Schutze gewährt wird, zu verwechseln. Letztere Frage kann in anderen Rechtsordnungen unterschiedlich betrachtet werden. Der Umfang der Fragestellung wird aber aus deutscher Sicht beurteilt.

1. Versuch einer Begriffsbestimmung des Persönlichkeitsrechtes

Nach dem traditionellen Begriff kann der Schutz der menschlichen Persönlichkeit durch das Deliktsrecht (welcher oft mit dem Allgemeinen Persönlichkeitsrecht gleichgesetzt wird) ganz allgemein als Schutz der Person als geistigem Wesen beschrieben werden. Auch die herkömmlichen persönlichen Rechtsgüter, die nach § 823 BGB geschützt werden, wie Körper, Freiheit und Eigentum, betreffen den Menschen direkt, sie gewähren aber die physischen Voraussetzungen der individuellen Existenz. Das Persönlichkeitsrecht - sofern es anerkannt ist - wehrt Eingriffe anderer Art in die menschliche Existenz ab.[2]

Trotz der Schwierigkeit einer genaueren Definition[3] sollen nun einige der in der Literatur und Rechtsprechung aufzufindenden Definitionsansätze erörtert werden, da das „Wesen" des Persönlichkeitsrechtes, für die kollisionsrechtliche Anknüpfung relevant sein könnte.

Der *BGH* sieht in der Persönlichkeit das "Recht des einzelnen gegenüber jedermann auf Achtung seiner Menschenwürde und Entfaltung seiner individuellen Persönlichkeit".[4] Es wird betont, dass es sich um ein immaterielles, ideelles Gut handelt.[5] Dies ist freilich eine problematische und umstrittene Aussage. Viele

---

2 Vgl. *Kötz*, Deliktsrecht, Rn. 623.

3 *Larenz*, AT, S. 129; dies war auch die Begründung, warum das *RG* ein APR immer abgelehnt hat, vgl. z. B. *RG* v. 7.11.1908, RGZ 69, 401, 403.

4 *BGH* v. 2.4.1957, BGHZ 24, 76 ff.; *BGH* v. 20.5.1958, BGHZ 27, 285.

5 S. *Seemann*, Prominenz als Eigentum, S. 119 m. Nw.

Autoren, insbesondere in neuerer Zeit, heben hervor, das Persönlichkeitsrecht sei sehr wohl ein Vermögensrecht oder habe zumindest auch vermögensrechtliche Aspekte, beziehungsweise Teilbereiche des Persönlichkeitsrechts (zum Beispiel das Recht am eigenen Bild) seien gewerblich verwertbar.[6] Inwieweit diese in der Praxis insbesondere bei Prominenten anzutreffende Kommerzialisierung der Persönlichkeit zu einem Vermögensrecht führt, soll noch erörtert werden, da auch davon die IPR-Frage beeinflusst wird.

In der Literatur wird das Persönlichkeitsrecht unter anderem als Schutz der menschlichen Würde und persönlichen Freiheit definiert.[7] *von Caemmerer* nennt Persönlichkeitsrechtsverletzungen die Verletzung des Menschen in seiner Persönlichkeit und seinen persönlichen Verhältnissen.[8]

Diese Ansätze zeigen, dass solche Begriffsbestimmungen für die in dieser Arbeit untersuchte Fragestellung unfruchtbar sind. Sie sind zu unkonkret und werfen weitere Definitionsfragen auf. Tatsächlich erscheint in den meisten Definitionen wieder das Wort „persönlich". Zudem sind die Begriffsbestimmungen oft durch eine öffentlich-rechtliche Sicht geprägt. Hier interessiert aber nur die zivilrechtliche Haftung. Am sinnvollsten erscheint es deshalb, die einzelnen Fälle, die unter den Persönlichkeitsschutz fallen, zu betrachten und anschließend zu fragen, ob es sich wirklich um ein wesensmäßig einheitliches Persönlichkeitsrecht handelt. Möglicherweise wird sich herausstellen, dass recht verschiedene Interessen geschützt sind und eine einheitliche Behandlung „des Persönlichkeitsschutzes" daher auch in kollisionsrechtlicher Hinsicht nicht gerechtfertigt ist.

2. Das Allgemeine Persönlichkeitsrecht (APR)

Auch bevor die deutsche Rechtsprechung im Jahre 1954 das allgemeine Persönlichkeitsrecht als sonstiges Recht im Rahmen des § 823 BGB anerkannte,[9] war die Persönlichkeit nicht schutzlos. Der Schutz des Rechts am Namen nach § 12 BGB und des Rechts am eigenen Bild nach § 22 KUG waren gesetzlich niedergelegt. Zudem gewährte die Rechtsprechung über § 823 II BGB bei Ehrverletzungen Schadensersatz, wenn die Voraussetzungen eines des Tatbestände der §§ 185 ff.

---

6 Vgl. nur *Götting*, Persönlichkeitsrechte als Vermögensrechte, z. B. auf S. 134-139; *J. Simon*, Das APR und seine gewerblichen Erscheinungsformen. 1981; *Seemann*, Prominenz als Eigentum, 1996, S. 119 ff.; *Ernst-Moll*, GRUR 1996, 561 ff. m. w. Nw.

7 *Schwarz*, Privatrechtlicher Schutz der Persönlichkeitsrechte, S. 96.

8 *von Caemmerer*, FS von Hippel, S. 39.

9 *BGH* v. 25.5.1954, BGHZ 13, 334 ff. (Schacht-Brief); zur Rechtsgeschichte ausführlich *Gottwald*, APR, S. 5 ff., zu Gesetzgebungsversuchen S. 261 ff.

StGB erfüllt waren. Teilweise wurde auch § 826 BGB angewendet.[10]

Dieser Schutz war jedoch lückenhaft und zwar insbesondere bei nicht ehrverletzenden Äußerungen oder sonstigen Eingriffen in das Privatleben. Mit dem APR wurde deshalb ein "generalklauselartiger Schutz gegen die Verletzung des Menschen in seiner Persönlichkeit und gegen Eingriffe in seine persönlichen Verhältnisse" eingeführt.[11] Das APR wird mittlerweile für eine Vielzahl verschiedenartiger Fälle herangezogen. Es ist „Quellrecht" für die verschiedenen Persönlichkeitsrechte.[12] Alle haben nach traditioneller Auffassung jedoch dasselbe Schutzgut im Sinn, die Persönlichkeit und Individualität des Menschen.

Dieser Anerkennung dieses Rechts entspricht freilich nicht zwingend ein besonders hohes Schutzniveau in Deutschland. Es ist lediglich ein generalklauselartiges Rechtsinstitut existent, mit welchem Schadensersatzansprüche begründet werden können. Wie stark nun tatsächlich der Schutz ist, wird sich bei der ausführlichen Darstellung der einzelnen Schutzbereiche und der immer vorzunehmenden Interessenabwägung herausstellen.[13]

II. Anspruchsgrundlagen

Neben § 823 Abs. 1 BGB mit dem APR als sonstiges Recht gibt es weitere Anspruchsgrundlagen bei einer Verletzung der Persönlichkeit, die aber ebenfalls (mit Ausnahme der Eingriffskondiktion) dem Bereich des Deliktsrechts zuzuordnen sind.

1. § 823 Abs. 1 BGB

Der weit überwiegende Teil des Persönlichkeitsschutzes erfolgt über § 823 Abs. 1 BGB. Vor der Anerkennung des allgemeinen Persönlichkeitsrechtes waren im Rahmen dieser Anspruchsgrundlage schon sogenannte besondere Persönlichkeitsrechte anerkannt. Dies waren das Recht am eigenen Bild, welches auch in den §§ 22 und 23 KUG geschützt ist, das Namensrecht, das auch in § 12 BGB niedergelegt ist sowie das Recht am eigenen Wort. Auch die Ehre ist von § 823 BGB erfasst.[14] Die Schadensersatzansprüche wegen Verletzung des allgemeinen Persön-

---

10 S. *RG* v. 27.1.1927, RGZ 115, 416; *RG* v. 29.5.1902, RGZ 51, 369, 381 ff.; w. Nw. bei *Ermann-Ehmann*, Anh. § 12, Rn. 3.

11 *von Caemmerer*, FS von Hippel, S. 39.

12 *Geyer-Schäfer*, Schutz vor Indiskretionen, S. 9.

13 S. auch *Brömmekamp*, Persönlichkeitsschutz, S. 40 f.; *Kötz*, Deliktsrecht, Rn. 631.

14 Die Ehre war zwar ursprünglich nicht als sonstiges Recht i.S.d. § 823 I BGB anerkannt und nur über § 823 II BGB geschützt, doch wird sie jetzt als ein Teil des allgemeinen Persönlichkeitsrechts angesehen, vgl. *MüKo-Schwerdtner*, § 12, Rn. 250.

lichkeitsrechts beruhen ebenfalls auf der Anspruchsgrundlage des § 823 Abs. 1 BGB.

2. § 1004 BGB

Bei einer Verletzung oder drohenden Verletzung eines der besonderen oder des allgemeinen Persönlichkeitsrechtes kann auch ein negatorischer Anspruch nach § 1004 BGB (i.V.m. § 823 BGB) geltend gemacht werden. Hieraus folgen Unterlassungs-, Beseitigungs- und Widerrufsansprüche. Schadensersatz kann zwar nicht verlangt werden, aber die Haftungsvoraussetzungen sind geringer: Ein Verschulden ist nicht erforderlich. Vor der Anerkennung eines Geldentschädigungsanspruches für immaterielle Schäden war der negatorische Rechtsschutz noch bedeutsamer. Er bleibt aber zentraler Bereich der Persönlichkeitsschutzes.[15]

3. Bundesdatenschutzgesetz

Das Bundesdatenschutzgesetz schützt den Betroffenen vor unzulässigem Umgang mit den persönlichen Daten. Dabei gelten einige der Regeln auch im zivilrechtlichen Bereich bei gewerblichem oder geschäftsmäßigen Zweck (§ 1 Abs. 2 Nr. 3 BDSG). Als Rechtsfolgen und Ansprüche sind eine Benachrichtigungspflicht (§ 33 BDSG), Auskunftspflicht (§ 34 BDSG), sowie Berichtigungs-, Löschungs- und Sperrungsansprüche (§ 35 BDSG) vorgesehen. Für Schadensersatzansprüche ist nunmehr der Rückgriff auf § 823 Abs. 2 BGB nicht mehr nötig, da in § 7 BDSG eine Anspruchsgrundlage besteht. Das BDSG gilt allerdings aus kompetenzrechtlichen Gründen im wesentlichen nicht für die Medien (§ 41 BDSG). Insoweit sind landesgesetzliche Regeln heranzuziehen.

4. Presse- und Mediengesetze

In Presse- und Mediengesetzen wird ein Anspruch auf Gegendarstellung festgesetzt.[16] Teilweise wird bei Fehlen einer gesetzlichen Grundlage auch ein solcher Anspruch in analoger Anwendung dieser Vorschriften und gestützt auf das APR bejaht.[17] Dem von der Veröffentlichung einer Tatsachenbehauptung in den Medien Betroffenen wird das Recht zugesprochen, die eigene Version von der Wahrheit in diesem Medium darzustellen. Damit soll das Prinzip der Waffengleichheit gewährleistet werden.[18]

---

15 Vgl. *Hohloch*, ZUM 1986, 168 f.

16 Vgl. Nw. bei *Wenzel*, Recht der Wort- und Bildberichterstattung, Rn. 11.9 ff.

17 Vgl. *Schwarz*, Privatrechtlicher Schutz der Persönlichkeitsrechte, S.105.

18 Vgl. *Ebert*, Gegendarstellung in Deutschland und USA, S. 71 f.

Der Gegendarstellungsanspruch dient dem Schutz des Persönlichkeitsrechts in der Form des Identitätsschutzes. Die Person soll selbst entscheiden dürfen, in welcher Weise sie in der Öffentlichkeit dargestellt wird. Die Abwägung dieses Interesses mit der grundrechtlichen Meinungs- und Pressefreiheit führt zu dem Verteidigungsrecht der Gegendarstellung.[19]

5. Sonstige Anspruchsgrundlagen

Als weitere Anspruchsgrundlagen für negatorischen Rechtsschutz im Bereich des Persönlichkeitsschutzes kommen § 12 BGB und § 22 KUG in Betracht, die spezialgesetzlich das Namensrecht beziehungsweise das Recht am eigenen Bild schützen. Für Schadensersatzansprüche ist aber ein Rückgriff auf die Norm des § 823 BGB erforderlich.

Ansprüche aus § 823 Abs. 2 BGB sind gegeben, wenn die Voraussetzungen eines der strafgesetzlichen Ehrenschutztatbestände der §§ 185 ff. StGB erfüllt sind. § 826 BGB wird heute nicht mehr herangezogen, da das allgemeine Persönlichkeitsrecht anerkannt ist.[20] § 824 BGB wird gelegentlich angewendet.[21]

Als einziger nichtdeliktischer Anspruch ist die Eingriffskondiktion zu nennen, welche bei einem Eingriff in eines der anerkannten Persönlichkeitsrechte zu einem Anspruch führen kann. Sie wird aber nur selten geltend gemacht, da der deliktische Schutz ausreichend ist.

6. Verhältnis der Anspruchsgrundlagen

Die Rechtsprechung greift in der Regel erst dann auf das APR zurück, wenn keine Sondernorm eingreift. Allerdings schließt die Ablehnung zum Beispiel einer Verletzung des Namensrechts nicht die Berufung auf § 823 Abs. 1 BGB mit dem APR aus.[22] Dies liegt daran, dass das APR auch bei den Teilregelungen die "eigentliche Grundlage für den Persönlichkeitsschutz bildet".[23] Das APR soll umfassenden Schutz gewährleisten und eventuelle Schutzlücken schließen. Durch die Anerkennung des APR ist die praktische Bedeutung aller anderen Anspruchsgrundlagen,

---

19 Vgl. m. w. Nw. *Ebert*, Gegendarstellung in Deutschland und USA, S. 14 ff., 26.

20 Aus der früheren Rspr. vgl. *RG* v. 13.1.1927, RGZ 115, 416; heute wird diese Anspruchsgrundlage manchmal noch zusätzlich genannt, z. B. *OLG München* v. 22.3.1989, AfP 1990, 45.

21 Z. B. *RG* v. 5.1.1905, RGZ 60, 6, 7 f.; auch *BGH* v. 15.11.1977, BGHZ 70, 39.

22 *BGH* v. 18.3.1959, BGHZ 30, 7, 10 f. (Caterina Valente); zum BDSG: *Klippel*, Neuere Entwicklungen des Persönlichkeitsschutzes, S. 21 f.; s. aber *Larenz*, AT, S. 131 (Datenschutz abschließend in dem BDSG geregelt); s. auch zur Sperrwirkung des BDSG: *BGH* v. 19.5.1981, NJW 1981, 1738, 1740.

23 *BGH* v. 18.3.1959, BGHZ 30, 7, 11 (Caterina Valente).

vor allem der besonderen Persönlichkeitsrechte und des Ehrenschutzes über § 823 Abs. 2 BGB daher stark geschrumpft. Im konkreten Fall kommen häufig mehrere der Anspruchsgrundlagen in Betracht. So kann zum Beispiel durch ein heimlich aufgenommenes und veröffentlichtes Foto eines Prominenten dessen Privatsphäre (APR) und sein Recht aus § 22 KUG verletzt sein.[24] Schadensersatzansprüche und negatorischer Rechtsschutz können wie üblich nebeneinander geltend gemacht werden, wobei aber nur bei Schadensersatzansprüchen Verschulden erforderlich ist.[25]

Auf die Anspruchsgrundlagen, ihre Schutzfunktionen und Voraussetzungen wird im Rahmen der einzelnen Schutzbereiche noch genauer eingegangen.

III. Schutzbereiche des Persönlichkeitsrechts

1. Einleitung

Schon ein oberflächlicher Blick auf das Fallmaterial, welches unter dem Stichwort des Persönlichkeitsschutzes diskutiert wird, lässt die Vermutung aufkommen, dass dabei verschiedene Schutzbereiche zu unterscheiden sind. Eine Katalogisierung ist für die internationalprivatrechtliche Fragestellung unter Umständen erforderlich. Es soll deshalb nun versucht werden, einzelne Schutzbereiche des Persönlichkeitsrechtes herauszuarbeiten. Diese Gruppierung erfolgt unabhängig von der im Einzelfall tatsächlich geprüften Anspruchsgrundlage, also zum Beispiel § 12 BGB oder dem APR. Denn eine Anspruchsgrundlage kann dem Schutz verschiedener Interessen dienen. Zum Beispiel können mit § 22 KUG der Schutz der Privatsphäre, des Ansehens oder wirtschaftliche Interessen verfolgt werden.[26] Zudem ist die Anspruchsgrundlage für das Schutzniveau nicht entscheidend, und erst eine von der Anspruchsgrundlage gelöste Untersuchung macht einen Rechtsvergleich möglich.

Ob man aus theoretischer Sicht von einem einheitlichen Persönlichkeitsrecht auszugehen hat, ist demgegenüber eher als eine philosophische Frage anzusehen, die aber für die IPR-Frage kaum von Bedeutung ist. Entscheidend ist für die kollisionsrechtliche Sicht, ob man in der Praxis verschiedene Schutzbereiche

---

24 Vgl. z. B. *BGH* v. 12.12.1995, NJW 1996, 985 ff. (Caroline v. Monaco).

25 Vgl. *MüKo-Schwerdtner*, § 12, Rn. 309; z. B. *BGH* v. 5.12.1995, NJW 1996, 984 (Caroline, Richtigstellung und Geldentschädigung); s. aber *BGH* v. 6.4.1976, BGHZ 66, 182, 191 ff. (kein Schadensersatz für eigene Zeitungsanzeigen des Betroffenen, da ein Gegendarstellungsanspruch möglich war).

26 Vgl. *BGH* v. 5.12.1995, NJW 1996, 984 f. (Caroline v. Monaco, Privatsphäre); *OLG München* v. 3.2.1975, ArchPR 1975, 92 (Ehre des abgebildeten kleinwüchsigen Menschen); *BGH* v. 6.2.1979, NJW 1979, 2203 (Sportler, wirtschaftliches Interesse).

antrifft und deshalb unter Umständen zwischen diesen kollisionsrechtlich differenzieren muss.[27]

2. Traditionelle Einteilung

Dass bei dem Persönlichkeitsschutz zwischen verschiedenen Schutzbereichen zu unterscheiden ist, ist allgemein anerkannt. Diese traditionelle Differenzierung folgt teilweise den Anspruchsgrundlagen beziehungsweise den Einzelpersönlichkeitsrechten. Darüber hinaus werden verschiedene Bereiche unterschieden, die über das allgemeine Persönlichkeitsrecht erfasst sind. Demnach wird zwischen Ehrenschutz, Schutz des Wortes, des Namens, des Bildes unterschieden. Über das allgemeine Persönlichkeitsrecht werden der Liste der Schutz der Privatsphäre und der sogenannte Darstellungs- oder Identitätsschutz hinzugefügt.[28] Ferner werden der Datenschutz und der postmortale Schutz abgegrenzt.[29]

3. Versuch einer eigenen Schutzbereichsbestimmung

Die traditionelle Einteilung folgt nach der hier vertretenen Ansicht zu formalistisch den verschiedenen Anspruchsgrundlagen beziehungsweise Einzelpersönlichkeitsrechten. Aus rechtsvergleichender Sicht und für den Zweck der Vorbereitung der kollisionsrechtlichen Untersuchung ist aber eine stärker funktionelle Betrachtung erforderlich.

Ein Blick auf die Rechtsprechung zeigt, dass das hinter einer Klage stehende Interesse nicht mit der Anspruchsgrundlage gleichzusetzen ist. Dies folgt schon aus dem „Auffangtatbestand" des allgemeinen Persönlichkeitsrechts. Zum Beispiel kann man sich zwar gegen eine Bildveröffentlichung zur Wehr setzen, tatsächlich aber den Schutz des Privatlebens bezwecken. Auch ist die Einteilung für kollisionsrechtliche Zwecke deshalb nicht zu gebrauchen, da sie zu stark differenziert. Zudem fällt auf, dass ein Aspekt des Schutzes gänzlich unbeachtet bleibt, der aber immer stärkere Bedeutung erlangt. Dies ist der wirtschaftliche Aspekt des Persönlichkeitsschutzes, auf den noch weiter einzugehen sein wird.

Der Persönlichkeitsschutz kann nach der in dieser Arbeit vertretenen Ansicht in drei Schutzbereiche eingeteilt werden. Diese zunächst vorläufige Einteilung soll

---

27 Zweifelnd an der Homogenität auch *Grimm*, Persönlichkeitsschutz im Verfassungsrecht, S. 4; auch *Klippel*, Neuere Entwicklungen des Persönlichkeitsschutzes, S. 18.

28 Der Darstellungsschutz betrifft den Schutz gegen Verfälschungen des Persönlichkeitsbildes, vgl. *Ermann-Ehmann*, Anh. § 12, Rn. 196 ff.

29 Vgl. zum Ganzen z. B. *Schwarz*, Privatrechtlicher Schutz der Persönlichkeitsrechte, S. 95; ähnlich auch *Hubmann*, FS Schwab, S. 5; zu anderen Einteilungen vgl. *Seemann*, Prominenz als Eigentum, S. 124 f. m. w. Nw.

im folgenden anhand von Rechtsprechung und Literatur dahingehend überprüft werden, ob sie sinnvoll ist und den tatsächlichen Gegebenheiten entspricht.

Danach ist der erste Schutzbereich die Ehre, verstanden in einem weiten Sinne als Ansehen, Wertschätzung und Darstellung der Person in der Gesellschaft.

Als zweites Schutzgut kann das Privatleben benannt werden, welches in der Abgrenzung der Person von der Gesellschaft besteht.

Nach der hier vertretenen Ansicht existiert als drittes Schutzgut das Interesse an der wirtschaftlichen Verwertung der Persönlichkeit.[30] Dies ist wohl der weitgehendste Unterschied zu der traditionellen Ansicht. Zwar bedeutet die Abtrennung dieses Schutzbereiches nicht, dass er nach deutschem Recht umfassend geschützt ist, doch steht er hinter vielen Klagen und wird daher auch von dem Persönlichkeitsschutz erfasst. Diese Ansicht hält auch den Blick für den Umfang des materiellen Persönlichkeitsschutzes nach ausländischen Rechtsordnungen offen. Dieser Blick darf nicht durch eine voreilige Beschränkung der kollisionsrechtlichen Frage auf den immateriellen, ideellen Gesichtspunkt des Persönlichkeitsrechts verstellt werden.

Die Schutzbereichsdifferenzierung von *Canaris*[31] ist nach der hier vertretenen Ansicht und für den hier verfolgten kollisionsrechtlichen Zweck zu stark verästelt. Insbesondere sind die Kategorien „Schutz vor Entstellungen und unwahren Behauptungen“ und „Schutz vor Herabsetzungen“ zwanglos unter den Ehrenschutz zu fassen. Der „Schutz vor dem Eindringen in den persönlichen Bereich“, der „Schutz vor der Verbreitung von Persönlichkeitsäußerungen und wahren Tatsachen“ und der „Schutz vor Belästigungen“ betreffen nach der hier vertretenen Ansicht mit der Privatsphäre ebenfalls eine einheitliche Kategorie. Die Fälle, welche *Canaris* unter „Entschließungsfreiheit“ diskutiert, bilden nach hier vertretener Ansicht keine separate Kategorie des deliktsrechtlichen Persönlichkeitsschutzes.[32] Vielmehr sind sie eher dem Vertrags-, Körperverletzungs- oder Familienrecht zuzuordnen, mag auch das verfassungsrechtliche Allgemeine Persönlichkeitsrecht in diesen Fällen einen Einfluss auf das Zivilrecht haben. Der Einteilung von *Canaris* ist aber insoweit zuzustimmen, als er einen separaten wirtschaftlichen Schutz-

---

30 Diesen Schutzbereich hat schon *Canaris* abgegrenzt, vgl. *Larenz/Canaris*, SchuldR II, 2, S. 502.

31 In *Larenz/Canaris*, SchuldR II, 2, S. 499 ff. Er differenziert sieben Schutzbereiche: Schutz vor Entstellungen und unwahren Behauptungen, Schutz vor Herabsetzungen, Schutz vor wirtschaftlicher Nutzung, Schutz vor dem Eindringen in den persönlichen Bereich, Schutz vor Verbreitung von Persönlichkeitsäußerungen und wahren Tatsachen, Schutz der Entschließungsfreiheit, Schutz vor Belästigungen.

32 Insoweit ist auch kennzeichnend, dass *Canaris* eigentlich keine Definition der Kategorie gibt, sondern es sich um „spezielle Formen der allgemeinen Handlungsfreiheit“ handeln soll.

bereich annimmt.

Die Schutzbereichseinteilung von *Ehmann*[33] erscheint für die vorliegende Arbeit nicht fruchtbar, da sie nicht nur nach dem Schutzgut, sondern auch nach der Art des Eingriffes differenziert. Insbesondere für den Zweck der Bestimmung eines Verletzungsortes ist eine Differenzierung nach einem einheitlichen Kriterium und zwar dem Rechtsgut vorzuziehen. Zudem vernachlässigt *Ehmann* den wirtschaftlichen Aspekt des Vermögensschutzes.

Im folgenden soll diesen drei Schutzbereichen Fallmaterial aus der deutschen Rechtsprechung und Stimmen aus der Literatur zugeordnet werden. Dabei wird auch darauf eingegangen, mittels welcher Rechtsinstitute dieser Schutz erfolgt und ob eine direkte, ausschließliche Zuordnung von Anspruchsgrundlage und Schutzbereich möglich ist.

a) Ehre

Nach dem herrschenden Ehrbegriff bezeichnet die Ehre die Wertschätzung einer Person durch sie selbst (Selbstwertgefühl, Ehrgefühl, innere Ehre) sowie durch andere Personen, die Gesellschaft (soziales Ansehen, Ruf, äußere Ehre).[34] Darunter fällt aber auch der nach den üblichen Begriffsverwendungen sogenannte Darstellungsschutz. Auch das Recht, zu entscheiden, wie man in der Öffentlichkeit dargestellt wird, das Recht, sich selbst in Bezug auf die Stellung innerhalb der Gesellschaft zu definieren, ist unter einen weiten Ehrbegriff zu fassen.[35]

Schutz für die Ehre bietet zunächst der zivilrechtliche Anspruch über § 823 II BGB mit den Straftatbeständen der §§ 185 ff. StGB. Dazu müssen aber die strafrechtlichen Voraussetzungen eines der Tatbestände des StGB bewiesen werden. Insbesondere kann sich der Beklagte auf die Wahrnehmung berechtigter Interessen nach § 193 StGB berufen. Eine Formalbeleidigung nach § 192 StGB wird mangels einer Beleidigungsabsicht bei Karikaturen und ähnlichem oft ausscheiden.[36] Deshalb ist § 823 Abs. 2 BGB eher selten eine Anspruchsgrundlage.[37]

Wenn möglich, stützt sich eine Klage daher direkt auf § 823 I BGB. Die Ehre

---

33 JuS 1997, S. 194 f.; er unterscheidet Ehrenschutz, Identitätsschutz, Schutz gegen Verbreitung, Schutz gegen Erhebung und Entfaltungsschutz.

34 Vgl. *Schwarz*, Privatrechtlicher Schutz der Persönlichkeitsrechte, S. 95.

35 Zur engen Verwandtschaft s. auch *Ermann-Ehmann*, Anh. § 12, Rn. 196.

36 *G. Simon*, Persönlichkeitsschutz, S. 90-93.

37 Vgl. als Beispiele aus der Rechtsprechung: *BGH* v. 9.7.1985, BGHZ 95, 212 (§ 186 StGB); *BGH* v. 24.10.1961, BGHZ 36, 77, 84 (§ 823 II BGB verneint); *OLG Hamburg* v. 9.4.1981, AfP 1982, 36 (§ 186 StGB); *OLG Stuttgart* v. 16.8.1972, AfP 1972, 332 (§ 186 StGB).

als solche war nach herrschender Meinung zwar kein sonstiges Recht i.S.d. § 823 I BGB.[38] Doch ist sie ein Gut, welches über das APR erfasst wird, auch wenn dies nicht immer deutlich gemacht wird. Die Anerkennung des APR hat das Erfordernis, die Voraussetzungen zum Beispiel einer Beleidigung nachzuweisen, überflüssig gemacht. Damit hat die Entwicklung des APR den Ehrenschutz stark erweitert.[39] Insbesondere sind auch fahrlässige Verletzungen erfasst.[40] Zudem ist die Abgrenzung von Tatsache und Meinung zumindest für den Schutzbereich nicht mehr so wichtig.[41] Denn der Betroffene kann sich direkt auf das allgemeine Persönlichkeitsrecht stützen. Allerdings sind Werturteile nach Art. 5 GG stärker geschützt[42], was auch bei dem APR nämlich bei der Rechtfertigung von Eingriffen von Bedeutung ist.

Als Beispiel eines über das APR gelösten Falles einer Beleidigung kann der Fernsehansagerin-Fall genannt werden. Dort stützte der *BGH* sein Schadensersatzurteil auf das APR, obwohl unzweifelhaft eine Beleidigung i.S.d. § 185 StGB vorlag.[43] Eine Zeitschrift hatte die Fernsehansagerin unter anderem als "ausgemolkene Ziege" bezeichnet. Das APR erfasst aber auch über die Gruppe des sogenannten „Darstellungsschutzes" Fälle, die der Ehre im weiten Sinne zuzuordnen sind. Dazu gehören zum Beispiel die Entscheidungen Alte Herren, Schacht-Brief, Mephisto, Böll, Valente und Nolde[44], in denen die Person in einer Weise dargestellt wurde, die sie ablehnte, ohne dass eine Beleidigung vorlag. Auch eine durch Falschzitate oder erfundene, entstellte Interviews begangene Persönlichkeitsverfäl-

---

38 *MüKo-Schwerdtner*, § 12, Rn. 250 m. w. Nw.

39 Vgl. z. B. *BGH* v. 25.5.1954, BGHZ 13, 344 ff. (Schacht-Brief): das Berufungsgericht hatte das Vorliegen einer Verleumdung abgelehnt; der *BGH* bejahte eine Verletzung des APR; s. auch *Stoll*, Jura 1979, 576 f.

40 *G. Simon*, Persönlichkeitsschutz, S. 30.

41 Im Hinblick auf die Ehre im engen Sinne kann eine wahre Behauptung tatsächlicher Art ja eigentlich nie verletzend sein, vgl. *MüKo-Schwerdtner*, § 12, Rn. 254; zur schwindenden Bedeutung der Abgrenzung von Tatsachen und Werturteilen s. auch *Beater*, Zivilrechtlicher Schutz vor der Presse als konkretisiertes Verfassungsrecht, S. 52.

42 Vgl. *BVerfG* v. 22.6.1982, BVerfGE 61, 1, 7 f.; *BVerfG* v. 15.1.1958, BVerfGE 7, 198, 210 (Lüth).

43 *BGH* 5.3.1963, BGHZ 39, 124; so auch *Kötz*, Deliktsrecht, Rn. 628; *Beater*, Zivilrechtlicher Schutz vor der Presse als konkretisiertes Verfassungsrecht, S. 66.

44 *BGH* v. 22.12.1959, BGHZ 31, 308 (Alte Herren, entstellende Briefveröffentlichung); *BGH* v. 25.5.1954, BGHZ 13, 334 (Schachtbrief); *BGH* v. 20.3.1968 BGHZ 50, 133 (Mephisto); *BVerfG* v. 3.6.1980, BVerfGE 54, 208 (Böll, entstellte Zitate); *BGH* v. 30.5.1978, NJW 1978, 1797 (gleicher Fall); *BGH* v. 8.6.1989, BGHZ 107, 384, 391 (Nolde, Bildfälschung); *BGH* v. 18.3.1959, BGHZ 30, 7 (Caterina Valente, Werbung für Zahnprothesenmittel); s. auch *BGH* v. 5.12.1995, NJW 1996, 984 (falscher Bericht über angebliche Krankheit von Caroline v. Monaco; Richtigstellung und Geldentschädigung).

schung kann mittels des APR verfolgt werden.[45]

Über das Recht am eigenen Bild und den Schutz über § 22 KUG kann ebenfalls ein Schutz vor beleidigenden und verstellenden Veröffentlichungen erreicht werden. Häufig ist der Grund für den Widerstand gegen die Veröffentlichung eines Bildes, dass die Ehre der betroffenen Person beeinträchtigt würde.[46] Wenn das Bild vorteilhaft oder neutral ist, so hat die Person schließlich in der Regel keinen Grund, sich gegen eine Veröffentlichung zu wehren.[47] Nach der Ansicht der Rechtsprechung umfasst das KUG auch die Darstellung des Lebens- und Charakterbildes zum Beispiel in Romanen oder Filmen.[48] Auch ehrbeeinträchtigende Karikaturen können 22 KUG verletzen.

Eine Person kann sich auch gegen eine ehrverletzende Namensverwendung wehren, indem sie sich auf ihr Namensrecht aus § 12 BGB beruft.[49] Denkbar ist dies zum Beispiel bei einer unvorteilhaften Werbung oder wenn eine Person deshalb nicht möchte, dass mit ihrem Namen geworben wird, weil sie Werbung ablehnt.[50]

Ebenso gibt der Gegendarstellungsanspruch einem Betroffenen die Möglichkeit, sich gegen eine Ehrverletzung zu wehren und einer Darstellung entgegenzuwirken, die seiner Identität nicht entspricht.[51]

---

45 Z. B. *BGH* v. 8.12.1964, NJW 1965, 685 (Soraya); *BVerfG* v. 30.6.1980, NJW 1980, 2070 (Eppler); *BGH* v. 22.12.1959, BGHZ 31, 308 (Alte Herren, entstellende Briefveröffentlichung); *BVerfG* v. 3.6.1980, BVerfGE 54, 208 (Böll, entstellte Zitate); vgl. *MüKo-Schwerdtner*, § 12, Rn. 274; dies könnte auch dem besonderen Persönlichkeitsrecht am eigenen Wort zugeordnet werden, ebenso wie der Alteherren-Fall, bei dem es um die Veröffentlichung eines Rundschreibens ging.

46 So auch *Schwarz*, Privatrechtlicher Schutz der Persönlichkeitsrechte, S. 144 f.

47 In dem Fall des *OLG München* vom 3.2.1975, ArchPR 1975, 92, z. B. wehrte sich mittels § 22 KUG erfolgreich ein kleinwüchsiger Mensch gegen seine Abbildung in einem Buch, bei der ein Witz über seine Größe gemacht wurde. *Schwarz*, Privatrechtlicher Schutz der Persönlichkeitsrechte, S. 145, bringt das Beispiel der Abbildung einer Frau, die zufällig vor einem Stripteaselokal stehend fotografiert wird. Der Grund für den Widerstand sei, dass dies ihr Ansehen beschädigen könnte.

48 Z. B. *BGH* v. 15.11.1957, BGHZ 26, 52, 67 (Sherlock Holmes); *BVerfG* v. 5.6.1973, NJW 1973, 1226 (Lebach); bzw. es wird das KUG analog angewendet, vgl. *Ermann-Ehmann*, Anh. § 12, Rn. 225; freilich gibt es hier Einschränkungen, die auf der Rechtswidrigkeitsebene zu diskutieren sind.

49 Z. B. *OLG Stuttgart* v. 28.6.1961, ArchPR 1963, 59 (Gefahr einer Identitätsverwechslung durch Namensnennung).

50 Oft wird dann aber eher der Aspekt der wirtschaftlichen Verwertung der Persönlichkeit betroffen sein; dass ein Prominenter mit Werbung Geld verdient, wird heute kaum noch als ungewöhnlich und negativ bewertet. S. schon *OLG Hamburg* v. 23.3.1972, ArchPR 1972, 112 f.

51 Vgl. zu beidem *Schwarz*, Privatrechtlicher Schutz der Persönlichkeitsrechte, S. 103 ff., 115 ff.; *Haase-Becher*, Gegendarstellungsanspruch in rechtsvergleichender Sicht, S. 170 ff.

Der postmortale Schutz der Persönlichkeit dient ebenfalls dem Ehrenschutz.[52] Er bildet keinen eigenen Schutzbereich.

Zusammengefasst kann gesagt werden, dass der Ehrenschutz ein zentraler Bereich des Persönlichkeitsschutzes ist, dem viele verschiedene Anspruchsgrundlagen zugeordnet werden können. Von diesen wird der Schutz über strafrechtliche Ehrschutztatbestände und § 823 Abs. 2 BGB, soweit ersichtlich, heute praktisch nicht mehr vorgetragen.

b) Privatsphäre

Der Schutz der Privatsphäre lässt sich leichter definieren als der Ehrbegriff. Es ist der Bereich des Lebens, der aus der Öffentlichkeit herausgehalten, vor Eindringen durch andere bewahrt werden soll.[53]

Vielleicht die wichtigste Änderung, die das APR brachte, war die Anerkennung des Rechts auf das Privatleben. Denn vorher konnte man sich nur gegen ehrverletzende Darstellungen, bei Abbildungen oder Verletzungen des Wortes zur Wehr setzen. Nun ist klar, dass die Form des Eingriffes nicht mehr relevant ist. Insbesondere können auch tatsächliche Eingriffe das APR verletzen. Als Verletzungsformen kommen daher unter anderem das Verbreiten von Vorgängen oder Daten aus dem Privatleben, Veröffentlichungen von Fotos, Briefen etc., Belauschen, Abhören in Betracht.[54]

Dennoch beruft man sich häufig auf das Recht am eigenen Bild und § 22 KUG, wenn gegen die Veröffentlichung eines Bildes aus dem Privatleben vorgegangen wird.[55] Dies liegt vermutlich an der klaren gesetzlichen Grundlage. Andererseits wird von dem KUG nicht schon die Aufnahme eines Bildes erfasst, die aber unter das APR fallen könnte.[56]

---

52 Entweder dem der verstorbenen Person oder der Nachkommen; es kann aber auch die Privatsphäre betroffen sein.

53 *Schwarz*, Privatrechtlicher Schutz der Persönlichkeitsrechte, S. 95.

54 Vgl. *Schwerdtner*, Persönlichkeitsschutz im Zivilrecht, S. 28 f.; Beispiele: Tonbandaufnahme: *BVerfG* v. 31.1.1973, BVerfGE 34, 238; *BGH* v. 20.5.1958, BGHZ 27, 284 ff.; *BGH* v. 24.11.1981, NJW 1982, 277 (Tonband); *BGH* v. 5.3.1974, GRUR 1974, 794, 795 (Veröff. über Familienstreit); Anm. zu *BayObLG* v. 26.6.1962, NJW 1962, 2242 (Belauschen eines Liebespaares, Anm. von *G. Erdsieck*); *BGH* v. 16.2.1973, BGHZ 60, 296 (unerwünschte Werbezusendung); *BGH* v. 20.2.1990, WM 1990, 1167 (Briefgeheimnis).

55 Z. B. *BGH* v. 12.12.1995, NJW 1996, 985 ff. (Caroline v. Monaco); *LG Köln* v. 5.6.1991, NJW 1992, 443 (Eltern eines Mordopfers gegen Fotos von Beerdigung); *OLG Oldenburg* v. 14.11.1988, NJW 1989, 400 (Nacktaufnahmen).

56 Vgl. *BGH* v. 105.1957, BGHZ 24, 200, 208 (Spätheimkehrer); vgl. *Ermann-Ehmann*, Anh.

Das Recht am eigenen Wort schützt den Geheimnisbereich in Fällen vertraulicher Briefe oder bei heimlichem Abhören oder Mitschneiden und Veröffentlichen eines Gespräches.[57] Jedoch kann eine Eingriffshandlung unter Umständen durch ein berechtigtes Aufklärungsinteresse gerechtfertigt sein.[58]

Dem Bereich der Privatsphäre ist auch der Datenschutz nach dem BDSG zuzuordnen.[59] Rechtsgut des BDSG ist die Privatsphäre.[60] Auch das APR erfasst den Datenschutz, wenn das BDSG nicht eingreift, zum Beispiel wenn – vor der Einfügung des § 7 BDSG –Schadensersatz verlangt wurde.[61] Datenschutz bezieht sich auf das Recht, über die Erhebung, Verwendung und Veröffentlichung persönlicher Daten zu bestimmen, und dient damit der Abgrenzung der persönlichen gegen die öffentliche Sphäre. Dabei kommen als Gegner eines Anspruches primär Auskunfteien in Betracht, deren tägliches Geschäft der Umgang mit persönlichen Daten ist.[62]

Auch postmortaler Schutz kann im Bereich der Privatsphäre geltend gemacht werden.[63]

c) Wirtschaftliche Verwertung von Persönlichkeitsgütern

Ein Studium der Fälle lässt Zweifel an der Ansicht aufkommen, Ziel der Geltendmachung einer Persönlichkeitsrechtsverletzung sei stets nur ein immaterielles, ideelles Interesse an der eigenen Ehre oder dem Privatleben. Besonders bei Prominenten besteht ein Interesse daran, den kommerziellen Wert der eigenen Persönlichkeit oder ihrer Attribute zu schützen und auszunutzen. So mehren sich auch in der Literatur die Stimmen, die einen wirtschaftlichen Aspekt des Persönlichkeits-

---

§ 12, Rn. 329.

57 Dies wird teilweise dem APR zugeordnet, und ein Recht am eigenen gesprochenen oder geschriebenen Wort wird nicht davon differenziert, z. B. *Ermann-Ehmann*, Anh. § 12, Rn. 274 ff.

58 Vgl. *BGH* v. 24.10.1961, BGHZ 36, 77 (Waffenhandelfall, Veröffentlichung eines Geschäftsbriefes).

59 Vgl. *Schwarz*, Privatrechtlicher Schutz der Persönlichkeitsrechte, S. 121.

60 *Auernhammer*, BDSG, Einf., Rz.31.

61 Vgl. *Geyer-Schäfer*, Schutz vor Indiskretionen, S. 10; *MüKo-Schwerdtner*, § 12, Rn. 219, 224 (auch genannt Recht auf informationelle Selbstbestimmung); ein Schadensersatzanspruch könnte auch auf § 823 II BGB i.V.m. dem BDSG gestützt werden, vgl. a.a.O., Rn. 222.; Beispiele zum APR: *BGH* v. 2.4.1957, BGHZ 24, 72 ff. (Weitergabe ärztlicher Unterlagen); *BGH* v. 7.7.1983, NJW 1984, 436 (Schufa); *BGH* v. 19.5.1981, NJW 1981, 1738, 1740.

62 Hinsichtlich der Medien s. § 41 BDSG.

63 Vgl. schon *RG* v. 28.12.1899, RGZ 45, 170 (Bismarck-Foto).

rechtes bejahen.[64] Dies soll nun anhand von Fällen belegt werden, die zwar in der Regel nicht explizit das wirtschaftliche Interesse benennen, bei denen es aber hinter der Klage steht.

Besonders wichtig sind in diesem Bereich die Einzelpersönlichkeitsrechte von Bild, Name und Wort. Denn diese Persönlichkeitsattribute können besonders gut für eine wirtschaftliche Verwertung in Form von Werbung verwendet werden. Diese Möglichkeit möchten vor allem Prominente zu ihren eigenen Gunsten bewahren. Deshalb kann hinter dem Vorgehen gegen Werbung mit dem Namen oder dem Abbild eines Prominenten oder auch eines Nichtprominenten oft das wirtschaftliche Interesse stehen.[65] Entsprechend wird als Schadensersatz meist der entgangene Gewinn, die entgangene Lizenzgebühr zuerkannt und nicht ein Geldentschädigungsanspruch für immaterielle Schäden.[66] Statt Werbung kommen auch sonstige Abbildungen in Betracht, zum Beispiel in einem Lehrbuch, Kalender, Poster. Diesbezüglich wird in der Literatur verstärkt die Ansicht vertreten, dem Betroffenen selbst sei es vorbehalten, in dieser Weise seine Persönlichkeitsattribute zu verwerten.[67] In der Rechtsprechung setzt sich dies aber erst vereinzelt durch.[68]

Auch bei anderen Veröffentlichungen über eine Person, zum Beispiel nachteiligen oder ehrverletzenden Darstellungen, kann aber ein wirtschaftliches Interesse der Person betroffen sein, wenn sie dadurch ihren wirtschaftlichen „Marktwert" gefährdet sieht. Davon muss der Fall abgegrenzt werden, dass eine Person sich nur deshalb gegen eine werbemäßige oder sonstige Abbildung wehrt, weil diese sie lächerlich macht, also nur zum Schutz der Ehre.[69]

Die Rechte aus dem KUG sind in dem hier interessierenden Bereich besonders

---

64 Vgl. z. B. *Seemann*, Prominenz als Eigentum, 1996, S. 119 ff., 148 ff.; *Götting*, Persönlichkeitsrechte als Vermögensrechte, S. 134 ff.; *J. Simon*, Das APR und seine gewerblichen Erscheinungsformen; s. auch *Gottwald*, APR, S. 32. 137 ff.; *Ehlers / Baumann*, ZvglRWiss 1978, 276 („vermögenswertes Recht"); *Canaris*, JuS 1989, 170; *Kleinheyer*, JZ 1970, 474.

65 Z. B.: *BGH* v. 14.10.1986, JZ 1987, 158 (Nena), *BGH* v. 26.6.1979, NJW 1979, 2205 (Torwart); zu Stimmenimitationen zu Werbezwecken: *OLG Hamburg* v. 8.5.1989, NJW 1990, 1995 (Heinz Erhardt); zur Namensverwendung: *BGH* v. 18.3.1959, BGHZ 30, 7 (Caterina Valente, die allerdings ein die Ehre betreffendes Interesse an der Klage hatte); zum Namen s. auch *Seemann*, Prominenz als Eigentum, S. 135 f.

66 *BGH* v. 8.6.1956, BGHZ 20, 345, 353 ff. (Paul Dahlke).

67 S. *Ermann-Ehmann*, Anh. § 12, Rn. 247.

68 *BGH* v. 20.2.1968, BGHZ 49, 288 (Fußballsammelbilder); *BGH* v. 14.10.1986, JZ 1987, 158 (Nena); s. aber *BGH* v. 6.2.1979, NJW 1979, 2203 (Abbildung auf einem Fußballkalender zulässig) und *OLG Frankfurt* v. 21.1.1988, NJW 1989, 402 (Abbildung eines Sportlers auf Umschlag eines Tennislehrbuchs zulässig).

69 Zum Beispiel *BGH* v. 18.3.1959, BGHZ 30, 7 (Caterina Valente); zur Verwertungsmöglichkeit der Ehre s. *Gottwald*, APR, S. 230 ff.

hilfreich, da jede Bildveröffentlichung nach § 22 KUG grundsätzlich einer Einwilligung bedarf. Ob es auch bei dem Namens- und dem Recht am Wort ein derartiges absolutes Verwertungsrecht gibt, ist umstritten.[70] Die Ausnahme, dass eine Person der Zeitgeschichte abgebildet werden darf (§ 23 Nr. 1 KUG), greift bei Werbung gerade nicht.[71] Dulden muss man eine Veröffentlichung dann nur, wenn dahinter ein überwiegend informativer Zweck steht.[72] Dies gilt auch für den postmortalen Schutz.[73] Kein Informationsbedürfnis der Allgemeinheit wird aber außer bei der Werbung auch bei einer reinen Vermarktung von Bildnissen erfüllt.[74]

Zum Schutz gegen Werbung kann auch ein Bereicherungsanspruch aus Eingriffskondiktion geltend gemacht werden. Rechtsfolge ist die Pflicht zur Zahlung der dafür üblichen Summe unter der Voraussetzung, dass diese Person einer Werbung zugestimmt hätte.[75] Bei rufschädigenden Werbungen, wie bei dem *Ginseng*-Fall, gilt dies also nicht.

Auch das APR kann zum Schutz der wirtschaftlichen Interessen eingesetzt werden. Dies gilt einmal für Werbungen und ähnliche Verwendungen des Bildes oder der Persönlichkeitsattribute, insbesondere, wenn diese einen negativen Anklang mit sich führen.[76] Auch rufschädigende Berichte können kommerzielle Interessen berühren und das APR dementsprechend solche Interessen schützen.[77]

Seit einigen Jahren zeigt sich deutlich, dass auch das Privatleben wirtschaftlich

---

70 Vgl. zum Streit beim Namen *Seemann*, Prominenz als Eigentum, S. 136 f. m. w. Nw.; ablehnend für den Namen: *MüKo-Schwerdtner*, § 12, Rn. 1, dieser habe nur die Funktion des Identitätsschutzes; s. auch *Strothmann*, GRUR 1996, 694 m. Nw.; wegen des Auffangtatbestandes des APR ist dies aber praktisch ohne Bedeutung.

71 Vgl. *Seemann*, Prominenz als Eigentum, S. 146; auch die anderen Duldungstatbestände des § 23 KUG, s. Nrn. 1-4, gelten bei rein kommerzieller Abbildung nicht.

72 Zum Beispiel bei der Abbildung auf einem thematisch geprägten Kalender, *BGH* v. 6.2.1979, NJW 1979, 2203 (Sportler) oder auf einer Gedenkmünze *BGH* v. 14.11.1995, GRUR 1996, 195 (Willy Brandt); auf dem Umschlag eines Tennislehrbuchs: *OLG Frankfurt* v. 21.8.1988, NJW 1989, 402 (Boris Becker); auch auf der Titelseite einer kostenlosen Kundenzeitschrift, wenn in dem Heft ein kurzer redaktioneller Beitrag über die Person folgt, *BGH* v. 14.3.1995, AfP 1995, 495 f. (Chris Revue).

73 Vgl. den gerade genannten Willy Brandt Fall.

74 Sogenanntes „Fotomerchandising", also Abdruck auf T-Shirts, Postern etc., vgl. *Strothmann*, GRUR 1996, 695; s. auch *BGH* v. 14.10.1986, JZ 1987, 158 (Nena); unzulässig auch Fußballsammelbilder: *BGH* v. 20.2.1968, BGHZ 49, 288.

75 *BGH* v. 8.5.1956, BGHZ 20, 345 f. (Paul Dahlke).

76 S. *Ermann-Ehmann*, Anh. § 12, Rn. 284 f.; aber auch, wenn sie neutral ist, z. B. *BGH* v. 26.6.1981, GRUR 1981, 846 f. (Carrera).

77 Vgl. *OLG München* v. 22.3.1989, AfP 1990, 45 f. (10.000 DM materieller Schadensersatz für die „Imagepflege" eines Schlagersängers, über den falsche Behauptungen gemacht worden waren); s. auch *BGH* v. 15.11.1977, BGHZ 70, 39 (Alkoholzahnpasta, zu § 824 BGB); *BGH* v. 6.4.1979, NJW 1979, 2197 (Falschmeldung; zu § 824 BGB).

ausgenutzt werden kann, z. B. wenn Prominente und Presse oder Fernsehen Verträge schließen, nach denen die Person „exklusiv" über ihr Privatleben berichtet.[78]. Ein kommerzieller Wert ist der Privatsphäre also nicht abzusprechen.[79] Wenn sich daher Personen gegen Darstellungen aus ihrem Privatleben wehren, so kann dies daran liegen, dass sie ihre anderweitige Möglichkeit der kommerziellen Verwertung absichern möchten. Diese Möglichkeit wird durch das umfassende Recht eröffnet, darüber zu bestimmen, was, wann und wie an Informationen, Bildern etc. veröffentlicht wird, die aus dem Bereich der Privatsphäre stammen.

Nach deutschem Recht ist damit eine Einteilung des Persönlichkeitsschutzes in die drei genannten Schutzbereiche als richtig anzusehen. Darunter lassen sich alle diskutierten Fälle einordnen.[80] Nach diesem System sollte daher auch die materiell rechtsvergleichende Untersuchung der anderen Rechtsordnungen erfolgen. Das Vorliegen eines Eingriffs in einen dieser Schutzbereiche bedeutet aber noch nicht, dass ein Anspruch tatsächlich gegeben ist. Diese Frage wird vielmehr erst in dem Abschnitt der Rechtfertigung und des Verschuldens behandelt. Ferner stehen auch die Art und Höhe des Anspruches noch nicht fest.

IV. Rechtfertigungs- und Verschuldensfragen

Das Bestehen eines Anspruches gleich welcher Art hat bestimmte Rechtswidrigkeits- und Verschuldensvoraussetzungen.

1. Allgemeines Rechtswidrigkeitserfordernis

Jeder deliktsrechtliche Anspruch nach oder i.V.m. § 823 BGB setzt die Rechtswidrigkeit des Handelns voraus. Anders als üblich liegt aber ein rechtswidriger Eingriff in das APR nur vor, wenn eine umfassende Abwägung der entgegenstehenden Güter und Interessen ergibt, dass ein Schutz notwendig ist.[81] Bei einigen Einzelgütern wie der Privatsphäre wird dies zwar bestritten,[82] doch ist es dann

---

78 Beispiel: Exklusivverträge mit Zeitschriften über die Veröffentlichung privater Fotos, Interview über das Privatleben; Exklusivschilderung eines Katastrophenbeteiligten; s. schon den Gretna Green Fall: *BGH* v. 26.1.1965, LM Art. 5 GG, Nr. 16 (Vertrag über Exklusivberichterstattung über die Flucht einer Minderjährigen mit ihrem Geliebten nach Schottland, um dort zu heiraten).

79 So auch *Klippel*, Neuere Entwicklungen des Persönlichkeitsschutzes, S. 20;

80 Zur Abgrenzung im Einzelnen s. unten die Zusammenfassung des materiellrechtlichen Teils.

81 S. nur *Ehlers / Baumann*, ZvglRWiss 1978, 257 f. m. w. Nw.

82 *MüKo-Schwerdtner*, § 12, Rn. 204, 215 ff.; kritisch zu dem Erfordernis einer positiven Feststellung der Rechtswidrigkeit z. B. *Canaris*, JuS 1989, 169 ff.

trotzdem erforderlich, das private von dem öffentlichen Leben abzugrenzen. Auch dies geschieht durch eine Interessenabwägung. Der Grund für dieses Erfordernis ist die generalklauselartige Weite und Unbestimmtheit des APR.[83]

Die abzuwägenden Güter sind das Persönlichkeitsrecht auf der einen Seite und auf der anderen Seite die Presse-, Meinungs-, Kunst- oder allgemeine Handlungsfreiheit. In die Abwägung von APR und Meinungsfreiheit sind die Schwere des Eingriffs, die Einflüsse der Grundrechte und der betroffene Rechtskreis einzubeziehen. Auf der Seite des Handelnden ist also insbesondere die Meinungsfreiheit oder Pressefreiheit des Grundgesetzes und das damit zusammenhängende Informationsbedürfnis der Öffentlichkeit zu beachten, wobei diese Rechte und Interessen mehr oder weniger betroffen sein können.[84] So ist die Art und Weise einer Darstellung erheblich, der Inhalt und das damit zusammenhängende legitime öffentliche Interesse an einer Veröffentlichung, auf der anderen Seite das Auftreten des Betroffenen in der Öffentlichkeit, seine Position in der Öffentlichkeit und andere Faktoren, die ihn weniger schutzwürdig beziehungsweise das öffentliche Interesse stärker erscheinen ließen.[85]

Bei Ehrverletzungen kommt es vor allem darauf an, ob eine Tatsache oder ein Werturteil verbreitet wurde. Werturteile sind von Art. 5 GG stärker geschützt.[86] Die bewusste Behauptung einer Unwahrheit hingegen fällt nicht mehr unter dieses Grundrecht.[87] Doch kann eine unbewusst oder nur leicht fahrlässig aufgestellte unwahre Tatsachenbehauptung aufgrund von Wahrnehmung berechtigter Interessen gerechtfertigt sein, wenn ein gemeinschaftswichtiges Thema behandelt wird und keine Formalbeleidigung vorliegt.[88] Dieser Rechtfertigungsgrund wird als Ausprägung der Meinungsfreiheit angesehen und muss ebenfalls eine Güter- und Interessenabwägung berücksichtigen.[89] Der Begriff der Meinung wird bei der Abgrenzung eher weit gefasst, und Äußerungen auch in gröberer, kritischer Form akzeptiert, wenn es um eine öffentliche Frage geht, zum Beispiel im Wahlkampf.[90] Allgemein sind solche Äußerungen, die das öffentliche

---

83 *BGH* v. 2.4.1957, BGHZ 24, 72 79 f.

84 *Kötz*, Deliktsrecht, Rn. 633 f.; vgl. auch *Ehlers / Baumann*, ZvglRWiss 1978, 259 f.

85 Vgl. z. B. *BGH* v. 12.10.1993, NJW 1994, 124 (öffentliches Interesse rechtfertigt scharfe Kritik einer Umweltorganisation gegen ein Chemieunternehmen); Schimpf- und Schmähkritik hingegen ist unzulässig, Vgl. m. Nw. *Wenzel*, Recht der Wort- und Bildberichterstattung, Rn. 6.6 ff.

86 *BVerfG* v. 22.6.1982, BVerfGE 61, 1, 7 f.; vgl. *BVerfG* v. 15.1.1958, BVerfGE 7, 198, 210 (Lüth); *Stoll*, Jura 1979, 580.

87 *BVerfG* v. 3.6.1980, NJW 1980, 2072 (Böll); *BVerfG* v. 22.6.1982, BVerfGE 61, 1, 8.

88 Vgl. *MüKo-Schwerdtner*, § 12, Rn. 259 ff.

89 *MüKo-Schwerdtner*, § 12, Rn. 259 f.

90 *MüKo-Schwerdtner*, § 12, Rn. 255 f.; z. B. *BGH* v. 21.6.1966, BGHZ 45, 296, 308 f.

Leben, eine Frage des öffentlichen Interesses betreffen im Gegensatz zu solchen im Bereich des Privatlebens oder des Wirtschaftslebens oder zu kommerziellen Zwecken stärker geschützt.[91] Weiterhin wird berücksichtigt, ob der Betroffene Anlass zu Kritik gegeben hat, in welcher Form die Ehrverletzung geschah und ob die Meinungsäußerung ausgewogen, angemessen und nicht übertrieben war.[92] Diese Interessenabwägung wird als Konkretisierung und Ausprägung der Presse- und Meinungsfreiheit in ihrem Verhältnis zum Persönlichkeitsrecht des Grundgesetzes angesehen, welche über die zivilrechtlichen Generalklausel in das Deliktsrecht einfließt.[93]

Bei Verletzungen der Privatsphäre ist ebenfalls das öffentliche Interesse entscheidend. In der Regel muss zwar die Privatsphäre den Vorrang haben.[94] Eine Ausnahme ist zu machen bei Personen, die im öffentlichen Leben stehen. Diese Abwägung ist vergleichbar mit der bei dem KUG und der Unterscheidung von (absoluten und relativen) Personen der Zeitgeschichte. Bei absoluten Personen der Zeitgeschichte besteht in der Regel ein ausreichendes Informationsbedürfnis auch in Bezug auf private Angelegenheiten und das alltägliche Leben. Nur Kernbereiche bleiben verschont.[95] Absolute Personen der Zeitgeschichte sind Persönlichkeiten aus dem politischen, kulturellen, wirtschaftlichen und gesellschaftlichen Leben.[96]

Relative Personen der Zeitgeschichte hingegen müssen nur Veröffentlichungen dulden, die ihre öffentliche Rolle betreffen oder im Zusammenhang mit dem informationswürdigen Ereignis stehen, das sie zum Teil der Zeitgeschichte werden ließ.[97] Demnach ist zum Beispiel die Berichterstattung über Straftäter, Strafverdächtige oder Opfer von Straftaten in der Regel zulässig.[98] Allerdings muss,

---

(Höllenfeuer); *BVerfG* v. 22.6.1982, BVerfGE 61, 1, 9 ff. (Wahlkampf).

91 Vgl. *Wenzel*, Recht der Wort- und Bildberichterstattung, Rn. 6.14; *Hubmann*, FS Schwab, S. 5 f.

92 Vgl. *Stoll*, Jura 1979, 584 f.; vgl. *BGH* v. 22.12.1959, BGHZ 31, 313 ff. (Alte Herren).

93 Vgl. *Ermann-Ehmann*, Anh. § 12, Rn. 143, 158 (zur Wahrnehmung berechtigter Interessen).

94 *Stoll*, Jura 1979, 579.

95 Dies ist der Hausbereich, aber auch der Bereich, in den sich eine Person erkennbar zurückzieht, auch wenn dieser nicht zum Hausbereich gehört; *BGH* v. 19.12.1995, NJW 1996, 1128 ff. (Caroline).

96 *Brömmekamp*, Persönlichkeitsschutz, S. 41.

97 Das Informationsinteresse der Öffentlichkeit ist dann ereignisabhängig, vgl. *Ehlers / Baumann*, ZvglRWiss 1978, 262; *Schwerdtner*, Persönlichkeitsrecht, S. 215; Bsp. für Beschränkung auf den Rahmen der öffentlichen Funktionen: *BGH* v. 12.12.1995, NJW 1996, 986 (Kinder der Caroline v. Monaco).

98 Vgl. *Ermann-Ehmann*, Anh. § 12, Rn. 176 f.; z. B. *BGH* v. 15.4.1980, NJW 1980, 1790.

vor allem bei Opfern, das Anonymitätsinteresse gewahrt werden. Zudem kommt es auf die Schwere und Art der Tat sowie den Aktualitätsfaktor an, denn bei zurückliegenden Taten ist das Resozialisierungsinteresse zu berücksichtigen.[99] Im geschäftlichen Bereich ist das Geheimhaltungsinteresse allgemein geringer, eine Veröffentlichung kann daher eher durch ein öffentliches Informationsinteresse gerechtfertigt werden.[100]

Im Bereich der Werbung und wirtschaftlichen Verwertung zum Beispiel von Bildern, also dem kommerziellen Aspekt des Persönlichkeitsschutzes, wird entscheidend darauf abgestellt, ob die Veröffentlichung einem Informationsinteresse der Öffentlichkeit dient, das im Zusammenhang mit dieser Person steht, und ein Beitrag zu einem gemeinschaftswichtigen Thema geleistet wird.[101] Dagegen kann sich der Prominente nicht wehren. Reines Photomerchandising hingegen enthält ebenso wie Werbung keinen Informationswert.[102] Das heißt die Meinungsfreiheit muss zurücktreten.

2. KUG

Das KUG enthält in § 23 selbst die Voraussetzungen für die Rechtswidrigkeit eines Eingriffes, indem es die Fälle nennt, in denen eine Einwilligung in eine Bildveröffentlichung ausnahmsweise nicht erforderlich ist: Bildnisse aus dem Bereich der Zeitgeschichte, bei denen die Person nur als Beiwerk zu sehen ist, im Rahmen von Versammlungen etc. oder die der Kunst dienen (Nrn.1-4). Im Fall der Personen der Zeitgeschichte hat sich zudem die oben dargestellte Differenzierung herausgebildet, nach der eine Abbildung nicht immer zu dulden ist. Vielmehr ist auch dann eine Interessenabwägung wie bei dem APR vorzunehmen. Es ist also das Persönlichkeitsrecht nach Art. 2 GG mit der Presse- und Meinungs- oder Kunstfreiheit nach Art. 5 GG abzuwägen.[103] Nach § 22 S. 3 KUG erstreckt sich der Schutz des Bildes noch auf zehn Jahre nach dem Tod des Abgebildeten. Auch dort erfolgt die übliche Interessenabwägung.[104]

---

99 *BVerfG* v. 5.6.1973, BVerfGE 35, 202, 233 ff. (Lebach); *Ermann-Ehmann*, Anh. § 12, Rn. 233 f.

100 Vgl. *BGH* v. 24.10.1961, BGHZ 36, 77 (Waffenhandelfall, Veröffentlichung eines Geschäftsbriefes).

101 Vgl. ausführlich *Ernst-Moll*, GRUR 1996, 559 ff. m. Nw. aus der aktuellen Rechtsprechung; z. B. *BGH* v. 14.11.1995, GRUR 1996, 195, wo dies bei einer Gedenkmünze mit dem Bild eines verstorbenen Politikers bejaht wird (Willy Brandt); s. auch oben, S. 18.

102 *BGH* v. 14.10.1986, JZ 1987, 158 (Nena).

103 S. *BGH* v. 19.12.1995, NJW 1996, 1129 m. w. Nw.

104 Diese Vorschrift wird analog für andere Persönlichkeitsrechte angewendet, auch nach zehn

3. § 193 StGB

Bei Ehrverletzungen durch falsche Tatsachenbehauptungen, die der Handelnde aber für zutreffend hielt, kommt der spezielle Rechtfertigungsgrund der Wahrnehmung berechtigter Interessen in Betracht.[105] Seit der Anerkennung des APR geht dieser allerdings mehr oder weniger in der allgemeinen Interessenabwägung auf, denn es wird ein „erweiterter ungeschriebener Rechtfertigungsgrund" der Wahrnehmung berechtigter Interessen geprüft, der auch auf die Interessenabwägung hinausläuft.[106] Es werden Kriterien verwendet, die denen der Interessenabwägung entsprechen.[107] Auch wird kaum noch streng zwischen Werturteilen und Tatsachenbehauptungen unterschieden. Deshalb wird in dieser Arbeit nicht genauer auf die Wahrnehmung berechtigter Interessen eingegangen. Eine Rechtfertigung nach § 193 StGB kommt bei einer Formalbeleidigung, die aber Beleidigungsabsicht voraussetzt nicht in Frage (§ 192 StGB). Dies wird aber selbst bei Karikaturen, Satiren etc. kaum angenommen.[108]

4. Allgemeines Verschuldenserfordernis

Bei den Ansprüchen, die auf § 823 BGB gestützt werden, gilt das allgemeine deliktsrechtliche Verschuldenserfordernis. Es genügt also Vorsatz oder Fahrlässigkeit. Soweit ersichtlich, wurde die Haftung wegen einer Persönlichkeitsrechtsverletzung nie ausdrücklich deshalb verneint, weil das allgemeine Verschuldenserfordernis nicht erfüllt war. Es ist anzunehmen, dass in solchen Fällen schon die Wahrnehmung berechtigter Interessen bejaht oder über die Güter- und Interessenabwägung eine Verletzung verneint wird. Diese Fragen werden nicht strikt getrennt.

Ob ein strafrechtliches Verschulden vorliegt, welches die Haftung nach § 823 II BGB i.V.m. §§ 185 ff StGB begründen könnte, ist heute nicht mehr von Bedeutung. Wegen des APR genügt jede zivilrechtliche Form von Verschulden. Das Verschulden bezieht sich vor allem darauf, welche Sorgfalt der Handelnde anwenden muss, um die Korrektheit seiner Veröffentlichung zu überprüfen. Dies wird also insbesondere im journalistischen und Medienbereich beim

---

Jahren ist aber ein Schutz über das APR eventuell gegeben, vgl. *Strothmann*, GRUR 1996, 695; z. B. *BGH* v. 8.6.1989, BGHZ 107, 384, 391 ff. (Emil Nolde).

105 Vgl. *Stoll*, Jura 1979, 581 f.; nach *MüKo-Schwerdtner*, § 12, Rn. 259 Entschuldigungsgrund.

106 S. *Beater*, Zivilrechtlicher Schutz vor der Presse als konkretisiertes Verfassungsrecht, S. 61 ff.; z. B. *BGH* v. 22.12.1959, BGHZ 31, 308, 312 ff. (Alte Herren).

107 Vgl. nur *Ermann-Ehmann*, Anh. § 12, Rn. 143 ff.

108 *G. Simon*, Persönlichkeitsschutz, S. 90-93.

Ehrenschutz relevant. Ein Verschulden kann sich ferner auf das Bestehen einer Einwilligung eines Betroffenen[109] oder die Möglichkeit einer Verwechslung beziehen.

Bei der Frage, welche Sorgfaltspflichten ein Redakteur und Verleger im Hinblick auf die Überprüfung einer Nachricht hat, wird in differenzierter Weise auf den Einzelfall abgestellt. Grundsätzlich handelt ein Redakteur fahrlässig, wenn er den Inhalt einer Veröffentlichung nicht mehr selbst prüft.[110] Der Umfang der Pflicht hängt von der Schwere des Vorwurfes ab, der einem Betroffenen gemacht wird, ferner von einem möglichen Aktualitätsdruck wegen eines dringenden Informationsinteresses der Öffentlichkeit. Auch die Quelle der Information entscheidet; auf offizielle und Polizeiberichte und Nachrichten oder Fotos von seriösen Presseagenturen darf sich ein Journalist zum Beispiel verlassen.[111]

Das Verschuldenserfordernis hat auch einen großen Einfluss auf den Kreis der an einer Veröffentlichung beteiligten Personen, die als Beklagte in Betracht kommen. Einem Redakteur und Verleger werden strengere Sorgfaltspflichten auferlegt als anderen an Herstellung und Vertrieb oder Verbreitung beteiligten Personen. Verlagsmitarbeiter, Vertriebsstellen, Buchhändler usw. müssen von sich aus den Inhalt von Veröffentlichungen nicht prüfen. Denn sie sind überhaupt nur den verschuldensunabhängigen Ansprüchen ausgesetzt.[112]

Das Teledienstegesetz (TDG) enthält für Anbieter im Internet Haftungsprivilegien.[113] Diese beruhen auf der EG-Richtlinie vom 8.6.2000 über den elektronischen Geschäftsverkehr. Anbieter, welche eigene Inhalte verbreiten, haften nach den normalen Regeln (§ 8 Abs. 1 TDG). Anbieter, welche fremde Inhalte speichern oder bereithalten, haften nur bei Kenntnis der Inhalte, Möglichkeit und Zumutbarkeit der Sperrung, wenn die Sperrung nicht sofort erfolgt (§ 8 Abs. 2 TDG).[114] Zugangsvermittler haften für die Inhalte nicht (§ 8 Abs. 3

---

109 Z. B. *BGH* v. 14.2.1958, BGHZ 26, 349, 351 (Herrenreiter).

110 *MüKo-Schwerdtner*, § 12, Rn. 301 ff. m. w. Nw.

111 *OLG Hamburg* v. 23.11.1972, Ufita 70 (1974), S. 305 f., 311 (Polizeibericht); *OLG München* v. 3.2.1975, ArchPR 1975, 92; aber *BGH* v. 10.11.1961, GRUR 1962, 211, 214 (Hochzeitsbild): bei Erwerb eines Bildes von einer dritten Person muss der Verlag bzw. Redakteur selbst prüfen, inwieweit die abgebildeten Personen in eine Veröffentlichung eingewilligt haben; s. auch *LG Berlin* v. 12.2.1973, GRUR 1974, 415 ff. (Saat der Sünde, besondere Sorgfaltspflicht bei schwerer Beeinträchtigung); *BGH* v. 27.11.1979, NJW 1980, 994 f. (Wahlkampfillustrierte; Partei darf sich nicht darauf verlassen, dass Werbeagentur Einwilligung der Abgebildeten prüft).

112 Vgl. *MüKo-Schwerdtner*, § 12, Rn. 312 f.; *BGH* v. 3.2.1976, NJW 1976, 799 (VUS).

113 S. hierzu *Helle*, JZ 2002, 596 ff.

114 Grobe Fahrlässigkeit genügt bei Kenntnis von Tatsachen, aus denen sich eine offensichtliche Rechtswidrigkeit ergibt, § 11 TDG; vgl. dazu *Helle*, JZ 2002, 598; sowie allgemein *Kristin*, Deliktsstatut, S. 33 ff.; im übrigen sind aber die allgemeinen Regeln anzuwenden,

TDG). Eine Analogie zu den Haftungsmaßstäben für Redakteure, insbesondere in den sogenannten Leserbrieffällen und bei sonstigem Verbreiten fremder Äußerungen, ist also nicht gezogen worden. Zeitungsredaktionen können sich nicht darauf berufen, abgedruckte Briefe stammten nicht von der Zeitung, sondern sie müssen eine oberflächliche Überprüfung der Briefe auf ihre inhaltliche Zulässigkeit vornehmen.[115] Die entscheidende Frage nach dem vorliegen eigener oder fremder Inhalte wird die Gerichte bei der Anwendung des TDG beschäftigen.[116] Ungeklärt ist ebenfalls, inwieweit sich Presse- und Rundfunkfreiheit in dem Bereich des Internet auswirken.[117]

5. Verschuldensunabhängige Ansprüche

Nicht alle Ansprüche wegen Persönlichkeitsrechtsverletzung setzen ein Verschulden voraus. Im deutschen Recht wird die Schutzfunktion in wesentlichem Maße von den negatorischen Unterlassungs- und Beseitigungsansprüchen erfüllt. Gestützt werden diese auf § 12 BGB und § 1004 BGB i.V.m. den Persönlichkeitsrechten.[118] In dem Bereich der Persönlichkeitsrechtsverletzungen folgen daraus unter anderem Unterlassungsansprüche (auch vorbeugender Art), Berichtigungs- und Widerrufsansprüche.[119] Durch diese Ansprüche wird, wie oben dargestellt, der Kreis der Anspruchsgegner um Personen erweitert, denen keine strengen Sorgfalts- und Überprüfungspflichten auferlegt werden können, die aber trotzdem an der Verbreitung von Veröffentlichungen beteiligt sind und deshalb Verletzungen verhindern können. Auch der Gegendarstellungsanspruch setzt kein Verschulden voraus.

6. Sonstige Einflüsse des Verschuldens

Das Verschulden ist ebenfalls relevant, wenn es um die Rechtfertigung nach § 193 StGB geht. Auf eine Rechtfertigung wegen Wahrnehmung berechtigter Interessen kann sich nur berufen, wer nicht vorsätzlich oder grob fahrlässig von der

---

vgl. *Ackermann*, Ausgewählte Rechtsprobleme der Mailbox-Kommunikation, S. 137 ff.; s. auch *Flechsig*, in: Rechtsprobleme internationaler Datennetze, S. 65, 69 ff., 81 f.; zu diskutieren ist aber, ob aus kollisionsrechtlicher Sicht eine spezielle Behandlung erforderlich ist; dazu unten im zweiten Teil der Arbeit..

115 *BGH* v. 27.5.1986, NJW 1986, 2503, 2505; *Wenzel*, Recht der Wort- und Bildberichterstattung, Rn. 10.187 ff.

116 Zur Diskussion s. *Helle*, JZ 2002, 596 f.

117 S. nur *Spindler*, ZUM 1996, 538 ff.

118 Vgl. *MüKo-Schwerdtner*, § 12, Rn. 309 ff.; s. schon *RG* v. 5.1.1905, RGZ 60, 6, 7 f.; auch das BDSG enthält solche Ansprüche, §§ 34, 35 BDSG.

119 Genauer unten S. 33.

Wahrheit der verbreiteten, unwahren oder nicht erweislich wahren Tatsachenbehauptung ausging.[120] Dieser Rechtfertigungsgrund wird als Ausprägung der Meinungsfreiheit verstanden.[121] Er läuft auf die übliche Güter- und Interessenabwägung hinaus. Der Verschuldensgrad beeinflusst ferner das Bestehen eines Geldentschädigungsanspruches und dessen Höhe.[122]

V. Rechtsfolgen, Anspruchsarten

1. Schadensersatz in Geld

a) Materielle Schäden

aa) "Dreifache Schadensberechnung" bei Bild- und Namensrecht

Bei einer Verletzung der besonderen Persönlichkeitsrechte des Bildes und Namens (also insbesondere im Fall der Werbung) kann der materielle Schaden nach der Rechtsprechung des Bundesgerichtshofs auf dreierlei Weise berechnet werden. Der Verletzte kann entweder seinen konkreten Schaden, eine angemessene Lizenzgebühr oder den durch den Verletzter erlangten Gewinn geltend machen.[123] Allerdings macht die Rechtsprechung die wichtige Einschränkung, dass die angemessene Lizenzgebühr nur dann verlangt werden kann, wenn dieser Eingriff üblicherweise gegen Entgelt gestattet worden wäre. Die wichtige Konstellation einer kränkenden oder beleidigenden Darstellung fällt damit aus dem Anwendungsbereich dieser Regelung heraus.[124] Das gleiche gilt für Aufnahmen, welche die Privatsphäre des Betroffenen verletzen. Die durch diese Beschränkungen entstehende Schutzlücke wird seit der Herrenreiter-Entscheidung über den Geldersatz für immaterielle Schäden geschlossen.[125] Die Möglichkeit, den erlangten Gewinn

---

120 *MüKo-Schwerdtner*, § 12, Rn. 159.

121 *BVerfG* v. 11.5.1976, BVerfGE 42, 143, 152.

122 S. nur *BGH* v. 5.12.1995, NJW 1996, 985 (grobe Pflichtverletzung, rücksichtslos).

123 Vgl. *Gottwald*, APR, S. 200 f.; *Klippel*, Neuere Entwicklungen des Persönlichkeitsschutzes, S. 34; *BGH* v. 16.2.1973, BGHZ 60, 206 (Miss Petite; Namensrecht; als Schadensersatz); *BGH* v. 26.6.1979, NJW 1979, 2205 (Torwart); *BGH* v. 26.6.1981, BGHZ 81, 75, 81 ff. (Carrera; Namensverwendung; APR; Lizenzanalogie bei § 812 BGB); dasselbe gilt für Ansprüche aus Eingriffskondiktion (§ 812 I, 1, 2. Alt BGB), aus Geschäftsführung ohne Auftrag kann der erzielte Gewinn herausverlangt werden (§§ 687 II, 681 S. 2, 667 BGB); vgl. *MüKo-Schwerdtner*, § 12, Rn. 277; auch *OLG Karlsruhe* v. 18.11.1988, NJW 1989, 401 f. (500 DM als übliches Honorar für die Benutzung eines Fotos einer Nichtprominenten für Werbezwecke in geringem Umfang; § 812 BGB)

124 So z. B. im Herrenreiterfall, *BGH* v. 14.2.1958, BGHZ 26, 349, 352 f.; vgl. auch *OLG Stuttgart* v. 3.11.1982, NJW 1983, 1203 f.; krit. u.a. *MüKo-Schwerdtner*, § 12, Rn. 277 ff.

125 So auch im Ginseng-Fall, *BGH* v. 19.9.1961, BGHZ 35, 363 (Werbung für ein potenzför-

zu verlangen, hat in der Praxis kaum Bedeutung, was vermutlich an der schwierigen Feststellbarkeit liegt.[126]

bb) Sonstige Persönlichkeitsrechtsverletzungen

Bei sonstigen Persönlichkeitsrechtsverletzungen ist die dreifache Schadensberechnung, insbesondere die angemessene Lizenzgebühr als Schaden, in der Rechtsprechung nicht anerkannt.[127] In Betracht käme zum Beispiel die unerlaubte Veröffentlichung von Briefen oder Tagebüchern. Es kann daher nur ein konkreter, nachgewiesener Vermögensschaden geltend gemacht werden. Der Verletzte könnte zum Beispiel die Kosten von richtigstellenden Anzeigen in Zeitungen geltend machen.[128] Allerdings werden solche vom *BGH* für nicht erforderlich gehalten werden, wenn die Möglichkeit eines Gegendarstellungsanspruches besteht.[129] Ferner kann ein vermögensrechtlicher Diskreditierungsschaden geltend gemacht werden, zum Beispiel wenn nachgewiesen ist, dass der Kläger aufgrund einer ehrverletzenden Aussage seinen Arbeitsplatz verloren hat oder ihm ein gutes Geschäft entgangen ist. Dieser Nachweis eines konkreten Vermögensschadens ist freilich sehr schwierig, was ein weiterer Grund für die große Bedeutung des Geldersatzes für immaterielle Schäden ist.[130] Ein Geldersatz wird nach umstrittener Rechtsprechung im Falle des postmortalen Persönlichkeitsschutzes nicht gewährt.[131]

---

derndes Präparat)

126 Die Gerwinnerzielung ist aber nach dem *BGH* bei der Berechnung der Geldentschädigung zu berücksichtigen, s. *BGH* v. 5.12.1995, NJW 1996, 984 f. (Caroline v. Monaco).

127 Vgl. für allg. Anerkennung *Kleinheyer*, JZ 1970, 474.

128 Vgl. auch *OLG München* v. 22.3.1989, AfP 1990, 45: 10.000 DM für materielle Schäden, nämlich die Ausgaben des Klägers (Schlagersänger) für die Klärung des Sachverhaltes (Vaterschaft) und für "Imagepflege" (neben insgesamt 13.000 DM Geldentschädigung für immaterielle Schäden); s. auch *OLG Freiburg* v. 23.7.1951, JZ 1951, 751 f.; *Helle*, Besondere Persönlichkeitsrechte, S. 216, zum Anspruch auf Urteilsveröffentlichung auf Kosten des Beklagten.

129 *BGH* v. 6.4.1976, BGHZ 66, 182, 193 ff. (Panorama, der Kläger hatte 300.000 DM für von ihm aufgegebene Anzeigen verlangt; der Anspruch wurde abgelehnt); Ausnahme, wenn ein hoher Schaden droht oder der Gegner sich unangemessen wehrt gegen den Gegendarstellungsanspruch; a.a.O., S. 194; z. B. *OLG München* v. 22.3.1989, AfP 1990, 45 (10.000 DM für eigene Maßnahmen ersetzt, Aktualitätsgrenze drohte abzulaufen); kritisch zu der Wirksamkeit einer Gegendarstellung: *Wenzel*, Recht der Wort- und Bildberichterstattung, Rn. 14.72.

130 *Helle*, Besondere Persönlichkeitsrechte, S. 219 f.; vgl. z. B. den Fernsehansagerin-Fall, wo die Klägerin nach einigen Wochen entlassen wurde. Geltend gemacht hat sie aber eine Geldentschädigung, welche vom *BGH* in Höhe von 10.000 DM zugesprochen wurde, *BGH* v. 5.3.1963, BGHZ 39, 124.

131 S. nur *BGH* v. 4.6.1974, GRUR 1974, 797 (Fiete Schulz).

b) Immaterielle Schäden

Es ist anerkannt und findet heutzutage allgemeine Zustimmung, dass trotz § 253 BGB bei Verletzung des APR eine Geldentschädigung für immaterielle Schäden gegeben sein kann.[132] Der Grund ist, dass ein solches Delikt im Regelfall nur immaterielle Schäden verursacht. Eine Verweigerung einer Geldentschädigung beeinträchtigte daher die Effektivität des Rechtsschutzes erheblich. Insofern stützt sich die Rechtsprechung auf das grundgesetzliche Persönlichkeitsrecht und den entsprechenden Schutzauftrag aus Art. 2 I i.V.m. Art. 1 I GG.[133]

Allerdings hat das *BVerfG* nicht entschieden, dass Art. 2 I GG i.V.m. Art. 1 I GG die Anerkennung einer Geldentschädigung verlange. Daher hat die Ausgestaltung des Persönlichkeitsschutzes also keinen Verfassungsrang in dem Sinne, dass eine Regelung, die keinen Geldentschädigungsanspruch vorsieht, automatisch mit dem Grundgesetz unvereinbar wäre.[134] Dies muss insbesondere im Hinblick auf die kollisionsrechtliche Anknüpfung hervorgehoben werden. Zwar stellen *BGH* und *BVerfG* in ihrer Begründung jeweils auf Art. 1 I und Art. 2 I GG ab. Diese ausführliche Begründung anhand des Grundgesetzes erfolgt aber vor allem zu dem Zweck, eine Abweichung von dem klaren Gesetzeswortlaut und (bei der grundsätzlichen Anerkennung des APR) von dem eindeutigen Willen des BGB-Gesetzgebers zu rechtfertigen, welche zwar allgemein als falsch angesehen wurden, aber nicht ohne weiteres übergangen werden konnten. Eine gesetzliche Neuregelung wäre zwar ohne weiteres zulässig gewesen, jedoch musste eine solche an dem nachdrücklichen Widerstand der Presse scheitern.

Die Aufgabe der Geldentschädigung bei Persönlichkeitsverletzungen wurde von der Rechtsprechung zunächst vorrangig als Genugtuungsfunktion bezeichnet, die Ausgleichsfunktion solle zurücktreten.[135] In seiner neuesten Rechtsprechung zum APR erklärt der *BGH* aber nun, dass auch die Präventionsfunktion zu berücksichtigen sei und deshalb der vom Verletzer erzielte Gewinn Einfluss auf die Höhe der Geldentschädigung haben müsse.[136]

---

[132] Seit *BGH* v. 14.2.1958, BGHZ 26, 349, 354 ff. (Herrenreiter), vom *BVerfG* für verfassungsmäßig erklärt in *BVerfG* v. 14.2.1973, BVerfGE 34, 269 (Soraya).

[133] S. nur *BGH* v. 5.12.1995, NJW 1996, 985 m. w. Nw. Der Anspruch wird auch nicht auf § 847 BGB gestützt, sondern direkt aus dem GG abgeleitet.

[134] So auch *Canaris*, FS f. E.Deutsch, S. 101; *Klippel*, Neuere Entwicklungen des Persönlichkeitsschutzes, S. 31 f.; *MüKo-Schwerdtner*, § 12, Rn. 286, *Steindorff*, Persönlichkeitsschutz, S. 13; es könnten ja auch andere Ansprüche für ausreichenden Schutz sorgen.

[135] S. *MüKo-Schwerdtner*, § 12, Rn. 288 ff. m. Nw. zur der Kritik daran.

[136] *BGH* v. 5.12.1995, NJW 1996, 984 f. (Caroline von Monaco); hierzu Canaris, FS Deutsch, S. 85 ff. Dies steht aber im Widerspruch zu der Ablehnung eines Anspruches im Bereich des postmortalen Persönlichkeitsschutzes; s nur *BGH* v. 4.6.1974, GRUR 1974, 797 (Fiete Schulz); insoweit müsste eine Anpassung der Rechtsprechung erfolgen, was auch Stimmen

Die Voraussetzungen des Geldentschädigungsanspruches für immaterielle Schäden bei Persönlichkeitsrechtsverletzungen sind jedoch nicht ganz klar. Der *BGH* verlangt einmal eine besondere Schwere der Verletzung des Persönlichkeitsrechts und andererseits, dass nicht durch andere Rechtsfolgen ausreichender Schutz gewährt wird.[137] Diese in der Literatur umstrittene Subsidiarität wird aber auch von der Rechtsprechung nicht strikt gehandhabt, so dass ein Anspruch auch neben Berichtigungs- und Unterlassungsanspruch gegeben wird.[138] Auch wird bei Verletzungen der Privatsphäre generell angenommen, andere Ansprüche seien inadäquat oder unzureichend.[139] Unklar ist, ob die Rechtsprechung entsprechend der Aussage des *BVerfG*[140] als Voraussetzungen kumulativ Schwere des Eingriffs und Schwere des Verschuldens eines Entschädigungsanspruches verlangt. Der *BGH* nimmt meist eine Gesamtwürdigung der Umstände vor, ohne ausdrücklich beides zu verlangen. Er berücksichtigt dabei die Art und Schwere der Beeinträchtigung, wiederholte Veröffentlichungen, den Grad des Verschuldens und Anlass und Beweggrund des Handelns.[141]

Allgemein ist festzustellen, dass eine Geldentschädigung fast ausschließlich in Klagen gegen die Presse beziehungsweise Rundfunk oder im Falle unerlaubter Werbung zuerkannt wird. Bei nur geringer Verbreitung einer ehrverletzenden Aussage zum Beispiel sieht die Rechtsprechung offensichtlich kaum eine besonders schwere Beeinträchtigung.[142] Eine schwere Beeinträchtigung wird auch eher bei ausschließlich kommerziellen Motiven angenommen als bei Berichterstattungen, bei welchen ein öffentliches Informationsinteresse besteht.[143] Allgemein wird bei Verletzungen der Privatsphäre eher eine Geldentschädigung zuerkannt, da der Betroffene keine andere Möglichkeit hat, sich zu wehren, ein effektiver Rechtsschutz jedoch eine Sanktion erfordert.[144] Ein Widerruf oder eine Richtigstellung erhöht die öffentliche Aufmerksamkeit noch; zudem kommt es auf den Wahrheitsgehalt der Veröffentlichung nicht an, so dass diese Ansprüche nicht weiterhelfen.

---

in der Literatur entspricht; z. B. *Ernst-Moll*, GRUR 1996, 564 f. m. Nw. zur Kritik; für Schadensersatzanspruch z. B. *OLG München* v. 8.3.1990, NJW-RR 1990, 1327, 1328.

137 Z. B. *BGH* v. 17.3.1970, NJW 1970, 1077.

138 Nw. *MüKo-Schwerdtner*, § 12, Rn. 294; vgl. z. B. aus der neuesten Rechtsprechung *BGH* v. 5.12.1995, NJW 1996, 984 (Caroline v. Monaco).

139 S. *BGH* v. 12.12.1995, NJW 1996, 985 ff.

140 *BVerfG* v. 14.2.1973, BVerfGE 34, 269, 286 (Soraya).

141 *BGH* v. 12.12.1995, NJW 1996, 986 m. w. Nw.

142 Z. B. *OLG Oldenburg* v. 24.3.1986, NJW-RR 1987, 20 (nicht in der Öffentlichkeit verbreitete, unwahre Bezichtigung des Ladendiebstahls); aber bei fehlenden Anhaltspunkten: *LG Koblenz* v. 27.1.1987, NJW-RR 1987, 480 (1.000 DM Geldentschädigung).

143 *MüKo-Schwerdtner*, § 12, Rn. 296, 299.

144 S. *BGH* v. 12.12.1995, NJW 1996, 985 ff. (Caroline v. Monaco).

So wurde eine Geldentschädigung z.B. bei der Veröffentlichung von Oben-ohne Strandfotos in einer Autozeitschrift, Werbung mit dem Nacktfoto einer Schauspielerin für ein Sexualpräparat, dem unbefugten Abdruck von Hochzeitsbildern, lächerlich machender Werbung, verfälschten Interviews und Eindringen der Presse in die Privatsphäre zuerkannt.[145] Hingegen wurde ein Anspruch bei versehentlicher Veröffentlichung eines Saunafotos im Rahmen einer Reportage über Prostitution[146], namentlicher Veröffentlichung eines Briefes an die Redaktion in einem Zeitungsartikel[147] und bei nicht ehrenrühriger Verwendung eines Bildes einer Nicht-Prominenten zu Werbezwecken, aber nur in geringem Umfang[148] abgelehnt. Andererseits wurde trotz eines öffentlichen Informationsinteresses eine Geldentschädigung bei der Verdächtigung als Mörder in einer Reportage ohne ausreichende Recherchen zuerkannt[149], hingegen nicht bei einer nicht öffentlich verbreiteten Tatverdächtigung, die auf Verdachtsmomenten beruht.[150] Wegen des öffentlichen Interesses und fehlender Schwere des Eingriffes wurde eine Geldentschädigung in dem Rauschgifttod-Fall abgelehnt.[151] In dem Zusammenhang mit dem Tod ihres Sohnes wurde über die Familienverhältnisse und -streitigkeiten berichtet sowie Familienfotos veröffentlicht.

c) Höhe des Schadensersatzes

aa) Immaterieller Schaden

Hinsichtlich der Höhe des Schadensersatzes in Geld ist vor allem die Geldentschädigung für immaterielle Einbußen von Bedeutung. Seit ihrer erstmaligen Anerkennung sind die Beträge ständig angestiegen. Als Beispiele aus der Rechtsprechung des *BGH* seien der Ginseng-Fall (1961, lächerlich machende Werbung: 8.000 DM), der Fernsehansagerin-Fall (1963, Ehrverletzung: 10.000 DM), der Soraya-Fall (1973, erfundenes Interview: 15.000 DM), Böll (1982, entstellende Zitate,

---

145 *BGH* v. 26.1.1971, NJW 1971, 698 (Nacktfotos einer Schauspielerin für Werbung für Sexualpräparat); *BGH* v. 10.11.1961, GRUR 1962, 211 (Hochzeitsbild, 2.500 DM); *BGH* v. 19.9.1963, BGHZ 35, 363 (Ginseng; lächerlich machende Werbung, 8.000 DM); Strandfotos: *OLG Oldenburg* v. 14.11.1988, NJW 1989, 400; s. weitere Fälle unten bei der Höhe des Schadensersatzes.

146 Denn der Irrtum wurde berichtigt, *OLG Stuttgart*, v.20.10.1982, NJW 1983, 1204

147 *LG Schweinfurt* v. 2.12.1980, AfP 1981, 367.

148 *OLG Karlsruhe* v. 18.11.1988, NJW 1989, 401 f. (es wurde aber das übliche Honorar als Schadensersatz bzw. ungerechtfertigte Bereicherung zuerkannt, da die Frau grundsätzlich bereit war, gegen Bezahlung einer Veröffentlichung zuzustimmen: 500 DM).

149 *BGH* v. 5.1.1962, NJW 1962, 1004 (Abbildung eines Unbeteiligten).

150 *OLG Oldenburg* v. 24.3.1986, NJW-RR 1987, 20 (Kaufhausdiebstahl).

151 *BGH* v. 5.3.1974, GRUR 1974, 795 ff.

40.000 DM) und Caroline von Monaco (1994, drei unwahre oder entstellte Veröffentlichungen aus dem Privatleben: 180.000 DM; 1995, zwei falsche Berichte über Krankheit: 100.000 DM) genannt.[152] In den beiden letztgenannten Fällen hat der *BGH* die Gewinnerzielung des Presseunternehmens bei der Höhe berücksichtigt, da der Gedanke der Prävention zu betonen sei. Diese Entwicklung lässt erwarten, dass hinsichtlich der Höhe der Geldentschädigung noch nicht die Grenze erreicht ist.

Auch bei der Zuerkennung einer Geldentschädigung erfolgt aber eine Berücksichtigung des „Marktwertes“ und wirtschaftlichen Schadens einer Person.[153] So erhalten unbekannte Personen in der Regel weniger Schadensersatz als Prominente.[154] Insofern überschneiden sich Ersatz materieller und immaterieller Schäden. Weiterhin wird der Verbreitungsgrad, die soziale und finanzielle Stellung von Kläger und Beklagtem, und allgemein die Schwere der Verletzung und das Verschulden berücksichtigt.[155] Ungeklärt ist, ob eine erfolgte strafrechtliche Verurteilung die Höhe der Geldentschädigung beeinflussen kann.[156] Bei postmortalem Persönlichkeitsschutz gibt es keine Geldentschädigung.[157]

bb) Materieller Schaden

Ersatz für materiellen Schaden wird eher in geringerer Höhe zuerkannt. Vielfach wird sicherlich wegen der Beweisprobleme auf die Geldentschädigung abgestellt,

---

152 Ginseng: *BGH* v. 19.9.1961, BGHZ 35, 363; Fernsehansagerin: *BGH* v. 5.3.1963, BGHZ 39, 124; Soraya: *BGH* v. 8.12.1964, NJW 1965, 685; Böll: *BGH* v. 1.12.1981, NJW 1982, 635; Caroline v. Monaco: *BGH* v. 5.12.1995, NJW 1996, 984 f.; BGH v. 15.11.1994, NJW 1995, 861 ff.; weitere Fälle: Gretna Green: *BGH* v. 26.1.1965, LM Art. 5 GG, Nr. 16 (7.500 DM; Privatsphäre, Familienangelegenheit); Herrenreiter, 10.000 DM: *BGH* v. 14.2.1958, BGHZ 26, 349 ff.; Veröffentlichung heimlich gemachter Oben-ohne-Strandaufnahmen einer Nichtprominenten in Autozeitschrift, 4.000 DM: *OLG Oldenburg* v. 14.11.1988, NJW 1989, 400; falsche, unausgewogene Berichte über nichteheliche Vaterschaft eines Schlagersängers, 13.000 DM neben 10.000 DM als Ersatz materieller Schäden für Imagepflegemaßnahmen: *OLG München* v. 22.3.1989, AfP 1990, 45.

153 Vgl. *Gottwald*, APR, S. 241 f. m. Nw. aus der Rspr.; *Schwerdtner*, JuS 1978, 294.

154 Vgl. z. B. für Bildveröffentlichung eines Saunabesuchers in einem Bericht über Zuhälter, 500 DM, *AG Kaufbeuren* v. 19.1.1988, AfP 1988, 277 (allerdings bei Einwilligung in Veröffentlichung der Fotos in anderer Zeitschrift); Veröffentlichung eines Ferienfotos in einem Werbeprospekt, 2.000 DM: *OLG Frankfurt* v. 28.2.1986, MDR 1986, 672; *AG Hamburg* v. 24.1.1989, GRUR 1990, 149, Bildveröffentlichung im Zusammenhang mit Nacktfotos in einer Illustrierten, 2.000 DM; s. auch *OLG Stuttgart* v. 20.10.1982, NJW 1983, 1204, wo eine Geldentschädigung für die versehentliche Veröffentlichung von Saunafotos in einem Bericht über Prostitution abgelehnt wurde).

155 Vgl. mit ausführlichen Nachweisen *Ermann-Ehmann*, Anh. § 12, Rn.492 ff.

156 Vgl. m. w. Nw. *MüKo-Schwerdtner*, § 12, Rn. 292 f.

157 Z. B. *BGH* v. 4.6.1974, GRUR 1974, 797 f.

wodurch das Bild etwas verfälscht wird. Man kann davon ausgehen, dass die Geldentschädigung auch teilweise dazu dient, nicht messbare Vermögensschädigungen auszugleichen.[158] Im Falle der Lizenzanalogie sprechen die Gerichte Schadensersatz zwischen 500 und 20.000 DM zu, bei natürlichen Personen aber nur bis 10.000 DM.[159] Die höchste Summe, die als materieller Schadensersatz in den sonstigen Fällen (ohne Lizenzanalogie) zuerkannt wurde, liegt, soweit ersichtlich, bei 10.000 DM.[160]

2. Negatorische Ansprüche

a) Anspruchsgrundlagen

Unterlassungs-, Beseitigungs- und insbesondere der Widerrufsanspruch als Unterfall der Beseitigungsansprüche können sowohl unter dem Gesichtspunkt des Schadensersatzes (§ 823 BGB) als auch unter dem einer negatorischen Abwehrklage (analog § 1004 I2, 12, 862 I 2 BGB) geltend gemacht werden. Da der negatorische Anspruch in den Voraussetzungen leichter zu erfüllen ist, hat er den Schadensersatzanspruch insoweit verdrängt.[161] Es genügt eine objektive rechtswidrige Verletzung, ein Verschulden muss nicht nachgewiesen werden. Spezielle Grundlagen für einen Beseitigungsanspruch sind § 12 BGB und § 37 KUG sowie § 35 BDSG.

b) Allgemeine Beseitigungsansprüche

Der Beseitigungsanspruch zielt auf die Beseitigung der Störung ab, die durch eine

---

158 Dem entspricht es, dass die Rechtsprechung oft auch die Vermögensverhältnisse des Klägers berücksichtigt; vgl. *MüKo-Schwerdtner*, § 12, Rn. 300; Beispiel für materiellen Schadensersatz: *OLG München* v. 22.3.1989, AfP 1990, 45 (10.000 DM für Abwehrmaßnahmen).

159 Je nach Bekanntheitsgrad und Verbreitung, 500 DM: Abbildung einer Unbekannten für Werbezwecke, geringe Auflage: *OLG Karlsruhe* v. 18.11.1988, NJW 1989, 401 f.; 4.000 DM bei einmaliger Werbung mit Bild eines Prominenten, Auflagenstärke 500.000 Exemplare: *OLG Hamburg* v. 8.4.1982, AfP 1983, 282, 284; 10.000 DM bei langandauernder Werbekampagne: *ebenda* auf S. 283; 20.000 DM in dem Carrera-Fall: *BGH* v. 26.6.1981, BGHZ 81, 75, 77, bei dem es aber nicht um das Persönlichkeitsrecht einer natürlichen Person ging; Nena-Fall: *BGH* v. 14.10.1986, JZ 1987, 158 (5.500 DM); *OLG Frankfurt am Main* v. 11.4.1985, ZUM 85, 570, 572: 6.000 DM für Namensverwendung für Werbung.

160 *OLG München* v. 22.3.1989, AfP 1990, 45 (für Abwehr- und Verteidigungsmaßnahmen eines Schlagersängers gegen Berichte über angebliche uneheliche Vaterschaft); hinzu kamen 13.000 DM Geldentschädigung.

161 *MüKo-Schwerdtner*, § 12, Rn. 323; allerdings gilt dies nicht insoweit, als ein solcher Anspruch - wie meist - neben einem Geldersatzanspruch geltend gemacht wird. Dann müssen auch die Voraussetzungen des § 823 BGB vorliegen.

rechtswidrige Verletzung des Persönlichkeitsrechts verursacht wurde.[162] Neben dem wichtigsten Fall des Widerrufes kommen hauptsächlich die Vernichtung von Bildaufnahmen und Negativen und die Löschung von Tonaufnahmen, deren Herstellung rechtswidrig war, in Betracht.[163] Außerdem kann ein Anspruch auf Löschung personenbezogener Daten bestehen, wenn deren Erhebung oder Verarbeitung das APR des Betroffenen verletzte oder gegen das BDSG verstieß (§ 35 BDSG). Ebenfalls ergibt sich aus § 35 BDSG ein Berichtigungs- und Sperrungsrecht. Unter Umständen kann sich ein Auskunftsanspruch ergeben, wenn dies zur Geltendmachung der Rechte erforderlich ist.[164]

Im Bereich des Namensrechtes kann die Beseitigung der Störung nach § 12 BGB in der von dem Anspruchsgegner abzugebenden Einwilligung in die Namensführung durch den Betroffenen liegen.[165] Nach § 37 KUG kann die Vernichtung von Fotos usw. verlangt werden.

Aus dem Gesichtspunkt eines Beseitigungsanspruches kann ein Presseunternehmen unter Umständen auch dazu verurteilt werden, über den Freispruch einer Person zu berichten, über deren erstinstanzliche strafrechtliche Verurteilung sie berichtet hatte.[166] Als Beseitigungsanspruch wird von der Rechtsprechung selten auch ein Anspruch auf Veröffentlichung des Zivilurteils auf Kosten des Beklagten zuerkannt.[167]

Beseitigungs- ebenso wie Unterlassungsansprüche können, wie oben dargestellt, auch gegen solche Personen bestehen, die zwar nicht verpflichtet sind, Veröffentlichungen inhaltlich zu prüfen, also nicht auf Schadensersatz nach § 823 BGB haften, die aber wegen ihrer Mitwirkung als Störer angesehen werden können. Dies sind vor allem Hilfspersonen bei dem Druck oder Vertrieb von Zeitschriften. In Betracht kommen hier Verbote, Druckerzeugnisse zu vertreiben oder veräußern. Ein Widerrufsanspruch wird in der Regel nur gegen denjenigen gegeben sein, der

---

162 *BGH* v. 6.7.1954, BGHZ 14, 163, 173 ff.; *RG* v. 6.3.1940, RGZ 163, 210, 213 ff. (Widerruf).

163 Z. B. *BGH* v. 20.5.1958, BGHZ 27, 284, 291 (Löschung von Tonaufnahmen); Entfernung der Signatur bei einem gefälschten Bild: *BGH* v. 8.6.1989, BGHZ 107, 384, 394 (Nolde); vgl. *Kötz*, Deliktsrecht, Rn. 649 f.

164 Vgl. *BGH* v. 12.12.1995, NJW 1996, 986 (Privatsphäre, Bildveröffentlichung); einen Auskunftsanspruch sieht auch das BDSG vor, § 34 BDSG, vgl. *Geyer-Schäfer*, Schutz vor Indiskretionen, S. 48 ff.

165 Vgl. *MüKo-Schwerdtner*, § 12, Rn. 142; wichtiger ist aber der Widerruf der Namensbestreitung.

166 *BGH* v. 30.11.1971, BGHZ 57, 325 (Freispruch), obwohl die erste Berichterstattung wegen Wahrnehmung berechtigter Interessen rechtmäßig war.

167 Z. B. *OLG Freiburg* v. 23.7.1951, JZ 1951, 751 f.; dafür *Helle*, Besondere Persönlichkeitsrechte, S. 216.

die Äußerung gemacht hat.[168] In der Praxis sind diese Ansprüche eher selten, da ein Rechtsschutzinteresse für Klagen gegen solche mittelbar Beteiligten häufig fehlen wird und andere Maßnahmen effektiver sind.[169]

Aus internationalprivatrechtlicher Sicht ist aber interessant, dass unter Umständen ein Rechtsschutzinteresse bei einer Unterlassungsklage gegen den Importeur einer ausländischen Zeitung zu bejahen ist. Von dem *BGH* wurde dies angenommen, da ein Anspruch gegen den ausländischen Verleger schwer durchzusetzen sei.[170]

c) Insbesondere Widerrufs- und ähnliche Ansprüche

aa) Voraussetzungen

Der Widerrufsanspruch soll der Beseitigung einer persönlichkeitsrechtsverletzenden Tatsachenbehauptung dienen. Der Widerrufende nimmt die Aussage zurück, wobei allerdings umstritten ist, ob damit eine Wertung über die Wahrheit der Behauptung getroffen wird.[171] Ein Widerruf kommt daher vor allem bei Ehrverletzungen in Betracht. Darüber hinaus kann ein Interesse aber auch dann bestehen, wenn über eine Person falsche aber nicht unbedingt ehrenrührige Aussagen gemacht wurden, zum Beispiel im Fall eines erfundenen Interviews, einer erfundenen Krankheit, falschen Zitaten.[172] Auch bei nicht direkt falschen, jedoch irreführenden, missverständlichen oder unvollständigen Behauptungen kann ein Widerrufsanspruch helfen. Je nach Fallgestaltung handelt es sich dann um einen Berichtigungs- oder Ergänzungsanspruch.[173] Bei Eingriffen in die Privatsphäre hingegen ist ein Widerruf schon wegen der nicht erwünschten Öffentlichkeitswirkung nicht interessengerecht.[174]

Der Widerruf kann in verschiedenen Formen erfolgen: ein uneingeschränkter Widerruf, der jedoch nur in Betracht kommt, wenn die Unwahrheit feststeht; ein eingeschränkter Widerruf, zum Beispiel dergestalt, dass die Behauptung nicht mehr aufrechterhalten werde; dieser kommt bei Nichterweislichkeit der Wahrheit in Frage; drittens kann auch ein Richtigstellungs- oder Ergänzungsanspruch beste-

---

168 *BGH* v. 6.7.1954, BGHZ 14, 163, 176.

169 Vgl. *MüKo-Schwerdtner*, § 12, Rn. 312.

170 *BGH* v. 3.2.1976, NJW 1976, 799 (VUS).

171 Vgl. zum Streit *MüKo-Schwerdtner*, § 12, Rn. 327.

172 Z. B. *BGH* v. 5.12.1995, NJW 1996, 984 (Richtigstellung).

173 Vgl. *Schwerdtner*, Persönlichkeitsschutz im Zivilrecht, S. 37; Richtigstellung z. B. *BGH* v. 22.12.1959, BGHZ 31, 319 (Alte Herren).

174 Vgl. *BGH* v. 12.12.1995, NJW 1996, 986 ff., wo deshalb auch weniger strenge Anforderungen an einen Geldentschädigungsanspruch gestellt werden.

hen, wenn zwar nicht eindeutig unwahre Aussagen gemacht, aber irreführende, unklare, unvollständige Behauptungen aufgestellt wurden.[175]

Voraussetzung ist, dass die zu widerrufende Äußerung entweder eine eigene des Beklagten oder eine solche ist, die er sich zu eigen gemacht hat. Insbesondere Presse und Fernsehen können daher bei unwahren Behauptungen Dritter, die sie verbreiten, oft nur zum sogenannten Abrücken von dieser Äußerung verurteilt werden. Nur wenn sie sich eindeutig mit dieser Aussage identifizieren, können auch sie als Störer charakterisiert werden.[176]

bb) Grenzen des Widerrufsanspruchs

Da die Pflicht zum Widerruf, also der Abgabe einer Erklärung, einen Zwang darstellt, der unter Umständen demütigend sein oder das Gewissen des Beklagten beeinträchtigen kann, wird diese Pflicht in engen Grenzen gehalten. Bei einer Beleidigung unter vier Augen wird der Anspruch grundsätzlich abgelehnt, da es sich hierbei nicht um eine Störungsbeseitigung handele.[177] Aus dem gleichen Grund scheidet ein Widerruf einer Formalbeleidigung aus.[178] Von Bedeutung ist ferner, dass ein Widerruf ehrverletzender Meinungen und Werturteilen nicht verlangt werden kann, da dies einen unerträglichen Gewissenszwang bedeutet.[179] Ob die Meinungsäußerungsfreiheit des Grundgesetzes dies verlangt, ist bisher nicht entschieden worden, auch wenn sich diese oft vertretene Meinung auf die Meinungsfreiheit beruft.[180] Schließlich kann ein voller Widerruf nur verlangt werden, wenn die Unwahrheit der Äußerung feststeht. Steht sie nicht fest, bestehen aber keine ernstlichen Anhaltspunkte für die Wahrheit, so kann der Beklagte unter Umständen zu der Abgabe der Erklärung verurteilt werden, er könne die Erklärung nach dem Ergebnis der Beweisaufnahme nicht mehr aufrecht erhalten.[181]

---

175 Vgl. zum Ganzen *Schwerdtner*, Persönlichkeitsrecht, S. 315 f., der diese Einteilung ablehnt und in dem Widerruf nur die Erklärung des Anspruchsgegners sieht, er könne die Tatsache nicht beweisen; *Ermann-Ehmann*, Anh. § 12, Rn. 462; Bsp. für Ergänzungsanspruch: *BGH* v. 30.11.1971, BGHZ 57, 325 (Pflicht, über Freispruch zu berichten, nachdem über erstinstanzliche Verurteilung berichtet worden war)

176 Vgl. *MüKo-Schwerdtner*, § 12, Rn. 318; *BGH* v. 6.4.1976, BGHZ 66, 182, 189 (Panorama); *BGH* v. 15.11.1994, NJW 1995, 861 ff (Caroline v. Monaco(.

177 So schon *BGH* v. 17.6.1953, BGHZ 10, 104, 106.

178 *BGH* v. 17.6.1953, BGHZ 10, 105.

179 So schon *Hubmann*, JuS 1963, 98, 101; *BGH* v. 20.6.1961, NJW 1961, 1913; es kommt wohlgemerkt aber sowohl ein Unterlassungsanspruch, als auch Schadensersatzanspruch in Frage. Der Begriff der Tatsachenbehauptung wird hier weit gezogen, vgl. *Hubmann*, a.a.O., S. 101.

180 Vgl. *Hubmann*, JuS 1963, 101 m. Nw.

181 Vgl. *BGH* v. 5.6.1962, NJW 1962, 1438 (hier abgelehnt).

d) Unterlassungsanspruch

aa) Anspruchsgrundlagen

Als Anspruchsgrundlagen eines Unterlassungsanspruches kommen dieselben in Betracht wie bei dem Beseitigungsanspruch. Der Betroffene kann sich also sowohl auf § 1004 BGB als auch auf § 823 BGB berufen. Daneben geben auch § 12 BGB, das KUG sowie das BDSG spezielle Unterlassungsansprüche. Da sie inhaltlich vergleichbar sind, werden sie in dieser Arbeit nicht gesondert erörtert.

bb) Voraussetzungen

Als verschuldensunabhängiger Anspruch setzt der Unterlassungsanspruch einen objektiv rechtswidrigen Eingriff und konkrete Wiederholungsgefahr oder eine bevorstehende erste Beeinträchtigung voraus. Für die möglichen Störer also Anspruchsgegner gilt das zu dem Beseitigungsanspruch Gesagte. Die Wiederholungsgefahr muss zwar konkret sein, dies wird aber hinsichtlich der Presse vermutet, es sei denn, der "Wert der Information" ist verbraucht[182] oder die Unwahrheit der Behauptung hat sich mittlerweile herausgestellt, so dass eine Wiederholung nicht erfolgen wird.[183] Konnte sich der Beklagte hinsichtlich einer unwahren Behauptung auf die Wahrnehmung eines berechtigten Interesses berufen, so muss er trotzdem die Wiederholung unterlassen. Der Unterlassungsanspruch sanktioniert insoweit nicht den rechtmäßigen ersten Eingriff, sondern bloß einen zukünftigen, rechtswidrigen Eingriff.[184] Ein Unterlassungsanspruch hinsichtlich angeblich ehrverletzender Äußerungen besteht nur dann, wenn das Gericht von deren Unwahrheit überzeugt ist.[185]

Ein Unterlassungsanspruch kann auch vorbeugend geltend gemacht werden, das heißt wenn noch keine Veröffentlichung erfolgt ist.[186] Zudem wird der Anspruch auch häufig im Wege der einstweiligen Verfügung geltend gemacht.[187]

3. Gegendarstellungsanspruch

Aus Landespressegesetzen und Rundfunkstaatsverträgen ergibt sich die Pflicht von Verlegern und Redakteuren, Entgegnungen gegen Tatsachen zu veröffentli-

---

182 *BGH* v. 6.7.1954, BGHZ 14, 163, 167 ff.

183 *BGH* v. 27.5.1986, NJW 1986, 2503, 2504 f.

184 S. z. B. *BGH* v. 27.5.1986, NJW 1986, 2503, 2504 f.; vgl. *Hubmann*, JuS 1963, 98, 100.

185 Es genügt nicht, dass die Wahrheit lediglich nicht erweislich ist; vgl. *BGH* v. 11.7.1989, GRUR 1989, 781, 783 (Wünschelrutengänger).

186 Vgl. nur *Geyer-Schäfer*, Schutz vor Indiskretionen, S. 11.

chen, wenn die Person von der ersten Veröffentlichung unmittelbar betroffen ist. Dabei kommt es grundsätzlich nicht auf die Wahrheit der Äußerung an, denn dem Betroffenen soll zur Herstellung der Waffengleichheit eine schnelle Gegenwehr ermöglicht werden. Es ist auch keine Ehr- oder Persönlichkeitsrechtsverletzung vorausgesetzt, es muss lediglich ein berechtigtes Interesse, irgendeine nachteilige Betroffenheit vorgetragen werden.[188] Eine offensichtlich unwahre Gegendarstellung muss jedoch nicht veröffentlicht werden. Das Erwiderungsrecht beschränkt sich auf die bestimmte Tatsachenbehauptung, und die Erwiderung ist an gleicher Stelle und in ähnlichem Umfang wie diese Behauptung zu veröffentlichen.[189] Gegendarstellungen können im Wege der einstweiligen Verfügung durchgesetzt werden.[190]

Für den Bereich des Internet wird diskutiert, einen Gegendarstellungsanspruch gegenüber Online-Anbietern etc. analog der für Rundfunk und Presse geltenden Regeln zu gewähren.[191]

4. Bereicherungsanspruch

Wie oben schon erwähnt, kann in Fällen der Werbung mit dem Bild oder Namen einer Person aus Eingriffskondiktion die übliche Lizenzgebühr oder den Verletzergewinn verlangt werden.[192] Dies wird jedoch bei sonstigen Verletzungen des Persönlichkeitsrechts abgelehnt, da dieses keinen Zuweisungsgehalt hat, es sich nicht um Nutzungsrechte, sondern um immaterielle Rechte zum Schutze ideeller Werte handelt.[193]

Weil der Bereicherungsanspruch bisher stets neben einem Schadensersatzanspruch in derselben Höhe stand, hatte er eigentlich nur geringe praktische Bedeutung.[194] Nach der Rechtsprechung des *BGH* kann sich möglicherweise in der

---

187 Z. B. *BGH* v. 5.12.1995 und 12.12.1995, NJW 1996, 984 ff. (Caroline v. Monaco).

188 Vgl. *Ermann-Ehmann*, Anh. § 12, Rn. 536.

189 *Ebert*, Gegendarstellung in Deutschland und USA, S. 41 ff., 63 f., 76 ff.

190 S. *Schwerdtner*, JuS 1978, 299.

191 *Flechsig*, Rechtsprobleme internationaler Datennetze, S. 81, 85 f.; als Beseitigungsanspruch: *Spindler*, ZUM 1996, 541; für den länderrechtlichen Kompetenzbereich wurde in § 10 Mediendienstestaatsvertrag der Länder ein Gegendarstellungsrecht eingeführt, s. dazu *Helle*, JZ 2002, 600.

192 Bild: *BGH* v. 8.5.1956, BGHZ 20, 345, 354 f. (Dahlke), *BGH* v. 26.6.1979, NJW 1979, 2205 (Fußballtorwart), *BGH* v. 14.10.1986, JZ 1987, 158 (Nena); Name (über APR): *BGH* v. 26.7.1981, BGHZ 81, 75, 81 f. (Carrera, Lizenzanalogie).

193 Vgl. *MüKo-Schwerdtner*, § 12, Rn. 281; s. aber im neueren Schrifttum, *Götting*, Persönlichkeitsrechte als Vermögensrechte, S. 134 ff.; *J. Simon*, APR, 1981, welche den vermögensrechtlichen Gehalt des APR betonen; auch *Ermann-Ehmann*, Anh. § 12, Rn. 469.

194 Vgl. aber *Ermann-Ehmann*, Anh. § 12, Rn. 469: es könne durchaus vorkommen, dass ein

Zukunft die Ansicht durchsetzen, Persönlichkeitsrechte seien als ausschließliche Nutzungsrechte kommerziell verwertbar und übertragbar. Der *BGH* sprach 1987 einer Verwertungsgesellschaft, der die Bildnutzungsrechte einer Sängerin übertragen worden waren, einen Bereicherungsanspruch gegen einen Dritten in Höhe der üblichen Lizenzgebühr zu.[195] Zum ersten Mal wurde also einem Dritten, nicht dem Träger der betroffenen Persönlichkeit, ein Anspruch zuerkannt. Auch bei anderen Persönlichkeitsrechtsverletzungen wird in der Literatur neuerdings eine Gewinnabschöpfung statt oder als Geldentschädigung diskutiert und befürwortet.[196]

5. Feststellungsanspruch

Nach ständiger Rechtsprechung des *BGH* ist eine Feststellungsklage im Bereich des Persönlichkeitsschutzes unzulässig.[197] Es fehlt wegen der Möglichkeit, negatorischen Rechtsschutz zu erlangen, an einem Rechtsschutzinteresse nach § 256 ZPO.

VI. Verfassungsrechtliche Einflüsse

Dass auch das Zivilrecht an Vorgaben aus der Verfassung gebunden und durch sie beeinflusst ist, ist anerkannt.[198]

Allgemein wird die Einführung des zivilrechtlichen APR auf Art. 2 I i.V.m. Art. 1 I GG gestützt. Aus dem Recht gegenüber dem Staat folge auch, dass dieser es im privatrechtlichen Bereich gewährleisten müsse.[199]

Auf der Seite des Anspruchsgegners steht ebenfalls ein Grundrecht, nämlich das Grundrecht der Meinungs- und Pressefreiheit des Handelnden nach Art. 5 GG, die Kunstfreiheit oder zumindest die allgemeine Handlungsfreiheit. Nach ständiger Rechtsprechung sind diese beiden gegensätzlichen Interessen in jedem Fall der Persönlichkeitsrechtsverletzung gegeneinander abzuwägen. Das Ergebnis der Abwägung hängt davon ab, ob ein Beitrag zum geistigen Meinungskampf der Öffentlichkeit erbracht wird oder nur wirtschaftliche Interessen verfolgt werden, ob ein öffentliches Informationsinteresse besteht und in welche

---

Verschulden fehle oder ein Schadensersatzanspruch nicht durchsetzbar sei.

195 *BGH* v. 14.10.1986, JZ 1987, 158 (Nena).

196 So über Geschäftsführung ohne Auftrag: *Schwerdtner*, Persönlichkeitsschutz im Zivilrecht, S. 41 ff. m. w. Nw.; über Bereicherungsrecht: *Canaris*, ebendort in der anschließenden Diskussion, S. 60.

197 *BGH* v. 3.5.1977, BGHZ 68, 331; a. A.: *Stoll*, Jura 1979, 586 f.

198 S. nur *Beater*, Zivilrechtlicher Schutz vor der Presse als konkretisiertes Verfassungsrecht, S. 51; *BVerfG* v. 15.1.1958, BVerfGE 7, 198, 205 ff. (Lüth).

199 *BGH* v. 25.5.1954, BGHZ 13, 334, 338 (Schacht-Brief); *BGH* v. 14.2.1958, BGHZ 26, 349, 354 (Herrenreiter).

Sphäre des Betroffenen eingegriffen wird.[200] Nach diesen Kriterien bestimmt sich die Grundrechtsrelevanz der jeweiligen Rechtsposition. Laut *BVerfG* folgt die Pflicht zu dieser Güterabwägung daraus, dass das Grundgesetz und die Grundrechte auch auf die zivilrechtlichen Normen einwirke.[201] Voraussetzung dafür ist die Anerkennung einer (mittelbaren) Drittwirkung der Grundrechte, die in Deutschland mittlerweile unumstritten ist. Für die Gerichte besteht aus den Grundrechten ein Schutzauftrag.[202] Die Grundrechte haben eine Ausstrahlungswirkung auf das Zivilrecht.[203]

Dem entspricht es, dass das Bundesverfassungsgericht bei Persönlichkeitsrechtsverletzungen besonders häufig angerufen wird. Allerdings hat es nur selten die Verfassungswidrigkeit einer einfachgesetzlichen Regel bejaht, vielmehr wird in der Regel nur die Rechtsprechung des *BGH* bestätigt.[204] Dementsprechend ist nicht anzunehmen, dass die konkrete Ausgestaltung des gesamten zivilrechtlichen Persönlichkeitsschutzes grundgesetzlich verbürgt und für den Gesetzgeber und Rechtsprechung nicht disponibel ist.[205] Eine Verfassungswidrigkeit wurde aber zum Beispiel in dem Lüth-Urteil festgestellt, und zwar zugunsten der Presse- und Meinungsfreiheit.[206] Zugunsten der Meinungsfreiheit wurde in weiteren Fällen die Verfassungswidrigkeit der von dem *BGH* oder anderen Gerichten getroffenen Abwägung festgestellt.[207] Hingegen wurde in dem Fall Böll, eine Verletzung des APR bejaht und die Entscheidung des *BGH* aufgehoben.[208] Zu bemerken ist, dass viele der Entscheidungen im Pressebereich ergangen sind, hier also besonders starke Einwirkungen der Meinungsfreiheit zu finden sind.

---

200 Vgl. m. Nw. *Borchardt*, Grundrechte in Europa, S. 167 f.

201 *BVerfG* v. 15.1.1958, BVerfGE 7, 198, 205 ff. (Lüth).

202 S. nur *BGH* v. 12.12.1995, NJW 1996, 987; s. auch *Grimm*, Persönlichkeitsschutz im Verfassungsrecht, S. 20 ff.

203 *Grimm*, Persönlichkeitsschutz im Verfassungsrecht, S. 35; *Steindorff*, Persönlichkeitsschutz, S. 15.

204 Z. B. zur Geldentschädigung für immateriellen Schaden *BVerfG* v. 14.2.1973, BVerfGE 34, 269 ff. (Soraya); zu Ausgestaltungen des Gegendarstellungsanspruches z. B. *BVerfG* v. 14.1.1998, NJW 1998, 1381 (Abdruck auf Titelseite verletzt nicht Art. 5 GG); zum postmortalen Persönlichkeitsrecht: *BVerfG* v. 24.2.1971, BVerfGE 30, 173 ff. (Mephisto); zum Umfang eines Unterlassungsanspruches: *BVerfG* v. 11.5.1976, BVerfGE 42, 143.

205 So auch *Schwerdtner*, Persönlichkeitsrecht, S. 257.

206 *BVerfG* v. 15.1.1958, BVerfGE 7, 198 ff. (Lüth).

207 Z. B. im Wahlkampf, wo schärfere Meinungsäußerungen erlaubt sein müssen, *BVerfG* v. 22.6.1982, BVerfGE 61, 1, 9 ff.

208 *BVerfG* v. 3.6.1980, BVerfG 54, 208. (Böll); auch *BVerfG* v. 5.6.1973, BVerfGE 35, 202 (Lebach, gegen OLG-Entscheidung; Resozialisierungsinteresse und APR eines Ex-Straftäters geht Meinungsfreiheit vor); Verfassungswidrigkeit einer Regelung des Gegendarstellungsrechts eines Rundfunkstaatsvertrages: *BVerfG* v. 8.2.1983, BVerfGE 63, 131 (Zwei-Wochen-Frist zur Geltendmachung).

Auch die fachgerichtliche Rechtsprechung begründet teilweise ihre konkreten Einzelregelungen mit den oben genannten Grundrechten. So wurde zum Beispiel die Anerkennung einer Geldentschädigung für immaterielle Schäden mit Art. 2 I i.V.m. Art. 1 I GG begründet.[209] Der Hauptgrund dafür dürfte allerdings sein, dass die Rechtsprechung einen Weg finden mussten, sich über § 253 BGB hinwegzusetzen und sich daher auf die Grundrechte zurückzog.[210] Zum Schutze der Meinungsfreiheit werden jedoch relativ strenge Voraussetzungen an eine solche Entschädigung gestellt.[211] Doch verletzt selbst ein Betrag von 100.000 DM nicht die Pressefreiheit.[212]

Auch der Gegendarstellungsanspruch wird als Konkretisierung der entgegengesetzten Grundrechte angesehen, da dem Betroffenen als Ausgleich für die mit der Pressefreiheit begründete Duldungspflicht ein Gegenmittel zum Schutz seiner Rechte zur Verfügung gestellt wird.[213] Der Gegendarstellungsanspruch drückt damit den Interessenausgleich zwischen den Grundrechten von Meinungsfreiheit und Persönlichkeitsrecht aus.[214]

Die Bevorzugung negatorischen Rechtsschutzes gegenüber Schadensersatzansprüchen wird ebenfalls mit dem Schutz der Meinungsfreiheit, insbesondere der Pressefreiheit, begründet. Das deutsche Recht zieht zwar eine niedrige Grenze, was das Eingreifen des Persönlichkeitsschutzes angeht, die Rechtsfolgen sind für die Presse aber nicht sehr einschneidend.[215] Es darf wegen der Meinungsfreiheit auch kein Widerruf eines Werturteils verlangt werden.[216]

Der Rechtfertigungsgrund der Wahrnehmung berechtigter Interessen wird als Ausprägung der Meinungs- und Pressefreiheit verstanden und beruht auf einer Abwägung derselben mit dem erforderlichen Persönlichkeitsschutz.[217] Danach kann unter Umständen auch die fahrlässige Verbreitung von unwahren Tatsachenbehauptungen erlaubt sein.

---

209 *BGH* v. 14.2.1958, BGHZ 26, 349, 354 ff. (Herrenreiter).

210 Auch die Begründung des APR wird wegen des Mangels an einer zivilrechtlichen Norm auf die Verfassung gestützt; so auch *Grimm*, Persönlichkeitsschutz im Verfassungsrecht, S. 22.

211 *Beater*, Zivilrechtlicher Schutz vor der Presse als konkretisiertes Verfassungsrecht, S. 58.

212 Vgl. *Schwerdtner*, Persönlichkeitsschutz im Zivilrecht, S. 40 ff. m. w. Nw.

213 Vgl. *BVerfG* v. 8.2.1983, BVerfGE 63, 131, 135.

214 S. *Ebert*, Gegendarstellung in Deutschland und USA, S. 14 ff., 26.

215 Vgl. *Beater*, Zivilrechtlicher Schutz vor der Presse als konkretisiertes Verfassungsrecht, S. 63.

216 S. *Beater*, Zivilrechtlicher Schutz vor der Presse als konkretisiertes Verfassungsrecht, S. 68, m. Nw.

217 *BVerfG* v. 11.5.1976, BVerfGE 42, 143, 148 ff.; s. *Beater*, Zivilrechtlicher Schutz vor der Presse als konkretisiertes Verfassungsrecht, S. 61 ff.

Auch die Existenz eines postmortalen Persönlichkeitsschutzes wird auf Art. 1 und 2 GG gestützt.[218]

Die Grundrechte der Europäischen Menschenrechtskonvention und anderer internationaler Abkommen werden in Deutschland im Gegensatz zu einigen anderen Ländern selten herangezogen. Sie werden bei gerichtlichen Entscheidungen allenfalls als zusätzliches Argument genannt.[219] Dies liegt wohl daran, dass im Grundgesetz bereits alle Rechte verankert sind und nach der EMRK ein großer Ermessensspielraum für die Gestaltung der nationalen Zivilrechte gewährt wird.[220] Zudem haben die Konventionen innerstaatlich gesehen keinen Verfassungsrang.[221] Bei der Interpretation der Grundrechte des Grundgesetzes fließen aber auch die Wertentscheidungen der EMRK ein.[222] Dabei zeigen sich bei der Abwägung von Meinungsfreiheit und Persönlichkeitsrecht starke Ähnlichkeiten und vergleichbare Kriterien.[223] In dem Abschnitt über den internationalen *ordre public* in dem kollisionsrechtlichen Teil der Arbeit wird auf internationale Abkommen ausführlicher eingegangen.

Wegen der Berücksichtigung der grundrechtlichen Positionen bei der Güter- und Interessenabwägung ist zusammenfassend zu sagen, dass in jedem Fall der Persönlichkeitsrechtsverletzung eine verfassungsrechtliche Beeinflussung deutlich wird.[224] Im Besonderen sind hiervon auch die Rechtsfolgen berührt. Diese Feststellung muss auch bei der kollisionsrechtlichen Anknüpfung beachtet werden. Andererseits ist zu sagen, dass nicht jede konkrete zivilrechtliche Regel von Verfassung wegen zwingend ist.[225] Die Interessenabwägung wird grundsätzlich von den Gerichten vorgenommen.

---

218 *Klippel*, Neuere Entwicklungen des Persönlichkeitsschutzes, S. 24 m. Nw.

219 Vgl. z. B. *BGH* 20.5.1958, BGHZ 27, 285 f. (Privatsphäre, Art. 8 EMRK).

220 S. nur *Fahrenhorst*, ZEuP 1998, 95 ff., 100 ff. m. Nw.; Ausführlicheres hierzu unten in dem kollisionsrechtlichen Teil bei der Behandlung des *ordre public*.

221 *Borchardt*, Grundrechte in Europa, S. 1128 f.

222 *Fahrenhorst*, ZEuP 1998, 86 m. Nw.

223 S. nur *Fahrenhorst*, ZEuP 1998, 96 ff.

224 S. auch *Beater*, Zivilrechtlicher Schutz vor der Presse als konkretisiertes Verfassungsrecht, S. 55, 59; vgl. *Grimm*, Persönlichkeitsschutz im Verfassungsrecht, S. 23 ff.

225 Vgl. *Gottlieb*, APR, S. 325 f.; *Klippel*, Neuere Entwicklungen des Persönlichkeitsschutzes, S. 20; *Schwerdtner*, Persönlichkeitsschutz im Zivilrecht, S. 47, 49; s. auch allgemein zum Gestaltungsspielraum des einfachen Rechts bei der zivilrechtlichen Kollision zweier Grundrechte: *Canaris*, JuS 1989, 163.

VII. Sonderfragen

Das Persönlichkeitsrecht ist nach noch herrschender Ansicht nicht veräußerlich und unübertragbar, also streng an die Person gebunden.[226] Dies liegt in dem immateriellen, ideellen Charakter begründet. Teilweise wird eine Übertragbarkeit aber zumindest für das Recht am Bild befürwortet, woraus sich eine Art Verwertungsrecht ergibt. Dies wird vor allem damit begründet, dass das Persönlichkeitsrecht faktisch weitgehend kommerzialisiert sei.[227] Zweifel an einem rein immateriellen Charakter wurden im Rahmen dieser Arbeit bereits durch den Nachweis des dritten Schutzbereiches bestätigt. Dass eine Einwilligung in eine Bildverwertung zulässig ist, ist ohnehin unstreitig.[228] Insgesamt wird also tendenziell von der traditionellen Ansicht der Unübertragbarkeit abgerückt und so auch die kommerzielle Nutzung der Persönlichkeitsattribute ermöglicht und rechtlich abgesichert.[229] Auch bei prinzipieller Unübertragbarkeit des gesamten Rechtes sollen zumindest Nutzungsrechte übertragbar sein.[230] Die Ansprüche wegen Persönlichkeitsrechtsverletzung können auch im Wege des einstweiligen Rechtsschutzes durchgesetzt werden. Dies ist vor allem für den Unterlassungsanspruch, in seiner vorbeugenden Rechtsschutzfunktion, relevant.[231]

---

226 Vgl. m. w. Nw. *Ernst-Moll*, GRUR 1996, 561; *Götting*, Persönlichkeitsrechte als Vermögensrechte, S. 142; ausdrücklich offengelassen in *BGH* v. 14.10.1986, JZ 1987, 158 (Nena).

227 Z. B. *Ernst-Moll*, GRUR 1996, 561 m. w. Nw.; *Forkel*, GRUR 1988, 492 ff.; vgl. auch *Helle*, Besondere Persönlichkeitsrechte, S. 67 f. (zum Bild), aber gegen Übertragbarkeit (S. 51 f.).

228 Vgl. m. w. Nw. *Seemann*, Prominenz als Eigentum, S. 165.

229 S. nur *BGH* v. 14.10.1986, JZ 1987, 158 (Nena); *Seemann*, Prominenz als Eigentum, S. 166.

230 Vgl. *Forkel*, GRUR 1988, 491, 493; *Götting*, Persönlichkeitsrechte als Vermögensrechte, S. 278 ff.

231 Z. B. *BGH* v. 5.12.1995 und 12.12.1995, NJW 1996, 984 ff. (Caroline v. Monaco).

C. Frankreich

I. Einleitung

1. Allgemeines

Anders als in Deutschland, England oder den USA stellten Fälle des Persönlichkeitsschutzes die Richter in Frankreich nicht vor das Problem, eine Rechtsgrundlage für Schadensersatzansprüche zu finden: Mit Art. 1382 Code civil (C.c.) gibt es eine allgemeine deliktische Anspruchsgrundlage, nach welcher derjenige, der einem anderen schuldhaft einen Schaden verursacht, Schadensersatz zu leisten hat.[1] Nichtsdestotrotz wurde und wird auch in Frankreich der Begriff des Persönlichkeitsrechts diskutiert, ebenso wie natürlich die Frage, wie die deliktsrechtliche Haftung für Verletzungen genau ausgestaltet sein soll. Die Diskussion, ob es sich um *droits subjectifs* handelt, hat rein theoretische Bedeutung, denn Art. 1382 C.c. setzt keine Verletzung eines Rechts voraus, es genügt auch ein schützenswertes Interesse.[2] Subjektive Rechte hingegen sind lediglich Abwehrrechte, das heißt aus ihnen können sich unmittelbar nur Unterlassungsansprüche ergeben. Hingegen müssen Schadensersatzansprüche auf Art. 1382 C.c. gestützt werden. Weil Art. 1382 C.c. keine konkreten Anhaltspunkte gibt, ist der Schutz der Persönlichkeitsrechte letzten Endes auch in Frankreich ein Produkt von Richterrecht. Die Diskussion, die um diese Generalklausel geführt wurde, schlug sich in der Einführung des Art. 9 C.c. im Jahre 1970 betreffend das Privatleben nieder, welcher den Schutz der Persönlichkeit verstärken sollte.

Eine Diskussion um die Anerkennung eines allgemeinen Persönlichkeitsrechts gab es im französischen Recht kaum. Man bezieht sich dort eher auf einzelne Persönlichkeitsrechte. Neben diesen sogenannten *droits de la personnalité* erfolgt der Schutz der Persönlichkeit in großem Umfang über den Schutz gegen Ehrverletzungen, den Schadensersatz wegen *diffamation* beziehungsweise *injure*. Die Persönlichkeitsrechte werden in der Regel als Nichtvermögensrechte angesehen;

---

1 Art. 1382 C.c.: "Tout fait quelconque de l'homme, qui cause à autrui un dommage, oblige celui par la faute duquel il est arrive, à le réparer."; Art. 1383 C.c.: "Chacun est responsable du dommage qu'il a causé non seulement par son fait, mais encore par sa negligence ou par son imprudence."

2 *Ravanas*, La protection des personnes, S. 398; *Strömholm*, FS Malstroem, S. 197 f.; s. auch *Rubellin-Devichi*, Rev. trim. dr. civ. 1988, 79 ff., die darauf abstellt, ob eine Verhaltensnorm verletzt wurde (*faute*) und die Inflation der Persönlichkeits*rechte* kritisiert. Für eine ausführliche Darstellung der Diskussion um das *droit subjectif*, vgl. *Beignier*, L'honneur et le droit, S. 43-52, er selbst lehnt ein subjektives Recht ab, S. 51 f.; auch *Nerson*, De la protection de la personnalité, Travaux Henri Capitant, S. 65, sieht die Aufgabe eher darin, die Situationen zu definieren, in denen ein Schutz gewährt werden sollte, als neue *droits subjectifs* zu kreieren.

allerdings ist anerkannt, dass hinter Anspruchsstellungen auch Vermögensinteressen stehen können.[3]

2. Gesetzliche Grundlagen

Art. 1382 C.c. ist die Grundlage für alle Ansprüche wegen Persönlichkeitsverletzungen. Er umfasst also auch die Ehrverletzungen, für die es keine selbständige Anspruchsgrundlage gibt. Daneben verstärkt der 1970 eingeführte Art. 9 C.c. den Schutz, auch wenn schon vor diesem Gesetz der Schutz des Privatlebens überwiegend anerkannt und Art. 9 C.c. eine Bestätigung dieser Rechtsprechung war.[4] Dementsprechend wird auch bei der Auslegung dieser Norm auf die frühere Rechtsprechung abgestellt.

Nach Art. 9 C.c. kann der Richter für Eingriffe in das Privatleben solche zivilrechtlichen Sanktionen verhängen, die ihm geeignet erscheinen. Unbetroffen davon bleiben jedoch Schadensersatzansprüche, die auf Art. 1382 C.c. gestützt werden.[5]

Von großer Bedeutung für den Schutz vor Verletzungen der Ehre und des Ansehens ist das primär strafrechtliche Gesetz über die Pressefreiheit vom 29. Juli 1881.[6] Dessen Art. 29 ff. gestalten unmittelbar die zivilrechtliche Haftung wegen Ehrverletzungen und sind in ihrem Anwendungsbereich auch nicht auf die Presse beschränkt. In seinem Art. 13 statuiert dieses Gesetz außerdem ein Entgegnungsrecht, welches dem deutschen Gegendarstellungsrecht nicht unähnlich ist.

Für einstweiligen Rechtsschutz kann sich der Betroffene neben Art. 9 C.c. auch auf Art. 809 der Zivilprozessordnung (Code de Procédure Civil, C.P.C.) stützen, wenn er zum Beispiel eine sofortige Beschlagnahme (*saisie*) erreichen will.

Es gibt auch ein Datenschutzgesetz, welches einige zivilrechtliche Normen enthält.

---

3 Vgl. nur *I. Schmitz*, Persönlichkeitsrechte, S. 11 ff.

4 *Kayser*, Rev. trim. dr. civ. 1971, 505; *Pradel*, D. 1971, chr. 113; *Nerson*, Rev. int. dr. comp. 1971, 764; *Derieux*, Droit de la communication, S. 451, wichtiger sind die Neuerungen, die den strafrechtlichen Teil betreffend, *ebd.*; auch ausführlich zum Strafrecht, auf S. 454-458 und 461-463 und *Nerson*, a.a.O., S. 742 ff.

5 Art. 9 Abs. 1: "Chacun a droit au respect de sa vie privée..."; Abs. 2: "Les juges peuvent, sans préjudice de la réparation du dommage subi, prescrire toutes mesures telles que séquestre, saisie et autres, propres à empêcher ou faire cesser une atteinte à l'intimité de la vie privée; ces mesures peuvent, s'il y a urgence, être ordonnées en référé."; eingeführt durch das Gesetz Nr. 70-643 vom 17. Juli 1970 über den Schutz der Privatsphäre (*loi sur la protection de la vie privée*).

6 Loi du 29 juillet 1881 sur la liberté de la presse.

3. Allgemeines Persönlichkeitsrecht

In Frankreich wurde und wird auch gelegentlich diskutiert, ob es ein Allgemeines Persönlichkeitsrecht (*droit général de la personnalité)* gibt. Diese Diskussion ist wegen der deliktischen Generalklausel allerdings im Vergleich zu Deutschland von erheblich geringerer, eigentlich nur dogmatischer Bedeutung. In früheren Zeiten ging man in Frankreich nahezu einmütig davon aus, dass es kein APR gebe. Es herrschte die pluralistische Theorie, nach welcher einzelne Persönlichkeitsrechte anerkannt waren, die jedoch nicht in einem Recht wurzeln sollten.[7] Diese Auffassung ist zwar herrschend, eine starke Mindermeinung sowohl in Rechtsprechung als auch Literatur spricht aber von Verletzungen der Persönlichkeit oder dem Persönlichkeitsrecht.[8]

Begrifflich anerkannte Einzelrechte der Persönlichkeit sind das *droit à l'image,* das *droit au secret de la vie privée*, das *droit au secret des lettres confidentielles*, das *droit au nom* und das *droit à la protection de la voix*. Nicht in jedem Fall nimmt die Rechtsprechung jedoch Bezug auf eines dieser Rechte, sondern diskutiert, ob eine *faute* nach Art. 1382 C.c. vorliegt.

Erwähnt werden sollte noch, dass unter den Begriff der Persönlichkeitsrechte in Frankreich noch ganz andere Rechte gefasst werden als in Deutschland. So wird zum Beispiel der Schutz vor physischen Beeinträchtigungen oder auch die Vertragsfreiheit oder Eheschließungsfreiheit hierunter gefasst.[9] Darauf wird allerdings

---

7 *Amiaud*, Rapport sur les droits de la personnalité, S. 84, die praktische Irrelevanz der Frage betonend; *Marty / Raynaud*, Droit civil, Bd. 2, Nr. 6; *Beignier*, L'honneur et le droit, S. 54; *Nerson*, De la protection de la personnalité, Travaux Henri Capitant, S. 84; *Tallon*, in Encyclopédie Dalloz, Personnalité, Nr. 13.

8 Rspr.: *CApp Paris* v. 22.10.1987, D.1987, IR 234: "constitue une atteinte au droit de la personnalité" (Veröffentlichung von Fotos und Daten über das Kind der Schauspielerin Adjani); *TGI Paris* v. 24.2.1975, D. 1975, jur. 438: „atteinte à la personnalité" (Leprince-Ringuet); *TGI Paris* v. 22.11.1973, D. 1975, jur. 168 m. Anm. *Lindon* (1. Fall, Lip; „atteinte à la personne", Ehrverletzung); Lit.: *Rubellin-Devichi*, Rev. trim. dr. civ. 1988, 84; *Tallon*, in Encyclopédie Dalloz, Personnalité, z. B. S. 2; für ein Allgemeines Persönlichkeitsrecht auch *Huet-Weiller*, Rev. trim. dr. civ. 1982, 513, die auch auf den entsprechenden Gesetzesvorschlag der Kommission zur Reform des Code Civil hinweist: Art. 165 des *avant-projet*: „Toute atteinte illicite à la personnalité donne à celui qui la subit le droit de demander qu'il soit mis fin sans préjudice de la responsabilité qui peut en résulter pour son auteur.".

9 Vgl. *Zweigert / Kötz*, Rechtsvergleichung, Bd. 2, S. 701; *Amiaud*, Rapport sur les droits de la personnalité, S. 82: „droits de la personnalité économique"; *Nerson*, De la protection de la personnalité, Travaux Henri Capitant, S. 70 (körperliche Unversehrtheit) oder auch die Freiheit der religiösen Anschauung oder Weltanschauung, vgl. z. B. *Paris* v. 11.3.1952, D. 1952, jur. 294 (Störung eines Gottesdienstes, 1 Franc Schadensersatz; allerdings ohne Erwähnung des Begriffes der Persönlichkeitsrechte); vgl. *Marty / Raynaud*, Droit civil, Bd. 1, Nr. 145.

nicht näher eingegangen: Die Arbeit soll die Anknüpfung von Persönlichkeitsrechtsverletzungen behandeln. Dieser Begriff ist aus der deutschen Sicht heraus zu definieren.

4. Haftungsvoraussetzungen des Art. 1382 C.c.

Die zentrale Haftungsnorm für alle Arten der Persönlichkeitsrechtsverletzungen legt nur drei Voraussetzungen der Schadensersatzpflicht fest: Es muss erstens ein Schaden („préjudice") vorliegen, zweitens die „faute" (eigentlich Verschulden) und drittens die Kausalität. Das dritte Merkmal steht in den Fällen der Persönlichkeitsverletzung so gut wie nie in Frage. Der Schaden wird ausführlich unten behandelt. Deshalb dreht sich die Diskussion im Rahmen des Persönlichkeitsschutzes hauptsächlich um das Merkmal der *faute*. Anhand dieses Merkmales wird praktisch entschieden, ob ein zum Schadensersatz verpflichtendes Verhalten vorliegt. Es ist daher nicht gleichbedeutend mit dem Tatbestandsmerkmal des Verschuldens im deutschen Recht, sondern es muss auch entschieden werden, ob überhaupt ein pflichtwidriges oder rechtswidriges, ein „unrechtes" Verhalten vorlag.[10] Im folgenden wird nicht mehr im einzelnen darauf hingewiesen, dass ein Anspruch auf Art. 1382 C.c. gestützt wird, sondern es wird auf die einzelnen anerkannten Persönlichkeitsrechte Bezug genommen, deren Verletzung als eine *faute* angesehen wird.

II. Schutzbereiche

1. Ehre

Eine zum Schadensersatz nach Art. 1382 C.c. verpflichtende Handlung liegt immer vor, wenn die Voraussetzungen des strafrechtlichen Ehrenschutzes nach dem Pressegesetz von 1881 gegeben sind. Ein zivilrechtlicher Schadensersatzanspruch wegen einer Ehrverletzung kann jedoch auch unabhängig von einer strafrechtlichen Verantwortung bestehen.

In Art. 29 unterscheidet das französische Pressegesetz zwischen *diffamation* und *injure*, wobei die *injure* vergleichbar ist mit der Formalbeleidigung, also Beschimpfungen.[11] Die *diffamation* setzt die Behauptung einer Tatsache voraus,

---

10 Vgl. *Planiol / Ripert*, Droit civil, Bd. 6, Nr. 505: „la violation d'une obligation"; *Carbonnier*, Droit civil IV, S. 405, 413 ff.; *Ravanas*, La protection des personnes, S. 368.

11 Art. 29: „Toute allégation ou imputation d'un fait qui porte atteinte à l'honneur ou à la considération de la personnne ... est une diffamation. La publication directe ou par voie de reproduction de cette allégation ou de cette imputation est punisssable, même si elle est faite sous forme dubitative ou si elle vise une personne ... non expressément nommés, mais dont l'identification est rendue possible par les termes des discours, cris, menaces, écrits ou

die die Ehre oder das Ansehen beeinträchtigt. Die Ehre (*honneur*) wird dabei als auf die Person und ihre innere Einstellung zu sich bezogener Begriff verstanden, während das Ansehen (*réputation*) die Wertschätzung in der Gesellschaft betrifft.[12] Die Behauptung muss veröffentlicht werden, auch durch die Wiedergabe der Behauptung eines Dritten (vgl. Art. 29). Andeutungen oder suggestive Fragen können genügen. Die Behauptung kann sich auch erst in Verbindung mit den Bildern und der Überschrift ergeben und muss nicht klar herausgestellt werden.[13] In Abs. 2 des Art. 29 ist die Formalbeleidigung definiert. Sie wird seltener geltend gemacht, da meistens gegen eine tatsächliche Beschuldigung vorgegangen wird, also eine *diffamation*.[14] Eine *injure* setzt eine herabsetzende, beleidigende, Verachtung ausdrückende Äußerung voraus, die jedoch keine Tatsachenbehauptung sein darf (Art. 29 Abs. 2).

Vor allem dann, wenn ein Anspruch nicht vor den Strafgerichten, sondern vor den Zivilgerichten geltend gemacht wird, kommt eine direkte Haftung nach Art. 1382 C.c. in Betracht. Auch bloß fahrlässiges Verhalten kann so eine Haftung begründen, obwohl strafrechtliche Verantwortlichkeit nicht besteht. Darüber hinaus ist auch der Kreis der möglichen Beklagten weiter gezogen als der der strafrechtlich Verantwortlichen. Zivilrechtlich haftbar können zum Beispiel auch Verleger und Druckerei sein.[15] Auf der alleinigen Grundlage von Art. 1382 C.c. können auch die Hinterbliebenen eines Betroffenen eine Klage erheben, obwohl dies nach dem Pressegesetz nur begrenzt möglich wäre.[16] Ferner ist die Schadensersatzpflicht direkt an Art. 1382 C.c. zu messen, wenn das Pressegesetz persönlich hinsichtlich des Beklagten gar nicht einschlägig ist. Das Gesetz erfasst aber nicht nur die Presse, sondern alle öffentlichen Kommunikationsmittel.[17]

Es können nach Art. 809 C.P.C auch bei Ehrverletzungen vorbeugende Maßnahmen, wie die Beschlagnahme eines Druckerzeugnisses, und zwar im Schnellverfahren vor dem *juge des référés* erlassen werden. Durch eine Ent-

---

imprimé, placards ou affiches incriminés.
Toutes expression outrageante, termes de mépris ou invective qui ne renferme l'imputation d'aucun fait est une injure."

12 *Derieux*, Droit de la communication, S. 395; zu Definitionsversuchen aus der französischen Doktrin vgl. *Beignier*, L'honneur et le droit, S. 153-157.

13 *Derieux*, Droit de la communication, S. 398.

14 *Derieux*, Droit de la communication, S. 407 f, mit Beispielsfällen; kritisch zur Abgrenzbarkeit von der *diffamation*: *Beignier*, L'honneur et le droit, S. 179 f; zur Abgrenzung z. B. *TGI Paris* v. 25.10.1978, D. 1980, jur. 33 ff. m. Anm. *Mayer*.

15 Vgl. Nw. bei *MPI-Gutachten*, S. 91.

16 *Beignier*, L'honneur et le droit, S. 205.

17 *Wolf*, Spötter vor Gericht, S. 97.

scheidung aus dem Jahre 1992 hat die *Cour de Cassation* diesem Verfahren für den Bereich der Diffamation nach dem Pressegesetz einen Großteil der Effektivität genommen. Sie verlangt, dass die Frist von zehn Tagen eingehalten werden muss, innerhalb derer der Beklagte die Wahrheit seiner Anschuldigungen beweisen kann (Art. 35 u. 55). Die Untergerichte wissen dies zu umgehen, indem sie nicht von einer *diffamation* ausgehen und so das Pressegesetz vermeiden.[18] Insofern wird der mittelbare Schutz der Ehre über andere Persönlichkeitsrechte relevant.

Wird durch die unbefugte Verwendung eines Namens eine herabsetzende Wirkung hervorgerufen, zum Beispiel durch die unerwünschte Verbindung mit einem Produkt, so dient auch der Namensschutz dem Schutz der Ehre.[19] Ein ähnlicher Schutz erfolgt auch über das Recht am eigenen Bild.[20] Dies ist der Fall, wenn eine Person deshalb eine Veröffentlichung verbieten will, weil das Bild (als solches oder im Zusammenhang der Veröffentlichung) sie negativ darstellt.[21] Ebenfalls kommt in Betracht der Schutz vor der Veröffentlichung von Karikaturen.[22] Weil das *droit à l'image* im Grundsatz bei jeder Bildveröffentlichung verletzt ist, greifen die Betroffenen häufig auf dieses zurück, da sie nicht die Voraussetzungen einer Ehrverletzung beweisen müssen.[23] Allerdings gelten

---

18 Vgl. zum Ganzen: *Beignier*, L'honneur et le droit, S. 149 f.

19 S. aber bzgl. eines Nicht-Prominenten einen Anspruch ablehnend : *CApp Paris* v. 4.6.1968, D. 1969, jur. 388 (Produktname; die Namensgleichheit war auch nicht beabsichtigt).
Das Namensrecht ist schon lange anerkannt, früher sah man es als Eigentumsrecht, heute sieht man es als Persönlichkeitsrecht an; *Strömholm*, Right of privacy, S. 5 f.; *Kayser*, Rev. trim. dr. civ. 1959, 10, 35; für Eigentum z. B. *TGI Seine* v. 13.4.1967, D. 1968, jur. 437 (2. Fall, Goldfinger; aber auch *droit de la personnalité*). Eine Verletzung geschieht wie in Deutschland durch Namensverwendung oder –bestreitung: *Kayser*, Rev. trim. dr. civ. 1971, 500.

20 Das *droit à l'image* wird genauer bei dem Schutzbereich der Privatsphäre behandelt; der immaterielle Bereich des Bildnisschutzes hat entweder den Zweck des Ehren- oder des Schutzes der Privatsphäre: *Beignier*, L'honneur et le droit, S. 65 (*tranquilité* und *honneur*).

21 Bsp.: *TGI Paris* v. 27.2.1974, D. 1974, jur. 350 m. Anm. *Lindon* (1. Fall: Abbildung derart, dass man eine Frau für eine Prostituierte halten kann); für einen alten Fall z.B. *Trib. com. Seine* v. 8.10.1903, Gaz. Pal. 1903. 2. 637 (Abbildung einer Schauspielerin auf dem Titelblatt einer anstößigen Zeitschrift); w. Nw.: *Beignier*, L'honneur et le droit, S. 65 f.

22 *Cass.* v. 6.1.1971, D. 1971, jur. 263 m. Anm. *Edelman*: „la publication non autorisée de deux portraits de l'intéressé, dont l'un s'apparente à une caricature, constitue une atteinte aux droits de la personne sur son image“ (Gunther Sachs); s. schon *Trib. civ. Seine* v. 20.6.1884, Ann. prop. ind. 1888, 280 (Affaire Alexandre Dumas) (zitiert nach *Lindon*, Les droits de la personnalité, S. 38).

23 Vgl. *CApp Versailles* v. 31.1.1991, D. 1991, IR 182 (Belmondo, Fotomontage); *CApp Paris* v. 28.1.1982, D.1985, IR 165 (Dame Goya); *TGI Paris* v. 20.6.1974, D. 1974, jur.

auch hier eigentlich die Einschränkungen des Rechts am eigenen Bild, wie zum Beispiel das vermutete Einverständnis bei Personen des öffentlichen Lebens.[24] Jedoch sind auch Prominente gegen ehrverletzende Abbildungen geschützt.[25] Eine normalerweise aufgrund der Tatsache, dass ein Bild in der Öffentlichkeit aufgenommen wurde, zulässige Veröffentlichung ist auch unzulässig, wenn die Person in einer unvorteilhaften oder lächerlichen Situation dargestellt wird.[26]

Zu dem Schutzbereich der Ehre gehört auch der Schutz vor Persönlichkeitsverfälschungen. Auch insoweit bietet das französische Haftungsrecht Schutz: Durch die nicht genehmigte Namensnennung in Romanen oder Filmen kann je nach Art der Darstellung die Ehre beeinträchtigt werden.[27] Der Schutz des Namens ist dann nicht Selbstzweck. Daher ist auch eine tatsächliche Nennung nicht erforderlich, es kommt lediglich auf die Erkennbarkeit oder Verwechslungsgefahr an.[28] Auch wenn die Person neutrale oder sogar sympathische Züge aufweist, ist ein Anspruch wegen falscher Darstellung möglich.[29] Andererseits wird dann meist nur ein symbolischer Schadensersatz zuerkannt.[30]

Bildveröffentlichungen, auch wenn sich die Person der Öffentlichkeit ausgesetzt hat, sind ebenfalls nicht erlaubt, wenn sie in einem nachteiligen oder unerwünschten, obgleich nicht ehrverletzenden, Kontext erfolgen. Die Person darf darüber bestimmen, wie sie in der Öffentlichkeit dargestellt wird.[31]

---

751 m. Anm. *Lindon* (Lalo).

24 S. z. B. *CApp Versailles* v. 31.1.1991, D. 1991, IR 182 (Belmondo mit übergroßer Nase abgebildet).

25 Z. B. *CApp Paris* v. 4.1.1988, D. 1989, somm. 92 (Bardot).

26 Vgl. *Trib. com. Seine* v. 26.2.1963, J.C.P. 1963 II, 13364 (Touristen, die in Italien in lächerlich machender Weise fotografiert wurden)

27 *Nerson*, FS Kayser II, S. 308 f.; möglich ist ein Schadensersatzanspruch selbst bei einer unbeabsichtigten und nicht böswilligen Namensübereinstimmung, z. B. *Trib. civ. Seine* v. 17.11.1948, D. 1948, 587 (das Gericht lässt aber eine zehnfache Veröffentlichung als Schadensersatz genügen); zu den Vorkehrungen, die zu einer Vermeidung von Verwechslungen zu treffen sind s. *Lindon*, Les droits de la personnalité, S. 275-277 m. w. Nw.; *Cass.* v. 13.2.1985, D. 1985, jur. 488 m. Anm. *Edelman* (2. Fall; namentliche Darstellung von Personen in einem teilweise fiktiven Film); *CApp Paris* v. 10.7.1957, D. 1957, jur. 622 m. Anm. *Lindon* (Namensverwechslung in einem Roman, 1 Franc Schadensersatz und Urteilsveröffentlichung).

28 *Lindon*, Les droits de la personnalité, S. 274 f.

29 S. *Lindon*, Les droits de la personnalité, S. 278-280 m. Fällen; s. z. B. *Cass.* v. 13.2.1985, D. 1985, jur. 488 m. Anm. *Edelman* (2. Fall), wo allerdings auch auf das Privatleben abgestellt wurde.

30 Vgl. *Edelman*, Anm. zu *Cass.* v. 13.2.1985, D. 1985, jur. 488 auf S. 491 m. w. Nw.; *Nerson*, FS Kayser II, S. 308 f.

31 Vgl. *Trib. com. Seine* v. 26.2.1963, J.C.P.1963 II, 13364 (Touristen, die in Italien in lächer-

Auch gegen die verfälschende Wiedergabe von Äußerungen einer Person, zum Beispiel erdichtete Interviews oder missverständliche, sinnentstellende Zitierung von Briefen besteht ein Schutz mittels des Rechts an der eigenen Stimme, am eigenen Wort.[32] In diesem Zusammenhang ist auch der Marlene Dietrich Fall[33] zu nennen, wonach eine zum Schadensersatz verpflichtende Verletzung vorliegen kann, wenn in einer Biographie vorgespiegelt wird, es handele sich um die eigenen Erinnerungen. Eine Person soll selbst entscheiden dürfen, wie sie in der Öffentlichkeit dargestellt wird.

Durch die Imitation der Stimme kann theoretisch auch eine Ehrverletzung begangen werden. Diese sind jedoch in der Regel wie Karikaturen gerechtfertigt.[34]

Auch Enthüllungen aus der Privatsphäre können im Kern ehrverletzend sein. Davon geht schon Art. 35 des Pressegesetzes aus, wenn er sagt, dass der Wahrheitsbeweis bei einer ehrverletzenden Enthüllung aus dem Privatleben unzulässig sei. Häufig berufen sich die Betroffenen auf eine Verletzung des Privatlebens, um gerade diesen Beweis auszuschließen und eine weitere Diskussion der Vorwürfe zu verhindern, ferner, um die kurze Verjährung zu vermeiden. Hingegen behaupten die Beklagten gerne, es handele sich um eine *diffamation*, so dass deren kurze Verjährung greift.[35] Faktisch ist bei solchen Ehrverletzungen, die

---

lich machender Weise fotografiert wurden); bestätigt von *CApp Paris* v. 24.3.65, J.C.P. 1965 II, 14305; *CApp Paris* v. 6.6.1985, D. 1986, IR 49 (Werbung mit dem Bild eines Unbekannten aber in unerwünschtem Zusammenhang); *TGI Paris* v. 18.12.1985, D. 1986, somm. 446 (Abbildung eines männlichen Fotomodells in einem Homosexuellenmagazin); *TGI Paris* v. 27.2.1974, D. 1974, jur. 530 m. Anm. *Lindon* (1. Fall; Abbildung von Frauen, so dass man sie für Prostituierte halten kann; 3.000 Francs Schadensersatz); *TGI Paris* v. 27.3.1981, D. 1981, jur. 324 (einen Anwälte kritisierenden Artikel begleitende Abbildung einer Anwältin); vgl. Nw. bei *Tallon*, in Encyclopédie Dalloz, Personnalité, Nr. 122.

32 *CApp Paris* v. 23.2.1987, D. 1987, IR 72 (erfundenes Interview); *Paris* v. 16.2.1945, D. 1945, 259 (entstellende Auszüge aus einem Brief); vgl. auch *CApp Paris* v. 27.11.1985, zitiert nach *Rubellin-Devichi*, Rev. trim. dr. civ. 1988, 84 (Sacha Distel; Verletzung der Vereinbarung, dass die Person entscheiden darf, welche Teile des Interviews veröffentlicht werden).

33 *CApp Paris* v. 16.3.1955, D. 1955, jur. 295 f.

34 *Huet-Weiller*, Rev. trim. dr. civ. 1982, 508.

35 *Beignier*, L'honneur et le droit, S. 208 f.; *Lindon*, Dictionnaire juridique, S. 246; aus der Rechtsprechung z. B.: *Cass.* v. 26.11.1975, D. 1977, 33 m. Anm. *Lindon* (Verletzung des Privatlebens nicht verjährt); *Cass.* v. 7.7.1971, D. 1971, somm. 224 (Verjährung gilt nicht für die Verletzung des Privatlebens; Belmondo); s. auch *CApp Paris* v. 14.10.1981, D. 1983, jur. 346 m. Anm. *Lindon* (*diffamation* und *vie privée* geltend gemacht); zur Abgrenzung vgl: *TGI Paris* v. 7.6.1977, D. 1978, jur. 18 m. Anm. *Lindon*; für einen Fall, in dem es eigentlich nur um die Ehre geht, der aber über das Privatleben gelöst wird, vgl. z. B. *CApp Basse-Terre* v. 5.5.1988, D. 1990, somm. 240-242 (Unterschlagungsvorwürfe; Unterlassungsanspruch wegen Verletzung der Privatsphäre zuerkannt).

die Privatsphäre tangieren, Art. 9 C.c. heute wichtiger als eine Klage wegen *diffamation*.[36]

Es wird auch ein postmortaler Ehrenschutz gewährt, nämlich wenn der Verstorbene zu Lebzeiten nicht die Möglichkeit hatte, sich zu wehren, und er nicht auf eine Klage verzichten wollte.[37] Zudem enthält Art. 34 des Pressegesetzes ein Gegendarstellungsrecht für die Erben einer betroffenen Person, das jedoch von der Rechtsprechung restriktiv ausgelegt wird.[38] Auch der allgemeine Gegendarstellungsanspruch schützt die Ehre.

2. Privatsphäre

Das *droit au secret de la vie privée* war begrifflich auch schon vor der ausdrücklichen Festlegung in Art. 9 C.c. im Grundsatz anerkannt.[39] In diesen frühen Fällen stützten sich die Klagen nur auf Art. 1382 C.c. Dass es sich um ein Recht zum Schutze der Persönlichkeit handelte, war ebenfalls früh anerkannt.[40] In der Literatur finden sich für das Privatleben viele Definitionsversuche. Nach *Lindon* fällt das Familienleben, das Gefühlsleben, das Bild und die Freizeit einer Person darunter. Das Recht am Namen, und vor allem die Ehre und das Ansehen werden streng davon getrennt.[41]

Art. 9 C.c. wurde 1970 in den Code civil eingefügt. Er bestimmt in seinem Absatz 1, dass jedermann das Recht auf die Achtung seines Privatlebens hat.

---

36 So *Pradel*, D. 1971, chr. 113; *Lindon*, J.C.P. 1970 I, 2336, Rn. 2; *Bormann*, Praxis des Persönlichkeitsschutzes, S. 146.; Bsp. für eine auf Art. 9 C.c. gestützte Klage, bei der es weniger auf die Privatheit, als die nachteilige Darstellung der Erziehungsmethoden ging: *CApp Paris* v. 1.2.1989, D. 1990, jur. 48 f. m. Anm. *Agostini*; *CApp Paris* v. 20.2.1986, D. 1986, somm. 447 (Behauptung, eine Person habe homosexuelle Neigungen, verletzt Art. 9 C.c.). Dies liegt auch an einer Entscheidung der Cour de Cassation von 1992, nach welcher dem Beklagten nach dem Pressegesetz bei diffamation eine Frist von 10 Tagen gewährt werden muss, innerhalb derer der Wahrheitsbeweis erbracht werden kann. Vorher werden keine einstweiligen Maßnahmen erlassen, dazu: *Beignier*, L'Honneur et le droit, S. 149 f.

37 *Cass.* v. 17.1.1955, J.C.P. 1955 II, 8529 m. Anm. *Blin* (Jean Zay, *diffamation*); *Trib. civ.* Seine v. 15.3.1951, D. 1951, jur. 485 (Erben einer verstorbenen Persönlichkeit; Buch enthielt Vorwurf der Arbeit gegen Résistance; 100.000 Francs Schadensersatz).

38 *Beignier*, L'honneur et le droit, S. 202 m. Nw.

39 Z. B. *CApp Paris* v. 17.3.1966, D. 1966, jur. 749 (Trintignant); aus der älteren deutschen Literatur vgl. z. B.: *I. Schmitz*, Persönlichkeitsrechte, S. 41 ff.; zum Text von Art. 9 C.c., s. oben S. 45 , Fn. 5.

40 Z. B. *CApp Paris* v. 13.3.1965, D. 1965, somm. 114 (Philippe).

41 *Lindon*, Les droits de la personnalité, S. 16-18 m. Nw. zu der Gegenmeinung, die unter den Begriff *vie privée* auch den Namen, das Bild und die Ehre fasst; wie *Lindon* auch *Pradel*, D. 1971, chr. 112, der ferner die Gesundheit nennt.

Nach Absatz 2 können die Gerichte die erforderlichen Schutzmaßnahmen, auch eine Beschlagnahme und auch im einstweiligen Rechtsschutz erlassen. Der Wortlaut beschränkt dies auf Verletzungen eines Kernbereichs der Privatsphäre (*intimité de la vie privée*). Ob diese Beschränkung wirklich so zu verstehen ist oder bloß eine sprachliche Variante sein sollte, ist umstritten. In der Praxis wird diese Unterscheidung jedoch kaum gemacht.[42]

Mit Art. 9 C.c. ist spätestens anerkannt gewesen, dass das Privatleben ein subjektives Recht also ein Abwehrrecht gegen Eingriffe darstellt. Dennoch wird für die Zuerkennung von Schadensersatzansprüchen auf Art. 1382 C.c. Rückgriff genommen,[43] in dessen Rahmen dann wegen Art. 9 C.c. die Annahme einer *faute* leichter zu begründen ist. Im übrigen bestätigte dieser Artikel nur die frühere Rechtsprechung.[44] Es wird diskutiert, ob überhaupt ein Schaden nachgewiesen werden muss und ob nicht bei jedem Eingriff in die Privatsphäre eine *faute* gegeben ist.[45] Andererseits muss irgendein Schaden feststehen, wenn mehr als nur der symbolische Franc zuerkannt werden soll.[46] Wichtiger ist deshalb Absatz 2, der ausdrücklich festgelegt, dass der Richter auch präventive Maßnahmen verhängen kann, was vorher problematisch war. Diese können in dringenden Fällen auch im Schnellverfahren (*en référé*) erlassen werden.[47]

Im Kern besteht das Problem bei Art. 9 C.c. immer darin, das Privatleben von dem öffentlichen Leben einer Person abzugrenzen.[48] Art. 9 C.c. enthält keine Legaldefinition, da der Begriff flexibel sein muss, also abhängig von der betroffenen Person, ihrer Stellung in der Gesellschaft und den sonstigen Umständen.[49] Die französische Rechtsprechung betont, dass jeder Einzelne selbst entscheidet,

---

42 Vgl. Beschränkung auf Verletzungen des Intimlebens: *TGI Marseille* v. 18.1.1974, Gaz. Pal. 1974 I, 282 (Antoniotti); *Lindon*, Les droits de la personnalité, S. 67; a. A. z. B.: *Tallon*, in Encyclopédie Dalloz, Personnalité, Nr. 99: Dies bedeute lediglich eine Mahnung an den Richter, diese Mittel nur restriktiv einzusetzen; ebenso *Kayser*, FS Jauffret, S. 418 f.; vgl. w. Nw. bei *Beignier*, L'honneur et le droit, S. 56, Fn.1; aus den Gesetzgebungsmaterialien Justizminister *Pleven*, Journal Officiel Débats Assemblée Nationale, séance du 28 mai 1970, S. 2068 (für eine Trennung).

43 Vgl. *Potvin*, La personne et la protection de son image, S. 20, 22 f. m. Nw. aus der Rspr.

44 *Kayser*, Rev. trim. dr. civ. 1971, 505; *Pradel*, D. 1971, chr. 113; zur früheren Rechtsprechung: *Bormann*, Praxis des Persönlichkeitsschutzes, S. 66-75.

45 *Tallon*, in Encyclopédie Dalloz, Personnalité, Nr. 30; *Derieux*, Droit de la communication, S. 459.; *Pradel*, D. 1971, chr. 111; *Lindon*, Les droits de la personnalité, S. 86-88.

46 *Derieux*, Droit de la communication, S. 459.

47 Z. B. *TGI Paris* v. 12.11.1976, D. 1977, jur. 233 m. Anm. *Ancel* (1. Fall: Betenfeld; ordonnance en référé; „atteinte intolérable, dommage qui risque d'être irréparable").

48 Aus Belgien: *Velu*, Le droit au respect de la vie privée, Rn. 21.

49 *Derieux*, Droit de la communication, S. 452; *Velu*, Droit au respect de la vie privée, Rn. 27.

welches die Grenzen seines Privatlebens sind.[50] Allerdings wird auch dort wie in Deutschland zwischen verschiedenen Personengruppen unterschieden, bei welchen öffentliches und Privatleben unterschiedlich abzugrenzen sind.[51] Als Privatleben wurden zum Beispiel Liebesbeziehungen und das Gefühlsleben (auch von Prominenten), das Familien- und häusliche Leben, ferner die Bereiche von Freizeit, Gesundheit, Urlaub angesehen.[52] Wie auch der *BGH* für das deutsche Recht anerkannt hat, endet die Privatsphäre auch nach französischem Recht nicht an der Haustüre. Auch in der Öffentlichkeit kann das Privatleben selbst von prominenten Personen betroffen und verletzt sein, wenn diese deutlich gemacht haben, dass sie gewisse Bereiche ihres Lebens aus der Öffentlichkeit heraushalten wollen.[53] Bekannte Personen können sich aber nicht dagegen wehren, dass ein Buch über ihr öffentliches Leben und Wirken veröffentlicht wird.[54] Der Fall Marlene Dietrich, in dem ein Anspruch bejaht wurde,[55] bezog sich weniger auf das Privatleben, denn sie wollte selbst ihre Memoiren veröffentlichen. Vielmehr ging es einerseits um Darstellungsschutz, da das Buch so verfasst war, als habe sie es selbst geschrieben. Andererseits ging es um den wirtschaftlichen Aspekt des Persönlichkeitsschutzes, da ihre Verwertungsmöglich-

---

50 Z. B. *CApp Paris* v. 27.2.1981, D. 1981, jur. 457 m. Anm. *Lindon* (Adjani); w. Nw. bei *Beignier*, L'honneur et le droit, S. 60, Fn. 3.

51 *Velu*, Le droit au respect de la vie privée, Rn. 27 („homme public"); *Bourel*, Rec. des Cours 1989 II, S. 317.

52 Zum Familien- und häuslichen Leben: *Cass.* v. 12.7.1966, D. 1967, jur. 181 m. Anm *Mimin* (1. Fall: Philippe); v. 6.1.1971, D. 1971, jur. 263 m. Anm. *Edelman* (Gunther Sachs); *TGI Paris* v. 28.6.1974, D. 1974, jur. 751 m. Anm. *Lindon* (Delon); *TGI Paris* v. 26.6.1974, D. 1974, somm. 112; *Cass.* v. 7.1.1976, D. 1976, somm. 40 (Eheschließung); *TGI Paris* v. 2.6.1976, D. 1977, jur. 364 m. Anm. (3. Fall, Caroline v. Monaco, Verbreitung der Adresse der Pariser Wohnung); w. Nw. bei *Tallon*, in Encyclopédie Dalloz, Personnalité, Nr.44; zum Liebes- und Gefühlsleben: *TGI Paris* v. 2.6.1976, D. 1977, jur. 364 m. Anm. *Lindon* (1. Fall, Caroline v. Monaco); *CApp Paris* v. 17.3.1966, D. 1966, jur. 749 (Trintignant); w. Fälle bei *Tallon*, a.a.O., Nr. 43; zur Gesundheit: *Cass.* v. 12.7.1966, D. 1967, jur. 181 m. Anm. *Mimin* (1. Fall, Philippe); *CApp Paris* v. 27.10.1986 u. *TGI Paris* v. 20.11.1985, D. 1987, somm. 140 (körperliche und seelische Leiden von B. Bardot); zur Religionsausübung: *CApp Paris* v. 11.2.1987, Gaz. Pal. 1987 II, 430; zur Freizeit / Urlaub: *Cass.* v. 13.4.1988, Rev. crit. d.i.p. 1988, 546 m. Anm. *Bourel* (Urlaubsfotos von Farah Diba).

53 Verbreitung der Tatsache, dass eine Schauspielerin schwanger ist, verletzt deren Privatsphäre, obwohl sie sich in der Öffentlichkeit befand, da sie (was allgemein bekannt war) ihre Schwangerschaft nicht in der Presse verbreitet sehen wollte, *CApp Paris* v. 27.2.1981, D. 1981, jur. 457 f. m. Anm. *Lindon* (10.000 Francs Ersatz für ihre immateriellen Schäden); s. auch *CApp Paris* v. 14.6.1985, D. 1986, IR 50: Teilnahme an einer Homosexuellendemonstration.

54 *CApp Paris* v. 30.6.1961, D. 1962, jur. 208.

55 *CApp Paris* v. 16.3.1955, D. 1955, jur. 295 f.

keit beschränkt wurde.

Tatsachen, die im Rahmen einer Gerichtsberichterstattung bekannt werden sind grundsätzlich nicht privat, denn die Presse kann sich auf ihr Recht zur Berichterstattung stützen.[56] Nach untergerichtlichen Urteilen können sie aber durch Zeitablauf wieder zu einem Teil des Privatlebens werden und ihre spätere Verbreitung zum Beispiel in einem Roman rechtswidrig sein. Die *Cour de Cassation* allerdings hat ein striktes *droit à l'oubli* abgelehnt.[57] Ferner scheiden aus dem Anwendungsbereich des Art. 9 C.c. Veröffentlichungen aus, die lediglich die Vermögenslage einer Person betreffen[58] sowie solche, die lediglich die Gefühle einer Person verletzen, ohne neue Tatsachen aus dem Privatleben zu verbreiten.[59]

Als Tathandlungen kommt nicht nur das Verbreiten dieser Informationen oder von Bildern aus dem Privatleben in Betracht: Schon die Verschaffung oder versuchte Erlangung von Einblicken in das Privatleben kann zur Schadensersatzpflicht führen.[60] Dabei sind diese beiden Formen der Verletzung getrennt zu sehen. Eine *faute* kann hinsichtlich der Veröffentlichung auch dann gegeben sein, wenn die Informationen nicht durch vorwerfbares Fehlverhalten erlangt worden sind, wenn sie zum Beispiel in der Öffentlichkeit schon bekannt sind.[61] In diesem Fall mangelt es jedoch eventuell an einem ersatzfähigen Schaden.[62]

Das Nachstellen, Verfolgen, telefonische Belästigen etc., ohne dass das Privatleben im engen Sinne betroffen wäre (also zum Beispiel ohne die Aufnahme

---

56 Vgl. *Potvin*, La personne et la protection de son image, S. 383.

57 Wenn Tatsachen während eines Prozesses vor Jahren rechtmäßig bekannt wurden, dann gehören sie auch heute nicht mehr zu seinem Privatleben, *Cass.* v. 20.11.1990, J.C.P. 1992 II, 21908 m. Anm. *Ravanas*; zustimmend *Beignier*, L'honneur et le droit, S. 58 f.; kritisch zu dem *droit à l'oubli* auch *Lindon*, Les droits de la personnalité, S. 25 f.; ähnlich auch schon *Cass.* v. 3.12.1980, D. 1981, jur. 221 m. Anm. *Edelman* (eine Verstärkung der Trauer der Eltern eines Mordopfers verletzt nicht deren Privatleben, wenn in dem Film über den Mord keine Tatsachen aus dem Privatleben veröffentlicht werden; eine Verletzung der Gefühle genügt nicht); a. A. z. B. *CApp Versailles* v. 14.9.1989, Gaz. Pal. 1990, I, somm.123; *CApp Paris* v. 15.5.1970, D. 1970, 466, 471 (Ferrat); vgl. auch, allerdings im Rahmen eines Ehrverletzungsprozesses: *Cass. crim.* vom 10.3.1955, J.C.P. 1955 II, 8845 (romanhafte Darstellung eines 30 Jahre zurückliegenden Mordes; bei der Zeitung überwog das finanzielle Interesse).

58 *Cass.* v. 28.5.1991, D. 1992, jur. 213 m. kritischer Anm. *Kayser*.

59 *Cass.* v. 3.12.1980, D. 1981, jur. 221 m. Anm. *Edelman* (Film „Le Pull-over Rouge").

60 Z. B. *CApp Paris* v. 5.6.1979, J.C.P. 1980 II, 19343 m. Anm. *Lindon* (R. Schneider; Verfolgung mittels eines Bootes und Benutzung eines Teleobjektives); vgl. aus Belgien *Velu*, Le droit au respect de la vie privée, Rn. 62 ff.

61 *Derieux*, Droit de la communication, S. 453 f.

62 *Pradel*, D. 1971, chr. 112 m. w. Nw.

eines Bildes), wird als Verletzung „der Persönlichkeitsrechte“ angesehen.[63]

Gerechtfertigt ist ein Eingriff, wenn eine Einwilligung vorliegt. Strenggenommen muss man sagen, dass dann nicht das Privatleben betroffen ist, da jeder selbst dessen Grenzen definiert.[64] Die Rechtfertigung überschneidet sich also mit der Bestimmung dessen, was überhaupt als Privatleben angesehen wird.

Bei Veröffentlichung von Bildern aus dem Privat- oder Familienleben kann sich der Betroffene auch auf die fehlende Einwilligung zu dieser Bildveröffentlichung stützen. Dies ist bei Prominenten, die sich gegen die Veröffentlichung heimlich aufgenommener Bilder wehren oft der Fall. Das Recht, sich gegen Bildveröffentlichungen zu wehren, dient in großem Umfang dem Schutz des Privatlebens.[65] Das *droit à l'image* als subjektives Recht war schon sehr früh anerkannt.[66] Es wurde früher als Eigentumsrecht, wird heute jedoch als Persönlichkeitsrecht.[67] Es gilt wie in Deutschland der Grundsatz, dass es zu der Veröffentlichung eines Bildes einer angesehen Person deren Einwilligung bedarf.[68] Das Recht am Bild ist also verletzt, auch wenn der Beklagte ohne Verschulden oder böse Absichten handelte.[69] Dies entspricht dem Charakter als subjektives Recht, eine Bezugnahme auf Art. 1382 C.c. ist für eine Klage nicht erforderlich.

In einigen älteren Fällen wurde entschieden, dass die Zusendung obszöner Briefe oder Anrufe eine Beleidigung für den Empfänger der Nachricht dar-

---

63 *Derieux*, Droit de la communication, S. 464.

64 Dies wird in Frankreich immer wieder betont, s. nur *CApp Paris* v. 27.2.1981, D. 1981, jur. 457 f. m. Anm. *Lindon*.

65 Zu dem Zusammenhang s. *Tallon*, Encyclopédie Dalloz, Personnalité, Nrn. 31, 112 ff.; *Potvin*, La personne et la protection de son image, S. 47 ff.; *Cass.* v. 12.7.1966, D. 1967, jur. 181 m. Anm. *Mimim* (1. Fall, Philippe; Bild im Krankenhaus); *TGI Seine* v. 24.11.1965, J.C.P. 1966 II, 14521 m. Anm. *Lindon*; bestätigt von *CApp Paris* v. 27.2.1967, D. 1967, jur. 450 m. Anm. *Foulon-Piganiol* (Bardot, Aufnahme mittels Teleobjektives gerichtet auf den Garten); *CApp Paris* v. 14.5.1975, D. 1976, jur. 291 m. Anm. *Lindon* (Deneuve); *CApp Paris* v. 1.12.1965, J.C.P. 1966 II, 14711 m. Anm. *Lindon* (Pétula Clark), *TGI Paris* v. 4.4.1970, J.C.P. 1970 II 16328 m. Anm. *Lindon* (Pompidou); aus neuer Zeit: *Cass.* v. 13.4.1988, Rev. crit. d.i.p. 1988, 546 m. Anm. *Bourel* (Urlaubsfotos von Farah Diba).

66 Z. B. *Trib. civ. Seine* v. 16.6.1858, D.P. 1858.3.62 (Schauspielerin Rachel).

67 *Stoufflet*, J.C.P. 1957 I, 1374, Rn. 7, 25 ff; für ein Eigentumsrecht: *Trib. civ. Seine* v. 10.2 1905, D. 1905.2.389; *Trib. com. Seine* v. 26.2.1963, D. 1963, somm. 85; *Edelman*, D. 1970, chr. 119 f., 122; w. Nw. zu Entscheidungen bei *Tallon*, in Encyclopédie Dalloz, Personnalité, Nr. 107; für einen vereinzelten neuen Fall, in dem von *propriété* gesprochen wird: *CApp Paris* v. 21.6.1985, D. 1986, IR 49.

68 *Acquarone*, D. 1985, chr. 128; *Gaillard*, D. 1984, chr. 161; *Rutsaert*, Jtrib 1973, 490; *Carbonnier*, Droit civil I, S. 33; Ausnahmen werden unten bei der Rechtswidrigkeit behandelt.

69 *Carbonnier*, Droit civil I, Les Personnes, S. 333.

stelle.[70] Die Entscheidungen betonen teilweise die Störung des Familienlebens. Heute würden diese Fälle über Art. 9 C.c. entschieden.

Über den Schutz des Wortes wird ebenfalls das Privatleben geschützt. Dies ist bei dem Schutz der persönlichen Briefe (*droit sur les lettres confidentielles* oder *missives*).[71] Dieses Persönlichkeitsrecht war schon evident früh anerkannt und steht auch dem Empfänger zu.[72] Als Rechtsfolgen kommen hauptsächlich ein Unterlassungsanspruch und Schadensersatz in Betracht. Die Privatsphäre ist ferner bei unerlaubtem Abhören oder Verbreiten des Inhaltes eines vertraulichen oder privaten Gespräches über das Recht am eigenen Wort geschützt.[73]

In vereinzelten Entscheidungen wird ein Schutz der Privatsphäre auf ein Recht der Familienmitglieder auf den häuslichen Frieden und das Familienleben (*droit à la vie privée de la famille*) gestützt.[74] Diese zielen vor allem darauf ab, eine Klage der nicht direkt betroffenen Person zu ermöglichen. Diese Konstellation tritt auf, wenn sie gestorben ist oder wenn die Eltern eines betroffenen Kindes im eigenen Name klagen wollen.[75] In der Sache führt die Anerkennung dieses Rechtes aber nicht zu Änderungen, da jeweils auch im Namen der betroffenen Person geklagt werden könnte.

Auch in Frankreich wird der Datenschutz als Teil des Schutzes des Privatlebens angesehen.[76] Das Privatleben wird zum Beispiel durch die Bekanntgabe der

---

70 Z. B.: *Cass. crim.* v. 23.6.1928, D.P. 1928.1.161 („nuire à la reputation").

71 Vgl. *I. Schmitz*, Persönlichkeitsrechte, S. 48 ff.

72 *Cass.* v. 26.10.1965, D. 1966, jur. 356 (Empfänger); der Zusammenhang mit der Persönlichkeit wird in der Rechtsprechung erst spät genannt, z. B. *CApp Chambéry* v. 16.1.1961, D. 1961, jur. 343 („un droit garantissant la personnalité de l'auteur"); vgl. ausführlich zu dem Schutz des Briefgeheimnisses: *Lindon*, Les droits de la personnalité, S. 239-267; insb. zu der Vertraulichkeit S. 248-250.

73 Z. B. *Cass.* v. 18.3.1955, D. 1955, jur. 573 m. kritischer Anm. *Savatier* (heimliche Aufnahme zur Ermittlung einer Straftat, Beleidigung); s. auch *CApp Paris* v. 26.3.1987, D. 1987, somm. 386 (1. Fall, Sardou; Aufnahme eines Telefongespräches durch einen der Gesprächspartner); *TGI Paris* v. 11.7.1977, D. 1977, jur. 700 m. Anm. *Lindon* (heimliche Aufnahme eines Telefongespräches durch Dritten; kommerzielle Nutzung der Aufnahme).

74 Vgl. *Lindon*, Dictionnaire juridique, S. 243 f. m. Nw.

75 *CApp Paris* v. 13.3.1965, D. 1965, somm. 114 = *Cass.* v. 12.7.1966, D. 1967, jur. 181 m. Anm. *Mimin* (Fotografie des Sohnes des Schauspielers Gérard Philippe im Krankenbett, Klage der Mutter auch im eigenen Namen wurde stattgegeben); auch die Fälle zum postmortalen Schutz (Foto auf dem Sterbebett), *Rachel* und *Gabin*: *Trib. civ. Seine* v. 16.6.1858, D.P. 1858.3.62 und *TGI Paris* v. 11.1.1977, D. 1977, jur. 83; s. auch *TGI Paris* v. 28.6.1974, D. 1974, jur. 751 m. Anm. *Lindon* (bei der Beschlagnahme einer Zeitschrift, die über eine Liebesbeziehung Delons mit dem Kindermädchen berichtet, wird auf die mögliche Kenntnisnahme durch den Sohn abgestellt. Entsprechend wird die Beschlagnahme auf die Lebensumgebung des Sohnes beschränkt).

76 *Tallon*, in Encyclopédie Dalloz, Personnalité, Nr. 35 ff.

Adresse verletzt.[77] Es existiert auch ein Datenschutzgesetz, welches vereinzelte zivilrechtliche Normen, Auskunfts-, Berichtigungs- und Unterlassungsansprüche enthält und den Ausgleich zwischen Informationsfreiheit und Geheimsphäre verwirklichen soll.[78]

Gelegentlich kann auch eine Verletzung des Namensrechts geltend gemacht werden, wenn es in Wirklichkeit um das Privatleben geht.[79]

Postmortaler Persönlichkeitsschutz kann auf die Privatsphäre abzielen. Generell soll zwar der Schutz des Privatlebens einer Person mit dem Tod erlöschen, so dass die Nachkommen sich nur noch gegen entstellende oder unwahre Darstellungen wehren können.[80] Hinsichtlich des Bildes hat die Familie aber unter Umständen das Recht, Veröffentlichungen zu widersprechen, wobei der Schutz geringer wird, je länger der Tod zurückliegt.[81] Einige Entscheidungen stellen auf den Schutz des Familienfriedens ab.[82] Nach *Kayser* soll generell der Schutz bestehen, wenn die eigenen Gefühle der Angehörigen verletzt werden, so dass es nicht darauf ankommt, ob sie Erben sind oder nicht.[83]

3. Wirtschaftlicher Schutzbereich

Ohne Bedenken wird in Frankreich angenommen, dass die Persönlichkeitsrechte auch vermögenswerten Charakter haben. So wurden zum Beispiel einige der Einzelpersönlichkeitsrechte früher auch als Eigentumsrechte angesehen, insbesondere das Recht am eigenen Bild und am Namen.[84]

---

[77] *TGI Paris* v. 2.6.1976, D. 1977, jur. 364 m. Anm. *Lindon* (3. Fall, Caroline v. Monaco); *Tallon*, in Encyclopédie Dalloz, Personnalité, Nr. 44.

[78] Vgl. *Geyer-Schäfer*, Schutz vor Indiskretionen, S. 88 ff., auch genauer zu dem Gesetz, *Loi relative à l'informatique, aux fichiers et aux libertés* vom 6.1.1978, J.O. 1978, 227.

[79] Vgl. *Lindon*, Les droits de la personnalité, S. 176-178; z. B. bei dem Schutz vor Namenseintragungen in Telefonbüchern oder Jahrbüchern.

[80] Vgl. *Agostini*, D. 1996, chr. 58 m. Nw. aus der Rspr.

[81] *Tallon*, in Encyclopédie Dalloz, Personnalité, Nr. 132.

[82] Vgl. z. B. *Lindon*, Dictionnaire juridique, S. 243 f.; aus der Rspr. z. B. *Trib. civ. Seine* v. 16.6.1858, D.P. 1858.3.62 (Rachel, Foto der Schauspielerin auf Sterbebett); sich daran anlehnend auch der Fall der Ablichtung von Jean Gabin auf seinem Sterbebett: *TGI Paris* v. 11.1.1977, D. 1977, jur. 83 (Beschlagnahme aller Exemplare einer Wochenzeitschrift); dazu ausführlich aus der deutschen Literatur: *Ehlers / Baumann*, ZvglRWiss 1978, S. 243 f., 248 ff.; *TGI Marseille* v. 13.6.1975, D. 1975, jur. 643 (Ehemann); s. aber auch den Fall „Pull-over Rouge", *Cass.* v. 3.12.1980, D. 1981, jur. 221 m. Anm. *Edelman*, in dem eine Verletzung der Rechte der Eltern von der *Cour de Cassation* abgelehnt wurde.

[83] *Kayser*, FS Roubier, S. 84 f. (zum Bild); ausführlich zu den Berechtigten, *Beignier*, L'honneur et le droit, S. 234-238; zur Frage, ob ein eigenes oder ein fremdes Recht geltend gemacht wird, auch *Ravanas*, La protection des personnes, S. 448-451.

[84] *Stoufflet*, J.C.P. 1957 I, 1374, Rn. 7, 25; für ein Eigentumsrecht: *Trib. civ. Seine* v. 10.2

Jede Bildveröffentlichung bedarf der Einwilligung der Person[85] Eine Verletzung des Rechts am Bild setzt also weder Verschulden oder böse Absichten voraus.[86] Damit ist auch in Frankreich anerkannt, dass das *droit à l'image* durchaus der Durchsetzung finanzieller, nicht bloß immaterieller Interessen dient. Schon die frühere Zuweisung zu den Eigentumsrechten einer Person macht klar, dass das Recht am eigenen Bild zumindest teilweise eine andere Schutzrichtung hat als sonstige Persönlichkeitsrechte, nämlich das Recht, die kommerzielle Nutzung des eigenen Bildes zu steuern.[87] An dem persönlichkeitsrechtlichen Charakter des Rechtes am Bild wird trotzdem nicht gezweifelt.[88] Dieses vermögenswerte Gut (*patrimoine*) ist betroffen, wenn entweder eine kostenfreie Nutzung verboten oder wenn das Sinken des Marktwertes verhindert werden sollen.[89] Umstritten ist, ob eine Verletzung auch bei einer solchen Abbildung gegeben ist, bei der bloß eine Verwechslungsgefahr besteht (und diese beabsichtigt ist). Es handelt sich dabei um Fälle nicht autorisierter Werbung. Bei der Stimme ist dies bejaht worden, weil die Berühmtheit der Person ausgenutzt wird.[90]

1905, D. 1905.2.389; *Trib. com. Seine* v. 26.2.1963, D. 1963, somm. 85; *Edelman*, D. 1970, chr. 119 f., 122; w. Nw. zu Entscheidungen bei *Tallon*, in Encyclopédie Dalloz, Personnalité, Nr. 107; für einen vereinzelten neuen Fall, in dem von *propriété* gesprochen wird: *CApp Paris* v. 21.6.1985, D. 1986, IR 49.

85 *Acquarone*, D. 1985, chr. 128; *Gaillard*, D. 1984, chr. 161; *Rutsaert*, Jtrib 1973, 490; *Carbonnier*, Droit civil, Bd.1, s. 33.

86 *Carbonnier*, Droit civil I, Les Personnes, S. 333.

87 Ravanas, La protection des personnes, S. 69 ff. u. 383-386 m. Nw. zu Fällen auf S. 71-74 u. 384-386; *Lindon*, Dictionnaire juridique, S. 242; *Tallon*, in Encyclopédie Dalloz, Personnalité, Nr. 106, 121 ff.; *Gaillard*, D. 1984, chr. 161 ff., schlägt sogar vor, de lege ferenda eine Art Urheberrecht (Verwertungsmonopol) ähnlich wie das amerikanische *right of publicity* hinsichtlich des eigenen Bildes anzuerkennen; Beispiele: *CApp Paris* v. 5.12.1988, D. 1990, somm. 239 f. (Abdruck des Bildes einer Schauspielerin in einer Jubiläumsbroschüre; in casu wurden die geforderten 100.000 Francs mangels Schadensnachweises abgelehnt, lediglich Unterlassung in der Zukunft und symbolischer Schadensersatz); *CApp Paris* v. 3.4.1987, D. 1987, IR 116 (Werbung mit dem Abbild eines Sportlers, 50.000 Francs*)*; *CApp Paris* v. 9.5.1985, D. 1986, somm. 49 (Verwendung des Abbildes eines Kindes; 20.000 Francs Schadensersatz); s. weitere Fälle bei *Rubellin-Devichi*, Rev. trim. dr. civ. 1988, 96 f.; ablehnend lediglich *CApp Paris* v. 7.6.1983, D. 1985, IR 165 m. Anm. *Lindon* („ est un attribut de sa personnalité et non un droit patrimonial"; allerdings ging es um die Übertragung des Rechts am Bild post mortem durch die Erben).

88 Nach *Rubellin-Devichi*, Rev. trim. dr. civ. 1988, 95, gibt es deshalb zwei Arten von Prozessen; *Tallon*, in Encyclopédie Dalloz, Personnalité, Nr. 106, 126

89 *CApp Paris* v. 2.2.1993, D. 1993, IR 118 (Mannequin); *TGI Paris* v. 4.10.1989, D. 1990, somm. 240 m. Anm. *Amson*.

90 Zur Stimme: *TGI Paris* v. 3.12.1975, D. 1977, jur. 211 m. Anm. *Lindon* (Piéplu); *TGI Paris* v. 11.7.1977, D. 1977, jur. 700 m. Anm. *Lindon*; zum Bild ablehnend: *CApp Paris* v. 6.6.1984, D. 1985, IR 18 m. Anm. *Lindon* (kein Prominenter); bejahend: *TGI Paris* v. 17.10.1984, D. 1985, IR 322 m. Anm. *Lindon* (Dépardieu); zustimmend: *Beignier*,

Gegen eine kommerzielle Ausnutzung des Bildes einer Person wird auch bei Prominenten ein absoluter Schutz gewährt, das heißt eine Rechtfertigung ist nicht möglich.[91]

Auch der Name besitzt einen vermögenswerten Aspekt und schützt zum Beispiel vor unbefugter Werbung.[92]

Ebenfalls kann die Wiedergabe von Äußerungen oder die Imitation einer Stimme den wirtschaftlichen Aspekt der Persönlichkeitsrechte berühren. Die Stimme einer Person wird ebenso geschützt, wie das Bild, da auch sie ein Persönlichkeitsattribut ist.[93] Es gelten daher auch dem *droit à l'image* vergleichbare Regeln. Die Stimme ist in diesem Fall nicht bloß aufgrund dessen geschützt, was sie sagt. Sie ist, unabhängig von dem Inhalt, als solche geschützt.[94] Es genügt für eine Verletzung aber auch eine Imitierung der Stimme, zum Beispiel zu Werbezwecken.[95] Es wird nicht nur der immaterielle Wert des Persönlichkeitsattributes Stimme geschützt, sondern wie bei dem Bild die Möglichkeit, daraus einen Gewinn zu erzielen.[96] Ein Unterschied zu dem Schutz des Bildes ist, dass in der Praxis nur die Stimmen von Prominenten in dieser Weise geschützt sind, während es durchaus Fälle gibt, in denen die Abbildung unbekannter Personen zu Werbezwecken Schadensersatzansprüche nach sich zog.[97]

Aus Fakten aus dem Privatleben kann das Individuum auch einen finanziellen Profit ziehen, weil zum Beispiel für Interviews Geld gezahlt wird. Dies widerspricht nicht der Natur der Persönlichkeitsrechte.[98]

In einem der frühen Fälle des Persönlichkeitsschutzes ging es der Klägerin

---

L'honneur et le droit, S. 73.

91 *Ehlers / Baumann*, ZvglRWiss 1978, 247; *TGI Paris* v. 4.4.1970, J.C.P. 1970 II, 16328 m. Anm. *Lindon* (Pompidou); *CApp Paris* v. 5.12.1988, D. 1990, somm. 239 m. Anm. *Amson*; *TGI Nancy* v. 15.10.1976, J.C.P. 1977 II, 18526 (Kartenspiel mit Karikaturen des Präsidenten: „Giscarte").

92 *Mazeaud*, Droit civil, Bd. I/2, Rn. 564-2 f.; *Frangi*, Constitution et droit privé, Rn. 121.

93 *Tallon*, in Encyclopédie Dalloz, Personnalité, Nr. 20; *TGI Paris* v. 3.12.1975, D. 1977, jur. 211 m. Anm. *Lindon* (Piéplu).

94 *Huet-Weiller*, Rev. trim. dr. civ. 1982, 499, 506 ff.

95 So z. B. in dem Fall des Schauspielers Piéplu, *TGI Paris* v. 3.12.1975, D. 1977 jur. 211 m. Anm. *Lindon* (20.000 Francs); auch *TGI Paris* v. 11.7.1977, D. 1977, jur. 700 m. Anm. *Lindon*;

96 Vgl. den vorgenannten Fall Piéplu.

97 *Huet-Weiller*, Rev. trim. dr. civ. 1982, 506, die sich aber für den Schutz jeder Stimme ausspricht, S. 513.

98 So wurde einer prominenten Person ein Schadensersatz von über 300.000 Francs gezahlt, weil ein Interview verbreitet wurde, obwohl der Sänger seine Einwilligung widerrufen hatte, da die Aufmachung nicht wie vereinbart war. *CApp Paris* v. 26.3.1987, D. 1987, somm. 386 (1. Fall, Sardou; Summe veröffentlicht bei *Rubellin-Devichi*, Rev. trim. dr. civ. 1988, 81).

Marlene Dietrich darum, Schadensersatz wegen der Veröffentlichung einer Biographie über sie zu erlangen.[99] Sie wehrte sich gegen die Veröffentlichung nicht deshalb, weil sie etwa negativ dargestellt worden wäre. Sondern sie hatte selbst geplant, eine Biographie zu schreiben. Das Buch war so aufgemacht, dass man es für ihre eigenen Erinnerungen halten musste. Das Gericht erkannte das „Recht auf die eigenen Erinnerungen" an und gestand Marlene Dietrich eine für diese Zeit extrem hohe Summe von 1,2 Mio. (alter) Francs zu, welche vor allem dazu dienen sollten, ihre verlorenen Erwerbschancen hinsichtlich der eigenen Biographie auszugleichen. Es ist also schon in dieser Entscheidung bestätigt, dass auch das Privatleben einen kommerziellen Wert hat und dieser von dem Persönlichkeitsschutz erfasst werden kann.

III. Rechtfertigungs- und Verschuldensfragen

Die Ebenen von Rechtfertigung und Verschulden sind im französischen Recht nicht zu trennen. Art. 1382 C.c. setzt die „faute" voraus, welche eine Mischung von Rechtswidrigkeit und Verschulden darstellt.[100]

Gegen die Klage wegen *diffamation* kann sich der Beklagte nach dem Pressegesetz nur wehren, indem er entweder die Wahrheit der Anschuldigungen oder seine Gutgläubigkeit (*bonne foi*) beweist. Grundsätzlich wird sein Verschulden ebenso wie die Unwahrheit vermutet, Art. 35 (*présomption de mauvaise foi*). In Art. 35 sind auch Ausnahmen für die Zulässigkeit des Wahrheitsbeweises genannt. Die wichtigste ist die Unzulässigkeit, wenn es sich um Tatsachen aus dem Privatleben des Betroffenen handelt.[101] Auch wenn mit der wahren Behauptung nur eine Schädigungs- oder Belästigungsabsicht verfolgt wurde, ist eine Rechtfertigung ausgeschlossen.[102] Beklagte versuchen häufiger, den Beweis der Redlichkeit als den der Wahrheit zu erbringen. Dafür ist erforderlich, dass der Beklagte seine Behauptungen vorsichtig ausgedrückt hat, es keine übertriebene und verallgemeinernde Darstellung war und er in Informations-, nicht in Schädigungsabsicht handelte.[103] Bei versehentlichen Irrtümern und unwahrer Berichterstattung kann sich die Presse nach einer Entscheidung der *Cour de Cassation* jedoch nur dann auf ihre Gutgläubigkeit berufen, wenn sie eine

---

99 *CApp Paris* v. 16.3.1955, D. 1955, jur. 295.

100 *Wolf*, Spötter vor Gericht, S. 100.

101 Die Abgrenzung ist freilich schwierig, vgl. z. B.: *Cass. crim.* v. 17.12.1979, Bull. Nr. 360.

102 *Derieux*, Droit de la communication, S. 404.

103 In den einzelnen Entscheidungen wird teilweise auf unterschiedliche Voraussetzungen abgestellt, z. B. auch auf eine gewisse Objektivität und Ernsthaftigkeit; siehe hierzu *Derieux*, Droit de la communication, S. 404 f. und *Beignier*, L'honneur et le droit, S. 162 f., beide m. Nw. zu Fällen.

Berichtigung veröffentlicht.[104] Auch muss eine ausreichende Recherche betrieben worden sein.[105] Gegen Ansprüche wegen Formalbeleidigung ist die nur Behauptung einer Provokation zulässig, welche zudem in engem Zusammenhang mit der Formalbeleidigung gestanden haben muss.[106]

Die größte Bedeutung hat im übrigen eine Rechtfertigung eines Eingriffes aufgrund einer Einwilligung des Betroffenen, wobei dies sowohl für die Ehre als auch Privatleben, Bild und die anderen Persönlichkeitsrechte gilt. Dabei kommt eine ausdrückliche und konkludente Einwilligung in Betracht. Auch, wenn der Betroffene tatsächlich nicht einverstanden war, wird häufig von Einwilligung gesprochen, die wegen der Umstände vorliegen *sollte*, also zum Beispiel wenn das Thema die Öffentlichkeit betrifft oder die Person freiwillig oder unfreiwillig in das aktuelle Tagesgeschehen involviert ist.[107] Gleiches gilt, wenn sich die Person der Öffentlichkeit ausgesetzt hat.[108] Bei Personen, die im öffentlichen Leben stehen, wird eine stillschweigende Einwilligung vermutet, aber nur soweit ihr Leben in der Öffentlichkeit betroffen ist.[109] Für das Privatleben solcher Personen wird im französischen Recht ein absolutes Selbstbestimmungsrecht vorgesehen. Liegt eine (tatsächliche) Einwilligung vor, so kann diese aufgrund des starken

---

104 *Cass. crim.* v. 15.2.1955, D. 1955, jur. 487 (Peju).

105 Vgl. *MPI-Gutachten*, S. 87.

106 *Beignier*, L'honneur et le droit, S. 410.

107 *TGI Paris* v. 3.7.1974, J.C.P. 1974 II, 17873 m. Anm. *Lindon* (Beschränkung auf Abbildungen, die im Zusammenhang mit diesem Ereignis stehen); das Opfer einer Gewalttat kann aber die Abbildung verbieten, *TGI Paris* v. 19.3.1986, D. 1986, IR 446; vgl. aber den Fall „Pull-over Rouge": *Cass.* v. 3.12.1980, D. 1981, jur. 221 m. Anm. Edelman; anders auch *CApp Paris* v. 5.3.1986, D. 1986, IR 189 m. Anm. *Lindon*: das Opfer kann nicht die Abbildung seines Hauses verbieten; die Aktualität rechtfertigt aber nicht die satirisch verstellende Abbildung: *TGI Paris* v. 20.6.1974, D. 1974, jur. 751 m. Anm. *Lindon*. (Fall Lalo, Sargträger von Pompidou); hingegen muss ein Prominenter in der Regel auch eine solche Darstellung dulden, sofern nicht gewisse Grenzen überschritten sind, z. B.: *CApp Versailles* v. 31.1.1991, D. 1991, IR 182 (Belmondo mit übergroßer Nase abgebildet); Grenze ist z. B. die Schädigungsabsicht, Feindseligkeit, persönlicher Angriff, Obszönität, vgl. Nw. bei *U. Wolf*, Spötter vor Gericht, S. 115 ff., z. B. *CApp Paris* v. 28.1.1982, D. 1985, IR 165 („esprit de nuire, animosité, obscène").

108 So schon *Trib. civ. Yvetot* v. 2.3.1932, Gaz. Pal. 1932 I, 855 (Andrieu); etwas anderes gilt aber, wenn es sich um ein nachteiliges Bild handelt, welches sich über die Personen lustig macht (selbst wenn das Niveau einer Ehrverletzung nicht erreicht ist), vgl. *Trib. com. Seine* v. 26.2.1963, J.C.P. 1963 II, 13364 (Touristen, die in Italien in lächerlich machender Weise fotografiert wurden).

109 Z. B. *TGI Nancy* v. 15.10.1976, J.C.P. 1977 II, 18526 m. Anm. *Lindon* (Giscard d'Estaing; „..ne sont présumées avoir donné leur autorisation tacite qu'en ce qui concerne les actes de leur vie publique"); die Meinungsfreiheit gestattet hier i.d.R. auch aggressive, karikaturmäßige Darstellungen (*ebd.*); vgl. auch *Kayser*, FS Roubier, S. 77 f., der die enge Verbindung zwischen Schutz des Bildes und des Privatlebens betont.

Selbstbestimmungsrechts zum Beispiel beim Bild auf bestimmte Bereiche oder Verwendungsmöglichkeiten beschränkt werden.[110] Es besteht keine Bindung an eine frühere Einwilligung.[111] Allerdings mindert dies den Schaden und damit den Schadensersatz, den diese Person zuerkannt bekommt.[112] Im Hinblick auf die fehlende erforderliche Einwilligung zu der Veröffentlichung von Fotos Prominenter kann sich ein Presseunternehmen nicht darauf berufen, es habe diese bei einer Fotoagentur gekauft. Um dem Vorwurf einer „faute" zu entgehen, muss sich die Zeitung selbst davon überzeugen, dass eine Einwilligung vorliegt.[113]

Wenn es sich um eine historische Figur handelt, wird eine Klage wegen der Darstellung einer Person in einem Roman oder Film mangels *faute* meist abgewiesen. Dies gilt auch, wenn die Person nicht historisch exakt dargestellt wird, sofern eine ehrliche und ausgeglichene Recherche betrieben wurde und hinter der Darstellung keine Schädigungsabsicht steht.[114] Eine bekannte Person kann sich auch nicht dagegen wehren, dass ein Buch über ihr öffentliches Leben und Wirken veröffentlicht wird.[115]

Auch bei Prominenten ist eine kommerzielle Ausnutzung des Bildes nie zu rechtfertigen.[116]

Darüber hinaus und auch im Rahmen der gerade vorgestellten Fälle und Kriterien stellt die französische Jurisprudenz zur Bestimmung der Rechtmäßigkeit oder Rechtswidrigkeit eines Eingriffes auch auf die Grundfreiheiten ab,[117] welche unten noch ausführlicher dargestellt werden. Diese wiederum sind begrenzt, zum Beispiel durch das Missbrauchsverbot. Im Endeffekt wird somit auch in Frankreich im einzelnen Fall eine flexible Abwägung und ein Ausgleich zwischen den entgegenstehenden Rechtspositionen, Persönlichkeitsrechte und Mei-

---

110 *Derieux*, Droit de la communication, S. 464; vgl. z. B. *CApp Paris* v. 5.12.1988, D. 1990, somm. 239: Einwilligung in die Aufnahme des Bildes, aber nicht den Abdruck in einer Jubiläumsbroschüre.

111 Z. B. Einwilligung in Nacktaufnahmen, *Cass.* v. 17.3.1977, D. 1977, IR 316 und *CApp Paris* v. 14.5.1975, D. 1976, jur. 291 m. Anm. *Lindon* gegen die Vorinstanz *TGI Paris* v. 16.1.1974, D. 1976, jur. 120 (Deneuve).

112 *Cass.* v. 6.1.1971, D. 1971, jur. 263 m. Anm. *Edelman* (G. Sachs).

113 *Cass.* v. 13.4.1988, Rev. crit. d.i.p. 1988, 546, 548 m. Anm. *Bourel* (Urlaubsfotos von Farah Diba).

114 *Morange*, Rev. int. dr. comp. 1990, 782 f.

115 *CApp Paris* v. 30.6.1961, D. 1962, jur. 208.

116 *TGI Paris* v. 4.4.1970, J.C.P. 1970 II, 16328 m. Anm. *Lindon* (Pompidou); *CApp Paris* v. 5.12.1988, D. 1990, somm. 239 m. Anm. *Amson*.

117 Z. B. *CApp Paris* v. 1.2.1989, D. 1990, jur. 48 f. m. Anm. *Agostini* (Informationsrecht rechtfertigt nicht Eingriff in das Privatleben).

nungsfreiheit, vorgenommen.[118] So kann sich die Presse neben ihrer Informationspflicht auf ihr *droit de critique* berufen. Auch dieses Recht ist aber beschränkt und darf zum Beispiel nicht systematisch darauf gerichtet sein, eine Person nieder zu richten.[119]

Die Presse kann sich grundsätzlich auch auf ihr Recht zur Berichterstattung berufen, wenn sie zum Beispiel über Straftaten berichtet. Allerdings darf sie nicht in jedem Fall über lange zurückliegende Straftaten berichten.[120] Teilweise wird zur Rechtfertigung auch direkt auf das Informationsrecht der Öffentlichkeit abgestellt, wenn eine Person freiwillig oder unfreiwillig in das aktuelle Tagesgeschehen involviert ist.[121]

Die subjektive Einstellung des Beklagten wird neben der Einbeziehung bei der *faute* auch bei den Rechtsfolgen berücksichtigt, insbesondere der Höhe eines Schadensersatzanspruches.[122] Eine *faute* im Sinne des Art. 1382 C.c. ist nicht erforderlich, wenn lediglich ein Unterlassungsanspruch geltend gemacht wird, also zum Beispiel wenn unbefugter Namensverwendung ein Ende gesetzt werden soll.[123]

---

[118] *Derieux*, Droit de la communication, S. 450 f.; zur Freiheit des Schriftstellers und dem entgegenstehenden Namensrecht z. B. *Nerson*, FS Kayser II, S. 303 ff.

[119] *MPI-Gutachten*, S. 89.

[120] *Cass. crim.* v. 10.3.1955, J.C.P. 1955, II 8845 (romanhafte Darstellung eines 30 Jahre zurückliegenden Mordes; bei der Zeitung überwog das finanzielle Interesse; es handelte sich um einen Ehrverletzungsprozess).

[121] *TGI Paris* v. 3.7.1974, J.C.P. 1974 II, 17873 m. Anm. *Lindon* (Beschränkung auf Abbildungen, die im Zusammenhang mit diesem Ereignis stehen); das Opfer einer Gewalttat kann aber die Abbildung verbieten, *TGI Paris* v. 19.3.1986, D. 1986, IR 446; vgl. aber den Fall „Pull-over Rouge": *Cass.* v. 3.12.1980, D. 1981, jur. 221 m. Anm. Edelman; anders auch *CApp Paris* v. 5.3.1986, D. 1986, IR 189 m. Anm. *Lindon*: das Opfer kann nicht die Abbildung seines Hauses verbieten; die Aktualität rechtfertigt aber nicht die satirisch verstellende Abbildung: *TGI Paris* v. 20.6.1974, D. 1974, jur. 751 m. Anm. *Lindon*. (Fall Lalo, Sargträger von Pompidou); hingegen muss ein Prominenter in der Regel auch eine solche Darstellung dulden, sofern nicht gewisse Grenzen überschritten sind, z. B.: *CApp Versailles* v. 31.1.1991, D. 1991, IR 182 (Belmondo mit übergroßer Nase abgebildet); Grenze ist z. B. die Schädigungsabsicht, Feindseligkeit, persönlicher Angriff, Obszönität, vgl. Nw. bei *U. Wolf*, Spötter vor Gericht, S. 115 ff., z. B. *CApp Paris* v. 28.1.1982, D. 1985, IR 165 („esprit de nuire, animosité, obscène").

[122] Vgl. *TGI Paris* v. 12.11.1976, D. 1977, jur. 233 m. Anm. *Ancel* (1. Fall, Betenfeld: „volonté de nuire"); *CApp Paris* v. 28.1.1982, D. 1985, IR 165 („esprit de nuire, animosité"; 100.000 Francs Schadensersatz für beleidigende und obszöne Karikatur); *CApp Paris* v. 16.3.1955, D. 1955, jur. 295 f. (Dietrich, obwohl es dies für eine Verletzung der Privatsphäre als irrelevant ansieht, betont das Gericht bei der Zuerkennung von 1,2 Mio Francs Schadensersatz die Böswilligkeit der Beklagten); aus der Literatur: *Ravanas*, La protection des personnes, S. 378, 395.

[123] *Kayser*, Rev. trim. dr. civ. 1971, 502 f.; anders bei einem Schadensersatzanspruch wegen

IV. Rechtsfolgen, Arten der Ansprüche

1. Schadensersatz in Geld

a) Dommages morals

Wegen der allgemeinen Haftungsklausel, die nur allgemein von Schäden spricht, wurde in Frankreich früh und recht unproblematisch[124] auch ein Geldersatz für immaterielle Schäden (*préjudice moral*) anerkannt; eine finanzielle Einbuße ist nicht Voraussetzung einer Schadensersatzpflicht.[125] Teilweise wird angenommen, dass bei der Verletzung der besonderen Persönlichkeitsrechte stets ein Schaden gegeben sei, Mehrheitsmeinung ist aber, dass ein Schaden bewiesen werden muss, wenn mehr als symbolischer Schadensersatz verlangt wird.[126]

Bei der Höhe des Anspruches sind mehrere Faktoren zu beachten, z.B. seelische, gesellschaftliche, ästhetische, familiäre und kulturelle.[127] Auch der Verschuldensgrad wird berücksichtigt.[128] Der Anspruch hat nach der Ansicht einiger Autoren auch Strafcharakter.[129] Dies wird jedoch von den Gerichten abgelehnt, die den von dem Beklagtem erzielten Gewinn bei der Höhe des Anspruchs nicht berücksichtigen.[130]

---

unbefugter und eine Person negativ erscheinen lassender Namensnennung, vgl. *Nerson*, FS Kayser II, S. 309 f.

124 *Beignier*, L'honneur et le droit, S. 204 f., hält es nicht mehr für nötig, zu der Frage Stellung zu nehmen, m. w. Nw., vgl. aber kritisch *ebenda* auf S. 211 ff. insb. 212 f., wo er Art. 1382 C.c. als Grundlage ablehnt; s. auch *Esmein*, D. 1954, chr. 113-116.

125 Vgl. nur *Amiaud*, Rapport sur les droits de la personnalité, S. 85 f.

126 Im ersten Sinne: *TGI Paris* v. 27.2.1974, D. 1974, jur. 530 m. Anm. *Lindon* (Bild); *Trib. civ. Seine* v. 4.2.1956, Gaz. Pal. 1956 I, 284 Époux de Lartigue (Bild); *CApp Bordeaux* v. 22.4.1963, D. 1963, jur. 482 m. Anm. *LeBris* (Name); h. M: z. B. *CApp Aix-en-Provence* v. 19.12.1968, D. 1969, jur. 265 (Bild); *CApp Paris* v. 5.12.1988, D. 1990, somm. 239 (Bild); *CApp Paris* v. 28.2.1968, D. 1968, jur. 437 (1. Fall, Camuset, Name); vgl. *Edelman*, Anm. zu *Cass.* v.13.2.1985, D. 1985, jur. 488 auf S. 491 m. w. Nw. (Name); *Nerson*, FS Kayser II, S. 308 f.; *Ravanas*, La protection des personnes, S. 400 f.

127 Vgl. z. B. *CApp Paris* v. 6.6.1985, D. 1986, IR 49 (wegen seiner Abbildung zu Werbezwecken war der nichtprominente Kläger in seiner Umgebung negativen Reaktionen ausgesetzt); *Trib. com. Seine* v. 22.6.1943, Gaz. Pal. 1943 II, 141 (Berücksichtigung der gesellschaftlichen Stellung); *TGI Paris* v. 30.6.1984, D. 1985, IR 15 m. Anm. *Lindon* (wegen ihrer sozialen Stellung sei der Schaden bei Lady Diana höher als im Normalfall, da sie den Ruf einer eleganten Dame genieße; für die Veröffentlichung eines nachteiligen Bildes daher 50.000 Francs Schadensersatz).

128 Z. B. *TGI Paris* v. 31.1.1984, D. 1984, jur. 283 m. Anm. *Lindon*; *Biesalski*, Grundzüge der Deliktshaftung nach Art. 1382, S. 149; *G. Simon*, Persönlichkeitsschutz, S. 209.

129 So *Esmein*, D. 1954, chr. 114; *Lindon*, Dictionnaire juridique, S. 248; *Beignier*, L'honneur et le droit, S. 211; w. Nw. bei *Ravanas*, La protection des personnes, S. 394 f.

130 *Cass.* v. 17.11.1987, Bull. I, Nr. 301 (Delon).

b) Vermögensschäden

Auch materielle Schäden sind zu ersetzen, also zum Beispiel Einnahmeverluste eines Unternehmens oder ein verringerter Öffentlichkeitswert.[131] Wegen der unproblematischen Anerkennung des Geldersatzes für immaterielle Schäden treten die Vermögensschäden in ihrer Bedeutung jedoch etwas zurück. Zudem trennen die Gerichte meist nicht klar zwischen den verschiedenen Arten von Schadensersatz. Sie erkennen jedenfalls an, dass aus Persönlichkeitsattributen oder -rechten auch ein finanzieller Gewinn erzielt werden kann, und berücksichtigen diesen bei der Berechnung der Schadensersatzsummen.

c) Höhe des Schadensersatzes

Schon früher als vor deutschen Gerichten wurden in Frankreich vergleichsweise hohe Schadensersatzsummen zuerkannt.[132] Dies liegt vor allem an der Anerken-

---

[131] Vgl. nur *CApp Paris* v. 16.3.1955, D. 1955, jur. 295 f. (1,2 Mio alter Francs weil die Erwerbsaussichten hinsichtlich der geplanten Autobiographie von Marlene Dietrich durch rechtswidrige Veröffentlichungen zerstört wurden); *TGI Paris* v. 3.12.1975, D. 1977, jur. 211 m. Anm. *Lindon* (Marktwert für Werbungen beeinträchtigt); vgl. auch *TGI Paris* v. 4.10.1989, D. 1990, somm. 240: 100.000 Francs wegen lächerlich machender Darstellung einer Person, die Werbung macht, in einer Parodie; Bildverletzung; aus der Literatur vgl. dazu, *Ravanas*, La protection des personnes, S. 383-387 (zum Bild).

[132] Es ist allerdings zu berücksichtigen, dass 1960 mit der Währungsreform 100 alte Franc nur noch ein neuer Franc wert waren; Beispiele für ältere Fälle, in denen höhere Summen zuerkannt wurden: *CApp Paris* v. 16.3.1955, D. 1955, jur. 295 f. (1,2 Mio Francs, Verletzung der Privatsphäre, hoher materieller Schaden, M. Dietrich); *Cass.* v. 17.1.1955, J.C.P. 1955 II, 8529 m. Anm. *Blin* (250.000 Francs, *diffamation*); *CApp Dijon* v. 8.1.1936, S. 1936, II, 89 (25.000 Francs, Film der einem angesehenen Arzt einen Mord zuschob); s. auch *Trib. civ. Seine* v. 15.3.1951, D. 1951, jur. 485 (100.000 Francs Nachkommen eines Verstorbenen, dem Arbeit gegen die Résistance vorgeworfen wurde); *Trib. civ. Seine* v. 12.1.1956, J.C.P. 1956 II, 9256 (500.000 Francs; Namensrechtsverletzung, Roman).
Aus neuerer Zeit: *CApp Paris* v. 26.3.1987, D. 1987, somm. 386 (1. Fall, Sardou; 300.000 Francs; Veröffentlichung eines Interviews unter Verletzung der Vereinbarung mit dem Prominenten hinsichtlich der Aufmachung; Summe veröffentlicht bei *Rubellin-Devichi*, Rev. trim. dr. civ. 1988, 81); *TGI Paris* v. 17.12.1986, Gaz. Pal. 1987, 17 (200.000 Francs, herabsetzende Veröffentlichung das Privatleben betreffend); *TGI Paris* v. 2.6.1976, D. 1977, jur. 364 m. Anm. *Lindon* (Fälle 1-3; Caroline von Monaco, Privatsphäre, in den drei Fällen insgesamt über 100.000 Francs); *TGI Paris* v. 26.5.1976, D. 1977, jur. 364 m. Anm. *Lindon* (4. Fall, Belmondo; 20.000 Francs als Ersatz für den Schaden an seinem Ruf); *CApp Paris* v. 28.1.1982, D. 1985, IR 165 (100.000 Francs Schadensersatz für beleidigende und obszöne Karikatur); Werbung mit Nichtprominentem, die dieser wegen des Zusammenhangs abgelehnt hatte: 30.000 Francs: *CApp Paris* v. 6.6.1985, D. 1986, IR 49; Verletzung der Privatsphäre eines Nichtprominenten durch Abdruck eines Nacktfotos am Strand, 10.000 Francs: *CApp Paris* v. 29.4.1980; ähnlich aber mit herabsetzender Darstellung, 100.000 Francs; *CApp* v. 26.11.1985, Nw. zu beiden Entscheidungen bei *Potvin*, La personne et la protection de son image, S. 165; *TGI Paris* v. 31.1.1984, D. 1984, jur. 283

nung des Ersatzes für immaterielle Schäden. Die berücksichtigten Kriterien zeigen viele Parallelen mit dem deutschen Recht. Sie sind zum Beispiel der Umfang der Verbreitung, die Art der Darstellung, aber auch die subjektive Einstellung des Beklagten.[133] Bei einer Verletzung des Privatlebens wird der immaterielle Schaden auch dann ersetzt, wenn der Beklagte nicht böswillig handelte.[134] Nach der Rechtsprechung ist der von dem Beklagten erzielte Gewinn kein relevanter Faktor.[135] Trotzdem wird in einigen Fällen ein bestimmter Betrag je verkaufter Zeitschrift festgesetzt.[136]

Die oben zitierten Fälle zeigen, dass die Summen für Verletzungen der Privatsphäre und ehrverletzende Darstellungen, insbesondere bei Prominenten, teilweise mehrere hunderttausend Franken erreichen können. Bei Nichtprominenten liegen sie meist unter 100.000 Franken. Bei der kommerziellen Verwertung von Persönlichkeitsattributen, zum Beispiel von professionellen Models oder Sportlern, wird Schadensersatz um 50.000 Franken zuerkannt, bei Unbekannten liegt er weit darunter.[137]

d) Franc symbolique

Ein besonderes Kennzeichen französischer Schadensersatzprozesse wegen Per-

---

m. Anm. *Lindon* (480.000 Francs als *astreinte*); weitere Nw. bei *Bormann*, Praxis des Persönlichkeitsschutzes, S. 120-122.

133 *Ravanas*, La protection des personnes, S. 378, 395; vgl. genauer und mit Nw.: *Bormann*, Praxis des Persönlichkeitsschutzes, S. 119-122; z. B.: *CApp Paris* v. 5.12.1988, D. 1990, somm. 239 f. (kein Schaden durch den nichtgenehmigten Abdruck eines Bildes einer Schauspielerin in einer Jubiläumsbroschüre geringer Auflage, die Aufnahme war mit Einwilligung geschehen und die Beklagten gingen daher von einer Zustimmung auch zu dem Abdruck aus; lediglich ein Franc symbolique wurde daher zuerkannt); auf die weite Verbreitung des Bildes wurde hingegen in dem Fall der *CApp* v. 6.6.1985, D. 1986, IR 49, hingewiesen; Berücksichtigung der nachteiligen Art der Darstellung aus dem Privatleben: *TGI Paris* v. 30.6.1984, Rev. crit. d.i.p. 1985, 141, 144 ff. m. Anm. *Gaudemet-Tallon* (50.000 Francs für Prinzessin Diana, obwohl es nur um die geringfügige Verbreitung der spanischen Zeitschrift in Frankreich ging); zur Berücksichtigung des Verschuldens vgl. z. B. *TGI Paris* v. 31.1.1984, D. 1984, jur. 283 m. Anm. *Lindon*.

134 Vgl. *CApp Paris* v. 27.2.1981, D. 1981, jur. 457 f. m. Anm *Lindon* (10.000 Francs für die Verbreitung der Tatsache der Schwangerschaft einer Schauspielerin, die diese nicht an die Öffentlichkeit bringen wollte).

135 *Cass.* v. 17.11.1987, Bull. I, Nr. 301 (Delon); *Lindon*, Les droits de la personnalité, S. 89, verlangt aber im Sinne eines effektiven Rechtsschutzes, dass der Schadensersatz nicht geringer sein dürfe als der Gewinn; nach *Morange*, Libertés publiques, S. 148, ist der erzielte Gewinn tatsächlich Kriterium.

136 Z. B. *TGI Paris* v. 31.1.1984, D. 1984 jur. 283 m. zustimmender Anm. *Lindon*.

137 *CApp Paris* v. 3.4.1987, D. 1987, IR 116 (Werbung mit dem Abbild eines Sportlers, 50.000 Francs); *CApp Paris* v. 9.5.1985, D. 1986, somm. 49 (Verwendung des Abbildes eines Kindes; 20.000 Francs Schadensersatz);

sönlichkeitsverletzungen ist der sogenannte *franc symbolique*. Diese symbolische Entschädigung entspricht der Feststellung, dass das Verhalten des Beklagten die Rechte des Betroffenen verletzt hat.[138] Sie wird häufig zuerkannt, wenn ein tatsächlicher (finanzieller oder immaterieller) Schaden nicht geltend gemacht oder nachgewiesen wurde.[139]

2. Unterlassungs- und Beseitigungsansprüche

Ein Unterlassungsanspruch wegen einer Persönlichkeitsrechtsverletzung setzt nicht voraus, dass *faute* und *préjudice* i.S.d. Art. 1382 C.c. vorliegen. Er ist die grundsätzliche Rechtsfolge einer Beeinträchtigung.[140] Trotzdem wird im französischen Recht nicht wie in Deutschland streng zwischen deliktischen und negatorischen Ansprüchen unterschieden.[141]

Eine häufige Rechtsfolge ist die, auch vorbeugende, Beschlagnahme von Druckerzeugnissen.[142] Als Rechtsgrundlage dafür kommen Art. 9 C.c. als Spezialnorm und der allgemeine Art. 809 C.P.C. in Betracht. Insbesondere wenn es um das Privatleben geht, wird vorbeugender Schutz zur Schadensvermeidung als sinnvoll angesehen.[143] Dennoch sind die Richter häufig zurückhaltend, da es

---

138 So auch *G. Simon*, Persönlichkeitsschutz, S. 211; *Heisig*, Persönlichkeitsschutz, S. 149 f..

139 Diese symbolische Entschädigung stammte ursprünglich aus der Rechtsprechung des obersten Verwaltungsgerichtes (*Conseil d'Etat*), der bis zu seiner Entscheidung *Letisserand* v. 24.11.1961, D. 1962, jur. 34, *dommages morals* abgelehnt hat; dazu m. w. Nw. *Beignier*, L'honneur et le droit, S. 210 f., Fn. 4. Aus der Rechtsprechung z. B. *CApp Paris* v. 10.7.1957, D. 1957, jur. 622 m. Anm. *Lindon* (Roman, Namensverwechslung); *CApp Paris* v. 5.12.1988, D. 1990, somm. 239 (ungenehmigter Abdruck eines mit Einwilligung aber nicht zu diesem Zweck angefertigten Bildes einer Schauspielerin in einer Jubiläumsbroschüre); auch durch die mögliche Zuerkennung von Kosten der Rechtsverfolgung, die nicht durch die allgemeine Übertragung der Prozesskosten erfasst sind, nach Art. 700 C.P.C. kann eine symbolische Entschädigung erreicht werden, teilweise bis zu 10.000 Francs, vgl. Nw. bei *Potvin*, La personne et la protection de son image, S. 308-310; z. B. *TGI Paris* v. 22.10.1987, D. 1987, IR 234, wo nach dieser Vorschrift noch einmal die Hälfte des Schadensersatzes zuerkannt wurde.

140 *Kayser*, Rev. trim. dr. civ. 1971, 502 f.; z. B. *CApp Paris* v. 5.12.1988, D. 1990, somm. 239 (Bild).

141 *I. Schmitz*, Persönlichkeitsrechte, S. 102.

142 Z. B. *CApp Basse-Terre* v. 5.5.1988, D. 1990, somm. 240 bei der Verbreitung eines Unterschlagungsvorwurfes in einer Zeitschrift; Ablehnung der Beschlagnahme z. B. in *CApp Paris* v. 26.2.1989, D. 1990, somm. 242 m. ablehnender Anm. Amson; vorausgesetzt wird eine *immixtion intolérable dans la vie privée* oder *la personnalité*, vgl. nur *Cass.* v. 12.7.1966, D. 1967, jur. 181 m. Anm. *Mimin* (Philippe); Art. 9 C.c. verlangt jetzt jedoch nur noch eine Verletzung der Intimität des Privatlebens, was aber in der Praxis keinen Unterschied macht, *Kayser*, D. 1989, chr. 13.

143 *Lindon*, Les droits de la personnalité, S. 65 und schon *Martin*, Rev. trim. dr. civ. 1959, 227, 255 f.; kritisch zu präventivem Rechtsschutz bei Ehrverletzungen: *Kayser*, D. 1989,

sich um einen vorbeugenden Anspruch handelt und eine Beschlagnahme aufgrund weniger Passagen oder nur eines Bildes in einer Zeitschrift oft unverhältnismäßig erscheint. Teilweise wird dann auf weniger einschneidende Mittel wie das Schwärzen und die Unterlassungspflicht für der Zukunft zurückgegriffen.[144] Gerichte betonen die Gefahr einer zu starken Beschränkung der Pressefreiheit. Es kann auch eine örtlich beschränkte Beschlagnahme, das heißt ein Verkaufsverbot erlassen werden.[145] Generell wird im Bereich des Persönlichkeitsschutzes zunehmend vorbeugender Rechtsschutz anerkannt, im Vergleich zu anderen Rechtsgebieten sogar am häufigsten.[146]

Die Beschlagnahme und das daraus folgende Verbreitungsverbot sowie auch das Schwärzen entsprechen dem Unterlassungs- oder Beseitigungsanspruch nach deutschem Recht.[147] Das Unterlassungsgebot wird aber anders als im deutschen Recht meist nicht herausgestellt.[148] Die früher gelegentlich verfügte Zerstörung von Druckerzeugnissen trifft man demgegenüber in der neueren Rechtsprechung kaum noch an.[149] Diese Maßnahmen haben meist nur Sinn, wenn sie im Schnellverfahren (*en référé*) geltend gemacht werden.

Bezüglich Radio und Fernsehen ist in einem Dekret vom 6.4.1987 vorgese-

---

chr. 12, 18 ff.; gegen seine Argumente wiederum *Beignier*, L'honneur et le droit, S. 141 ff.; die Beschlagnahme wird aber abgelehnt, wenn sich der Schaden schon voll verwirklicht hat, also z. B. bei einer Tageszeitung, die eine beleidigende Karikatur enthielt, drei Tage nach deren Erscheinen: *CApp Paris* v. 19.6.1987, J.C.P. 1988 II, 20957 m. Anm. Auvret (LePen).

144 So z. B. *TGI Paris* v. 12.11.1976, D. 1977, jur. 234 m. Anm. *Ancel* (2. Fall: Borniche); *Cass.* v. 13.2.1985, D. 1985, jur. 488 m. Anm. *Edelman* (2.Fall; Namensrecht); entsprechend wird die Beschlagnahme für den Fall erklärt, dass die strittigen Passagen nicht geschwärzt oder herausgelassen werden, vgl. z. B: *TGI Paris* v. 31.1.1983, D. 1984, jur. 48 m. Anm. *Lindon* (Streichung des Namens und Schwärzung des Gesichts); *CApp Paris* v. 28.12.1987, D. 1989, somm. 91 (Buch); *TGI Paris* v. 14.5.1985, D. 1986, IR 52 m. Anm. *Lindon* (Giscard d'Estaing); bei offensichtlichen Eingriffen in die Privatsphäre aber Beschlagnahme: z. B. *TGI Paris* v. 12.11.1976, D. 1977, jur. 233 m. Anm. *Ancel* (1. Fall: Betenfeld); ebenfalls Beschlagnahme aller Exemplare einer Wochenzeitschrift im Fall Gabin: *TGI Paris* v. 11.1.1977, D.1977, jur. 83 m. Anm. *Lindon*; weitere Fälle bei *Lindon*, Dictionnaire juridique, S. 248-252 und *Beignier*, L'honneur et le droit, S. 147.

145 Z. B. *TGI Paris* v. 20.6.1974 u. 28.6.1974, D. 1974, jur. 751 m. Anm. *Lindon* (Fälle Delon und Lalo; Beschränkung auf Paris bzw. bestimmte Stadtteile, da auf die begrenzte Bekanntheit Lalos einerseits und andererseits bei Delon auf die Lebensumgebung seines Sohnes abgestellt wurde, der einen Artikel nicht lesen sollte).

146 *Bourel*, Anm. zu Cass. v. 13.4.1988, Rev. crit. d.i.p. 1988, 551.

147 So auch *Ehlers / Baumann*, ZvglRWiss 1978, 282.

148 Vgl. aber z. B.: *CApp Paris* v. 28.2.1968, D. 1968, jur. 437 (1. Fall, Camuset; Name); *TGI Paris* v. 4.4.1970, J.C.P. 1970 II, 16328 m. Anm. *Lindon* (Bild, Pompidou); *CApp Paris* v. 24.6.1980, D. 1980, jur. 583 m. Anm. *Lindon*.

149 Bsp. für die Ausnahme: *CApp Paris* v. 24.6.1980, D. 1980, jur. 583 m. Anm. *Lindon* (Zerstörung der verbleibenden Buchexemplare).

hen, dass ein Betroffener auch verlangen kann, dass Teile der Ausstrahlung unterlassen oder berichtigt werden (*droit de correction ou de suppression*). Dies ist unter denselben Voraussetzungen zulässig, wie eine Gegendarstellung.[150] Ein Anspruch auf Widerruf einer Behauptung besteht im französischen Recht nicht. Allerdings wird dort häufiger eine Pflicht der Beklagten bejaht, Stellungnahmen, Faltzettel u.ä. in die Veröffentlichung einzubeziehen oder eine Stellungnahme vor einem Film ablaufen zu lassen.[151] Aussagen, dass ein Widerrufsanspruch gegen die Meinungsfreiheit verstieße, gibt es jedoch nicht. Eine weitere häufige Rechtsfolge ist die Veröffentlichung des Urteils über die Persönlichkeitsrechtsverletzung, wobei genau die Größe und Stellung des Abdruckes festgelegt werden.[152]

Zusammenfassend ist kann festgestellt werden, dass die Rechtsprechung im Hinblick auf der Rechtsfolgen sehr flexibel und pragmatisch ist und neben dem Geldersatz eine Vielzahl von weiteren Abhilfemöglichkeiten zur Verfügung steht.[153] Bei Ehrverletzungen wird negatorischer Rechtsschutz, im Gegensatz zu Schadensersatz in Geld, allerdings eher selten zuerkannt, was wohl auch daran liegt, dass dies in dem Pressegesetz und Art. 1382 C.c. nicht ausdrücklich vorgesehen ist. Auch bei Ehrverletzungen ist ein Beseitigungs- oder Unterlassungsanspruch aber möglich, zumal tatsächliche Ehrverletzungen oft als Verletzungen des Privatlebens deklariert werden.[154] Bei Verletzungen der Privatsphäre und der

---

150 *Derieux*, Droit de la communication, S. 382.

151 Z. B.: *TGI Paris* v. 22.11.1973, D. 1975, jur. 168 (1. Fall: Lip, Beilegzettel zu Buch); v. 14.11.1980, D. 1981, jur. 163 m. Anm. *Lindon* (Beilegzettel mit Stellungnahme zu unberechtigter Bildveröffentlichung in Zeitschrift); *CApp Paris* v. 5.1.1972, D. 1972, jur. 445 (Spielfilm, vorhergehender Hinweis, dass die Filmfigur nicht mit der wirklichen Person übereinstimmt).

152 Die Grundlage dafür ist Art. 1382 C.c., vgl. *Cass. com.* v. 5.12.1989, D. 1990, IR 14; zuerkannt z. B. in *TGI Paris* v. 26.5.1976, D. 1977, jur. 364 m. Anm. *Lindon* (4. Fall, Belmondo; plus 20.000 Francs); *TGI Paris* v. 2.6.1976, D. 1977, jur. 364 m. Anm. *Lindon* (Fälle 1-3, Caroline von Monaco, Privatsphäre, zusätzlich aber auch Schadensersatz i.H.v. insgesamt über 100.000 Francs. in den drei Fällen); *CApp Paris* v. 10.7.1957, D. 1957, jur. 622 m. Anm. *Lindon*; aus der neueren Rechtsprechung: *CApp Basse-Terre* v. 5.5.1988, D. 1990, somm. 240; abgelehnt aber von dem *TGI Paris* v. 13.12.1978, D. 1979, jur. 378 m. Anm *Mayer* (nur 1 Francs Schadensersatz).

153 Die oben genannten Maßnahmen können auch durch eine Zwangsgeldandrohung verstärkt werden (sog. „astreinte"), z. B. die Zahlung einer bestimmten Summe an den Kläger je Exemplar, das nicht zurückgehalten wird; *Kayser*, D. 1989, chr. 16 und Bsp. auf S. 20.

154 Beseitigung beleidigender Behauptungen aus einem Buch, z. B.: schon *Cass.* v. 27.11.1963, D. 1964, somm. 71 (Riefenstahl); aufgrund einer Verletzung des „Privatlebens", die tatsächlich eine Ehrverletzung ist vgl.: *CApp Basse-Terre* v. 5.5.1988, D. 1990, somm. 240.

anderen Persönlichkeitsrechte wird negatorischer Rechtsschutz hingegen häufiger gewährt.[155]

3. Droit de réponse (Gegendarstellung)

Ein Recht auf Gegendarstellung ist in dem französischen Pressegesetz (Art. 13) ausdrücklich normiert. Dieses gilt für alle periodisch erscheinenden Druckwerke (Art.13 Abs. 1). Voraussetzung ist grundsätzlich nur, dass eine Person in einer solchen Veröffentlichung genannt oder bezeichnet wurde (Art.13: „nomination ou designation"), das heißt es muss sich nicht unbedingt um eine Anschuldigung oder einen Angriff gehandelt haben. In den Voraussetzungen ist das französische Recht also weiter als das deutsche. Auch eine bildliche Darstellung kann erfasst sein.[156] Andererseits betrifft das Recht bei Personen der staatlichen Autorität nur deren privates Leben.[157] Grenzen des Anspruchs sind der *ordre public*, Rechte Dritter und die journalistische Ehre.[158] Auf der Rechtsfolgenseite nämlich hinsichtlich Inhalt, Länge und Platzierung der Erwiderung stimmen deutsches und französisches Recht fast überein.[159] Die Ausübung des Rechtes steht unter einem Missbrauchsvorbehalt.[160] Wie im deutschen Recht wird der Gegendarstellungsanspruch als ein Mittel der effektiven und schnellen Gegenwehr angesehen. Es gelten daher auch strenge Fristen, und eine Geltendmachung im gerichtlichen Schnellverfahren ist möglich.[161] Art. 34 des Pressegesetzes enthält ein von der Rechtsprechung restriktiv ausgelegtes Gegendarstellungsrecht für die Erben einer betroffenen Person.[162]

Auch für Radio und Fernsehen existiert eine gesetzliche Grundlage für einen

---

155 So auch *Bormann*, Praxis des Persönlichkeitsschutzes, S. 146.

156 *Cass. crim.* v. 27.5.1972, Gaz. Pal. 1972.2.610 (in casu aber mangels ausreichender *désignation* abgelehnt); generell ablehnend: *Potvin*, La personne et la protection de son image, S. 237.

157 Diese besitzen im übrigen ein *droit de rectification* nach Art. 12; vgl. dazu *Derieux*, Droit de la communication, S. 389 ff.

158 *Morange*, Libertés Publiques, S. 252.

159 (Art. 13 Abs. 3 u. 4 Pressegesetz); *Derieux*, Droit de la communication, S. 379; *Beignier*, L'honneur et le droit, S. 203 m. w. Nw.; aus der deutschen Literatur, *Haase-Becher*, Der Gegendarstellungsanspruch, S. 102 ff.

160 Zu den Grenzen des *droit de réponse* vgl. ausführlich aus der deutschen Literatur, *Haase-Becher*, Der Gegendarstellungsanspruch, S. 102 ff.

161 Hierzu und zu den sonstigen Details vgl.; *Derieux*, Droit de la communication, S. 373 ff. und *Beignier*, L'honneur et le droit, S. 203 m. w. Nw.

162 Nämlich beschränkt auf Behauptungen, die *diffamation* oder *injure* darstellen; *Beignier*, L'honneur et le droit, S. 202 m. Nw.

Gegendarstellungsanspruch, Art. 6 des Gesetzes vom 29.7.1982.[163] Dieser gilt sowohl für Beamte als auch für Privatpersonen und setzt voraus, dass er sich gegen eine möglicherweise ansehens- oder ehrverletzende Beschuldigung richtet. Die Modalitäten der Antwort sind genau geregelt. [164]

Auch außerhalb der Anwendungsbereiche der gesetzlichen Grundlagen wird teilweise ein Gegendarstellungsanspruch bejaht und auf Art. 1382 C.c. gestützt, zum Beispiel bei Büchern.[165]

Zusammenfassend kann also gesagt werden, dass im französischen Recht ein dem deutschen Gegendarstellungsanspruch sehr ähnliches Recht existiert, welches auch als eine schnelle Reaktion auf Veröffentlichungen konzipiert ist. Die Unterschiede in den Voraussetzungen sind in der Praxis kaum erheblich, da sich Betroffene in der Regel nur gegen ansehens- oder ehrschädigende Behauptungen richten werden.[166] Damit dient er dem Schutz der Ehre und des Ansehens. Er wird wie bei im deutschen Recht als Gegengewicht zu der Pressefreiheit angesehen.[167]

4. Maßnahmen im Schnellverfahren, einstweilige Verfügung

Der Richter kann Maßnahmen gegen eine drohende Persönlichkeitsrechtsverletzung auch im Schnellverfahren erlassen, wenngleich dies (wegen der Pressefreiheit) nur im Ausnahmefall zulässig ist. Als rechtliche Grundlage dafür kommt neben dem Art. 9 Abs. 2 C.c., der die Privatsphäre betrifft, auch der allgemeinere Art. 809 C.P.C. in Betracht, wobei in der Literatur jedoch bei den auf Art. 809 C.P.C. gestützten Klagen (also insbesondere bei Ehrverletzungen) teilweise die Zulässigkeit bezweifelt wird.[168] Für die oben genannten Beschlagnahmever-

---

[163] Geändert bzw. ergänzt durch die Gesetze vom 30.9.1986 und 13.7.1990 und das Dekret vom 6.4.1987; zu der Rechtslage vorher vgl. *Goudet*, D. 1975, chr. 197-204.

[164] Z. B. vergleichbarer Sendezeitpunkt, Art. 6 Abs. 4; Fristen, Umfang, maximale Dauer (2 Minuten); zu den Einzelheiten: *Derieux*, Droit de la communication, S. 381-389.

[165] *Lindon*, Dictionnaire juridique, S. 252 f. und den dort dargestellten Fall aus dem 19. Jhd.; ablehnend aber *Ravanas*, La protection des personnes, S. 335 f.

[166] So auch *Derieux*, Droit de la communication, S. 376, 384.

[167] *Ravanas*, La protection des personnes, S. 327, 329, 333; *Maurice-Hersant*, D. 1982, chr. 167; *Heisig*, Persönlichkeitsschutz, S : 151 ; zweifelnd hinsichtlich der Effektivität aber: *Beignier*, L'honneur et le droit, S. 204.

[168] Art. 9 Code Civil: „ ... peut toujours ... prescrire en référé les mesures conservatoires ou de remise en état qui s'imposent, soit pour prévenir un dommage imminent, soit pour faire cesser un trouble manifestement illicite. ..."; kritisch z. B.: *Kayser*, D. 1989, chr. 12, 18 ff; gegen seine Argumente wiederum *Beignier*, L'honneur et le droit, S. 141 f.

fügungen ist das Schnellverfahren der Regelfall.[169] Auch der Gegendarstellungsanspruch kann im gerichtlichen Schnellverfahren geltend gemacht werden.[170] Wegen der Beschränkung der Pressefreiheit sind diese Maßnahmen in restriktiver Weise anzuwenden. Dennoch wird der Bereich des Persönlichkeitsschutzes als einer der vorrangigen Anwendungsbereiche für vorbeugenden Rechtsschutz genannt.[171]

Auf die Entscheidung der *Cour de Cassation* von 1992, welche diesem Verfahren für den Bereich der *diffamation* nach dem Pressegesetz einen Großteil der Effektivität genommen hat, wurde bereits eingegangen.[172]

Auch die vorläufige Vollstreckung (*exécution provisoire*) eines Urteils nach Art. 135 a C.P.C. kann verfügt werden. Dies geschieht oft in Fällen der Verletzung des Privatlebens.[173]

V. Verfassungsrechtliche Einflüsse

1. Allgemeines

In französischen Entscheidungen zum Persönlichkeitsschutz wird oft auf Grundfreiheiten (sogenannte *libertés publiques*) verwiesen. Dennoch ist der Einfluss des Verfassungsrechtes nicht so deutlich wie in Deutschland. Vorrangiger Grund hierfür ist, dass Privatpersonen nach französischem Verfassungsrecht nicht die Möglichkeit haben, ein Verfassungsgericht anzurufen und dort eine Verletzung ihrer Grundrechte geltend zu machen.[174] Die Verfassung der Fünften Republik (vom 4.10.1958) enthält keinen Grundrechtskatalog.[175] Enthalten sind die Grundfreiheiten aber in mehreren Quellen außerhalb der Verfassung. Dies ist vor allem die Erklärung der Menschen- und Bürgerrechte (*Déclaration des droits de l'homme et du citoyen*) von 1789, die ausdrückliche Grundfreiheiten auflistet. Ferner beruft man sich auf die allgemeinen Prinzipien und Entscheidungen, die *Conseil d'Etat* und *Conseil Constitutionnel* zum Grundrechtsschutz

---

169 *Kayser*, D. 1989, chr. 12.

170 Ausführlich zu dem einstweiligen Rechtsschutz in Frankreich aus der deutschen Literatur, vgl. *Bormann*, Praxis des Persönlichkeitsschutzes, S. 136 ff.

171 *Bourel*, Anm. zu *Cass.* v. 13.4.1988, Rev. crit. d.i.p. 1988, 551.

172 S. dazu ausführlich oben S. 49.

173 *Lindon*, Les droits de la personnalité, S. 84.

174 Vgl. dazu *Burdeau*, Droit constitutionnel, S. 121; zur Pflicht der Richter, bei der Gesetzesauslegung das Verfassungsrecht zu berücksichtigen *Luchaire*, Rev. trim. dr. civ. 1982, 245, 249.

175 *Genevois*, La jurisprudence du Conseil Constitutionnel, Nr. 314 f.

entwickelt haben.[176] Daneben kommen hauptsächlich völkerrechtliche Rechtsquellen in Betracht.

Der Streit, ob die in der *Déclaration des droits de l'homme et du citoyen* genannten Grundfreiheiten rechtlich bindend sind, ist mittlerweile nach ganz herrschender Meinung im positiven Sinne entschieden.[177] Die Anerkennung der Bindungswirkung und der verfassungsrechtliche Status wurde auch von dem *Conseil Constitutionnel* bestätigt.[178]

Allerdings wird auch in Frankreich der fundamentale Unterschied zwischen der Geltung der Menschenrechte im Verhältnis zum Staat und der Regelung der Verhältnisse zwischen Privaten betont.[179] Ob es eine Drittwirkung der Grundrechte zwischen Privaten gibt, wird kaum diskutiert, jedoch in der Literatur unausgesprochen vorausgesetzt, wenn auf die Grundrechte verwiesen wird.[180] *Velu* aus Belgien bejaht diese Frage im Hinblick auf die Grundrechte der Europäischen Menschenrechtskonvention.[181] In Frankreich verficht *Rivero* die Drittwirkung.[182] Der Staat sei aufgerufen, die Grundrechte im privatrechtlichen Bereich durchzusetzen. Hierzu stünden zum Beispiel die Instrumente des materiellrechtlichen *ordre public*, der zivilrechtlichen *faute* oder des Rechtsmissbrauchs zur Verfügung. Anhand unbestimmter Rechtsbegriffe könne das Verfassungsrecht in das Privatrecht einfließen.[183] Gerade im Deliktsrecht können also

---

176 Vgl. *Genevois*, La jurisprudence du Conseil Constitutionnel, Nr. 314 und *Morange*, Rev. int. dr. comp. 1990, 774 (zum C. Constitutionnel); die Entscheidungen des C. Constitutionnel stützen sich neben den genannten Quellen auch auf die „Grundprinzipien der Gesetze der Republik". Diese nennt der Verfassungsentwurf von 1946, worauf in der Präambel der Verfassung von 1958 verwiesen wird; vgl. *Genevois*, a.a.O., Nr. 332 ff.; zu dem *Conseil d'Etat*: *Genevois*, a.a.O., Nr. 338 ff

177 S. *Kayser*, D. 1989, chr. 11 m. Nw.; *Genevois*, La jurisprudence du Conseil Constitutionnel, Nr. 328 ff. Die Zweifel gründeten sich darauf, dass in der Verfassung der Vierten und Fünften Republik jeweils nur in der Präambel auf die Geltung der Grundrechte dieser Erklärung verwiesen wurde, also nicht im Verfassungstext selber.

178 Entscheidung v. 27.7.1982, Nr. 82-141 DC, J.O. 29.7.1982, S. 2422; v. 20.1.1984, Nr. 83-165 DC, J.O. v. 21.1.1984, S. 365.

179 *Nerson*, Rev. int. dr. comp. 1971, 740; *ders*., De la protection de la personnalité, Travaux Henri Capitant, S. 62; *Frangi*, Constitution et droit civil, Rn. 131; vgl. auch *Genevois*, La jurisprudence du Conseil Constitutionnel, Nr. 314 („rapports avec les autorités étatiques").

180 Diskussion *Eissen* und *Rivero* in Festschrift für Cassin III, S. 149 ff., 311 ff.; vorausgesetzt z. B. bei *Morange*, Libertés publiques, S. 352 ff, die von dem erforderlichen Ausgleich zwischen den Rechten zweier Personen spricht; s. auch *Stern*, Staatsrecht III/1, S. 1536.

181 *Velu*, Le droit au respect de la vie privée, Rn. 43; auch *Eissen*, FS Casssin III, S. 155 f. (Schweiz).

182 *Rivero*, FS Cassin III, S. 314 ff.

183 *Rivero*, FS Cassin III, S. 317-319, der insbesondere auf das Recht auf die Privatsphäre hinweist; auch *Savoie*, Grundrechte in Europa, S. 233.

Grundrechte konkretisiert werden. Das Problem der Drittwirkung wird auch deshalb kaum diskutiert, weil man davon ausgeht, dass bei der gerichtlichen Durchsetzung der Rechte Privater stets auch der Staat beteiligt ist, so dass Verfassungsrecht ohnehin eingreift.[184]

2. Grundfreiheiten

Es werden verschiedene Grundfreiheiten genannt. Die begriffliche Abgrenzung ist nicht so klar wie im Grundgesetz, es bestehen große Überschneidungen. In Art. 10 der *Déclaration des droits de l'homme et du citoyen* von 1789 wird die *liberté d'opinion* also die Meinungsfreiheit garantiert. In Art. 11 der Erklärung wird die *libre communication d'une pensée et d'une opinion* also die Meinungsäußerungsfreiheit bestätigt.[185] Teilweise wird die Meinungsfreiheit auch *liberté d'expression* genannt.[186] Als Unterfall der Meinungsäußerungsfreiheit wird ferner auf die Freiheit der Kritik (*liberté* oder *droit de critique*) und die Freiheit der Kunst (*liberté de la création artistique ou littéraire*) abgestellt.[187] Die Pressefreiheit (*liberté de la presse*) und die Freiheit der audiovisuellen Kommunikation werden häufig ebenfalls separat genannt, obwohl es sich auch dabei um Aspekte der Meinungsäußerungsfreiheit handelt.[188] Die Pressefreiheit wird wegen ihrer ausdrücklichen Niederlegung meist auf Art. 1 des Pressegesetzes von 1881 gestützt, und nicht auf die *Déclaration des droits de l'homme et du citoyen*.[189]

Weiterhin wird gelegentlich ein allgemeines Informationsrecht, *droit à*

---

184 Z. B. bei einem ablehnenden Urteil in einem Rechtsstreit zwischen zwei Privaten, vgl. *Rivero*, FS Cassin III, S. 320 ff.

185 Art. 10: „Nul ne doit être inquiété pour ses opinions, même religieuses, pourvu que leur manifestation ne trouble pas l'ordre public, établi par la loi." Art. 11: „La libre communication d'une pensée et d'une opinion est un des droits les plus precieux de l'homme; tout citoyen peut donc parler, écrire, imprimer librement, sauf à répondre de l'abus de cette liberté, dans les cas déterminés par la loi."
Die beiden Artikel werden meist nicht differenziert, vgl. *Morange*, Rev. int. dr. comp. 1990, 772.

186 Z. B. *Derieux*, Droit de la communication, S. 29.

187 *Kayser*, La protection de la vie privée, Rn. 91; *Nerson*, Rev. int. dr. comp. 1971, 763; bei Satire und Karikatur wird meist das *droit de critique* bemüht, s. *U. Wolf*, Spötter vor Gericht, S. 110 m. w. Nw.; z. B. *CApp Paris* v. 28.1.1982, D. 1985, IR 165.

188 *Morange*, Libertés publiques, S. 167, 227 ff.

189 Art. 1 des Code de la presse vom 29. Juli 1881: „L'imprimerie et la librairie sont libre." Vgl. auch Art. 5: „Tout journal ou écrit peut être publié sans autorisation préalable ..."; für Radio und Fernsehen: Art. 1 des Gesetzes vom 29.7.1982, J.O. 30.7.1982; ersetzt durch Gesetz v. 30.9.1986, J.O. 1.10.1986 und modifiziert durch spätere Gesetze: „La communication audiovisuelle est libre...".

l'information, genannt, welches allerdings nicht auf eine konkrete verfassungsrechtliche Norm oder ein internationales Abkommen gestützt werden kann.[190]

Was das Völkerrecht betrifft, so beruft man sich bezüglich der Meinungsfreiheit auf Art. 19 der Allgemeinen Menschenrechtserklärung der UN, Art. 19 des Paktes über die Bürger- und politischen Rechte und Art. 10 der EMRK.[191] Die Allgemeine Menschenrechtserklärung hat jedoch keine rechtliche Bindungswirkung.[192]

Zusammenfassend ist festzuhalten, dass sich im französischen Recht ein Katalog von Grundfreiheiten herausgebildet hat, der dem deutschen Recht vergleichbar ist.[193] Dabei wird betont, dass es grundsätzlich Aufgabe des Gesetzgebers ist, diese Rechte umzusetzen und die Abgrenzung von den Rechten anderer festzulegen.[194]

3. Verfassungsrechtliche Verankerung der Persönlichkeitsrechte

Das Persönlichkeitsrecht hingegen wird in den zivilrechtlichen Urteilen meist nicht auf eine Norm des Verfassungs- oder Völkerrechtes gestützt.[195] Doch wird im Zusammenhang mit der Einfügung des Art. 9 C.c. darauf hingewiesen, dass dieser auf Artikel 12 der Erklärung von 1789 zurückgehe.[196] Umgekehrt wird gesagt, dass Art. 9 C.c. das Grundrecht der Privatsphäre verbürge.[197] Die Ehre wurde absichtlich nicht in die Erklärung der Menschen- und Bürgerrechte aufgenommen, wie ein Vergleich mit verschiedenen Entwürfen zeigt.[198] In Verfassung und der Erklärung von 1789 finden sich ferner keine Normen, die auf ein

---

190 *Derieux*, Droit de la communication, S. 34-36; Erwähnung z. B. in *CApp Paris* v. 5.3.1986, D. 1986, IR 189 m. Anm. *Lindon* (Konflikt mit *vie privée*); s. aber *Kayser*, FS Jauffret, S. 411, der es als *droit de l'homme* bezeichnet, ohne aber eine Norm zu nennen; *Morange*, Rev. int. dr. comp. 1990, 773, nennt es den Teil der Meinungsfreiheit, der die Verbreitung von Fakten betrifft.

191 Dazu genauer: *Derieux*, Droit de la communication, S. 29 f.; Art. 10 EMRK: „ la liberté d'opinion et la liberté de recevoir ou de communiquer des informations ou des idées; ... peut être soumis à ...des mesures nécessaires.. pour protéger la réputation ou les droits d'autrui".

192 *Morange*, Libertés publiques, S. 329.

193 Vgl. auch *Genevois*, La jurisprudence du Conseil Constitutionnel, Nr. 459.

194 *Genevois*, La jurisprudence du Conseil Constitutionnel, Nr. 459, 361.

195 So auch *G. Simon*, Persönlichkeitsschutz, S. 248.

196 *Goubeaux*, Droit civil, Les Personnes, S. 272.

197 *Savoie*, Grundrechte in Europa, S. 227.

198 Hierzu mit Nw. *Beignier*, L'honneur et le droit, S. 86 f., mit dem begründenden Hinweis, die Ehre sei zu dieser Zeit zu sehr mit Werten der Aristokratie assoziiert worden.

allgemeines Persönlichkeitsrecht hinweisen. Vereinzelt wird darauf hingewiesen, dass eine „constitutionnalisation" der Persönlichkeitsrechte zum Beispiel des Namensrecht durch Bezug auf das verfassungsrechtlich geschützte Eigentumsrecht erfolgen kann.[199]

Was das Völkerrecht anbetrifft, so werden zwar in der Menschenrechtserklärung der UN von 1948 Ehre und Privatleben (Art. 12) genannt, insoweit aber eine rechtliche Bindungswirkung verneint.[200] Man findet Verweise auf Art. 8 EMRK, der die Unverletzlichkeit der Privatsphäre garantiert.[201] Auch der internationale Pakt über Bürger- und politische Rechte von 1966 nennt in Art. 17 das Privatleben sowie die Ehre.[202]

Der *Conseil Constitutionnel* hat sich bisher ausdrücklich nicht zu dem verfassungsrechtlichen Status des Privatlebens geäußert, und die Literatur ist uneinig.[203] Aus dem regelmäßigen Fehlen von Hinweisen auf einen verfassungsrechtlichen Status der Persönlichkeitsrechte in Zivilurteilen lässt sich jedoch nicht ein geringer Schutz folgern. So wird auch darauf abgestellt, dass die Persönlichkeitsrechte zu dem allgemeinen Schutz der individuellen Freiheit oder zu dem Eigentumsrecht gehören, selbst wenn es sich nicht um eigenständige

---

199 *Frangi*, Constitution et droit privé, Rn. 113, 121.

200 *Tallon*, in Encyclopédie Dalloz, Personnalité, Nr. 4; Art. 12: „Nul ne sera l'objet d'immixtions arbitraires dans sa vie privée, sa famille, son domicile ou sa correspondance, ni d'atteintes à son honneur et à sa réputation"; Hinweis auf die Konvention auch bei *Favoreu*, FS Kayser I, S. 415.

201 Z. B. bei *Rutsaert*, Jtrib 1973, 489; *Goubeaux*, Droit civil, Les Personnes, S. 272; *Tallon*, a.a.O.; *Luchaire*, Rev. trim. dr. civ. 1982, 245, 253; *Favoreu*, FS Kayser I, S. 415; Art. 8: „Toute personne a droit au respect de sa vie privée et familiale, de son domicile et de sa correspondance... Il ne peut y avoir ingérence ... que pour autant qu'elle est nécessaire ... à la protection des droits et libertés d'autrui."; s. auch zu dem Vorbehalt des Ansehens und der Rechte anderer hinsichtlich der Meinungsfreiheit in Art. 10 Abs. 2 der EMRK oben S. 76, Fn. 191; Verweis auf die allgemeine Gleichheit der Menschen bei *Amiaud*, Rapport sur les droits de la personnalité, S. 82.

202 *Beignier* betont hier, wie bei der universellen Erklärung, die faktische Wirkung der Abkommen, L'honneur et le droit, S. 90. Art. 17(1): „Nul ne sera l'objet d'immixtions arbitraires ou illégales dans sa vie privée, sa famille, son domicile ou sa correspondance, ni d'atteintes illégales à son honneur et à sa réputation"; s. auch *Kayser*, Protection de la vie privée, Rn. 9 f.

203 Ablehnend: *Genevois*, La jurisprudence du Conseil Constitutionnel, Nr. 352, der aber erklärt, eine Berufung auf die allgemeine persönliche Freiheit könne möglich sein; dafür aber: *Goubeaux*, Droit civil, Les Personnes, S. 272; *Kayser*, D. 1989, chr. 11, 12 („droit de l'homme, valeur constitutionnelle"); *Frangi*, Constitution et droit privé, Rn. 113, 131; auch *Morange*, Libertés publiques, S. 143-164 setzt dies voraus; vgl. auch *Beignier*, L'honneur et le droit, S. 88 ff. Teilweise wird dies aus der Entscheidung des *Conseil Constitutionnel* Nr. 76-75 DC vom 12.1.1977, abgeleitet; so z. B. *Bourel*, Rec. des Cours 1989 II, S. 320.

Grundrechte handelt.[204] Ein verfassungsrechtlicher Bezug ist zumindest damit gegeben.

4. Art und Weise der Berücksichtigung

Jeder Richter hat wegen der Normenhierarchie bei der Auslegung des Rechts das Verfassungsrecht zu berücksichtigen.[205] Der Einbau der Grundfreiheiten in die Prüfung eines Schadensersatzanspruches folgt keinen strengen Regeln. Nur selten wird überhaupt ihr verfassungsrechtlicher Status erwähnt.[206] Meist wird in Entscheidungen erörtert, ob der Eingriff in das geschützte Rechtsgut aufgrund einer Freiheit gerechtfertigt sein könnte.[207] Es wird dann versucht, in dem Einzelfall einen Ausgleich zwischen den entgegengesetzten Rechtspositionen herbeizuführen.[208]

Schon in den verfassungsrechtlichen und völkerrechtlichen Grundlagen ist teilweise ausdrücklich gesagt, dass es keine unbeschränkte Meinungsfreiheit gibt, sondern diese unter dem Missbrauchs- oder *ordre public* Vorbehalt steht, oder dass Beschränkungen zum Schutze der Ehre oder Rechte anderer zulässig sind. Dies gilt selbst für die nach Art. 1 Pressegesetz scheinbar schrankenlose Pressefreiheit.[209] Nach den Gesetzgebungsmaterialien war auch bei dem Schutz

---

[204] Z. B. *Edelmann*, Anm. zu *Cass.* v. 13.4.1988, J.D.I. 1988, 752, 758; *Favoreu*, FS Kayser I, S. 412 ff. (vie privée); Bezugnahme auf das Eigentumsrecht bei *Frangi*, Constitution et droit privé, Rn. 113, 121 und 146 (individuelle Freiheit); Verweis auf die allgemeine Gleichheit der Menschen bei *Amiaud*, Rapport sur les droits de la personnalité, S. 82.

[205] *Luchaire*, Rev. trim. dr. civ. 1982, 245, 249.

[206] Ausnahme z. B.: *CApp Paris* v. 26.2.1989, D. 1990, somm. 242; *CApp Paris* v. 18.2.1992, D. 1992, IR 141, beide zur Pressefreiheit.

[207] Vgl. z. B. *Velu*, Le droit au respect de la vie privée, Rn. 93; z. B. *CApp Paris* v. 1.2.1989, D. 1990, jur. 48 f. m. Anm. *Agostini* (Informationsrecht rechtfertigt nicht Eingriff in das Privatleben); *CApp Paris* v. 15.5.1970, D. 1970, jur. 466 (Ferrat).

[208] *Derieux*, Droit de la communication, S. 32; vgl. auch *Nerson*, Rev. int. dr. comp. 1971, 763; *Kayser*, FS Jauffret, S. 412; aus der Rspr. z. B. *TGI Paris* v. 19.6.1987, J.C.P. 1988 II, 20957 m. Anm. *Auvret* (LePen; zu Meinungsfreiheit und Ehre); zu Privatleben und Informationsrecht s. *Goubeaux*, Droit civil, Les Personnes, S. 279 ff. aus der Rechtsprechung z. B. *CApp Paris* v. 15.5.1970, D. 1970, jur. 466 (Ferrat; verschiedene Persönlichkeitsrechte gegen Presse- und Informationsfreiheit); *G. Simon*, Persönlichkeitsschutz, S. 226-230.

[209] Z. B. *CApp Paris* v. 18.1.1992, D. 1992, IR 141; *TGI Paris* v. 24.2.1975, D. 1975, jur. 438 m. Anm. *Lindon* („abus de la liberté de presse"); vgl. w. Nw. bei *G. Simon*, Persönlichkeitsschutz, S. 191-198; auch die Tatbestände von *diffamation* und *injure* in dem Pressegesetz beschränken die Pressefreiheit; in der Erklärung der Menschen- und Bürgerrechte von 1789 besteht ausdrücklich ein Mißbrauchsverbot, Art. 11 („sauf à répondre de l'abus de cette liberté") und der Vorbehalt der Rechte anderer; vgl. in der EMRK den Vorbehalt in Art. 10 Abs. 2 (Ansehen und Rechte anderer), s. oben, S. 76, Fn. 191 und unten S. 296; die Grenzen des *droit de critique* bei Satire und Karikatur sind zum Beispiel bei persönlichen

des Privatlebens nach dem Gesetz von 1970 die Pressefreiheit bereits berücksichtigt worden.[210] Dogmatisch gesehen geht es um die Frage, ob eine *faute* vorliegt. Es liegt ein Missbrauch einer der Grundfreiheiten („abus de droit") vor, wenn eine *faute* i.S.d. Art. 1382 C.c. gegeben ist[211] oder wenn die Rechte oder Freiheit anderer verletzt werden,[212] zum Beispiel, wenn eine Schädigungs- oder Beleidigungsabsicht besteht.[213]

Teilweise werden auch konkretere Regeln aus den Grundrechten abgeleitet: So darf der Richter wegen der Pressefreiheit nur in extremen Fällen vorbeugende Maßnahmen im Schnellverfahren (*en référé*) anordnen, insbesondere Maßnahmen, die nicht reparativen, sondern präventiven Charakter haben, wie die Beschlagnahme der Auflage eines Druckwerkes, das Verbot der Veröffentlichung oder das Gebot der Schwärzung von Passagen.[214] Auch wird die Begrenzung des Art. 9 Abs. 2 C.c. auf besonders schwere Fälle der Eingriffe („intimité") als Folge der Ausbalancierung der beiden Grundrechte angesehen.[215] Konkretere Maßstäbe gibt es für das Schnellverfahren nicht, außer dass diese Maßnahmen nur im Ausnahmefall, bei nicht tolerierbaren Eingriffen, zulässig sind, deren Schaden nicht durch späteren Geldersatz ausgeglichen werden kann und deren Schaden unbedingt durch ein Verbot begrenzt werden muss.

Das Recht auf Information der Öffentlichkeit wird als Rechtfertigung von

---

Angriffen, Schädigungs- oder Herabsetzungsabsicht oder Obszönität überschritten; z. B. *CApp Paris* v. 28.1.1982, D. 1985, IR 165 (Schädigungsabsicht); *TGI Paris* v. 11.1.1977, D. 1977, jur. 83 m. Anm. *Lindon* (Gabin; „abus de la liberté de la presse par la recherche du sensationnel"); vgl. zu diesen Grenzen auch *Wolf*, Spötter vor Gericht, S. 115 ff.

210 Justizminister *Pleven*, Journal Officiel Débats Assemblée Nationale, séance du 28 mai 1970, S. 2068; *Savoie*, Grundrechte in Europa, S. 233.

211 *Kayser*, D. 1989, chr. 21; *G. Simon*, Persönlichkeitsschutz, S. 253 f.; zur Berücksichtigung bei Art. 1382 C.c. auch *Savoie*, Grundrechte in Europa, S. 233.

212 *Morange*, Rev. int. dr. comp. 1990, 778, 781 ff.

213 *Wolf*, Spötter vor Gericht, S. 116 ff.

214 *TGI Paris* v. 8.5.1974, D. 1974, jur. 530 m. Anm. *Lindon* (2. Fall: Gainsbourg; "doit rester exceptionnelle en vertu de la règle fondamentale de la liberté de la presse"); *TGI Paris* (réf.) v. 27.2.1970, J.C.P. 1970 II, 16293m. Anm. *Lindon* (Papillon); *TGI Paris* (réf.) v. 21.10.1981, J.C.P. 1982 II, 19794 (statt der geforderten Beschlagnahme eines Romanes soll die Einfügung einer Notiz am Anfang genügen); s. auch *Derieux*, Droit de la communication, S. 32, 468; *Lindon*, Dictionnaire juridique, S. 249 ff. m. w. Nw. aus der Rechtsprechung; aus der neueren Rechtsprechung: *CApp Basse-Terre* v. 5.5.1988, D. 1990, somm. 240 (Beschlagnahme der noch vorhandenen Exemplare einer Zeitschrift, Schnellverfahren); Ablehnung der Beschlagnahme z. B. in *CApp Paris* v. 26.2.1989, D. 1990, somm. 242 m. ablehnender Anm. *Amson*.; ebenfalls ablehnend: *TGI Paris* v. 6.5.1983, D.1984, somm. 14 m. Anm. *Lindon*; *CApp Paris* v. 15.11.1966, D. 1967, jur. 181 m. Anm. *Mimin* (da die Tatsachen aus dem Privatleben von Gunther Sachs schon mehrmals veröffentlicht wurden und er dies tolerierte.

215 *Kayser*, La protection de la vie privée, S. 406.

Abbildungen des Erscheinungsbildes und der Stimme einer Person genannt, wenn diese, freiwillig oder unfreiwillig, aus aktuellem Anlass in das Licht der Öffentlichkeit geriet.[216]

Bei prominenten Personen kann die Meinungsfreiheit auch eine karikaturmäßige Darstellung dieser Person rechtfertigen, soweit ihr öffentliches Wirken betroffen ist und auch das Informationsrecht der Öffentlichkeit kann je nach der Stellung der betroffenen Person dem Schutz deren Privatleben vorzuziehen sein.[217]

Verfassungsrechtliche Freiheiten tauchen jedoch generell nicht auf, wenn es um die kommerzielle Nutzung von Persönlichkeitsattributen geht.

VI. Sonderfragen

Nach traditioneller Ansicht waren die Persönlichkeitsrechte untrennbar von der Person und damit auch unübertragbar.[218] Man hat jedoch den Bedürfnissen entsprechend zugelassen, dass die *Ausübung* der Rechte übertragen, beschränkt und veräußert werden kann; ein allgemeiner Verzicht auf ein Recht wäre aber *ordre-public*-widrig.[219] Demnach sind der wirtschaftlichen Ausnutzung der Persönlichkeitsrechte kaum Grenzen gesetzt. Dem besonderen Charakter der Persönlichkeitsrechte wird insoweit Rechnung getragen, als die Übertragungen in der Regel widerrufbar sind, wodurch sich der Betroffene jedoch schadensersatzpflichtig macht.[220]

Grundsätzlich sind auch in Frankreich die Zivilgerichte für Schadensersatzklagen zuständig. Häufig wird ein solcher Anspruch jedoch vor den Strafgerichten geltend gemacht, da diese auch hierfür zuständig sind, sofern es sich

---

216 S. z. B. *TGI Paris* v. 3.7.1974, J.C.P. 1974 II, 17873 m. Anm. *Lindon* (aber Beschränkung auf Abbildungen, die im Zusammenhang mit diesem Ereignis stehen); auf dieses Recht kann aber nach *Kayser*, FS Jauffret, S. 412, ein Eingriff in das Privatleben nicht gestützt werden.

217 Vgl. *Bourel*, Rec. des Cours 1989 II, S. 317.

218 „...inaliénable, incessible, insaisissable, son titulaire ne peut y renoncer et il est imprescindible“, *Potvin*, La personne et la protection des son image, S. 25; *Ravanas*, La protection des personnes, S. 434 beide m. w. Nw.; s. aber schon bei *Amiaud*, Rapport sur les droits de la personnalité, S. 86, aus dem Jahre 1947 die Auflistung der Vereinbarungen, die in der Praxis über Persönlichkeitsrechte getroffen werden; zum postmortalen Schutz s. oben, S. 57.

219 *Rutsaert*, Jtrib 1973, 490; als Beispiel für einen Vertrag über die Veröffentlichung eines Interviews vgl. *CApp Paris* v. 26.3 1987, D. 1987, somm. 386; zum Privatleben *Goubeaux*, Droit civil, Les Personnes, S. 283 ff.

220 Vgl. zum Ganzen: *Tallon*, in Encyclopédie Dalloz, Personnalité, Nrn. 150-152; bei Verstoß gegen den *ordre public* sind Vereinbarungen nichtig, *Amiaud*, Rapport sur les droits de la personnalité, S. 87 ; s. auch *Heisig* Persönlichkeitsschutz, S. 84.

um eine strafbare Handlung, also insbesondere eine Beleidigung handelte.[221] Die Strafgerichte wenden dann ebenso wie Zivilgerichte die Generalklausel des Art. 1382 C.c. und die anderen zivilrechtlichen Normen an.

Für die Haftung im Bereich des Internet gibt es seit dem Jahre 2000 teilweise eine gesetzliche Sonderreglung und zwar die Service-Provider betreffend. Sie haften nur, wenn sie einer durch ein Justizorgan ausgesprochenen Sperrungsanordnung nicht Folge leisten.[222]

---

221 Z. B. *CApp Colmar* v. 27.6.1983, D. 1983, jur. 550; *Trib. corr. Dijon* v. 4.5.1935, S. 1935, II, 161; *Trib. civ. Seine* v. 15.3.1951, D. 1951, jur. 485 (hier: Zivilgericht); in den Fällen der Art. 30 u. 31 des Pressegesetzes von 1881 (also bei Verletzungshandlungen gegenüber bestimmten Vertretern staatlicher Gewalt) kann sogar nur vor den Strafgerichten geklagt werden; vgl. Art. 46.

222 Art. 43-8 des Gesetzes Nr. 2000-719 vom 1. August 2000, welches das Gesetz über die Kommunikationsfreiheit ändert. S. zur Haftung insgesamt *Kristin*, Deliktsstatut, S. 58 ff.

D. England

I. Einleitung

1. Ablehnung eines Allgemeinen Persönlichkeitsrechts

In England gibt es kaum Gesetze, die Persönlichkeitsrechtsverletzungen zivilrechtlich sanktionieren. Rechtsquelle ist also vorrangig das Richterrecht.

Aufgrund des Widerstandes der starken Presse in England, kam es dort nie zu einer gesetzlichen Niederlegung eines Allgemeinen Persönlichkeitsrechtes oder eines *right of privacy*. Es gab jedoch mehrere Reformversuche des Gesetzgebers, die auf ein *right of privacy* abzielten, welches nach englischer Konzeption auch den Schutz des Bildes umfassen, also ein APR sein sollte.[1] Auch die Rechtsprechung lehnte es bislang ab, ein umfassendes Persönlichkeitsrecht herauszubilden.[2] Explizit verneint wurde ebenfalls das Recht, die Veröffentlichung des eigenen Bildes zu verbieten.[3] In dem Schrifttum wurde ein *right of privacy* bislang auch abgelehnt.[4] Der Begriff einer Persönlichkeitsrechtsverletzung oder des Persönlichkeitsrechts wird dementsprechend nicht verwendet. Die Rechtslage ist allerdings etwas in Wandel befindlich, da aufgrund des *Human Rights Act 1998* nunmehr diskutiert wird, ob ein *right of privacy* einzuführen ist.[5]

Nur wenn einer der traditionellen *torts* also Deliktstatbestände vorliegt, ist daher deliktischer Rechtsschutz möglich. Diese Zurückhaltung trotz der erkannten Auswüchse in der Presse liegt letztlich in der Unbestimmtheit und Weite des Konzepts eines umfassenden *right of privacy* begründet.[6] Nach der Auflistung der Anspruchsgrundlagen soll eine Zuordnung zu den einzelnen Schutzbereichen erfolgen.

2. Anspruchsgrundlagen

Eine Reihe von Deliktstatbeständen kommt zum Schutze der Persönlichkeit in

---

1 Zu den Reformversuchen ausführlich *Potvin*, Les personnes et la protection de son image, S. 65-76; *Pratt*, Privacy in Britain, S. 136 ff.; *Wacks*, The Protection of Privacy, S. 5-10; aktuell: *Gounalakis / Glowalla*, AfP 1997, 771 ff.

2 *Zweigert / Kötz*, Rechtsvergleichung, Bd. 2, S. 704.

3 *Corelli v. Wall*, [1906] 22 T.L.R. 532 (Ch.); *Tolley v. Fry*, [1930] 1 K.B. 467, 478 (C.A.); bestätigt in [1931] A.C. 333 (House of Lords) (Werbung mit dem Bild; *defamation* gegeben, daher Klage erfolgreich); w. Nw. bei *Brittan*, 37 Tul. L. Rev. 238 ff. (1963).

4 Z. B. *Wacks*, (1980) 96 L.Q.R. 74, 88 f.

5 Dieser setzt die EMRK um. Zur Diskussion s. z.B. *Douglas v. Hello*, [2003] EWHC 786 (Ch.), Rn. 229.

6 *Pratt*, Privacy in Britain, S. 206 f.; *Wacks*, The Protection of Privacy, S. 10 ff., 21 f.

Betracht. Vorrangig ist die *defamation* zu nennen, die teilweise in einem Gesetz (*Defamation Act*) geregelt ist. *Malicious falsehood* ist ein verwandter *tort*, der vor böswilligen Falschdarstellungen schützt. Auch Ansprüche aus Eigentums- und Urheberrechtsverletzung können geltend gemacht werden, wobei das *copyright* auch in einem Gesetz niedergelegt ist. Aus dem wirtschaftlichen beziehungsweise wettbewerbsrechtlichen Bereich kommt das Delikt des *passing off* („Nachahmung") in Betracht. Schließlich gibt es noch die traditionellen Delikte *intentional infliction of emotional distress*, das bei absichtlicher Zufügung seelischer Beeinträchtigungen greift sowie *nuisance*, deren Tatbestand bei der Behinderung der Ausübung von Eigentum erfüllt ist.

Aus dem vertraglichen oder vertragsähnlichen Bereich ist *breach of confidence* zu nennen, also die Verletzung eines Vertrauensverhältnisses.

Die meisten dieser Tatbestände beruhen auf Richterrecht oder sind nur rudimentär gesetzlich geregelt. Auf gesetzlicher Grundlage beruht hingegen *contempt of court* (Missachtung des Gerichts). Immer wichtiger wird der Schutz über den *Data Protection Act 1998*. Zudem gibt es Gesetze, die die Anonymität von an Straftaten Beteiligten gewährleisten.

3. Institutionen der Selbstkontrolle

Der Persönlichkeitsschutz in England erfolgt zu einem großen Teil jedoch nicht vor den staatlichen Gerichten, sondern im Wege journalistischer Selbstkontrolle, nämlich von 1953 an mittels des *General Council of the Press*, welcher sich ab 1963 *Press Council* nannte und 1991 in die *Press Complaints Commission* (PCC) überging.[7] Das Bestehen dieser Organisation ist ein wichtiger Grund dafür, dass in England keine Gesetze zum Schutz vor Auswüchsen der Pressefreiheit und insbesondere zum Schutz der Persönlichkeitsrechte erlassen werden.[8]

Die Ziele und Prinzipien der PCC sind in einer „Verfassung" niedergelegt. Hauptziel ist der Schutz der Pressefreiheit. Die PCC entscheidet über Beschwerden über journalistische Verhaltensweisen. So entsteht eine Art Fallrecht, das allerdings nicht immer nachvollziehbar und homogen ist.[9] 1976 wurden konkrete Verhaltensregeln erlassen, welche den Schutz der Privatsphäre gegenüber dem Informationsrecht klären sollten. Danach sollen zum Beispiel Veröffentli-

---

7 Vgl. zur Entstehungsgeschichte ausführlich, *Potvin*, La personne et la protection de son image, S. 119 ff. ; s. zu den Institutionen der Selbstkontrolle auch *Ohly*, RabelsZ 65 (2001), 55 ff.

8 *Potvin*, La personne et la protection de son image, S. 126.

9 Zum Ganzen vgl., *Potvin*, La personne et la protection de son image, S. 128 ff.

chungen über das Privatleben nur mit Einwilligung oder bei überwiegendem öffentlichen Interesse zulässig, heimliche Aufnahmen grundsätzlich nicht erlaubt sein.[10]

Jedermann, der sein Privatleben oder seine Persönlichkeit als verletzt ansieht, kann eine Beschwerde vor die PCC bringen.[11] Vorher muss er allerdings versucht haben, bei der Zeitschrift eine Berichtigung oder eine Entschuldigung zu erlangen, und auf den Rechtsweg verzichten. Die Beschwerde wird dann von einer Kommission bearbeitet, wenn nicht einer der Beteiligten die Einsetzung eines Schlichters verlangt, der zum Beispiel über Entgegnungsrechte versucht, eine Einigung herbeizuführen. Die über Beschwerden entscheidende Kommission besteht zur Hälfte aus nicht zur Presse gehörenden Mitgliedern. Bei dem Verfahren sind keine Rechtsanwälte anwesend, die Öffentlichkeit ist von der Verhandlung ausgeschlossen.

Die PCC hat nur beschränkte Macht. Sie kann nicht Veröffentlichungen verbieten oder Schadensersatz zuerkennen. Sie kann lediglich feststellen, dass sie ein Verhalten missbilligt und für rechtswidrig ansieht. Die Presse ist nicht verpflichtet, Maßnahmen zu ergreifen, zum Beispiel die Entscheidung oder eine Gegendarstellung des Betroffenen zu veröffentlichen. Es gibt keine Zwangsmaßnahmen. Doch sollte der Einfluss der PCC auf das Recht des Persönlichkeitsschutzes nicht unterschätzt werden: Tatsächlich werden die Entscheidungen von den Unterlegenen in der Regel veröffentlicht. Auch in den Annalen des *Press Council* und der PCC erfolgt eine Veröffentlichung. Der Druck zu einer effektiven Selbstregulation ist wegen der drohenden Einsetzung einer staatlichen Kommission hoch, die dann wie ein Gericht auch Schadensersatz zuerkennen sowie *injunctions*, Berichtigungen oder Gegendarstellungen durchsetzen können soll.[12]

Im Bereich des Rundfunks gibt seit 1981es die *Broadcasting Complaints Commission* (BCC). Sie beruht auf einem Gesetz, nicht auf der Initiative der Journalisten selbst, und enthält daher auch keine substantielle Zahl von Interessenvertretern. Die BCC behandelt Beschwerden über unfaires Verhalten oder Verletzungen der Privatsphäre. Sie hat die Macht, die Veröffentlichung des Urteils in dem entsprechenden Medium anzuordnen.[13] Anders als bei der PCC muss nicht auf eine gerichtliche Klage verzichtet werden.[14]

---

[10] Erklärung abgedruckt bei *Potvin*, La personne et la protection de son image, S. 130 f.

[11] Zu dem Verfahren und den folgenden Ausführungen vgl. *Potvin*, La personne et la protection de son image, S. 335 ff.

[12] *Gounalakis / Glowalla*, AfP 1997, 775 ff.; *Robertson*, Media Law, 2. Aufl., S. 410 f.

[13] *Robertson*, Media Law, 2. Aufl., S. 404, 430 ff.

[14] *Robertson*, Media Law, 2. Aufl., S. 437.

Die Institutionen der Selbstkontrolle füllen in gewissem Maße die Lücken, die, vor allem in dem Bereich des Schutzes der Privatsphäre, bestehen, haben jedoch keine rechtlichen Vollstreckungs- und Durchsetzungsmittel. Deshalb können sie gerichtlichen Schutz nicht ersetzen.

II. Schutzbereiche

1. Ehre

Der Schutzbereich der Ehre wird überwiegend von dem Delikt der *defamation* ausgefüllt. Dieser Tatbestand geht sogar noch über diesen Schutzbereich hinaus. Dementsprechend wird die *defamation* auch als die stärkste Beschränkung der Pressefreiheit angesehen.[15] Zu unterscheiden sind *libel*, die schriftliche beziehungsweise dauerhaft fixierte und *slander*, die mündliche Version des *defamation*-Tatbestandes. Ein *libel* setzt im Gegensatz zu *slander* nicht einen nachgewiesenen finanziellen Schaden voraus.[16]

Defamation ist eine Äußerung, die mit Wahrscheinlichkeit geeignet ist, die Meinung von vernünftigen und ehrbaren Personen über den Betroffenen zu verschlechtern, seine Wertschätzung oder seinen Ruf zu beeinträchtigen.[17] Ob dies der Fall ist, hängt von den Umständen, dem Kontext und sozialen Standards ab.[18] Von großer Bedeutung ist dabei die Frage, ob aus den dargestellten Fakten ein bestimmter Schluss suggeriert wird. Oft ist für den defamatorischen Charakter Voraussetzung, dass der Leser Kenntnis gewisser Umstände hat, die sich nicht direkt aus der Veröffentlichung ergeben, sogenanntes *innuendo*. In diesem Fall muss der Kläger beweisen, dass es in der Leserschaft Personen gab, die diese Kenntnis hatten. Ein Beispiel ist der Fall des Amateurgolfers *Tolley*, mit dessen Abbild Werbung gemacht wurde.[19] Nur für Menschen, die wussten, dass er Amateur war, lag eine herabsetzende Darstellung vor, denn für einen Profi wäre es nicht ehrenrührig, Werbung für Geld zu machen. Derartige auf *innuendos* gestützte Klagen sind in England oft erfolgreich, woraus sich eine starke Ausweitung der Beleidigungstatbestände ergibt.[20]

---

15 *Robertson*, Media law, S. 39.

16 *Robertson*, Media law, S. 54 f.; Persönlichkeitsrechtsverletzungen (mit Auslandsbezug) sind fast ausschließlich *libel*, z. B. die Äußerung über Fernsehen oder Radio, s. 1 u. 16 *Defamation Act 1952*, s. 28 *Cable and Broadcasting Act 1984*.

17 *Robertson*, Media law, S. 46; schon die Preisgabe der Lächerlichkeit kann genügen, vgl. *Herth*, Persönlichkeitsschutz, S. 9.

18 *Robertson*, Media law, S. 48 f.

19 *Tolley v. Fry*, [1930] 1 K.B. 467 (C.A.); bestätigt in [1931] A.C. 333 (H.L.).

20 So auch *Herth*, Persönlichkeitsschutz, S. 14; weiteres Bsp.: *Cassidy v. Daily Mirror*,

Auch scheinbar harmlose, neutrale Äußerungen können im Gegensatz zu anderen Rechtsordnungen zu einer Haftung führen. Dies sind vor allem Fälle, die unter den Bereich des Darstellungs- oder Identitätsschutzes zu fassen sind. *Defamation* wird z.B. häufig bejaht, wenn es um Darstellungsschutz in Filmen geht. Die Andeutung einer sexuellen Beziehung in einem Film oder der Abdruck manipulierter Fotos kann die Ehre einer Frau verletzen.[21] Auch eine solche Darstellung, dass ein Schauspieler, der in der Öffentlichkeit als starke Person auftritt, für einen Schwächling und Versager gehalten werden kann, kann eine *defamation* sein.[22] Sogar durch die eigentlich unbedenkliche Abbildung einer kinderlosen Frau mit ihrer angeblichen Tochter auf dem Arm (Fotomontage) wurde als *defamation* angesehen.[23] Eine Abbildung in Massenmedien wird also oft dadurch zu einer *defamation*, dass sich aus dem Zusammenhang zum Beispiel mit dem Text eine ehrverletzende Aussage ergibt.[24] In dem Fall *Monson v. Tussaud* wurde im Grundsatz bejaht, dass die Darstellung des Klägers als Puppe in einem Wachsfigurenkabinett im Zusammenhang mit einem Mord eine *defamation* sein kann.[25]

Es ist ferner eine *defamation*, wenn der Roman der Klägerin, die in den Abdruck eingewilligt hatte, in manipulierter Weise, unter Streichung und Hinzufügung von Passagen, veröffentlicht wird.[26] Die entstellte, der Vereinbarung widersprechende Wiedergabe eines Interviews kann über den Tatbestand der *defamation* erfasst sein.[27]

Insgesamt können so die in den Vereinigten Staaten unter dem Stichwort der *false light invasion of privacy* diskutierten Fälle nach englischem Recht als *defamation* zu einer Haftung führen.[28]

Klagen wegen *libel* können nicht im Interesse von toten Personen erhoben und auch nicht weitergeführt werden, wenn der Kläger stirbt. Hierfür wird unter anderem die Unmöglichkeit eines Kreuzverhörs genannt, was den Beklagten bei Beste-

---

[1929] 2. K.B. 331: erfolgreiche Klage der Ehefrau, weil ihr Mann mit einer anderen Frau als angeblicher Verlobter abgebildet war. So erschien die Ehefrau als Geliebte.

21 Youssoupoff *v. MGM*, [1934] 50 T.L.R. 581 (C.A.) (Film); *Honeysett v. News Chronicle*, The Times v. 14.5.1935, S. 5 (K.B.) (Fotomontage).

22 *Savalas v. Ass. Newspapers*, Nw. bei *Herth*, Persönlichkeitsschutz, S. 10, Fn. 23.

23 *Debenham v. Anckorn*, The Times v. 5.3.1921.

24 Vgl. z. B. den gerade genannten Fall *Debenham*, der auch ein Beispiel für die *defamation* durch sog. *innuendo* ist.

25 [1894] 1 Q.B. 671 (C.A.) der Kläger war in dem Strafverfahren freigesprochen worden; aus verfahrensrechtlichen Gründen wurde die *injunction* abgelehnt.

26 *Gatley* on Libel and Slander, Rn. 64 m. Nw.

27 *Moore v. News of the World*, [1972] 1 All E.R. 915 (C.A.); weitere Fälle zum Schutz des gesprochenen Wortes bei *Herth*, Persönlichkeitsschutz, S. 162, Fn. 40.

28 *Wacks*, The Protection of Privacy, S. 171 f.; zu USA s. das nächste Kapitel (E).

hen einer Jury zu sehr benachteiligen soll.[29] Für Anbieter im Rahmen des Internet stellt s. 1(3) des *Defamation Act 1996* klar, dass diejenigen, die bloß Zugangsdienste oder technische Einrichtungen anbieten, nicht als Verfasser von Äußerungen anzusehen sind.[30]

Eine Aufstellung einer unwahren Behauptung, die nicht ehrverletzend ist, weil sie den Respekt für eine Person nicht mindert, kann jedoch das Delikt der *malicious falsehood* darstellen. Dies setzt voraus, dass die unwahre Äußerung in böser Absicht oder grob fahrlässig gemacht wurde und dem Betroffenen ein finanzieller Schaden entstand.[31] Nachteilig ist dies für den Kläger insoweit, als er die o.g. Voraussetzungen, also Unwahrheit, Schaden und subjektive Voraussetzung beweisen muss. Ferner hat er nicht die Möglichkeit eine Jury-Verhandlung zu beantragen und der Schadensersatz ist geringer. Andererseits gibt es im Gegensatz zur *defamation* Prozesskostenhilfe und – was noch wichtiger ist- eine *injunction* kann unter geringeren Voraussetzungen zuerkannt werden, als bei der *defamation*.[32] Zudem muss ein diffamierender Charakter nicht nachgewiesen werden, und auch der postmortale Schutz ist stärker.[33]

Dieses Delikt dient zwar vorrangig dem Schutz wirtschaftlicher Interessen, führt aber auch zum Schutz vor Ehrverletzungen beziehungsweise davor, in ein negatives Licht gestellt zu werden. So wurde bei der Behauptung, ein Musiker sei krank gewesen, weshalb Konzerte abgesagt worden seien, *defamation* verneint, *malicious falsehood* hingegen bejaht. Denn es entstanden finanzielle Schäden und die Beklagten kannten die Unwahrheit.[34] Ebenfalls bejaht wurde der Anspruch eines Geschäftsmannes aufgrund der geschäftsschädigenden Behauptung des Ehebruches seiner Frau oder bei der Behauptung in Programmen, der Kläger habe an einem bestimmten Konzert mitgewirkt, wodurch er ein Engagement verlor.[35]

Gesetze schützen vor Bloßstellung durch eine Identifizierung Täter und Opfer bestimmter Straftaten: Section 4 des *Sexual Offences Act 1976* verbietet die Identifizierung mittels Name, Foto, Adresse etc. des Opfers und des Täters einer

---

29 *Robertson*, Media law, S. 55; *Fleming*, Torts, S. 504 f.

30 Diese Vermutung kann jedoch widerlegt werden, s. *Kristin*, Deliktstatut, S. 71 ff.

31 *Robertson*, Media law, S. 46 ff.

32 *Robertson*, Media law, S. 47; für einen Fall mit *injunction* s. z. B. *Gordon Kaye v. Robertson*, [1991]F.S.R. 62 (C.A.).

33 *MPI-Gutachten*, S. 122.

34 *Grappelli v. Derek Block Ltd.*, [1981] 2 All E.R. 272, 275, 279.

35 *Riding v. Smith*, [1876] 1 Ex. D. 91; bzw. *Shapiro v. La Morta*, [1923] 130 L. T. R. 39; weitere Fälle bei *Gatley*, Libel and slander, Rn. 305 (z. B. die Behauptung, eine Frau sei verheiratet, woraufhin sich der Verlobte von ihr trennt).

angeblichen sexuellen Straftat.[36] Der *Rehabilitation of Offenders Act 1974* verbietet Berichte über eine bereits verbüßte Straftat und betrifft damit ebenfalls das Ansehen. Bei einem böswilligen Verstoß ist eine *defamation* Klage zulässig, ohne dass dagegen der Wahrheitsbeweis erbracht werden darf. Doch ist das subjektive Element schwer nachzuweisen, außerdem gilt die Norm nur für schwere Straftaten.

Besteht ein direkter Kontakt zwischen den Beteiligten, so wird zum Schutz des gesprochenen oder geschriebenen Wortes vor Verfälschung das Delikt des *breach of confidence* herangezogen.[37] Auch in anderen Fällen der Ehrverletzung wird diese Anspruchsgrundlage häufig berufen, da eine Unterlassungsverfügung eher möglich ist.[38] Bei diesen ansehensmindernden Verbreitungen, die eine Geheimhaltungspflicht verletzen, kommt jedoch häufig der Rechtfertigungsgrund eines öffentlichen Interesses in Betracht.[39]

Dieser Schutz des Wortes wird durch das *copy-right* ergänzt, welches sowohl die unerlaubte als auch die entstellende Wiedergabe schriftlicher Aufzeichnungen verbietet.[40] Das englische Urheberrecht ist weiter als das deutsche, da es nicht auf den Inhalt der Aufzeichnung, ihren geistigen Wert ankommt.[41] An den Fotos seiner eigenen Person hat man aber grundsätzlich kein Urheberrecht, so dass man hierauf keinen Unterlassungsanspruch stützen kann.[42]

Gelegentlich wird wegen *contempt of court* (Missachtung des Gerichts) das (auch vorbeugende) Verbot der Veröffentlichung bestimmter Berichte oder

---

36 Zum Schutzzweck des Ansehens: *Wacks*, The Protection of Privacy, S. 82 f.

37 Z. B. *Abernethy v. Hutchinson* (1825): Vertrag zwischen Redner und Publikum, Nw. bei *Herth*, Persönlichkeitsschutz, S. 32, Fn. 13; *Frisby v. BBC*, [1967] 1 Ch. 932, 948: Änderung eines Leserbriefes; zu diesem Delikt genauer unten, S. 90.

38 Z. B. *Francome v. Mirror Group Newspapers Ltd.*, [1984] 2 All E.R. 408 (C.A.): Anschuldigungen gestützt auf abgehörte Telefongespräche.

39 Z. B. *Khashoggi v. Smith*, [1980] 130 New L. J. 168 (C.A.; Ablehnung der Klage gegen ehemalige Hausangestellte, da es um Untersuchungen wegen einer angeblichen Straftat ging); *Lion Laboratories Ltd. v. Evans*, [1984] 3 W.L.R. 539 f. (C.A.; Funktionsfähigkeit eines Alkoholtestgerätes).

40 Z. B. *Moore v. News of the World*, [1972] 1 All E.R. 915 (C.A.; Unterstellung von Aussagen in einem Interview); vgl. s. 84 ff. des *Copyright Act 1988*; *Herth*, Persönlichkeitsschutz, S. 64 f.

41 Vgl. nur *Ladbroke (Football) Ltd. v. William Hill (Football) Ltd.*, [1964] 1 W.L.R. 273 (H.L.).

42 Das *copy-right* steht dem Fotografen zu, vgl. *Herth*, Persönlichkeitsschutz, S. 66 f.; anders lag der Fall *Williams v. Settle*, [1960] 1 W.L.R. 1072 (C.A.), in dem das Gericht davon ausging, dass ausnahmsweise mit dem Fotografen ein Urheberrecht der Abgebildeten des Hochzeitsfotos vereinbart war. So konnte ein Schadensersatzanspruch wegen der Weitergabe der Fotos, die zum Abdruck im Rahmen von Berichten über einen Mord führte, bejaht werden.

Materialien verfügt, wodurch indirekt das Ansehen der Betroffenen geschützt wird. Eigentlicher Zweck ist der Schutz eines fairen Gerichtsverfahrens.[43] *Contempt of Court* setzt nach section 2 (1) des *Contempt of Court Act 1981* voraus, dass eine Veröffentlichung die Gefahr einer erheblichen Behinderung oder Vorverurteilung in einem Verfahren in sich birgt. Diese vorrangig strafrechtliche Norm interessiert in dieser Arbeit nur insoweit, als auch auf Antrag privater Personen eine Unterlassungsverfügung ergehen und so auch ein zivilrechtlicher Darstellungsschutz erreicht werden kann. Schadensersatzansprüche sind nicht möglich.[44] *Contempt of Court* führt zu einer erheblich Beschränkung der Berichterstattung in den Medien, denn ein weites Informationsrecht der Bevölkerung, das in der *public interest defence* zu berücksichtigen ist, wird abgelehnt.[45] 1973 verbot das *House of Lords* die Verbreitung von Berichten in der Sunday Times in Bezug auf einen Produkthaftungsprozess wegen eines Medikamentes. Die Zeitung hatte den Beklagten unter anderem aufgefordert, höhere Vergleichsangebote zu machen.[46] Als Reaktion auf die Entscheidung des *EuGHMR*, der eine Verletzung der Meinungsfreiheit bejahte, wurde der *Contempt of Court Act 1981* erlassen.

Wegen des weiten Schutzes von Ehre und Ansehen, vor allem über die *defamation*, ist die Bedeutung der PCC in diesem Bereich eher gering.

Der *Data Protection Act* enthält zivilrechtliche Ansprüche wegen des Umgangs mit falschen persönlichen Informationen.[47]

2. Privatsphäre

Ein allgemeines Recht, Eingriffe in die Privatsphäre zu verbieten, besteht nicht.[48] Nach Inkrafttreten des *Human Rights Act 1998* im Jahre 2000 wird in England diskutiert, ob die Rechtsprechung ein *right of privacy* entwickeln wird und ob sie eines entwickeln sollte.[49] Allerdings hat diese es bislang damit

---

43 *Robertson*, Media Law, 2. Aufl., S. 201.

44 Nw. zu strafrechtlichen Fällen bei *Herth*, Persönlichkeitsschutz, S. 73 ff.

45 s. 5 *Contempt of Court Act 1981*; vgl. *Robertson*, Media Law, 2. Aufl., S. 215-218; s. genauer unten bei der Diskussion der Rechtswidrigkeit.

46 *A-G v. Times Newspapers Ltd.* [1974] A.C. 273; nach einer Entscheidung des Europäischen Gerichtshofs für Menschenrechte verletzte dieses Urteil die Meinungsfreiheit; vgl. *Robertson*, Media Law, 2. Aufl., S. 202 f.; vgl. auch den nicht veröffentlichten Fall *Thorpe v. Waugh* (1979), *ebenda* auf S. 53.

47 *Winfield and Jolowicz*, Tort, S. 555, Fn. 14.

48 *Robertson*, Media Law, S. 172 ff.; *Winfield and Jolowicz*, Tort, S. 555; für ein Delikt wegen der Veröffentlichung privater Fakten: *Fleming*, Torts, S. 578.

49 Dieses Gesetz inkorporiert die EMRK als englisches Gesetz; vgl. z.B. *Hooper*, Reputations under Fire, S. 476 f.; *Ohly*, RabelsZ 65 (2001), 70 ff.

bewenden lassen, die Legislative zu einem entsprechenden Gesetzeserlass aufzufordern.[50]

Wichtige Anspruchsgrundlage zum Schutze des Privatlebens ist *breach of confidence* („Vertrauensbruch"), ein vertragsähnlicher Tatbestand.[51] Zur Begründung eines Anspruches genügte zunächst nicht, dass eine persönliche oder vertrauliche Angelegenheit auf dem Spiel stand, so dass dieses Rechtsinstitut in seiner ursprünglichen Konzeption kaum geeignet war, die Privatsphäre umfassend zu schützen.[52] Der Tatbestand wurde jedoch immer weiter ausgebaut, um Ansprüche insbesondere gegen die Presse zu begründen, wobei vor allem vorbeugende Unterlassungsansprüche zunehmend bejaht werden.[53] So wird die Geheimhaltungspflicht schon aus der rechtswidrigen Erlangung der privaten Informationen (Abhören) abgeleitet.[54] Auch darf ein Dritter die Information nicht verbreiten, wenn er wusste, dass es sich um vertrauliche oder rechtswidrig erlangte Informationen handelte.[55] Im Jahre 2003 wurde die Vertraulichkeit in einem Fall daraus abgeleitet, dass die Kläger das Recht, Hochzeitsfotos zu machen, exklusiv an eine Zeitschrift verkauft hatten.[56] Gegen Dritte, welche Fotos veröffentlichten, waren daher Schadensersatzansprüche gegeben. *Breach of confidence* ist

---

50 S. zuletzt *Douglas v. Hello*, [2003] EWHC 786 (Ch.), Rn. 229.

51 Ursprung dieses Delikts ist die Entscheidung *Prince Albert v. Strange*, [1849] 64 English Reports 293 (C.A.).

52 So auch *Wacks*, (1980) 96 L.Q.R. 82; *Brömmekamp*, FS Engelschall, S. 39.

53 *Robertson*, Media Law, S. 174; z. B.: *X v. Y. and others*, [1988] 2 All E.R. 648 (Veröffentlichung der Namen von praktizierenden Ärzten, die an AIDS erkrankt waren; *injunction* gegen Gesundheitsbehörde, die Namen an Zeitung weitergab); gegen eine Anwendung auf *privacy* Fälle: *Wacks*, The Protection of Privacy, S. 84 ff.; zur Anwendung im Bereich der Datenverarbeitung *ebenda* S. 152 f.

54 *Francome v. Mirror Group Newspapers Ltd.*, [1984] 2 All E.R. 408 (C.A.); für eine derartige Auslegung auch *Winfield and Jolowicz*, Tort, S. 558 f.; auch erlangte z. B. Prince Charles eine *injunction* im Hinblick auf die Veröffentlichung von Tonbändern seiner privaten Gespräche mit seiner Verlobten, vgl. *Robertson*, Media Law, 2. Aufl. , S. 139; dennoch kann sich der Beklagte auf ein öffentliches Interesse zur Rechtfertigung berufen, s. unten S. 101. Gegen eine Ausweitung des Delikts *Wacks*, The Protection of Privacy, S. 15 f.; s. auch *Malone v. Commissioner of Police of the Metropolis (No 2)*, [1979] 2 ALL E.R. 620, 645 f. (Ch.): keine Vertraulichkeit bei Telefongesprächen, da die Abhörmöglichkeit bekannt sei (Polizei); allerdings müsse irgendeine deliktische Haftung bestehen, wenn von Privatpersonen Telefonleitungen angezapft werden (S. 644, obiter dictum).

55 *Wacks*, Privacy and Press Freedom, S. 105 m. Nw.; z. B. *Francome v. Mirror Group Newspapers Ltd.*, [1984] 2 All E.R. 408, 411 (C.A.): Anspruch gegen Presse, die von Drittem illegal aufgenommene Telefongesprächsaufzeichnungen kaufte.

56 *Douglas v. Hello*, [2003] EWHC 786 (Ch.), Rn. 194 ff., 227; anders noch *Jagger et al. v. Stevens Press Ltd. et al.*, The Times v. 30.7.1966, S. 6 (Ch.), Benutzung eines Fotos, das für ein Titelblatt aufgenommen worden war, für Werbezwecke.

daher zu einem zentralen Bestandteil des Schutzes der Privatsphäre geworden.

Der Tatbestand wird aber durch das öffentliche Interesse eingeschränkt. Der *Court of Appeal* wies eine Unterlassungsklage einer Musikgruppe gegen einen ehemaligen Angestellten ab, der einer Zeitschrift Details aus dem Privatleben der Musiker mitteilte. Zur Begründung wurde auf das öffentliche Interesse an der Mitteilung der Wahrheit über die Musiker abgestellt.[57] Auch bei dem Fall eines enthüllenden Buches über Scientology wurde das öffentliche Interesse an der Aufklärung betont.[58] Dieses begrenzt also den Anspruch. Die Gerichte nehmen in jedem Einzelfall eine Abwägung zwischen dem öffentlichen Informationsinteresse und dem Vertraulichkeitsinteresse vor.[59] Dabei hat das *House of Lords* bestätigt, dass das öffentliche Interesse auch dann vorgehen kann, wenn die Erlangung der Informationen rechtswidrig war.[60] Das öffentliche Interesse ist auch dann vorrangig, wenn sich die Darstellung privater Fakten auf das Begehen von Straftaten bezieht oder zur Aufklärung von Fehlverhalten dient.[61]

Über das Delikt des *breach of confidence* kann auch ein Schutz vor Veröffentlichung privater Dokumente erreicht werden. Auch insoweit wurde eine Geheimhaltungspflicht schon auf den bloßen persönlichen Charakter von Äußerungen gestützt.[62]

Der *Data Protection Act 1998* wird vermehrt zum Schutze der Privatsphäre herangezogen.[63] Die Rechtmäßigkeit von Speicherung, Verarbeitung oder Weitergabe personenbezogener Daten setzt danach die Einwilligung oder das Vor-

---

57 *Woodward v. Hutchins*, [1977] 2 All E.R. 751, 755 (C.A.; den Klägern ging es um die Ansehensminderung); s. auch *Khashoggi v. Smith*, [1980] 130 New L. J. 168 (C.A.; Ablehnung der Klage gegen die Verbreitung durch ehemalige Hausangestellte, da es Untersuchungen wegen einer angeblichen Straftat ging).

58 *Hubbard v. Vosper*, [1972] 1 All E.R. 1023, 1028 f. (C.A.).

59 Abwägung zw. Art. 8 und 10 EMRK: *Campbell v. MGN* [2002] EWCA 1373, Rn. 40-43; allgemein dazu: *Robertson*, Media Law, S. 183 ff.; *Brömmekamp*, FS Engelschall, S. 40; kein ausreichendes öffentliches Interesse aber im Hinblick auf die Verbreitung der Namen AIDS-infizierter Ärzte: *X v. Y. and others*, [1988] 2 All E.R. 648, 658; s. auch *Lion Laboratories Ltd. v. Evans*, [1984] 3 W.L.R. 539 (C.A.).

60 *Spycatcher*, [1988] 3 All E.R. 649, 659; eventuell kann aber nur eine Bekanntgabe an die Polizei, nicht aber über die Presse an die ganze Welt, gerechtfertigt sein, vgl. *Robertson*, Media Law, S. 186.

61 *Kashoggi v. Smith*, [1980] 130 New L. J. 168 (C.A.), ehemalige Angestellte verkauft Informationen an Presse; Ablehnung einer *injunction*.

62 So etwa erreichte Prince Charles eine Unterlassungsverfügung gegen die Veröffentlichung heimlicher Aufnahmen vertraulicher Gespräche mit seiner Verlobten, vgl. *Robertson*, Media Law, 2. Aufl., S. 139.

63 Mit diesem Gesetz wird die EG-Datenschutzrichtlinie umgesetzt. Verstoß bejaht in *Douglas v. Hello*, [2003] EWHR 230 ff. (Ch.).

liegen eines speziellen Rechtfertigungsgrundes voraus. Allerdings gilt eine Haftungsbefreiung für die Bereiche Journalismus, Literatur und Kunst. Section 32 setzt dafür voraus, dass die Veröffentlichung dem öffentlichen Interesse dient und für den Zweck unabdingbar ist. An der Veröffentlichung privater Informationen besteht z.B. in der Regel kein öffentliches Interesse.[64] Bei Verstoß gegen eine der Pflichten besteht eine Schadensersatzpflicht, wobei auch immaterielle Schäden ersetzt werden (s. 13).

Mittels eigentumsrechtlicher Delikte kann in bestimmten Fällen ein Schutz der Privatsphäre erreicht werden. Dies sind *trespass* („Überschreitung") und *nuisance* („Belästigung"). Das Delikt *trespass* dient allgemein dem Schutz des Eigentums vor Eingriffen. In der Form des *trespass to land* wehrt es ein körperliches Eindringen in den Haus- beziehungsweise Grundstücksbereich ab.[65] Dieses kann auch ein kontinuierliches Beobachten oder Fotografieren erfassen, denn insoweit wird die nähere Umgebung schon als Hausbereich angesehen.[66] Doch wird nach allgemeiner Ansicht gegen von außen kommende Eingriffe ohne Einbringen des Körpers oder von Gegenständen kein Schutz gewährt.[67] Auch greift dieser Tatbestand nicht, wenn die betroffene Person nicht Inhaber des Hausrechts ist, also zum Beispiel in einem Krankenhaus.[68] Die Alternative des *trespass to goods* richtet sich gegen Eingriffe in sonstige Güter. So wird der Schutz des Geheimhaltungsinteresses hinsichtlich von Briefen, Fotos und sonstigen privaten Unterlagen erreicht.[69] Auch dieser setzt aber eine Einwirkung auf die Sache (zum Beispiel Weitergabe) voraus; bloßes Lesen oder Anschauen genügt nicht.[70] Zudem müssen die Gegenstände im Eigentum des Klägers stehen. Rechtsfolge können sowohl Unterlassungs- als auch Schadensersatzansprü-

---

64 *Douglas v. Hello*, [2003] EWHR 230 ff. (Ch.); bejaht aber in *Campbell v. MGN*, [2002] EWCA 1373, Rn. 137 (Alkoholprobleme von Prominenten).

65 S. z. B. *Gardiner*, New L.J. 1995, 225 f., der einen Fall darstellt, in dem über *trespass* zumindest teilweise ein Schutz erreicht wurde.

66 Vgl. Nw. bei *Herth*, Persönlichkeitsschutz, S. 56 ff.

67 Z. B. *Lord Bernstein of Leigh v. Skyviews & General Ltd.*, [1977] 2 All E. R. 902, 907 f. (Q.B.; Luftaufnahmen bei Überfliegen in großer Höhe); vgl. *Robertson*, Media Law, S. 210 und *Herth*, Persönlichkeitsschutz, S. 56 ff. m. w. Nw.; *Trespass* kann auch bei unerwünschten Anrufen oder Briefen gegeben sein, *Wacks*, Protection of Privacy, S. 62.

68 *Winfield and Jolowicz*, Tort, S. 556.

69 Z. B. *Pope v. Curll*, [1741] 2 Atkyns Chancery Reports 342 (Brief, Absender); w. Nw. bei *Herth*, Persönlichkeitsschutz, S. 61 f.

70 *Herth*, Persönlichkeitsschutz, S. 63 m. Nw.; in *Malone v. Commissioner of Police of the Metropolis (No 2)*, [1979] 2 All E.R. 620, 644 (Ch.), wird in einem obiter dictum bzgl. des Abhörens von Telefongesprächen für eine deliktische Haftung zumindest eine Einwirkung auf den Übertragungsapparat verlangt.

che sein, wobei die englischen Gerichte eher Schadensersatz zuerkennen.[71]

Die anhaltende Belagerung oder Überwachung des Grundstückes einer Person, zum Beispiel zu dem Zwecke, Aufnahmen zu machen, könnte eine *nuisance* darstellen.[72] Dieses Delikt könnte auch bei unerwünschten Anrufen oder Briefen greifen.[73] Der Schwerpunkt liegt dabei aber bei der Beeinträchtigung der Eigentumsnutzung, und nicht bei der Verletzung der Privatsphäre.[74] Ein Fall der Persönlichkeitsrechtsverletzung, wo dies bejaht wurde, ist nicht ersichtlich.

Ebenso wie es kein allgemeines Recht gibt, Eingriffe in die Privatsphäre zu verbieten, gibt es auch kein allgemeines Recht, Veröffentlichungen von Bildern der eigenen Person zu verhindern.[75] Eine Person hat kein *copy-right* an ihren Bildern, sondern dieses exklusive Verwertungsrecht bezüglich der eigenen Werke steht dem Fotografen als dem Hersteller zu.[76] Allerdings macht der *Copyright Act* von 1988 eine Ausnahme, wenn bei einem Fotografen private Bilder gemacht wurden. Dann kann der Abgebildete die anderweitige Veröffentlichung aufgrund eines „moral right" untersagen.[77] Insoweit ist also eine Einwilligung erforderlich. Dieses Recht greift jedoch nicht, wenn die Bilder nicht in Auftrag gegeben wurden, also für den weit wichtigeren Bereich der Klagen gegen Massenmedien. Das Urheberrecht schützt primär schriftliche Aufzeichnungen, und zwar sowohl gegen die unerlaubte Veröffentlichung oder Verbreitung als auch die entstellende Wiedergabe.[78] Mündliche Äußerungen sind zwar nicht geschützt, aber die erforderliche körperliche Fixierung liegt auch bei Tonbandaufnahmen vor, so dass zum Beispiel eine interviewte Person an Mitschnitten

71 *Robertson*, Media Law, S. 211.

72 *Fleming*, Torts, S. 574 f.

73 Vgl. *Wacks*, The Protection of Privacy, S. 62.

74 *Lord Bernstein of Leigh v. Skyviews & General*, [1977] 2 All E.R. 902, 909 (Q.B.), hier keine dauernde Überwachung, daher abgelehnt.

75 Dies könnte sich in der Zukunft aufgrund des *Data Protection Act 1998* ändern, s. dazu o.

76 *Robertson*, Media Law, 2. Aufl., S. 162; anders lag es in dem berühmten Fall *Williams v. Settle*, [1960] 1 W.L.R. 1072 (C.A.), in dem ein Urheberrecht des Auftraggebers der Hochzeitsfotos aufgrund eines Vertrages bejaht wurde. Wegen der Weitergabe der Fotos wurden sogar *punitive damages* zuerkannt (1000 Pfund Sterling).

77 *Copyright, Designs and Patents Act 1988*, s. 85 ff.; vgl. *Robertson*, Media Law, 2. Aufl., S. 162; für die Weitergabe an die Presse von Bildern von Personen, die plötzlich in das Licht der Medien treten, werden sogar „punitive damages" zuerkannt; vgl. *Robertson*, Media Law, S. 208.

78 Z. B. *Moore v. News of the World*, [1972] 1 All E.R. 915 (C.A.; Unterstellung von Aussagen in einem Interview; gestützt auf s. 43 des *Copyright Act 1956*; *Prince Albert v. Strange*, [1849] 64 England Reports 295 (Private Zeichnungen von der eigenen Wohnung); *Herth*, Persönlichkeitsschutz, S. 64 f.

ein Urheberrecht besitzt.[79] Freilich gibt es eine Reihe von Rechtfertigungsgründen, die unten dargestellt werden, so dass der Schutz der Privatsphäre insoweit nicht umfassend ist.

Darstellungen, die das Privatleben betreffen, können als Ehrverletzung geahndet werden. Zum Beispiel stellt die Behauptung, ein Schauspieler misshandle zu Hause seine Frau, eine *defamation* dar.[80] Ferner wird der Aspekt der Privatheit auch bei den rechtfertigenden Einwänden gegen eine *defamation* berücksichtigt, insoweit als deren Voraussetzung oft ist, dass ein öffentliches Interesse besteht.[81] Doch handelt es sich dabei nicht eigentlich um den Schutz der Privatsphäre, da dieser die Veröffentlichung wahrer Tatsachen betrifft; dann greift aber der Rechtfertigungsgrund der Wahrheit.[82]

Nur im Ausnahmefall kann auch über das Delikt der *malicious falsehood* ein Schutz der Privatsphäre erreicht werden. In einer berühmten Entscheidung wurde eine beschränkte vorbeugende Unterlassungsverfügung erlassen. Journalisten hatten sich in das Krankenzimmer eines Schauspielers eingeschlichen und daraufhin Reportagen geschrieben. Die falsche Behauptung, auf die sich der Anspruch gründete, lag darin, der Schauspieler habe in das „exklusive Interview" eingewilligt. Und auch nur auf diese Behauptung bezog sich das Verbot.[83]

Eine Persönlichkeitsrechtsverletzung kann mittels des Delikts *intentional infliction of emotional distress* („absichtliche Zufügung seelischer Schmerzen") zu einer Haftung führen. Es setzt voraus, dass vorsätzlich ein Schock mit dauerhaften körperlichen Schäden verursacht wird. Allerdings genügt die bloße Zufügung unangenehmer Gefühle wie Scham noch nicht.[84] Auch grobe Fahrlässigkeit, Rücksichtslosigkeit (*recklessness*) auf Seiten des Schädigers.[85] Theoretisch kann also die unbefugte genügt Aufnahme oder Bildveröffentlichung aus dem Bereich der Privatsphäre die Voraussetzungen dieses Delikts erfüllen.[86] Doch nur selten werden die objektiven und subjektiven Voraussetzungen erfüllt sein.

---

79 *Robertson*, Media Law, 2. Aufl., S. 166.

80 *High Court*, Nachweis bei *Herth*, Persönlichkeitsschutz, S. 9 f, Fn. 22.

81 Kritisch *Wacks*, The Protection of Privacy, S. 80 f.

82 Vgl. *Wacks*, Privacy and Press Freedom, S. 48; *Gounalakis / Glowalla*, AfP 1997, 772; *Brömmekamp*, FS Engelschall, S. 39.

83 *Gorden Kaye v. Andrew Robertson & Sport Newspapers*, [1991] F.S.R. 62 (C.A.); an diesem Fall zeigt sich deutlich der unzureichende Schutz der Privatsphäre: *Trespass* lag nicht vor, da es ein Krankenhaus war; ein Vertrauensverhältnis gab es nicht; *Robertson*, Media Law, S. 212 spricht sich daher für ein allgemeine zivilrechtliche Klage, nicht nur strafrechtlichen Schutz aus.

84 *Wilkinson v. Downton* [1897] 2 Q.B. 57; *Potvin*, La personne et la protection de son image, S. 98 m. Nw.

85 *Wacks*, Privacy and Press Freedom, S. 82 f.

1897 wurde wegen der Veröffentlichung von Bildern eines Unfallopfers der Klage dessen Ehefrau stattgegeben.[87] Diese hatte einen Schock mit dauerhaften körperlichen Schäden erlitten. Neuere Rechtsprechung, die auf eine praktische Bedeutung für den Persönlichkeitsschutz hindeutete, gibt es jedoch nicht.

Die Möglichkeit, Rechtsschutz über den Tatbestand *Contempt of Court* zu erlangen sowie der Identitätsschutz über die beiden oben dargestellten gesetzlichen Grundlagen (*Rehabilitation* of *Offenders Act 1974* und *Sexual Offences Act 1976*) ergänzen den Persönlichkeitsschutz im Zusammenhang mit Gerichtsberichterstattung. Sie dienen daher auch dem Schutz der persönlichen Geheimsphäre vor Preisgabe in der Öffentlichkeit.[88]

Viele Beschwerden, die die *Press Complaints Commission* beziehungsweise den *Press Council* erreichen, beziehen sich auf Verletzungen der Privatsphäre, denn gerade dort zeigen sich die Schutzlücken des zivilrechtlichen Persönlichkeitsschutzes. Als Verletzung der Privatsphäre wurden die Abbildung einer nackten Tennisspielerin, die Aufnahmen kranker Personen in Krankenhäusern ohne Genehmigung der Krankenhausleitung, ein Bericht über eine Geschlechtsumwandlung, die Abbildung einer Schwangeren und Abbildungen von Prominenten auf ihrem Grundstück angesehen.[89] Als rechtmäßig wurde die Abbildung trauernder Angehöriger verstorbener Personen der Zeitgeschichte, die Abbildung siamesischer Zwillinge und ein Bericht über ihre Operation und die Veröffentlichung von Fotos und der Adresse eines wegen Drogendelikten verurteilten Arztes angesehen.[90] Es wird dabei zur Rechtfertigung jeweils auf das öffentliche Interesse abgestellt. Trotz vieler Entscheidungen zugunsten des Antragstellers stellt *Robertson* fest, dass die Selbstkontrolle in dem Bereich des Schutzes der Privatsphäre nicht wirksam ist.[91]

3. Kommerzieller Schutzbereich

Wie bereits erörtert, wird ein Recht am eigenen Bild, aus welchem Schadenser-

---

86 *Wacks*, Privacy and Press Freedom, S. 87 f.

87 *Wilkinson v. Downton*, [1897] 2 Q.B. 57.

88 Vgl. *Strömholm*, Right of Privacy, S. 213.

89 Nw. zu diesen und weiteren Fällen bei *Wacks*, The Protection of Privacy, S. 90; auch bei *Potvin*, La personne et la protection de son image, S. 168 ff., 181, 183, 190.

90 Nw. zu diesen und weiteren Fällen bei *Wacks*, The Protection of Privacy, S. 90 f.; auch bei *Potvin*, La personne et la protection de son image, S. 172, 186

91 *Robertson*, Media Law, S. 174, 212; *Gounalakis / Glowalla*, AfP 1997, 772 f.; kritisch auch *Wacks*, The Protection of Privacy, S. 91 ff.; s. auch *Gardiner*, New L.J. 1995, 225 f., der einen Fall darstellt, in dem die BCC Anträge zurückwies. Es ging um den Schutz der Ex-Frau eines Kriminellen und der Kinder 18 Monate nach der Festnahme. Nicht einmal eine Schwärzung der Gesichter wurde angeordnet.

satz- und Unterlassungsansprüche geltend gemacht werden könnte, in ständiger Rechtsprechung abgelehnt.[92] Es gibt auch kein allgemeines Recht, die Benutzung des Namens zu verbieten.[93] Es existiert allerdings eine Reihe von Ansprüchen, die indirekt dem Schutz vor Abbildungen oder Namensverwendung, insbesondere für Werbung, dienen können. Auch andere Bereiche, die den wirtschaftlichen Aspekt von Persönlichkeitsrechtsverletzungen betreffen, können von diesen Ansprüchen erfasst sein.

Das Delikt des *passing off* (eigentlich „Nachahmung", Warenzeichenmissbrauch) ist eigentlich ein wettbewerbsrechtliches Delikt und setzt voraus, dass jemand seine Waren oder Dienstleistung so anbietet, dass man einen anderen für den Hersteller hält. Es muss also eine Verwechslungsgefahr bestehen. Darüber hinaus muss die Möglichkeit eines Vermögensschadens bestehen, der jedoch nicht nachgewiesen werden muss.[94] Ein Verschulden ist zwar nicht erforderlich, doch kann man sich mit dem Nachweis der Gutgläubigkeit verteidigen, wenn man denselben Namen trägt.[95]

In einem australischen Fall wurde *passing off* angewendet, um die Abbildung einer bekannten Tanztruppe auf einer Schallplatte zu verhindern.[96] Im englischen Recht setzt dieses Wettbewerbsdelikt aber voraus, dass beide Seiten in einem Konkurrenzverhältnis stehen. Die Darstellung muss so sein, dass die Betroffenen für die Hersteller der Ware gehalten werden. In dem australischen Fall hingegen ließ es das Gericht genügen, dass man annehmen konnte, die Kläger unterstützten das Produkt. Diese Ausweitung lehnte man in England jedoch ab[97], so dass das Delikt des *passing off* nicht dazu verwendet werden kann, Wer-

---

92 *Wacks*, The Protection of Privacy, S. 168; *Corelli v. Wall*, [1906] 22 T.L.R. 532 (Ch.); *Tolley v. Fry*, [1930] 1 K.B. 467, 478 (C.A.) (Werbung mit dem Bild; *defamation* gegeben, daher Klage erfolgreich); s. aber oben die Ausführungen zu dem *Data Protection Act 1998*.

93 *Dockrell v. Dougall*, [1899] 80 L.T.R. 556 (C.A.; Reklame); Corelli v. Wall, [1906] 22 L.T.R. 532 (Ch.; Abbildung auf Postkarten); *Meyer-Witting*, Personennamensrecht in England, S. 178 ff, 189 m. Nw.

94 Zu den Voraussetzungen s. *Frazer*, (1983) 99 L.Q.R. 287; *Meyer-Witting*, Personennamensrecht in England, S. 196 f.

95 Vgl. insgesamt *MPI-Gutachten*, S, 129 f. m. w. Nw.

96 *Henderson v. Radio Corp.*, [1969] 8 Report of Patent Cases 218 (High Court New South Wales; obiter dictum).

97 *Frazer*, (1983) 99 L.Q.R. 290; *Lyngstad v. Anabas Product Ltd.*, [1977] F.S.R. 62 (Ch.; Abbildung auf Produkten; die Personen – eine Musikgruppe - konnten nicht für die Hersteller der Ware gehalten werden); s. aber auch *Harrison and Starkey v. Polydor Ltd.*, [1977] F.S.R. 1 (Ch.): keine Verwechslungsgefahr trotz der Abbildung auf einer Schallplatte „The Beatles Tape".

bung mit dem Abbild bekannter Persönlichkeiten zu verhindern, sofern ihr das Produkt zugeschrieben nicht wird. Eine solche Verwechslungsgefahr kann eher im Bereich der Namensverwendung gegeben sein, zum Beispiel bei der Verwendung von Musikernamen.[98] Auch bei der Imitierung der Stimme zu Werbezwecken kann das Delikt *passing off* Abhilfe bieten.[99] Es genügt hingegen nicht, dass ein Prominenter seine Geschichte, sein Privatleben „verkaufen" will und diese Möglichkeit durch die Veröffentlichung anderweitiger Berichte zerstört wird. Die Person ist nicht „Händler" oder Hersteller ihrer Lebensgeschichte oder einzelner Episoden.[100]

Schon von seiner Konzeption her geht das Delikt der *malicious falsehood* davon aus, dass wirtschaftliche Schäden zu ersetzen sind. Der Schadensersatz bezieht sich auf einen nachgewiesenen finanziellen Schaden, und nicht eine Beeinträchtigung ideeller Interessen. Daher kann der kommerzielle Aspekt der Persönlichkeit geschützt werden. Zum Beispiel wird bei einem erfundenen Interview der Ertrag, der einem Prominenten für die exklusive Darstellung seiner Geschichte entgeht, als Schaden ersetzt.[101]

Auch aus den traditionellen Ehrverletzungstatbeständen kann sich ein solcher Schutz, insbesondere im Hinblick auf Bildverwendungen ergeben. Dies gilt z.B. für den bereits erwähnten Fall *Tolley v. Fry*.[102] Analog zu diesem Fall kann auch die Verwendung der Stimme eines Schauspielers zu Werbezwecken rufschädigend sein.[103] *Fleming* meint, diese Fälle könnten Grundlage eines Anspruches für alle Sachverhalte einer wirtschaftlichen Ausnutzung des Bildes sein, doch grundsätzlich kann nur eine nachteilige Abbildung zum Zwecke der Gewinnerzielung eine *defamation* darstellen.[104] Eine Ausweitung auf jegliche kommerzielle Verwendung von Persönlichkeitsattributen wird daher abgelehnt. Allerdings kann der Tatbestand der *defamation* schon dann greifen, wenn der Betroffene durch die

---

98 Z. B. *Hines v. Winnick*, [1947] 1 Ch. 708 (Radiosprecher); *Ramsey v. Nicol*, [1939] Victorian Law Reports 330; vgl. auch *Corporation of the Hall of Arts and Sciences v. Hall* [1934] 50 T.L.R. 518 (hier abgelehnt: keine Verwechslungsgefahr durch Namensbenutzung für ein Orchester, da Kläger kein Orchester hatte).

99 Vgl. *Sim v. Heinz Co. Ltd.* [1959] 1 All E.R. 547, 559 ff. (C.A.); insb. Richter McNair; die *injunction* wurde hier aber abgelehnt.

100 Vgl. *Kaye v. Robertson*, [1991] F.S.R. 62 (C.A., Lord Justice *Glidewell*).

101 *Kaye v. Robertson*, [1991] F.S.R. 62, 67 f. (C.A.).

102 S. dazu oben S. 85.

103 *Sim v. Heinz*, [1959] 1 All E.R. 547 (C.A.).

104 *Fleming*, Torts, S. 576; *Wacks*, The Protection of Privacy, S. 167 (Klage eines Musikers gegen Hotel wegen unerlaubter Werbung mit seinem Abbild stelle deshalb keine defamation dar); vgl. aber *Corelli v. Wall*, [1906] 22 T.L.R. 532 (Ch.; Ablehnung der Klage wegen Abdrucks schlechter Bilder einer Autorin auf Postkarten).

Werbung mit dem Bild der Lächerlichkeit preisgegeben wird.[105] Auch wurde ein beleidigender Charakter bei der Verwendung des Namens eines Arztes für Werbung für eine Medizin angenommen, da der Eindruck entstand, er bestätige deren Wirksamkeit.[106] Eine Ehrverletzung kann auch in dem entstellten Abdruck eines literarischen oder wissenschaftlichen Werkes liegen.[107]

Das Delikt des *breach of confidence* kann ebenfalls dazu dienen, dem Betroffenen die Möglichkeit der wirtschaftlichen Verwertung seiner Persönlichkeit zu sichern[108] oder vor den wirtschaftlichen Folgen einer Rufeinbuße zu schützen.[109] Besteht nämlich ein Kontakt zwischen dem Abgebildeten und dem Beklagten, so kann der Widerstand gegen die Veröffentlichung auf diese Grundlage gestützt werden. Ein Anspruch besteht z.B. wegen Verletzung einer stillschweigenden Vereinbarung gegen den Fotografen, der die gegen Bezahlung aufgenommenen Fotos ohne Einwilligung für eigene Zwecke benutzt.[110] Ein Kontakt zwischen den Parteien wird nicht mehr in jedem Fall vorausgesetzt:[111] Die Ableitung der Vertraulichkeit von Fotos aus der exklusiven Übertragung von Veröffentlichungsrechten führt zu einem verstärkten Schutz der wirtschaftlichen Verwertungsmöglichkeit.[112] Auch Dritte, denen das exklusive Recht verkauft wurde, können sich auf *breach of confidence* stützen, so dass auch eine Übertragbarkeit anerkannt ist.[113] Allerdings kann unter Umständen ein öffentliches Interesse an der Berichterstattung geltend gemacht werden,[114] was jedoch im Bereich privater Informationen in der Regel abgelehnt wird.[115]

---

105 Z. B. *Dunlop Rubber Co. Ltd. v. Dunlop*, [1921] 1 A.C. 367 (Fotomontage); *Plumb v. Jeyes Sanitary Compounds Co.* [1937] The Times v. 15.4.1937 (Werbung für Mittel gegen Schweißfüße); w. Nw. bei *MPI-Gutachten*, S. 126 f.

106 *Dockrell v. Dougall*, [1899] 80 T.L.R. 556.

107 Vgl. Nw. bei *Herth*, Persönlichkeitsschutz, S. 10.

108 *Wacks*, Privacy and Press Freedom, S. 55; z. B. *Kashoggi v. Smith*, [1980] 130 New L. J. 168 (C.A.; Betroffener wollte Memoiren schreiben und deshalb nicht in schlechtem Licht erscheinen).

109 Vgl. *Lion Laboratories Ltd. v. Evans*, [1984] 3 W.L.R. 539 (C.A.), hier wegen öffentlichen Interesses abgelehnt.

110 *Pollard v. Photographic Co.*, [1888] 40 Ch. 345; s. aber *Jagger et al. v. Stevens Press Ltd. et al.*, The Times v. 30. Juli 1966, S. 6 (Ch.): Abweisung des Unterlassungsanspruchs bzgl. der Werbung mit dem Bild eines Sängers, obwohl er nur der Abbildung auf einem Magazin zugestimmt hatte. Es sei kein Vertrauensbruch begangen worden, er habe dem Magazin nichts anvertraut.

111 So aber noch im genannten Fall *Jagger*; s. auch früher *Frazer*, (1983) 99 L.Q.R. 291.

112 So in *Douglas v. Hello*, [2003] EWHC 786 (Ch.), Rn. 194 ff., 227.

113 Ebenda.

114 So in *Woodward v. Hutchins*, [1977] 2 All E.R. 751 (C.A.): ehemaliger, für Public Relations und Imagepflege zuständiger Agent von Musikern darf Abträgliches berichten.

115 Z.B. *Lady Archer v. Williams*, QBD v. 3.7.2003, Lawtel v. 3.7.2003 Nr. AC9600898];

Entsprechend der Ablehnung eines Rechtes am eigenen Bild hat eine Person auch kein *copy-right* an ihren Bildern. Deshalb ist diese Möglichkeit kaum Grundlage eines Schutzes der wirtschaftlichen Verwertung von Persönlichkeitsattributen. Allerdings wurde durch das *copy-right* Gesetz von 1988 klargestellt, dass der vom Abgebildeten beauftragte Fotograf zwar Inhaber des Urheberrechts ist, der Vertragspartner aber verlangen kann, dass es ohne Einwilligung nicht anderweitig veröffentlicht wird.[116] Ein Schutz kann aber unter Umständen über den *Data Protection Act 1998* erreicht werden.[117]

III. Rechtswidrigkeits- und Verschuldensfragen

Für den Bereich der *defamation* stehen den Beklagten eine Reihe von Einreden zur Verfügung, mit denen sie sich gegen einen Anspruch wehren können:Ein Verschulden war früher allgemein nicht Voraussetzung einer *defamation*.[118] Wer nicht der Urheber der Äußerung ist (Verkäufer, Drucker usw.) kann sich auf seine Gutgläubigkeit berufen („innocent dissemination").[119]

Von großer Bedeutung ist die Verteidigung mittels des Wahrheitsbeweises (*justification*). Daran werden jedoch recht hohe Anforderungen gestellt. So muss der gesamte Inhalt der Behauptung inklusive der suggerierten Schlüsse zum Beispiel im Hinblick auf den Charakter einer Person erfasst sein. Demnach kann eine Klage erfolgreich sein, wenn nur ein Teil nicht nachweisbar wahr ist.[120] Es muss bewiesen werden, dass alle Behauptungen im Kern zutreffend sind.[121] Durch Einführung des *Rehabilitation of Offenders Act 1974* wird der Wahrheitsbeweis hinsichtlich vergangener Straftaten bei gewissem Zeitablauf als unzulässig angesehen, wenn der Beklagte in böser Absicht („malice") handelte.[122]

Douglas v. Hello, [2003] EWHC 786 (Ch.), Rn. 204.

116 *Copyright, Designs and Patents Act 1988*, s. 85 ff.; für die Weitergabe an die Presse von Bildern von Personen, die plötzlich in das Licht der Medien treten, werden sogar „punitive damages" zuerkannt; vgl. *Robertson*, Media Law, S. 208.

117 S. oben S. 91.

118 Vgl. z. B. *Cassidy v. Daily Mirror*, [1929] 2. K.B. 331: versehentliche Abbildung einer „Verlobten".

119 S. 1(1) *Defamation Act 1996*; *Fleming*, Torts, S. 516 f.; *Zweigert / Kötz*, Rechtsvergleichung, Bd. 2, S. 706 f.

120 In dem Fall *Moore v. News of the World*, [1972] 1 All E.R. 915, 918 (C.A.), genügte es, dass die Behauptung unwahr war, die Klägerin verkaufe ihr Privatleben für Geld. So kann also verhindert werden, dass z. B. Tatsachen aus dem Privatleben erneut diskutiert werden.

121 *Beater*, Zivilrechtlicher Schutz vor der Presse, S. 16.

122 Section 8; Praktisch bedeutet dieses Gesetz aber keine starke Einschränkung der Informationsfreiheit: Es gilt nicht für Strafen über 30 Monaten Gefängnis; mehrere Jahre müssen seit der Strafe vergangen sein; der Nachweis einer Schädigungsabsicht ist kaum zu führen; vgl. *Robertson*, Media Law, S. 77 ff.

Möglich jedoch von nur geringer Bedeutung ist auch die Rechtfertigung aufgrund einer Einwilligung.[123] Das Kriterium der Freiwilligkeit wird eher bei den anderen Rechtfertigungsgründen berücksichtigt, wenn sich eine Person in die Öffentlichkeit begibt.[124]

Ferner kann sich der Beklagte auf den Rechtfertigungsgrund des „fair comment" berufen. Es handelt sich dabei um eine angemessene, persönliche Stellungnahme auf der Basis wahrer Tatsachen, die eine Frage von öffentlichem Interesse betrifft. Auch Kritik ist dann erlaubt, sofern sie nicht übertrieben oder böswillig ist.[125] Bedeutsam ist insoweit, dass das Privatleben grundsätzlich nicht von öffentlichem Interesse ist, es sei denn, es hat unmittelbare und aktuelle Bedeutung für die Rolle einer prominenten Person in der Öffentlichkeit zum Beispiel für ihr politisches Amt oder sie hat es selbst an die Öffentlichkeit gebracht. Die zugrundeliegenden Tatsachen müssen klar dargestellt werden.[126]

Schließlich gibt es noch eine Reihe von Privilegien, auf die sich der Beklagte im öffentlichen Interesse berufen kann. Darunter fallen einige wenige absolute Privilegien, wie die Zeugenaussage in einem Gerichtsverfahren und qualifizierte Privilegien (*qualified privileges*), welche die Gutgläubigkeit des Beklagten voraussetzen.[127] In der Entscheidung *Reynolds v. Times Newspapers Ltd.* von 1999 wurde ein wichtiger Rechtfertigungsgrund für die Medien eingeführt.[128] Eine Haftung wegen unwahrer Äußerungen ist nicht gegeben, wenn die Veröffentlichung einem legitimen öffentlichen Interesse diente und ausreichende Sorgfalt bei der Recherche eingehalten wurde. Es ist also kein allgemeines Presseprivileg für jede Berichterstattung.[129] Vielmehr ist in jedem Einzelfall eine Prüfung der Umstände vorzunehmen.[130]

Ein weiteres qualifiziertes Privileg besteht bei einer selbst beleidigenden Antwort auf einen verbalen Angriff (*reply to an attack*).[131]

---

123 Z. B. bei der freiwilligen erneuten Diskussion von Vorwürfen, vgl. *Robertson*, Media Law, S. 94; s. auch die untergeordnete Bedeutung z. B. in *Moore v. News of the World*, [1972] 1 All E.R. 915, 920 (C.A.).

124 Z. B. *London Artists v. Littler*, [1968] 1 All E.R. 1075, 1088.

125 *Beater*, Zivilrechtlicher Schutz vor der Presse, S. 16 f. m. w. Nw.

126 Vgl. zum Ganzen *Herth*, Persönlichkeitsschutz, S. 21 ff. m. Nw.

127 s. 14 und 15 *Defamation Act 1996*; s. *Zweigert/Kötz*, Rechtsvergleichung, Bd. 2, S. 707 f.

128 [1999] 3 W.L.R. 1010 (H.L.).

129 *Wacks*, Privacy and Press Freedom, S. 34.

130 Z.B. Schärfe der Behauptung, öffentliches Interesse an dem Thema, Informationsquelle, durchgeführte Recherchen, Aktualitätsinteresse; s. Lord Nicholls of Birkenhead in *Reynolds v. Times*, [1999] 3 W.L.R. 1010 ff. (H.L.).

131 Z. B. die Antwort durch einen Leserbrief auf einen kritisierenden Artikel über die Person; vgl. *Robertson*, Media Law, S. 90 f., dort auch zu weiteren Privilegien

Zur Rechtfertigung eines *breach of confidence* kann sich der Beklagte ebenfalls auf ein öffentliches Interesse an der Bekanntmachung der Informationen berufen.[132] So wurde eine Unterlassungsverfügung im Hinblick auf Details aus dem Privatleben von Musikern auf das öffentliche Interesse an der Mitteilung der Wahrheit abgelehnt.[133] Auch bei dem Fall eines enthüllenden Buches über Scientology wurde das öffentliche Interesse an der Aufklärung betont.[134] Dieses schränkt den Anspruch insoweit ein, die Gerichte im konkreten Fall eine Abwägung zwischen dem öffentlichen Informationsinteresse und dem Vertraulichkeitsinteresse vornehmen.[135] Allerdings hat das *House of Lords* bestätigt, dass das öffentliche Interesse auch dann vorgehen kann, wenn die Erlangung der Informationen rechtswidrig war.[136] Das öffentliche Interesse geht auch dann vor, wenn sich die Darstellung privater Fakten auf das Begehen von Straftaten bezieht oder zur Aufklärung von Fehlverhalten dient.[137] Das öffentliche Interesse hängt auch von dem Aktualitätsfaktor ab.[138] Zudem muss jemand, der sich selbst in das Rampenlicht stellt, nach dem Gedanken der Einwilligung Veröffentlichungen eher dulden.[139]

Ein Schadensersatzanspruch wegen der Verletzung eines Urheberrechts kann durch den Nachweis fehlenden Verschuldens abgewehrt werden, wobei allerdings recht hohe Maßstäbe angelegt werden. Denn der Beklagte muss ohne Fahrlässigkeit von dem Nichtbestehen eines *copyrights* ausgegangen sein.[140] So muss man sich bei der Verbreitung von Fotos adliger Personen zum Beispiel der

---

132 *Robertson*, Media Law, S. 173; z.B. *Lion Laboratories Ltd. v. Evans*, [1984] 3 WLR 539 (C.A.).

133 *Woodward v. Hutchins*, [1977] 2 All E.R. 751 (C.A.; den Klägern ging es um die Ansehensminderung); s. auch *Khashoggi v. Smith*, [1980] 130 New L. J. 168 (C.A.) (Ablehnung der Klage gegen die Verbreitung durch ehemalige Hausangestellte, da es um Untersuchungen wegen einer angeblichen Straftat ging).

134 *Hubbard v. Vosper*, [1972] 1 All E.R. 1023, 1028 f. (C.A.).

135 Z.B. *Douglas v. Hello*, [2003] EWHC 786 (Ch.), Rn. 186, 204; allgemein dazu: *Robertson*, Media Law, S. 183 ff.; *Beater*, Zivilrechtlicher Schutz vor der Presse, S. 26; kein ausreichendes öffentliches Interesse z. B. bei der Verbreitung der Namen AIDS-infizierter Ärzte: *X. v. Y. and others*, [1988] 2 All E.R. 648, 658.

136 *Spycatcher*, [1988] 3 All E.R. 649, 659; eventuell kann aber nur eine Bekanntgabe an die Polizei, nicht über die Presse an die ganze Welt gerechtfertigt sein, vgl. *Robertson*, Media Law, S. 186; *Francome v. Mirror Group Newspapers Ltd.*, [1984] 2 All E.R. 408, 409 (C.A.), *injunction* gegen Veröffentlichung in Presse.

137 *Kashoggi v. Smith*, [1980] 130 New L. J. 168 (C.A.), ehemalige Angestellte verkauft Informationen an Presse; Ablehnung einer *injunction*.

138 Vgl. *A.-G. v. Jonathan Cape Ltd.*, [1975] 3 All E.R. 484 (Q.B.).

139 *Woodward v. Hutchins*, [1977] 2 All E.R. 751 (C.A.).

140 *Laddie, Prescott & Vitoria*, Modern law of copyright, Rn. 12.27.

Einwilligung der Betroffenen vergewissern.[141] Unterlassungsansprüche greifen auch bei Gutgläubigkeit. Auch kann unter Umständen eine Gewinnabschöpfung möglich sein.[142] Ausnahmen von dem Verbot der Veröffentlichung gibt es zum Zwecke der Kritik oder Stellungnahme sowie zur Berichterstattung über das Tagesgeschehen.[143] Auch im öffentlichen Interesse, zum Beispiel an der Aufklärung und Information über gesellschaftliche Missstände, scheinen Ausnahmen zulässig zu sein, wie die Veröffentlichung privater beziehungsweise auf einen Kreis beschränkter Aufzeichnungen in einem Buch.[144] Generell ist der Schutz unveröffentlichter Aufzeichnungen größer, was schon auf die Bedeutung für den Schutz der Privatsphäre hindeutet.

Gegen *trespass* können kaum Rechtfertigungsgründe geltend gemacht werden, insbesondere nicht ein allgemeines öffentliches Interesse an dem Eingriff.[145] Gleiches gilt bei *contempt of court*, denn das Funktionieren des Gerichtssystems wird als vorrangig angesehen.[146] Allerdings haben beide Anspruchsgrundlagen nur geringe Bedeutung für den zivilrechtlichen Persönlichkeitsschutz.

Das Delikt der *malicious falsehood* setzt voraus, dass die Äußerung in böser Absicht oder grob fahrlässig gemacht wurde.[147] Auch andere Delikte haben teilweise strenge subjektive Voraussetzungen, zum Beispiel der *Rehabilitation Act* („malice"). *Passing off* setzt im Gegensatz dazu kein Verschulden voraus.[148] Das Verschulden bestimmt auch die Höhe eines Schadensersatzes mit[149], und insbesondere ist ein gesteigertes Verschulden Voraussetzung für *punitive* beziehungsweise *exemplary damages*.[150]

IV. Rechtsfolgen

Zentrale und wichtigste Rechtsfolge ist der Schadensersatz in Geld.[151] Nur selten werden wegen Ehrverletzungen Unterlassungsverfügungen erlassen, fast nie im

---

141 *Tennant v. Associated Newspapers Group Ltd.*, [1979] F.S.R. 298.

142 *Robertson*, Media Law, 2. Aufl., S. 197 f.

143 „Fair dealing", sections 29 f. des *Copyright Act*.

144 Z.B *Hubbard v. Vosper*, [1972] 1 ALL E.R. 1023, 1026-1028 (C.A.; Zitieren von Briefen und Bulletins von „Scientology" in einem die Praktiken untersuchenden Buch).

145 Vgl. *Herth*, Persönlichkeitsschutz, S. 62.

146 Vgl. *Herth*, Persönlichkeitsschutz, S. 75.

147 *Robertson*, Media law, S. 46 ff.; *Kaye v. Robertson*, [1991] F.S.R. 62 (C.A.).

148 Z. B. *Draper v. Trist and others*, [1939] 3 All E.R. 513, 517.

149 *Robertson*, Media Law, 2. Aufl., S. 74.

150 *Gatley*, Libel and slander, Rn. 1454.

151 *Fleming*, Torts, S. 564 f. (zu *defamation*).

Wege einstweiliger Anordnung (*interlocutory / preliminary injunction*).[152] Es gilt die „rule against prior restraint".[153] Sobald sich der Beklagte auf die Wahrheit oder auf *fair comment* beruft, wird eine vorbeugende Verfügung abgelehnt.[154] Dann ist er aber auch nicht mehr vor nachträglichen Schadensersatzansprüchen geschützt.[155]

In *Libel*-Klagen wurden traditionell enorm hohe Summen an Schadensersatz zuerkannt, was vor allem an der Möglichkeit einer Jury-Verhandlung und Strafschadensersatz lag. Allerdings kann der *Court of Appeal* seit 1991exzessive Summen ohne neue Verhandlung kürzen und macht von diesem Recht auch Gebrauch.[156] Kriterien des Schadensersatzes sind die Verbreitung der Beleidigung, das Ansehen des Klägers, eventuelle Richtigstellungen oder Entschuldigungen und die subjektive Einstellung und Gewinnerzielungsabsicht des Beklagten.[157] Die Kriterien sind damit durchaus mit denen des deutschen Rechts vergleichbar.[158] Bei *libel* wird im Gegensatz zu *slander* das Bestehen eines Schadens vermutet.[159]

Die zuerkannten Summen erreichten oft mehrere hunderttausend Pfund.[160] Juries erkannten sogar bis über eine Million Pfund zu. Viele der Entscheidungen wurden jedoch von dem *Court of Appeal* oder in Erwartung dessen zwischen den Parteien durch Vergleich herabgesetzt.[161] Auch mit *punitive damages* sind letztendlich Urteile über 100.000 Pfund heute selten.[162] Der *Court of Appeal* hat fak-

---

152 Abgelehnt z. B. in *Moore v. News of the World*, [1972] 1 All E.R. 915, 918 (C.A.); *Herth*, Persönlichkeitsschutz, S. 8; *Robertson*, Media Law, 2. Aufl., S. 51 ff. m. Nw. zu Fällen.

153 *Blackstone's commentaries*, Bd. 4, S. 151-153.

154 *Schering Chemicals Ltd. v. Falkman Ltd.*, [1981] 2 All E.R. 321, 331 (C.A.).

155 *Beater*, Zivilrechtlicher Schutz vor der Presse, S. 21 f.

156 Vgl. *Robertson*, Media law, S. 44; s. 8 *Courts and Legal Services Act 1990*; z. B. in *Rantzen v. Mirror Group Newspapers (1986) Ltd.*, [1993] 4 All E.R. 975 f. (C.A.): von 250.000 auf 110.000 Pfund reduziert.

157 *Robertson*, Media Law, 2. Aufl., S. 74; *Gatley*, Libel and slander, Rn. 1451 f.

158 So auch *Herth*, Persönlichkeitsschutz, S. 131 ff.

159 *S.T. Prosser*, 13 N.Y.L. Sch. J. Int'l & Comp. L. 342 (1992).

160 *Sutcliffe v. Pressdram Ltd.*, [1990] 1 All E.R. 269 (C.A.; 600.000 Pfund; keine *punitive damages*; später Vergleich von 60.000 Pfund; C.A. hielt Schadensersatz nicht mehr für kompensatorisch); *Aldington v. Tolstoy*, 1990, Nw. bei *S.T. Prosser*, 13 N.Y.L. Sch. J. Int'l & Comp. L. 338 (1992): 1,5 Mio. Pfund (falsche Anschuldigungen über Kriegsverbrechen); diese Entscheidung wurde 1995 von dem EuGHMR als unverhältnismäßig und Verletzung der Meinungsfreiheit (Art. 10 der EMRK) angesehen. S. auch tabellarische Aufstellung bei *Hooper*, Reputations under Fire, S. 483-523.

161 *Robertson*, Media Law, S. 44 f., nennt zwei Fälle mit 1 bzw. 1,5 Mio. Pfund.

162 Z. B.: *Cassell and Co. v. Broome*, [1972] A.C. 1136 (grob fahrlässige, diffamierende Behauptungen in einem Buch, bei gesteigerter Gewinnerzielungsabsicht; gegen die beiden Beklagten wurde auf jeweils 40.000, davon 25.000 Pfund *punitive damages*, erkannt); *Blackshaw v. Lord*, [1983] 3 W.L.R. 283 (C.A.): 45.000 Pfund wegen falscher Berichte

tisch eine Grenze bei rund 130.000 Pfund gesetzt und zwar durch Ziehen einer Parallele zu Schmerzensgeld bei Körperverletzungen.[163] Zudem werden unter dem *Defamation Act 1996* Fälle zunehmend von Berufsrichtern, d.h. ohne Jury entschieden.

Es werden jedoch auch hin und wieder bloß symbolische Summen zuerkannt, die sogenannte *libel raspberry*, ein halber Penny.[164] Auch Summen im mittleren Bereich sind anzutreffen.[165]

Punitive oder *exemplary damages* sind nach englischem Recht möglich. Vielfach verzichten Gerichte darauf und erkennen sehr hohe Summen an kompensatorischem Schadensersatz zu, was wegen der Schadensvermutung bei *libel* unproblematisch ist.[166] Zudem enthält der kompensatorische Schadensersatz unproblematisch auch den Geldersatz für immaterielle Schäden wie die Verringerung des guten Rufes oder des Selbstwertgefühls.[167] *Punitive damages* werden nur unter der Voraussetzung zuerkannt, dass die Veröffentlichung bewusst wegen einer gesteigerten Gewinnerzielungsabsicht erfolgt und der erhöhte Schadensersatz erforderlich ist, um diese Kalkulation zu zerstören.[168] Bei Zeitungen, Büchern u.ä. genügt aber das allgemeine Gewinnstreben noch nicht.[169] *Punitive damages* haben damit vor allem präventive, handlungssteuernde Funktion.

Wegen der Zurückhaltung, bei *libel* Unterlassungsverfügungen zu erlassen, haben die anderen Rechtsinstitute, bei denen unter geringeren Voraussetzungen *injunctions* möglich sind, eine große Attraktivität. Dies gilt insbesondere für Eingriffe in die Privatsphäre (*breach of confidence, copy-right*), aber auch, wenn es dem

---

über inkompetente und ineffiziente Geldvergabe eines Beamten; 110.000 Pfund: falsche Behauptung in Bezug auf sexuellen Missbrauch von Kindern in mehreren Berichten: *Rantzen v. Mirror Group Newspapers (1986) Ltd.*, [1993] 4 All E.R. 975 f. (C.A.); s. tabellarische Aufstellung bei *Hooper*, Reputations under Fire, S. 483-523; s. auch Fälle oben S. 103, Fn. 160.

163 *John v. MGN Ltd.*, [1996] E.M.L.R. 229.

164 Z. B. wenn die Behauptung nur in Nebenpunkten unwahr war: *Dering v. Uris and others*, [1964] 2 All E.R. 660 (Q.B.; Arzt in Auschwitz); sog. „nominal damages".

165 Z. B. *Moore v. News of the World*, [1972] 1 All E.R. 915 (C.A.): 4300 Pfund für *libel* und 100 Pfund für *copy-right* Verletzung bei einem unterstellten Interview über das Privatleben; *Eaton v. Harsley*, 1983, Nw. bei *Herth*, Persönlichkeitsschutz, S. 144 (Darstellung aus dem Intimleben, 12.000 Pfund).

166 Z. B. *Sutcliffe v. Pressdram Ltd.*, [1990] 1 All E.R. 269 (C.A.; 600.000 Pfund).

167 *Fleming*, Torts, S. 566; *Gatley*, Libel and slander, Rn. 1453.

168 *Broome and Co. v. Cassell*, [1972] A.C. 1079 (H.L.); *Rookes v. Barnard*, [1964] A.C. 1129, 1227 (H.L.).

169 *Gatley*, Libel and slander, Rn. 1456.

Betroffenen eigentlich um die Art der Darstellung, also Ehrenschutz geht.[170] Anders als bei *libel*-Klagen gibt es keine Vermutung gegen die Zulässigkeit einer vorbeugenden Unterlassungsverfügung. Es gilt vielmehr der *balance of inconvenience* Test, nach dem der Kläger beweisen muss, dass die Klage Aussicht auf Erfolg hat („arguable case“) und dass Schadensersatz keine angemessene Entschädigung bietet. Stellt für den Beklagten eine nachträgliche Entschädigung keine ohne weiteres zumutbare Lösung dar, so muss der Richter diese beiden „Unannehmlichkeiten“ gegeneinander abwägen.[171] Geht es um die Privatsphäre, so fällt der Test meist zugunsten des Kläger aus.[172]

Im Falle von *breach of confidence* kann auch Schadensersatz zugesprochen werden, gegebenenfalls neben einer Unterlassungsverfügung.[173] Hinsichtlich des Umfanges des Anspruches ist zweifelhaft, ob ein rein immaterieller Schaden erfasst ist. In der Regel geht der Anspruch auf Gewinnabschöpfung.[174] Zudem kann typischerweise neben einer *injunction* im Hinblick auf die Herausgabe oder Zerstörung von Material noch eine Beseitigungsverfügung erlassen werden.[175]

Bei den nicht auf *libel* gestützten Klagen ist Schadensersatz weniger bedeutsam, da das Ziel mit einer Unterlassungsverfügung meist erreicht ist. Auch gibt es keine exzessiven Schadensersatzsummen. Bei *malicious falsehood* kann der Schaden vor allem in einem Gewinnverlust liegen.[176] Für *trespass* und *nuisance* gibt es ebenfalls Schadensersatz und Unterlassungsverfügung, wobei der Schadensersatz auch den immateriellen Schaden (*mental distress*) umfasst.[177] Der zu ersetzende Schaden bei *copyright*-Verletzungen ist der Gewinnverlust oder die entgangene

---

170 *Robertson*, Media Law, S. 173; Beispiel für eine *preliminary injunction* gegen das Fernsehen: *Schering Chemicals Ltd. v. Falkman Ltd.*, [1981] 2 All E.R. 321, 334 (C.A.; *breach of confidence*); s. auch *A-G v. Guardian Newspapers Ltd.*, [1987] 3 All E.R. 316 (Ch.); zu *injunctions* wegen *contempt of court* s. oben, S. 88; *preliminary injunction* über *malicious falsehood* bei Ablehnung der Zuerkennung über *libel*: *Kaye v. Robertson*, [1991] F.S.R. 62 (C.A.); *injunction* wegen *breach of confidence* aber abgelehnt in *Woodward v. Hutchins*, [1977] 2 All E.R. 751 (C.A.), u.a. deshalb, weil es im Grunde um eine *defamation* ging.

171 *Robertson*, Media Law, 2. Aufl., S. 148 f., 16 ff.; z. B. *American Cynamid Co. v. Ethicon Ltd.*, [1975] 1 All E.R. 504 (H.L.; „balance of inconvenience“).

172 Vgl. *Schering Chemicals Ltd. v. Falkman Ltd.*, [1981] 2 All E.R. 321, 333 f. (C.A.; *breach of confidence*).

173 Vgl. *Winfield and Jolowicz*, Tort, S. 559; *Brömmekamp*, FS Engelschall, S. 39.

174 „Account of profits“; vgl. *Wacks*, Privacy and Press Freedom, S. 152 ff.; für Ersatz aller möglichen Schäden vgl. *Winfield and Jolowicz*, Tort, S. 559.

175 Z. B. in *Francome v. Mirror Group Newspapers Ltd.*, [1984] 2 All E.R. 408, 410 (C.A.; Tonaufnahmen); zu *copy-right* s. *Laddie, Prescott & Vitoria*, Modern Law of Copyright, Rn. 12.23 („delivery up“).

176 Vgl. m. Nw. *Brömmekamp*, FS Engelschall, S. 43; *interlocutory injunction* z. B. *Kaye v. Robertson*, [1991] F.S.R. 62 (C.A.).

177 Vgl. *Wacks*, Privacy and Press Freedom, S. 144 f.

Lizenzgebühr. Es werden aber auch die Höhe des Verschuldens sowie des erzielten Gewinnes berücksichtigt.[178] Nach Ermessen des Richters können auch die Gewinnabschöpfung oder die Herausgabe und Zerstörung veranlasst werden.[179] Auch bei *passing off* sind ein Unterlassungsgebot, Schadensersatz und Gewinnabschöpfung die möglichen Rechtsfolgen.[180] Über die Schlichtung des *Press Council* wird häufig ein Entgegnungsrecht oder eine Berichtigung in Zeitschriften erreicht. Ein Gegendarstellungs- oder Widerrufsrecht gibt es hingegen nicht.[181] Im übrigen kann eine Entschuldigung oder ein Widerruf den Schadensersatz verringern oder ganz ausschließen.[182]

V. Verfassungsrechtliche Einflüsse auf das Privatrecht

England besitzt keine geschriebene Verfassung, keine formellen Grundrechtsgarantien und dementsprechend keine Individualverfassungsbeschwerde. Durch den *Human Rights Act 1998* wurde die EMRK im Jahre 2000 aber als innerstaatliches Recht in Kraft gesetzt. Man stützt sich auf Art. 10 der EMRK, um die Presse- und Meinungsfreiheit anzuerkennen, sowie vor allem auf einfache Gesetze und Präzedenzfälle, also *common law.*[183] Die Pressefreiheit ist damit als Verfassungswert anerkannt. Die EMRK wurde schon vor dem *Human Rights Act 1998* zur Auslegung des eigenen Rechts herangezogen, obwohl sie innerstaatlich nicht bindend war.[184]

Die Anerkennung eines allgemeinen *right of privacy* wird durch das Fehlen einer geschriebenen Verfassung gehemmt.[185] Doch werden die oben dargestellten Deliktstatbestände als Abwehrrechte zum Schutze entsprechender grundrechtlicher Persönlichkeitsbereiche angesehen, so dass für Einzelbereiche, zum Beispiel die

---

178 *Robertson*, Media Law, 2. Aufl., S. 197; *punitive damages* wurden schon in dem alten Fall *Williams v. Settle*, [1960] 2 All E.R. 806 (C.A.), zuerkannt: 1.000 Pfund Sterling.

179 *Laddie, Prescott & Vitoria*, Modern Law of Copyright, Rn. 12.28 (*account of profits*) bzw. 12.23 (*delivery up*).

180 *Wacks*, The Protection of Privacy, S. 169.

181 Es wird jedoch in der Lit. teilw. verlangt, z.B. *Wacks*, Privacy and Press Freedom, S. 34 ff.

182 *Fleming*, Torts, S. 565, 570 f.

183 *S.T. Prosser*, 13 N.Y.L. Sch. J. Int'l & Comp. L. 341 (1992); *Wacks*, The Protection of Privacy, S. 95; *ders.*, Privacy and Press Freedom, S. 17 ff., nennt auch die Normen des Internationalen Paktes über bürgerliche und politische Rechte von 1966 sowie Art. 19 der Allgemeinen Menschenrechtserklärung der UN; aus der Rspr. z. B. *X. v. Y. and others*, [1988] 2 All E.R. 648, 658 (Q.B.).

184 *Kingston / Imrie*, Grundrechte in Europa, S. 726 ff. m. Nw.; *Robertson*, Media law, S. 4; z. B. in *Rantzen v. Mirror Group Newspapers (1986) Ltd.*, [1993] 4 All E.R. 975, 990 (C.A.).

185 *Wacks*, The Protection of Privacy, S. 178.

Ehre, eine verfassungsrechtliche Rechtsposition anerkannt ist.[186] Vor den englischen Gerichten konnten bislang keine Klagen auf Art. 8 der EMRK gestützt werden, der die Privatsphäre garantiert.[187] Doch wird die Konvention als Basis eines Persönlichkeitsrechts („privacy") genannt[188] und im Rahmen der Auslegung der Deliktstatbestände berücksichtigt.[189] Zudem gibt es Hinweise dahingehend, dass die Gerichte aus dem *Human Rights Act 1998* ein *right of privacy* entwickeln könnten.[190] Klagen wegen der Verletzung von Art. 8 EMRK vor dem Europäischen Gerichtshof für Menschenrechte beziehungsweise der Kommission waren bisher nicht erfolgreich. In Straßburg wurde bereits angedeutet, dass das englische Recht einen ausreichenden Schutz vorsieht.[191] Eine Klage gegen eine Privatperson wegen Verletzung der Privatsphäre ist in Straßburg ohnehin nicht zulässig.

Aus der fehlenden Möglichkeit einer gerichtlichen Geltendmachung der Grundrechte durch Private folgt auch das Fehlen klarer aus dem Verfassungsrecht ableitbarer zivilrechtlicher Regeln. Die EMRK gibt nur grobe Richtlinien, welche in dem kollisionsrechtlichen Teil der Arbeit bei dem *ordre public* genauer behandelt werden. Immerhin könnten durch die wachsende Bedeutung von Individualbeschwerden in Straßburg sowie den *Human Rights Act 1998* in der Zukunft für das englische Recht deutlichere Regeln entstehen.

Allgemein wird die Aufgabe der Rechtsprechung bei der Haftung wegen *libel* in dem Ausgleich zwischen den beiden entgegenstehenden Rechten, der Meinungsfreiheit und der Ehre gesehen.[192] Der gute Ruf beschränkt das Grundrecht der Meinungsfreiheit.[193] Als Ausfluss der Pressefreiheit wird die „rule against prior

---

186 *Kingston / Imrie*, Grundrechte in Europa, S. 743.

187 *Potvin*, La personne et la protection de son image, S. 59 m. w. Nw.; *Malone v. Commissioner of Police of the Metropolis (No 2)*, [1979] 2 All E.R. 620, 621, 647 (Ch.).

188 Z. B. *Wacks*, The Protection of Privacy, S. 178; *Schering Chemicals Ltd. v. Falkman Ltd.*, [1981] 2 All E.R. 321, 333 (C.A.).

189 Z.B. *Douglas v. Hello*, [2003] EWHC 786 (Ch.), Rn. 186.

190 S. *Hooper*, Reputations under Fire, S. 476 f.; *Ohly*, RabelsZ 65 (2001), 70 ff.

191 *Winer / UK*, Yb. Eur. Conv. H.R. 29 (1986), S. 84 f. (Kommission v. 10.7.1986, Beschwerde-Nr. 10871/84 (Privatsphäre sei wegen des *defamation* Tatbestandes nicht gänzlich ungeschützt); im Januar 1998 lehnte die Kommission in Straßburg die Beschwerde des Earl of Spencer wegen des Verhaltens der britische Presse ab. Der Rechtsschutz für die Privatsphäre nach englischem Recht sei ausreichend, und der Rechtsweg sei in England noch nicht ausgeschöpft gewesen; vgl. FAZ vom. 19.1.1998, S. 5; der *Press Council* hatte einem Antrag stattgegeben; s. genauer in dem kollisionsrechtlichen Teil, bei der Behandlung des *ordre public*.

192 *Wade / Bradley*, Constitutional law, S. 502 f.; *Robertson*, Media Law, 2. Aufl., S. 80; zu Pressefreiheit und Privatsphäre *Wacks*, Privacy and Press Freedom, S. 21 f.

193 *Kingston / Imrie*, Grundrechte in Europa, S. 738 f.

restraint“ genannt.[194] Danach ist die einer Veröffentlichung vorbeugende Maßnahme in der Regel unzulässig.[195] Doch gibt es mittlerweile weitgehende Ausnahmen, gerade im Bereich von *breach of confidence*.[196] Die Pressefreiheit verlangt auch eine hinreichende Sicherheit dahingehend, welches die Grenzen ihrer Berichterstattungsfreiheit zum Beispiel bei Gerichtsverfahren sind.[197] Auch eine Begrenzung der exorbitanten Höhe einer Schadensersatzsumme wird in einer neuen Entscheidung auf die Pressefreiheit des Art. 10 EMRK gestützt.[198]

Bei *breach of confidence* sind Meinungsfreiheit, öffentliches Informationsinteresse und Geheimhaltungsinteresse gegeneinander abzuwägen.[199]

Im Bereich der kommerziellen Ausnutzung der Persönlichkeit wird die Meinungsfreiheit als nicht einschlägig angesehen.[200]

Das Problem der Drittwirkung wird in England kaum diskutiert, da es keine geschriebene Verfassung gibt und ohnehin jedermann an das *common law* gebunden ist, aus dem entsprechende Rechtspositionen abgeleitet werden.[201]

---

194 Z. B. *Fleming*, Torts, S. 565; *Blackstone's commentaries*, Bd. 4, S. 151-153; *Wade / Bradley*, Constitutional law, S. 507.

195 *Robertson*, Media Law, 2. Aufl., S. 15 f.; *Blackstone's commentaries*, Bd. 4, S. 151-153.

196 Z. B. *Schering Chemicals Ltd. v. Falkman Ltd.*, [1981] 2 All E.R. 321, 333 (C.A.).

197 Vgl. *Kingston / Imrie*, Grundrechte in Europa, S. 773, die auch auf den *Sunday Times* Fall vor dem *EuGHMR* verweisen; dazu genauer unten in dem kollisionsrechtlichen Teil der Arbeit, bei der Behandlung des *ordre public*; *Rantzen v. Mirror Group Newspapers (1986) Ltd.*, [1993] 4 All E.R. 975, 976 (C.A.).

198 S. *Rantzen v. Mirror Group Newspapers (1986) Ltd.*, [1993] 4 All E.R. 975 f., 988 ff. (C.A.): Verweis auf die EMRK; auch Verweis auf die Rechtsprechung *New York Times v. Sullivan* in den USA, dazu s. das nächste Kapitel.

199 *Douglas v. Hello*, [2003] EWHC 786 (Ch.), Rn. 186, 204; *X. v. Y. and others*, [1988] 2 All E.R. 648, 658 (Q.B.); *Campbell v. MGN* [2002] EWCA 1373, Rn. 40-43 (Art. 8 und 10 EMRK); vgl. *Wade / Bradley*, Constitutional law, S. 508.

200 *Fleming*, Torts, S. 575 f.

201 Vgl. *Kingston / Imrie*, Grundrechte in Europa, S. 762 f., die darauf hinweisen, dass im Hinblick auf die EMRK entsprechende Erörterungen vorkommen; s. auch *Ohly*, RabelsZ 65 (2001), 73 ff. im Hinblick auf den *Human Rights Act 1998*.

E. Vereinigte Staaten von Nordamerika

I. Einleitung

1. Allgemeines

Ein US-amerikanisches Recht des Persönlichkeitsschutzes existiert eigentlich nicht. Anders als in dem föderalen System der Bundesrepublik, besitzen die einzelnen US-Bundesstaaten die grundsätzliche Rechtsetzungskompetenz bezüglich des Zivilrechts. Jeder Bundesstaat entscheidet durch eigene Regeln - Gesetz oder Rechtsprechung - inwieweit Schadensersatz oder andere Abhilfe zu erlangen ist. Im Deliktsrecht sind die Unterschiede sogar recht erheblich.[1]

Trotzdem wird diese Arbeit in der Regel nicht zwischen Einzelstaaten differenzieren. Dies ist möglich, da die Rechte aufgrund des gemeinsamen Ursprungs und der Entwicklungsgeschichte in hohem Maße übereinstimmen, zumindest was die Konzepte und Rechtsfiguren angeht. Lediglich in Details sind Abweichungen vorhanden.[2]

Im Bereich des zivilrechtlichen Persönlichkeitsschutzes ist die Übereinstimmung der einzelnen Rechte - zumindest was den Grundsatz der Anerkennung eines Klagerechts angeht - größer als in den meisten anderen Rechtsgebieten. Dies liegt daran, dass das *right of privacy*, welches den Schutz der Persönlichkeit im wesentlichen gewährleistet, eine Rechtsfigur ist, welche ihren Ausgangspunkt bei der Rechtslehre, und nicht der Rechtsprechung hat. Der Ehrenschutz mittels der *defamation* Klage ist deshalb relativ einheitlich, da viele Grundsätze noch aus dem englischen Recht stammen. Auch die *Restatements* haben für eine weitestgehende Angleichung der amerikanischen Rechte geführt. Diese sind zwar nicht bindend, besitzen jedoch eine hohe Überzeugungskraft, d.h. die niedergelegten Regeln werden von den Gerichten der Einzelstaaten häufig übernommen. Zudem führte die vereinheitlichende Rechtsprechung des *US Supreme Court* zu Gemeinsamkeiten. Im folgenden wird daher vom "amerikanischen" Recht gesprochen.

2. Right of Privacy

Anders als in England wurde in den USA eine Art allgemeines Persönlichkeitsrecht, ein *right of privacy*, eingeführt. Das *right of privacy* wird als eines der wenigen Rechtsinstitute in Amerika angesehen, welches entscheidend durch die Rechtslehre entwickelt und geprägt ist. Sein Ausgangspunkt findet sich in einem Aufsatz von *Samuel D. Warren* und dem späteren Richter am *US Supreme Court*

---

1 *Reimann*, Amerikanisches Privatrecht, S. 135f.

2 Auf diese wird teilweise hingewiesen.

Louis D. Brandeis, der im Jahre 1890 in dem *Harvard Law Review* erschien[3] und als der vielleicht einflussreichste Aufsatz bezeichnet wird, der jemals veröffentlicht wurde.[4] In diesem Aufsatz wird die These vertreten, dass bestimmte Formen verschiedener traditioneller Klagen des *common law* aus Eigentum,[5] Urheberrecht,[6] Vertragsbruch,[7] Vertrauensbruch[8] und Beleidigung[9] den Schutz eines einzigen Rechts bezwecken. Dies ist das "right of privacy", das „Recht, in Ruhe gelassen zu werden", das Persönlichkeitsrecht.[10] Entsprechend wird verlangt, die Klage wegen *invasion of privacy* als eigenständige Klageform zuzulassen. Das Bedürfnis danach wird damit begründet, dass wegen gesellschaftlicher und technischer Veränderungen die traditionellen Rechtsbehelfe nicht mehr ausreichenden Schutz gewährleisten.[11]

Es dauerte freilich noch viele Jahre, bis amerikanische Richter oberster einzelstaatlicher Gerichte diese These übernahmen. Nachdem dies im Jahre 1902 von dem höchsten Gericht des Staates New York, dem *Court of Appeals*, noch explizit abgelehnt worden war,[12] war es der *Supreme Court* des Staates Georgia, der als erstes amerikanisches oberstes Gericht einer Klage wegen *invasion of privacy* stattgab.[13]

Unaufhaltsam wurde ein *right of privacy* im Laufe der Zeit in fast allen US-Bundesstaaten anerkannt. Der Umfang variiert jedoch teilweise recht stark. Auch hinsichtlich der Rechtsfolgen ist keine Einheitlichkeit gegeben, zum Beispiel bezüglich der Frage, ob und unter welchen Voraussetzungen *punitive damages* zugesprochen werden können. Es hat auch Eingang in das *Restatement of the Law of Torts* gefunden. In dem *First Restatement* von 1939 ist die Klage zwar nur rudimentär geregelt,[14] in dem *Second Restatement* von 1977 erhielt das *right of*

---

3 The right to privacy, 4 Harv. L. Rev. 193-220 (1890).

4 *Wacks*, The Protection of Privacy, S. 1; *Nimmer*, 19 Law & Contemp. Probs. 203 (1954).

5 *property*, 4 Harv. L. Rev. 200 (1890).

6 *copy-right*; 4 Harv. L. Rev. 198-200 (1890).

7 *breach of an implied term in a contract*; 4 Harv. L. Rev. 207 f. (1890).

8 *breach of confidence*; 4 Harv. L. Rev. 207 f. (1890).

9 *defamation*; 4 Harv. L. Rev. 197 (1890).

10 "right to be let alone", "right of an inviolate personality"; 4 Harv. L. Rev. 205 (1890).

11 Z. B. konnte bis dahin ein Foto nur von sich nicht bewegenden Personen, also praktisch nur mit deren Einverständnis aufgenommen werden. Deshalb war es immer möglich, einen stillschweigenden Vertrag zu konstruieren. S. 4 Harv. L. Rev. 211 (1890).

12 *Roberson v. Rochester Folding Box Co.*, 64 N.E. 442 (N.Y. 1902).

13 *Pasevich v. New England Life Insurance Co.*, 50 S.E. 68 (Ga. 1905).

14 " A person who unreasonably and seriously interferes with another's interest in not having his affairs known to others or his likeness exhibited to the public is liable to the other", *Restatement on Torts*, § 867 (1939); das Restatement war insoweit eher rechtsfortbildend als rechtsdarstellend, denn im Jahre 1939 war das *right of privacy* noch nicht sehr weit

privacy aber eine umfassende Regelung.[15]

Im übrigen führt auch die noch zu behandelnde Rechtsprechung des *US Supreme Court* zu den verfassungsrechtlichen Vorgaben der Haftung zu einer gewissen Uniformität.

Im Jahre 1960 versuchte der Rechtsprofessor *William L. Prosser* in einem vielzitierten Aufsatz, [16] die Klagen wegen *invasion of privacy* in vier Fallgruppen zu systematisieren. Diese Katalogisierung ist zunächst auf einigen Widerstand gestoßen, da sie entgegen der Absicht, ein umfassendes Recht zu schützen, die Gefahr in sich birgt, dass einzelne oder neue Bereiche ungeschützt bleiben, wenn sie nicht unter eine der Fallgruppen subsumierbar sind.[17] Dieses Risiko ist jedoch wegen der Weite und Unbestimmtheit der vier Fallgruppen sehr gering. Die Systematisierung von *Prosser* hat sich dann auch weitestgehend durchgesetzt und wurde zum Beispiel auch von dem *Second Restatement* übernommen. Sie soll deshalb in dieser Arbeit zugrunde gelegt werden. Die Klage wegen *invasion of privacy* enthält damit auch verschiedene Schutzrichtungen, die später der hier vorgenommen Schutzbereichseinteilung zugewiesen werden sollen.

Die vier Fallgruppen sind *appropriation of a person's name or likeness*, *intrusion upon seclusion*, *public disclosure of private facts* und *false light invasion of privacy*. Übersetzt sind dies die Aneignung des Namens oder Bildnisses einer Person, das Eindringen in ihre Abgeschiedenheit, die Veröffentlichung von Privatangelegenheiten und das in ein falsches Licht Setzen einer Person. Bei den einzelnen Schutzbereichen werden diese Delikte genauer dargestellt.

3. Sonstige Anspruchsgrundlagen

Vor der Einführung der Klage wegen *invasion of privacy* hatte vor allem die *defamation* Klage eine große Bedeutung für den Persönlichkeitsschutz. Sie beruht auf dem englischen *common law*, wurde aber im Laufe der Zeit doch erheblich abgeändert, nicht zuletzt aufgrund der Einflüsse des amerikanischen Verfassungsrechts. Als relativ neue Anspruchsgrundlage, die auch nicht in allen Bundesstaaten die gleiche Ausprägung erfährt, gibt es das *right of publicity*, also das vermögenswerte Recht, die eigene Bekanntheit wirtschaftlich auszuwerten.

Neben diesen Rechtsinstituten haben die traditionellen *torts* des englischen *common law* in den Vereinigten Staaten kaum Bedeutung für den Persönlichkeits-

---

verbreitet.

15 *Restatement (Second) of Torts*, § 652A – 652I (1977).

16 *Prosser*, Privacy, 48 Cal. L. Rev. 383-423 (1960).

17 Vgl. z. B. *Strömholm*, Right of Privacy, S. 47 f.

schutz. So wird zum Beispiel das Delikt der *injurous falsehood*, obwohl auch das US-Recht es kennt, nicht zu diesem Zwecke angewendet.[18] Auch *infliction of emotional distress* wird, wenn überhaupt, nur zusätzlich zu *defamation* oder *invasion of privacy* geltend gemacht.[19] Datenschutzregeln für das Verhältnis zwischen Privaten gibt es nicht.[20] Deshalb soll hier auch auf die Darstellung sonstiger möglicher Anspruchsgrundlagen verzichtet werden.

II. Schutzbereiche

1. Ehre

Der Schutzbereich der Ehre wird zum überwiegenden Teil von der *defamation* ausgefüllt. Hier lassen sich noch deutlich die englischen Wurzeln erkennen. Das Recht beruht zum größten Teil auf *common law*, also Rechtsprechung. Einzelstaatliche Gesetzgebung ist hingegen weniger bedeutsam. Ebenso wie im englischen Recht und im Gegensatz zum deutschen Recht wird lediglich der Ruf, die sogenannte äußere Ehre, geschützt. Das Rechtsgut der inneren Ehre, des Selbstwertgefühls ist nicht erfasst.[21] Aus dem englischen Recht wurde die Unterscheidung zwischen *libel*, also schriftlicher Beleidigung, und *slander*, also mündlicher oder sonstiger Beleidigung, übernommen.[22] *Slander* sollte nur dann zu einer Haftung führen, wenn der Kläger einen tatsächlichen Schaden nachweisen konnte, wohingegen *libel actionable per se* ist. Das heißt ein Schaden liegt immer vor, wenn die sonstigen Voraussetzungen erfüllt sind.[23]

Die harte Rechtsfolge, die an das Vorliegen eines *libel* geknüpft wird, wird freilich durch viele Ausnahmen gemildert. Darüber hinaus hat die Rechtsprechung des *US Supreme Court* für die Presse zu einer Haftungserleichterung geführt. Schließlich ist die Ansicht im Vordringen, die Gerichte sollten in jedem Fall, auch bei *libel*, den Beweis verlangen, dass von einer Rufschädigung zumindest sinnvoller-

---

18 Anders als in England, vgl. *Kaye v. Robertson*, [1991] F.S.R. 62 (CApp); zu dem Delikt s. *Fleming*, American Law, S. 60.

19 Z. B. *Hustler Magazine v. Falwell*, 485 U.S. 46 (1988), beides abgelehnt.

20 *Walden / Savage*, 37 ICLQ 337, 341 (1988).

21 Denn es muss eine Kommunikation an einen Dritten erfolgen; s. nur *Richards*, Transnat'l Law. 1990, 616 f.; liegen jedoch die Haftungsvoraussetzungen vor, so wird Schadensersatz auch für Verletzungen der eigenen Gefühle, nicht nur für Rufschädigungen gewährt.

22 *Libel* sind schriftliche, filmische oder sonst physisch fixierte Äußerungen sowie solche, bei denen ein entsprechender Schaden an der Ehre droht, *Restatement (Second) of Torts*, § 568A (1977). Die Einzelheiten sind aber in den Staaten unterschiedlich geregelt. Beleidigungen mittels Radio und Fernsehen werden meist als *libel* angesehen, vgl. m. Nw. *Prosser / Keeton*, Torts, S. 787.

23 Zum Ganzen *Franklin / Rabin*, Tort Law, S. 874 ff.

weise ausgegangen werden kann.[24] Umgekehrt gibt es auch *slander*, die *actionable per se* sind, nämlich wenn sie einen bestimmten Inhalt haben, der eine erhöhte Schadensgefahr in sich birgt. Dies sind die Behauptung einer Straftat, Aussagen bezüglich des Berufslebens sowie die Behauptung bestimmter Krankheiten oder der „Unkeuschheit“.[25] Die Abgrenzung zwischen *libel* und *slander* hat daher viel von ihrer früheren Bedeutung verloren. Die in dieser Arbeit interessierenden internationalen Tatbestände werden fast immer *libel* sein.

Das *Second Restatement* hat 1977 eine ausführliche Regelung des Beleidigungsdeliktes vorgenommen. Danach ist die *defamation* definiert als eine Kundgabe, welche geeignet ist, das Ansehen einer Person so zu beeinträchtigen, dass ihre Werteinschätzung in der Gemeinschaft verringert wird oder andere Personen sich von ihr zurückziehen.[26] Über diese Definition besteht in den einzelnen Bundesstaaten keineswegs eine Einigkeit: Nach anderen Definitionen muss die Äußerung Gefühle der Abneigung hervorrufen oder die Person lächerlich machen.[27]

Da das Schutzgut der *defamation* lediglich das Ansehen, der Ruf einer Person ist, setzt der Deliktsanspruch eine Äußerung gegenüber einer dritten Person voraus, die sogenannte *publication*.[28] Eine Vielzahl von Tathandlungen ist von diesem Begriff umfasst, und ein vermeintlich einheitlicher Vorgang kann mehrere Einzeltaten enthalten, denn jede erneute Handlung, mit der die Äußerung zur Kenntnis eines Dritten gelangt, verwirklicht dieses Merkmal. Eine *publication* setzt auch keine mündliche oder schriftliche Äußerung voraus, sondern kann in der Vermittlung von Zeichen, Gesten oder Bildern liegen.

Durch die weite Auslegung stellen bei den Pressedelikten die Übergabe eines Manuskriptes an die Druckerei, der Verkauf jedes Exemplars, das Vorlesen aus der Zeitung und das Abschreiben in einer anderen Zeitung grundsätzlich jeweils selbständige *publications* dar.[29] Dass dies wegen der Vielzahl möglicher Klagen extrem unpraktikabel ist, und insbesondere Missbrauch ermöglicht, ist offensichtlich. Deshalb wurde in vielen Staaten die sogenannte *single publication rule* eingeführt, wonach vorliegt bei einer Ausgabe einer Zeitung oder eines Buches nur eine einzige *publication*.[30] Der Umfang der Verbreitung der Äußerung ist dann lediglich für den Umfang des Schadens relevant. Auch hierdurch werden nicht alle

---

24 *Prosser / Keeton*, Torts, S. 797.

25 Zum Ganzen *Prosser / Keeton*, Torts, S. 788 ff.

26 *Restatement (Second) of Torts*, § 559 (1977).

27 Vgl. genauer *Prosser / Keeton*, Torts, S. 773 ff.

28 *Franklin / Rabin*, Tort Law, S. 874.

29 Vgl. Nw. bei *MPI-Gutachten*, S. 143.

30 Es existiert ein *Uniform Single Publication Act*, der den Einzelstaaten von den *Commissioners on Uniform State Laws* als Gesetzgebung empfohlen wurde. Ferner enthält das

Probleme gelöst, denn bei grenzüberschreitenden Veröffentlichungen ist zweifelhaft, ob die *single publication rule* greift.[31]

Ob eine diffamierende Äußerung gegeben ist, hängt von den sozialen Standards der Gesellschaft oder einer anerkannten sozialen Gruppe ab, selbst wenn die Standards dieser Gruppe von dem Durchschnitt abweichen.[32] Dort muss die Äußerung zu Beeinträchtigung der Ansicht über den Betroffenen führen. Für die Frage, ob eine Beleidigung vorliegt, wird grundsätzlich der gewöhnliche Sinn einer Äußerung zugrundegelegt.[33] Wird die Beleidigung erst im Zusammenhang mit der Kenntnis bestimmter Tatsachen deutlich, die über die Äußerung hinausgehen, so muss der Kläger diese Tatsachen (*inducement*) sowie bei einer bloßen Andeutung beweisen, dass die Aussage in dem beleidigenden Sinn verstanden wurde (*innuendo*).[34] Inwieweit auch Meinungskundgaben eine *defamation* darstellen können, ist unklar und variiert je nach Staat. Bloße Beschimpfungen ohne die Behauptung einer Tatsache über den Kläger sind in der Regel keine *defamation*, denn sie zeigen nur, dass der Beklagte den Kläger nicht mag.[35] Andererseits können auch Meinungskundgaben eine Aussage über den Kläger enthalten, so dass teilweise danach unterschieden wird, ob die Meinung aus einer Tatsache abgeleitet wird oder es sich um eine bloße abwertende Meinung handelt.[36] Auch das *Second Restatement* hält Meinungskundgaben grundsätzlich für geschützt, es sei denn, sie implizieren eine Behauptung beleidigender Tatsachen.[37]

Stets ist die Entscheidung, ob der beleidigende Charakter vorliegt, das Ergebnis eines Ausgleiches zwischen der Ehre auf der einen und der Meinungsfreiheit auf der anderen Seite.[38]

Der Kern der Haftung wegen *defamation* ist die Unwahrheit der Äußerung. Beleidigende Wahrheiten dürfen nicht mit einer Schadensersatzhaftung sanktioniert werden. Dies liegt an der grundsätzlichen Ansicht der amerikanischen Gesellschaft über den Wert der Meinungsfreiheit. Niemand soll einen Anspruch

---

Second Restatement of Torts, § 577A (1977), diese Regel.

31 Hierauf wird noch in dem kollisionsrechtlichen Teil der Arbeit zurückzukommen sein.

32 *Restatement (Second) of Torts*, § 559, comment e (1977); *Prosser / Keeton*, Torts, S. 777 f. m. w. Nw.

33 *Lorentz v. R.K.O. Radio Pictures*, 155 F.2d 84 (9th Cir. 1946).

34 Zum Beispiel trug in folgendem Fall der Kläger zweifache Beweislast: Die Äußerung lautete lediglich, er habe seine Scheune in Brand gesetzt. Er musste beweisen, dass er seine Scheune versichert hatte (inducement) und dass die Aussage in dem Sinn verstanden wurde, er habe einen Versicherungsbetrug begangen (innuendo): *Bloss v. Tobey*, 19 Mass. 320 (1824).

35 *Prosser / Keeton*, Torts, S. 776.

36 *Franklin / Rabin*, Tort Law, S. 870 ff.

37 *Restatement (Second) of Torts*, § 566 (1977).

auf Schutz seines Ansehens haben, welches ihm nicht verdientermaßen zusteht. Demnach kann der Beklagte sich wehren, indem er den Wahrheitsbeweis führt. Dies gilt grundsätzlich auch dann, wenn er dachte, er verbreite eine Unwahrheit, oder wenn er mit bösen Absichten handelte. Doch wird dieser Rechtfertigungsgrund in neuerer Zeit teilweise beschränkt. Andererseits gibt es im Medienbereich auch Haftungsbeschränkungen, die die Vermutung der Unwahrheit umkehren.[39]

Die allgemeinen deliktsrechtlichen Regeln zum Schutze vor Beleidigungen gelten auch bei Verletzungen mittels des Internet.[40] Bei der noch nicht ausreichend geklärten Haftung der Betreiber von *Bulletin Boards* und sonstigen Service-Anbietern wird eine Analogie zu der Haftung von Bibliotheken und Buchhandlungen gezogen, die nicht ohne weiteres für die weitergeleiteten Äußerungen der Benutzer haftbar sind.[41]

Zudem kann der Schutz der Ehre auch über die *invasion of privacy* Klage erreicht werden. Dadurch werden einige Beschränkungen der *defamation* Tatbestände praktisch hinfällig, da sie nicht immer anzuwenden sind. Von den vier Gruppen der *invasion of privacy* ist es die Klage wegen *false light invasion of privacy*, mittels derer man Ehrenschutz erhalten kann. Diese Klage ist jedoch nicht in allen Bundesstaaten anerkannt.[42]

Der Anspruch setzt voraus, dass eine Person in den Augen der Öffentlichkeit in ein falsches Licht gebracht wird, d.h. anders dargestellt wird, als sie ist.[43] Die Bedeutung dieses Tatbestandes deshalb eingeschränkt, weil sie nur dann einen weitergehenden Anspruch als die *defamation* bringt, wenn das falsche Licht, in das die Person gebracht wird, nicht entehrend ist. Dann ist aber auch das Interesse an einer Klage eher gering.

Nach der Definition des Zweiten *Restatement* muss eine Person in der Öffentlichkeit in ein falsches Licht gebracht werden, der falsche Eindruck sehr anstößig sein und der Beklagte mit Wissen oder grob fahrlässigem Nichtwissen bezüglich

---

38 *Weaver / Bennett*, 53 La. L. Rev. 1156 (1993); *Note*, 77 Harv. L. Rev. 1474 (1964).

39 Zu den Rechtfertigungsgründen s.u. S. 123 ff.

40 *Hardy*, 55 U. Pitt. L. Rev. 999 (1994), unklar ist aber noch, inwieweit die von dem *Supreme Court* entwickelten und unten dargelegten Grundsätze zur Haftung der Medienunternehmen anwendbar sind, ebenda.

41 *Cubby, Inc. v. Compuserve, Inc.*, 776 F. Supp. 135 (S.D.N.Y. 1991), keine Haftung; s. aber: *Playboy Enterprises v. Frena*, 839 F. Supp. 1552 (M.D. Fla. 1993): wegen des fehlenden Verschuldenserfordernisses Haftung bei *copy-right* Verletzungen.

42 *Wolf*, Spötter vor Gericht, S.156 f.

43 *Franklin / Rabin*, Tort Law, S. 983; zur Zuordnung zum Bereich des Ehrenschutzes auch *Greenawalt*, 42 Brook. L. Rev. 168 (1975); *Kalven*, 31 Law and Contemp. Probs. 332 (1966); *Stadler*, JZ 1989, 1090.

der Unwahrheit oder Falschheit gehandelt haben.[44] Es muss also eine falsche, nicht unbedingt entehrende Tatsache an die Öffentlichkeit gebracht werden, eine gewisse Schwere und das Schuldelement vorhanden sein. Wie bei der *defamation* gibt es ein Haftungsprivileg der Presse, zumindest dann, wenn *false light invasion of privacy* nur neben *defamation* greift.[45]

Dieses Delikt kann zum Beispiel bei der Veröffentlichung eines Fotos im Zusammenhang mit einem negativen Artikel bejaht werden, auch wenn die Person nicht mit den Geschehnissen in Verbindung gebracht wird. Auch die Zuschreibung eines schlechten literarischen Werkes, die Zuordnung zu der falschen politischen Partei oder die inkorrekte, wenn auch nicht diffamierende Darstellung einer Person in einem Film können zu einer Haftbarkeit führen.[46] Bloß geringfügige Verfälschungen genügen nicht, was sich nach den allgemeinen Standards der Gesellschaft bemisst.[47]

2. Privatsphäre

Der Schutz der Privatsphäre wird umfassend über das *right of privacy* geregelt. Davon sind die beiden Tatbestände des Eindringens in die Abgeschiedenheit einer Person (*intrusion upon seclusion*) und Veröffentlichung von Privatangelegenheiten (*public disclosure of private facts*) einschlägig.

Für *intrusion upon seclusion* wird ein vorsätzliches körperliches oder anderweitiges Eindringen in die Abgeschiedenheit einer Person oder ihre privaten Angelegenheiten vorausgesetzt, welches eine gewisse Intensität erreichen muss.[48] Darunter fällt nicht nur das physische Eindringen, zum Beispiel in das Haus oder Grundstück einer Person, sondern auch das Abhören oder Nachspionieren und grundsätzlich auch das Fotografieren einer Person, sofern dabei eine private Angelegenheit betroffen ist. Dabei kann sich das Geschehen durchaus in der Öffentlichkeit abspielen, wenn auch in der weit überwiegenden Zahl der Fälle dann keine Pri-

---

44 "..who gives publicity to a matter concerning another that places the other before the public in a false light (...), if the false light in which the other was placed would be highly offensive to a reasonable person and the actor had knowledge of or acted in reckless disregard as to the falsity of the publicized matter and the false light in which the other would be placed.", *Restatement (Second) of Torts*, § 652E (1977).

45 *Time, Inc. v. Hill*, 385 U.S. 374 (1967); genauer unten bei den Verschuldensfragen.

46 Beispiele entnommen aus comment b zu § 652E des *Second Restatement of Torts* (1977); zu entsprechenden Fällen aus der Rspr. s. Nw. bei *Prosser / Keeton*, Torts, S. 863 f.

47 *Prosser / Keeton*, Torts, S. 864 (*mores*).

48 "..who intentionally intrudes, physically or otherwise, upon the solitude or seclusion of another or his private affairs or concerns, if the intrusion would be highly offensive to a reasonable person.", *Restatement (Second) of Torts*, § 652B (1977).

vatheit gegeben ist.[49] Dieses Eindringen muss jedoch eine gewisse Stärke erreichen, unvernünftig (*unreasonable*) sein, wie das *Second Restatement* klarmacht.[50] Faktoren dafür sind vor allem die Art des benutzten Mittels und der Zweck des Eindringens.[51]

Wichtig ist ferner, dass ein solches Eindringen für sich alleine genommen schon eine Verletzung des *right of privacy* darstellt. Es ist also nicht erforderlich, dass hergestellte Bilder oder erlangte Informationen veröffentlicht werden.[52] In diesem Falle könnte zusätzlich eine Verletzung auf die folgende Fallgruppe gestützt werden. Erlangt die Presse von einem Informanten Informationen, die dieser durch *intrusion* erlangt hat, so ist die Presse auch bei Kenntnis für dieses Eindringen nicht haftbar. Die Veröffentlichung wird auf der anderen Seite oft durch die Pressefreiheit gerechtfertigt sein.[53] In derartigen Fällen ist der Betroffene daher oft schutzlos, da der Informant sich zwar nicht auf das *First Amendment* (Meinungsfreiheit) berufen kann, meist nicht bekannt ist. Andererseits ist die Presse für eigenes unerlaubtes Eindringen haftbar, selbst wenn die Veröffentlichung gerechtfertigt sein sollte.[54]

Public disclosure of private facts setzt eine Verbreitung einer Privatangelegenheit dergestalt voraus, dass die Verbreitung von einem Durchschnittsmenschen als „anstößig" empfunden würde und sich auch nicht auf ein legitimes öffentliches Interesse stützen kann.[55] Diese Fallgruppe schützt anders als die Haftung wegen *defamation* weniger die persönliche Ehre und den Ruf als das persönliche Empfinden einer Person, denn der Schutz greift gerade bei Wahrheiten, die über eine Person verbreitet werden.[56]

Veröffentlichen im Sinne dieses Tatbestandes setzt voraus, dass die Tatsache so

---

49 *Prosser / Keeton*, Torts, S. 855 f.; für einen Ausnahmefall: *Daily Times Democrat v. Graham*, 162 So.2d 474 (Ala. 1964) (Foto einer Frau, deren Rock hochgeblasen wurde); aber: *Neff v. Time, Inc.*, 406 F. Supp. 858 (W.D. Pa. 1976), Foto von offenem Reißverschluss zulässig.

50 Ein gelegentlicher unerwünschter Telefonanruf genügt z. B. nicht.

51 *Prosser / Keeton*, Torts, S. 856.

52 Der Zweck des Eindringens wird aber bei der Frage der "reasonableness" berücksichtigt, vgl. *Prosser / Keeton*, Torts, S. 856; vgl. *Dietemann v. Time Inc.*, 449 F.2d 245, 250 (9th Cir. 1971): Veröffentlichung erhöht Schadensersatz.

53 Vgl. *Wacks*, Privacy and Press Freedom, S. 126 f.

54 *Dietemann v. Time Inc.*, 449 F.2d 245 (9th Cir. 1971).

55 "..who gives publicity to a matter concerning the private life of another ... if the matter publicized is of a kind that would be highly offensive to a reasonable person and is not of legitimate concern to the public", *Restatement (Second) of Torts*, § 652D (1977).

56 *Prosser*, RabelsZ 21 (1956), S. 404. Diese Art von Verletzung war der Anlass für *Warren* und *Brandeis*, ihren berühmt gewordenen Aufsatz zu dem *right of privacy* zu schreiben; s. *Kalven*, 31 Law and Contemp. Probs. 330 (1966)..

verbreitet wird, dass sie in der Öffentlichkeit bekannt wird. Im Gegensatz dazu genügt bei einer *defamation* die Kundgabe bloß einer Person gegenüber.[57] Es kann sich auch um die Veröffentlichung eines Fotos handeln. Eine private Tatsache ist nicht gegeben, wenn sie bereits öffentlich, das heißt öffentlich bekannt, ist oder wenn sich die Person selbst der Öffentlichkeit preisgibt. Denn öffentliche Informationen fallen unter die Meinungsfreiheit.[58] Nicht privat sind in der Regel alle Geschehnisse im öffentlichen Raum. Privat sind das Familienleben, Krankheiten, Briefe, aber auch Ereignisse aus der Vergangenheit einer Person, die sie geheim halten will.[59] Stets ist jedoch eine Rechtfertigung wegen eines öffentlichen Interesses möglich. Die darüber hinaus erforderliche Schwere der Verletzung (*highly offensive*) ergibt sich aus den Einzelfallumständen und den allgemeinen Sitten der Gesellschaft. Danach sind zum Beispiel harmlose Nachrichten über eine Person erlaubt, etwa dass sie in Urlaub gefahren ist oder eine Feier veranstaltet.[60]

Die allgemeinen Regeln zum Schutz der Privatsphäre sind auch bei Veröffentlichungen im Internet anwendbar.[61] Eine Einschränkung erfolgt hier zumindest nach einer Entscheidung in Analogie zu der Haftung von Buchhandlungen, Bibliotheken usw. bei den sogenannten Bulletin Boards, deren Betreiber nicht ohne weiteres für Äußerungen der Benutzer haften, die sie bloß abdrucken.[62]

3. Kommerzieller Schutzbereich

Schon seit Anfang des 20. Jahrhunderts ist es in Amerika üblich, dass Prominente ihre Bekanntheit wirtschaftlich auswerten, indem sie Werbeverträge abschließen. Diese wurden in der Praxis unabhängig von der rechtlichen Bindungswirkung und dem Bestehen eines vermögenswerten Rechts an der exklusiven kommerziellen Verwertung der Persönlichkeit auch eingehalten.[63] Die rechtliche Anerkennung sollte nach der Ansicht der Literatur der Praxis folgen, denn man erkannte an, dass der kommerzielle Wert tatsächlich das Ergebnis der eigenen Bemühungen des Betroffenen war und somit diesem zustand.[64]

---

57 *Restatement (Second) of Torts*, § 652D, comment a (1977).

58 *Cox Broadcasting Co. v. Cohn*, 420 U.S. 469 (1975); s. auch *Schwenk*, APR in amerikanischer Sicht, S. 242.

59 *Restatement (Second) of Torts*, § 652D, comment b (1977).

60 Vgl. *Yang*, 15 ICLQ 183 f. (1966); *Restatement (Second) of Torts*, § 652D, comment c (1977); *Schwenk*, APR in amerikanischer Sicht, S. 242.

61 *Hardy*, 55 U. Pitt. L. Rev. 999 (1994).

62 *Cubby, Inc. v. Compuserve, Inc.*, 776 F. Supp. 135 (S.D.N.Y. 1991).

63 S. *Götting*, Persönlichkeitsrechte als Vermögensrechte, S. 193, 197 f. m. Nw.

64 *Nimmer*, 19 Law & Contemp. Probs. 216 (1954); *Cray*, 31 UCLA L. Rev. 642 (1984); aus der Sicht der *economic analysis of law* für ein solches eigentumsähnliches Recht: *Posner*,

Das *invasion of privacy* Delikt der *appropriation of a person's name or likeness* geht unmittelbar auf einen Fall einer Werbung mit dem Bild einer Person ohne deren Einwilligung zurück. Für diesen Sachverhalt hatte das höchste Gericht von New York noch im Jahre 1902 ein *right of privacy* abgelehnt.[65] Hingegen wurde der Anspruch im Jahre 1905 von dem obersten Gericht von Georgia in einem entsprechenden Fall zum ersten Mal anerkannt.[66] In New York wurde wegen der dort ablehnenden Entscheidung aus dem Jahre 1902 ein Gesetz eingeführt, das die Klage, allerdings nur unter bestimmten Voraussetzungen, anerkannte. Dieses Gesetz prägte im folgenden in vielen Staaten den entsprechenden Anspruch.[67]

An diesen Fällen zeigt sich schon der von den anderen *privacy* Tatbeständen abweichende Charakter. Es handelt sich um einen Anspruch, der nicht immaterielle oder ideelle Persönlichkeitsgüter sondern ein vermögenswertes Recht schützt.[68] Dieser Bereich macht in der Praxis einen Großteil der *invasion of privacy* Fälle aus.[69]

Das Zweite *Restatement* definiert den Tatbestand als Aneignung des Namens oder Bildes eines anderen zum eigenen Gebrauch oder Vorteil.[70] *Prosser* definiert ihn als "Aneignung eines Persönlichkeitselements zu geschäftlichen Zwecken, insbesondere die Benutzung des Namens oder Bildes".[71]

Das Fallmaterial dreht sich überwiegend um den ungenehmigten Gebrauch des Bildes oder Namens zu Werbezwecken oder die Darstellung in Büchern oder Fil-

---

12 Ga. L. Rev. 411 ff. (1978).

65 *Roberson v. Rochester Folding Box Co.*, 64 N.E. 442 (N.Y. 1902); die Werbung war nicht beleidigend oder abträglich.

66 *Pasevich v. New England Life Insurance Co.*, 50 S.E. 68 (Ga. 1905).

67 "Action for injunction and for damages
Any person whose name, portrait or picture is used within this state for advertising purposes or for the purposes of trade without the written consent first obtained as above provided may maintain an equitable action in the supreme court of this state against the person, firm or corporation so using his name, portrait or picture, to prevent and restrain the use thereof; and may also sue and recover damages for any injuries sustained by reason of such use and if the defendant shall have knowingly used such person's name, portrait or picture in such manner as is forbidden or declared to be unlawful by section fifty of this article, the jury, in its discretion, may award exemplary damages...", *N.Y. Civ. Rights Law* sections 50 und 51 (McKinney 1976 Supp. 1982), s. dazu ausführlich *Savell*, 48 Alb. L. Rev. 1-47 (1983); s. auch *Hofstadter / Horowitz*, Right of Privacy, insb. zur Entwicklung in New York auf S. 25-33.

68 *Kalven*, 31 Law and Contemp. Probs. 331 (1966); *Restatement (Second) of Torts*, § 652A, comment b (1977); *Prosser / Keeton*, Torts, S. 854; gegen einen vermögenswerten Bereich des Persönlichkeitsrechts aber noch *Winfield*, 47 L.Q.R. 37 (1931).

69 *Prosser / Keeton*, Torts, S. 852.

70 "One who appropriates to his own use or benefit the name ore likeness of another..", *Restatement (Second) of Torts*, § 652C (1977).

71 RabelsZ 21 (1956), S. 404.

men. Das *right of privacy* schützt nicht den Namen als solchen, sondern den Namen als Symbol für die Identität der Person und ihr Ansehen oder ihre soziale Stellung.[72] Es muss also erkennbar ein Bezug auf eine bestimmte Person gegeben sein.[73] Dabei kommt es aber nicht darauf an, ob der Name tatsächlich genannt wird.[74] Neben dem Gebrauch des Namens kommt die Benutzung eines Abbildes in jeglicher Form oder der Stimme in Betracht, sofern die Identität erkennbar ist.

Erhebliche Abweichungen bestehen in den Einzelstaaten hinsichtlich der Frage, ob ein Gebrauch zu kommerziellen Zwecken erforderlich oder jeder Vorteil erfasst ist. Die Gesetze, die nach dem New Yorker Vorbild verfasst wurden, verlangen einen geschäftlichen Zweck.[75] Staaten, die das *right of privacy* durch Fallrecht anerkannt haben, lassen meist auch sonstige Vorteile genügen, z.B. politische oder soziale Zwecke.[76] Das Erwähnen des Namens oder das Abdrucken des Bildes einer Person ist dann keine Verletzung des *right of privacy*, wenn sie als bloße Nebenfolge (*incidential*) einer Veröffentlichung in Zeitung oder Fernsehen erscheint, selbst wenn dies der Auflagensteigerung, also dem finanziellen Profit, dient. Einer anderen Ansicht stünde schon die Pressefreiheit entgegen.[77] Eine Benutzung des Bildes oder Namens mit Einwilligung des Betroffenen zieht ebenfalls keine Schadensersatzansprüche nach sich. Allerdings verlangen die Gesetze nach New Yorker Vorbild eine schriftliche Einwilligung, so dass ein mündliches oder konkludentes Einverständnis bloß bei der Höhe des Schadensersatzes berücksichtigt werden kann.[78] Dies kann aber zum Beispiel bei Prominenten dazu führen, dass nur ein nominaler Schadensersatz zugesprochen wird,.[79]

Bei Personen der Öffentlichkeit ist demnach eine Klage selten erfolgreich. Ihre

---

72 *Restatement (Second) of Torts*, § 652C, comment c (1977); *Prosser/Keeton*, Torts, S. 852f.

73 Vgl. m. Nw. *Prosser / Keeton*, Torts, S. 853; die bloße Nennung eines Namens in einem Buch berechtigt also nicht zum Schadensersatz, wenn der Kläger nicht behauptet, dass diese Person ihn auch darstellen soll.

74 S. *Hofstadter / Horowitz*, Right of Privacy, S. 37-40. Z. B. *Bernstein v. National Broadcasting Co.*, 129 F. Supp. 817 (D.D.C. 1955): die Erklärung, die Personen des Buches seien alle erfunden, befreie von einer Haftung nicht, da die Person identifizierbar war.

75 "...for advertising purposes or for the purposes of trade...", *N.Y. Civ. Rights Law* section 51 (McKinney 1976 & Supp. 1982).

76 Z. B. *State ex rel. La Follette v. Hinkle*, 229 P. 317 (Wash. 1924) (Gebrauch des Namens durch eine politische Partei als Kandidat); w. Nw. s. *Prosser / Keeton*, Torts, S. 852; allerdings genügt nach dem New Yorker Gesetz auch der Zweck der Werbung, selbst wenn diese Werbung z. B. sozialen Zwecken dient. So ist der Tatbestand des Gesetzes erfüllt, wenn mit dem Bild einer Person Werbung für Verkehrssicherheit gemacht wird, vgl. m. Nw. *Savell*, 48 Alb. L. Rev. 22 f. (1983).

77 *Prosser / Keeton*, Torts, S. 853, dasselbe gilt für die Veröffentlichung von Büchern oder Filmen, S. 854.

78 *Savell*, 48 Alb. L. Rev. 39 (1983).

79 Z. B. sechs Cents in *Miller v. Madison Square Garden*, 28 N.Y.S.2d 811 (Sup. Ct. 1941).

Identität ist nicht schutzwürdig, da Darstellungen Neuigkeiten sind und das Interesse daran vorrangig ist. Oft begründen Gerichte ihre Klageabweisung mit einer allgemeinen Einwilligung solcher Personen in die Verbreitung von Fotos etc. [80] Auch handelt es sich meist nur um eine Namensnennung oder Abbildung in Zusammenhang mit Berichten, also als bloße Nebenfolge, und nicht als *appropriation*. Prominente können sich nicht auf die *privacy* berufen, da sie die öffentliche Aufmerksamkeit gerade suchen.[81] Allerdings kommt bei einer wirtschaftlichen Ausbeutung der Identität einer Person des Zeitgeschehens unter Umständen eine Klage wegen Verletzung des *right of publicity* in Betracht. Dies ist das Recht auf die kommerzielle Nutzung des öffentlichen Interesses an der eigenen Person. Dieses Recht ist allerdings nicht in allen Staaten anerkannt.

In einigen Staaten wird wegen des vermögenswerten Charakters des Rechtes ein postmortaler Schutz gewährt, sonst ist die *privacy* aber ein höchstpersönliches Recht.[82]

Man könnte auch die *false light invasion of privacy* heranziehen, zum Beispiel um Werbung mit dem Bild einer Person zu verhindern, wenn der Betroffene diese Werbung ablehnt oder mit dem Produkt nicht in Verbindung gebracht werden will. Denkbar wäre ein Betroffensein des wirtschaftlichen Schutzbereiches auch bei der Veröffentlichung eines minderwertigen Gedichtes unter dem Namen eines bekannten Poeten. [83] Dazu gibt es jedoch kein Fallmaterial.

Das *right of privacy* brachte für den wirtschaftlichen Schutzbereich keinen umfassenden Schutz. Vielmehr war durch die Rechtfertigung von Eingriffen in die Persönlichkeit von Personen des Öffentlichkeitslebens aufgrund des öffentlichen Interesses und der Meinungsfreiheit eine Schutzlücke aufgetreten. Diese konnten sich nicht mehr auf die *privacy* berufen, da sie die öffentliche Bekanntheit gerade suchen, so dass eine seelische Beeinträchtigung bei ihnen ausgeschlossen ist.[84] Dies wird mit dem Einwilligungsgedanken (*waiver*) begründet.[85] Die Einwilligung entfällt nur bei einer herabsetzenden Benutzung der Persönlichkeit (*offensive use*). Auch waren Klagen von Dritten ausgeschlossen, denen der Inhaber des Persönlichkeitsrechts Lizenzen erteilt hatte, denn das *right of privacy* wurde in der

---

80 *Nimmer*, 19 Law & Contemp. Probs. 204 f. (1954); *Hofstadter / Horowitz*, Right of Privacy, S. 46, 76, halten dies für die falsche Begründung.

81 *Nimmer*, 19 Law & Contemp. Probs. 204 f. (1954).

82 *Restatement (Second) of Torts*, § 652I, comment b; *Prosser*, RabelsZ 21 (1956), S. 407.

83 Vgl. Bsp. zu § 652A und Bsp. 3 zu § 652E des *Restatement (Second) of Torts* (1977).

84 *Nimmer*, 19 Law & Contemp. Probs. 204 f. (1954); *Greenawalt*, 42 Brook. L. Rev. 166 (1975).

85 Z. B. *O'Brien v. Pabst Sales Co.*, 124 F.2d 167 (5th Cir. 1941).

Regel als höchstpersönlich angesehen.[86] Zudem wurde Schadensersatz teilweise nur für die Verletzung der Gefühle gegeben, nicht aber ein entgangener Gewinn ersetzt oder Gewinnabschöpfung ermöglicht.[87]

Aus diesem Grund und weil auch Prominenten insoweit als schutzwürdig angesehen wurden, haben viele US-Bundesstaaten das *right of publicity* anerkannt.[88] Dieses schützt jedoch nicht die Persönlichkeit als immaterielles, ideelles Gut im traditionellen Sinne. Geschützt wird vielmehr das Recht, die eigene Identität wirtschaftlich auszunutzen. Es handelt sich also um ein Vermögensrecht, ein eigentumsartiges Recht, das exklusive Recht, die wirtschaftliche Ausnutzung der eigenen Persönlichkeitsattribute zu steuern, zu kontrollieren und den finanziellen Gewinn daraus zu ziehen.[89]

Der erste Fall, in dem das *right of publicity* anerkannt wurde, stammt aus dem Jahre 1953 und drehte sich um das Hinzufügen von Sportlerfotos zu Süßigkeiten.[90] Dort wurde der Anspruch eines Lizenznehmers, also eines Dritten, bejaht, dem das kommerzielle Verwertungsrecht übertragen worden war. *Nimmer* formulierte dann im Jahre 1954 die Grundsätze des *right of publicity*.[91] Ob das Recht grundsätzlich jedem oder nur bekannten Personen zusteht, ist umstritten, doch hat es bei Prominenten jedenfalls einen höheren Wert. Nach herrschender Meinung steht es aber jedem zu, da es auf das Selbstbestimmungsrecht, ein Eigentum an den eigenen Persönlichkeitsattributen gestützt wird.[92] Von dem Recht können das Bildnis, der Name, die Stimme, aber auch sonstige Merkmale, die die Identität der Person kennzeichnen, erfasst sein.[93]

Im Bereich des Internet ist u.a. die Haftung der Betreiber von *Bulletin Boards* problematisch, die verletzende Äußerungen oder Abbildungen Dritter abdrucken und verbreiten. Im Bereich des verwandten *copy-right* erging ein Urteil, in dem wegen des fehlenden Verschuldenserfordernisses eine Haftung bejaht wurde.[94]

---

86 *Nimmer*, 19 Law & Contemp. Probs. 209 f. (1954).

87 Vgl. m. Nw. *Nimmer*, 19 Law & Contemp. Probs. 208 f. (1954).

88 *Franklin / Rabin*, Tort Law, S. 996; nach *Barnett*, FS Mestmäcker, S. 52, sind es 1996 25 Staaten gewesen.

89 S. *Barnett*, FS Mestmäcker, S. 52; *Götting*, Persönlichkeitsrechte, S. 191.

90 *Haelan Laboratories, Inc. v. Topps Chewing Gum, Inc.*, 202 F.2d 866 (2d Cir. 1953).

91 *Nimmer*, 19 Law & Contemp. Probs. 204-223 (1954).

92 Z. B. *Nimmer*, 19 Law & Contemp. Probs. 217 (1954).

93 *Middler v. Ford Motor Co.*, 849 F.2d 460 (9th Cir. 1988): Stimmenimitation zu Werbezwecken; *Carson v. Here's Johnny Portable Toiletts, Inc.*, 698 F.2d 831 (6th Cir. 1983): bekannter Slogan eines Fernsehstars; *Motschenbacher v. R.J.Reynolds Tobacco Co.*, 498 F.2d 821 (9th Cir. 1974): Erkennbarkeit des Rennfahrers im Werbespot, trotz einiger Veränderungen, wegen charakteristischer Merkmale; s. auch *Restatement (Third) of Unfair Competition*, § 46 (1995).

94 *Playboy Enterprises v. Frena*, 839 F. Supp. 1552 (M.D. Fla. 1993); an der Richtigkeit

Das *right of publicity* ist, da es ein eigentumsähnliches Vermögensrecht ist, übertragbar und nach umstrittener, aber herrschender Meinung vererblich, das heißt es enthält auch einen postmortalen Schutz.[95]

III. Rechtswidrigkeits- und Verschuldensfragen

Viele der im folgenden behandelten Regeln sind unmittelbarer Ausfluss der verfassungsrechtlichen Grundsätze und beruhen auf Rechtsprechung des *US Supreme Court*. Die Grundrechte haben eine sehr große Auswirkung auf den zivilrechtlichen Persönlichkeitsschutz. Im übernächsten Abschnitt (V) wird noch einmal gesondert darauf hingewiesen, welche Regelungen dies betrifft.

1. Defamation

Der aus dem englischen Recht folgende Grundsatz des *common law* war, dass die Haftung wegen *defamation* eine verschuldensunabhängige Haftung ist, d.h. es ist unerheblich, ob dem Beklagten die Unwahrheit der Äußerung bekannt war. Dieser auch im amerikanischen Recht geltende Grundsatz wurde durch Ausnahmen fast völlig ausgehöhlt, insbesondere im Bereich der Medien. Eine Einschränkung der verschuldensunabhängigen Haftung erfolgt zunächst im Hinblick auf das Kriterium der Äußerung. Wer nicht davon ausgehen musste, dass er eine Äußerung zur Kenntnis Dritter bringt, haftet nicht.[96] Über diese Voraussetzung wird die Haftung Personen eingeschränkt, die bei der Veröffentlichung und Verbreitung eines Druckerzeugnisses oder einer Fernsehsendung mitwirken. Denn nach der oben genannten weiten Definition der Veröffentlichung wären grundsätzlich alle Personen, von dem Autor über den Verlag, die Verkäufer bis zu Transportunternehmen oder Druckerei, haftbar. Es wird unterschieden, je nachdem, ob die Person als erst- oder nur zweitrangig Beteiligter angesehen werden kann. Sogenannte "primary publishers" sind ebenso haftbar, wie der Verfasser einer Aussage selbst.[97] Darunter fallen hauptsächlich der Verlag oder die Fernsehgesellschaft. Allerdings greift in der Mehrzahl dieser Fälle das von dem *US Supreme Court* entwickelte verfassungsrechtliche Privileg aufgrund der

---

zweifelnd: *Hardy*, 55 U. Pitt. L. Rev. 1002 ff. (1994).

95 Übertragbar: *Haelan Laboratories, Inc. v. Topps Chewing Gum, Inc.*, 202 F.2d 866 (2d Cir. 1953); postmortal: z. B. *Martin Luther King Jr. Center for Social Change v. American Heritage Products*, 296 S.E.2d 697, 706 (Ga. 1982); dagegen z. B. *Memphis Development Foundation v. Factors, etc., Inc.*, 616 F.2d 956 (6th Cir. 1980*); dies hängt vor allem davon ab, ob man in dem right of publicity nur einen Unterfall des right* of privacy oder ein selbständiges, völlig andersartiges Delikt sieht, s. *Franklin / Rabin*, Tort Law, S. 996.

96 *Prosser / Keeton*, Torts, S. 802 f.

97 *Prosser / Keeton*, Torts, S. 803.

Pressefreiheit. Damit kommt eine verschuldensunabhängige Haftung in der Regel nicht in Betracht.

Personen, die nur eine zweitrangige Rolle bei der Verbreitung spielen (Verkäufer, Bibliothek), werden nur dann aus *defamation* verurteilt, wenn ihnen Fahrlässigkeit nachgewiesen wird. Diese liegt dann vor, wenn sie zumindest hätten wissen müssen, dass sie bei der Verbreitung einer Beleidigung mitwirken.[98] Zudem sind diese Personen auch direkt über einen Rechtfertigungsgrund (*privilege*) geschützt, da man nicht ernsthaft erwarten kann, dass diese Personen eine Verbreitung unterbinden.[99] Dieses Privileg soll den effektiven Gebrauch des verfassungsrechtlichen Privileges des Verfassers der Äußerung unterstützen, welches gleich erläutert wird.[100]

Das *Second Restatement* geht nun allgemein davon aus, dass jede *defamation* ein Verschulden voraussetzt. Diese Frage ist verknüpft mit den unten erörterten absoluten und relativen Privilegien, die mit Rechtfertigungsgründen vergleichbar sind. Diese haben den Grundsatz der verschuldensunabhängigen Haftung so weit aufgeweicht, dass gefordert wird, anstelle dieses komplizierten, unübersichtlichen Systems von Rechtfertigungsgründen ein allgemeines Verschuldenserfordernis aufzustellen.[101] De lege lata ist dies noch nicht der Fall.

Ein klares Haftungsprivileg steht jedoch der Presse zu. Im Jahre 1964 hat der *US Supreme Court* in *New York Times v. Sullivan*[102] entschieden, dass es mit der Pressefreiheit unvereinbar sei, es für die Haftung einer Zeitung wegen *defamation* gegenüber einer Amtsperson genügen zu lassen, dass der Kläger die Unwahrheit der Behauptungen beweist. Zusätzlich müsse dem Beklagten ein Schuldvorwurf gemacht werden können. Er müsse mit Wissen oder grob fahrlässigem Nichtwissen der Unwahrheit gehandelt haben (*Actual malice: with knowledge that it was false or reckless disregard of whether it was false or not*). Wegen der Gefahr einer Selbstzensur sei anderenfalls das *first amendment* verletzt. Das heißt, dass auch unwahre Äußerungen unter den Schutz der Meinungsfreiheit fallen können.[103] *Actual malice* stellt eine große Hürde für einen Anspruch dar. Die Presse muss sich trotz vieler Verdachtsmomente nicht um die Wahrheit gekümmert haben.[104]

---

98 *Prosser / Keeton*, Torts, S. 810 f.; zur Haftung der Betreiber von *Bulletin Boards* im Internet s. oben, S. 115, 118 und 122.

99 *Restatement (Second) of Torts*, § 612 (1977).

100 *Prosser / Keeton*, Torts, S. 811.

101 *Prosser / Keeton*, Torts, S. 815.

102 376 U.S. 254 (1964).

103 a.a.O., S. 271; *Schefer*, Konkretisierung von Grundrechten, S. 15.

104 Bsp. für restriktiven Fall, keine *actual malice*: *Tavoulareas v. Washington Post*, 567 F.

Gerade bei satirischen Äußerungen wird *actual malice* kaum bejaht.[105]

Hinsichtlich des Klägerkreises wurde dieses Privileg bald auf alle Personen ausgeweitet, die in der Öffentlichkeit stehen, entweder generell oder nur aufgrund eines aktuellen Anlasses.[106] Schließlich wurde von dem *US Supreme Court* 1974 entschieden, dass es bei jedem Kläger, also auch Privatpersonen, erforderlich sei, ein Verschulden der Presse, wenn auch nicht *actual malice*, nachzuweisen.[107] Die Einzelstaaten mussten ihre Rechte an diese Rechtsprechung anpassen und mindestens Fahrlässigkeit verlangen. *Punitive damages* setzen bei jedem Kläger voraus, dass der Beklagte mit *actual malice* handelte.[108] Allerdings kann für eine *punitive damages* Klage eines Privatmannes gegen einen Beklagten, der nicht Presseunternehmen ist, dann schon Fahrlässigkeit genügen, wenn es sich nicht um eine öffentliche, sondern eine Privatangelegenheit handelt.[109]

Eine weitere Modifikation der Gefährdungshaftung folgte daraus, dass der *US Supreme Court* verlangte, bei einer Äußerung von Medien, die sich auf ein Thema von öffentlichem Interesse beziehe, müsse der Kläger die Unwahrheit der Behauptung beweisen.[110] Es gilt also nicht die Vermutung der Unwahrheit.

Andere Beklagte hingegen haben, wie im englischen Recht lediglich die Abwehrmöglichkeit des Wahrheitsbeweises. Können sie diesen Beweis führen, so entfällt nach traditioneller Auffassung die Rechtswidrigkeit selbst dann, wenn der Beklagte bösgläubig handelte, böse Absichten hatte oder die Aussage für falsch hielt.[111] Dies liegt an der großen Bedeutung, die in dem amerikanischen Rechtssystem der Wahrheit und ihrer Bedeutung für einen freien, demokratischen Meinungsbildungsprozess. Zuerkannt wird[112] Doch werden Meinungen stärker, welche den Wahrheitsbeweis nur unter der Voraussetzung zulassen, dass der Beklagte

---

Supp. 651 f. (D.D.C. 1983); s. m. Nw. *Beater*, Zivilrechtlicher Schutz vor der Presse als konkretisiertes Verfassungsrecht, S. 36 ff.

105 Vgl. m. Nw. *Wolf*, Spötter vor Gericht, S. 170 ff.

106 *Curtis Publishing Co. v. Butts* und *Walker v. Associated Press*, 388 U.S. 130 (1967); für *involuntary public figure*: *Gertz v. Robert Welch, Inc.*, 418 U.S. 323, 351 (1974), Richter *Powell*.

107 *Gertz v. Robert Welch, Inc.*, 418 U.S. 323 (1974).

108 *Gertz v. Robert Welch, Inc.*, 418 U.S. 323, 349 f. (1974); nur unter dieser Voraussetzung können auch *presumed* oder *general damages* geltend gemacht werden, also solche ohne Nachweis eines konkreten Schadens.

109 *Dun & Bradstreet, Inc. v. Greenmoss Builders, Inc.*, 472 U.S. 749 (1985), Klage gegen Kreditauskunftei.

110 *Philadelphia Newspapers, Inc. v. Hepps*, 475 U.S. 767 (1986); s. auch *Sanders*, 19 N.C. J. Int'l L. & Com. Reg. 521 (1994).

111 *Prosser / Keeton*, Torts, S. 840 f.

112 Zur Verbindung zu den sozialen Wertmaßstäben der Gesellschaft auch *Hauch*, 68 Tul. L. Rev. 1289 (1994).

mit seiner Veröffentlichung einen guten Zweck verfolgte, und nicht in böser Absicht handelte.[113] Allerdings verliert diese Diskussion aufgrund der heute allgemein anerkannten Klage wegen *invasion of privacy* an Bedeutung, welche den Wahrheitsbeweis naturgemäß nicht als Verteidigung zulässt.[114]

Der Rechtfertigungsgrund des Wahrheitsbeweises ist auch dann nicht zulässig, wenn es sich lediglich um eine Meinungsäußerung, Werturteile (*opinion*) handelt. Diese sind aber gerade im Hinblick auf das *first amendment*, insbesondere im Bereich von Angelegenheiten öffentlichen Interesses, besonders stark geschützt.[115] Die betrifft z.B. satirische Äußerungen. Bei übertriebenen, verzerrten Darstellungen zu einem öffentlich diskutierten Thema wird das Vorliegen einer Tatsachenbehauptung verneint und damit der volle Schutz der Meinungsfreiheit gewährt.[116]

Die Gerichte haben neben den schon behandelten Rechtfertigungsgründen ein System von weiteren Rechtfertigungsgründen (*privileges*) entwickelt, welche in absolute und qualifizierte eingeteilt werden. Diese sollten dazu dienen, die Beschränkung der Rede- und Meinungsfreiheit auszugleichen, welche die im Grundsatz verschuldensunabhängige Haftung mit sich brachte.[117] Wegen der nun in vielen Staaten bestehenden Ausnahmen und der Rechtsprechung des *US Supreme Court* zu der Pressefreiheit sind die traditionellen Privilegien teilweise überflüssig geworden.[118]

Absolute Privilegien sind solche, die unabhängig von den Absichten des Beklagten und der Angemessenheit seines Verhaltens von der Haftung befreien. Qualifizierte sind solche, die bestimmte Motive oder ein angemessenes Verhalten voraussetzen. Insoweit werden also solche Kriterien relevant, die nach dem ursprünglichen *common law* gerade irrelevant für die Haftung waren.[119] Absolute Privilegien sind neben dem Wahrheitsbeweis vor allem die Einwilligung und der Ausschluss der Haftung für Äußerungen in gerichtlichen, legislativen o. ä. Verfahren. Als Einwilligung kommt im Bereich der Beleidigung die Aufforderung, sich zu äußern, in Betracht.[120] Eine Einwilligung kann auch für bestimmte, begrenzte

---

113 Z. B. *Perry v. Hearst Corp.*, 334 F.2d 800 (1st Cir. 1964).

114 *Yankwich*, 27 Notre Dame L. Rev. 520 (1952).

115 Vgl. *Wolf*, Spötter vor Gericht, S. 153 ff.; s. *Gertz v. Welch*, 418 U.S. 323, 340 (1974); *Kötz*, FS Engelschall, S. 34 f.; früher fielen Meinungsäußerungen wie in England unter den Rechtfertigungsgrund *fair comment*.

116 Vgl. *Milkovich v. Lorain Journal Co.*, 110 S. Ct. 2695, 2705 (1990); *DRT Construction Co., Inc. v. Lenkei*, 576 N.Y.S.2d 724 (App. Div. 1991), Karikatur; allgemein s. *Prosser / Keeton*, Torts, S. 813.

117 *Prosser / Keeton*, Torts, S. 815

118 *Prosser / Keeton*, Torts, S. 815, 825

119 S. zum Ganzen *Prosser / Keeton*, Torts, S. 815 ff.

120 *Burdett v. Hines*, 87 So. 470 (Miss. 1921); *Christopher v. Akin*, 101 N.E. 971 (Mass.

Formen der Äußerung oder Veröffentlichung erklärt werden.[121] Insgesamt ist die Bedeutung eher gering. Auf ein qualifiziertes Privileg kann man sich unter anderem zur Verteidigung seines Ansehens, dem Schutz des eigenen Unternehmens, der Rechtsverfolgung und des Eigentums berufen. Allerdings muss das Verhalten angemessen sein, das heißt zum Beispiel erfolgversprechend erscheinen. Unter Umständen kann insoweit auch einem Dritten geholfen werden, sein berechtigtes Interesse wahrzunehmen. Schließlich gibt es den aus dem englischen *common law* bekannten *fair comment*, der allerdings neben Schutz der Meinungsäußerungen, wie er oben dargestellt wurde keine Bedeutung mehr hat.

2. *Invasion of privacy*

Alle oben genannten Privilegien gelten nicht nur für *defamation*, sondern auch für die *invasion of privacy* Klagen.[122]

Im Bereich der *invasion of privacy* hat dabei die Einwilligung (*consent*) eine größere Bedeutung als bei Beleidigungen, da sich Personen des öffentlichen Lebens diese vorhalten lassen müssen, wenn sie die öffentliche Aufmerksamkeit gesucht haben.[123]

Zumindest in den Fällen, in denen eine Klage wegen *false light invasion of privacy* bloß neben *defamation* greift, muss das verfassungsrechtliche Privileg der Pressefreiheit anwendbar sein.[124] Das heißt eine Zeitung kann nur dann wegen einer falschen Aussage über eine Person der Öffentlichkeit (*public figure)* haftbar gemacht werden, wenn sie in Kenntnis der Unwahrheit oder grob fahrlässiger Unkenntnis handelte. Ob dies auch in anderen Fällen gilt, ist unklar.[125] Bei den Tatbeständen der *invasion of privacy* wird aber in analoger Anwendung der Rechtsprechung des *US Supreme Court* zu der Meinungsfreiheit meist allgemein ein Verschulden, sogar *actual malice*, verlangt.[126] Eine Verletzung des *right of publicity* hingegen setzt aus verfassungsrechtlicher Sicht nicht zwingend ein Verschulden voraus, denn die Grundsätze des *US Supreme Court* zu der Meinungsfreiheit sind nicht anwendbar.[127] Lediglich die Höhe des Scha-

---

1913).

121 *Luzenberg v. O'Malley*, 41 So. 41 (La. 1906).

122 *Warren / Brandeis*, 4 Harv. L. Rev. 216 (1890); *Restatement (Second) of Torts*, § 652F u. G (1977); eher zweifelnd noch: *Winfield*, 47 L.Q.R. 42 (1931).

123 *Yankwich*, 27 Notre Dame L. Rev. 517 (1952); *Prosser / Keeton*, Torts, S. 860; *Restatement (Second) of Torts*, § 652F, comment b (1977).

124 S. *Time, Inc. v. Hill*, 385 U.S. 374 (1967).

125 S. *Prosser / Keeton*, Torts, S. 865 f.

126 S. z. B. *Restatement (Second) of Torts*, § 652B u. E (1977).

127 Z. B. *Welch v. Mr. Christmas, Inc.*, 454 N.Y.S.2d 971 (1982); Ausnahmen gelten aber wie

densersatzes hängt davon ab.

Eine *public disclosure of private facts* ist wegen der Presse- und Meinungsfreiheit gerechtfertigt, wenn die Veröffentlichung ein legitimes Informationsinteresse der Öffentlichkeit erfüllt.[128] Diese Regel beruht auf der Rechtsprechung des *US Supreme Court* zu der Meinungsfreiheit. Insbesondere Personen, die sich in das Licht der Öffentlichkeit gebracht haben, gleichgültig ob auf politischer, wirtschaftlicher oder gesellschaftlicher Ebene, können sich insoweit nicht mehr auf diesen Tatbestand berufen. Das öffentliche Interesse kann sich in diesem Fall auch auf Privatangelegenheiten beziehen.[129] Auch ungewollt kann man zu einer solchen (*involuntary*) *public figure* werden, wenn man Teil eines aktuellen Geschehens, einer Straftat, eines Unfalls oder einer Naturkatastrophe ist.[130] Auch an wissenschaftlichen oder lehrenden Berichten kann ein öffentliches Interesse bestehen.

Die Grenzen eines legitimen öffentlichen Interesses hängen von den Standards und Konventionen der Gesellschaft ab.[131] Es muss hierfür eine Abwägung zwischen der Meinungsfreiheit und den Rechten und Gefühlen des Betroffenen getroffen werden.[132] Das öffentliche Interesse kann auch Angehörige des unmittelbar Betroffenen oder eines Verstorbenen einschließen, so dass diese Abbildungen und Berichte dulden müssen.[133] Ein Aktualitätsbezug wird kaum gefordert. Wer einmal eine *public figure* ist, bleibt fast immer im öffentlichen Interesse. Dies gilt auch bei Straftätern.[134] Die Zulässigkeit der Verbreitung öffentlich zugänglicher Informationen, zum Beispiel über Straftaten wird ebenfalls auf die

---

bei *defamation* für nur mittelbar an dem Delikt Beteiligte, wie die Verlage, vgl. m. Nw. *Götting*, Persönlichkeitsrechte als Vermögensrechte, S. 258 f.; *Seemann*, Prominenz als Eigentum, S. 117.

128 So schon *Warren / Brandeis*, 4 Harv. L. Rev. 214 (1890); *Bernstein v. National Broadcasting Co.*, 129 F. Supp. 817 f. (D.D.C. 1955); *Restatement (Second) of Torts*, § 652D (1977).

129 *Prosser / Keeton*, Torts, S. 860 m. Nw.

130 Vgl. Beispiele bei *Schefer*, Konkretisierung der Grundrechte durch den Supreme Court, S. 17 f.

131 *Franklin / Rabin*, Tort Law, S. 971; *Wacks*, Privacy and press freedom, S. 113; *Restatement (Second) of Torts*, § 652D, comment h (1977).

132 *Franklin / Rabin*, Tort Law, S. 971; *Restatement (Second) of Torts*, § 652D, comment h (1977); *Barron*, 13 Suffolk U. L. Rev. 880 f. (1979); Überwiegen der Rechte des Betroffenen z. B. in *Smith v. Daily Mail Publishing Co.*, 443 U.S. 97 (1979), rechtswidrige Erlangung der Informationen, strafrechtliche Verurteilung der Zeitung.

133 Z. B. *Aquino v. Bulletin Co.*, 154 A.2d 422 (Pa. Super. Ct. 1959); s. auch *Restatement (Second) of Torts*, § 652D, comment i, Bsp. 21 (1977); *Yankwich*, 27 Notre Dame L. Rev. 512 f. (1952).

134 S. *Bernstein v. National Broadcasting Co.*, 129 F. Supp. 817 f. (D.D.C. 1955); *Restatement (Second) of Torts*, § 652D, comment k (1977); dafür auch *Zimmerman*, 68 Cornell L. Rev. 355 f. (1983).

Meinungsfreiheit gestützt.[135] Eine rechtswidrige *intrusion* wird nicht dadurch rechtmäßig, dass sich die folgende Veröffentlichung auf das *first amendment* stützen lässt.[136]

Insgesamt kann in die Privatsphäre unter Berufung auf ein öffentliches Informationsinteresse sehr viel stärker eingegriffen werden als nach anderen Rechtsordnungen. Das Delikt, wie es *Warren / Brandeis* im Sinne hatten, ist im Laufe der Zeit stark eingeschränkt worden.[137]

3. Appropriation und Right of publicity

Die Rechtfertigungsgründe gegenüber dem *appropriation*-Tatbestand wurden bereits oben dargestellt.[138]

Hingegen kann gegen die Klage aus dem *right of publicity* nur ein öffentliches Informationsinteresse, zum Beispiel bei Nachrichten, geltend gemacht werden, nicht aber eine allgemeine Einwilligung.[139] Der *US Supreme Court* hat klargestellt, dass die Meinungsfreiheit insoweit weniger einschlägig und das Recht des Betroffenen stärker ist, da und soweit es nicht um die Verbreitung von Meinungen und Informationen über die Person gehe.[140] Dies gilt für Werbung und auch das Ausnutzen der Identität als solcher, zum Beispiel auf Postern.[141] Doch ist z.B. die satirische Abbildung auf einer Postkarte mit dem Aufdruck „For President" als politische Meinungsäußerung erlaubt.[142] Auch bei dem Verwerten der Persönlichkeit in Büchern, Biographien, Filmen kann sich der Beklagte auf die Meinungsfreiheit stützen, wobei dies nach überwiegender Ansicht selbst dann gilt, wenn Realität und Fiktion vermischt werden.[143]

---

135 *Cox Broadcasting Co. v. Cohn*, 420 U.S. 469 (1975).

136 *Dietemann v. Time Inc.*, 449 F.2d 245 (9th Cir. 1971): Eindringen in das Grundstück durch Hilfspersonen der Zeitung.

137 *Wacks*, Privacy and press freedom, S. 113; *Zimmerman*, 68 Cornell L. Rev. 363 (1983); s. auch *Hauch*, 68 Tul. L. Rev. 1287 ff. (1994), die amerikanische Fälle französischen Fällen gegenüberstellt.

138 S. oben, S. 120.

139 *Nimmer*, 19 Law & Contemp. Probs. 216 (1954).

140 *Zacchini v. Scripps-Howard Broadcasting Co.*, 433 U.S. 562, 573 (1977); deshalb wird wie oben dargestellt auch die Anwendung der strengen Verschuldensmaßstäbe von *New York Times* abgelehnt; s. auch m. w. Nw. *Cray*, 31 UCLA L. Rev. 643 (1984).

141 Z. B. *Factors Inc. v. Pro Arts, Inc.*, 496 F. Supp. 1090 (S.D.N.Y.1980); s. auch *Götting*, Persönlichkeitsrechte als Vermögensrechte, S. 224 ff.

142 *Paulsen v. Personality Posters, Inc.*, 199 N.Y.S.2d 501 (1968).

143 Sofern hierauf hingewiesen wird; z. B. *Hicks v. Casablanca Records*, 464 F. Supp. 426 (S.D.N.Y. 1978): erfundene Episode über Agatha Christie; vgl. zum Ganzen m. Nw. *Göt-*

Insgesamt ist zu sagen, dass die amerikanischen Gerichte auf der Rechtswidrigkeitsebene zwar nicht wie im deutschen Recht stets explizit eine Abwägung zwischen den entgegenstehenden Interessen vornehmen. Doch die Haftung ist das Ergebnis einer Abwägung.[144] Je nach Fallgestaltung ist die Schutzwürdigkeit des Betroffenen nämlich unterschiedlich, und auch die Meinungsfreiheit hat eine abgestufte Bedeutung, die hauptsächlich von dem einschlägigen öffentlichen Informationsinteresse abhängt.[145] Die Abwägung ist also in den Regeln konkretisiert.

IV. Rechtsfolgen

Schadensersatz ist im US-amerikanischen Recht die alles dominierende Rechtsfolge bei Persönlichkeitsverletzungen.

Bei Vorliegen eines *libel* wurde früher ein Schaden vermutet. Das heißt der Kläger musste nicht einmal beweisen, dass sein Ansehen tatsächlich beschädigt wurde, dass die Aussage über ihn zum Beispiel von irgend jemandem für wahr gehalten wurde.[146] Wie bereits ausführlich geschildert, ist dies von dem *US Supreme Court* als Verstoß gegen die Pressefreiheit gewertet worden. Sofern nicht *actual malice* vorliegt, können nur tatsächliche Schäden ersetzt werden. Die traditionelle Regel gilt daher nur noch teilweise.[147] Darüber hinaus verlangt das *American Law Institute* in seinem *Second Restatement* für jede Klage (nicht nur gegen die Medien) den Beweis einer Rufschädigung, es sei denn die subjektiven Voraussetzungen von *Gertz* (*actual malice*) liegen vor.[148] *Prosser* hält dies zumindest für *defamations* im privaten Rahmen für sinnvoll, da in diesem Fall eine Rufschädigung nicht ohne weiteres vermutet werden kann.[149]

Auf weitere, umstrittene Ausnahmen zu der Vermutung eines Schadens wurde schon oben eingegangen: Erstens die Fälle, in denen sich der beleidigende Charakter erst durch weitere Tatsachen ergibt, die über die Erklärung hinausgehen (*libel per quod*). Zweitens solche Äußerungen, die mehrere Bedeutungen haben

ting, Persönlichkeitsrechte als Vermögensrechte, S. 229 f.; *Seemann*, Prominenz als Eigentum, S. 114 f.; s. auch *Frosch v. Gosset & Dunlap, Inc.*, 427 N.Y.S.2d 828 (1980): Biographie über M. Monroe.

144 *Note*, 77 Harv. L. Rev. 1474 (1964).

145 S. nur *Zacchini v. Scripps-Howard Broadcasting Co.*, 433 U.S. 562, 573 (1977).

146 *Prosser / Keeton*, Torts, S. 795; *Slander* wird hier wegen der geringen Bedeutung für internationale Sachverhalte nicht behandelt.

147 Wenn es sich nicht um eine Angelegenheit öffentlichen Interesses handelt, dann ist *actual malice* nicht nötig, s. m. Nw.: *O'Connell*, 9 Dick. J. Int'l L. 167 (1991).

148 *Restatement (Second) of Torts*, § 621 (1977).

149 *Prosser / Keeton*, Torts, S. 796 f. Denn wenn die Aussage nur einer Person gegenüber gemacht wurde und diese sie für unwahr hält, ist das Ansehen der Person nicht verletzt.

können, von denen nicht jede beleidigend ist. In beiden Fällen haben einige Gerichte den Nachweis eines Schadens verlangt.[150]

In großen Bereichen werden, wie oben dargestellt, die Mindestvoraussetzungen für Schadensersatz mittlerweile von der Rechtsprechung des *US Supreme Court* bestimmt. Innerhalb dieses Rahmens gibt es durchaus Unterschiede, zum Beispiel was die zu ersetzenden Schadensarten betrifft, die ersetzt werden. Der kompensatorische Schadensersatz erfasst meistens alle Arten, also Rufbeeinträchtigungen, finanzielle Einbußen wie Geschäftsrückgang, Verringerung des Selbstwertgefühls, Scham.[151] Die Höhe hängt von der Verbreitung der Äußerung, dem Ruf des Betroffenen, dem Verschulden und einem eventuellen Widerruf ab.[152]

Auch bei *invasion of privacy* wird fast nur Schadensersatz zuerkannt. Dieser ersetzt den immateriellen Schaden an dem Ansehen, dem Selbstwertgefühl und auch die (nachgewiesenen) materiellen Schäden. Dies entspricht also dem weiten Umfang bei der *defamation*.[153] Insbesondere wird der kommerzielle Wert der Persönlichkeit beziehungsweise der Verlust eines Marktwertes auch bei *privacy* Klagen, im Rahmen der Höhe des Schadensersatzes, berücksichtigt.[154]

Im Bereich der *appropriation* kann auch eine Gewinnabschöpfung (*restitution of benefits*) verlangt werden.[155]

Trotz der Rechtsprechung des *US Supreme Court* gibt es auch im Bereich der *punitive damages* viele Unterschiede.[156] Nicht jedes einzelstaatliche Recht sieht *punitive damages* vor, zudem variieren die Voraussetzungen und Höhe.[157] Dies gilt insbesondere für *invasions of privacy* und dort den *appropriation* Tatbestand, denn insoweit ist die Rechtsprechung des *US Supreme Court* wohl nicht zwingend anzuwenden: Die Voraussetzungen für Strafschadensersatz sind unterschiedlich, teilweise wird er gar nicht zuerkannt, teilweise ist *actual malice* erforderlich, teilweise genügt ein „bewusstes Verwenden“ des Persönlichkeitsattributes, ohne dass

---

150 *Hinsdale v. Orange County Publications, Inc.*, 217 N.E.2d 650 (N.Y. 1966), zur ersten Ausnahme; *MacLeod v. Tribune Publishing Co., Inc.*, 343 P.2d 36 f. (Cal. 1959), zur zweiten Ausnahme.

151 S. m. Nw. *MPI-Gutachten*, S. 146 f.

152 S. m. Nw. *MPI-Gutachten*, S. 147; zum Widerruf unten S. 133.

153 *Götting*, Persönlichkeitsrechte als Vermögensrechte, S. 189 f.

154 *Hofstadter / Horowitz*, Right of Privacy, S. 262 f.; *Savell*, 48 Alb. L. Rev. 44 (1983).

155 *Restatement (Second) of Torts*, § 652H, comment e (1977); str., s. *Nimmer*, 19 Law & Contemp. Probs. 208 f. (1954).

156 S. *Faucher*, 26 U.C. Davis L. Rev. 1052 f. (1993.

157 S. *Stadler*, JZ 1989, 1086; Bsp. für generelle Ablehnung von *punitive damages*: Nebraska, *Miller v. Kingsley*, 230 N.W.2d 472 f. (Nebr. 1975); *Wheeler v. Green*, 593 P.2d 777 (Or. 1979); Höhenbegrenzungen durch einzelstaatliche Gesetze: s. Nw. bei *Coester-Waltjen*,

man sich der Einwilligung vergewissert hat.[158]

Die größte Summe an Schadensersatz für *defamation* inklusive *punitive damages* lag im Jahre 1989 bei drei Millionen Dollar.[159] Im Jahre 1993 wurden von einer Jury für eine vorsätzliche *defamation* im Rundfunk 19.000 Dollar materieller und 10 Millionen Dollar *punitive damages* zuerkannt. Dieses Urteil wurde sogar von dem *US Supreme Court* für verfassungsgemäß erklärt.[160] Auch bei *invasion of privacy* sind die zugesprochenen Summen höher als in Deutschland, vor allem bei dem *appropriation*-Tatbestand. Schon vor 1950 wurde Schadensersatz teilweise weit über 10.000 Dollar zugesprochen.[161] Exzessive Summen, die von Juries gelegentlich zugesprochen werden, werden allerdings in der Rechtsmittelinstanz oft gekürzt beziehungsweise Urteile aufgehoben.[162] Die hohen Schadensersatzsummen sind auch insoweit zu relativieren, als sie teilweise einen Ausgleich für die Nichterstattung der – hohen – Prozesskosten nach amerikanischem Prozessrecht darstellen.[163]

Die Höhe des Schadensersatzes bei Verletzungen des *right of publicity* hängt von dem Bekanntheitsgrad der Person ab.[164] Ersetzt wird, was sie für eine lizenzierte Nutzung oder Werbung bekommen hätte, oder der Verletzergewinn, zusätzlich die eventuelle Wertminderung der Persönlichkeit als Folgeschaden.[165] Außerdem kann

---

Deutsches internationales Zivilverfahrensrecht und die punitive damages, S. 20.

158 So (3. Alt.) in New York: *N.Y. Civ. Rights Law* § 51 (McKinney Supp. 1983), s. *Savell*, 48 Alb. L. Rev. 45 (1983).

159 *Brown v. Williamson Tobacco Corp. v. Jacobsen*, 827 F.2d 1119 (7th Cir. 1987); s. auch *Wolf*, Spötter vor Gericht, S. 151.

160 *TXO Production Corp. v. Alliance Ressources Corp.*, 113 S. Ct. 2711 (1993), *due process clause* nicht verletzt; 100.000 Dollar kompensatorischer und 300.000 Dollar *punitive damages* bei *libel*: *Gertz v. Welch*, 680 F.2d 527 (7th Cir. 1982), *actual malice*, denn Beklagter hatte ernsthafte Zweifel und hielt Aussage für „wahrscheinlich falsch".

161 1949 hatte z. B in New York eine Jury insgesamt 290.000 Dollar zugesprochen. Zu Schadensersatzsummen in New York bis 1963 vgl. die Aufstellung bei *Hofstadter / Horowitz*, Right of Privacy, S. 283-286; Bsp.: 4.000 Dollar für Veröffentlichung des Fotos einer Frau, deren Rock unbeabsichtigt hochgeflogen war: *Daily Times Democrat v. Graham*, 162 So.2d 474 (Ala. 1964); Bsp. für Schadensersatz für *intrusion*: *Dietemann v. Time Inc.*, 449 F.2d 245 (9th Cir. 1971): Eindringen in Grundstück, anschließende Veröffentlichung in Zeitung, 1000 Dollar kompensatorischer Schadensersatz.

162 Z. B. *Newton v. National Broadcasting Co., Inc.*, 930 F.2d 662 (9th Cir. 1990), Aufhebung des 19,3 Millionen Dollar Urteils.

163 Vgl. *Weaver / Bennett*, 53 La. L. Rev. 1181 (1993); *Wolf*, Spötter vor Gericht, S. 159; *Stadler*, JZ 1989, 1093.

164 *Nimmer*, 19 Law & Contemp. Probs. 217 (1954).

165 Vgl. z. B. *Sinatra v. National Enquirer, Inc.*, 854 F.2d 1194 (9th Cir. 1988); zum Ganzen ausführlich und m. Nw. *Götting*, Persönlichkeitsrechte als Vermögensrechte, S. 260 ff.

bei *malice* ein Anspruch auf *punitive damages* zuerkannt werden, zum Beispiel in Form der Verdreifachung des Schadensersatzes (*treble damages*).[166] Die Höhe hängt von dem Verschuldensgrad und den Vermögensverhältnissen des Beklagten ab.[167] Insgesamt können so mehrere hunderttausend Dollar erreicht werden.[168]

Nur selten werden *nominal damages*, also ein symbolischer Schadensersatz zuerkannt.[169] Denn wird eine Verletzung als gegeben angesehen, so wird ja in der Regel das Vorliegen eines Schadens vermutet.

Das Gesetz von New York zum Schutze vor kommerzieller Verwertung der Persönlichkeit sieht explizit vor, dass der Betroffene Anspruch auf eine *injunction*, also einen Unterlassungsanspruch, hat.[170] Auch gegen eine *intrusion upon seclusion* kann ein Unterlassungsanspruch zuerkannt werden. Gleiches gilt bei Verletzungen des *right of publicity*, allerdings nur selten in der vorbeugenden Form.[171] Im übrigen, also bei *defamation* und den *disclosure* und *false light* Tatbeständen des *right of privacy*, gilt jedoch eine strikte *rule against prior restraint* wonach wegen der Meinungsfreiheit vermutet wird, dass jede vorbeugende Unterlassungsverfügung rechtswidrig ist.[172]

Wegen der Meinungsfreiheit wird kein Anspruch auf Widerruf einer Behauptung gegeben. Es gibt aber einige Gesetze (*retraction statutes*), nach denen die Rechtsfolgen einer Beleidigung eingeschränkt werden, wenn ein umfassender Widerruf der Äußerung erfolgte.[173] Teilweise kann danach kein Strafschadensersatz (*punitive damages*) mehr geltend gemacht werden, wenn der Beklagte auf Aufforderung hin einen den Widerruf veröffentlicht. Andere Staaten gehen sogar noch weiter und lassen dann nur noch die Geltendmachung eines nachweisbaren

---

166 Zuerkennung von 15.000 Dollar *punitive damages*: *Cohen v. Hallmark Cards, Inc.*, 415 N.Y.S.2d 657 (1979); 100.000 Dollar: *Sinatra v. National Enquirer, Inc.*, 854 F.2d 1194 (9th Cir. 1988) (nicht *treble damages*).

167 Z. B. *Sinatra v. National Enquirer, Inc.*, 854 F.2d 1194 (9th Cir. 1988): 100.000 Dollar *punitive damages* neben 350.000 Dollar kompensatorischem Schadensersatz (Lizenzgebühr) für unerlaubte Werbung.

168 Z. B. *Sinatra v. National Enquirer, Inc.*, 854 F.2d 1194 (9th Cir. 1988): 450.000 Dollar (unerlaubte Werbung).

169 *Prosser / Keeton*, Torts, S. 845; Bsp. für *nominal damages* bei *appropriation*: *Harris v. H. W. Gossard Co., Inc*, 185 N.Y.S. 861 (App. Div. 1921), die Einwilligung i.S.d. New Yorker Gesetzes war nicht schriftlich.

170 *N.Y. Civ. Rights Law* § 51 (McKinney Supp. 1983); s. auch *Durgom v. CBS*, 214 N.Y.S.2d 752, 754 (Sup. Ct. 1961).

171 *Ali v. Playgirl, Inc.*, 447 F. Supp. 723 (S.D.N.Y. 1978); *Seemann*, Prominenz als Eigentum, S. 116.

172 *Prior restraint rule*: *Near v. Minnesota*, 293 U.S. 697 (1931).

173 Zum Ganzen vgl. *Franklin / Rabin*, Tort Law, S. 940 f.

Schadens (*actual damages*) zu. Einige dieser Gesetze wurden von einzelstaatlichen Gerichten als verfassungswidrig angesehen, der *US Supreme Court* sah darin aber keine Verletzung der Meinungsfreiheit.[174]

Nur wenige einzelstaatliche Rechtsgrundlagen gewähren ein Gegendarstellungsrecht (*right of reply*).[175] Aus der allgemeinen zivilrechtlichen Deliktshaftung hingegen ergibt sich ein solches Recht nicht. Die existierenden Regelungen sind auch in ihrer Zwecksetzung oft auf politische Kandidaten beschränkt, zudem sind meist nur die Rundfunkmedien gebunden. Für die Presse hat der *US Supreme Court* sogar die Verfassungswidrigkeit eines Gegendarstellungsrechtes festgestellt, da die Pressefreiheit jeden Veröffentlichungszwang verbiete.[176] Die praktische Bedeutung ist also sehr gering.

V. Privatrechtsgestaltende Einflüsse des Verfassungsrechts

Ähnlich wie in Deutschland kann in Amerika jedermann eine Verletzung seiner Grundrechte vor einem Gericht, in den USA dem *US Supreme Court*, geltend machen. Der *US Supreme Court* hat im Laufe der Zeit aus der Verfassung eine Vielzahl konkreter Regeln für Persönlichkeitsrechtsverletzungen abgeleitet, die sich meist auf die Rechtswidrigkeit oder auf das Verschulden beziehen. Auch die Rechtsfolgen werden beeinflusst. Das Zivilrecht des Persönlichkeitsschutzes wurde umfassend „*constitutionalized*".[177] Diese Urteile des *US Supreme Court*, die stets die Vereinbarkeit eines einzelstaatlichen Rechtes mit der Verfassung betreffen, stellen Rahmenvorgaben für alle Bundesstaaten dar.[178]

Ein Problem bei der Begründung einer Drittwirkung sehen die amerikanischen Gerichte im Bereich des Persönlichkeitsschutzes nicht. Es wird darauf abgestellt, dass in irgendeiner Form, nämlich durch ein Urteil oder ein Gesetz, staatliche Gewalt ausgeübt wird, durch die die Grundrechte beschränkt werden.[179] Das Ver-

---

174 *Miami Herald Publishing Co. v. Tornillo*, 418 U.S. 241, 258 (1974); für ein einzelstaatliches Gericht, das Verfassungswidrigkeit erklärt: *Beacon Journal v. Landsdowne*, 11 Media Law Reporter 1094 (Ohio 1984); s. im übrigen Nw. bei *Prosser / Keeton*, Torts, S. 847.

175 S. zum Ganzen ausführlich *Ebert*, Gegendarstellung in Deutschland und USA, S. 123 ff.

176 *Miami Herald Publishing Co. v. Tornillo*, 418 U.S. 241 (1974); im Bereich des Rundfunks ist dies anders, denn hier muss wegen der beschränkten Kapazität eine gewisse Ausgeglichenheit der Informationen und Meinungen gewährleistet werden.

177 *Beater*, Zivilrechtlicher Schutz vor der Presse als konkretisiertes Verfassungsrecht, S. 30.

178 Z. B. *The Florida Star v. B.J.F.*, 491 U.S. 524 (1989), Gesetz von Florida, das die Veröffentlichung der Namen von Opfern einer Sexualstraftat verbietet, verletzt die Meinungsfreiheit. Darauf durfte daher kein Schadensersatzanspruch gestützt werden. *Weaver / Bennett*, 53 La. L. Rev. 1159 f. (1993); *Kötz*, FS Engelschall, S. 25 f.

179 *New York Times v. Sullivan*, 376 U.S. 254, 265 (1964); s. auch *Fleming*, FS Atiyah, S. 333 ff.; *Stern*, Staatsrecht III/1, S. 1522.

fassungsrecht wirkt dadurch unmittelbar auf das Zivilrecht ein, hat privatrechtsgestaltende Wirkung.

Die gerichtliche Geltendmachung der Grundrechte durch Private erfolgt auf dem Rechtsweg dadurch, dass der *US Supreme Court* Revisionsinstanz gegenüber den anderen Gerichten, sowohl den bundes- als auch den einzelstaatlichen, ist.[180] Ein gesondertes Verfahren einer Verfassungsbeschwerde gibt es nicht. Doch die allermeisten Fälle werden von dem *US Supreme Court* schon gar nicht angenommen, unter anderem, weil sich auch die Untergerichte mit den verfassungsrechtlichen Fragen beschäftigen können.[181]

Anders als im deutschen Recht ist es weniger die verfassungsrechtliche Verankerung des Persönlichkeitsrechts beziehungsweise *right of privacy*, als die Rechtsposition der Gegenseite, die Presse- oder Meinungsfreiheit, welche betont wird. Diese sind in dem *first amendment* niedergelegt und wirken über das *14th amendment* auch gegenüber den Einzelstaaten beziehungsweise dem einzelstaatlichen Recht.[182] Hierunter fällt auch die Kunstfreiheit, zum Beispiel im Hinblick auf Satiren.[183] Ein verfassungsrechtlicher Status der Persönlichkeit wird nur selten erwähnt. In der Literatur und der Rechtsprechung wird der Schutz der Privatsphäre gelegentlich auf die Garantie eines ordnungsgemäßen Verfahrens, die Rechtsstaatlichkeitsklausel, gestützt.[184] Auch sehen manche einzelstaatlichen Verfassungen ausdrücklich ein *right to privacy* vor und wurden manchmal zur Begründung der Anerkennung eines *right of privacy* zitiert.[185]

Die Meinungsfreiheit untersteht im Verfassungstext keinen Einschränkungen und keinem Gesetzesvorbehalt. Deshalb und wegen der recht vagen Verbindung der Rechte des Betroffenen zu der Verfassung, liegt die Tendenz einer Bevorzu-

---

180 *Johnson*, Grundrechte in Europa und USA, S. 957 ff.

181 *Johnson*, Grundrechte in Europa und USA, S. 961 f., auch zu den anderen Gründen.

182 *First Amendment*: "Congress shall make no law ... abridging the freedom of speech, or of the press...".

183 S. m Nw. *Stadler*, JZ 1989, 1089.

184 *Due process clause* des *5th* und *14th amendment*; so *Pound*, 13 Western Reserve L. Rev. 54 f. (1961); aus der Rspr.: *Pasevich v. New England Life Insurance Co.*, 50 S.E. 68 (Ga. 1905): US- und Verfassung von Georgia; *Johnson*, Grundrechte in Europa und USA, S. 900; dies ist aber nicht mit dem *right of privacy* gegenüber unmittelbaren staatlichen Eingriffen zu verwechseln, mit dem z. B. das Recht auf den Schwangerschaftsabbruch begründet wurde; s. S. 911; Hinweis auf das *fourth amendment* (allg. Freiheitsrecht): *Bloustein*, 39 N.Y.U. L. Rev. 977 (1964).

185 *Johnson*, Grundrechte in Europa und USA, S. 904; deren privatrechtsgestaltende Bedeutung ist aber wegen der umfassenden Rechtsprechung des *Supreme Court* in dem hier interessierenden Bereich gering. Bsp. für Nennung in einer gerichtl. Entscheidung: *Melvin v. Reid*, 297 P. 91, 93 (Cal. Ct. App. 1931).

gung der Meinungsfreiheit nahe.[186] Im allgemeinen werden Grundrechtskollisionen aber durch eine Abwägung der Interessen gelöst.[187] Klargestellt wurde von dem *US Supreme Court* zumindest, dass es einen Schutz der Privatsphäre vor der Presse gibt, die Pressefreiheit nicht alles erlaube.[188] Doch dieses Recht auf die Privatsphäre wird auch in solchen Entscheidungen nicht auf eine verfassungsrechtliche Norm gestützt. Diskutiert, aber nicht bejaht wurde, ob aus der US-Verfassung zwingend zu folgern sei, dass die einzelstaatlichen Gerichte eine Klage wegen der Verletzung des *right of privacy* einführen müssten.[189]

Die meisten zivilrechtlichen, aus der Verfassung abgeleiteten Regeln des *US Supreme Court* beziehen sich auf die Pressefreiheit, also Klagen gegen Massenmedien. Die Bedeutung der Meinungsfreiheit ist nach amerikanischer Ansicht im Bereich der Medien besonders groß. Diese müssen deshalb vor einer Haftung geschützt werden. Ursprünglich ging es dabei stets um die Haftung wegen *defamation*. Auf die Verfassung wurden zunächst die *New York Times* Regel und alle sich daran anschließenden, oben ausführlich dargestellten Entscheidungen gestützt. Eine andere zivilrechtliche Regelung verstieße wegen der Gefahr einer Selbstzensur gegen das *first amendment*. Doch auch die schon vorher anerkannten Rechtfertigungsgründe und Privilegien stellten eine Konkretisierung der Meinungsfreiheit dar, zum Beispiel der Wahrheitsbeweis, der sich auf den überragenden Schutz der Verbreitung von Wahrheiten stützt.[190]

In der abgestuften Verschuldenshaftung der Medien, je nachdem, welcher Kläger betroffen ist, zeigt sich die Abwägung der Rechte beider Seiten.[191] Es handelt sich bei dem privatrechtsgestaltenden Einfluss des Verfassungsrechts also nicht um eine einseitige, generelle Vorrangstellung der Pressefreiheit, sondern auch die Rechte des Betroffenen können überwiegen. Wichtiges Kriterium ist dabei, wie im deutschen Recht, das berechtigte öffentliche Interesse an einer Veröffentlichung.[192] Dieses wird allerdings weiter ausgedehnt als in Deutsch-

---

186 S. auch *Johnson*, Grundrechte in Europa und USA, S. 944 f.; *Fleming*, FS Atiyah, S. 336 f.; *O'Connell*, 9 Dick. J. Int'l L. 147, 175 (1991), zu *defamation*.

187 *Johnson*, Grundrechte in Europa und USA, S. 945.

188 Z. B. bei der rechtswidrigen Erlangung der Informationen; *Cox Broadcasting Co. v. Cohn*, 420 U.S. 469, 487 (1975).

189 S. *Greenawalt*, 42 Brook. L. Rev. 169 ff. (1975), er bezieht sich auf das *fourth* und *14th amendment*; zum selben Problem bei einzelstaatlichen Verfassungen s. *Brittan*, 37 Tul. L. Rev. 243 (1963).

190 *Prosser / Keeton*, Torts, S. 815.

191 *Beater*, Zivilrechtlicher Schutz vor der Presse als konkretisiertes Verfassungsrecht, S. 42, 44 f.; *Walters*, 16 Fordham Int'l L.J. 905 ff. (1993); s. auch *O'Neill*, 55 U. Pitt. L. Rev. 1066, 1082 (1994).

192 S. auch *Stadler*, JZ 1989, 1087.

land, insbesondere über eine weite Definition der *public figures*.[193] Auch ist, anders als in Deutschland, nicht in jedem Fall eine erneute Abwägung erforderlich, vielmehr ist die Abwägung in den dargestellten Regeln des *US Supreme Court* bereits konkretisiert.[194]

Im Bereich der Presse wird aus der Meinungsfreiheit auch die *prior restraint rule* abgeleitet: Es gilt die strenge Vermutung, dass jede vorbeugende Unterlassungsverfügung gegen die Meinungsfreiheit verstößt.[195] Deshalb ist der Schadensersatz die vorrangige Rechtsfolge einer Persönlichkeitsverletzung.

Im Bereich der *invasion of privacy* Klage ist die Anwendbarkeit der Regeln des *US Supreme Court* zu der *defamation*, wie bereits dargestellt, teilweise problematisch. Die Pressefreiheit, die als hervorragend wichtig angesehen wird, ist dabei vor allem in den Fällen der *false light* und *public disclosure invasion* einschlägig. Grundsätzlich gilt, dass die Beschränkung der Äußerung verletzender Wahrheiten stärker in die Meinungsfreiheit eingreift als bei Verbreitung unwahrer Behauptungen. Deshalb ist der Wahrheitsbeweis bei der Beleidigung auch stets ein absoluter Rechtfertigungsgrund. Insoweit, als die *New York Times* Grundsätze anwendbar sind, also insbesondere bei *false light invasion*, ist ein privatrechtsgestaltender Einfluss des Verfassungsrechts gegeben.[196] Bei Verletzungen der Privatsphäre im engen Sinne stellt die Rechtfertigung eines Eingriffes aufgrund öffentlichen Interesses und wegen der öffentlichen Zugänglichkeit von Informationen eine Konkretisierung der Meinungsfreiheit dar.[197] Klargestellt wurde von dem *US Supreme Court* auch, dass es einen Schutz der Privatsphäre vor der Presse gibt und dieses Recht in manchen Fällen überwiegen müsse.[198] Die Abwägung erfolgt also zwischen dem öffentlichen Interesse an Meinungsfreiheit und dem Interesse an der Unverletzlichkeit der Persönlichkeit.[199]

---

193 S. auch *Beater*, Zivilrechtlicher Schutz vor der Presse als konkretisiertes Verfassungsrecht, S. 44 f.

194 *Fleming*, FS Atiyah, S. 337 f.

195 *Prior restraint rule*: *Near v. Minnesota*, 293 U.S. 697 (1931); gleiches gilt für ein Gegendarstellungsrecht, welches einen Veröffentlichungszwang enthält.

196 Z. B. *Time v. Hill*, 385 U.S. 374 (1967): *false light invasion*.

197 *Cox Broadcasting Co. v. Cohn*, 420 U.S. 469 (1975); s. *Beater*, Zivilrechtlicher Schutz vor der Presse als konkretisiertes Verfassungsrecht, S. 47.

198 Z. B. bei der rechtswidrigen Erlangung der Informationen; *Cox Broadcasting Co. v. Cohn*, 420 U.S. 469, 487 (1975).

199 S. *Barron*, 13 Suffolk U. L. Rev. 880 f. (1979); *Wacks*, The Protection of Privacy, S. 95; *Ludwig*, 32 Minn. L. Rev. 738 (1948); z. B. *Gautier v. Pro-Football, Inc.*, 106 N.Y.S.2d 553, 558 (App. Div. 1951).

Bezüglich des *right of publicity* hat der *US Supreme Court* klargestellt, dass die Meinungsfreiheit insoweit weniger einschlägig und das Recht des Betroffenen stärker ist, da und soweit es nicht um die Verbreitung von Meinungen und Informationen über die Person gehe.[200] Dies gilt für Werbung und auch das Ausnutzen der Identität als solcher, zum Beispiel auf Postern.[201] Jedoch hat das öffentliche Interesse im Rahmen der Berichterstattung in den Medien Vorrang, die Abwägung fällt zugunsten der Meinungsfreiheit aus.[202] Es wird also auch in diesem Bereich anerkannt, dass die Meinungsfreiheit unterschiedlich stark einschlägig sein kann und diese auch die Abwägung beeinflusst. Dieses Prinzip müsste auch bei den *appropriation* Fällen gelten. Bei der wirtschaftlichen Verwertung der Persönlichkeit ist lediglich die sogenannte *commercial speech* einschlägig, die weniger geschützt ist, da sie von geringerer Bedeutung für einen freien, demokratischen Meinungsbildungsprozess ist.[203] Aus demselben Grunde ist auch, wie oben dargestellt, die *prior restraint rule* bei Verletzungen des *right of publicity* nicht anwendbar.

---

200 *Zacchini v. Scripps-Howard Broadcasting Co.*, 433 U.S. 562, 573 (1977); s. auch m. W. Nw. *Cray*, 31 UCLA L. Rev. 643 (1984).

201 Z. B. *Factors Inc. v. Pro Arts, Inc.*, 496 F. Supp. 1090 (S.D.N.Y. 1980); s. auch *Götting*, Persönlichkeitsrechte, S. 224 ff.; *Seemann*, Prominenz als Eigentum, S. 114 f.

202 *Rosemount Enterprises, Inc. v. Random House, Inc.*, 294 N.Y.S.2d 501, 508 f (1968).

203 S. *Barnett*, FS Mestmäcker, S.55f.; *Pound*, 13 Western Reserve L. Rev. 45f. (1961) m.Nw.

F. Ergebnisse des materiell rechtsvergleichenden Teils

I. Rechtsvergleich

1. Rechtsinstitute des Persönlichkeitsschutzes

In den einzelnen Rechtsordnungen erfolgt der Schutz der Persönlichkeit durch die Anwendung unterschiedlichster Rechtsinstitute, wobei es sich überwiegend um Richterrecht handelt.[204] Überwiegend einheitlich ist jedoch im Grundsatz die Anwendung deliktsrechtlicher Vorschriften. Im deutschen, US-amerikanischen und französischen Recht werden ausschließlich solche angewendet. In England hingegen sind Ansprüche, auf vertragsähnlicher Grundlage (*breach of implied agreement, breach of confidence*) sowie eigentumsähnliche Ansprüche von nicht unerheblicher Bedeutung.

Im englischen Recht gibt es keinen allgemeinen deliktischen Schutz der Persönlichkeitsrechte, er wird von den Gerichten abgelehnt, von der Legislative nicht eingeführt. Deshalb erfolgt der Schutz über eine Vielzahl traditioneller Deliktstatbestände, insbesondere die Beleidigung, Vertrauensbruch sowie das Eigentum und das *copy-right*.

In den Vereinigten Staaten besitzen alle Bundesstaaten in verschiedenen Ausformungen das Rechtsinstitut der *invasion of privacy*, welches nicht nur vor Eingriffen in das Privatleben schützt. Daneben ist der Haftungstatbestand der Beleidigung bedeutsam. Auch über andere Rechtsinstitute wird ein Schutz erzielt. Dies sind in der Regel die traditionellen Anspruchsgrundlagen des englischen Rechts. Allerdings ist deren praktische Bedeutung für den Persönlichkeitsschutz wegen der Anerkennung eines *right of privacy* zu vernachlässigen. Neu und einzigartig im Vergleich zu den anderen Rechtsordnungen ist das *right of publicity*, welches das kommerzielle Verwerten von Persönlichkeitsgütern schützt.

Das französische Recht lehnt es ab, ein allgemeines Persönlichkeitsrecht zu garantieren. Dort werden mehrere Einzelpersönlichkeitsrechte wie Bild und Name geschützt. Das Recht auf das Privatleben stützt sich sogar auf eine spezielle gesetzliche Grundlage. Von großer Bedeutung ist auch hier der Schutz vor Beleidigungen. Alle Schadensersatzansprüche beruhen auf einer deliktischen Generalklausel, die eine Anerkennung eines allgemeinen Persönlichkeits-

[204] Allgemeines Persönlichkeitsrecht, Ehrverletzungstatbestände, Recht am eigenen Bild, Recht am eigenen Namen, Recht auf das Privatleben, eigentumsähnliche Rechte, Urheberrecht, *breach of confidence, right of publicity, passing off, nuisance, intentional infliction of emotional distress*, Datenschutz.

schutzes überflüssig macht.

Alleine im deutschen Recht ist seit langem ein Allgemeines Persönlichkeitsrecht als deliktisches Schutzobjekt anerkannt. Dadurch wird die Berufung auf eines der anerkannten Teilrechte – Ehre, Privatleben, Bild usw. – oft unnötig.

Was die Anwendung dieser Vielzahl von Rechtsinstituten betrifft, so haben die obigen Ausführungen gezeigt, dass in fast allen Rechtsordnungen eine Unklarheit über die Abgrenzung herrscht.[205] Fälle, die man dem Ehrenschutz zuordnen könnte, werden in Frankreich und Deutschland zum Beispiel über das sogenannte Recht am eigenen Bild gelöst, wenn es um einen nachteilige Darstellung geht. Das Privatleben wird in Frankreich (vor allem vor dem Gesetz von 1970 über den Schutz des Privatlebens) zum großen Teil auch über das Recht am Bild geschützt. Die Wahl des Anspruches, auf den ein Kläger seine Klage stützt, hängt oft auch von anderen Kriterien als der angestrebten Schutzrichtung ab, z.B. den möglichen Rechtsfolgen, Beweislast oder Zulässigkeit von Entlastungsbeweisen, Verjährungsfragen und dem eventuelle Bestehen einer gesetzlichen Grundlage.

Einzelne Rechtsinstitute dienen ferner dem Schutz verschiedenster Interessen: Das Recht am Bild kann dem Schutz der Ehre, des Privatlebens oder dem Schutz der wirtschaftlichen Verwertung dieses Persönlichkeitsattributes dienen. Das amerikanische *right of privacy* wird sogar in vier Gruppen eingeteilt, die völlig verschiedene Schutzobjekte betreffen. Der Beleidigungstatbestand wird in England auch auf Verletzungen des „Rechts am eigenen Bild“ ausgeweitet, da andere Anspruchsgrundlagen kaum zur Verfügung stehen. Die Einzelpersönlichkeitsrechte sind auch in tatsächlicher Hinsicht verquickt, da zum Beispiel bei Berichten in Zeitschriften kaum zwischen dem Text und Bildveröffentlichungen getrennt werden kann. Eine Namensnennung ist nahezu immer eine Begleiterscheinung.

Der traditionellen Ansicht, dass das Persönlichkeitsrecht nur immaterielle, ideelle Interessen schützt, kann nach der materiellrechtlichen Untersuchung nicht zugestimmt werden.

All dies zwingt zu dem Schluss, dass eine Abgrenzung der Fallgruppen, die den jeweiligen Einzeltatbeständen folgt, nicht vorgenommen werden darf. Vielmehr kann eine Einteilung nach übergeordneten Kriterien erfolgen, welche sich an der erwünschten Schutzrichtung orientieren.

---

205 Eine Ausnahme besteht bei den Vereinigten Staaten, wo eine Zuordnung zu den einzelnen Schutzbereichen recht eindeutig möglich ist.

2. Rechtsfolgen

Insgesamt zeigt sich, dass der deliktsrechtliche Persönlichkeitsschutz durch eine Vielzahl von Rechtsfolgen erreicht wird. Andere Ansprüche als der auf Schadensersatz sind wirkungsvoller als in anderen Bereichen des Rechts der unerlaubten Handlungen. Als Rechtsfolgen lassen sich neben dem Schadensersatz eine Reihe von Beseitigungs- und Unterlassungsansprüchen aufzählen, also vor allem der allgemeine Unterlassungsanspruch, Widerrufsansprüche, Berichtigungsansprüche, Urteilsveröffentlichungsansprüche und Herausgabeansprüche. Hinzu kommt das Gegendarstellungsrecht.

Allerdings sind diese Rechtsfolgen nicht gleichermaßen in jeder Rechtsordnung erhältlich. Hervorzuheben ist die äußerste Zurückhaltung, die in dem anglo-amerikanischen Rechtskreis jedem Unterlassungsanspruch gegenüber besteht. Vorbeugende Ansprüche sind praktisch ausgeschlossen, der Schadensersatz dominant. Allerdings ist die restriktive Einstellung gegenüber Unterlassungsansprüchen bei anderen Rechtsinstituten als der *defamation* weniger stark. So ist diese Rechtsfolge zum Beispiel in den USA bei Verletzungen des *right of publicity* und teilweise des *right of privacy* durchaus möglich.

In Frankreich und Deutschland kann im Gegensatz dazu die ganze Bandbreite an Rechtsfolgen gelten gemacht werden. In diesen Ländern haben die negatorischen Ansprüche eine große Bedeutung für den Persönlichkeitsschutz, insbesondere bei Verletzungen der Privatsphäre, wo Schadensersatz oft nicht das Ziel des Betroffenen ist. Auch Widerrufs-, Berichtigungsansprüche sowie Gegendarstellungsansprüche sind in diesen beiden Rechtsordnungen bedeutsam. Im angloamerikanischen Rechtskreis gilt dies nicht. Vor allem Gegendarstellungsansprüche sind dort kaum bekannt.

Die Schadensersatzsummen unterscheiden sich in den einzelnen Rechtsordnungen erheblich. In Deutschland und Frankreich sind sie allgemein niedriger als in England und insbesondere den Vereinigten Staaten. Dennoch zeigen die Kriterien, die zur Berechnung verwendet werden, eine hohe Übereinstimmung auf. Zudem sind die Summen, die in Deutschland als Geldentschädigung für immaterielle Schäden gezahlt werden, in den letzten Jahren stark angestiegen, und die Tendenz geht weiter in diese Richtung. Im Gegensatz dazu erfolgte in England vor einigen Jahren praktisch eine Kappung auf rund 130.000 Pfund. Es erfolgt also eine Annäherung.

In den meisten US-Bundesstaaten und in England sind *punitive damages* möglich, in Deutschland und Frankreich hingegen nicht. Doch wird der Geldentschädigung bei Persönlichkeitsrechtsverletzungen in Deutschland heute auch ein (teilweiser) Strafcharakter zugesprochen, was die Höhe beeinflusst.

Geldersatz für immaterielle Einbußen ist in allen Rechtsordnungen anerkannt.

3. Schutzniveau

Die Bewertung des Schutzniveaus in den verschiedenen Rechtsordnungen ist sehr schwierig. Zunächst einmal kann von der Anerkennung eines Allgemeinen Persönlichkeitsrechtes nicht unbedingt auf ein vergleichsweise hohes Schutzniveau geschlossen werden. Wie oben dargestellt, stehen auch sonstige Rechtsinstitute zur Verfügung, so dass der Schutz letztlich nur von der mehr oder weniger extensiven oder restriktiven Auslegung bestimmt wird.

Dennoch muss man sagen, dass der Schutz in England nach dem ausgewerteten Fallmaterial schon deshalb hinter dem der anderen Rechtsordnungen zurückbleibt, weil es an anwendbaren Rechtsinstituten fehlt. Dies gilt insbesondere für den Schutz der Privatsphäre, wenn kein Kontakt zwischen den Parteien bestand.[206] Ebenfalls ist der Bereich der Abwehr unbefugter kommerzieller Auswertung der Persönlichkeitsgüter unvollständig,[207] was jedoch auch in anderen Rechtsordnungen sichtbar ist.

In den anderen untersuchten Rechtsordnungen wäre ein umfassender Schutz möglich, doch kann es dort auf der Rechtswidrigkeits- und Verschuldensebene zu einer Ablehnung eines Anspruches kommen. Auf dieser Ebene entscheidet sich dann das Schutzniveau. So wird im amerikanischen Recht in vielen Fällen eine Rechtfertigung eines Eingriffes angenommen, insbesondere bei Beleidigungen und Eingriffen in die Privatsphäre.[208] Dagegen wird eine Beleidigung oder Verletzung der Privatsphäre in Deutschland und Frankreich seltener als gerechtfertigt angesehen. Es wird betont, dass auch bei bekannten Personen eine Privatsphäre geschützt ist.

Der vermögenswerte Aspekt der Persönlichkeit ist in den Vereinigten Staaten am umfassendsten geschützt, nämlich über das *right of publicity*. In Deutschland und Frankreich ist dies mehr oder weniger Nebenfolge des sonstigen Persönlichkeitsschutzes, wobei sich aber in Deutschland ein Wandel dahingehend andeutet, ein vermögenswertes Recht anzuerkennen. In England ist dieser Schutz nur beschränkt, doch auch dort zeigen sich einzelne Ausweitungen der traditionellen Deliktstatbestände auf den Schutz materieller Interessen.

---

206 Vgl. *Wacks*, The Protection of Privacy, S. 179 f.

207 *Wacks*, The Protection of Privacy, S. 170.

208 Bei Beleidigungen wird England aber aus amerikanischer Sicht als zu „plaintiff-favouring" angesehen, z. B. *Weaver / Bennett*, 53 La. L. Rev. 1156, 1161 ff. (1993).

Die Bewertung des Schutzniveaus muss auch die Rechtsfolgen berücksichtigen. Denn es zeigt sich, dass die eher restriktiven, angloamerikanischen Rechtsordnungen bei Bejahung einer Verletzung stärkere Schadensersatzregeln, insbesondere *punitive damages* vorsehen. Bloß symbolische Schadensersatzsummen, die Widerrufs- oder Unterlassungsansprüchen entsprechen könnten, werden kaum zuerkannt. Dies hebt in einer Gesamtbewertung das Niveau des Schutzes der Persönlichkeit wieder etwas an.

Erwähnt werden sollte noch, dass die Rechtsordnungen zu unterschiedlichen Ergebnissen kommen, obwohl sie bei der Prüfung der Rechtswidrigkeit beziehungsweise des Verschuldens eigentlich die gleichen Kriterien anwenden, die entgegenstehenden Rechtsgüter abwägen, das öffentliche Informationsinteresse und die Meinungsfreiheit, die Stellung des Betroffenen in der Gesellschaft, die verfolgten Zwecke des Beklagten berücksichtigen. Daraus kann man folgern, dass die Unterschiede auf fundamentalen Differenzen der Anschauungen und Wertungen beruhen, die es in der jeweiligen Gesellschaft und damit auch den Rechtsordnungen gibt.[209]

4. Einflüsse des Verfassungsrechts

Eine privatrechtsgestaltende Wirkung des Verfassungsrechts auf den Persönlichkeitsschutz konnte in allen untersuchten Rechtsordnungen nachgewiesen werden. Der Bereich des Persönlichkeitsschutzes wird sogar als der Bereich bezeichnet, in dem das Verfassungsrecht am stärksten auf das Zivilrecht einwirkt.[210] Besonders deutlich ist dies in Deutschland und den Vereinigten Staaten, wo Private die Verletzung ihrer Grundrechte vor dem obersten Gericht geltend machen können.

In Deutschland und Frankreich wird klar der verfassungsrechtliche Status sowohl des Persönlichkeitsrechtes als auch des entgegenstehenden Rechtes der Meinungsfreiheit betont. Beide sind ja auch ausdrücklich in den Verfassungstexten niedergelegt. In den anglo-amerikanischen Rechten hingegen wird die Meinungsfreiheit hervorgehoben und das Persönlichkeitsrecht nur selten auf verfassungsrechtliche Normen gestützt. Dennoch konnte auch in diesen beiden Rechtsordnungen gezeigt werden, dass in dem Zivilrecht eine Abwägung zwischen Meinungsfreiheit und Persönlichkeitsrecht vorgenommen wird. Die Meinungsfreiheit ist nicht schrankenlos, sondern wird durch die Rechte anderer

---

209 So auch *Hauch*, 68 Tul. L. Rev. 1287 ff. (1994) für den Vergleich USA - Frankreich.

210 *C. v. Bar*, RabelsZ 59 (1995), S. 22 ff. (für Europa).

begrenzt. Auch in den Rechtsordnungen, die eher zu einer Bevorzugung der Meinungsfreiheit tendieren, ist anerkannt, dass es Bereiche geben kann, in denen die Meinungsfreiheit für das demokratische Gemeinwesen weniger bedeutsam ist, so dass eine Haftung bejaht werden kann.

Das Zivilrecht stellt daher in jeder Rechtsordnung die Ausbalancierung, Abwägung von Persönlichkeitsrecht und Meinungs- oder Pressefreiheit dar.[211] Dieser Ausgleich des Persönlichkeitsschutzes mit der Meinungsfreiheit wird in jedem Land anders gesehen. Diese Unterschiede beruhen auf den gesellschaftlichen Normen, den historischen Erfahrungen, der politischen Kultur.[212] Damit spiegeln die unterschiedlichen Haftungsnormen die Grundeinstellungen der Gesellschaft wider.

Dieser Einfluss betrifft alle Aspekte der zivilrechtlichen Haftung, die Haftungsvoraussetzungen, insbesondere Rechtswidrigkeit und Verschulden, aber auch die Rechtsfolgen. Teilweise handelt es sich um sehr allgemeine Grundsätze, die auf das Verfassungsrecht gestützt werden, oder die Begründung eines Anspruches oder Rechts überhaupt wird aus der Verfassung gezogen. Es gibt jedoch auch konkrete zivilrechtliche Regeln, die unmittelbar aus den Grundrechten abgeleitet werden. Dies gilt besonders für die Vereinigten Staaten. Im Unterschied zu Deutschland erfolgt dort eine abstrakte Abwägung der entgegenstehenden Interessen, die von dem *US Supreme Court* in Form von Regeln vorgegeben wird, wohingegen im deutschen Persönlichkeitsschutz in jedem Einzelfall die Abwägung vorgenommen wird.[213]

Auf den Einfluss internationaler Abkommen, die Grundrechte gewährleisten, wurde bereits hingewiesen. Dieser Themenbereich wird ausführlicher im Zusammenhang mit dem (internationalen) *ordre public* in dem kollisionsrechtlichen Teil dieser Arbeit behandelt.

II. Konstellationen, die kollisionsrechtliche Fragen aufwerfen

Der Überblick über materielle Rechte hat gezeigt, in welchen Fallkonstellationen überhaupt internationalprivatrechtliche Fragen auftauchen könnten. Die überwiegende Mehrzahl der Fälle sind Veröffentlichungen über die Grenzen eines Landes hinweg. In Betracht kommen insoweit die herkömmlichen Massenmedien wie Radio, Fernsehen, Zeitungen, Zeitschriften und Bücher. Bei

---

211 *Strömholm*, FS Målstroem, S. 207 f.; *Zweigert / Kötz*, Rechtsvergleichung, Bd. 2, S. 713.

212 *Kötz*, FS Engelschall, S. 35.

213 *Zweigert / Kötz*, Rechtsvergleichung, Bd. 2, S.713 f.

individueller Kommunikation sind es Briefsendungen, die kollisionsrechtliche Fragen hervorrufen können, ebenso wie Telefonanrufe. In neuester Zeit drängt sich das Kommunikationsmittel des Internet als wichtiger Fall auf, in dem das IPR relevant wird. Es kommen dort grundsätzlich alle Verletzungshandlungen und materiellen Ansprüche in Frage. Alle Äußerungsdelikte sind also relevant ebenso wie Bildveröffentlichungen und ähnliches. E-mail-Fälle sind analog den Brieffällen zu behandeln.[214] Die Frage der Haftung der Anbieter von Kommunikationsleistungen für Äußerungen und Handlungen Dritter ist besonders hervorzuheben. Denn oft wird der Urheber einer Äußerung schwerer zu verfolgen sein als der Anbieter. Die Urheber sind oft keine deutschen Unternehmen oder Personen.

Doch auch dann, wenn eine Veröffentlichung gar keine Grenzen überschreitet, könnte ein kollsionsrechtlich relevanter Fall aufgrund des (Wohn-)Sitzes oder Aufenthaltsortes der Parteien vorliegen, zum Beispiel wenn der Verletzte in einem anderen Land als dem Veröffentlichungsort lebt. Ob dies von Bedeutung ist, wird erst die Diskussion der Anknüpfung ergeben.

Auch bei anderen Verletzungshandlungen (Fotografieren usw.) können sich Auslandsbezüge aus den gewöhnlichen Aufenthaltsorten der Beteiligten ergeben.

Bei einer Verletzung der Persönlichkeit durch Datenverarbeitung ist die mögliche Internationalität des Sachverhaltes ebenso offensichtlich wie bei dem Internet.

III. Katalogisierung der Schutzgüter für die kollisionsrechtliche Anknüpfung

1. Allgemeines

Der Überblick über die drei Rechtsordnungen hat gezeigt, dass man nicht ohne weiteres von einer einheitlichen Schutzrichtung der Fälle sprechen kann, die unter den Persönlichkeitsschutz fallen. Entgegen der ursprünglichen Konzeption des Persönlichkeitsrechtes, welches bloß höchstpersönliche Interessen und Nichtvermögensinteressen schützt, hat sich dieses zu einem Rechtsinstitut weiterentwickelt, welches viele Facetten aufweist. Der Begriff eines einheitlichen Persönlichkeitsrechtes im deutschen Recht täuscht nach der hier vertretenen Ansicht also. Die Entwicklung eines allgemeinen Persönlichkeitsrechtes diente weniger dazu, die Homogenität des Rechts zu beweisen, als dazu, Betroffenen einen umfassenden Schutz zu ermöglichen, ohne dass jeweils die strengen Voraussetzungen eines der anerkannten Tatbestände dargelegt werden müssten.

---

214 *Spindler*, ZUM 1996, 541.

Im Hinblick auf den kollisionsrechtlichen Teil der Arbeit ist es erforderlich, die Schutzgüter von Persönlichkeitsrechtsverletzungen zu bestimmen. Denn, wie noch zu erörtern sein wird, ist für die Anknüpfung nach deutschem IPR der Erfolgsort eines Deliktes, das heißt der Ort der Rechtsgutsverletzung relevant. Dazu muss das Rechtsgut jedoch zunächst definiert werden. Die materiellrechtliche Untersuchung hat gezeigt, dass die Einteilung in drei Gruppen erfolgen kann.

2. Katalogisierung der Schutzgüter

a) Ehre im weitesten Sinne

Das erste Rechtsgut, dessen Schutz unter den Begriff des Persönlichkeitsschutzes fällt, ist die Ehre. Diese kann als die Stellung und das Ansehen der Person in der Gesellschaft definiert werden. Dabei ist der Begriff jedoch weiter zu fassen, als die über die Beleidigungstatbestände geschützte Ehre. Das in dieser Arbeit definierte Rechtsgut soll auch den Schutz vor solchen Darstellungen in der Öffentlichkeit erfassen, die nicht die Ehre im engen Sinne betreffen, aber deren Art und Weise dem Betroffenen missfällt. Gemeint sind die oben unter dem Stichwort des Darstellungsschutzes und Schutzes vor Persönlichkeitsverfälschungen behandelten Fälle. Es ist also auch die von dem Betroffenen erwünschte Art und Weise der Präsentation in der Öffentlichkeit erfasst.

b) Privatsphäre im weitesten Sinne

Die Privatsphäre ist der Schutz vor unerwünschten Blicken der Öffentlichkeit in das Privatleben. Es ist der Bereich, in dem die Person alleine gelassen werden und ihre Ruhe haben will. Kern dieses Schutzbereiches ist damit die Abgrenzung zu der Öffentlichkeit. Dazu gehört insbesondere der Datenschutz, mit dem private Informationen über die Person vor einer unbefugten Veröffentlichung geschützt werden.

c) Kommerzielle Interessen

Es bleiben die Fälle, die nicht unter die ersten beiden Gruppen zu subsumieren sind. Diese sind geprägt von wirtschaftlichen Interessen, die hinter einer Klage stehen. Es handelt sich um die kommerzielle Ausnutzung der Persönlichkeitsattribute durch den Inhaber dieser Attribute. Es kommen Bild, Name, Wort und auch das Privatleben in Betracht. Alle diese Elemente des Persönlichkeitsrechts können zur Gewinnerzielung benutzt werden. Dies steht scheinbar im Widerspruch zu der ursprünglichen Zielrichtung des Persönlichkeitsrechtes, insbesondere in Deutschland. Doch steht ein entsprechendes Interesse in vielen der Fälle des Persönlichkeitsschutzes im Mittelpunkt. Auch in der (journalistischen) Praxis ist dieser Aspekt mittlerweile in allen untersuchten Ländern anerkannt, wie man an entsprechenden Verträgen sehen kann. Auch bei der Höhe des Schadensersatzes (materielle Schäden) schlägt sich der Gesichtspunkt nieder.

3. Abgrenzung und Einordnung von Fällen

Unter diese drei Gruppen können alle Fälle eingeordnet werden, die unter dem herkömmlichen Begriff des Persönlichkeitsschutzes diskutiert werden. Es zeigt sich auch, dass sich diese unterschiedlichen Schutzrichtungen kaum überschneiden und gut abgrenzbar sind.

Die Abgrenzung beziehungsweise Einordnung im Einzelfall ist freilich häufig schwierig. Das Studium der Fälle hat gezeigt, dass nahezu immer der Schwerpunkt eindeutig bei einem der Schutzgüter liegt. Dabei hat die Abgrenzung jedoch im allgemeinen nicht nach der Art des geltendgemachten Anspruches zu erfolgen. Wie bereits erwähnt, entsprechen die Kategorien der Schutzgüter nicht den angewendeten Rechtsinstituten.[215] Nach den einzelnen Rechtsordnungen besteht auch oft die Möglichkeit der Geltendmachung mehrerer Ansprüche. Die Wahl eines bestimmten Anspruches kann andere Ursachen haben, als die Art des Interesses, welches dahintersteht.

Das Privatleben ist einschlägig, wenn die Darstellung über private Dinge nicht deshalb abgelehnt wird, weil sie ein negatives Bild auf den Betroffenen wirft. Allerdings kann eine ehrenrührige oder nachteilige Darstellung auch deshalb abgelehnt werden, weil dadurch der Marktwert der Person verringert wird. Kommt es der Person darauf an, ein bestimmtes Bild in der Öffentlichkeit aufrechtzuerhalten, damit sie ihr Ansehen zum Beispiel für Werbung finanziell nutzen kann, so ist die dritte Kategorie einschlägig.

Bei dieser dritten Kategorie ist darauf abzustellen, welches Interesse *der Kläger* hat. Es muss sich also auf Seiten des Beklagten nicht unbedingt um eine kommerzielle Anmaßung eines Persönlichkeitsattributes handeln. Das kommerzielle Interesse des Klägers kann zum Beispiel auch durch die Ausbreitung von Tatsachen aus dem Privatleben beeinträchtigt sein. Umgekehrt kann durch unbefugte Werbung auch die Ehre betroffen sein. Als Beispiel mag hier nur der *Herrenreiterfall* oder die *Valente*-Entscheidung genannt werden. Als Indiz kann darauf abgestellt werden, ob die Person selbst ihr Bildnis oder ihren Namen für Geld zur Verfügung stellt. Dann wird in der Regel nicht Ehre oder Privatsphäre

---

[215] Lediglich in den Vereinigten Staaten ist eine Zuordnung relativ einfach, wie die Behandlung der Schutzbereiche dort gezeigt hat.

das relevante Interesse sein.

Weitere Hinweise können die geltend gemachten Rechtsfolgen geben (materielle Schäden, Schadensersatz für Ansehensverlust, nur immaterielle Schäden, Geldentschädigung für immaterielle Schäden, nur Unterlassung).

Zur Abgrenzung Privatsphäre – kommerzielle Interessen kann gesagt werden, dass das wirtschaftliche Interesse betroffen ist, wenn die Person selbst ihr Privatleben „veräußern" will und diese Möglichkeit generell beeinträchtigt oder die Verdienstaussichten verringert werden.[216] Zu denken ist zum Beispiel an den *Marlene Dietrich*-Fall. Will die Person bloß in Ruhe gelassen werden, so ist das Privatleben einschlägig.

Man sieht, dass durchaus eine Manipulationsgefahr besteht, wenn man eine solche Einteilung vornimmt. Doch sie erscheint sinnvoll und erforderlich, um zu einer angemessenen Anknüpfung zu gelangen. Bei diesen sehr verschiedenen Interessen, die unter dem Stichwort des Persönlichkeitsschutzes behandelt werden, nicht zu differenzieren, wäre ein gravierender Fehler. Die Manipulationsgefahr bzw. Schwierigkeiten bei der Zuordnung sind dagegen lediglich praktische Probleme, mit welchen sich die Gerichte zu befassen haben. Wie oben dargestellt, stehen einige Indizien aus dem Verhalten des Betroffenen zu Verfügung. Insbesondere frühere Reaktionen auf ähnliche Verletzungen oder frühere Klagen können herangezogen werden, um z.B. die Ernsthaftigkeit der Behauptung, eine Person sehe ihre Privatsphäre beeinträchtigt, zu überprüfen.

---

216 Auch *P. Kayser*, La protection de la vie privée, S. 411, ist der Ansicht, dass niemand gleichzeitig behaupten könne, seine Privatsphäre und sein materielles Interesse an deren Auswertung seien betroffen.

Zweiter Teil: Kollisionsrechtliche Anknüpfung der Haftung für Persönlichkeitsrechtsverletzungen

A. Überblick über ausländische Kollisionsrechte

I. Frankreich

1. Anwendung von lex loci delicti

In Frankreich ist das Kollisionsrecht des Persönlichkeitsschutzes ein noch relativ wenig behandeltes Gebiet. Der Persönlichkeitsschutz wird deliktsrechtlich qualifiziert.[1] Im internationalen Deliktsrecht gilt grundsätzlich das Prinzip der *lex loci delicti*, also auch für Ansprüche wegen der Verletzung der Ehre oder von Persönlichkeitsattributen.[2] Dabei wird auch der Bestand des Persönlichkeitsrechtes nach dem Deliktsstatut beurteilt, und es wird nicht zwischen der Anwendung von Art. 1382 C.c. und dem Schutz von *droits subjectifs* unterschieden.[3] Unterlassungs- und vorbeugende Ansprüche sind ebenfalls nach diesem Recht zu beurteilen.[4] Im allgemeinen wird unter dem *locus delicti* der Ort des schädigenden Ereignisses oder unrechtmäßigen Verhaltens verstanden (*fait dommageable / delictuel* bzw. *acte illicite*). Das anwendbare Recht regelt alle Fragen, wie zum Beispiel die Rechtswidrigkeit, Schaden, das Verschulden und die Höhe des Ersatzes.[5]

Bei mehreren Handlungen, die zu der Schädigung führen, sollen zunächst vorbereitende Handlungen ausgeschieden werden. Im übrigen wird die angelsächsische Ansicht, die letzte Handlung entscheide, abgelehnt. Die Gerichte sollen

---

1 *Bourel*, Rec. des Cours 1989 II, S. 325 f.

2 *Bourel*, Conflits de lois, S. 206; eine Anknüpfung an das Personalstatut wird abgelehnt; vgl. *ebd.*, S. 115, 225; vgl. aber die Anknüpfung von Namensverletzungen an das Heimatrecht: *Batiffol / Lagarde*, Droit international privé II, Rn. 404 und *Mayer*, Droit international privé, Rn. 500. Allgemein zu *lex loci* aus der Rechtsprechung z. B. *Cass.* v. 25.5.1948, D. 1948, jur. 357; v. 14.1.1997, Rev. crit. d.i.p. 1997, 504 m. Anm. *Bischoff*.

3 *Bourel*, Anm. zu *Cass.* v. 13.4.1988, Rev. crit. d.i.p. 1988, 549; *Kayser*, La protection de la vie privée, S. 403 f. m. w. Nw.; kritisch *Edelman*, Anm. zu *Cass.* v. 13.4.1988, Clunet 1988, 752, 762 f., 765 f., der eine unterschiedliche Anknüpfung von *droits subjectifs* und deliktsrechtlicher Haftung befürwortet; ebenso *Mestre*, FS Kayser II, S. 239 ff.

4 *Kayser*, La protection de la vie privée, S. 406 f., der aber meint, ein Unterlassungsanspruch nach französischem Recht dürfe sich nur auf die Verbreitung in Frankreich beziehen.

5 *Bourel*, Conflits des lois, S. 206 f., 225, 256; ein *renvoi* wird abgelehnt, vgl. *Morse*, 32 Am. J. Comp. L. 56 (1984).

vielmehr den Schwerpunkt der Handlung im Einzelfall ermitteln.[6]

Unerlaubte Handlungen, die mittels Briefen, Telefon, der Presse oder Rundfunk begangen werden, wurden, zumindest bisher, auch in Frankreich als Distanzdelikte[7] angesehen. Dabei wird zum Beispiel bei Beleidigungen der Ort des Schadens überall dort gesehen, wo eine Veröffentlichung gelesen oder empfangen wird, der Handlungsort am Druck-, Veröffentlichungs-, Redaktions- oder Sendeort.[8] Andererseits wird bei der Verletzung persönlicher Interessen auch eine Anknüpfung an den Wohnsitz des Betroffenen als fiktivem Schadensort vertreten.[9] In der höchstrichterlichen Rechtsprechung wurde dies jedoch, zumindest für den Bereich Bild und Privatsphäre, abgelehnt.[10] Dass es sich um Distanzdelikte handelt, war aber gefestigte Meinung.

Im Jahre 1997 hat die *Cour de Cassation* allerdings eine Entscheidung auf dem Gebiete des internationalen Wettbewerbsrechts getroffen, die auch für die Anknüpfung des Persönlichkeitsschutzes von Bedeutung sein könnte.[11] Denn die *Cour de Cassation* wendete die allgemeinen Grundsätze des internationalen Deliktsrechts an, ohne dies in der Formulierung auf das Wettbewerbsrecht zu beschränken. Die Ähnlichkeit zu Persönlichkeitsrechtsverletzungen liegt darin,

---

6 „la partie essentielle du délit", vgl. *Bourel*, Conflits des lois, S. 214.

7 Die französische Doktrin hat diesen Begriff aus Deutschland übernommen und versteht darunter das Auseinanderfallen der Handlungen und der schädigenden Folgen; vgl. *Bourel*, Conflits des lois, S. 214; eine Unterscheidung, wie im deutschen Recht, zwischen Ort der Rechtsgutsverletzung und des Schadens wird in Frankreich entsprechend Art. 1382 C.c. nicht gemacht. Dieser spricht nur von Schaden, nicht von Rechtsgutsverletzung. Distanzdelikte werden auch *délits complexes* im Gegensatz zu *délits simples* genannt.

8 *Bourel*, Conflits des lois, S. 214 f., der sich aber nicht zu dem Verhältnis mehrerer Erfolgsorte äußert, abgesehen davon, dass zweitrangige, indirekte Schäden auszuschließen seien; *ebd.* auf S. 226; vgl. aber zu dem Privatleben *Kayser*, La protection de la vie privée, S. 408 f. (Handlungsort am Verbreitungsort, Schadensort am Wohnsitz des Betroffenen); zum Veröffentlichungsort als Handlungsort z. B. *Edelman*, Anm. zu *CApp Paris* v. 11.5.1994, Clunet 1995, 952, 959 (Wettbewerbsverletzung mittels Presse); für den vermögenswerten Aspekt der Persönlichkeitsrechte vertritt *Gaillard* die Ansicht, es handele sich um Platzdelikte. Der Gewinnverlust als Schaden falle stets mit dem Verwertungsort zusammen, *Gaillard*, Rev. crit. d.i.p. 1984, 1, 12, Fn. 33.

9 *Gaudemet-Tallon*, Anm. zu *CApp Paris* v. 19.3.1984 und *TGI Paris* v. 30.6.1984, Rev. crit. d.i.p. 1985, 149 f.; *Bourel*, Conflits des lois, S. 116, 141, 227; das Verhältnis zu den bei Distanzdelikten genannten Erfolgsorten klärt er aber nicht; *ders.*, Anm. zu. *Cass.* v. 13.4.1988, Rev. crit. d.i.p. 1988, 553; 1989 begründet er die Anwendung dieses Rechtes schlicht mit der engsten Verbindung: *Bourel*, Rec. des Cours 1989 II, S. 338 f.

10 *Cass.* v. 13.4.1988, Rev. crit. d.i.p. 1988, 546 m. krit. Anm. *Bourel* (Urlaubsfotos von Farah Diba); *TGI Paris* v. 30.6.1984, Rev. crit. d.i.p. 1985, 141, 145 m. Anm. *Gaudemet-Tallon.*

11 *Cass.* v. 14.1.1997, Rev. crit. d.i.p. 1997, 504 m. Anm. *Bischoff* (Klage zwischen zwei US-amerikanischen Herausgebern wegen des durch die Verbreitung einer Zeitschrift in Frankreich erlittenen Schadens; ein paralleles Verfahren war in den USA anhängig).

dass die Verletzung mittels der Presse begangen wurde. Die *Cour de Casssation* entschied, dass bei Anwendung der *lex loci delicti* Regel sowohl Handlungs- als auch Erfolgsort (*fait générateur du dommage, réalisation du dommage*) als Tatort anzusehen seien. Sie führte aber weiter aus, dass der Handlungsort bei Pressedelikten nicht am Veröffentlichungsort, sondern am Verbreitungsort liege. Es handelt sich nach Ansicht der *Cour de Cassation* also nicht um Distanz-, sondern um Platzdelikte.[12]

Vor der Entscheidung der *Cour de Cassation* von 1997 wurde bei Distanzdelikten mehrheitlich der Erfolgsort (*lex loci damni*) bevorzugt, da dieser in Wirklichkeit auch der letzte Ort der Vornahme der Handlung sei.[13] Eine Anknüpfung an dieses letztes Handlungselement sei anderen Handlungsorten wie dem Absenden des Briefes vorzuziehen. Jene hätten eher zufälligen Charakter und seien zweitrangig; ferner bestehe Manipulierungsgefahr.[14] Andere Autoren geben die schadensausgleichende Funktion des Deliktsrechtes als Begründung an.[15]

Kumulative und alternative Anknüpfung werden so gut wie nicht vertreten.[16]

---

12 Gegen Distanzdelikte bei Privatsphäre auch *Mestre*, FS Kayser II, S. 253 f.
Die Frage der Behandlung von *multistate* Delikten stellt sich der *Cour de Cassation* nicht, da nur der Schaden durch die Verbreitung in Frankreich geltend gemacht wurde. Welcher Lösungsweg bei Vorliegen eines Distanzdeliktes einzuschlagen ist, wird von der *Cour de Cassation* nicht beantwortet. *Bischoff* meint in seiner Anmerkung, die Rechtsprechung würde wohl eine Wahl zwischen den beiden Rechtsordnungen bevorzugen, wobei er die Frage des Wahlberechtigten (Kläger, Richter) sowie die Kriterien der Wahl (Günstigkeit, Forum) als offenstehend ansieht, Rev. crit. d.i.p. 1997, 504, 510 f.

13 „lieu de commission de l'acte générateur", *Bourel*, Conflits des lois, S. 215; ebenso *Mestre*, FS Kayser II, S. 253 f.; vgl. auch *Bischoff*, Anm. zu *Cass.* v. 14.1.1997, Rev. crit. d.i.p. 1997, 504, 508 f.; *Gaudemet-Tallon*, Anm. zu *TGI Paris* v. 29.9.1982 und v. 27.4.1983, Rev. crit. d.i.p. 1983, 670, 678, Fn. 3; *dies.*, Anm. zu *TGI Paris* v. 23.6.1976, Rev. crit. d.i.p. 1978, 138; aus der Rechtsprechung *Cass.* v. 8.2.1983, Clunet 1984, 123 m. Anm. *Légier* („où le dommage a été réalisé", im Fall aber Zusammentreffen mit dem Handlungsort; *CApp Paris* v. 18.10.1955, Rev. crit. d.i.p. 1956, 484 mit zustimmender Anm. *Batiffol* (nicht zu Persönlichkeitsrechten); a. A. (Handlungsort): *TGI Seine* v. 22.6.1967, Rev. crit. d.i.p. 1969, 474 mit zustimmender Anm. *Loussouarn* (S. 479) (nicht speziell zu Persönlichkeitsrechten); w. Nw. für Handlungsort bei *Bourel*, Encyclopédie Dalloz, Répertoire de droit international II, Responsabilité civile, Rn. 38.

14 *Mestre*, FS Kayser II, S. 243, 254; *Bourel*, Conflits des lois, S. 214 f.

15 *Batiffol / Lagarde*, Droit international privé II, Rn. 561; *Mayer*, Droit international privé, Rn. 666; hiergegen für Verletzungen der Privatsphäre aber *Mestre*, FS Kayser II, S. 252 f. (Verhaltenssteuerung).

16 Vgl. *Bourel*, Conflits des lois, S. 83 f.; gegen kumulative Anknüpfung spricht der mangelhafte Rechtsschutz, *Bischoff*, Anm. zu *Cass.* v. 14.1.1997, Rev. crit. d.i.p. 1997, 504, 510; die neuerdings vereinzelt vertretene distributive Anknüpfung (Voraussetzungen der Haftung nach Handlungsortsrecht – Rechtsfolgen nach Erfolgsortsrecht), wird abgelehnt, da sie die kollisionsrechtliche Einheit auseinanderreißt, vgl. *Bischoff*, a.a.O.; gegen Wahlrecht

Deshalb hat sich für den hier untersuchten Bereich durch die Entscheidung der Cour de Cassation von 1997 keine große Veränderung ergeben, sofern man sie überhaupt als für den Persönlichkeitsschutz relevant ansieht. Nach dieser Entscheidung fällt ja der Handlungsort mit dem Erfolgsort zusammen, der Veröffentlichungsort ist für die Anknüpfung irrelevant.

Die Frage, wie mehrere Erfolgsorte durch mehrfache Veröffentlichung (Verbreitung) zu behandeln sind, wird kaum erörtert. Dies liegt daran, dass oft nur der Schaden in Frankreich geltend gemacht wird und geltend gemacht werden kann. Nach der französischen Rechtsprechung sind nämlich die Gerichte des Schadensortes nur für den dort entstandenen Schaden zuständig.[17] In einer Entscheidung des *Tribunal de Grande Instance* von Paris wurde eine Mosaikbetrachtung (*application distributive*) vertreten, also der Anspruch und Schaden für jedes Veröffentlichungsland nach seinem eigenen Recht bestimmt. Allerdings wurde die Berechnung des zuerkannten Schadensersatzes nicht begründet.[18] Ohne Begründung wird auch aus der neuen Entscheidung der *Cour de Cassation* zum internationalen Wettbewerbsrecht eine Mosaikbetrachtung geschlossen.[19] Die *Cour de Cassation* hat aber nur entschieden, dass es sich bei Pressedelikten um Platzdelikte handelt. Ein *multistate* Delikt lag dort gar nicht vor, da nur der Schaden durch die Verbreitung in Frankreich geltend gemacht wurde. Dass die *Cour de Cassation* bei Zuständigkeit für den gesamten Schaden tatsächlich jedes einzelne Recht anwendete, darf daraus nicht geschlossen werden. Die Rechtslage ist vielmehr unklar. Als andere Lösung wird eine Schwerpunktbildung in Betracht gezogen.[20] Hierauf deutet auch eine aktuelle Entschei-

---

z. B. *Mestre*, FS Kayser II, S. 251.

17 Z. B. *CApp Paris* v. 19.3.1984, Rev. crit. d.i.p. 1985, 141 m. Anm. *Gaudemet-Tallon*; *TGI Paris* v. 29.9.1982 und v. 27.4.1983, Rev. crit. d.i.p. 1983, 670 ff. m. Anm. *Gaudemet-Tallon*; für einen Fall, in dem nur der Schaden in Frankreich geltend gemacht wurde, auch: *Cass.* v. 14.1.1997, Rev. crit. d.i.p. 1997, 504 m. Anm. *Bischoff* (beide Parteien waren Amerikaner; Fall aus dem Bereich des Wettbewerbsrechts); zur entsprechenden Rechtsprechung des *EuGH* s. *EuGH* v. 7.3.1995, Rs. C-68/93, Slg. 1995 I, S. 415, abgedruckt in ZEuP 1996, 295; anders noch *TGI Paris* v. 23.6.1976, Rev. crit. d.i.p. 1978, 132 m. Anm. *Gaudemet-Tallon*.

18 *TGI Paris* v. 23.6.1976, Rev. crit. d.i.p. 1978, 132 m. Anm. *Gaudemet-Tallon* (Privatsphäre); für eine Anwendung jedes Erfolgsortsrechtes auch: *Kayser*, La protection de la vie privée, S. 406, 409 f. (beides zum Schutz des Privatlebens) und *Mestre*, FS Kayser, S. 255 f.; allgemein: *Batiffol / Lagarde*, Droit international privé II, Rn. 561; ebenso bezüglich Urheberrechtsverletzungen über das Internet: *Gautier*, D. 1996, chr. 132 f.

19 So *Bischoff* in der Anmerkung zu dieser Entscheidung: *Cass.* v. 14.1.1997, Rev. crit. d.i.p. 1997, 504, 513; auch *Lagarde* stellt, ohne allerdings Fälle nachzuweisen, fest, die Rechtsprechung vertrete diese Ansicht, Anm. zu *EuGH* v. 7.3.1995 (Rs. C-68/93, Slg. 1995 I, S. 415), Rev. crit. d.i.p. 1996, 487, 503.

20 „la partie essentielle du délit", vgl. *Mestre*, FS Kayser II, S. 255 (im Ergebnis ablehnend).

dung der *Cour de Cassation* aus dem Jahre 1999, in welcher bei einer Mehrzahl von Handlungsorten der Erfolgsort als Ort der engsten Verbindung angesehen und dessen Recht angewendet wurde.[21]

2. Neuere Tendenzen

Einige Autoren versuchen in jüngerer Zeit, eine Abkehr von dem strikten *lex loci delicti* Prinzip zu erreichen. Sie streben die flexible Regel der Anwendung des mit dem Sachverhalt am engsten verbundenen Rechts an, vertreten also eine Art *proper law of tort* Ansatz.[22]

Die Ansicht, dass die Tatortregel keine angemessene Lösung und durch andere Anknüpfungskriterien zu ersetzen sei, hat sich jedoch bisher nicht ganz durchgesetzt. Die *Cour de Cassation* hat 1997 noch einmal herausgestellt, dass die *lex loci delicti* Regel immer noch Gültigkeit besitze.[23] Sie weigerte sich in einem Fall zwischen zwei amerikanischen Parteien bei nur geringfügiger Verbreitung einer amerikanischen Zeitschrift in Frankreich, Auflockerungstendenzen anzusprechen, und die enge Verbindung zum amerikanischen Recht zu akzeptieren. Eine Entscheidung aus dem Jahre 1999 – allerdings nicht auf dem Gebiet der Persönlichkeitsrechtverletzungen – beruft sich aber auf das Prinzip der engsten Verbindung.[24] Ob es sich hierbei um eine Grundsatzentscheidung für alle Bereiche des Deliktsrechts handelt, bleibt abzuwarten.

Erst in neuerer Zeit werden in der Literatur vereinzelt einzelne Aspekte des Schutzes der Persönlichkeitsrechte differenziert diskutiert, nämlich insbesondere der Schutz der Privatsphäre und der Bereich des vermögenswerten Aspektes des Persönlichkeitsschutzes. In der Rechtsprechung hingegen wird nicht unterschieden. Hier werden allgemein die *droits de la personnalité* angeknüpft.

P. Kayser[25] ist einer der wenigen in der französischen Literatur, der zwischen verschiedenen Interessen differenziert. Er unterscheidet im Bereich der Anwendung des Art. 9 C.c. zwischen dem Schutz vermögenswerter (insbesondere Bild) und nichtvermögenswerter Interessen. Für den Schutz des immateriellen Interes-

---

21 Cass. v. 1.5.1999, ZeuP 2001, 150 m. Anm. v. Hein (Konstruktionsmängel einer Erdölplattform).

22 *Bourel*, Conflits des lois, S. 54 ff.: *milieu social*, in das der Sachverhalt eingebunden sei; *ders.*, Rec. des Cours 1989 II, S. 398; s. auch *Lagarde*, Rec. des Cours 1986 I, S. 25 ff., der allgemein auf das Prinzip der „proximité" abstellt (nicht speziell zum Deliktsrecht).

23 *Cass.* v. 14.1.1997, Rev. crit. d.i.p. 1997, 504, insb. 507 f. m. Anm. *Bischoff*.

24 S. Cass. v. 1.5.1999, ZeuP 2001, 150 m. Anm. v. Hein (Konstruktionsmängel einer Erdölplattform).

25 *Kayser*, La protection de la vie privée, S. 403–411.

ses wendet er das Recht des Veröffentlichungsortes oder bei tatsächlichen Handlungen des Eingriffsortes an, gegebenenfalls in einer Mosaikbetrachtung. Die Verletzung von Vermögensinteressen soll sich nach dem Recht des Wohnsitzes des Betroffenen richten. Dabei zieht er eine Parallele zu Urheberrechten, die nach dem Recht ihres Ursprungslandes geschützt werden.[26]

Auch *Edelman* vertritt eine Unterscheidung zwischen dem kommerziellen und dem immateriellen Bereich des Persönlichkeitsschutzes. Er will die *lex loci delicti* lediglich für den Vermögensaspekt, für den immateriellen Bereich hingegen das Personalstatut beziehungsweise das französische Recht als *loi de police* anwenden.[27] Dabei entspricht nach seiner Ansicht allerdings generell die Geltendmachung eines *droit subjectif* dem nichtvermögenswerten und die Berufung auf das Deliktsrecht dem vermögenswerten Bereich. Diese Trennung wird jedoch von der ganz herrschenden Meinung nicht getroffen.

Speziell im Bereich der Datenverarbeitung wird vorgeschlagen, das Wohnsitzrecht des Betroffenen als Verletzungsortsrecht anzuwenden.[28] *Rigaux* verlangt diese Regel allgemein für den Schutz der Privatsphäre, was in der Wissenschaft bestritten ist.[29] Die *Cour de Cassation* hat 1988 entschieden, dass Verletzungen des Bildes und der Privatsphäre nicht nach dem Personalstatut des Betroffenen, sondern dem Recht des Begehungsortes zu beurteilen seien.[30] Sie äußerte sich nicht weiter zu den Kriterien, nach denen der Tatort zu bestimmen sei und wendete das Recht Frankreichs an, wo die Zeitung veröffentlicht wurde.[31] *Kayser* deutet dies als Anwendung des Handlungsortsrechts im Gegensatz zu dem Wohnsitzrecht des Betroffenen als Schadensortsrecht.[32]

Für den Bereich des Internets gibt es noch keine eingehende Diskussion des anwendbaren Rechts. Es wird in einer einzelnen Anmerkung am Rande vertre-

26 *Kayser*, La protection de la vie privée, S. 410 f.; auch *Gaillard*, Rev. crit. d.i.p. 1984, 24 ff., der aber eine kumulative Anwendung der *lex loci delicti* vertritt.

27 *Edelman*, Anm. zu *Cass.* v. 13.4.1988, Clunet 1988, 752,762 f.

28 *Rigaux*, Rev. crit. d.i.p. 1980, 470 f., 477.

29 *Rigaux*, Rev. crit. d.i.p. 1980, 443, 452; auch *Bourel*, Rec. des Cours 1989 II, S. 338; dagegen: *Mestre*, FS Kayser II, 247, der die französische *lex fori* anwenden will; allerdings bezieht er sich hier nur auf Unterlassungsansprüche wegen Verletzungen des *droit subjectif* in Frankreich.

30 *Cass.* v. 13.4.1988. Rev. crit. d.i.p. 1988, S. 546 m. krit. Anm. *Bourel* (Veröffentlichung von Urlaubsfotos von Farah Diba).

31 Eine eventuelle Verbreitung im Ausland wird dabei nicht angesprochen; vgl. aber *TGI Paris* v. 23.6.1976, Rev. crit. d.i.p. 1978, 132 m. Anm. *Gaudemet-Tallon*: distributive Beurteilung des Schadens an der Privatsphäre im Hinblick auf Veröffentlichung in Deutschland und Frankreich.

32 *Kayser*, La protection de la vie privée, S. 409.

ten, dass jedenfalls nicht das Recht des Beklagten (*entrée de l'information*), sondern der Verbreitungsort entscheidend sein soll. Das *multistate* Problem wird dort nicht behandelt oder erwähnt.[33]

Erwähnenswert ist aus IPR-Sicht noch, dass in einer der wenigen Entscheidungen, die sich ausführlich mit dem Kollisionsrecht beschäftigt, auch die Veröffentlichung des französischen Urteils in der beklagten deutschen Bild-Zeitung angeordnet wurde, obwohl dies nach deutschem Recht nicht die Praxis ist.[34]

3. *Ordre public*

Im Ausnahmefall kann wegen *ordre public* Verletzung nicht ausländisches, sondern französisches statt des ausländischen Rechts angewendet werden.[35] Dabei kommt es auch auf die Verbindungen des Sachverhaltes mit Frankreich an.[36] Trotz ihrer Annäherung an Grundrechte sind aber nicht generell alle Regeln des Persönlichkeitsschutzes *lois de police*, denn sie dienen prinzipiell dem Schutz privater und nicht öffentlicher Interessen.[37] Nur ein Autor verlangt bezüglich des Privatlebens (*vie privée*), dass für Verletzungen auf französischem Gebiet Art. 9 C.c. stets als *loi de police* anzuwenden sei.[38] Dies begründet er damit, dass nach französischem Recht ein Ausgleich zwischen Pressefreiheit und Persönlichkeitsrecht geschaffen werden sollte. Eine Anwendung des *ordre public* Vorbehaltes bei zu geringem Schutz des Klägers genüge daher nicht zur Durchsetzung des französischen *ordre public*, da das Recht auch zu restriktiv sein könne.

---

33 *Santa-Croce*, Anm. zu *Cass*. v. 14.1.1997, D. 1997, jur. 177, 179.

34 *TGI Paris* v. 23.6.1976, Rev. crit. d.i.p. 1978, 135 m. Anm. *Gaudemet-Tallon*; ob dies tatsächlich geschah, ist unklar.

35 *Bourel*, Conflits des lois, S. 256, der aber betont, dass dadurch der zu erzielende Interessenausgleich zwischen Schädiger und Geschädigtem gestört werde; *Gaillard*, Rev. crit. d.i.p. 1984, 12. Zur restriktiven Anwendung allgemein, vgl. *Cass*. v. 15.12.1969, Rev. crit. d.i.p. 1971, 512 m. zustimmender Anm. *Bourel* (Entschädigungshöchstgrenzen des ausländischen Rechts kein Verstoß) und *Cass*. v. 30.5.1967, Rev. crit. d.i.p. 1967, 728 m. zustimmender Anm. *Bourel* (Nichtersatz immateriellen Schadens nach ausländischem Recht kein Verstoß).

36 Vgl. *Kayser*, La protection de la vie privée, S. 413 (zum Privatleben); s. auch *Bourel*, Rec. des Cours 1989 II, S. 347, der darauf hinweist, dass deshalb i.d.R. französisches Recht schon Deliktsstatut bzw. anderenfalls der Fall gar nicht vor französischen Gerichten sein wird; allgemein zu diesem Erfordernis: *Mayer*, Droit international privé, Rn. 215.

37 *Kayser*, La protection de la vie privée, S. 404 f., 406; *Bourel*, Anm. zu *Cass*. v. 13.4.1988, Rev. crit. d.i.p. 1988, 550 f.; weniger abgeneigt: *Edelman*, Anm. zu *Cass*. v. 13.4.1988, Clunet 1988, 752, 759 ff.

38 *Mestre*, FS Kayser II, S. 247-249; dabei bezieht er sich aber nur auf Unterlassungsansprüche wegen Verletzungen des *droit subjectif*; *Mestre* behandelt ferner nicht Verletzungen auf ausländischem Gebiet.

Allgemein wird aus der Zugehörigkeit zu der EMRK geschlossen, dass jeder Person ein Persönlichkeitsrecht zusteht und die Möglichkeit des Rechtsschutzes gegeben sein muss.[39] Wenn einem Opfer nach dem anwendbaren Recht *jeglicher* Schutz des Privatleben entzogen ist, so kommt eine Anwendung des französischen Rechts aufgrund des *ordre public* Vorbehalts in Frage.[40] Von einer entsprechenden Anwendung dieser Regeln auf andere Persönlichkeitsrechte ist auszugehen. Tatsächliche Beispiele aus der französischen Rechtsprechung konnten jedoch nicht nachgewiesen werden.[41] In den allermeisten Fällen wurde ohnehin französisches Recht angewendet.

---

39 *Kayser*, La protection de la vie privée, S. 400 f., 404. Er leitet daraus z. B. ab, dass die Anwendung eines ausländischen Personalstatuts des Betroffenen, welches kein Persönlichkeitsrecht kenne, nicht angebracht sei, S. 404; gebe das Tatortrecht keinen Schutz des Privatlebens, so sei französisches Recht anzuwenden, S. 413.

40 *Kayser*, La protection de la vie privée, S. 412 f.; sehr restriktiv auch *Bourel*, Rec. des Cours 1989 II, S. 347; *Mestre*, FS Kayser II, S. 243, 246 (für den Fall eines ausländischen Klägers, der in Frankreich verletzt wird).

41 S. aber *CApp Paris* v. 20.12.1976, Nw. bei *Mestre*, FS Kayser II, S. 246, Fn. 25, wo die Frage nach dem Bestehen eines Persönlichkeitsrechts nach dem ausländischen Personalstatut nicht gestellt wurde, da der französische *ordre public* das Bestehen definitiv festlege.

II. England

Die folgenden Ausführungen beschreiben zunächst die Rechtslage bis 1996. In diesem Jahr trat in England ein Gesetz in Kraft, welches das internationale Privatrecht des Deliktsrechts regelt.[42] Im Anschluss an die Darstellung des *common law* wird erläutert, ob und welche Änderungen das Gesetz für den Bereich des Persönlichkeitsschutzes gebracht hat.

1. Allgemeine Regeln des common law

Im englischen internationalen Deliktsrecht gilt seit *Phillips v. Eyre* von 1870 die Regel, dass *lex loci delicti* und englische *lex fori* kumulativ angewendet werden: Die Tat müsste als Delikt angesehen werden, wäre sie in England begangen worden; ferner muss sie nach der *lex loci delicti* rechtswidrig gewesen sein.[43] Trotz dieses Wortlautes, der anscheinend die *lex fori* bevorzugt, wurde daraus eine Gleichwertigkeit und kumulative Anwendung der beiden Rechte abgeleitet.[44] Es muss also nach beiden Rechten ein Anspruch gegeben sein (*double actionability*). Dabei genügt es zwar nicht, wenn die Handlung nach dem Tatortrecht nur strafrechtlich als rechtswidrig angesehen wird, aber es ist ausreichend, wenn irgendeine zivilrechtliche Haftung für diese Handlung besteht.[45] Es ist vom konkreten Fall auszugehen, das heißt die theoretische Möglichkeit eines Anspruches genügt noch nicht.[46] Die Begründung für die Relevanz der *lex fori*

---

42 *Private International Law (Miscellaneous Provisions) Act 1995*, am 1.5.1996 in Kraft getreten. Part III (sections 10 ff.) behandelt das Deliktsrecht; zu den einzelnen Vorschriften: *Carter*, 112 ICLQ 190 ff. (1996).

43 *Phillips v. Eyre*, [1870] 6 Q.B. 1, 28 f.: „actionable if committed in England ... must not have been justifiable by the law of the place where it was done"; es ging um die Haftung eines Jamaikaners wegen einer Körperverletzung auf Jamaika; nach dem Recht von Jamaika gab es eine gesetzliche Indemnität für den Beklagten; daher wurde die Klage abgewiesen; später z. B. *Carr v. Francis Times & Co.*, [1902] A.C. 176, 182; *Mitchell v. McCulloch*, [1976] Scots Law Times 2 (Schottland, „double delict rule").

44 Vgl. nur *Cheshire / North*, Private International Law, S. 536 f.; *Karsten*, 19 ICLQ (1970) S. 35 f.; vgl. z. B. aus Schottland *M'Elroy v. M'Allister*, [1949] SC 110, wo der Anspruch nach der *lex loci delicti* verjährt war und deshalb die Klage abgewiesen wurde; zur *double actionability* s. *Kadner Graziano*, Europäisches Internationales Deliktsrecht, S. 24 f., 82 f.

45 *Cheshire / North*, Private International Law, S. 539; vgl. aber noch *Machado v. Fontes*, [1897] 2 Q.B. 231 (C.A.): nach brasilianischem Tatortrecht war der *libel* nur strafrechtlich zu verfolgen; dies genügte; nach dem Fall *Boys v. Chaplin*, dazu sofort, wird aber allgemein angenommen, dass *Machado* nicht mehr gelte, vgl. *Carter*, 52 BYIL (1981) 15; gegen die generelle Geltung des Prinzips aus *Machado v. Fontes* auch: *Lorenzen*, 47 L.Q.R. 490 (1931) (unfair für den Beklagten).

46 Vgl. *Armagas Ltd. v. Mundogas SA*, [1985] 3 All E.R. 795 auf S. 819 (C.A.) (Richter *Dunn*: konkreter Fall); so kann aber folgendes sehr missliches Ergebnis dabei heraus-

war die enge Verbindung des Deliktsrechts zum Strafrecht und zur *public policy*.[47]

Allerdings hat sich im Anschluss an die Entscheidung *Boys v. Chaplin*[48] die Ansicht verstärkt, dass die kumulative Anwendung nur die Regel und diese Anknüpfung flexibel ist, um Ausnahmen zuzulassen. In *Boys v. Chaplin* wurde die Quantifizierung des Schadensersatzes wegen eines Verkehrsunfalls in Malta zwischen zwei Briten nach englischem Recht beurteilt.[49] Das Ausmaß der Ausnahmen ist jedoch unklar. Teilweise wird verlangt, hieraus allgemein die Regel der Anwendung des am engsten verbundenen Rechts abzuleiten, was aber von *Boys v. Chaplin* nicht gestützt wird.[50] Nachfolgende Fälle haben aus *Boys v. Chaplin* das Extrakt gezogen, dass eine Rechtsfrage ausnahmsweise in Abweichung von *Phillips v. Eyre* nach dem Recht der engsten Verbindung beurteilt werden kann.[51] Dies gilt zum Beispiel in der Regel, wenn die Parteien aus demselben Land kommen, wird jedoch kaum der Fall sein, wenn sie aus verschiedenen Staaten stammen. In der Rechtsprechung gab es bisher nur Aussagen *obiter dictum*, nach welchen auch ein anderes als das Forumrecht *proper law* sein

---

kommen: nach schottischer *lex fori* hätte die überlebende Ehefrau einen eigenen Anspruch wegen Verletzung ihrer Gefühle gehabt, nach englischem Tatortrecht wäre der Anspruch des verstorbenen Mannes auf sie übergegangen, sie hätte seine Verletzung geltend machen können, was nach schottischem Recht nicht der Fall wäre. Das englische Recht sah aber keinen Anspruch wegen eigener Verletzung vor. Das schottische Gericht, welches der Regel aus *Phillips v. Eyre* folgte, wies beide Ansprüche ab, obwohl die Ehefrau nach beiden Rechten Schadensersatz bekommen hätte. *M'Elroy v. M'Allister*, [1949] SC 110, 135 ff. (Session Court); vgl. auch *McMillan v. Canadian Northern Railway*, [1923] A.C. 120, 124 f.: strikte Haftung nach einem Gesetz des Tatortrechtes, welches einen Anspruch des Arbeitnehmers gegen seinen Arbeitgeber wegen jedweder Verletzung bei der Arbeit vorsieht, entspricht nicht der deliktischen Haftung des Arbeitgebers für fahrlässige Handlungen der Arbeitnehmer ihren Kollegen gegenüber; „justifiableness" nach Tatortrecht liegt vor, Klage wird abgewiesen (*Privy Council* zu einem kanadischen Fall, in dem *Phillips v. Eyre* angewendet wird).

47 *Dicey / Morris*, Conflict of Laws II, S. 1483 m. Nw.

48 v. 25.6.1969, [1969] 2 All E.R. 1085, insb. die Ausführungen von *Lord Wilberforce*, S. 1100 ff.

49 Dabei wurden unterschiedliche Begründungen gegeben, weshalb keine exakte Regel aus dieser Entscheidung abzulesen war; aus englischer Sicht wäre der Schadensersatzanspruch nach maltesischem Recht weitaus zu niedrig gewesen; vgl. ausführliche Darstellung bei *Cheshire / North*, Private International Law, S. 534 ff.

50 Vgl. *Cheshire / North*, Private International Law, S. 546 f.; für diese sog. *proper law of tort* Theorie: *Morris*, 64 Harv. L. Rev. 883 ff. (1951).

51 Vgl. *Dicey / Morris*, Conflict of Laws II, S. 1488, 1497 ff.; *Karsten*, 19 ICLQ (1970) 38 f., 46; diese Ansicht wird auch in den Vorschlägen der *Law Commission* von 1990 vertreten, wobei diese jedoch nicht von *Phillips v. Eyre* ausgeht, sondern von dem Ort der Verletzung, des Schadens; auch hier ist die genaue Bestimmung der Ausnahmen im Unklaren gelassen, *Law Commission*, Report Nr. 193 (1990), S. 11, 36.

kann.[52] Außerdem scheint die Rechtslage so zu sein, dass bei einem drittstaatlichen Recht der engsten Verbindung immer noch das Prinzip der kumulativen Anwendung des englischen Rechts gilt.[53] In einer neuen Entscheidung des *Privy Council* aus dem Jahre 1994 jedoch wurde erstmals eine Ausnahme von der *double actionability rule* zugunsten der *lex loci delicti* gemacht.[54] Der Anspruch wurde zuerkannt, obwohl er nur nach der *lex loci delicti*, nicht aber nach der *lex fori* bejaht wurde. Begründet wurde dies mit den weit überwiegenden Verbindungen des Sachverhaltes mit dem Tatort.

Die Auflockerung des Grundsatzes *Phillips v. Eyre* gilt nach wohl überwiegender Ansicht nicht, wenn der Tatort in England liegt. Ist dies der Fall, so wird nach der Rechtsprechung generell nur englisches Recht angewendet, selbst wenn zum Beispiel keine der Parteien aus England kommt und nur beschränkte Beziehungen zu England bestehen.[55]

In der Literatur wird die kumulative Anknüpfung nach *Phillips v. Eyre* stark kritisiert, da sie den Beklagten bevorzuge.[56] Hier wird teilweise die Theorie des *proper law of tort* vertreten, nach welcher in jedem Fall der Schwerpunkt oder Sitz der unerlaubten Handlung aufgrund der wichtigsten Verbindungen, des engsten Zusammenhangs (*most significant connection*) zu bestimmen ist.[57] Diese richtet sich vor allem gegen die strenge Tatortregel, welche oft keine angemessene Lösung bringt. Zudem soll sie gerade für die Fälle von Nutzen sein, in denen mehr als ein Tatort festgestellt werden kann, wo also die Tatortre-

---

52 Z. B. *Sayers v. Int'l Drilling Co.*, [1971]1 W.L.R. 1176, 1181; *Coupland v. Arabian Gulf Oil Co.*, [1983] 1 W.L.R. 1136, 1149 f. (C.A.); dafür aber *Dicey / Morris*, Conflict of Laws II, S. 1499.

53 *Cheshire / North*, Private International Law, S. 548; auch dann für eine Abweichung von der Regel aber *Dicey / Morris*, Conflict of Laws II, S. 1499.

54 *Red Sea Insurance Co. Ltd. v. Bouygues SA and others* (P.C. v. 18.7.1994), [1994] 3 All E.R. 749 f.; diese Entscheidung erging zu dem Recht von Hong Kong als der *lex fori*; dies folgt aber den englischen Anknüpfungsregeln; die Entscheidungen des *Privy Council* sind zwar für die englischen Gerichte nicht bindend, doch in hohem Maße überzeugend, zumal die Richter auch die Law Lords des höchsten englischen Gerichtes sind, vgl. *Kaye*, IPRax 1995, 407.

55 Vgl. *Szalatnay-Stacho v. Fink*, [1946] 2 All E.R. 231 (Beleidigung eines tschechischen Regierungsbeamten in England durch einen Tschechen in England in Bezug auf behauptete rechtswidrige Handlungen des Klägers außerhalb von England; englisches Recht wurde angewendet); *Carter*, 52 BYIL (1981) S. 26; so auch die *Law Commission*, Report Nr. 193 (1990), S. 14 f.; kritisch z. B. *Cheshire / North*, Private International Law, S. 550 f.

56 *Cheshire / North*, Private International Law, S. 546; *Dicey / Morris*, Conflict of Laws II, S. 1483 („unjust, unreasonable restriction").

57 *Morris*, 64 Harv. L. Rev. 883 ff. (1951); *ders.*, Conflict of Laws, S. 304 f.; vgl. *Mann*, (1987) 36 ICLQ 437, 438 ff.; im internationalen Vertragsrecht hat sich das *proper law of contract* durchgesetzt.

gel nicht zu einem eindeutigen Ergebnis kommt.[58] Daneben wird auch die Anwendbarkeit der *lex fori* als unangebracht und dem forum shopping zugänglich kritisiert.[59] Es wird eine flexible Lösung der IPR-Frage angestrebt. Im Ergebnis ist diese Theorie mit einer stark aufgelockerten deutschen Tatortregel vergleichbar. Die Anwendung des Tatortrechts ist der Normalfall.[60] Die *proper law of tort* Theorie ist also nicht mit der *governmental interest analysis* des amerikanischen Rechts vergleichbar, obwohl die modernen amerikanischen Strömungen einen Einfluss auf England hatten und die Kritik an einer strikten *lex fori* oder *lex loci* Theorie verstärkten.[61] Bei der Anwendung der *proper law of tort* Theorie soll auch eine *dépeçage* durchgeführt, d.h. Fall in einzelne Rechtsfragen aufgespalten werden. Zu kritisieren ist an der Theorie ihre Unvorhersehbarkeit, welche zu fehlender Rechtssicherheit führt.[62]

Nach anderer Ansicht ist stets auf die *lex loci delicti* abzustellen.[63] Dies wird mit der Erwartungshaltung der Beteiligten, der Verhinderung von forum shopping und dem internationalem Entscheidungseinklang begründet.[64]

Eine generelle Anwendung der *lex fori* wird nicht vertreten.[65]

2. Anknüpfung des Persönlichkeitsschutzes

Das IPR des Persönlichkeitsschutzes wird in Literatur und Rechtsprechung nur

---

58 *Morris*, 64 Harv. L. Rev. 893 (1951).

59 *Cheshire / North*, Private international Law, S. 529; *Morris*, Conflict of Laws, S. 302 ff.; *Dicey / Morris*, Conflict of Laws II, S. 1491 u. 1484 (Begründungen für *lex fori* seien obsolet).

60 *Morris*, 64 Harv. L. Rev. 885, 894 (1951).

61 Vgl. *Cheshire / North*, Private international law, S. 530-533; *Richards*, Transnat'l Law. 1990, 657 f., meint aber, *proper law* entspreche dem *Second Restatement*.

62 *Kaye*, IPRax 1995, 408 f. (zu der Reform); *Morris*, Conflict of Laws, S. 305, meint aber zutreffend, dass Unvorhersehbarkeit einer schlechten Norm vorzuziehen sei. Auch soll ja der Regelfall *lex loci delicti* sein; *Ehrenzweig* nannte *proper law* aber die Theorie des Aufgebens („give-it-up theory"), 36 Minn. L. Rev. 2 (1951).

63 Vgl. *Cheshire / North*, Private international law, S. 529; *Metall und Rohstoff AG v. Donaldsen Lufkin & Jenrette Inc.*, [1989] 3 All E.R. 14, 31 f. (C.A.) (gegen Anwendbarkeit der *lex fori* bei ausländischem Tatort); auch die *Law Commission* in ihrem Vorschlag von 1990 und der darauf beruhende Gesetzesentwurf gehen von dem Tatort (Verletzung / Schaden) aus, sehen aber hiervon Ausnahmen vor, s. Report No. 193, S. 36.

64 *Cheshire / North*, Private international law, S. 529; s. auch *Kaye*, IPRax 1995, 408.

65 Zur Kritik vgl. *Morris*, The Conflict of Laws, S. 302; vgl. aber den *Privy Council* in *The Liverpool, Brazil, and Riverplate Steam Navigation Co., Ltd. v. Henry Benham* (*The Halley*), (1868) 2 P.C. 193, 195 (Ablehnung der Klage wegen in Belgien begangener Tat aufgrund des englischen Rechts); allerdings hat nach der h. M. die *lex fori* wegen der kumulativen Anknüpfung (*Phillips v. Eyre*) eine weit über die in anderen Kollisionsrechten reichende Bedeutung.

wenig diskutiert. Es existieren kaum Entscheidungen, und die Anwendung eines anderen als englischen Rechts (bzw. eines Rechts, das weitergehende Ansprüche als jenes vorsieht) konnte nicht nachgewiesen werden. Auflockerungstendenzen oder die Anwendung der *proper law of tort* Theorie waren in der Rechtsprechung nicht festzustellen. Insgesamt ist daher das englische Kollisionsrecht für die Diskussion der Anknüpfung nach deutschem Recht nicht sehr ergiebig.

Im Bereich des Persönlichkeitsschutzes gibt es einige Beleidigungsfälle, welche unausgesprochen deliktsrechtlich qualifiziert werden. Andere Arten von Klagen werden nicht diskutiert, da kein *right of privacy* oder allgemeines Persönlichkeitsrecht anerkannt und *libel* die wichtigste Klage in diesem Bereich ist. Eine Verletzung eines *right of privacy* oder allgemeinen Persönlichkeitsrechts nach ausländischem Recht kann nach der *Phillips v. Eyre* Regel in England nicht geltend gemacht werden.[66]

Im Zusammenhang mit einer Beleidigung hat der *Court of Appeals* allerdings 1897 in dem Fall *Machado v. Fontes* bei der Anwendung der *Phillips v. Eyre* Regel entschieden, dass es ausreicht, wenn nach dem Tatortrecht eine strafrechtliche Haftung gegeben ist. Die Gültigkeit dieser Aussage nach *Boys v. Chaplin* wird von der großen Mehrheit der Stimmen verneint. Vielmehr müsse zivilrechtliche Haftung gegeben sein.[67] Die Entscheidung *Machado v. Fontes* mag auch darauf beruht haben, dass die Parteien englische Staatsangehörige waren.[68] Eine weitere Aufweichung der Regel erfolgt über die prozessrechtliche Qualifikation von Fragen.[69]

Problematisch ist bei der Anwendung der *double actionability rule* auf Beleidigungen die Frage, wo der Tatort liegt. Dazu gibt es nur wenig Entscheidungen, die auf dem Gebiet der Zuständigkeit angesiedelt, aber auf das IPR übertragbar sind. Nach der allgemeinen Regel ist ein Delikt dort zu lokalisieren, wo die Substanz, die wesentlichen Elemente des anspruchsbegründenden Geschehens liegen.[70] Bei dem Versenden eines Briefes wurde der Empfangsort als *locus delicti* angesehen, auch bei der Veröffentlichung eines Reportes wurde der Veröffentli-

---

66 Wegen des ersten Teils (*limb*) dieser Regel, *Dicey / Morris*, Conflict of Laws II, S. 1515.

67 Aus der neueren Rechtsprechung z. Bsp. *Red Sea Insurance Co. Ltd. v. Bouygues SA and others*, [1994] 3 All E.R. 755 f. (P.C. v. 18.7.1994).

68 Vgl. *Lorenzen*, 47 L.Q.R. 489 f. (1931), der auf die „Gerechtigkeit" in diesem Fall verweist, die generelle Wirksamkeit aber ablehnt.

69 Z.B. reichte es in *Komarek v. Ramco*, Lawtel v. 21.11.2002, Nr. AC0104108 (Q.B.) aus, dass das tschechische Recht eine Haftung wegen Beleidigung vorsah. Fragen von „privileges" nach dem ausländischen wurden aufgrund prozessrechtlicher Qualifikation nicht berücksichtigt.

70 „Where in substance a cause of action arose", vgl. *Briggs*, Lloyd's Mar. & Com. L. Qu. 524 (1995) m. Nw.

chungsort als Tatort betrachtet.[71] Schließlich wird im Bereich der Massenmedien jeder Verbreitungsort als Verletzungsort angesehen, sofern der Kläger dort bekannt ist.[72] Es gibt jedoch keine Entscheidungen, die sich mit dem bei *multistate* Verletzungen anwendbaren Recht befassen. Zu vermuten ist, dass englisches Recht angewendet wird, sobald auch in England eine Verbreitung stattfindet.[73] Die Möglichkeit einer Wahl zwischen mehreren in Betracht kommenden Tatorten wird abgelehnt.[74] Auch auf den Wohnsitz des Betroffenen wird nicht abgestellt.[75]

Eine Anwendung einer Auflockerung der strikten Regel im Sinne von *Boys v. Chaplin* oder einer *proper law of tort* Doktrin ist im Bereich des *libel* in keinem Fall erfolgt. In einem Fall aus dem Jahre 1946 beharrte der *Court of Appeals* auf einer Anwendung des englischen Rechts, welches allerdings auch als Tatortrecht (Veröffentlichung) angesehen wurde.[76] Die vielfältigen Verknüpfungen des Falles zu der Tschechoslowakei (beide Parteien, Regierungsangelegenheit) wurden bei der Anknüpfung nicht berücksichtigt.

3. Private International Law Act 1995

Der *Private International Law (Miscellaneous Provisions) Act 1995*, der im

---

71 *Thomson v. Kindell*, [1910] 2 Scots Law Times 442 f. (aus Schottland, zum anwendbaren Recht); *Bata v. Bata*, [1948] 92 Sol. J. 574 (C.A.) (Brief von Schweiz nach England verschickt; zur Zuständigkeit); *Church of Scientology of California v. Commissioner of Metropolitan Police*, [1976] 120 Sol. J. 690 (C.A.) (Veröffentlichung in Deutschland; zum anwendbaren Recht); *Kroch v. Rossell*, [1937] 1 All E.R. 725, 727 f. (C.A.) (Verbreitung einer ausländischen Zeitung in England); s. auch *Machado v. Fontes*, [1897] 2 Q.B. 231 (zum anwendbaren Recht); gegen den Handlungsort (Absendeort) auch *Joseph Evans and Sons v. John G. Stein and Co.*, [1904] 12 Scots Law Times 463 (aus Schottland); vgl. *Webb / North*, 14 ICLQ 1334 (1965); *Lorenzen*, 47 L.Q.R. 494 (1931), ist aber der Ansicht, (auch) die Anwendung des Aufenthaltsrecht des Beklagten, wo dieser handelte, sei gerecht.

72 Vgl. *Berezovsky v. Forbes*, [1999] E.M.L.R. 278 (H.L.) zur Zuständigkeit; *Cheshire / North*, Private International Law, S. 556; für „publication" auch *Jaffey*, Topics in choice of law, S. 108, 119.

73 Vgl. *Dicey / Morris*, Conflict of Laws II, S. 1547, Bsp. 17; so auch die *Law Commission* in ihrem Vorschlag von 1990 (Anwendung des englischen Rechts, wenn auch in England eine Verbreitung stattfindet): *Report* Nr. 193 (1990), Abs. 3.33; *Jaffey*, Topics in choice of law, S. 119, meint, es gäbe wohl keine bessere Lösung, als das anwendbare Recht für jedes Verbreitungsland separat zu bestimmen.

74 *Cheshire / North*, Private International Law, S. 552; dafür aber *Cook*, Logical and legal bases of conflict of laws, S. 345.

75 *Webb / North*, 14 ICLQ 1337 f. (1965); für die Relevanz der Wohnsitze der Beteiligten *Kaye*, IPRax 1995, 409.

76 *Szalatnay-Stacho v. Fink*, [1946] 2 All E.R. 231 (C.A.); für *proper law* bei *defamation*:

Jahre 1996 in Kraft trat, gibt in seinem Part III (Tort and Delict) die Regel aus *Phillips v. Eyre* auf (section 10).[77] Das Gesetz legt eine Kombination von Tatortregel und *proper law of tort* nieder, wobei die *lex loci delicti* vorrangige Bedeutung hat: Nach section 11 soll das Tatortrecht angewendet werden (Abs. 1), wobei dies bei Eigentum und Körper der Ort der Rechtsgutsverletzung und in den sonstigen Fällen der Ort sein soll, an dem die wichtigsten Elemente des Deliktes („most significant elements of the tort") stattfanden (Abs. 2 u. 3). In Bezug auf den letzten Punkt wird angenommen, dass die frühere Rechtsprechung zu der *Phillips v. Eyre* Regel übernommen werden wird, sie zumindest Richtlinien geben kann.[78]

In section 12 ist eine Abweichung von section 11 vorgesehen, wenn anzunehmen ist, dass nach allen Umständen ein anderes Land im Vergleich zu dem nach section 11 gewählten, eine starke und relevante Verbindung zu dem Delikt hat, so dass es erheblich angemessener ist, dieses Recht anzuwenden. Als Faktoren, die hierbei eine Rolle spielen, sind die Parteien, die Ereignisse und die Folgen der unerlaubten Handlung genannt (section 12(2)).[79] Dabei wird auch das Anwendungsinteresse der ausländischen Rechte hinterfragt.[80]

Allerdings ist der Anwendungsbereich dieser Regeln insoweit stark beschränkt, als sie nach section 13 nicht für *defamation* gelten. Insoweit sollen die *common law* Regeln also nicht ersetzt werden. Es findet daher weiterhin die oben dargestellte *double actionability rule* aus *Phillips v. Eyre* Anwendung, mit den entsprechenden Ausnahmemöglichkeiten, die aber im Bereich der *defamation* noch nie verwendet wurden.[81] Der Grund für den Ausschluss der Beleidigungsklage ist der erhebliche Widerstand der englischen Presse, die teilweise

---

Richards, Transnat'l Law. 1990, 657 f.

77 Zu der Gesetzgebungsgeschichte und den Arbeiten der *Law Commission*, deren Vorschläge im Wesentlichen übernommen wurden: *Kaye*, IPRax 1995, 408 f.; *Dicey / Morris*, Conflict of Laws, S. 1542 ff.; das Gesetz gilt für das gesamte Vereinigte Königreich.

78 *Briggs*, Lloyd's Mar. & Com. L. Qu. 524 (1995) (Übernahme); *Morse*, 45 ICLQ 897, Fn. 74 (1996) (nur Richtlinien).

79 An dieser Norm wird die Unbestimmtheit kritisiert: *Dicey / Morris*, Conflict of Laws, S. 1544; *Carter*, (1996) 112 L.Q.R. 193; das ganze Gesetz ablehnend *Kaye*, IPRax 1995, 409; ebenso *Briggs*, Lloyd's Mar. & Com. L. Qu. 520, 526 (1995): insbesondere, da seit *Red Sea Insurance* von 1995 kein Bedürfnis mehr bestehe; positiv: *Morse*, 45 ICLQ 902 (1996).

80 Vgl. *Morse*, 45 ICLQ 900 (1996). Hierin kann man Anklänge an das US-Recht sehen. Ebenfalls übereinstimmend ist, dass section 12 für jede Einzelfrage bestimmt wird, so dass *dépeçage* möglich ist.

81 Kritisch *Jaffey*, Topics in choice of law, S. 109; Anwendung der *double actionbility rule* nach Erlass des PIL Acts z.B.: *Komarek v. Ramco*, Lawtel v. 21.11.2002, Nr. AC0104108 (Q.B.).

heftige Kampagnen gegen dieses Gesetz führte.[82] Die englische Presse fürchtete natürlich die Anwendung ausländischer Rechte, die vielleicht die Rechte der Betroffenen stärker schützen, die Presse weniger privilegieren und sie in größerem Umfange Klagen aussetzen könnten. Man kann also sagen, dass diese Anknüpfung durch den Schutz der Presse- und Meinungsfreiheit geprägt ist, also durch eine auf dem Spiel stehende verfassungsrechtliche Position. Allerdings wird nicht behauptet, eine andere Anknüpfung sei „verfassungswidrig".[83]

Das IPR-Gesetz schließt aber ausdrücklich nur *defamations* aus. Diese werden in section 13(2) so definiert, dass auch Klagen nach ausländischem Recht umfasst sind, welche den englischen Beleidigungsklagen entsprechen.[84] Deshalb ist anzunehmen, dass andere Klagen aus dem Bereich des Persönlichkeitsschutzes, vor allem die nicht in England anerkannten, wie die Verletzung der Privatsphäre, dem Gesetz unterfallen.[85] In diesem Fall gilt also, wie oben dargestellt, grundsätzlich die Tatortregel. Wie hier die *lex loci* bestimmt werden wird, ist abzuwarten. Diesbezüglich existierte früher ja kein Bedürfnis einer Klärung, da nach der *lex fori* abgelehnte Klagearten ohnehin aussichtslos waren. Deshalb gibt es noch keine Aussagen zu dem Tatort einer Verletzung der Privatsphäre. Allerdings ist zu erwarten, dass erstens die Ausnahme der section 12 zur Vermeidung der Anwendung eines ausländischen Rechts häufig angewendet werden könnte.[86] Vor allem aber wird eine nach englischem Recht nicht anerkannte Klage, zum Beispiel wegen der Verletzung der Privatsphäre, möglicherweise als der englischen *public policy* widersprechend abgelehnt werden.[87]

Einen *public policy* Vorbehalt benötigte das englische Recht wegen der Prädominanz der *lex fori* bisher nicht. Klagen, die nach englischem Recht nicht gegeben waren, waren ohnehin ausgeschlossen. Das neue Gesetz enthält wegen der Aufgabe der *double actionability* Regel ausdrücklich einen *public policy*

---

82 Vgl. zitierte Zeitungsartikel bei *Morse*, 45 ICLQ 891, Fn. 27 (1996): „will open the floodgates of litigation to highly dubious, speculative libel actions against British newspapers from abroad ... pointless, wasteful and deeply dangerous Bill").

83 Zweifelnd an der Rechtfertigung des Ausschlusses von *defamation*: *Morse*, 45 ICLQ 891 f. (1996).

84 Die erfassten, englischen bzw. schottischen Ansprüche sind unter anderem *libel*, *slander* und *malicious falsehood*, s. 13(2)(a); kritisch zu der Rechtsunsicherheit, die aus section 13 folgt: *Morse*, 45 ICLQ 893 (1996)..

85 Vgl. *Briggs*, Lloyd's Mar. & Com. L. Qu. 520, Fn. 12 (1995); *Morse*, 45 ICLQ 891 f. (1996).

86 *Briggs*, Lloyd's Mar. & Com. L. Qu. 524 (1995); zu den möglichen Ausweichmechanismen *Carter*, 112 ICLQ 193 f. (1996) und in 107 ICLQ 408 f. (1991).

87 Vgl. *Morse*, 45 ICLQ 892 (1996) unter Hinweis auf die Meinungsfreiheit, Art. 10 der EMRK. Dies könnte nach Inkrafttreten des *Human Rights Act 1998* allerdings auch anders gesehen werden.

Vorbehalt.[88] Dieser soll nach der Meinung eines Kommentators extensiv ausgelegt werden, wofür der Wortlaut jedoch keine Unterstützung hergibt.[89]

Neben der ausdrücklichen Anerkennung eines *public policy* Vorbehaltes sieht das Gesetz auch die Ablehnung eines *renvoi* vor, was auch der früheren Rechtslage entspricht.[90] Doch könnten die Kollisionsregeln des Tatortrechts, wenn sie nicht auf das eigene Recht verweisen, ein Indiz dafür sein, dass auf Grund von section 12 ein anderes, also vor allem englisches Recht angewendet werden sollte.[91]

Es kann also festgehalten werden, dass das Gesetz über das internationale Privatrecht die Anknüpfung der Beleidigung nach dem traditionellen *common law*, die durch eine nicht zu rechtfertigende und dem IPR eigentlich wesensfremde Vorherrschaft der *lex fori* ohne Rücksicht auf ihre Beziehungen zum Sachverhalt geprägt ist, nicht berührt. Die englische Presse hat ihr Ziel des Ausschlusses jeglicher Ansprüche nach ausländischem Recht aber nicht ganz erreicht, da es für andere Ansprüche über das neue Gesetz nun auch zu der Anwendung eines ausländischen Rechtes kommen kann. Es bleibt abzuwarten, ob die Rechtsprechung diese Möglichkeit akzeptiert und umsetzt. Das Gesetz bietet Anreize, dieser Konsequenz auszuweichen.

Die unterschiedliche Anknüpfung von *defamation* und anderen Klagen, die dem Persönlichkeitsschutz dienen, führt zu einer Rechtsunsicherheit und einer unerwünschten Spaltung. Es wird auch im deutschen Recht zu untersuchen sein, ob eine einheitliche Anknüpfung der Persönlichkeitsrechtsverletzungen vorzunehmen ist, oder ob eine Differenzierung angebracht ist. Die des englischen Rechts war wohl eher ein ungewolltes Missgeschick, denn andere als die erfassten Ansprüche können durchaus gleichstarke Beschränkungen der Pressefreiheit darstellen. Sie wären daher aus der Sicht der englischen Presse ebenfalls der alten Regel zu unterwerfen gewesen.

---

88 Section 14(3)(a)(i); ebenfalls ist in section 14(4) eine Sonderanknüpfung für die international zwingenden Vorschriften („mandatory rules") vorgesehen; dazu kritisch *Morse*, 45 ICLQ 901 (1996).

89 So aber *Briggs*, Lloyd's Mar. & Com. L. Qu. 525 (1995), der als Beispiel dem englischen Recht unbekannte Schadenshöchstgrenzen nennt; für restriktive Auslegung aber z. B. *Morse*, 45 ICLQ 900 f. (1996); *Jaffey*, Topics in choice of law, S. 104, nennt als Anwendungsbeispiele Privilegien oder den Rechtfertigungsgrund des *fair comment*, allerdings nur für den Fall der Veröffentlichung in England.

90 Section 9(5); früher: *Cheshire / North*, Private International Law, S. 540.

91 Vgl. *Briggs*, Lloyd's Mar. & Com. L. Qu. 524 (1995).

III. USA

1. Einleitung

In den USA gibt es kein bundeseinheitliches internationales Privatrecht, vielmehr stellt jeder Staat seine eigenen Regeln auf.[92] Dementsprechend gibt es auch eine Vielzahl von Ansätzen. Im folgenden werden nur die für Persönlichkeitsrechtsverletzungen wichtigen Ansätze behandelt. Dabei wird die strikte Trennung in der amerikanischen Praxis nicht durchgehalten, vielmehr werden oft verschiedene Theorien und Argumentationsansätze herangezogen, die auch nicht immer klar zu trennen sind.[93] Eine Zuordnung einzelner Theorien zu bestimmten Staaten wird in dieser Arbeit ebenfalls nicht vorgenommen.[94]

In seinem jährlich erscheinenden Überblick über die angewendeten Kollisionsregeln in den einzelnen Staaten kommt *Symeonides*[95] für 1995 für das Deliktsrecht zu folgendem Ergebnis: Der traditionellen *lex loci delicti* Regel folgen zwölf Staaten. 24 Staaten wenden das *Second Restatement* (20) oder den ähnlichen *significant contacts approach* (4) an. Drei Staaten wenden die *interest analysis*, zwei *lex fori*, fünf *better law* und sechs eine Kombination der modernen Ansätze an. Damit ist das *Second Restatement* am stärksten vertreten, aber auch *lex loci delicti* bedeutend.

Das Kollisionsrecht in den Vereinigten Staaten ist vorrangig im Verhältnis zwischen den Bundesstaaten anwendbar. Diese Regeln gelten jedoch grundsätzlich auch im internationalen Verkehr.[96] Allerdings neigen amerikanische Gerichte zu der Anwendung der *forum non conveniens* Doktrin, wenn kein amerikanisches Recht anzuwenden wäre.[97] Dadurch kann die Anwendung ausländischen Rechts vermieden werden. Die *Restatements* spielen auf dem Gebiete des IPR eine bedeutendere Rolle als auf anderen Rechtsgebieten. Sie sind hier entgegen ihrer Konzeption eher rechtsfortbildend als rechtsdarstellend.[98]

---

92 Diese sind auch von den im jeweiligen Staat befindlichen Bundesgerichten anzuwenden, *Klaxon v. Stentor Electric Manufacturing Co.*, 313 U.S. 487 (1941).

93 *Juenger*, Rec. des Cours 1985 IV, S. 242 ff.; *Scoles / Hay*, Conflict of Laws, S. 567 f.; allgemein tendieren die USA zu einer breit angelegten, viele Faktoren berücksichtigenden IPR-Analyse, im Gegensatz zu den in Europa angewendeten strikten Regeln, vgl. *Reimann*, Conflict of Laws in Western Europe, S. 9 ff.

94 Für einen Überblick vgl. *Born*, International Civil Litigation, S. 635 f.

95 *Symeonides*, 44 Am. J. Comp. L. 193 ff. (1996).

96 *Reimann*, Conflict of Laws in Western Europe, S. 19; *Restatement (Second) Conflict of Laws* § 10 (1971), wo aber auf mögliche Abweichungen hingewiesen wird.

97 Vgl. *McDougall*, 70 Tul. L. Rev. 2482 f. (1996); z. B. *Piper Aircraft Co. v. Reyno*, 454 U.S. 135, 148 ff. (1981).

98 Vgl. *Vischer*, RabelsZ 38 (1974), S. 128 ff.

2. *Die einzelnen Ansätze*

a) *Erstes Restatement, traditionelle Regel*

Nach § 378 des *Restatement* von 1934 soll auf unerlaubte Handlungen das Tatortrecht anwendbar sein (*place of the wrong*).[99] Es handelt sich dabei um die traditionelle Anknüpfungsregel des 19. und frühen 20. Jahrhunderts, die jedoch auch heute noch weit verbreitet ist.[100] Sie beruht auf der von Territorialitätsgedanken geprägten *vested rights* Theorie, welche besagt, dass Ansprüche, die nach dem Recht des Deliktsortes erworben worden sind, überall anerkannt werden müssen.[101] *Place of the wrong* ist der Ort, an dem das letzte Ereignis stattfand, welches zu der Haftung führte (§ 377), also normalerweise der Verletzungsort (*place of injury/harm*). In den Anmerkungen zu § 377 wird festgestellt, dass der Tatort bei einer Ehrverletzung dort ist, wo die Äußerung anderen mitgeteilt wird.[102] Grundsätzlich werden alle Rechtsfragen nach diesem Recht beurteilt. Ausnahmen gelten für Privilegien am Handlungsort. Nach § 382 (2) ist der Beklagte nicht haftbar, wenn er sich auf ein Privileg, also einen Rechtfertigungsgrund, des Handlungsortsrechts stützen kann. Diese Sonderanknüpfung wurde aber schon früh kritisiert, unter anderem deshalb, weil sie nur ein Privileg betraf, die Argumente der Verhaltenssteuerung bei generell beklagtengünstigem, anspruchsverneinendem Recht aber erst recht gelten müssten.[103] Auch sollten die Verhaltensstandards (*standard of care*) nach dem ersten *Restatement* nach dem am Handlungsort geltenden Recht beurteilt werden [§ 380 (2)].

Die rigide Tatortregel wurde außerdem in der Praxis oft durch die *public policy* Ausnahme, durch die weite Definition von verfahrensrechtlichen Regeln und auf dem Wege der Qualifikation aufgeweicht.[104]

---

99 Aus der Rechtsprechung z. B. *Northern Pacific Railroad Co. v. Babcock*, 154 U.S. 190, 199 (1894) („lex loci"); *Continental Oil Co. v. General American Transportation Corp.*, 409 F. Supp. 288, 294 (S.D. Tex. 1976).

100 Vgl. aus neuerer Zeit *Dane*, 96 Yale L. J. 1191, 1242 ff. (1987); zur früheren nie bezweifelten Gültigkeit der Regel vgl. *Strömholm*, Torts in the Conflict of Laws, S. 77-79.

101 *Cook*, Logical and legal bases of conflict of laws, S. 311 ff.; *Juenger*, Rec. des Cours 1985 IV, S. 208 f.; *Ehrenzweig*, Öst.Z.öff.R 1956, 523 (allgemein zum Restatement).

102 *Restatement Conflict of Laws* § 377, note 5 (1934); gegen Verletzungsort und für Handlungsort bei „intentional torts": *Ehrenzweig*, 36 Minn. L. Rev. 1 ff. (1951).

103 *Cook*, 10 La. L. Rev. 331 (1950).

104 Vgl. § 585 („all matters of procedure are governed by the law of the forum"); z. B.: *Grant v. McAuliffe*, 264 P.2d 944 (Cal. 1953) (Übergang des Anspruchs auf Erben sei Prozessrecht); § 612 („No action can be maintained ... which is contrary to the strong public policy of the forum"); z. B. *Victor v. Sperry*, 329 P.2d 728 (Cal. Dist. Ct. App. 1958): verschuldensunabhängige Haftung nach mexikanischem Recht widersprach *public policy* von California, die Schadensobergrenze hingegen nicht; *Kilberg v. Northeast Airlines, Inc.*, 172

Die traditionelle Theorie blickt nicht auf den Inhalt des materiellen Rechts, ist im allgemeinen sehr unflexibel und kann zu unangemessenen Ergebnissen führen. Sie wurde deshalb auch kritisiert und zunehmend abgelehnt.[105] Zwar kann sie den Vorzug der Klarheit und Vorhersehbarkeit für sich in Anspruch nehmen, doch wird dieser durch die gerade genannten Aufweichungen zunichte gemacht. Andererseits sind diese ein Grund dafür, warum *lex loci* in einigen Staaten beibehalten wird, da man so im Einzelfall zu eine sinnvolleren Anknüpfung kommen kann.[106] Die Aufweichungen können auch als Übergang von einer strikten *lex loci* Regel zu einer an den *policies* und Interessen des Staates ausgerichteten Anknüpfung verstanden werden.[107]

b) Lex-fori Theorie

Ehrenzweig vertritt die Ansicht, dass ein Kollisionsrecht, ein „superlaw", abzulehnen sei.[108] Er sieht die Anwendung der *lex fori* als Grundregel an, wobei er damit vorrangig auf die tatsächliche Praxis der Gerichte abstellt.[109] Sei deren Anwendung nicht den Interessen des Forums gemäß, so sei nicht ausländisches Recht anzuwenden, sondern der Staat müsse sich dann normalerweise als nicht zuständig ansehen (*forum non conveniens*).[110] Stets bleibt *lex fori* aber Auffangregel (*residuary rule*).[111] In der Praxis besteht wie in jeder Rechtsordnung eine Dominanz der „lex fori-Regel".[112]

c) Moderne Ansätze

Neuere Ansichten haben alle insoweit denselben Ansatzpunkt, als sie eine rigide Tatortregel ablehnen und statt dessen auf die hinter den materiellen Gesetzen

---

N.E.2d 526 (N.Y. 1961) (*public policy* des Forumstaates gegen Schadensobergrenzen durchgesetzt); *Owen v. Owen*, 444 N.W.2d 710 (S.D. 1989) (Richter *Morgan* wendet *public policy* an, um an der *lex loci* Regel festhalten zu können).

105 Z. B. *Cavers*, Choice-of-Law Process, S. 65 f.; *Ehrenzweig*, Öst.Z.öff.R 1956, 528.

106 Vgl. z. B. *Thatcher*, 35 S.D. L. Rev. 372, 379 (1990), zu South Dakota; *de Boer*, Beyond lex loci delicti, S. 93.

107 Vgl. nur *Kilberg v. Northeast Airlines, Inc.*, 172 N.E.2d 526 (N.Y. 1961) (*public policy* nur zum Schutz des im Forum ansässigen Klägers).

108 Rec. des Cours 1968 II, 167, 251; s. aber zu *defamation* unten S. 181.

109 *Ehrenzweig*, FS Wengler II, S. 260 ff.; *ders.*, Private International Law, General Part, S. 93; vgl. *Cavers*, Rec. des Cours 1970 III, S. 150 f.

110 *Ehrenzweig*, Private International Law, General Part, S. 107 ff.; vgl. aber früher zu *defamation* und *privacy*: *Ehrenzweig*, 36 Minn. L. Rev. 1 ff. (1951).

111 *Ehrenzweig*, Private International Law, General Part, S. 103 ff.; Bsp. für strikte *lex fori* Theorie: *Foster v. Leggett*, 484 S.W.2d 827, 829 (Ky. 1972).

112 Vgl. m. w. Nw. *Pielemeier*, 133 U. Pa. L. Rev. 381, 391 ff. (1985).

stehenden Werturteile und Ziele schauen. Diese sollen auch die Anknüpfung beeinflussen. Es geht demnach nicht um die Auswahl zwischen zwei Rechtsordnungen (*jurisdiction-selection*), sondern zwischen zwei konkreten Rechtsregeln im konkreten Fall.[113] Auch der *US Supreme Court* hat der Tatortregel indirekt seine Unterstützung versagt, indem er entschied, dass grundsätzlich nicht nur ein Staat sein Recht auf einen Fall in verfassungsrechtlich zulässiger Weise anwenden könne. Vielmehr sei entscheidend, ob ein Staat ein ausreichendes Interesse nachweisen könne.[114] Die Tatortregel war jedoch darauf begründet, dass stets nur ein Recht einen Anspruch bejahen oder ablehnen könne.[115]

aa) Interest Analysis

Nach der von *Brainerd Currie* begründeten *governmental interest analysis* entscheidet über die kollisionsrechtliche Frage der hinter einem Gesetz oder einer Rechtsregel stehende (staatliche) Zweck.[116] Strikte Regeln werden abgelehnt, da die Gefahr der Unterdrückung der staatlichen Interessen besteht.[117]

Wird der Zweck der *lex fori* durch ihre Anwendung gefördert, so ist sie anzuwenden. Hierbei schaut der Richter auf die konkrete Norm, die in Frage steht. Es ergibt sich in der Regel eine personal bestimmte Anwendung: Ist zum Beispiel der Zweck eines Gesetzes der Schutz des Verletzten, so ist das Gesetz anzuwenden, wenn der Verletzte ein Bewohner des Forumstaates ist. Es wird also angenommen, dass ein Staat nur die Interessen der eigenen Bewohner vertreten und keine Personen aus anderen Staaten begünstigen will.[118] Andererseits besteht auch ein Regelungswille im Hinblick auf Geschehnisse in dem Territorium.[119]

Wenn neben dem Forumstaat ein anderer Staat ein Anwendungsinteresse hat

---

113 *Cavers*, Choice-of-Law Process, S. 72; s. auch *Leflar*, 41 N.Y.U. L. Rev. 295 (1966); eine Ausnahme mag insoweit die *grouping of contacts* Theorie sein.

114 *Allstate Insurance Co. v. Hague*, 449 U.S. 302 (1981).

115 Vgl. m. Nw. *Juenger*, Rec. des Cours 1985 IV, S. 213; s. schon *Currie*, Selected Essays, S. 191 ff, insb. 259 ff.

116 *Currie*, Selected Essays, S. 64.

117 *Currie*, Selected Essays, S. 179 f.; s. zu dieser Tendenz auch *Reimann*, Conflict of Laws in Western Europe, S. 9 ff.

118 Vgl. *Ardoyno v. Kyzar*, 426 F. Supp. 78, 82 (E.D. La. 1976); vgl. *Kilberg v. Northeast Airlines, Inc.*, 172 N.E.2d 526, 527 f. (N.Y. 1961) (zu *public policy* Ausnahme unter *lex loci delicti*); *Currie*, Selected Essays, S. 85 f. („of course Massachussetts women"); *Born*, International Civil Litigation, S. 649; die personale Definition der Interessen kann sich aber auch auf andere als die Hauptbeteiligten beziehen, zum Beispiel im Hinblick auf den Schutz der Versicherungen oder Krankenhäuser des Forums, deren finanzielle Interessen auf dem Spiel stehen, vgl. *McDougall*, 70 Tul. L. Rev. 2475 (1996).

119 *Ardoyno v. Kyzar*, 426 F. Supp. 78, 79 (E.D. La. 1976); *Currie*, Selected Essays, S. 61 („place of injury").

(*apparent conflict*), so sollen nach der Theorie die Anwendungsinteressen, mit dem Ziel der Moderation, neu interpretiert werden. Ein Abwägen der Interessen hingegen soll nicht zulässig, das Werten der Interessen nicht Aufgabe des Richters sein.[120] Ergebnis dieser *restrained and moderate/enlightened interpretation* kann sein, dass nur ein *false conflict*, ein nur bei oberflächlicher Betrachtung bestehender, scheinbarer Konflikt vorliegt, in Wirklichkeit jedoch nur ein Recht interessiert ist.[121] Dass der Richter in der Praxis kaum die Interessen seines Staates hintanstellen wird, ist offensichtlich.[122] Ist die *restrained and moderate interpretation* ergebnislos, so liegt ein *true conflict* vor, in dem die Forumsinteressen Vorrang haben müssen.[123] Es wird auch dann keine Abwägung oder Wertung zwischen den beiden Interessen vorgenommen.

Hat der Forumstaat gar kein Anwendungsinteresse, so prüft der Richter, ob das Recht des anderen Staates ein entsprechendes Anwendungsinteresse besitzt und wendet es gegebenenfalls an (sogenannter *false conflict*).[124] Ist keiner der beteiligten Staaten interessiert (*unprovided for case*), so wird *lex fori* angewendet.[125] Gleiches gilt, wenn mehrere andere Staaten ihr Recht angewendet wissen wollen, der Forumsstaat hingegen nicht.[126]

Andere Autoren haben versucht, die *interest analysis* weiterzuentwickeln, so dass sich eine Vielzahl von Spielarten ergab. Dabei ging es meist um die Fälle des *true conflict*. Manche erstrebten eine Abwägung der beteiligten Interessen, andere stellten die Frage, wessen Interessen vergleichsweise am wenigsten beeinträchtigt würden (Prof. *Baxter*'s *comparative impairment test*), wieder andere untersuchten, welches materielle Recht die bessere Regel (*better law*) oder die für den Kläger günstigere enthält, oder wollten für den Einzelfall aus

---

120 *Currie*, Selected Essays, S. 143 f., 151, 181 ff.; kritisch: *Cavers*, Rec. des Cours 1970 III, S. 148: warum soll einschränkende Interpretation zulässig sein, Wertung aber nicht; auch *Scoles / Hay*, Conflict of Laws, S. 604; falsch insoweit *Vischer*, RabelsZ 38 (1974), S. 131 f., der von der „Lehre vom policies weighing" spricht; wie dieser *Stegemann*, Der Anknüpfungspunkt der most significant relationship, S. 39 f., 58 f.

121 Vgl. *Currie*, Selected Essays, S. 280; *Cavers*, Rec. des Cours 1970 III, S. 147 f.; *Scoles / Hay*, Conflict of Laws, S. 566.

122 Aber: *Bernkrant v. Fowler*, 360 P.2d 906 (Cal. 1961); *People v. One 1953 Ford Victoria*, 311 P.2d 480 (Cal. 1957).

123 *Currie*, Selected Essays, S. 119, 149 f.

124 *Currie*, Selected Essays, S. 156 f., 184.

125 Sofern nicht *forum non conveniens* anzuwenden ist; *Currie*, Selected Essays, S. 76, 152-156; Bsp. für *unprovided for cases*: *Erwin v. Thomas*, 506 P.2d 494 (Or. 1973); nach anderer Ansicht ist das den Anspruch bejahende Recht anzuwenden, *Weintraub*, Commentary, S. 284 f., 335, 359; vgl. *de Boer*, Beyond lex loci delicti, S. 254.

126 „disinterested forum", vgl. *Cavers*, Rec. des Cours 1970 III, S. 147, wahlweise soll das Gericht eine Kollisionsregel anwenden, die „der Kongreß erlassen würde".

den Rechten gemischte Regeln bilden.[127]

Generell wurde an der *interest analysis* bezweifelt, dass das IPR der Durchsetzung staatlicher Interessen diene. Vielmehr gehe es doch bloß um die Lösung eines Konfliktes zwischen privatrechtlichen Interessen.[128] Zudem ist fragwürdig, ob ein Staat tatsächlich nur den Schutz seiner Bewohner bezweckt[129] und wie der Zweck eines fremden Gesetzes zu bestimmen sein soll. Die Hauptkritik an der *interest analysis* blieb aber, dass sie letztendlich doch eine verdeckte *lex fori* Theorie ist, da sie fast nie zu der Anwendung eines fremden Rechts kommt.[130] Zudem merkte man in der Praxis, zum Beispiel der New Yorker Rechtsprechung, dass dieser Theorie jede Klarheit und Vorhersehbarkeit fehlt, so dass man teilweise wieder zu konkreteren Anknüpfungsregeln zurückkehrte, um dem Richter die Bestimmung des anwendbaren Rechts möglich zu machen.[131] Die Berücksichtigung der Interessen blieb jedoch ein Kriterium und hat im Laufe der Jahre zumindest in Kombination mit anderen Faktoren in den meisten Staaten Einzug gehalten.[132] Dies gilt insbesondere für die Kategorie des *false conflict*.

bb) Better law und best law

Die Theorie, nach der das materiell bessere Recht („better law") anzuwenden ist,

---

127 Vgl. ausführlich *de Boer*, Beyond lex loci delicti, S. 274 ff. m. w. Nw.; z. B. *Bernhard v. Harrah's Club*, 546 P.2d 719, 723 ff. (Cal. 1976) („restraint interpretation"); Abwägen der Interessen: *Eger v. Du Pont DeNemours Co.*, 539 A.2d 1213, 1219 (N.J. 1988) (im Ergebnis nicht *lex fori*); materielle Lösung z. B. *von Mehren*, 88 Harv. L. Rev. 347 ff. (1974); s. aber auch *von Mehren / Trautmann*, Law of multistate problems, S. 78: „policies weighing"; für das dem Kläger günstigere Recht: *Weintraub*, Commentary, S. 359 f.; w. Nw. bei *Born*, International Civil Litigation, S. 633.

128 Vgl. m. Nw. *Cavers*, Rec. des Cours 1970 III, S. 148, der auf das staatliche Interesse an der Durchsetzung der Zwecke des eigenen Privatrechts abstellt; allgemein zur Kritik: *Juenger*, Rec. des Cours 1985 IV, S. 230 ff.

129 Vgl. dagegen *Cray*, 31 UCLA L. Rev. 656 f. (1984); *Negri v. Schering Corp.*, 333 F. Supp. 101, 106 (S.D.N.Y. 1971) (New Yorker Gesetz begünstige nicht nur die Bewohner des Staates); kritisch schon *Leflar*, 41 N.Y.U. L. Rev. 293 (1966).

130 *Juenger*, Rec. des Cours 1985 IV, S. 119, 218; allerdings sollte nach der Konzeption *Currie*'s die *forum non conveniens* Doktrin weit ausgelegt werden, wenn der Staat kein Interesse hat, *Currie*, Selected Essays, S. 61 ff.; zur Forumbezogenheit der *interest analysis* s. allg. z. B. *Reimann*, Conflict of Laws in Western Europe, S. 105 f.

131 *Born*, International Civil Litigation, S. 634; *Neumeier v. Kuehner*, 335 N.Y.S.2d 64 ff. (1972). South Dakota hielt deshalb an der *lex loci* fest, vgl. *Heidemann v. Rohl*, 194 N.W.2d 164 (S.D. 1972); kritisch auch z.B *Thatcher*, 35 S.D. L. Rev. 379 (1990).

132 *Murphy*, 71 N.D. L. Rev. 723 (1995); vgl. auch *Restatement (Second) Conflict of Laws* § 6 (1971); vielleicht liegt dies aber auch daran, dass der Richter mit der *interest analysis* jedes von ihm gewünschte Ergebnis begründen kann; vgl. schon *Ehrenzweig*, 36 Minn. L. Rev. 4 (1951).

oder sogar ein völlig neues Recht gebildet werden soll, das als *best law* bezeichnet wird, wurde vor allem *Leflar* zugesprochen. Auch bei *David F. Cavers* zeigen sich Ansätze dieser Methode („justice in the particular situation" / „justice in the individual case").[133] Er selbst wollte sich so nicht verstanden wissen[134], sondern sah diese Theorie nur als eines von vielen Kriterien (sogenannte *principles of preference*) an, die die Wahl beeinflussen können.[135] *Leflar* sieht die Qualität einer Norm als erheblich für die Bestimmung der internationalen Anwendung an.[136] Sie ist für ihn jedoch nur einer von verschiedenen Faktoren, die unten als *choice-influencing considerations* dargestellt werden. *von Mehren* hingegen will die beteiligten Sachrechte materiell verbinden, zum Beispiel den Mittelwert von Schadensersatzsummen bilden, oder einen geminderten Betrag zuerkennen, wenn eine Rechtsordnung einen Anspruch ganz ablehnt.[137] Er stellt darauf ab, dass ein derartiger Kompromiss akzeptabler sei als die Anwendung nur eines der Rechte und zudem die von einer Rechtsordnung angezielte Situation stets die Binnensituation sei, wohingegen die Interessen in internationalen Fällen anders gelagert sein könnten. Dabei soll der Grad, in dem sich ein Recht in dem Kompromiss durchsetzt, von der Stärke seiner Beziehungen zu dem Fall abhängen.[138] Auch *Juenger* betont in neuerer Zeit die Notwendigkeit, in kollisionsrechtlichen angemessene materielle Ergebnisse Fällen zu erzielen, und bekennt sich zu einem „substantive law approach".[139]

Diese Ansätze können als materiellrechtliche Ansätze zusammengefasst werden, wobei es sich teilweise nur um Vorschläge zur Lösung von *true conflicts* handelt. Das offene Abstellen auf den Inhalt des Rechts soll das verdeckte ersetzen, welches in der Praxis bei der Anwendung des IPR stattfindet.[140] Auch könne ein grenzüberschreitender Fall eine materielle Spezialregelung erfordern, da die Interessenlage nicht der vom Gesetzgeber geregelten entspreche.

---

133 *Cavers*, 47 Harv. L. Rev. 173, 187 (1933); *ders.*, Choice-of-Law Process, S. 75 ff., 86, 89 ff.; Anwendung von *better law*: *Milcovich v. Saari*, 203 N.W.2d 408, 409 (Minn. 1973) (*lex fori*); s. auch aus neuester Zeit: *McDougall*, 70 Tul. L. Rev. 2477 ff. (1996): die Gerichte sollten ein vernünftiges Deliktsrecht anwenden.

134 *Cavers*, Choice-of-Law Process, S. 75 ff.

135 Rec. des Cours 1970 III, 75, 175, und das nur im Ausnahmefall.

136 *Leflar*, American Conflicts Law, S. 107 ff.; *ders.*, 41 N.Y.U. L. Rev. 295 ff. (1966).

137 *von Mehren*, 88 Harv. L. Rev. 347, 369 f. (1974). Damit werden aber Steuerungsfunktionen des Deliktsrechts im internationalen Bereich außer Kraft gesetzt.

138 *ebenda*, S. 371; freilich muss man zur Bestimmung dieser Stärke Kriterien finden und dazu wieder die normalen Kollisionsregeln heranziehen; vgl. z. B. *von Mehren / Trautmann*, Law of multistate problems, S. 102 ff. („connecting factors").

139 *Juenger*, Rec. des Cours 1985 IV, S. 286 ff.

140 *von Mehren*, 88 Harv. L. Rev. 354 (1974), der auf die Ausweichmechanismen der Traditionalisten hinweist; *Juenger*, Rec. des Cours 1985 IV, S. 292 f.

Aktuelle Relevanz erhalten diese Ansätze im Bereich des Internet, wo Kollisionsregeln teilweise als unmöglich angesehen werden und ein einheitliches materielles Recht verlangt wird.[141]

Gegen diese Theorien ist einzuwenden, dass nicht entschieden werden kann, welches Recht besser ist. Der Richter wird sich vermutlich an sein eigenes Recht halten und für das beste halten.[142] Die *best law* und *substantive law* Theorien schließlich können zu einem Recht führen, welches keinem der beteiligten Rechte entspricht und sind daher ebenso wie die *better law* Theorie auch erheblichen Bedenken im Hinblick auf die Kompetenzen ausgesetzt. Ob das Recht gut ist, entscheidet der Gesetzgeber beziehungsweise das „case law". Die aus dieser Theorie meist folgende Anwendung der klägerfreundlicheren Norm[143] widerspricht insbesondere im Bereich des Persönlichkeitsschutzes der interessenausgleichenden ebenso wie der verhaltenssteuernden Funktion des Deliktsrechts.[144]

cc) Principles of preference

Cavers gehörte, obwohl Schüler von *Beale*, zunächst zu denen, die die strikten Regeln des ersten *Restatements* zu stürzen versuchten und erarbeitete später mehrere Regeln, mit deren Hilfe die *true conflicts* gelöst werden sollten. Die *interest analysis* von *Currie* akzeptierte er im Hinblick auf die *false conflicts*.[145] Es soll das Erfolgsortsrecht angewendet werden, wenn es strenger für den Handelnden ist als das Handlungsortsrecht; das Erfolgsortsrecht dann, wenn es höhere Anspruchsvoraussetzungen stellt als andere Rechte. Diese Vorrangstellung des Tatortrechts soll durch Ausnahmen, zugunsten der mit den Parteien verknüpften Rechte, aufgelockert werden: Wenn die beiden Heimatrechte eine höhere Entschädigung erlauben, so sind sie anzuwenden (von beiden das mit niedrigerem Niveau); enthält das Handlungsortsrecht besondere Haftungsregeln und ist die Verletzung in einem anderen Staat bei Verstoß gegen die Regel vorhersehbar, so wird eine Haftung nach dem strengeren Handlungsortsrecht als zumutbar angesehen (admonitorische Funktion); bei einer Beziehung (mehr als

---

141 S. *Faucher*, 26 U.C. Davis. L. Rev. 1051, 1066 ff. (1993); zum Internet genauer unten, S. 199.

142 *Cramton / Currie / Kay*, Conflict of Laws, S. 323; *Scoles / Hay*, Conflict of Laws, S. 583; *Dane*, 96 Yale L. J. 1273 (1987).

143 *Thatcher*, 35 S.D. L. Rev. 396 f. (1990); *Pielemeier*, 133 U. Pa. L. Rev. 381, 399 (1985); vgl. z. B. *Gravina v. Brunswick Corp.*, 338 F. Supp. 1, 6 (D.R.I. 1972) für die Anerkennung der Klage aus dem *right of privacy*.

144 Vgl. die entsprechenden Argumente gegen das Günstigkeitsprinzip im deutschen Recht, unten S. 251.

145 *Cavers*, Rec. des Cours 1970 III, S. 145 f., 153.

gemeinsame Staatsangehörigkeit/Wohnsitz) zwischen den Parteien ist deren gemeinsames Recht anzuwenden, wenn es geringere Haftungsvoraussetzungen aufstellt.[146] Im Bereich von *defamation* und *privacy* sollen wegen des übereinstimmenden kulturellen, gesellschaftlichen und politischen Hintergrundes für eine akzessorische Anknüpfung jedoch eventuell schon bloße gemeinsame Staatsangehörigkeit oder Wohnsitz genügen.[147] Ansätze von *better law*, die ihm immer wieder zugeschrieben wurden, weist *Cavers* zurück.[148]

dd) Choice-influencing considerations

Auch *Leflar* strebte eine flexible Lösung der IPR-Frage je nach der Lage des Einzelfalles an. Wie *Cavers* wollte aber auch er nicht ganz auf Regeln verzichten, um dem Richter Richtlinien zu geben. Er entwickelte ein System von fünf Faktoren, welche die Rechtswahl bestimmen sollten. Diese sind die Vorhersehbarkeit des Ergebnisses, die Aufrechterhaltung der zwischenstaatlichen Ordnung, die Vereinfachung für den Richter, die Förderung der Forumsinteressen und die Anwendung des besseren Rechts.[149] Über das Merkmal der zwischenstaatlichen Ordnung inkorporiert diese Theorie auch die *interest analysis*. Allerdings werden in der Praxis die ersten drei Merkmale bei der Anwendung der Theorie im Bereich des internationalen Deliktsrechts als irrelevant gewertet und lediglich auf die Forumsinteressen und das bessere Recht abgestellt.[150]

An *Leflar*'s Ansatz wird, wie oben dargestellt, vor allem das *better law* Element kritisiert. Zudem scheint es so zu sein, dass die Anwendung der Kriterien in der Praxis meist zu der *lex fori* führt.[151] Der Richter hat andererseits eine

---

146 Zum Ganzen: *Cavers*, Rec. des Cours 1970 III, S. 152-158.

147 *Cavers*, Rec. des Cours 1970 III, S. 161.

148 *Cavers*, Rec. des Cours 1970 III, S. 145.

149 *Leflar*, American Conflicts Law, S. 195; *ders.*, 41 N.Y.U. L. Rev. 282 ff. (1966); angewendet z. B. in *Milkovich v. Saari*, 203 N.W.2d 408, 412 ff. (Minn. 1973) (im Ergebnis *lex fori* als *better law*); *Clark v. Clark*, 222 A.2d 205, 207 ff. (N.H. 1966) (im Ergebnis *lex fori*); *Kenna v. So-Fro Fabrics, Inc.*, 18 F.3d 623, 625 ff. (8th Cir. 1994) (Delikt, im Ergebnis *lex fori*).

150 Z. B. *Kenna v. So-Fro Fabrics, Inc.*, 18 F.3d 623, 626 (8th Cir. 1994) m. w. Nw.; vgl. *Juenger*, Rec. des Cours 1985 IV, S. 227 m. w. Nw.; den Aspekt der zwischenstaatlichen Ordnung und Rücksichtnahme betont aber *McDougall*, 70 Tul. L. Rev. 2467 ff., 2474, 2480 (1996); anders als die Praxis war aber die Konzeption von *Leflar*, American Conflicts Law, S. 195: unterschiedliche Gewichtung je nach Rechtsgebiet, aber stets seien alle Faktoren zu berücksichtigen; ebenso *ders.*, 41 N.Y.U. L. Rev. 282 (1966).

151 Vgl. ausführlich *Thatcher*, 35 S.D. L. Rev. 392 ff. (1990); *Juenger*, Rec. des Cours 1985 IV, S. 226; s. auch die gerade genannten Fälle; s. aber *Gravina v. Brunswick Corp.*, 338 F. Supp. 1 (D.R.I. 1972) allerdings begünstigte das andere Recht den im Forum sitzenden Kläger.

extreme Freiheit bei der Wahl, er ist nicht an die Vorrangstellung der *lex fori* gebunden wie bei der *interest analysis Currie*'s.

Hinsichtlich der Anknüpfung von Persönlichkeitsrechtsverletzungen entscheidet sich *Leflar* nicht für eine Ansicht, sondern beschränkt sich auf die Darstellung und Kritik der Möglichkeiten, wobei er offensichtlich von der *lex loci* Regel ausgeht.[152]

ee) Center of gravity / grouping of contacts

Nach dem *grouping of contacts* Ansatz wird, im Gegensatz zu *lex loci*, nicht nur auf einen, sondern auf viele Anknüpfungspunkte abgestellt. Das Recht, zu dem zahlenmäßig die meisten Verbindungen bestehen, ist anwendbar.[153] Dies soll der Sitz des Rechtsverhältnisses sein. Auf den Inhalt des Rechts schaut man dabei grundsätzlich nicht, was diesen Ansatz von den meisten anderen modernen Theorien unterscheidet. Sie bleibt also dem Territorialitätsgedanken verhaftet. Neben dieser Rigidität und Formelhaftigkeit wird kritisiert, dass keine qualitative Wertung der Relevanz der einzelnen Kontakte erfolgt.[154] Die Theorie war jedoch ein wichtiger Schritt auf dem Weg zu der *most significant relationship* Theorie; eine rein quantitative Betrachtung der Kontakte wird, soweit ersichtlich, heute im Deliktsrecht nicht mehr vertreten.[155] Die *grouping of contacts* Theorie wird gegenwärtig noch eher auf dem Gebiet des Vertragsrechts als im Deliktsrecht vertreten.[156]

ff) Louisiana

Am 1.1.1992 trat in dem Bundesstaat Louisiana eine umfassende Kodifikation

---

152 *Leflar*, 26 Rocky Mtn. L. Rev. 264 f., 270 f. (1953); *ders.*, 6 Vand. L. Rev. 454 ff. (1953); anders aber *ders.*, American Conflicts Law, S. 270 f.: die vorgeschlagenen Möglichkeiten der Anknüpfung sollten bei der Anwendung der *choice-influencing considerations* in Betracht gezogen werden; dies wird aber nicht weiter erläutert.

153 Ablehnend: *Juenger*, Rec. des Cours 1985 IV, S. 233 ff.; Anwendung der Theorie: z. B. *Auten v. Auten*, 124 N.E.2d 99 (N.Y. 1954); *Haag v. Barnes*, 175 N.E.2d 441 (N.Y. 1961), beides vertragsrechtliche Fälle mit familienrechtlichem Einschlag.

154 Schon *Currie*, Selected Essays, S. 727 f.; kritisch auch *Leflar*, 41 N.Y.U. L. Rev. 269 (1966); *de Boer*, Beyond lex loci delicti, S. 208, die Tendenz bei dem Zweiten Restatement kritisierend.

155 Höchstens als „falsche" Anwendung des Zweiten Restatements, vgl. *de Boer*, Beyond lex loci delicti, S. 220; z. B. *Rudin v. Dow Jones & Co., Inc.*, 510 F. Supp. 210, 216 f. (S.D.N.Y. 1981).

156 Z. B. *Allstate Insurance Co. v. Stolarz*, 613 N.E.2d 936, 938 f. (N.Y. 1993); *Lazard Freres v. Protective Life Insurance Co.*, 108 F.3d 1531, 1538 f. (2d Cir. 1997).

des internationalen Privatrechts in Kraft.[157] Das Gesetz verkörpert im Bereich des Deliktsrechts die *interest analysis* (Art. 3542), legt aber auch konkrete Regeln fest, die aus der *interest analysis* abgeleitet wurden (Art. 3543 ff.). Die bei der *interest analysis* zu berücksichtigenden Kriterien entsprechen ungefähr denen des *Second Restatement*, jedoch ist das Gesetz weniger forumsbezogen, da es die Interessen der anderen Staaten und die des Forums nicht unterscheidet (vgl. Art. 3515, 3542). Das *Second Restatement* hebt hingegen die Interessen des Forums hervor (section 6). Zudem enthält das *Second Restatement* gerade keine konkreten Regeln, sondern nur ein ausfüllungsbedürftiges Konzept.

Bei den konkreten Regeln für das internationale Deliktsrecht wird zwischen verhaltensbezogenen und schadensbezogenen materiellen Normen unterschieden.[158] Verhaltensbezogene Fragen werden an den Handlungsort angeknüpft, wenn an dem Verletzungsort kein strengerer Verhaltensmaßstab gilt. Sonst gilt Verletzungsortsrecht, vorausgesetzt, dass die Verletzung an diesem Ort vorhersehbar war (Art. 3543 Abs. 1 u. 2). Schadensbezogene Fragen werden an den gemeinsamen gewöhnlichen Aufenthalt der beiden Parteien angeknüpft, subsidiär an den Ort, an dem Handlung und Erfolg stattfanden (Platzdelikt), wiederum subsidiär an den Erfolgsort, wenn der Verletzte dort seinen Wohnsitz hat, Vorhersehbarkeit gegeben ist und das Recht für den Kläger ist vorteilhafter (Art. 3544).

In allen nicht geregelten Fällen gilt die allgemeine *interest analysis*. Für die konkreten Anknüpfungsregeln gibt es ferner eine Ausweichklausel, nach der diese nicht gelten, wenn die *interest analysis* (Art. 3542) eindeutig („clearly") ein anderes Recht bevorzugt (Art. 3547). Dadurch wird das strikte Anknüpfungssystem wieder flexibler.[159]

Das Gesetz enthält jedoch keine Sonderregeln für die Anknüpfung der hier interessierenden Delikte, insbesondere nicht zu der Frage der Streudelikte. Deshalb wird im Abschnitt (3) nicht mehr gesondert auf diese Kodifikation eingegangen.

d) Second Restatement, most significant relationship

Das *Second Restatement* von 1971 wandte sich von der traditionellen Theorie

---

157 *Act No. 923 of 1991 on Conflicts Law*; einschlägig sind die Art. 3515 ff. La. Civil Code (Book IV); abgedruckt bei *Symeonides*, RabelsZ 57 (1993) Anhang S. 508 ff. (*Symeonides* ist der Hauptverfasser dieses Gesetzes) und in IPRax 1993, 56-58 mit Einleitung von *Jayme*; zur früheren Rechtslage *Symeonides*, S. 678 ff.

158 Vgl. ausführlich zu dem Folgenden: *Symeonides*, 66 Tul. L. Rev. 696 ff. (1992).

159 Vgl. ausführlich *Symeonides*, 66 Tul. L. Rev. 763 ff. (1992); gleichzeitig wird die Anknüpfung aber auch unbestimmter und unsicherer.

seines Vorgängers ab und wendet eine Reihe von Faktoren an, um das anwendbare Recht zu bestimmen. Ziel ist es, das Recht mit den engsten Verbindungen zu finden.[160] Zu berücksichtigende Kriterien sind vielfältiger Art. Das *Second Restatement* kann als Kombination aller modernen Ansätze angesehen werden, wobei allerdings gleichzeitig auch die traditionelle *lex loci* von großer Bedeutung ist.[161] Insbesondere sind die Anwendungsinteressen der jeweiligen Staaten relevant.[162] Nach section 145 (2) ist normalerweise das Tatortrecht anwendbar („where the injury occurred").[163] Das anwendbare Recht wird aber für jede Rechtsfrage („issue") separat bestimmt.[164] Für einzelne Fragen gibt es Sonderregeln, so zum Beispiel auch für den Bereich des Persönlichkeitsschutzes. Hier wird jeweils eine Vermutung aufgestellt, die jedoch durch Anwendung der Kriterien von §§ 6 und 145 widerlegt werden kann.

Das *Second Restatement* nimmt damit eine eigenartige Mittelposition zwischen traditioneller (Tatort-) Regel und modernen Ansätzen ein, die eine Abkehr von dieser strikten und rigiden Regel anstrebten.[165] Wegen der Vielzahl der Kri-

---

160 *Restatement (Second) Conflict of Laws* § 145 (1971): „law of the state which has the most significant relationship with the occurrence and with the parties". Die Anmerkungen (*comments*) zeigen die große Bedeutung der *interest analysis* bei der Bestimmung der engsten Verbindung; vgl. nur § 152, comment b am Anfang.

161 Vgl. *Juenger*, Rec. des Cours 1985 IV, S. 220; *de Boer*, Beyond lex loci delicti, S. 219 m. Nw. zu Fällen; z. B. *Casey v. Manson Construction and Engineering Co.*, 428 P.2d 898, 905 (Or. 1967).
§ 145 (2): „Contacts to be taken into account in applying the principles of § 6 to determine the applicable law to an issue include: (a) the place where the injury occurred; (b) the place where the conduct causing the injury occurred; (c) the domicile, residence, nationality, place of incorporation and business of the parties, and (d) the place where the relationship, if any, between the parties is centered...".
§ 6 (2) : „(...) the factors (...) include: (a) the needs of the interstate and international systems, (b) the relevant policies of the forum, (c) the relevant policies of other interested states and the relative interest of those states in the determination of the particular issue, (d) the protection of justified expectations, (e) the basic policies underlying the particular field of law, (f) certainty, predictability and uniformity of result, and (g) ease in the determination and application of the law to be applied".

162 Vgl. z. B. die Anwendung des Zweiten Restatements in *Bryant v. Silverman*, 703 P.2d 1190 (Ariz. 1985); *Erwin v. Thomas*, 506 P.2d 494, 495 ff. (Or. 1972).

163 Für einen internationalen Fall, in dem das Zweite Restatement angewendet wurde vgl. *Tramontana v. SA Empresa de Viacao Aerea Rio*, 350 F.2d 468 (D.C. Cir. 1964): im Ergebnis Anwendung der Haftungsbegrenzung des brasilianischen Unfallortsrechtes bei brasilianischem Beklagten und US-Kläger (!). Zu bedenken ist aber, dass es sich nicht um ein einzelstaatliches, sondern ein Bundesgericht, handelte. Auch North Dakota wendet den „significant contacts test" an, vgl. *Murphy*, 71 N.D. L. Rev. 727 ff. (1995).

164 Kritisch zu *dépeçage*, ein auch bei der *interest analysis* mögliches Ergebnis: *Juenger*, Rec. des Cours 1985 IV, S. 241.

165 Vgl. *Reimann*, Conflict of Laws in Western Europe, S. 104; *Cramton / Currie / Kay*,

terien, die noch nicht einmal abschließend sein sollen,[166] ist es aber starker Kritik ausgesetzt und in der gegenwärtigen Fassung zum Scheitern verurteilt. Der Richter wird sich die Kriterien heraussuchen, die seinem angestrebten Recht entsprechen, von Rechtssicherheit kann hier keine Rede sein.[167] Selbst wenn man das *Second Restatement* nur als ein Konzept ansieht, welches noch konkretisiert werden muss, ist fraglich, ob tatsächlich die angestrebte Herausbildung greifbarer Regeln erreicht werden kann.

3. Anknüpfung des Persönlichkeitsschutzes

Generell ist die gerade dargestellte, strikte dogmatische Trennung bei der Anknüpfung des Persönlichkeitsschutzes nicht stets erkennbar. Häufig wird von Gerichten gar nicht erläutert, aufgrund welcher Theorie ein bestimmtes Recht angewendet wird, und es handelt sich oft um eine Kombination von Elementen verschiedener Ansätze. Eine nicht unerhebliche Anzahl von Stimmen geht auch heute noch von der Tatortregel aus, spricht zumindest dem Tatort ein erhebliches Interesse und Relevanz zu.

In einem Aufsatz von 1953 hat *Prosser* zum ersten Mal alle Möglichkeiten der Anknüpfung von Beleidigung und *invasion of privacy* dargestellt.[168] Auch er bezog sich dabei ausdrücklich auf keinen bestimmten Ansatz. Die Alternativen sind danach das Recht jeder, der ersten oder der stärksten Verletzung beziehungsweise Einwirkung, das Recht des Handlungsorts, des Sitzes oder Hauptgeschäftsbereichs des Beklagten, des Klägerwohnsitzes, des Hauptgeschäftsbereiches des Klägers, ein Mischrecht oder die *lex fori*.

Zu dem früher geforderten Bundesgesetz mit einheitlicher Regelung der Kollisionsfrage ist es nie gekommen.[169]

a) Defamation

Nach der traditionellen Regel ist der Tatort dort zu lokalisieren, wo eine beleidi-

---

Conflict of Laws, S. 300; *Juenger*, Rec. des Cours 1985 IV, S. 220.

166 *Restatement (Second) Conflict of Laws* § 6, comment c (1971).

167 Vgl. zur Kritik nur *Kramer*, 39 Am. J. Comp. L. 465, 486 ff. (1991); *de Boer*, Beyond lex loci delicti, S. 201; auch *Ehrenzweig*, Rec. des Cours 1968 III, S. 297 („ubiquitous and unsupported nonrule").

168 *Prosser*, 51 Mich. L. Rev. 959, 971 ff. (1953); s. auch *Leflar*, 6 Vand. L. Rev. 454 ff. (1953); in dieser Zeit ging man noch von der traditionellen Regel aus, so dass es sich vom Ansatz her noch um die Frage der Lokalisation des Tatortes drehte.

169 *Prosser*, 51 Mich. L. Rev. 995 f. (1953); die *Restatements* haben aber zu einer gewissen Vereinheitlichung geführt, zumindest was den Ausgangspunkt angeht.

gende[170] Äußerung zur Kenntnis genommen wurde.[171] Die Anwendung dieses Verletzungsortsrechts ist auch heute noch die Regel des *Second Restatement* für einfache (nicht: *multistate*) Beleidigungen.[172] Für die Verbreitung in mehreren Staaten wurden nach traditioneller Ansicht so viele einzelne Delikte und Ansprüche nach jedem einzelnen Recht angenommen wie Staaten beteiligt waren (*multiple publication rule*).[173] Es zeigte sich jedoch, dass diese Betrachtungsweise die durch den technischen Fortschritt, die gleichzeitige Veröffentlichung in vielen Staaten, entstehenden Rechtsprobleme nicht zu lösen vermochte. Denn Betroffene konnten nacheinander in mehreren Staaten klagen und die Verjährungsregeln praktisch außer Kraft setzen.[174] Viele Staaten führten deshalb die *single publication rule* ein, nach der alle Ansprüche vor einem Gericht geltend gemacht werden müssen.[175] Dies enthob die Gerichte nicht von der Lösung

---

170 Die Anknüpfung des Delikts *injurious falsehood* (*Restatements (Second) of Torts* § 623A) und verwandter Delikte läuft parallel zu der Anknüpfung der *defamation*, vgl. *Restatement (Second) Conflict of Laws* § 151 (1971); *Scoles / Hay*, Conflict of Laws, S. 611, Fn. 3; Bsp.: *Dale Systems, Inc. v. General Teleradio, Inc.*, 105 F. Supp 745 (S.D.N.Y. 1952); *Kemart Corp. v. Printing Arts Research Laboratories, Inc.*, 269 F.2d 375 (9th Cir. 1959).

171 *Mattox v. News Syndicate Co., Inc,*, 176 F.2d 897, 900 (2d Cir. 1949); *Jiminez v. Maritime Overseas Corp.*, 360 F. Supp. 142, 144 (S.D.N.Y. 1973) (Brief); *Bakhshandeh v. American Cynamid Co.*, 211 F. Supp. 803, 805 f. (S.D.N.Y. 1962) (mündliche Äußerung); *Rose*, 30 Hastings L.J. 1531 (1979); *Restatement Conflict of Laws*, § 377, note 5 (1934); zweifelnd *Cook*, Logical and legal bases of conflict of laws, S. 323 u. Fn. 26.

172 Section 149: „local law of the state where the publication occurrs...unless some other state has a more significant relationship under the principles stated in § 6 ...“; allerdings handelt es sich dabei nur um eine Vermutung, die anhand der Prinzipien der § 6 widerlegt werden kann. Bei § 6 sind insbesondere die staatlichen Anwendungsinteressen zu berücksichtigen; § 149, comments b, c; als Beispiel wird die Äußerung in einem Flugzeug genannt, § 149, comment c, sowie das Zusammenfallen von Klägerwohnsitz und Handlungsort bei unterschiedlichem Empfangsort, § 149, comment d; Bsp.: *Loeb v. Globe Newspaper Co.*, 489 F. Supp. 481, 483, Fn. 2 (D. Mass. 1980) (Veröffentlichungs- und Verbreitungsort der Zeitung).

173 Streng genommen wurde jeder einzelne Verkauf eines Zeitungsexemplars als abgeschlossene Beleidigung angesehen, vgl. den englischen Fall *Duke of Brunswick v. Harmer*, [1849] 14 Q.B. 185 (durch den Kauf eines Exemplars durch einen Angestellten des Klägers nach 17 Jahren wurde dementsprechend die Verjährungsfrist neu in Gang gesetzt); *Restatement Torts*, § 578, comment b (1938); z. B. *Hartmann v. American News Co.*, 69 F. Supp. 736 (D. Wis. 1947), bestätigt in 171 F.2d 581 (7th Cir. 1949); *Hartmann v. Time Inc.*, 166 F.2d 127, 128 (3d Cir. 1947); *O'Reilly v. Curtis Publishing Co.*, 31 F. Supp. 364 (D. Mass. 1940); damals war aber die IPR-Frage von der Frage, ob überhaupt ein oder mehrere Delikte vorlagen, verdrängt. Die *multiple publication rule* führte ja dazu, dass in der Regel nur der Schaden in dem einen Staat geltend gemacht wurde.

174 Vgl. Beispiele bei *Prosser*, 51 Mich. L. Rev. 969 (1953).

175 *Restatement (Second) of Torts* § 577A; §§ 1,2 *Uniform Single Publication Act 1952*; dies gilt auch für andere Arten von Klagen, vgl. *Warner*, 23 Law & Contemp. Probs. 14 f. (1958); *Knakal*, 15 Wash. & Lee L. Rev. 322 (1958); *Note*, 48 Colum. L. Rev. 935 (1948);

der IPR-Frage.[176] Parallel zu der *single publication rule* ging der Trend insoweit dahin, ein einziges anwendbares Recht zu bestimmen.[177] Nur selten wurde eine Mosaikbetrachtung (*checkerboard solution*), das heißt eine Anwendung des Rechts jedes einzelnen Verbreitungsstaates für sein Gebiet, vorgenommen.[178] Noch weniger hat sich die Ansicht eines irgendwie gearteten Wahlrechts des Klägers durchgesetzt.[179]

Nach der traditionellen *lex loci* Regel wurde in einigen Entscheidungen zu

---

z. B. *Mattox v. News Syndicate Co., Inc.*, 176 F.2d 897, 900 (2d Cir. 1949); allerdings war diese Strategie nach einigen Ansichten nur insoweit erfolgreich, als andere Bundesstaaten auch diese Regel vorsahen, vgl. *Leflar*, 6 Vand. L. Rev. 453 f. (1953); anders für England: *Berezovsky v. Forbes*, [1999] E.M.L.R. 278 (H.L.).

176 Vgl. *Kelly*, 32 U. Cin. L. Rev. 522 f. (1963); *Rothkrug*, 44 Cal. L. Rev. 149 (1956).

177 *Peltier*, 10 La. L. Rev. 342, 344 (1950); *Vaaler*, 32 N.D. L. Rev. 122 (1956); zur verfassungsrechtlichen Problematik innerhalb der USA (Regelung von Fragen außerhalb des eigenen Territoriums): *Warner*, 23 Law & Contemp. Probs. 24 f. (1958): dies sei wegen der praktischen Bedürfnisse zulässig; für Verfassungswidrigkeit wegen der Verletzung der *full faith and credit* und *due process clause* (Art. 4 s. 1 der Bundesverfassung bzw. *14th amendment*) aber *Note*, 28 N.Y.U. L. Rev. 1012 f. (1953): die einzige verfassungsmäßige Lösung sei die Mosaikbetrachtung; auch *Pielemeier*, 133 U. Pa. L. Rev. 381, 414 (1985): nicht jedes Verbreitungsortsrecht dürfe auf das Gesamtgeschehen angewendet werden, da sich über die Gerichtsstandswahl des Klägers dann stets das die Meinungsfreiheit am meisten beschränkende Recht durchsetze.
Die Verfassung beschränkt die Kollisionsregeln: Ein Staat darf sein Recht nur anwenden, wenn er eine relevante Beziehung oder eine erhebliche Anhäufung an Beziehungen zum Fall besitzt, die ein ausreichendes Interesse bedeuten; nicht ist es so, dass stets nur ein einziges Recht verfassungsrechtlich zulässig wäre: *Allstate Insurance Co. v. Hague*, 449 U.S. 302 (1981). Nur äußerst selten wurde ein ausreichendes Interesse verneint, z. B. *Home Insurance Co. v. Dick*, 281 U.S. 397 (1980): in einem internationalen Fall durfte eine Norm des Bundesstaates nicht angewendet werden; Vertragsrecht. Im internationalen Bereich gilt zwar die *full faith and credit clause* nicht, aber es gibt ähnliche Beschränkungen aufgrund der *due process clause* (Rechtsstaatlichkeit).

178 So z. B. *Brewster v. Boston Herald-Traveler Corp.*, 188 F. Supp. 565, 577 (D. Mass. 1960); *Hawser v. Pearson*, 95 F. Supp. 936 (D.D.C. 1951) und wegen der in anderen Verbreitungsstaaten geltenden *multiple publication rule* insoweit: *Hartmann v. Time, Inc.*, 166 F.2d 127, 134 f. (3d Cir. 1947); auch *Bakhshandeh v. American Cynamid Co.*, 211 F. Supp. 803, 805 f. (S.D.N.Y. 1962), hier aber zwei separate mündliche Äußerungen (*slander*) in USA bzw. Iran; die beiden Rechte wurden jeweils für ihr Gebiet angewendet; zur Kritik und den Problemen einer Mosaikbetrachtung vgl. *Note*, 48 Colum. L. Rev. 937 (1948); *Note*, 56 Nw. U. L. Rev. 829 (1962); nicht für unmöglich hält *Thomas*, 35 Va. L. Rev. 632 (1949), die tatsächliche Anwendung von 49 verschiedenen Rechten; in *Note*, 28 N.Y.U. L. Rev. 1012 f. (1953), wird dies für die einzige verfassungsrechtlich zulässige Lösung gehalten.

179 Vgl. *Prosser*, 51 Mich. L. Rev. 975 (1953); so aber für eine begrenzte Situation (erhebliche Klägerverbindungen zu mehreren Staaten): *Note*, 60 Harv. L. Rev. 949 (1947); s. auch *Lorenzen*, 47 L.Q.R. 492 f. (1931) unter Verweis auf die deutsche Rechtsprechung aber ohne eindeutige eigene Stellungnahme und *Ehrenzweig*, 36 Minn. L. Rev. 5 (1951).

multistate Fällen der Ort der ersten Verletzung als Tatort bestimmt.[180] Diese Ansicht hat sich aber nicht durchgesetzt und wird wegen Zufälligkeit und Manipulationsmöglichkeit abgelehnt. Ferner kann sie bei vielen Fällen zu keinem eindeutigen Ergebnis kommen, da zum Beispiel im Fernsehen simultan ausgestrahlt wird.[181] Der Ort der vorrangigen Verbreitung wird abgelehnt, da dies bei nationalen Medien in der Regel einer der bevölkerungsreichen Staaten wäre.[182]

Andere versuchten, den Tatort nach der traditionellen Regel am Handlungsort oder Sitz des Handelnden zu lokalisieren.[183] Die Begründung, nämlich die Verhaltenssteuerung für den Beklagten, wird jedoch im grenzüberschreitenden Raum mangels Vertrauens auf die Anwendung dieses Rechtes abgelehnt. Gleiches gilt für die behauptete Vereinfachung der Rechtsanwendung.[184] Zudem besteht Manipulationsgefahr, und der Ort der Handlung ist nicht immer leicht zu bestimmen.[185] Das erste *Restatement* enthielt in § 382 eine Sonderregel, wonach Handlungsprivilegien nach dem Recht des Handlungsortes angewendet werden müssen.[186]

Viele Autoren und Gerichte sprechen sich wegen der Kritikpunkte an allen anderen Lokalisierungsversuchen für die Anwendung des Wohnsitzrechtes des Klägers als Hauptort der Verletzung, als Schwerpunkt der sozialen Verbindungen, „Lageort der Ehre" aus.[187] Dabei wurden auch schon früh interessenbezo-

---

180 *Banks v. King Features Syndicate, Inc.*, 30 F. Supp. 352 (S.D.N.Y. 1939) zu *privacy*, erste Veröffentlichung; *Association for the Preservation of Freedom of Choice v. Simon*, 299 F.2d 212, 214 (2d Cir. 1962) zu *statute of limitation*, hier aber auch das Argument der prozessrechtlichen Qualifikation; vgl. auch *Dale System Inc. v. General Teleradio Inc.*, 105 F. Supp. 745, 749 (S.D.N.Y. 1952).

181 *Leflar*, 6 Vand. L. Rev. 456 (1953); *Note*, 60 Harv. L. Rev. 946 (1947); *Prosser*, 51 Mich. L. Rev. 973 (1953); *Note*, 56 Nw. U. L. Rev. 830 (1962).

182 So aber im Ergebnis bei national bekannten Personen: *Smart*, 14 Ohio St. L.J. 102 f. (1948); dagegen *Kelly*, 32 U. Cin. L. Rev. 525 (1963); *Warner*, 23 Law & Contemp. Probs. 20 (1958); s. auch *Leflar*, 6 Vand. L. Rev. 455 (1953).

183 *Spanel v. Pegler*, 160 F.2d 619 (7th Cir. 1947) (Veröffentlichungsort, Sitz der Zeitung); *Mau v. Rio Grande Oil, Inc.*, 28 F. Supp. 845 (N.D. Cal. 1939) (*privacy*, Radio, Ausstrahlungsort als *place of wrong*); *Addressograph-Multigraph Corp. v. American Expansion Bolt & Mfg. Co.*, 124 F.2d 706 (7th Cir. 1942) (Sitz des Beklagten, hier Warenzeichenrecht und unlauterer Wettbewerb); *Lorenzen*, 47 L.Q.R. 494 (1931) (dies sei fair aus der Sicht des Handelnden); *Peltier*, 10 La. L. Rev. 345 f. (1950) (Hauptgeschäftsort); *Ehrenzweig*, 36 Minn. L. Rev. 1 ff., (1951) aber S. 34 f. (gesetzliche Regelung erforderlich). Zu einer neueren Ansicht, die mit anderer Begründung das Handlungsortsrecht vertritt, s. unten, S. 184.

184 *Note*, 60 Harv. L. Rev. 946 (1947); so aber *Peltier*, 10 La. L. Rev. 346 (1950).

185 *Prosser*, 51 Mich. L. Rev. 974 f. (1953).

186 Ablehnend *Prosser*, 51 Mich. L. Rev. 977 (1953); zustimmend *Ehrenzweig*, 36 Minn. L. Rev. 31 f. (1951).

187 Z. B. *Miller v. Lear Siegler, Inc.*, 525 F. Supp. 46, 56 (D. Kan. 1981) (nicht gleich *lex*

gene Argumentationselemente verwendet und eine flexible Anwendung dieser Regel betont, wenn der Betroffene zu einem anderen Staat engere Kontakte besitzt.[188]

Auch nach dem *Second Restatement* soll bei *multistate* Beleidigungen stets nur ein Recht (auf eine Frage) angewendet werden, die *single publication rule* gilt in materieller und kollisionsrechtlicher Hinsicht. Dabei muss es sich um eine zu einer Einheit verbundene Mitteilung (*aggregate communication*) handeln.[189] Das *Second Restatement* sieht daher für Verbreitungen über Presse etc. vor, dass in der Regel die engste Verbindung (im Sinne des größten Ansehensverlustes) zu dem Wohnsitzrecht des Klägers beziehungsweise dem Hauptgeschäftsbereich eines Unternehmens besteht, wenn dort eine Verbreitung der Beleidigung erfolgte, section 150(2),(3).[190] Diese Vermutung kann durch das Feststellen

---

fori); *Caldwell v. Crowell Collier Publishing Co.*, 161 F.2d 333, 335 (5th Cir. 1947); vgl. „place of predominant impact“: *Prosser*, 51 Mich. L. Rev. 973 ff. (1953); gegen das Wohnsitzrecht aber *Nagoya Associates, Inc. v. Esquire, Inc.*, 191 F. Supp. 379, 382 (S.D.N.Y. 1961), da dies mit Verletzung und Veröffentlichung nichts zu tun habe; *Palmisano v. News Syndicate Co., Inc.*, 130 F. Supp. 17, 19 f. (S.D.N.Y. 1955); *Kelly*, 32 U. Cin. L. Rev. 525 (1963).

188 *Note*, 56 Nw. U. L. Rev. 832 f. (1962); *Note*, 60 Harv. L. Rev. 947 ff. (1947); vgl. z. B. *Mattox v. News Syndicate Co., Inc.*, 176 F.2d 897 (2d Cir. 1949): Anwendung des Ersten Restatement, *multistate* Veröffentlichung; hier Anwendung des Wohnsitzrechtes, da Kläger nur dort ein Ansehen, Bekanntheit hatte; *Dale System, Inc. v. Time, Inc.*, 116 F. Supp. 527, 530 f. (D. Conn. 1953); *Rudin v. Dow Jones & Co., Inc.*, 510 F. Supp. 210, 216 f. (S.D.N.Y. 1981) (im Ergebnis offengelassen; unter Zweitem Restatement).

189 Wenn also z. B. zwei separate Beleidigungen gleichen Inhalts gegenüber Personen in verschiedenen Staaten gemacht werden, ist section 149 anwendbar, es liegen zwei getrennt anzuknüpfende Delikte vor; vgl. *Restatement (Second) Conflict of Laws*, section 149, comment a (1971); Beispiele für *aggregate communications*: eine Auflage eines Buches, eine Ausgabe einer Zeitung, die Ausstrahlung einer Fernsehsendung oder ein Film, § 150 (1); Beispiel für separate Äußerungen und Anwendung des am jeweiligen Äußerungsort (USA, Iran) geltenden Rechts nach traditioneller Regel: *Bakhshandeh v. American Cyanamid Co.*, 211 F. Supp. 803 (S.D.N.Y. 1962).

190 § 150(2): „When a natural person claims that he has been defamed by an aggregate communication, the state of the most significant relationship will usually be the state where the person was domiciled at the time, if the matter complained of was published in that state.“; § 150(3): „When a corporation, or other legal person .... where the corporation, or legal person, had its principal place of business...“; angewendet z. B. in *Reeves v. American Broadcasting Co., Inc.*, 719 F.2d 602, 605 (2d Cir. 1983) (Wohnsitz nicht gleich Forum). Ausnahmsweise soll eine distributive Anknüpfung zweier Rechte möglich sein, wenn in zwei Staaten unterschiedliche, spezifische Verletzungen geltend gemacht werden. Beispiel: der Betroffene beruft sich auf den Verlust von Kunden an seinem Berufsort und die Nichterlangung eines politischen Postens in einem anderen Staat; *Restatement (Second) Conflict of Laws*, § 150, comment d (1971); in den USA dürfte dieser Fall nicht abwegig sein; vgl. z. B. *Brewster v. Boston Herald-Traveler Corp.*, 188 F. Supp. 565, 577 (D. Mass. 1960); zustimmend *Kelly*, 32 U. Cin. L. Rev. 523 (1963); s. auch *Weintraub*, Commentary, S. 358

einer engeren Verbindung nach den allgemeinen Kriterien widerlegt werden. Dabei soll jedoch der Handlungsort des Beklagten weniger bedeutsam, hingegen der Ort des erheblichsten Ansehensverlustes entscheidend sein.[191] Die Gerichte müssen bei der Prüfung nach dem *Second Restatement* also stets auch die anderen Verbindungen prüfen.[192]

Andere Staaten wenden zwar auch den Test der engsten Verbindung an, gehen aber zumindest nicht explizit von den Vermutungsregeln des *Second Restatement* aus oder sehen sie als sehr schwach an.[193] Dennoch wird in der Rechtsprechung mehr und mehr das Wohnsitzrecht des Klägers angewendet, wobei dies nicht immer, aber meistens *lex fori* ist.[194] Statt des Wohnsitzrechts

---

(bei Veröffentlichung in zwei bis drei Staaten).

191 Da der Handlungsort eine Manipulationsgefahr in sich birgt, *Restatement (Second) Conflict of Laws*, § 145, comment e (1971) und *Hanley v. Tribune Publishing Co.*, 527 F.2d 68, 70 (9th Cir. 1975); s. auch *Richards*, Transnat'l Law. 1990, 653 (bei bewusster Ausstrahlung in das Ausland sei dessen Recht relevant); Kriterien für den Ort der erheblichsten Verletzung: vgl. *Restatement (Second) Conflict of Laws* § 150, comment e (1971) (Bekanntheitsgrad, Aktivitäten, Bezugspunkt der Beleidigung; Verbreitungsumfang). Gegen das Recht des Beklagten und für das Wohnsitzrecht des Klägers z. B. *Cianci v. New York Times Publishing Co.*, 639 F.2d 54, 70 (2d Cir. 1980).

192 Tatsächlich ist es aber oft so, dass die Gerichte keine anderen Kriterien untersuchen und einfach auf die Vermutungsregel abstellen, vgl. *Pielemeier*, 133 U. Pa. L. Rev. 381, 396 (1985); so z. B. *Reeves v. American Broadcasting Co., Inc.*, 719 F.2d 602, 605 (2d Cir. 1983), wo den Richtern offensichtlich die Rechtslage nach dem Recht des Klägerwohnsitzes zusagte, da sie zugunsten der Meinungsfreiheit tendierte.

193 Z. B. New York, vgl. *Rudin v. Dow Jones & Co., Inc.*, 510 F. Supp. 210, 216 f. (S.D.N.Y. 1981) (im Ergebnis offengelassen); *Machleder v. Diaz*, 538 F. Supp. 1463 (S.D.N.Y. 1982) (im Ergebnis Wohnsitzrecht des Klägers); *Grass v. News Group Publications, Inc.*, 570 F. Supp. 178, 185 (S.D.N.Y. 1983): die Aktivitäten des Klägers und sein Ansehen im Staate New York, nicht in seinem Wohnsitzstaat, waren Ziel des Angriffs, auch musste deshalb der Beklagte mit der Anwendung seines Rechtes hier rechnen.

194 Z. B. *Selle v. Pierce*, 494 N.W.2d 634 (S.D. 1993) (Anwendung des *most significant relationship* Tests des Zweiten Restatement, *libel* durch einen Brief, Wohnsitz war auch einer der Empfangsorte sowie Wohnsitz des Beklagten und Handlungsort; der Hauptberufsort des Klägers lag zwar in dem anderen Veröffentlichungsstaat, aber die Tätigkeit, auf die sich die Beleidigung bezog, fand in seinem Wohnsitzstaat statt); *Machleder v. Diaz*, 538 F. Supp. 1463, 1370 (S.D.N.Y. 1982) (bei Verbreitung einer Fernsehsendung in dem Staat des Klägers und in dem Staat des Beklagten; Untersuchungen an dem Wohnsitz des Klägers; Anwendung des *most significant relationship* Tests ohne Bezugnahme auf das Zweite Restatement); *Miller v. Lear Siegler, Inc.*, 525 F. Supp. 46, 56 (D. Kan. 1981) (nach der traditionellen Regel; nicht gleich *lex fori*); *Time Inc. v. Firestone*, 424 U.S. 448 (1976) (ohne Begründung und Diskussion; war auch *lex fori*); *Ryder v. Time Inc.*, 557 F.2d 824, 826 (D.C. Cir. 1976) (Anwendung des Rechtes von Virginia; nicht *lex fori*; ohne Diskussion); *Dixson v. Newsweek, Inc.*, 562 F.2d 626, 630 (10th Cir. 1977) (war *lex fori*; ohne Diskussion); *Drotzmanns, Inc. v. McGraw-Hill, Inc*, 500 F.2d 830 (8th Cir. 1974) (ohne Diskussion; auch *lex fori*); sich auf das Zweite Restatement beziehend: *Snead v. Forbes, Inc.*, 275 N.E.2d 746 (Ill. App. Ct. 1971) (gleich *lex fori*); dafür auch *Weintraub*, Com-

wird auch eine Anwendung des Rechts des Berufsortes des Klägers vertreten. Entsprechend soll bei juristischen Personen das Recht ihres Sitzes beziehungsweise Hauptgeschäftsbereichs anwendbar sein.[195]

Teilweise wird aber eine an dem Kläger orientierte Betrachtungsweise strikt abgelehnt. So verlangt *Rose* in neuerer Zeit wegen der verfassungsrechtlichen Rechtsprechung des *US Supreme Court* zu den Verschuldensstandards bei Pressedelikten, dass man insoweit stets auf das Handlungsortsrecht abstellen müsse.[196] Eine weitergehende Begründung gibt er jedoch nicht.[197] Dabei soll für jede Handlung (Recherche, Schreiben, Redaktion, Druck) nach dem dort geltenden Recht entschieden werden, ob darin ein Verschulden liegt. Auch *Ehrenzweig* hat verlangt, das Handlungsortsrecht wegen der verhaltenslenkenden Funktion des Deliktsrechts dann anzuwenden, wenn es um Absichtsdelikte geht.[198] Bei einer verhaltensbezogenen Anknüpfung wird, wie oben schon dargestellt, auch auf den Sitz des Beklagten abgestellt.

Vor allem gegen die Ansicht von *Rose* ist einzuwenden, dass man auf einen materiell einheitlichen Vorgang mehrere Rechte anwendet.[199] Der Handelnde wird sich jedoch nicht bei jeder Handlung überlegen, welchen Standards er gerade entsprechen muss. Auch ist es praktisch schwierig, alle relevanten Handlungen und das insoweit geltende Recht zu bestimmen. Auch nach amerikanischem Recht muss das Verschulden auf der Basis des Gesamtgeschehens beurteilt werden. Das Veröffentlichen, im Sinne von Bekannt geben an andere, wird jedoch nach dieser Anknüpfung vernachlässigt. Letztendlich macht es keinen Sinn und es ist unangemessen, das Verschulden nach einem Recht, den Schadensersatz oder Rechtfertigungsgründe nach einem anderen Recht zu beurteilen. Dabei wird der innere Zusammenhang der Regeln auseinandergerissen. Auch wird generell die Person des Betroffenen zu sehr benachteiligt. Der *US Supreme Court* hat ja auch betont, dass es auf der entgegenstehenden Seite auch um den Schutz der Privatpersonen vor Ehrverletzungen geht, so dass auch der

mentary, S. 357 f.

195 Vgl. *Note*, 77 Harv. L. Rev. 1463 f. (1964).

196 *Rose*, 30 Hastings L.J. 1532, 1537 f., 1540 (1979); vgl. auch *Grass v. News Group Publications, Inc.*, 570 F. Supp. 178, 186 (S.D.N.Y. 1982), wo das Interesse des Forumstaates an der Ermunterung der ansässigen Presse genannt wird. Paradoxerweise ist die angewendete *lex fori* aber gerade klägerfreundlicher.

197 Will man die Pressefreiheit fördern, so darf man eigentlich nicht das beklagtennahe, sondern muss das für den Beklagten günstige Recht anwenden. Vgl. den gerade erläuterten, insoweit paradoxen Fall *Grass v. News Group Publications, Inc.*

198 Nicht aber bei bloß schadensausgleichenden Haftungstatbeständen, bei denen der Verletzungsort wichtiger sein soll, *Ehrenzweig*, 36 Minn. L. Rev. 1 ff., 5 (1951); *ders.*, FS für Rabel II, S. 656 ff., 683.

199 *Rose*, 30 Hastings L.J. 1534 (1979), der dies nicht als problematisch ansieht.

Wohnsitzstaat der Kläger ein gewichtiges Interesse hat.[200]

Das Abstellen auf den Handlungsort oder allgemein eine beklagtenbezogene Anknüpfung haben sich auch überhaupt nicht durchgesetzt. Das Recht des „Einspeisungsortes“, also praktisch das Handlungsortsrecht, wurde zwar im Bereich der Internetdelikte bei *copy-right* Verletzungen in Betracht gezogen, da dies den Vorteil der Klarheit und Problemlosigkeit hat.[201] Wie im Allgemeinen, wird auch speziell im Bereich des Internet die Manipulationsmöglichkeit durch den Handelnden als Kritikpunkt erkannt und das Handlungsortsrecht deshalb abgelehnt.[202]

Von den zu Beginn aufgelisteten Möglichkeiten der Anknüpfung der *defamation*, die sich noch auf die traditionelle Regel bezogen, hat sich die Anknüpfung an den ersten Verletzungsort (*first impact*), also den ersten Veröffentlichungsort nicht durchgesetzt.[203] Die Anknüpfung an den schwerpunktmäßigen Eingriffsort hat sich insofern durchgesetzt, als der Wohnsitz des Betroffenen als der Ort angesehen wird, an dem die Ehre lokalisiert ist. Es ist jedoch nicht der Ort, an dem die meisten Personen von der Äußerung Kenntnis erlangen.[204] Selten wurde die Ansicht vertreten, man solle das Recht anwenden, welches insgesamt die meisten Kontakte habe.[205] In neuerer Zeit wird diese *grouping of contacts* Theorie nicht mehr genannt. Sie wird abgelehnt, da sie die Bezugspunkte bloß zählt, ihre Relevanz für die Frage jedoch nicht wertet.[206] Schließlich wird eine *lex fori*–Theorie diskutiert. In der Praxis wird diese in der überwiegenden Anzahl

---

200 Vgl. *Machleder v. Diaz*, 538 F. Supp. 1364, 1370 (S.D.N.Y. 1982).

201 *Ginsburg*, 95 Colum. L. Rev. 1498 (1995); zum Internet s. auch unten, S. 199.

202 *Ginsburg*, 95 Colum. L. Rev. 1498 (1995); allgemein: *Ehrenzweig*, Rec. des Cours 1968 III, S. 296.

203 Zur Kritik (Zufälligkeit, Manipulation) vgl. *Prosser*, 51 Mich. L. Rev. 973 (1953); aber: *Association for the Preservation of Freedom of Choice v. Simon*, 299 F.2d 212, 214 (2d Cir. 1962): erste Veröffentlichung (aber auch Argument der prozessrechtlichen Qualifikation) und *Banks v. King Features Syndicate, Inc.*, 30 F. Supp. 352 (S.D.N.Y. 1939) (zu *privacy*, erste Veröffentlichung).

204 Dies wäre nämlich fast immer New York, vgl. *Warner*, 23 Law & Contemp. Probs. 20 (1958).

205 *Dale Systems Inc. v. General Teleradio Inc.*, 105 F. Supp. 745, 749 (S.D.N.Y. 1952): *grouping of contacts*; *Kemart Corp. v. Printing Arts Research Laboratories, Inc.*, 269 F.2d 375, 392 f. (9th Cir. 1959); *Palmisano v. News Syndicate Co., Inc.*, 130 F. Supp. 17, 19 f. (S.D.N.Y. 1955) (Gericht lehnt strikte Anwendung des Domizilrechts des Klägers ab, da viele andere „contacts“ auf ein anderes Recht weisen). Dafür auch *Kelly*, 32 U. Cin. L. Rev. 527 ff. (1963); anders als das Zweite Restatement geht diese Theorie nicht von der regelmäßigen Anwendung des Klägerwohnsitzrechts aus.

206 *Smart*, 14 Ohio St. L.J. 102 (1948).

der Fälle bestimmend sein.[207] In der Theorie wird sie unter anderem wegen der Gefahr des Forum-Shoppings und fehlender relevanter Beziehungen der *lex fori* zum Sachverhalt abgelehnt.

Better law Ansätze schleichen sich bei der Anwendung der *interest analysis* ein.[208] So wird ein Anwendungsinteresse eines Staates verneint, wenn das Recht des anderen Staates der zukünftigen Rechtslage des ersten Staates (noch nicht in Kraft getretenes Gesetz) entspricht.[209] Ebenfalls wird darauf abgestellt, dass allgemein ein Trend in eine gewisse Richtung geht, oder eine Lösung von der Mehrheit der Staaten bevorzugt wird.[210] Die vorgeschlagene Lösung, bei *multistate* Delikten stets der Mehrheitsmeinung bezüglich des materiellen Rechts zu folgen, wird jedoch nicht mehr vertreten.[211]

Die *governmental interest analysis* in Reinform wird von den Gerichten im Bereich des Ehrenschutzes nicht angewendet.[212] Doch werden die staatlichen Interessen in einem großen Umfang berücksichtigt, sie liegen ja auch zum Großteil dem *Second Restatement* zugrunde. Die Problematik bei der Anwendung liegt wohl darin, dass es undurchführbar ist, bei Verbreitungen auf nationaler Ebene das Anwendungsinteresse jedes einzelnen Staates zu prüfen. Deshalb erfolgt, wenn überhaupt, nur eine oberflächliche Erörterung der Interessen.[213] Eine Vielzahl möglicher Interessen könnte festgestellt werden, einige

---

207 Vgl. *Ehrenzweig*, Rec. des Cours 1968 III, S. 294 – 296; s. auch *Prosser*, 51 Mich. L. Rev. 977 (1953) mit Nw. zu Fällen.

208 Vgl. *Note*, 63 Harv. L. Rev. 1272, 1274 (1950): „accomodate the policies of such jurisdictions and produce justice in the particular case"; vgl. auch nach dem Zweiten Restatement *Reeves v. American Broadcasting Co., Inc.*, 719 F.2d 602 ff. (2d Cir. 1983), wo auf den nicht im Forumstaat liegenden Klägerwohnsitz abgestellt wurde, da er eine die Meinungsfreiheit begünstigende Regel enthielt; keine Analyse der Interessen.

209 *Ardoyno v. Kyzar*, 426 F. Supp. 78, 84 (E.D. La. 1976); anders aber: *Hanley v. Tribune Publishing Co.*, 527 F.2d 68 (9th Cir. 1975).

210 Vgl. *Gravina v. Brunswick Corp.*, 338 F. Supp. 1, 5 ff. (D.R.I. 1972) (zu *privacy*); schon *Leflar*, 41 N.Y.U. L. Rev. 299 f. (1966), befürwortete die Anwendung einer aktuelleren, zeitgemäßeren Norm über *better law*; vgl. auch *Weintraub*, Commentary, S. 358: das den Anspruch verneinende Recht des Klägerwohnsitzes sollte nicht ausschließlich angewendet werden, wenn die überwiegende Zahl der anderen Rechte einen Anspruch bejaht.

211 *Smart*, 14 Ohio St. L.J. 101 (1948).

212 So ist z. B. die Lösung eines *true conflict* im Fall *Ardoyno v. Kyzar*, 426 F. Supp. 78 (E.D. La. 1976) die Anwendung des *most significant relationship* Tests.

213 Es wird aber auch geprüft, ob nicht ein *false conflict* festzustellen ist, subsidiär wird dann auf andere Kriterien abgestellt; z. B. *Northwest Airlines, Inc. v. Astraea Aviation Services, Inc.*, 111 F.3d 1386, 1393 ff. (8th Cir. 1997): bei *true conflict* Anwendung der *choice-influencing considerations, libel*.

davon seien hier nur angesprochen:[214]

Nach *Currie*'s Analyse müsste man davon ausgehen, dass der Wohnsitzstaat des Klägers dann ein Interesse hat, wenn er einen Anspruch bejaht, der Wohnsitzstaat des Beklagten, wenn er einen solchen verneint.[215] Entsprechendes gilt, wenn ein Recht im Vergleich mit den anderen Rechten als beklagten- beziehungsweise klägerfreundlicher anzusehen ist, also zum Beispiel bei verschiedenen Schadensersatzhöhen.[216] Es muss also jeweils im Einzelfall, bei vergleichender Betrachtung ein Interesse bestehen. Andererseits kann jeder Staat, in dem das Ansehen des Klägers beeinträchtigt wird, also im Prinzip jeder Verbreitungsstaat, ein Interesse an dessen Schutz besitzen.[217] Ein klägerfreundlicher Handlungsort hat ein allgemeines Interesse an der Verhinderung beleidigender Äußerungen. Dies gilt aber nach einigen Entscheidungen nur, wenn die anderen Rechte nicht strenger sind, denn dann erfolgt die abschreckende Wirkung auch bei der Anwendung dieser Rechte.[218] Ein liberaler Staat hat ein Interesse, seine

---

214 Weitere und ausführliche Darstellung in *Note*, 77 Harv. L. Rev. 1465-1484 (1964); falsch insoweit *Schwiegel-Klein*, Persönlichkeitsrechtsverletzungen im IPR, S. 35, die meint, insbesondere im Persönlichkeitsschutz seien die staatlichen Interessen von geringer Bedeutung; das Interesse liegt gerade in dem angestrebten Schutz (der Bewohner des jeweiligen Staates).

215 Ein Interesse des Wohnsitzstaates wird aber teilweise auch unabhängig von dem Inhalt des Rechtes bejaht, vgl. z. B. *Machleder v. Diaz*, 538 F. Supp. 1463, 1370 (S.D.N.Y. 1982), wo das angewendete Wohnsitzrecht für den Kläger nachteilig war; kritisch: *Weintraub*, Commentary, S. 358; *Note*, 77 Harv. L. Rev. 1466 f. (1964) m. Nw. in Fn. 28; auch wird umgekehrt ein generelles Interesse eines klägerfreundlichen Staates genannt, vgl. *Richards*, Transnat'l Law. 1990, 649.

216 Z. B. *Fitzpatrick v. Milky Way Productions, Inc.*, 537 F. Supp. 165, 171 f. (E.D. Pa. 1982): Anwendungsinteresse des klägerfreundlicheren Klägerwohnsitzrechts; Anwendung des *Second Restatement*; vgl. aber *Bio/Basics International Corp. v. Ortho Pharmaceutical Corp.*, 545 F. Supp. 1106 (S.D.N.Y. 1982), wo die für den Kläger nachteilige Immunitätsregel seines Wohnsitzstaates und Forums angewendet wurde; ebenso für ein Privileg *Reeves v. American Broadcasting Co., Inc.*, 719 F.2d 602, 605 (2d Cir. 1983), wo der Wohnsitz noch nicht einmal im Forumstaat lag (*Second Restatement*).

217 *Note*, 77 Harv. L. Rev. 1465 f. (1964); s. auch die Äußerung des *Supreme Court* in *Keeton v. Hustler Magazine, Inc.*, 104 S. Ct. 1473, 1479 (1984), im Hinblick auf das Interesse, die Empfänger, das Publikum, in dem Verbreitungsstaat vor solchen Äußerungen zu schützen; Abstellen auf das Publikum (USA oder nur Ausland) auch bei *Kamenshine*, 26 Wm. & Mary L. Rev. 866 ff. (1985) (bezüglich Anknüpfung der Meinungsfreiheit).

218 Vgl. *Note*, 77 Harv. L. Rev. 1467 (1964); mit diesem Argument wird in *Ardoyno v. Kyzar*, 426 F. Supp. 78, 84 (E.D. La. 1976) die Anwendung der Rechtsordnung bejaht, die *punitive damages* vorsieht; das allgemeine Interesse des anderen Staates an der Verhinderung von Beleidigungen werde von diesem Schadensersatz sozusagen mitgefördert; dies sollte gelten, obwohl zunächst das Anwendungsinteresse im Hinblick auf das Verbot dieser Art von Schadensersatz bejaht wurde; allerdings kam hinzu, dass dieser Staat mittlerweile auch gesetzlich *punitive damages* eingeführt hatte, seine *policy* also nicht dagegen sein konnte; im Hinblick auf den letzten Punkt aber anders: *Hanley v. Tribune Publishing Co.*, 527 F.2d

Verleger, Fernsehsender etc. zu Veröffentlichungen zu ermuntern, und damit auch das Interesse, sie vor hohen Schadensersatzforderungen zu schützen.[219] *Weintraub* weist darauf hin, dass dieses Interesse gar nicht durchsetzbar ist, wenn die Gefahr besteht, dass die Handelnden nach anderen Rechten Ansprüchen ausgesetzt sind.[220] Andererseits hat ein klägerfreundlicher Staat auch den Willen, seine Unternehmen von nach seinem Recht missbilligten Handlungen abzuhalten, selbst wenn der Begünstigte aus einem anderen Staat kommt.[221] Auch haben Handlungsortsrechte das Interesse, die Vorhersehbarkeit von Ansprüchen zu gewährleisten.[222]

Generell kann jedoch auch jeder Verbreitungsort, selbst wenn er nicht besonders kläger- oder beklagtenfreundlich ist, ein Interesse daran haben, dass sein in den Anspruchsvoraussetzungen und Rechtsfolgen ausgedrückter Ausgleich zwischen dem Ehrenschutz und der Meinungsfreiheit berücksichtigt wird.[223] Ebenfalls hat er wegen der Straf- und Abschreckungsfunktion ein Interesse an der Anknüpfung von *punitive damages*, wenn er diese vorsieht.[224] Es wird sogar gesagt, dass der Staat, der *punitive damages* ablehnt, ebenfalls immer, d.h. unabhängig von den Parteien, ein Interesse daran hat, diese Art von Schadensersatz zu verneinen, jedenfalls wenn er Forum ist.[225]

Das Forum qua forum kann nur Interessen im Hinblick auf verfahrensrechtliche Gegebenheiten haben, es sei denn, es geht um eine Frage von *ordre public* Bedeutung.[226] Tatsächlich wird das Forum in der Regel auch weitergehende

---

68 (9th Cir. 1975), alte Regel wurde angewendet.

219 *Note*, 77 Harv. L. Rev. 1467 f. (1964); Bsp.: *Northwest Airlines, Inc. v. Astraea Aviation Services, Inc.*, 111 F.3d 1386, 1395 (8th Cir. 1997); der Handlungsort ist auch relevant, wenn es um Immunitäten oder Privilegien geht, vgl. *Bio/Basics International Corp. v. Ortho Pharmaceutical Corp.*, 545 F. Supp. 1106, 113 f (S.D.N.Y. 1982).

220 *Weintraub*, Commentary, S. 358.

221 Z. B. *Gravina v. Brunswick Corp.*, 338 F. Supp. 1, 4 (D.R.I. 1972) (zu *invasion of privacy*); gegen die Verfassungsmäßigkeit eines „Abschreckungsinteresses" aber *Pielemeier*, 133 U. Pa. L. Rev. 381, 423 ff. (1985).

222 *Note*, 77 Harv. L. Rev. 1467 (1964).

223 *Note*, 77 Harv. L. Rev. 1468 (1964).

224 *Note*, 77 Harv. L. Rev. 1480 f. (1964); *Ardoyno v. Kyzar*, 426 F. Supp. 78, 83 (E.D. La. 1976); vgl. aber *Selle v. Pierce*, 494 N.W.2d 634, 637 (S.D. 1993), wo einer von zwei Veröffentlichungsstaaten sein Interesse an der Anwendung seiner *punitive damages* Regel auf zwei Parteien aus einem anderen Staat ablehnte.

225 So *Ardoyno v. Kyzar*, 426 F. Supp. 78, 83 (E.D. La. 1976); anders aber *Cooper v. American Express Co.*, 593 F.2d 612 (5th Cir. 1979) zu *invasion of privacy*.

226 *Note*, 77 Harv. L. Rev. 1468 (1964); ein solches prozessrechtliches Interesse kann z. B. im Hinblick auf zeitliche Beschränkungen der Klage, Verjährungsfragen oder Beweisregeln bestehen, vgl. *ebenda* S. 1472 f.; vgl. z. B. *Selle v. Pierce*, 494 N.W.2d 634, 637 (S.D. 1993): Ablehnung der Anwendung der *punitive damages* bejahenden *lex fori*, um *forum*

Bezüge zum Fall haben, sonst wäre in der Regel keine Gerichtszuständigkeit begründet.

Man sieht an dieser nicht einmal abschließenden Auflistung der relevanten Interessen die praktische Undurchführbarkeit der *interest analysis*, jedenfalls bei *multistate* Verbreitungen.[227] Es kann für jeden beteiligten Staat irgendein Anwendungsinteresse gefunden werden.[228] Potentielle Interessen haben unter anderem der Staat des Klägerwohnsitzes, des Beklagtenwohnsitzes, der Handlungen und der Verbreitung. In Einzelfällen, bei denen es nur um zwei Rechtsordnungen geht, könnte eventuell einmal eine sinnvolle Lösung möglich sein, die *interest analysis* nämlich ergeben, dass ein Staat nur ein geringes Interesse besitzt, oder dass dieses Interesse nicht effektiv durchgesetzt werden kann.[229] Doch ist es schon problematisch, eine Rechtsordnung generell als kläger- beziehungsweise beklagtenfreundlich einzustufen, so dass schon das Fundament der *interest analysis* eine sehr fragwürdige Prämisse ist. Stets hat dieser Staat gerade im Deliktsrecht eine Abwägung beider Interessen vorgenommen.[230] Man kann auch der Ansicht sein, dass demokratische Meinungsbildung nur dann gewährleistet werden kann, wenn nicht alles verbreitet werden darf. Damit erfolgte der

---

shopping zu verhindern; beide Parteien kamen aus einem anderen Bundesstaat; aber auch *Ardoyno v. Kyzar*, 426 F. Supp. 78, 83 (E.D. La. 1976): Interesse des *punitive damages* ablehnenden Staates, diesen „spekulativen" Schadensersatz vor seinen Gerichten generell nicht anzuerkennen.

227 *Wade*, 35 N.C. L. Rev. 539 (1957), meint, dass nur ausnahmsweise bei *multistate* Delikten nur ein bestimmter Staat ein Anwendungsinteresse haben wird.

228 *Richards*, Transnat'l Law. 1990, 649 f., stellt einen Fall dar, den sie für einen *false conflict* hält: das Ursprungsland und Wohnsitzland des Beklagten habe dann kein Interesse an der Anwendung seines beklagtenfreundlichen Rechts, wenn der Beklagte bewusst auch in das Ausland gesendet habe. Nach *Currie*'s Modell soll aber gerade der Schutz der in einem Staat ansässigen Personen die Basis der *interest analysis* sein. Eine derartige Beschränkung entspricht nicht den Interessen eines Wohnsitz- und Verbreitungsstaates. Dann wäre dessen Recht bei jeder internationalen Verbreitung praktisch ausgeschaltet.

229 Zum Beispiel hat der Wohnsitz des Beklagten bei klägerfreundlichem Recht kein Anwendungsinteresse. Auch fördert das liberale Recht eines von vielen Veröffentlichungsorten tatsächlich nicht die Meinungsäußerungsfreiheit, wenn der Beklagte mit der Anwendung anderer strengerer Veröffentlichungsortsrechte rechnen musste, vgl. *Note*, 77 Harv. L. Rev. 1469 (1964).

230 Deshalb widerspricht es z. B. seinem Interesse, ein Recht anzuwenden, das zwar grundsätzlich seiner Tendenz (kläger- oder beklagtenfreundlich) entspricht, aber das Pendel stärker ausschlagen lässt. So aber die Rechtsprechung, z. B. in *Hurtado v. Superior Court of Sacramento County*, 522 P.2d 666, 674 (Cal. 1974): beide Rechte gaben einen Anspruch, doch nur die *lex fori* einen unbegrenzten Schadensersatz; laut Gericht ein *false conflict*, da die fehlende Begrenzung die abschreckende Wirkung, die beide Rechte wollten, verstärke; *lex fori* wurde angewendet.

Schutz der Beklagteninteressen über die *Bejahung* von Ansprüchen, nämlich *indirekt*. Ein Anwendungsinteresse des Wohnsitzstaates des Beklagten müsste dann selbst bei ungünstiger Regel bejaht werden.

Selbst diejenigen, die sich im Bereich des Ehrenschutzes für die *interest analysis* einsetzen, geben zu, dass diese kaum abschließende Antworten geben wird.[231] Die Anwendungsinteressen einer Rechtsordnung können sogar widersprüchlich sein. *Weintraub* meint, dass eine *interest analysis* zu der Anwendung des Rechtes jedes Verletzungsortes für seinen Bereich kommen müsste (Mosaikbetrachtung). Dies sei im Normalfall nicht durchführbar und nicht sinnvoll.[232] Berücksichtigt man weiter, dass die Interessenanalyse für jede einzelne Tatbestandsvoraussetzung, Rechtfertigungsgründe und Rechtsfolgen getrennt durchgeführt werden muss,[233] so muss man sie schlicht als praktisch nicht durchführbar ansehen. Zusätzlich müsste man sich auch noch fragen, ob diese Aufspaltung die Anwendungsinteressen der Rechte verändert und die verschiedenen Fragen nicht untrennbar verquickt sind. Klare Regeln kann man also aus der *interest analysis* nicht ableiten, und ihre generelle Anwendung ist sicherlich nicht ratsam. Aber sie kann manchmal nützliche Hinweise geben.

Einige Beispiele können letztendlich noch die Forum-Tendenz der *interest analysis* verdeutlichen.[234] Das Heimwärtsstreben kann vor allem auch über die Bestimmung der *policies* anderer Staaten realisiert werden. Die *interest analysis* ist so einer Manipulation zugänglich.[235]

b) Right of privacy

Auch die Anknüpfung grenzüberschreitender Verletzungen des *right of privacy* wird im US-amerikanischen IPR von der Anknüpfung der *defamation* getrennt behandelt, da verschiedene Schutzrichtungen bestehen.[236] Andererseits sind die

---

231 Zumindest werde sie aber „uninteressierte" Rechte ausschließen; *Note*, 77 Harv. L. Rev. 1471, 1484 (1964).

232 *Weintraub*, Commentary, S. 355 ff.

233 *Note*, 77 Harv. L. Rev. 1471 (1964).

234 *Northwest Airlines, Inc. v. Astraea Aviation Services, Inc.*, 111 F.3d 1386, 1395 (8th Cir. 1997): *interest analysis* in Kombination mit *choice-influencing considerations*; ausschlaggebendes Argument: *comparative impairment*; *Fleury v. Harper & Row Publishers, Inc.*, 698 F.2d 1022, 1025 (9th Cir. 1983) („law of forum will normally be applied to libel and invasion of privacy"); vgl. zu der Tendenz *Pielemeier*, 133 U. Pa. L. Rev. 381, 396 ff. (1985).

235 *Richards*, Transnat'l Law. 1990, 650.

236 *Bernstein v. National Broadcasting Co.*, 129 F. Supp. 817, 824 f. (D.D.C. 1955); *Woodard*, 19 U. Pitt. L. Rev. 102 (1957); *Peltier*, 10 La. L. Rev. 343 (1950); *Note*, 60 Harv. L. Rev. 942 (1947); vgl. aber *Machleder v. Diaz*, 538 F. Supp. 1463, 1370 (S.D.N.Y.

Verletzungshandlungen häufig gleichartig, so dass Parallelen bestehen. Auch muss berücksichtigt werden, dass man von der amerikanischen Begriffsbestimmung ausgeht, welche, wie dargestellt, höchst unterschiedliche Interessen unter diesem Begriff *privacy* zusammenfasst. So ist die *false light invasion* eher parallel zu der Beleidigung anzuknüpfen. Generell gelten daher viele der zu der *defamation* gemachten Ausführungen auch hier.

Grundsätzlich besteht wegen der sich noch weiterentwickelnden materiellen Rechtslage und bestehender relativ großer Unterschiede innerhalb der Vereinigten Staaten die Gefahr, dass die Richter häufig nach einer Regel suchen, die ihnen materiell zusagt.[237] Ansätze einer *better law* Theorie können sich dann zeigen: das besser entwickelte Recht oder das Recht, welches der Mehrheit der Staaten entspricht, soll vorzugswürdig sein.[238]

In einem der wenigen Fälle unter dem ersten *Restatement* wurde das Recht der ersten Einwirkung (*first impact*) angewendet und als dieser Ort der am engsten mit dem Privatbereich verbundene Ort angesehen, an dem zum ersten Mal das „Siegel der Privatsphäre durchbrochen wurde". Dies sollte der Ort der ersten Veröffentlichung (Verbreitung) sein.[239] Diese Ansicht wurde jedoch nicht zugestimmt, da dieser Ort zufällig und der Manipulation zugänglich sei.[240] In einem etwas späteren Fall wurde der Wohnsitz des Betroffenen als Verletzungsort oder der Ort der letzten Voraussetzung der Haftbarkeit angesehen. Hierbei handelte es sich um eine *multistate* Klage wegen der Berichterstattung über eine strafrechtliche Verfolgung.[241] Dort wurde *invasion of privacy* im Gegensatz zu *defamation* als Klage wegen Verletzung der persönlichen Gefühle angesehen und daher an die Person selbst angeknüpft. Dogmatisch strikt wird mit derselben Begründung nach einer vereinzelt vertretenen Ansicht an den Ort angeknüpft, an dem der Betroffene zum ersten mal von dem Eingriff erfährt.[242]

1982), aber *false light invasion of privacy*; nicht differenzierend auch *Prosser*, Mich. L. Rev. 959 ff. (1953).

237 *Ehrenzweig*, Rec. des Cours 1968 II, S. 297; *Ludwig*, 32 Minn. L. Rev. 762 (1948), hält überhaupt eine kollisionsrechtliche Lösung für unmöglich und verlangt ein materielles Einheitsgesetz.

238 Vgl. *Gravina v. Brunswick Corp.*, 338 F. Supp. 1, 5 ff. (D.R.I. 1972); vgl. auch *Ludwig*, 32 Minn. L. Rev. 761 (1948), der die Anwendung des New Yorker Rechts wegen der nur beschränkten Reichweite dessen *right of privacy* ablehnt.

239 *Banks v. King Features Syndicate, Inc.*, 30 F. Supp. 352 (S.D.N.Y 1939): „where the seal of privacy was first broken", Veröffentlichung von Röntgenaufnahmen des Klägers.

240 *Prosser*, 51 Mich. L. Rev. 973 (1953).

241 *Bernstein v. National Broadcasting Co.*, 129 F. Supp. 817, 825 f. (D.D.C. 1955); für eine klägerbezogene Anknüpfung der *invasion of privacy* auch *Peltier*, 10 La. L. Rev. 343 (1950).

242 *Woodard*, 19 U. Pitt. L. Rev. 101, 108 ff. (1957); dieser Ort scheint aber zu zufällig und

Nach traditionellem Recht wurde vorwiegend parallel der *defamation* angeknüpft, das heißt an den Veröffentlichungsort beziehungsweise die Veröffentlichungsorte.[243]

Das *Second Restatement* enthält in sections 152 und 153 Vermutungsregeln für die Anknüpfung der *invasion of privacy* Klage.[244] Bei einfachen (nicht *multistate*) Eingriffen ist nach § 152 der Eingriffsort entscheidend, während nach § 153 bei *multistate invasions* normalerweise das Wohnsitzrecht des Betroffenen anwendbar ist, sofern dort eine Verbreitung gegeben ist. Der Eingriffsort soll bei tatsächlichen Handlungen der Handlungsort, bei der Verbreitung privater Informationen der Äußerungsort, bei der unerlaubten Aneignung von Persönlichkeitsaspekten (*appropriation*) ebenfalls der Äußerungsort sein.[245] *Multistate* Delikte werden so definiert wie bei der Beleidigung nach § 150 Der Wohnsitz des Klägers soll normalerweise der Ort der erheblichsten Verletzung sein.[246]

---

für den Beklagten gänzlich unvorhersehbar zu sein.

243 *Sidis v. F-R Publishing Corp.*, 34 F. Supp. 19, 20 (S.D.N.Y. 1938) bestätigt durch 113 F.2d 806 (2d Cir. 1940) (Verbreitungsorte, fünf Staaten); *Ettore v. Philco Television Broadcasting*, 229 F.2d 481 (3d Cir. 1956) (kommerzielle Verwertung, vier Staaten); insgesamt sind die nach traditioneller Regel entschiedenen *multistate* Fälle seltener als bei *defamation*, da zur Zeit des Ersten Restatements die *privacy* Klage noch nicht überall anerkannt war und weniger häufig geltend gemacht wurde. Gegen eine Relevanz von Verbreitungs- oder Veröffentlichungsorten: *Woodard*, 19 U. Pitt. L. Rev. 105 f. (1957); Anwendung der *lex fori* in *Leverton v. Curtis Publishing Co.*, 192 F.2d 974 f. (3d Cir. 1951).

244 § 152: „In an action for an invasion of privacy, the local law of the state where the invasion occurred determines the rights and liabilities...unless some other state has a more significant relationship under the principles stated in § 6...“; § 153: „The rights and liabilities that arise from a matter that invades a plaintiff's right of privacy and is contained in any one edition of a book or newspaper, or any one broadcast over radio or television, exhibition of a motion picture, or similar aggregate communication are determined by the local law of the state which, with respect to the particular issue has the most significant relationship to the occurrence and the parties under the principles stated in § 6. This will usually be the state where the plaintiff was domiciled at the time if the matter complained of was published in that state.“
Kritisch: *Ehrenzweig / Jayme*, Private International Law, Rn. 427, S. 94 („ubiquitous, unsupported and unsupportable non-rule“).

245 *Restatement (Second) Conflict of Laws*, § 152, comment c (1971); für den „Äußerungsort“ bei der Veröffentlichung privater Tatsachen in einer lokalen Zeitung z. B. *McNally v. Pulitzer Publishing Co.*, 532 F.2d 69, 78 (8th Cir. 1976); für den tatsächlichen Eingriffsort, Empfangsort belästigender Telefonanrufe *Cooper v. American Express Co.*, 593 F.2d 612 (5th Cir. 1979).

246 Bsp.: *Strickler v. National Broadcasting Co., Inc.*, 167 F. Supp. 68, 70 (S.D. Cal. 1958); *National Bank of Commerce v. Shaklee Corp.*, 503 F. Supp. 533, 538 f. (W.D. Tex. 1980) (es ging um die kommerzielle Verwertung des Persönlichkeitsrechts); so auch schon nach dem Ersten Restatement *Bernstein v. National Broadcasting Co.*, 129 F. Supp. 817, (D.D.C. 1955); unter der *grouping of contacts* Theorie *Bi-Rite Enterprises, Inc. v. Button Master*, 555 F. Supp. 1188, 1197 (S.D.N.Y. 1983).

Ausnahmsweise kann der Betroffene eine engere Verbindung zu einem anderen Staat haben oder der Umfang der Verbreitung auf einen anderen Hauptverletzungsort hinweisen.[247]

Bei einer Anwendung der *interest analysis* wird meist das vorrangige Anwendungsinteresse des Wohnsitzstaates des Klägers betont, und zwar unabhängig vom Inhalt des Rechts.[248] Auch bei einer Anwendung des *most significant relationship* Tests ist dies ein ausschlaggebender Faktor.[249] Doch wurde in einem Fall die Anwendung des Wohnsitz- und Forumrechts abgelehnt, welches ungünstig für den Kläger war.[250]

Speziell im Bereich des Datenschutzes wird angenommen, dass das Recht des Ortes, an welchem sich die Daten befinden und bearbeitet werden, anwendbar sein soll. Nicht anwendbar ist das Wohnsitzrecht des Betroffenen. Dies gilt, obwohl man die Gefahr von Gesetzesumgehung durch räumliche Verlagerungen sieht.[251]

c) *Right of publicity*

Seit einigen Jahren setzt sich die Ansicht durch, dass das *right of publicity* anders anzuknüpfen sei als das *right of privacy* oder *defamation*. Das *right of publicity* ist zwar im Grundsatz in vielen Staaten anerkannt, doch variiert die Rechtslage im Einzelfall, zum Beispiel was den postmortalen Schutz betrifft. Daraus folgt eine große Bedeutung des Kollisionsrechts.

Im Bereich des *right of publicity* ist keine *choice of law revolution* anzutreffen, das heißt die hinter den Gesetzen stehenden Ziele werden nur selten explizit erörtert.[252] Ebenso wird keine reine Tatortregel angewendet. Vielmehr ziehen einige Bundesgerichte eine Analogie zu den Eigentumsverletzungen.[253] Damit

---

247 *Restatement (Second) Conflict of Laws*, § 153, comment d (1971); auch Handlungsorte und Sitz des Beklagten können berücksichtigt werden, *ebenda*; vgl. aber den *appropriation* Fall: *Eliah v. Ucatan Corp.*, 433 F. Supp. 309, 312 (W.D.N.Y. 1977), der die Schwelle für eine Ausnahme sehr hoch ansetzt bzw. Kontakte des Beklagten kaum berücksichtigt. Die Möglichkeit einer Ausnahme nach den Kriterien von § 6 gilt auch für § 152.

248 *Note*, 60 Harv. L. Rev. 947 (1947); z. B. *Motschenbacher v. R. J. Reynolds Tobacco Co.*, 498 F.2d 821, 823, Fn. 4 (9th Cir. 1974) (Werbung; auch als Ort der größten Verletzung).

249 Vgl. z. B. *Machleder v. Diaz*, 538 F. Supp. 1463, 1370 (S.D.N.Y. 1982), wo es aber um die der Ehrverletzung angenäherte *false light invasion of privacy* ging; in einem *appropriation* Fall: *Eliah v. Ucatan Corp.*, 433 F. Supp. 309, 312 (W.D.N.Y. 1977).

250 Aus der Sicht der reinen *interest analysis* ist dies konsequent, wurde aber letztendlich mit *better law* begründet: *Gravina v. Brunswick Corp.*, 338 F. Supp. 1, 5 ff. (D.R.I. 1972).

251 Zum Ganzen: *Gotlieb/Dalfen/Katz*, Transborder Transfer, 68 Am. J. Int'l L. 250 f. (1974).

252 Vgl. *Cray*, 31 UCLA L. Rev. 652 (1984).

253 *Factors etc., Inc. v. Pro Arts, Inc.*, 652 F.2d 278, 281 (2d Cir. 1981); *Acme Circus Opera-*

kommt es für die Existenz und den Umfang des Rechts in der Regel auf die Lage des Eigentums zum Zeitpunkt der Verletzung an. Diesen lokalisieren die Gerichte am Wohnsitz des (ursprünglichen) Rechtsinhabers. Allerdings sollen die Regeln des internationalen Deliktsrechts entscheiden, welche Rechtsfolgen zuzuerkennen sind.[254]

Das *Second Restatement* enthält keine Sonderregel für das *right of publicity*. Es sind die allgemeinen Regeln, §§ 6 u. 145, anzuwenden. Festgestellt wird aber, dass das Interesse des Wohnsitzstaates des Klägers bei der Verfolgung wirtschaftlicher, im Gegensatz zu persönlichen Interessen (Ehre, *privacy*) im allgemeinen geringer ist.[255] Dennoch wird in der Praxis teilweise kein Unterschied zu der Verletzung des *right of privacy* gemacht, was auch daran liegt, dass die Grenzen zwischen den beiden Rechtsinstituten unklar sind.[256]

Nach einer weiteren Auffassung ist auf den Schwerpunkt der Verletzung, also den Schwerpunkt der kommerziellen Verwertung abzustellen.[257] Der Wohnsitz des Betroffenen habe keine Relevanz, da es, anders als bei dem *right of privacy*, nicht um immaterielle Verletzungen der Gefühle des Klägers, sondern einen Geldschaden gehe. Dieser sei nicht personenbezogen anzuknüpfen.[258]

Eine Mosaikbetrachtung, für die eine Analogie zu dem *copy-right* spräche, wird meist als praktisch nicht durchführbar abgelehnt.[259]

---

ting Co., Inc. v. Kuperstock, 711 F.2d 1538, 1541 (11th Cir. 1983); *Bi-Rite Enterprises, Inc. v. Button Master*, 555 F. Supp. 1188, 1197 (S.D.N.Y. 1983); s. auch *Groucho Marx Productions, Inc. v. Day and Night Co., Inc.*, 689 F.2d 317, 320 (2d Cir. 1982) (nicht Anwendung des Rechts des Verwertungsortes auf die Existenz des Rechts, sondern ehemaliges Domizil der Inhaber). Gegen diese Analogie *Cray*, 31 UCLA L. Rev. 654 f. (1984).

254 *Acme Circus Operating Co., Inc. v. Kuperstock*, 711 F.2d 1538, 1541, 1545 f. (11th Cir. 1983) (Anwendung des Rechts des Ortes der Namensbenutzung, nicht des Domizils des Klägers); *Factors etc., Inc. v. Pro Arts, Inc.*, 652 F.2d 278, 281 (2d Cir. 1981); vgl. zu dieser Trennung, die zu einer Kumulation führt, *Gaillard*, Rev. crit. d.i.p. 1984, 20 f.

255 *Restatement (Second) Conflict of Laws*, § 145, comment e (1971); s. auch *Cray*, 31 UCLA L. Rev. 654 f. (1984).

256 *Strickler v. National Broadcasting Co., Inc.*, 167 F. Supp. 68, 70 (S.D. Cal. 1958) (Wohnsitz des Klägers); *Motschenbacher v. R. J. Reynolds Tobacco Co.*, 498 F.2d 821, 823 (9th Cir. 1974) (*privacy*, Werbung, Klägerwohnsitz); vgl. auch *National Bank of Commerce v. Shaklee Corp.*, 503 F. Supp. 533, 538 f. (W.D. Tex. 1980) (Klägerwohnsitz; beide Rechtsinstitute wurden geltend gemacht). Kritisch *Cray*, 31 UCLA L. Rev. 655 f. (1984).

257 *Cray*, 31 UCLA L. Rev. 662 ff. (1984).

258 *Cray*, 31 UCLA L. Rev. 655 f. (1984). Allerdings beschränkt er dies auf die Fälle, in denen ein Schwerpunkt klar auszumachen ist. Bei relativ gleichmäßiger Verteilung sieht er die Lösung nur in einheitlichem materiellen Bundesrecht; ebenda S. 668 f. Anders als im Verhältnis zwischen den US-Bundesstaaten wird ein solcher Fall aber im internationalen Bereich kaum vorkommen, da die „publicity" i.d.R. nicht gleichmäßig verteilt ist.

259 *Cray*, 31 UCLA L. Rev. 664 ff. (1984); Richter *Mansfield* in *Factors etc., Inc. v. Pro Arts,*

d) Allgemeine Fragen

Obwohl nach den meisten modernen Ansätzen grundsätzlich jede Rechtsfrage (*issue*) separat anzuknüpfen ist, bestimmt das Deliktsstatut im Regelfall die meisten Fragen einheitlich, zum Beispiel, ob eine Beleidigung vorliegt, welche Personen geschützt sind, oder welches Verschulden erforderlich ist.[260] Das *Second Restatement* sieht zwar für einige Einzelfragen in den §§ 156 ff. Sonderregelungen vor. Nach diesen ist auch § 145 anzuwenden, so dass sich an dem Ergebnis nichts ändert.[261]

Ein *renvoi* wird generell abgelehnt.[262]

Auch die Anwendung eines *ordre public* Vorbehaltes, der nach allen Ansätzen theoretisch zur Verfügung steht, [263] ist entbehrlich, da kaum noch strikte Kollisionsregeln angewendet werden. Bei der *interest analysis* wird das staatliche Interesse entsprechend ausgelegt.[264] Diese betrachtet ja gerade den Inhalt der Regeln. Dennoch besteht, gerade im internationalen Bereich, die Möglichkeit, dass sich Gerichte auf die *public policy* stützen, wobei nicht immer klar zu *interest analysis* abgegrenzt wird. Der *District Court* von Hawaii zum Beispiel hat

---

Inc., 652 F.2d 278, 289 f. (2d Cir. 1981); vgl. aber *Ettore v. Philco Television Broadcasting*, 229 F.2d 481 (3d Cir, 1956) (*right of privacy*; kommerzielle Verwertung, vier Staaten).

260 Vgl. *Restatement (Second) Conflict of Laws*, § 149, comment b (1971); zu *dépeçage* allgemein *Pielemeier*, 133 U. Pa. L. Rev. 381, 392 f. (1985); im Bereich der *defamation* vgl. *DeRoburt v. Gannett Co., Inc.*, 83 F.R.D. 574, 580 f. (D. Haw. 1979) (Recht von Nauru, also englisches *common law*, aber verfassungsrechtliche Beschränkungen nach US-Recht).

261 Z. B. § 161 („defenses"); § 164 („contributory fault"); § 171 („measure of damages"); vgl. z. B. zu der Frage der Immunität (§ 163) von Äußerungen vor einer parlamentarischen Kommission des Bundes, *Bio/Basic International Corp. v. Ortho Pharmaceutical Corp.*, 545 F. Supp. 1106, 113 f. (S.D.N.Y. 1982), wo das Interesse des District of Columbia als Ort der Äußerung als gering angesehen wurde, da es sich um eine Bundeskommission handelte und nicht um eine des Districts; das Ergebnis stimmte aber auch mit § 150(3) überein; nach § 382 des *First Restatement* waren Privilegien nach Handlungsortsrecht zu beurteilen.

262 Vgl. nur *Restatement (Second) Conflict of Laws*, § 145 (1971) :"local law"; welches Recht der andere Staat anwenden würde, ist aber ein wichtiger Faktor bei der Frage, ob er ein eigenes Anwendungsinteresse besitzt; so auch Art. 3517 La. Civil Code (Book IV, title I); *Currie*, Selected Essays, S. 184

263 *Born*, International Civil Litigation, S. 651.

264 Entsprechend ist in dem IPR-Gesetz von Louisiana (*interest analysis*) kein solcher Vorbehalt enthalten, vgl. *Symeonides*, RabelsZ 57 (1993), S. 478; vgl. *Kilberg v. Northeast Airlines, Inc.*, 172 N.E.2d 526, 527 f. (N.Y. 1961), wo bei der Zurückweisung von Schadensobergrenzen nach der *lex loci* mittel des *public policy* Vorbehalts auf das Interesse am Schutz des im Forumstaat ansässigen Klägers hingewiesen wurde. Die *public policy* Ausnahme kann als Übergang von der strikten *lex loci* Regel zu einer *interest analysis* angesehen werden. S. auch *Currie*, Selected Essays, S. 88.

die Anwendung der „policy", die in den von dem *US Supreme Court* zu der Meinungsfreiheit entwickelten Verschuldensstandards bei Beleidigungen verkörpert ist, mit *interest analysis* begründet, obwohl generell das Recht von Nauru (englisches *common law*) bestimmend war.[265] Hierzu hätte ebenso gut der *public policy* Vorbehalt benutzt werden können. Bei der Ablehnung oder Zuerkennung von *punitive damages* handelt es sich nicht generell um eine *public policy* des entsprechenden Staates.[266]

Insgesamt gibt es kaum Entscheidungen, die sich mit der Frage der Anwendung der verfassungsrechtlichen Verschuldensmaßstäbe befassen, die der *US Supreme Court* zu *defamation* und *invasion of privacy* entwickelt hat.[267] Die Anwendbarkeit der US-Verfassung wird lediglich im hoheitlichen Bereich, das heißt im Verhältnis des Bürgers zum Staat ausführlich diskutiert. In diesem Bereich hat der *US Supreme Court* die Geltung von Verfassungsgrundsätzen allgemein immer weiter ausgedehnt. Problematisiert wurde dabei insbesondere die Geltung für Geschehnisse außerhalb des US-Territoriums und zugunsten von Ausländern. Der *US Supreme Court* erkannte, dass die Verfassung die US-Bürger in den USA sowie Ausländer in den USA, Ausländer im Ausland bezüglich des in den USA befindlichen Eigentums und US-Bürger auch im Ausland schützt.[268] Stets muss jedoch eine Handlung der US-Regierung angegriffen werden. Die Anwendbarkeit wird hingegen eher abgelehnt, wenn sich ein Ausländer

---

265 *De Roburt v. Gannett Co. Inc.*, 83 F.R.D. 574, 579 ff. (D. Haw. 1979); s. auch *Anderson v. Hearst Publishing Co., Inc.*, 120 F. Supp. 850, 856 (S.D. Cal. 1954): *Retraction statute* von Kalifornien als von den Gerichten in Kalifornien anzuwendende *public policy*; zur Vollstreckung ausländischer Urteile zu Beleidigung ausführlich *Maltby*, 94 Colum. L. Rev. 1978 ff. (1994).

266 Vgl. z. B. *Cooper v. American Express Corp.*, 593 F.2d 612 (5th Cir. 1979), wo das Forum nicht auf seine Ablehnung von *punitive damages* bestand; ebenso: *Ardoyno v. Kyzar*, 426 F. Supp. 78 (E.D. La. 1976). Das IPR-Gesetz von Louisiana, welches der *interest analysis* folgt, schreibt als Voraussetzung für die Zuerkennung von *punitive damages* vor, dass mindestens zwei der folgenden Rechte dies zulassen: Handlungsort, Beklagtenwohnsitz und Verletzungsort, Art. 3546 La. Civil Code Ann. (Book IV, title VII) (West 1992). Generell fallen *punitive damages* nicht unter die Regel, dass Strafgesetze anderer Staaten nicht durchgesetzt und angewendet werden, vgl. *Loucks v. Standard Oil Co. of New York*, 120 N.E. 198 ff. (N.Y. 1918).

267 Was daran liegt, dass die meisten Fälle *interstate* sind und deshalb dieses Problem nicht aufwerfen, vgl. *Sanders*, 19 N.C. J. Int'l L. & Com. Reg. 523 (1994).

268 *Reid v. Covert*, 354 U.S. 1, 5 ff. (1957): US-Bürger außerhalb der USA, *5th* und *6th amendment*; *Wong Wing v. United States*, 163 U.S. 228 (1896): Ausländer in den USA, Grundsätze der Rechtstaatlichkeit; *Asahi Metal Industry Co., Ltd. v. Superior Court of California, Solano County*, 480 U.S. 102 (1987): in den USA befindliches Eigentum eines Ausländers (Produkte auf US-Markt, *due process*, Gerichtsbarkeit); ausführlich *Neumann*, 100 Yale L.J. 909-991 (1991).

wegen Geschehnissen außerhalb der USA auf die Verfassung beruft.[269]

In dem oben genannten Fall *DeRoburt* wurde von einem *District Court* entschieden, dass, , die von dem *US Supreme Court* entwickelten Verschuldensmaßstäbe zur Beleidigung von den US-Gerichten unabhängig von dem sonst anwendbaren Recht immer anzuwenden seien.[270] Die Argumentation stützte sich auf *interest analysis*.

Die Anwendung der verfassungsrechtlichen Regeln im privatrechtlichen Bereich der Persönlichkeitsrechtsverletzungen wird auch bei der Anerkennung ausländischer Urteile diskutiert. Dort wird teilweise in der Praxis das angewendete Recht über den *public policy* Vorbehalt der Anerkennung direkt an den Maßstäben des *US Supreme Court* zu dem *First Amendment* gemessen, ohne darauf einzugehen, ob diese Maßstäbe nicht zu modifizieren oder im Hinblick auf den Auslandsbezug überhaupt unanwendbar seien.[271] Der *Uniform Foreign Money-Judgment Recognition Act* sieht vor, dass ausländischen Urteilen bei Verstoß gegen die *public policy* des US-Staates die Anerkennung versagt wird. Dabei wird der Begriff der *public policy* zumindest unter Berücksichtigung der Verfassung ausgelegt.[272] Andere verlangen aber bei der Anerkennung und Vollstreckung ausländischer Urteile eine differenzierte Lösung, die nicht generell die US-Regeln durchsetzt. So wird vorgeschlagen, darauf abzustellen, ob die Veröffentlichung das öffentliche Interesse der Vereinigten Staaten betreffe.[273]

In einer weiteren neueren Entscheidung zur Frage des anwendbaren Rechts

---

269 *United States v. Verdugo-Urquidez*, 110 S. Ct. 1056 (1990): Maßnahmen der *US Drug Enforcement Agency* gegen einen Mexikaner in Mexiko; *4th amendment (search and seizure)*; anders aber z. B. *United States v. Toscanino*, 500 F.2d 267 (2d Cir. 1974), *4th* und *5th amendment*; auch das *Restatement* sagt, dass einige Handlungen der Vereinigten Staaten gegen Ausländer im Ausland den verfassungsrechtlichen Grenzen unterworfen seien: *Restatement (Third) of the Foreign Relations Law of the United States* § 722, comment m (1987).

270 *DeRoburt v. Gannett Co., Inc.*, 83 F.R.D. 274, 279 ff. (D. Haw. 1979).

271 Die Vollstreckung eines englischen *libel*-Urteils gegen einen Amerikaner wurde abgelehnt, da das angewendete englische Recht die Meinungsfreiheit nicht ausreichend berücksichtige, indem das beklagte Medienunternehmen die Wahrheit der Behauptung hätte nachweisen müssen, um einer Haftung zu entgehen, *Bachchan v. India Abroad Publications Inc.*, 585 N.Y.S.2d 661, 664 (Sup. Ct. 1992); zur Vollstreckung ausländischer Urteile zu Beleidigung ausführlich *Maltby*, 94 Colum. L. Rev. 1978 ff. (1994); im Hinblick auf den erforderlichen Auslandsbezug *Born*, International Civil Litigation, S. 984 u. zu den Voraussetzungen der Anerkennung eines ausländischen Urteils allg. S. 938 ff.

272 S. z.B. *Telnikoff v. Matusevich*, 702 A.2d. 230 (Md. 1997): englisches *libel*-Urteil wird nicht anerkannt; das Gericht betont, dass das englische Recht in allen wichtigen Punkten von dem des Staates Maryland abweicht, wobei diese Unterschiede auf den grundsätzliche verschiedenen Ansichten über die Pressefreiheit beruhten. Ein Inlandsbezug wird nicht diskutiert.

273 *Maltby*, 94 Colum. L. Rev. 1983, 2006 ff. (1994), der auf die *comitas*-Pflicht hinweist.

bei einer Beleidigung wurde die Anwendbarkeit des indischen Rechts von dem *District Court* abgelehnt, da dieses nicht wie das *First Amendment* ein höheres Verschulden als bloße Fahrlässigkeit gegenüber einer *public figure* verlangte.[274] Der indische Kläger wollte Schadensersatz von dem amerikanischen Beklagten wegen der Veröffentlichung eines Buches in Indien. Das Gericht entschied, dass das *First Amendment* extraterritorial auch für die Verbreitung in Indien anwendbar sei, da das Buch von einer amerikanischen öffentlichen Angelegenheit handelte (*Nixon* Regierung, CIA). Das Gericht wandte dabei Argumentationen an, die einer *interest analysis* sehr nahe kommen.[275] In dieser Entscheidung wurde aber andererseits deutlich gesagt, dass die verfassungsrechtlichen Maßstäbe nicht immer anzuwenden seien, selbst wenn der Beklagte Amerikaner sei. Wenn es sich um nur indische Politik betreffende Äußerungen und nur Veröffentlichungen in Indien gehandelt hätte, dann hätte das Gericht wohl anders entschieden.[276] Es müssen also doch gewisse Kontakte zu den USA bestehen, die über das Vorliegen eines US-Beklagten hinausgehen. Diese Kontakte müssen so sein, dass die Ausübung der Pressefreiheit bei einer Nichtanwendung (gegebenenfalls indirekt) *in den USA* beeinträchtigt würde.[277] Ferner wird der Umfang der Verbreitung im Ausland beziehungsweise in den USA berücksichtigt.[278] Es wird damit auf die Interessen des anderen Staates Rücksicht genommen.[279] Anders war es in dem Fall *DeRoburt*, wo ohne Einschränkung die Anwendbarkeit vor US-Gerichten verlangt wurde.[280]

Dass die verfassungsrechtlichen Maßstäbe in Bezug auf die Verbreitung in

---

274 *Desai v. Hersh*, 719 F. Supp. 670, 674 ff. (N.D. Ill. 1989).

275 „whether the purpose of the first amendment will be fostered", *Desai v. Hersh*, 719 F. Supp. 670, 676 f. (N.D. Ill. 1989).

276 *Desai v. Hersh*, 719 F. Supp. 670, 676 (N.D. Ill. 1989); es hätte z. B. in dem Fall *DeRoburt* eventuell anders entschieden, da es um interne Politik des anderen Staates ging; vgl. S. 678; auch *Maltby*, 94 Colum. L. Rev. 1981, Fn. 8 (1994), meint, US-Recht werde von US-Gerichten, selbst bei Verbreitung im Ausland, regelmäßig angewendet, wenn es um ein „matter of domestic concern" ginge; s. auch *Kamenshine*, 26 Wm. & Mary L. Rev. 866 ff. (1985): (Verbreitung wissenschaftlicher Informationen nur an ausländisches Publikum betreffe nicht die Meinungsfreiheit der US-Verfassung).

277 *Desai v. Hersh*, 719 F. Supp. 670, 676 (N.D. Ill. 1989); s. auch *Maltby*, 94 Colum. L. Rev. 2007 f. m. Fn. 160 (1994), der aber auch darauf hinweist, dass US-Bürger im Ausland als Empfänger von der freien Diskussion profitieren könnten.

278 *Ebenda*, S. 679 ff.; der Beklagte könne dadurch auf seine Rechte aus der Verfassung verzichtet haben.

279 Vgl. (die Entscheidung ablehnend) *Sanders*, 19 N.C. J. Int'l L. & Com. Reg. 536 f. (1994); *Maltby*, 94 Colum. L. Rev. 2008 (1994), weist auf das Prinzip der *comitas* hin, welches eine uneingeschränkte Durchsetzung des US-Rechts verbiete.

280 *DeRoburt v. Gannett Co., Inc.*, 83 F.R.D. 274, 279 ff. (D. Haw. 1979); zustimmend *Sanders*, 19 N.C. J. Int'l L. & Com. Reg. 552 (1994).

den USA Geltung haben, scheint für Gerichte nicht einmal eine Diskussion wert zu sein.[281] Interessant wäre die Frage, ob Regeln des *Supreme Court* auch dann angewendet würden, wenn sich ein ausländischer Beklagter gegen einen amerikanischen oder ausländischen Kläger darauf beriefe. Vielleicht käme ein US-Gericht über *interest analysis* zu einem fehlenden Anwendungsinteresse des *First Amendment*. Fälle hierzu waren nicht aufzufinden.[282]

Die Gerichtszuständigkeiten sind in den USA generell weit gefasst.[283] Grundsätzlich bestimmt jeder Staat selbst die Zuständigkeit seiner Gerichte. Dies ist nur durch den Rechtsstaatsgrundsatz des *14th amendment* der US-Verfassung (*due process clause*) beschränkt. Diesbezüglich hat der *US Supreme Court* entschieden, dass es verfassungsgemäß sei, die Zuständigkeit eines Gerichtes eines Verbreitungsortes für die gesamte Verbreitung zu begründen. Sonstige Kontakte zu Kläger oder Beklagtem seien nicht erforderlich.[284] Diese Entscheidung erging im Bereich der *defamation*, wird jedoch auf die anderen Bereiche übertragbar sein.

Für den Bereich des Internet gibt es noch keine ausreichende Klärung der IPR-Frage. Oben wurde bereits kurz angesprochen, dass die Anwendung des Rechts des Einspeisungsortes als Handlungsortsrecht wegen der Manipulationsmöglichkeit abgelehnt wird.[285] Teilweise wird die Funktionsfähigkeit der normalen Regeln des internationalen Deliktsrechts verneint, da sie sich an einer Lokalisation relevanter Kriterien orientieren und Staatsgrenzen in der Welt des Internet

---

281 *Desai v. Hersh*, 719 F. Supp. 670, 672 f. (N.D. Ill. 1989); man muss aber die US-Nationalität des Beklagten bedenken.

282 Zweifelnd an der Anwendbarkeit zugunsten von Ausländern: *Maltby*, 94 Colum. L. Rev. 2007 m. Fn. 160 (1994).

283 Viele Einzelstaaten legen ihre Gesetze (*long-arm statutes*) so aus, dass die *personal jurisdiction* so weit reichen soll, wie es die US-Verfassung gerade noch erlaubt, vgl. *Born*, International Civil Litigation, S. 69; nach solchen Gesetzen, die Sonderregeln für die Deliktszuständigkeit enthalten, sind in der Regel Handlungsorte zuständig und Erfolgsorte, wenn der Beklagte in dem Staat regelmäßig Geschäfte macht, also dort finanziellen Gewinn erzielt, vgl. z. B. § 1.03(a)(3)u.(4) des *Uniform Interstate and International Procedure Act*, abgedruckt bei *Born* auf S. 1055 f.; zum Internet s. *Burnstein*, 29 Vand. J. Transnat'l L. 88 (1996), auch zur Verfassungsmäßigkeit weiter Zuständigkeitsregeln in diesem Bereich; *Kuner*, Computer und Recht 1996, 454 f.

284 *Keeton v. Hustler Magazine, Inc.*, 104 S. Ct. 1473, 1478 ff. (1984) im *interstate* Bereich; Kläger und Beklagter waren beide nicht Angehörige des Forumstaates; die Klage wurde dort eingereicht, weil nach dem Recht des Forums, im Gegensatz zu den anderen Rechten noch keine Verjährung eingetreten war.

285 *Ginsburg*, 95 Colum. L. Rev. 1498 (1995); s. oben allgemein, S. 184.

keine Bedeutung haben.[286] Zudem könne ein Verletzungsort auf der ganzen Welt liegen.[287] Deshalb wird auch teilweise die Anwendung eines materiell einheitlichen Rechts, unter Ausschaltung des Kollisionsrechts, befürwortet.[288]

e) Zusammenfassung und Würdigung

Es gibt in der US-amerikanischen Dogmatik eine Vielzahl von Ansätzen zur Anknüpfung des Persönlichkeitsschutzes. In der Praxis werden diese jedoch nicht alle angewendet. Es werden sowohl traditionelle als auch moderne Theorien verwendet sowie Kombinationen der einzelnen Theorien.[289]

Es wird versucht, nach verschiedenen Arten von Delikten zu differenzieren (*defamation / privacy* usw.), wobei die Unterschiede im Endeffekt gering sind. Fragwürdig scheint insbesondere die einheitliche Anknüpfung aller vier Aspekte der *invasion of privacy* Klage, da hier kein homogenes Interesse geschützt wird. Eine Differenzierung ist angebracht, denn es wird ja mitentscheidend auf den Ort der Verletzung des jeweiligen Interesses abgestellt[290], und es stehen unterschiedliche Interessen auf dem Spiel. Hervorzuheben ist die gesonderte Anknüpfung des kommerziellen Aspektes des Persönlichkeitsschutzes, des *right of publicity*. Es zeigt sich, dass insoweit andere Anknüpfungsregeln, als für den herkömmlichen Bereich des Persönlichkeitsschutzes, geeignet erscheinen. Auch im deutschen internationalen Privatrecht ist dies zu erwägen.

Trotz der theoretischen Vielfalt der Ansätze in den USA zeigt sich doch in der Praxis, wie in allen Ländern, eine Bevorzugung der *lex fori*. Es wird zwar oft auf den Wohnsitz des Klägers abgestellt, doch entspricht dieser dann meist auch der *lex fori*. Diese schon im Bereich zwischen den Bundesstaaten bestehende Tendenz, selten ein anderes als das Forumrecht anzuwenden, wird im internationalen Bereich sicher noch weitgehender sein, da die Unterschiede im Recht und die Fremdheit größer sind.[291] Im *interstate* Bereich gelten zumindest immer die

---

286 *Faucher*, 26 U.C. Davis L. Rev. 1067 (1993); *Burnstein*, 29 Vand. J. Transnat'l L. 75, 81 f., 92 ff. (1996), er will sie für den hier interessierenden Bereich aber schließlich doch anwenden, ohne dies weiter auszuführen, S. 114 f.

287 *Burnstein*, 29 Vand. J. Transnat'l L. 93 (1996).

288 *Faucher*, 26 U.C. Davis L. Rev. 1051, 1066 ff. (1993), der auf S. 1056 ff. auf die einzelnen IPR-Ansätze eingeht. Die dort gebrachten Argumente gehen aber kaum über die allgemeinen Kritikpunkte an den Ansätzen hinaus.

289 Zur zahlenmäßigen Aufteilung der Theorien im Bereich des internationalen Deliktsrechts für das Jahr 1995 vgl. *Symeonides*, 44 Am. J. Comp. L. 193 ff. (1996).

290 Vgl. *Restatement (Second) Conflict of Laws*, § 145 comment e (1971); *Keeton v. Hustler Magazine, Inc.*, 104 S. Ct. 1473, 1479 (1984).

291 Zur Tendenz schon im *interstate* Bereich, *lex fori* anzuwenden: *Pielemeier*, 133 U. Pa. L. Rev. 381, 391 ff. (1985).

Grundsätze, die der *US Supreme Court* zur deliktischen Haftung bei Persönlichkeitsrechtsverletzungen aufgestellt hat, außerdem stehen alle Rechte der USA auf einer gemeinsamen historischen, gesellschaftlichen und wirtschaftlichen Basis. Im internationalen Bereich ist dies nicht der Fall. Die Anwendung eines anderen Rechtes als der *lex fori* könnte im Einzelfall an der Rechtsprechung des *US Supreme Court* scheitern.[292]

Nach allen Ansätzen bleibt ferner ein *public policy* Vorbehalt, der im internationalen Raum und im Persönlichkeitsschutz von nicht unerheblicher Bedeutung sein kann.

An der amerikanischen Rechtsprechung ist in weiten Teilen die fehlende Vorhersehbarkeit und Berechenbarkeit zu kritisieren. Dieser Eindruck wird zwar dadurch verstärkt, dass es so viele verschiedene (Kollisions-) Rechte wie Staaten gibt. Selbst bei der Anwendung des Zweiten Restatement fehlt aber die Einheitlichkeit. Die neueren Ansätze bieten dem Richter zu viele Möglichkeiten zur Manipulation. Die Vielzahl der zu berücksichtigenden Gesichtspunkte lässt Rechtsklarheit vermissen. Konkretere Regeln, die sich jedoch auf die in der amerikanischen Rechtswissenschaft und Rechtsprechung anzutreffenden Argumente und Gesichtspunkte stützen können, sind daher zu bevorzugen.[293]

Insgesamt ist eine unkritische Übernahme moderner Ansätze des US-amerikanischen Rechts erstens wegen der nicht bestehenden Vorhersehbarkeit und Klarheit der Regeln, zweitens wegen der unterschiedlichen Ausgangsvoraussetzungen (*interstate* – international) nicht zu empfehlen. Dennoch kann und sollte man von den Erfahrungen Nutzen ziehen:

Gerade im Bereich des Persönlichkeitsschutzes, der von verfassungsrechtlich geschützten Interessen geprägt ist, muss der Berücksichtigung der staatlichen Interessen eine erhebliche Bedeutung zuerkannt werden. Insoweit können Grundsätze der *interest analysis* beachtet werden. Es handelt sich nämlich nicht nur um einen reinen Konflikt zwischen privatrechtlichen Interessen, auch wenn diese der Ausgangspunkt sind.[294]

---

292 Vgl. *Desai v. Hersh*, 719 F. Supp. 675 (N.D. Ill. 1989); insgesamt kann eine eindeutige Aussage hierzu nicht gemacht werden, da die weit überwiegende Anzahl der Fälle aus dem *interstate* Bereich stammt.

293 *Reimann*, Conflict of Laws in Western Europe, S. 9-12, weist darauf hin, dass das US-amerikanische und das westeuropäische IPR insofern gar nicht so unterschiedlich sind, als beide Gerechtigkeitskriterien und Interessen berücksichtigen. Doch geschieht dies auf verschiedenen Ebenen: in Europa bei der Erstellung der IPR-Regeln, in den USA bei der Einzelfallentscheidung.

294 Zur generellen Tendenz der westeuropäischen Kollisionsrechte, nur auf die privaten Interessen zu schauen: *Reimann*, Conflict of Laws in Western Europe, S. 112 ff.

Im deutschen Recht ist zwar die Tatortregel *lex lata*, doch bietet die Bestimmung der Lokalisation des Tatortes bei den in dieser Arbeit interessierenden Delikten, abgesehen von einer Auflockerung, so viel Freiraum, dass Ansätze und Argumente anderer Theorien berücksichtigt werden können.[295] Das Problem der „Lokalisation" nichtkörperlicher Rechtsgüter zwingt sogar dazu, andere als die traditionellen Kriterien der Tatortregel zu finden. Insofern kann auf Argumente der US-Theorien zurückgegriffen werden und können diese sehr hilfreich sein.[296] Es ist dabei auf die speziellen Bedürfnisse und Zwecke des Persönlichkeitsschutzes und des Deliktsrechts allgemein Rücksicht zu nehmen. Das heißt man sollte auch das materielle Recht betrachten. Dies ist allgemein eine Tendenz, die in der internationalprivatrechtlichen Wissenschaft stärker wird:[297] Es wird zunehmend versucht, im internationalen Privatrecht sinnvolle und durchdachte Kriterien zur Entscheidung der Kollisionsrechtsfrage zu finden. Das internationale Privatrecht hat nicht mehr bloß Ordnungsfunktion, im Sinne der Bestimmung irgendeines Rechtes. Dennoch ist es erforderlich, die gefundenen Erkenntnisse in konkrete Anknüpfungsregeln zu fassen. Denn die Unvorhersehbarkeit hinsichtlich des anwendbaren Rechts,[298] wie sie in den USA zu weiten Teilen festzustellen ist, muss vermieden werden.

Die Praxis in den Vereinigten Staaten hat durch ihre Entscheidungen ihr Urteil über die Möglichkeit einer Mosaikbetrachtung im negativen Sinne gefällt. Es sollte stets nur ein Recht angewendet werden. Auch diese Erfahrung kann auf das deutsche IPR übertragen werden.[299] Auch ein Wahlrecht zugunsten des Klägers wird abgelehnt. Weitere Ergebnisse sind, dass der Handlungsort oder (Wohn-) Sitz des Beklagten als so gut wie irrelevant angesehen wird, und das, obwohl im materiellen Persönlichkeitsschutz der US-amerikanischen Rechte ein großes Gewicht auf die Interessen des Handelnden gelegt wird. Die *interest analysis* in Reinform wird von den Gerichten nicht angewendet. Die Untersu-

---

[295] Vgl. auch *Schwiegel-Klein*, Persönlichkeitsrechtsverletzungen im IPR, S. 15, 23.

[296] Bei Unfällen und anderen ähnlich klar lokalisierbaren Delikten hingegen erlaubt das deutsche internationale Deliktsrecht kaum die Berücksichtigung anderer Kriterien und eine Frage nach einer sinnvollen Anknüpfung. Eine Ausnahme stellt die Auflockerung dar, welche aber im allg. gegen eine starke Vermutung für die *lex loci delicti* antreten muss. Vgl. allg. zur Annäherung der methodischen Ansätze der IPR Westeuropas und der USA: *Reimann*, Conflict of Laws in Western Europe, S. 103 ff.

[297] Vgl. nur *C. von Bar*, JZ 1985, 964 f.

[298] Sofern man sich nicht mit der *lex fori* zufrieden gibt.

[299] Zwar könnte man vorbringen, dass die Anzahl der beteiligten Rechte in der Regel nicht so groß sein wird, wie bei einem die ganzen USA erfassenden Fall. Doch die Bedeutung der weltweiten Medien steigt in Deutschland immer weiter. Längst bestehen nicht mehr die Sprachbarrieren, die es früher gab. Zudem mögen es eventuell weniger beteiligte Recht sein, doch deren Abweichungen werden meist größer sein, als die zwischen US-Rechten.

chung der Interessen aller involvierten Staaten und deren Vergleich ist angesichts der Anzahl der Staaten in der Praxis wohl ebenfalls nicht durchführbar. Die staatlichen Anwendungsinteressen werden jedoch angesprochen und als wichtige Argumente verwendet.

Letztendlich bleibt noch festzuhalten, dass auch die *choice of law revolution* die Neigung zum Heimwärtsstreben nicht aus dem internationalen Privatrecht verbannen konnte. Die Forumbezogenheit der *interest analysis* ist mit dem europäischen Gedanken der Gleichheit der Rechte, der allseitigen Perspektive des Kollisionsrechts, nicht zu vereinbaren.[300]

300 S. auch *Reimann*, Conflict of Laws in Western Europe, S. 105-109.

IV. Sonstige Rechtsordnungen

1. Schweiz

In der Schweiz wird das IPR der Persönlichkeitsrechtsverletzungen durch Medien (Informationsmittel in der Öffentlichkeit) in Art. 139 IPRG von 1987 geregelt, welcher ein Wahlrecht vorsieht.[301] Es handelt sich bei dieser Norm um eine Sonderregelung aus dem Bereich des internationalen Deliktsrechts (Art. 129 ff. IPRG). Es ist eine einheitliche Anknüpfung für alle Arten von Persönlichkeitsrechtsverletzungen vorgesehen, wobei auch der Bestand des Rechts nach Art 139 IPRG (beziehungsweise dem Deliktsstatut) beurteilt wird.[302] Mit Medien sind alle Kommunikationsmittel in der Öffentlichkeit gemeint, also solche, die sich an eine unbestimmte Vielzahl von Personen richten. Nicht erforderlich ist die Periodizität, auch Bücher, Druckzettel und insbesondere das Internet sind erfasst.[303]

Wählbar sind die Rechtsordnung des Aufenthaltsortes des Schädigers, des Aufenthaltsortes des Geschädigten und des Erfolgsortes, wobei die letzten beiden Alternativen durch das Erfordernis der Vorhersehbarkeit für den Schädiger eingeschränkt sind. Diese Regel soll dem bestmöglichen Schutz der Persönlichkeitsrechte dienen.[304] Als Erfolgsorte werden dabei die Verbreitungsländer angesehen.[305] Im Bereich des Internet muss der Handelnde davon ausgehen, dass eine Kenntnisnahme in jedem Land der Erde möglich ist, das Vorhersehbarkeitserfordernis führt hier also zu keiner Einschränkung.[306] Dieses Wahlrecht gilt, wie der 1993 eingefügte Absatz 3 ausdrücklich klarstellt, auch für Verletzungen der Persönlichkeit durch Datenverarbeitung. Dadurch soll der Schutz der Betroffenen verstärkt und Rechtsumgehung verhindert werden.[307]

---

301 Bsp. für frühere Fälle: *Bundesgericht* v. 1.11.1966, BGE 92 II, 305 ff. (Anwendung schweizerischen Rechts auf die unbefugte Namensverwendung in der Schweiz und im Ausland, bei französischer Klägerin; keine Diskussion des IPR).

302 *IPRG-Vischer*, IPRG, *Heini* u.a. (Hrsg.), Art. 33, Rn. 5; zu den Anwendungsvoraussetzungen des Art. 139 s. *Stäheli*, Persönlichkeitsverletzungen, S. 39 f.; für eine Differenzierung nach „inneren" und „äußeren" Persönlichkeitsgütern aber *Trutmann*, IPR der Deliktsobligationen, S. 185 f.

303 *IPRG-Vischer*, IPRG, *Heini* u.a. (Hrsg.), Art. 139, Rn. 4-6; zum Internet: *Stäheli*, Kollisionsrecht auf dem Information Highway, S. 609.

304 *IPRG-Vischer*, IPRG, *Heini* u.a. (Hrsg.), Art. 139, Rn. 7; die Vorhersehbarkeit wird weit ausgelegt, *ebenda*, Rn. 11.

305 *Stäheli*, Persönlichkeitsverletzungen, S. 79 f.

306 *Page*, Autoroutes de l'information, S. 417 f.; nach *Alder*, in: Information Highway, S. 348, soll bei einer sich (auch) auf die Schweiz auswirkenden Verletzungshandlung stets das Schweizer Recht entscheiden.

307 *IPRG-Vischer*, IPRG, *Heini* u.a. (Hrsg.), Art. 139, Rn. 25.

Das Gegendarstellungsrecht wird nach Art. 139 Abs. 2 IPRG stets an den Erscheinungsort des Druckerzeugnisses oder Ausstrahlungsort von Sendungen angeknüpft. Hier ist der Empfangs- und Verbreitungsort irrelevant. Art. 139 Abs. 2 gilt jedoch nur für die periodisch erscheinenden Medien. Für die übrigen gilt im Hinblick auf Gegendarstellungs- oder Berichtigungsansprüche Absatz 1.[308]

In Art. 139 IPRG sind *multistate* Verletzungen durch Massenmedien nicht geregelt. Rechtsprechung zu diesem Problem gibt es nicht. In der Lehre stehen sich die Ansichten gegenüber, dass entweder neben den beiden Wohnsitzalternativen ein schwerpunktmäßiger Erfolgsort zu bestimmen ist, dass ein Erfolgsortsrecht gewählt werden kann oder dass das Wahlrecht von Art. 139 IPRG für jeden einzelnen Erfolgsort ausgeübt werden darf.[309]

Liegen die Voraussetzungen von Art. 139 IPRG nicht vor (keine Massenmedien), so sind die allgemeinen Normen zur Anknüpfung deliktische Ansprüche, Art. 129 ff., anzuwenden. Dies gilt also für Äußerungen, die nicht an die Öffentlichkeit gerichtet sind. Die allgemeine Regel ist die Anknüpfung an den Begehungsort, Art. 133 Abs. 2. Dies ist der Handlungsort. Weicht der Erfolgsort hiervon ab, so ist bei Vorhersehbarkeit des Erfolges in diesem Staat, sein Recht anzuwenden (Art. 133 Abs. 2 S. 2), ein Günstigkeitsprinzip gibt es also nicht mehr.[310] Liegt diese Voraussetzung nicht vor, so bleibt es bei dem Handlungsort.[311] Allerdings ist eine Art. 133 Abs. 2 IPRG vorgehende Auflockerung zwingend vorgesehen: Nach Art. 133. Abs. 3 IPRG wird an bestehende Rechtsverhältnisse akzessorisch, nach Abs. 1 an den gemeinsamen gewöhnlichen Aufenthalt der Beteiligten angeknüpft. Bei *multistate* Verletzungen, die nicht mittels Massenmedien begangen wurden, sollen die Erfolgsortsrechte in einer Mosaikbetrachtung, nach anderer Ansicht ein schwerpunktmäßiges Erfolgsortsrecht (Hauptwirkungskreis des Verletzten) angewendet werden.[312]

Sonderanknüpfungen werden, außer in Art. 139 Abs. 2 IPRG, abgelehnt.[313] Alle in Betracht kommenden Ansprüche sind nach einer einheitlichen Norm

---

308 *IPRG-Vischer*, IPRG, *Heini* u.a. (Hrsg.), Art. 139, Rn. 21.

309 Vgl. *Stäheli*, Persönlichkeitsverletzungen, S. 50 ff. m. w. Nw.; *Stäheli* vertritt die dritte Ansicht, s. Kollisionsrecht auf dem Information Highway, S. 609 (zum Internet); für ein Wahlrecht bzgl. der Erfolgsorte *Delachaux*, Anknüpfung der Obligationen aus Delikt, S. 182, Fn. 175 (vor dem IPRG); Wahl eines Rechts (Wohnsitze oder eines der Erfolgsortsrechte) für die gesamte Verletzung: *IPRG-Vischer*, IPRG, *Heini* u.a. (Hrsg.), Art. 139, Rn. 12.

310 Gegen Ubiquität aber für die Anwendung der Rechtfertigungsgründe und Verschuldensmaßstäbe des Handlungsortes *Delachaux*, Anknüpfung der Obligationen aus Delikt, S. 180 f., 153 ff.

311 Vgl. *IPRG-Heini*, IPRG, *Heini* u.a. (Hrsg.), Art. 133, Rn. 9.

312 *Stäheli*, Persönlichkeitsverletzungen, S. 80 f. (Mosaik) m. Nw. zur Gegenansicht.

anzuknüpfen, also Unterlassungsanspruch, Schadensersatz, Feststellungsklage usw.[314] Auch der Namensschutz unterfällt dem Deliktsstatut, allerdings ist die Feststellung des Namens selbständig anzuknüpfen.[315] Bei der Missachtung grundlegender Vorschriften der schweizerischen Rechtsordnung kommt die Anwendung des *ordre public* Vorbehaltes in Betracht. Allerdings wird dabei im Hinblick auf die Persönlichkeitsrechte Zurückhaltung gefordert.[316]

2. Österreich

Im österreichischen IPRG vom 15.6.1978 ist der Schutz des Namens in § 13 Abs. 2 geregelt, welcher sich nach dem Ort der Verletzungshandlung richtet.[317]

Auch die allgemeine Regel ist nach Art. 48 IPRG die Anwendung des Handlungsrechts als Deliktsstatut („wo das den Schaden verursachende Verhalten gesetzt wurde"). Das Günstigkeitsprinzip wird abgelehnt. Der Handlungsort ist zum Beispiel der Ort, an dem ein Brief verfasst wird oder bei „ausländischen Zeitungen" das Ausland.[318] Diese Regel besitzt jedoch eine Ausweichklausel. Das Recht, welches eine engere Beziehung zu den Personen hat, soll angewendet werden (§ 48 Abs. 1, S. 2).

Vor dem IPRG wurde in der Rechtsprechung gerade bei Persönlichkeitsrechten ein Wahlrecht zwischen Handlungs- und Erfolgsort bejaht, der Erfolgsort jedoch an dem Hauptwirkungskreis der betroffenen Person lokalisiert.[319] Ob diese Rechtsprechung unter dem Gesetzes noch Bestand hat, ist ungeklärt.[320]

Das österreichische IPR beachtet einen *renvoi*, § 5 Abs. 1 IPRG. In § 6 enthält das IPRG den *ordre public* Vorbehalt, der ausdrücklich auch die positive Funktion der Anwendung der österreichischen Vorschriften festlegt.

---

313 *IPRG-Vischer*, IPRG, *Heini* u.a. (Hrsg.), Art. 33, Rn. 8.

314 *Stäheli*, Persönlichkeitsverletzungen, S. 95 ff.; vgl. auch Art. 142 IPRG zu dem Umfang des Deliktsstatuts.

315 *Stäheli*, Persönlichkeitsverletzungen, S. 101.

316 *Stäheli*, Persönlichkeitsverletzungen, S. 108 ff. m. w. Nw. und dem Beispiel der *punitive damages*.

317 Auch die Vorfrage nach dem Bestehen der Namensberechtigung fällt hierunter, vgl. *Schwimann*, Grundriß des IPR, S. 80; unklar ist, ob die Auflockerung des § 48 Abs. 1 S. 2 auch für Namensverletzungen gilt, s. *Rummel-Schwimann*, ABGB, § 13 IPRG, Rn. 3.

318 Vgl. *Schwimann*, Grundriß des IPR, S. 165; Erfolgsort wäre dementsprechend der Verbreitungsort.

319 *OGH* v. 19.3.1975, JBl 1976, 102 (für Ehre und Privatsphäre).

320 Dagegen *Rummel-Reischauer*, ABGB, § 1330, Rn. 31 (Entscheidung sei überholt); nach *Schwimann*, Grundriß des IPR, S. 165, ist aber die Anknüpfung an den Erfolgsort ausnahmsweise möglich, und zwar insbesondere bei Pressedelikten und Briefdelikten; ebenso *Rummel-ders.*, ABGB, § 48 IPRG, Rn. 4.

3. Italien

Das neue italienische Gesetz über das internationale Privatrecht von 1995[321] ersetzt den Art. 25 der Einführungsbestimmungen zum *Codice Civile*, welcher die Tatortregel vorsah.[322] Das Gesetz ändert die Rechtslage insofern, als es dem Kläger zum Zwecke der Begünstigung in Art. 62 das Recht einräumt, das Handlungsortsrecht alternativ zu dem normalerweise anwendbaren Erfolgsortsrecht zu bestimmen.[323] Als Handlungsort wird bei Radio und Fernsehen der Ausstrahlungsort, als Erfolgsort der Empfangsort angesehen.[324] Als Folge wird bei mehreren Erfolgsorten eine unerwünschte Spaltung (Mosaik) konstatiert.[325]

Das Recht der gemeinsamen Staatsangehörigkeit ist zwingend anwendbar, wenn beide Parteien auch ihren Wohnsitz in diesem Staat haben (Art. 62 Abs. 2).

Die Haftung wegen Persönlichkeitsrechtsverletzungen fällt nach Art. 24 Abs. 2 unter Art. 62.[326] Allerdings ist nach Art. 24 Abs. 1 die Existenz und der Inhalt des Persönlichkeitsrechts nach dem Personalstatut zu bestimmen.[327]

4. Spanien

In Spanien gilt nach dem 1974 eingefügten Art. 10 Abs. 9 des *Código Civil* die *lex loci deliciti* Regel.[328] Die Behandlung von Distanz- und *multistate* Delikten ist jedoch unklar.[329] Ein Autor meint, die Anwendung ausländischen Rechts sei

---

321 *Legge 31 Maggio 1995, N. 218*, „Riforma del sistema italiano di diritto internazionale privato", in Kraft getreten am 2.9.1995; abgedruckt mit Anmerkungen in Riv. dir. int. priv. proc. 1995, 905 ff. und in IPRax 1996, 356 ff.; das Gesetz hat nur eine Spezialbestimmung im Bereich des Deliktsrechts, betreffend die Produkthaftung, Art. 63.

322 Ob Handlungs- oder Erfolgsort entscheidend war, war unklar, vgl. *Vitta / Mosconi*, Corso di diritto internazionale privato, S. 328 ff.; *Ballarino*, Diritto internazionale privato, S. 692 m. w. Nw.

323 Art. 62 Abs. 1: „..della legge dello Stato in cui si è verificato l'evento. Tuttavia il danneggiato può chiedere l'applicazione della legge dello Stato in cui si è verificato il fatto che ha causato il danno."; vgl. *Ballarino*, Diritto internazionale privato, S. 692 f., 695; zum materiellen Begünstigungszweck auch *Pocar*, Riv. dir. int. priv. proc. 1995, 1213 f.

324 Implizit *Pocar*, Riv. dir. int. priv. proc. 1995, 1212.

325 *Pocar*, Riv. dir. int. priv. proc. 1995, 1212 („dépeçage").

326 „Le conseguenze della violazione"; zu den Persönlichkeitsrechten gehören u. a. die Ehre, Name, Bild, Privatsphäre, Briefgeheimnis, vgl. *Ballarino*, Diritto internazionale privato, S. 330; auf S. 331 Abdruck des Art. 24.

327 „L'estistenza ed il contenuto"; kritisch zu dieser Spaltung *Di Blase*, Riv. dir. int. priv. proc. 1995, 1032 f. und ausführlich zu Abs. 1 auf S. 1027 ff.

328 „...la ley del lugar donde hubiere ocurrido el hecho del que deriven".

329 Zu Distanzdelikten vgl. *Pérez Vera*, Derecho internacional privado, S. 355 f.; für uneingeschränktes Wahlrecht bei materiellrechtlicher Bevorzugung des Verletzten, im übrigen für eine Einschränkung auf vorhersehbare Erfolgsorte: *González Campos*, Derecho interna-

bezüglich Meinungsfreiheit, Ehre, Privatsphäre etc. wegen des *ordre public*- und Grundrechtsbezuges kaum akzeptabel.[330] Eine unilaterale Regel der Anwendbarkeit spanischen Rechts müsse die Folge sein. Allerdings gelte dies nur insoweit, als Schäden oder Auswirkungen in Spanien betroffen seien.[331]

5. Portugal

Nach Art. 45 Abs. 1 des portugiesischen *Código Civil* von 1966 ist bei Distanzdelikten grundsätzlich das Handlungsortsrecht anwendbar.[332] Es kommt dabei auf den vorrangigen Handlungsort an. Ein Anspruch nach dem Erfolgsortsrecht kann nur bei Vorhersehbarkeit des Schadens an diesem Ort für den Beklagten gegeben werden (Absatz 2).[333] Das gemeinsame Wohnsitz- oder Heimatrecht der Beteiligten geht vor, wenn diese zufällig in einem anderen Land aufeinandertreffen (Absatz 3). Das Deliktsstatut soll die Vorfrage nach dem Bestehen eines subjektiven Rechts nicht erfassen, vielmehr regelt Art. 27 *Código Civil* das Personalstatut die Frage nach dem Bestehen von Persönlichkeitsrechten, während Art. 45 die deliktsrechtliche Haftung für Verletzungen betrifft.[334] Bei Presse- und Mediendelikten wird angenommen, dass der Ausstrahlungsort Handlungs- und der Empfangsort Verletzungsort ist.[335] Der Fall mehrerer Erfolgsorte, wie zum Beispiel bei Beleidigungen mittels Massenmedien, ist nicht geregelt. Eventuell soll in Anlehnung an Art. 45 Abs. 1 eine Schwerpunktbestimmung vorgenommen werden.[336]

---

cional privado, Parte especial, S. 227 f.

330 *González Campos*, Derecho internacional privado, Parte especial, S. 229 f.

331 *González Campos*, Derecho internacional privado, Parte especial, S. 230.

332 „...lei do Estado onde decorreu a principal actividade causadora do prejuízo".

333 Art. 45 Abs. 2: „...onde se produziu o efeito lesivo".

334 *Machado*, Lições de direito internacional privado, S. 343, 375.

335 Implizit *Machado*, Lições de direito internacional privado, S. 368, 372.

336 *Morse*, 32 Am. J. Comp. L. 66 (1984); für Mosaik aber eher *Machado*, Lições de direito internacional privado, S. 372 f.

V. Zusammenfassung und Würdigung

Für die Vereinigten Staaten sei zunächst auf die obige ausführliche Zusammenfassung und Wertung verwiesen.[337] Insgesamt ist bei den untersuchten Rechtsordnungen eine Vielzahl von Ansätzen zur Anknüpfung der Persönlichkeitsrechtsverletzungen festzustellen. Häufig sind allerdings viele der sich stellenden Einzelfragen in den einzelnen Rechtsordnungen nicht geklärt. Es zeigt sich im Hinblick auf die Anknüpfung des Persönlichkeitsschutzes, dessen zunehmend internationaler Bedeutung und Dimension gegenwärtig nicht ausreichend Rechnung getragen wird, ein Nachholbedarf.

Teilweise beruhen die Regelungen auf gesetzlicher Grundlage, oft jedoch, insbesondere im angloamerikanischen Bereich, handelt es sich um Richterrecht.[338] Immer wird die Anknüpfung als ein Problem des internationalen Deliktsrechts angesehen, nur selten wird der Bestand des Persönlichkeitsrechts nach dem Personalstatut beurteilt. Im Grundsatz gehen alle germanischen und romanischen Rechte von der Tatortregel aus, sehen aber unterschiedliche Konkretisierungen vor. Im anglo-amerikanischen Bereich ist die traditionelle *lex loci delicti* Regel von geringerer Bedeutung.

Da kein einheitlicher Lösungsweg anzutreffen ist, ist es generell problematisch, den internationalen Entscheidungseinklang als Argument anzuführen. Dies gilt gleichfalls für Argumentationen, die sich auf die Vorhersehbarkeit, Erwartungen der Parteien und Verhaltenssteuerung stützen: Da in der Regel für die Gerichte mehrerer Staaten (insb. Veröffentlichungsstaaten) eine Zuständigkeit begründet ist, können die verschiedenen Kollisionsrechte zu einer Vielzahl potentiell anwendbarer Sachrechte führen. Verstärkt wird diese Problematik durch die Unsicherheit der Rechtslage innerhalb eines Kollisionsrechtes selbst.

Dennoch sollte man versuchen, eine sinnvolle Anknüpfung zu finden, und auch der Funktion der Verhaltenssteuerung, wenn sie materiellrechtlich relevant ist, optimal Rechnung tragen. Fernziel sollte dann sein, in anderen Rechtsordnungen eine entsprechende Anknüpfung zu erreichen oder – z.B. auf europäischer Ebene – eine einheitliche Regelung zu finden.[339]

In Frankreich gibt es traditionell dieselbe Ausgangsposition wie im deutschen Recht, nämlich die Tatortregel. Insofern kann ein direkter Vergleich besonders

---

337 Oben S. 200

338 Gleiches gilt aber fast immer auch trotz gesetzlicher Grundlage, da diese nicht alle Fragen, vor allem die hier interessierenden Anknüpfungsprobleme lösen, sondern nur allgemeine Grundsätze aufstellen.

339 Vgl. auch *Morris*, Conflict of Laws, S. 305: Unvorhersehbarkeit sei einer schlechten Anknüpfungsregel vorzuziehen.

ergiebig sein. Das gilt auch für die anderen romanischen und germanischen Kollisionsrechte. Der Überblick über das französische Recht zeigt allerdings, dass auch dort noch keine befriedigende Lösung gefunden wurde und die Rechtslage noch nicht abschließend geklärt ist. Klar ist mittlerweile, dass der Handlungsort (Veröffentlichungsort) irrelevant ist. Wie allgemein ist auch in Frankreich neben der Lokalisation der Tatorte[340] vor allem das Problem der Mehrstaatenveröffentlichung zu lösen. Die Anwendung von lediglich zwei Rechtsordnungen mittels der Mosaikbetrachtung in einem Fall vor einem französischen Untergericht ist in ihrer Durchführung enttäuschend und deutet auf die Unmöglichkeit der praktischen Realisierung dieser Ansicht.

Andere *lex loci delicti* Rechtsordnungen sehen Wahlrechte zum Schutz des Klägers oder Schwerpunktlösungen (z. B. Klägerwohnsitz) vor. Es ist zu untersuchen, ob ein Günstigkeitsprinzip eine sinnvolle und den Funktionen des Deliktsrechts entsprechende Anknüpfung darstellt. Das Problem mehrerer Tatorte stellt sich in den einzelnen Kollisionsrechten nicht nur bei Mehrstaatenveröffentlichungen, sondern auch bei bloßen einfachen Distanzdelikten sowie dann, wenn man die Wohnsitze der Beteiligten als relevante Orte ansieht.[341] Das Verhältnis von Handlungs- und Erfolgsort wird unterschiedlich beurteilt. Auch hier gibt es Stellungnahmen für Wahlrechte, die Anwendbarkeit des Erfolgsrechtes bei Vorhersehbarkeit, die regelmäßige Anwendbarkeit des Handlungsortsrechts oder die strikte Anwendung des Erfolgsortsrechts. Teilweise waren keine Ausführungen speziell zum Persönlichkeitsschutz, sondern nur solche allgemeiner Art zu finden, deren Geltung für den Persönlichkeitsschutz fraglich ist.

Viele der neueren Kollisionsrechte enthalten zudem Auflockerungsklauseln, deren Anwendungsbereich im hier interessierenden Gebiet aber auch unklar ist.

Das englische Recht beharrt für den Bereich von Beleidigungen immer noch auf der kumulativen Anknüpfungsregel. Die für den Bereich des Persönlichkeitsschutzes gefundenen Ergebnisse sind allgemein nicht sehr ergiebig. Das liegt neben der *lex fori*-Dominanz daran, dass ein Kläger, wenn es nicht um Beleidigung geht, in vielen Fällen versuchen wird, in einem anderen Land zu klagen als in England. Dies wird in einem internationalen Fall meist möglich sein. Der Rechtsschutz, insbesondere für Verletzungen der Privatsphäre, ist nach englischem Recht zu unsicher und unzureichend.

Immerhin kann auf die Erfahrungen mit einer kumulativen Anknüpfung zurückgegriffen werden. Zudem ist es möglich, dass in der Zukunft alle anderen

---

340 Vgl. hierzu bei den einzelnen Rechtsordnungen. Es wird unter anderem auf die Verbreitung oder Kenntnisnahme von Äußerungen, Handlungsorte, Wohnsitze der Beteiligten und Veröffentlichungsorte abgestellt.

341 Der Wohnsitz des Klägers wird teilweise auch als Tatort angesehen.

Bereiche des Persönlichkeitsschutzes als die *defamation* nach dem englischen Gesetz von 1995 zu beurteilen sein werden. In diesem wurde die Kumulation zugunsten eines von Ausnahmen aufgelockerten *lex loci delicti* Prinzips aufgegeben. Die Rechtsprechung muss sich also mit der Möglichkeit der Anwendung ausländischen Rechts ernsthafter auseinandersetzen.

Insgesamt ist bei den in dieser Arbeit untersuchten Rechtsordnungen nur selten eine differenzierte Lösung anzutreffen, was unterschiedliche Bereiche des Persönlichkeitsschutzes (Ehre, Bild, Privatsphäre usw.) angeht. Lediglich in Frankreich und den Vereinigten Staaten sind Versuche einer Differenzierung zu erkennen. Die in England getroffene Unterscheidung zwischen unter das neue Gesetz beziehungsweise die alte Regel fallenden Tatbeständen beruht hingegen auf einem Fehler der Redaktion, nicht auf einer sinnvollen Trennung. Es ist für das deutsche IPR zu fragen, ob eine einheitliche oder differenzierende Anknüpfung vorzunehmen ist.

Nur wenige Aussagen konnten zu der Anknüpfung von Delikten gefunden werden, die mittels des Internets begangen werden. Insoweit besteht in allen Kollisionsrechten ein großer Klärungsbedarf.

In den Rechten wird wegen des Bezuges des Persönlichkeitsschutzes zu den gesellschaftlichen Grundwerten und den Grundrechten auf den *ordre public* Vorbehalt hingewiesen. Diesbezüglich ist zu fragen, ob die Anknüpfung selbst diese Grundwerte ausreichend berücksichtigen kann und wie groß der Einfluss und Anwendungsbereich des *ordre public* Vorbehaltes ist.

In den internationalen Deliktsrechten fast aller untersuchten Staaten wird ein *renvoi* abgelehnt.

Es bleibt noch festzuhalten, dass gerade im Bereich von Beleidigung und Persönlichkeitsschutz trotz verschiedenster Theorien in der Praxis ein starkes Heimwärtsstreben festgestellt werden kann. Ein solches ist grundsätzlich abzulehnen, das internationale Privatrecht muss von der Gleichwertigkeit aller Rechte ausgehen. Ob im Bereich des Persönlichkeitsschutzes etwas anderes gelten muss, ist zu untersuchen. Das festgestellte extreme Übergewicht der *lex fori* lässt zwar an dem Sinn einer internationalprivatrechtlichen Untersuchung zweifeln. Es sollte trotzdem versucht werden, eine sinnvolle Anknüpfung zu finden, und nicht dem schlechten Vorbild in der Praxis zu folgen. Statt jeweils nur die Interessen des eigenen Staates durchzusetzen, wenn der Fall im eigenen Land verhandelt wird, sollte, gerade wegen der im Persönlichkeitsschutz anzutreffenden *multistate* Delikte mit vergleichbaren oder sogar übereinstimmenden Verbindungen zu vielen Ländern, versucht werden, die Gleichwertigkeit der

Rechte zu wahren, und allseitige, sinnvolle Kollisionsnormen zu finden.[342] Auf eine entsprechende Behandlung im Ausland kann letztlich nur gehofft werden.

---

[342] Zur Gegenseitigkeit, Allseitigkeit und Gleichwertigkeit der Rechte als Grundlage der westeuropäischen Deliktsrechte vgl. von Hoffmann, IPR, § 2, Rn. 50; *Reimann*, Conflict of Laws in Western Europe, S. 34 ff.,105 ff.

B. Deutsches IPR

I. Neuregelung des EGBGB

Diese Untersuchung wurde ursprünglich auf der Grundlage der alten Fassung des EGBGB erstellt. Einige Ausführungen der Arbeit sind durch die Gesetzesänderungen de lege lata gegenstandslos geworden bzw. haben sich in ihrer Bedeutung gewandelt. Es wurde versucht, die Darstellung auf der Basis der neuen Rechtslage zu überarbeiten. Insbesondere wird zu Beginn der einzelnen Abschnitte auf die Änderungen eingegangen und ihre Bedeutung für die Ausführungen dargelegt. Neue Literatur wurde überwiegend berücksichtigt.

II. Gang der Untersuchung

Zunächst sollen die gesetzlichen Grundlagen der Anknüpfung bestimmt werden. Dazu ist es erforderlich, die Qualifikation der Ansprüche wegen Persönlichkeitsrechtsverletzungen festzulegen, denn diese entscheidet, welche Kollisionsnorm anwendbar ist. Im Anschluss daran sollen kurz die gesetzlichen Grundlagen der Anknüpfung erörtert werden.

Die so als maßgeblich bestimmten Regeln werden auf die Persönlichkeitsrechtsverletzungen angewendet, indem zunächst Handlungs- und Erfolgsorte von Persönlichkeitsrechtsverletzungen bestimmt werden. Ein Schwerpunkt der Erörterungen wird bei dem Erfolgsort liegen. Hierbei ist es sinnvoll, nach - im Hinblick auf das Rechtsgut - verschiedenen Arten der Verletzungen zu differenzieren. Besonders hervorgehoben werden Fälle, in denen mehrere Erfolgsorte existieren.

Im Anschluss wird das Verhältnis von Handlungs- und Erfolgsort sowie das mehrerer Erfolgs- beziehungsweise Handlungsorte erörtert.

Die so bestimmte Anknüpfung nach der Tatortregel wird dann im Hinblick auf die verfassungsrechtlichen Einflüsse, die auf das materielle Recht der Persönlichkeitsrechtsverletzungen wirken, kritisch untersucht. Nach der Ablehnung einer generellen Abänderung der Anknüpfung ist zu fragen, ob und über welche Rechtsinstitute des internationalen Privatrechts einzelne nach deutschem Recht bestehende Einflüsse unabhängig von dem Deliktsstatut anwendbar sein müssen.

Schließlich werden noch einige Sonderfragen behandelt, für die abweichende Anknüpfungsregeln gelten könnten. Ferner werden allgemeine kollisionsrechtliche Fragen wie *ordre public* und internationale Zuständigkeit angesprochen.

III. Deliktsrechtliche Qualifikation

Soweit ersichtlich, ist die deliktsrechtliche Qualifikation der Ansprüche aus Persönlichkeitsrechtsverletzungen heute mehr oder weniger unumstritten.[1] Dafür spricht zunächst einmal die Ausgestaltung der Haftung im deutschen Recht, welche über Delikt oder negatorischen Rechtsschutz erfolgt. Auch in den anderen untersuchten Rechtsordnungen wird überwiegend außervertragliches Haftungsrecht angewendet. Eine Ausnahme stellt England dar, das auch eine vertragsähnliche Institution (*breach of confidence*) heranzieht. Diese kann man vernachlässigen, da diese Konstruktion nur dazu dient, eine Regelungslücke im Deliktsrecht zu schließen. Materiell geht es auch dabei um außervertragliches Haftungsrecht.

Die Qualifikation hat auf der Basis der rechtlichen Kategorien des deutschen Rechts zu erfolgen. Es geht um die Auslegung des deutschen IPR, die den deutschen Begriffen folgen sollte.[2] Ob ein entsprechender Schutz im Ausland auf anderen Arten von Ansprüchen basiert, ist nicht Frage der Qualifikation, sondern des Umfanges einer Verweisung des deutschen IPR auf ein ausländisches Recht. Eine Qualifikation nach der *lex causae*[3] ist ein Zirkelschluss und stellt das ausländische Recht auf eine höhere Stufe als das eigene. Außerdem ist sie praktisch nicht durchführbar und führt zu Normenwidersprüchen.[4] Eine Qualifikation nach rechtsvergleichenden Kriterien scheitert letztendlich, wenn die Rechtsordnungen verschiedene Modelle wählen. Sie überfordert auch den Rechtsanwender. Ferner kann man im Grundsatz annehmen, dass deutsche materielle Normen und deutsche Kollisionsnormen von der gleichen Begrifflichkeit ausgehen.[5] Eine Qualifikation nach deutschem Recht bedeutet zudem noch nicht, dass die Stellung einer Norm BGB mit ihrer Einordnung unter ein Rechtsgebiet gleichzusetzen ist. Materielle Kriterien entscheiden, ob es sich um Deliktsrecht handelt; dafür ist die Art des Anspruches zunächst nur ein Indiz. Eine so verstandene *lex fori* Qualifikation kann auch als funktionelle Qualifikation bezeichnet werden.[6]

Das Deliktsrecht ist dadurch gekennzeichnet, dass eine Person einer anderen

---

1 Z. B. *Riegl*, Streudelikte, S. 33; *Schönberger*, Tatortprinzip, S. 88 m. w. Nw.; a. A., für strenges *lex fori* Prinzip früher *Raape*, IPR, 4. Aufl., S. 606 f.

2 *von Hoffmann*, IPR, § 6, Rn. 13; *Neuhaus*, Grundbegriffe, S. 123; *Raape / Sturm*, IPR I, S. 277 f; mit anderer Begründung, *Frankenstein*, IPR II, S. 363 f.; aus der Schweiz vgl. auch *IPRG-Keller / Girsberger*, *Heini* u.a. (Hrsg), Art. 15, Rn. 97.

3 So *Wolff*, IPR, S. 54 ff.

4 Vgl. *Raape / Sturm*, IPR I, S. 277.

5 *von Hoffmann*, IPR, § 6, Rn. 12 f., 24.

6 Vgl. zu der funktionellen Qualifikation *von Hoffmann*, IPR, § 6, Rn. 27 ff.

einen Schaden an ihren Rechtsgütern oder ihrem Vermögen zufügt, ohne dass zwischen diesen beiden eine vertragliche Sonderverbindung besteht. Es geht um den Schadensausgleich zwischen zwei Personen, die nicht durch eine Vereinbarung besondere Sorgfalts- oder Schutzpflichten eingegangen sind.[7] Ein solches Schadensausgleichsverhältnis besteht, wenn eine Persönlichkeitsrechtsverletzung geltend gemacht wird: Der Betroffene verlangt Schadensersatz oder eine sonstige Wiedergutmachung für eine Verletzung seiner Rechte. Dabei besteht im allgemeinen kein vertraglicher oder vertragsähnlicher Kontakt zu der anderen Seite. Diese Ansprüche können demnach unproblematisch dem Deliktsrecht zugeordnet werden. Auch die nach dem deutschen Recht sogenannten negatorischen Ansprüche gehören zu dem Bereich der unerlaubten Handlung, es muss sich nicht um einen Geldersatzanspruch handeln.[8]

Im Gegensatz zu dieser Auffassung wird teilweise eine personenrechtliche Qualifikation, das heißt eine Anknüpfung an das Personalstatut befürwortet.[9] Vordergründig scheint hierfür der stark personenbezogene Charakter der Persönlichkeitsrechte zu sprechen. Diese Ansicht ist jedoch abzulehnen, da es nicht um eine bloß den Status einer Person betreffende Frage, also eine solche, die nur sie berührt, geht. Es handelt sich um den Ausgleich zwischen zwei Seiten, was eine nur die eine Seite berücksichtigende Anknüpfung ausschließt.[10] Dies bedeutet nicht, dass nicht letzten Endes oft dasselbe, ein personenbezogenes Recht angewendet wird. Besondere Charakteristika der Persönlichkeitsrechtsverletzungen können bei der Bestimmung des Tatortes von entscheidender Bedeutung sein.[11]

Ebenfalls ist eine Trennung zwischen dem Bestand eines Rechtes und dessen Verletzung oder Ausgestaltung in dem Sinne abzulehnen, dass der Bestand dem

---

7 Vgl. *Kötz*, Deliktsrecht, Rn. 5, 13 ff.; *Zitelmann*, IPR II, S. 472; *MüKo-Kreuzer*, Art. 38, Rn. 21.

8 *von Hoffmann*, IPR, § 11, Rn. 57; a. A. für den „namensrechtlichen", im Gegensatz zum „deliktsrechtlichen" Schutz, z. B. nach § 12 BGB, *Soergel-Schurig*, Art. 10, Rn. 20 (Namensstatut also Personalstatut).

9 So *Wolff*, IPR, S. 112 für Name, Bild, Stimme; *Frankenstein*, IPR I, S. 393 ff.; *Dölle*, IPR, S. 124 („Schutz der Persönlichkeitsgüter, insbesondere Name"); *Kegel/Schurig*, IPR, S. 521, 529 (für den Namensschutz); aus der Rechtsprechung *RG* v. 29.10.1920, RGZ 100, 182, 185 f. (aber beschränkt durch deutsches Recht bei Inlandsverletzung; zum Namen); ebenso *BGH* v. 15.1.1953, BGHZ 8, 318, 319 f. (auch zum Persönlichkeitsrecht); gegen das Personalstatut schon *Zitelmann*, IPR I, S. 138 f.

10 So auch *Wagner*, JZ 1993, 1040; s. auch *Heldrich*, FS Zajtay, S. 225; zudem könnten dann zwei Rechte kollidieren, wenn die Beteiligten verschiedene Personalstatute haben, vgl. *MüKo-Birk*, Art. 10, Rn. 30.

11 Generell aber gegen die Berücksichtigung personaler Komponenten *Schack*, Rechtsschutz gegen grenzüberschreitende Persönlichkeitsverletzungen, S. 120 f.

Personalstatut unterfallen soll.[12] Dies ist eine künstliche Differenzierung, die zu einer ungerechtfertigten Benachteiligung solcher Betroffenen führt, deren Heimatrecht kein Persönlichkeitsrecht kennt.[13] Ein Schutz wäre nur gegeben, wenn beide Rechte ihn vorsehen. Ferner versagt diese Ansicht ganz, wenn (was oft der Fall ist) der Begriff eines Persönlichkeitsrechtes im ausländischen Recht gar nicht bekannt ist oder nicht diskutiert wird, weil er für einen Schutz irrelevant ist.[14] Dort geht es, ebenso wie im deutschen Recht, nicht um das Bestehen eines Rechtes, sondern um die Frage, ob in der Beeinträchtigung ein deliktisches Verhalten liegt. Das Bestehen und der Umfang des Rechtes wird also praktisch erst durch das Deliktsrecht festgelegt. Ein Recht ohne Anspruch ist ein leeres Recht. Gibt es einen Anspruch, so gibt es ein Recht.[15]

Wie die materiell rechtsvergleichende Untersuchung gezeigt hat, geht es bei den Persönlichkeitsrechtsverletzungen oft auch gar nicht um höchstpersönliche, rein immaterielle Interessen, sondern auch um kommerzielle Interessen. Bedenkt man ferner, dass auf Seiten der Beklagten häufig ein verfassungsrechtlich geschütztes Interesse, zum Beispiel die Meinungs- oder Pressefreiheit einschlägig ist, so führt auch dies zu dem Schluss, dass das Personalstatut nicht sachgerecht ist.

Der Persönlichkeitsschutz ist also dem Deliktsstatut zuzuordnen.

IV. Gesetzliche Grundlagen

Das internationale Deliktsrecht ist in Art. 40 ff. EGBGB geregelt. Wie bereits unter der alten nur rudimentären Regelung des Art. 38 EGBGB a.F.[16] gilt auch

---

[12] So aber noch *Baur*, AcP 167 (1967), S. 558 f. (zum Namen); *Lüderitz*, NJW 1962, 2143; auch *Riegl*, Streudelikte, S. 92 ff., 100 (zu Name und APR); *Soergel-Schurig*, Art 10, Rn. 22; *MüKo-Kreuzer*, Art., 38 Rn. 206, 208, 210, 214 f. (zu Name, Ehre, Bild und APR); auch *Wolff*, IPR, S. 165 (nicht speziell für Persönlichkeitsrechte, sondern allgemein für „subjektive Rechte").

[13] So auch *Staudinger/von Hoffmann*, Art. 40, Rn. 54; ablehnend auch, *Wagner*, IPR bei Persönlichkeitsrechtsverletzungen, S. 98 f.; vgl. auch *OLG Hamburg* v. 19.2.1970, UFITA 60 (1971), 322 f. (geographische Einschränkung des Ehrenschutzes sei nicht vertretbar); *Looschelders*, ZvglRWiss 1996, 66; *C. v. Bar*, IPR II, Rn. 23 (speziell zum postmortalen Schutz); aus der Schweiz: *IPRG-Vischer*, *Heini* u.a. (Hrsg.), S. 328 f.

[14] Vgl. nur Frankreich, wo ein Schaden und ein Fehlverhalten für einen Anspruch grundsätzlich genügen; oder England, wo schlichtweg nicht die Rede von Persönlichkeitsrechten ist.

[15] Vgl. auch *Bourel*, Anm. zu *Cass.* v. 13.4.1988, Rev. crit. d.i.p. 1988, 549, die Sanktion eines Rechts impliziere dessen Anerkennung; *Bröcker*, Differenzierte Regelbildung, S. 103, 185.

[16] Vgl. zur alten Rechtslage *BGH* v. 8.3.1983, BGHZ 87, 95; *Soergel-Lüderitz*, Art. 38, Rn. 3; *Hohloch*, Deliktsstatut, S. 259 f., Fn. 251; *C. von Bar*, JZ 1985, 962; *Binder*, RabelsZ 20

nach dem am 1.6.1999 in Kraft getretenen Art. 40 die Tatortregel. Der Tatort ist in der Regel der Ort, wo die Interessen von Schädiger und Geschädigtem aufeinandertreffen, daher ist die Tatortregel auch die angemessene Kollisionsnorm. Es wird das dem Delikt am nächsten stehende Recht angewendet, denn andere gemeinsame räumliche Anknüpfungspunkte werden nicht gegeben sein.[17] Alle Beteiligten werden das *lex loci delicti* Prinzip für sachgerecht halten und ihr Verhalten grundsätzlich nach diesem Recht richten.[18]

Art. 40 Abs. 1 EGBGB bestimmt, dass grundsätzlich das Handlungsortsrecht anwendbar ist, der Verletzte aber auch das Erfolgsortsrecht wählen kann. Diese beiden Orte werden aber nicht genauer bestimmt. Abs. 2 sieht eine vorrangige Anknüpfung an den gemeinsamen gewöhnlichen Aufenthalt vor. Abs. 3 enthält eine spezielle Vorbehaltsklausel. In Art. 41 EGBGB ist eine Ausweichklausel für den Fall einer wesentlich engeren Verbindung enthalten. Art. 42 EGBGB sieht die Möglichkeit einer einvernehmlichen nachträglichen Rechtswahl vor.

V. Anwendung der Tatortregel

1. Allgemeines

a) Definition

Wie schon nach der alten Rechtslage allgemeine Meinung war, geht auch Art. 40 EGBGB davon aus, dass Handlungs- und Erfolgsort als Tatort anzusehen sind.[19] Wenn verschiedene Voraussetzungen eines Anspruchs aus unerlaubter Handlung in verschiedenen Staaten erfüllt werden, können Handlungs- und Erfolgsort auseinanderfallen (sogenanntes Distanzdelikt). Dafür, beide Orte als Tatort anzusehen spricht grundsätzlich, dass die Interessen von Schädiger und Geschädigtem berücksichtigt werden sollten, denn die Aufgabe des Schadensersatzrechts ist der Ausgleich zwischen diesen beiden Seiten.[20] Das Interesse des Schädigers deutet eher auf das Handlungsortsrecht, wohingegen sich das des Geschädigten an dem Erfolgsort orientiert. Grundsätzlich kann keines der beiden

---

(1955) S. 407; *Firsching / von Hoffmann*, IPR, 5. Aufl., § 11, Rn. 20.

17 *Schönberger*, Tatortprinzip, S. 9, 23; vgl. auch *BGH* v. 8.3.1983, BGHZ 87, 95, 97.

18 *Kegel/Schurig*, IPR, S. 624; *Soergel-Lüderitz*, Art. 38, Rn. 3; kritisch aber *C. v. Bar*, IPR II, Rn. 652–656 und *Schönberger*, Tatortprinzip, S. 9 ff.

19 Sog. Ubiquitätsregel, vgl. *Kreuzer*, RabelsZ 65 (2001), 422; *Palandt-Heldrich*, Art. 40 EGBGB, Rn. 4; *BGH* v. 19.12.1995, IPRspr. 1995, Nr. 39, S. 70; a. A. *C. v. Bar*, IPR II, Rn. 664: im Persönlichkeitsschutz seien keine separaten Erfolgsorte zu finden

20 So aus dem französischen Recht auch *Bourel*, Conflits des lois, S. 85.

Interessen höher bewertet werden. Art. 40 EGBGB sieht allerdings nunmehr eine vorrangige Anknüpfung an den Handlungsort vor. Das Erfolgsortsrecht kann von dem Verletzten aber gewählt werden.

Unklar ist jedoch, welche Regelung bei einer Vielzahl von Handlungs- bzw. Erfolgsorten anzuwenden ist. Diese schon vor der Reform des IPR höchst umstrittene Frage wird nach der Lokalisation von Handlungs- und Erfolgsorten erörtert.

b) Differenzierende Bestimmung

In der Literatur wird überwiegend vertreten, eine einheitliche Anknüpfung aller Persönlichkeitsrechtsverletzungen sei zur Vermeidung von Wertungswidersprüchen und Normenmangel beziehungsweise -häufung unbedingt notwendig und sinnvoll.[21] Hier sind zwei Fragekomplexe zu trennen: Erstens die Frage, ob der Tatort hinsichtlich der einzelnen Persönlichkeitsrechte einheitlich zu bestimmen ist; zweitens die Frage, ob die Rechtsfolgen beziehungsweise die verschiedenen Anspruchsarten einheitlich zu behandeln sind.

Die zweite Frage ist zu bejahen.[22] Ob der Schutz über Schadensersatz-, Widerrufs-, Unterlassungs- oder Berichtigungsansprüche erfolgt, kann keinen Unterschied machen. Insoweit muss, zur Verhinderung von Wertungswidersprüchen, jede Art von Rechtsfolge, die materiell dem deliktischen Schutz der Rechtsgüter zuzuordnen ist, erfasst sein. Das ist wegen Möglichkeit der Geltendmachung mehrerer Rechtsfolgen in einer Rechtsordnung sowie der fehlenden Übereinstimmung der Rechtsfolgen in rechtsvergleichender Sicht erforderlich.

Fraglich ist jedoch, ob alle Persönlichkeitseinzelrechte einer einheitlichen Anknüpfung zu unterwerfen sind. Oft wird dies gar nicht problematisiert, sondern schlicht „das Persönlichkeitsrecht" angeknüpft.[23] Diejenigen, die die Frage erörtern und im Sinne von Einheitlichkeit bejahen, begründen ihre Ansicht damit, dass alle Persönlichkeitsrechte im Kern demselben Zweck dienen, ein

---

21 Z. B. *Staudinger/von Hoffmann*, Art. 40, Rn. 56; *Wagner*, IPR bei Persönlichkeitsrechtsverletzungen, S. 59 ff; *Looschelders*, ZvglRWiss 1996, 67;

22 Sie wurde eigentlich schon bei der Qualifikation beantwortet; vgl. auch *Birk*, Schadensersatz und sonstige Restitutionsformen im IPR, S. 209; *Brandt*, Sonderanknüpfung im int. Deliktsrecht, S. 105 f.; *Schönberger*, Tatortprinzip, S. 98; zum Unterlassungsanspruch und Gegendarstellung. s. genauer unten, S. 315 ff.; a. A. für den negatorischen Namensschutz: *Soergel-Schurig*, Art. 10, Rn. 20 (Personalstatut); und *Lüderitz*, NJW 1962, 2143.

23 So z. B. *Heldrich*, Vorschläge und Gutachten, S. 375 f., bei der Bestimmung des Erfolgsortes.

homogenes Rechtsgut schützen.[24] Ferner wird gesagt, die Einordnung eines Falles unter ein bestimmtes Persönlichkeitsrecht sei oft willkürlich, mehrere dieser Rechte könnten einschlägig sein. Trete eine fremde Rechtsordnung hinzu, so verschärfe sich das Problem noch, da diese ganz andere Kategorien haben könne.[25]

Dem zweiten Argument ist insoweit zuzustimmen, als eine Einteilung keinesfalls nach den herkömmlichen Kategorien Ehre, Name, Bild etc. erfolgen darf. Insoweit besteht tatsächlich keine Möglichkeit, eine sinnvolle Abgrenzung vorzunehmen. Das hat der materiell rechtsvergleichende Teil dieser Arbeit gezeigt. Eine Differenzierung zum Beispiel nach Ehr- oder Namensrechtsverletzungen ist also abzulehnen. Andererseits schließt es die unübersichtliche, ungeordnete Situation des materiellen Rechts nicht aus, für das Kollisionsrecht eine sinnvolle Differenzierung zu finden, die nicht der Einteilung in die sogenannten Einzelpersönlichkeitsrechte des materiellen Rechts folgt. Dass dies möglich ist, hat der materiell rechtsvergleichende Teil in der Zusammenfassung gezeigt. Die vorgebrachte Begründung der Vermeidung von Wertungswidersprüchen und Anpassungsproblemen zwingt also nicht zu einer einheitlichen Anknüpfung. Die materiell rechtsvergleichende Untersuchung hat auch gezeigt, dass gerade kein homogenes Interesse und Rechtsgut hinter den Persönlichkeitsrechtsverletzungen steht. Nur vordergründig scheint die in Deutschland herrschende Ansicht eines aus dem Grundgesetz abgeleiteten Allgemeinen Persönlichkeitsrechts ein unteilbares Recht und einheitliches Interesse zu implizieren. Es ist aber so, dass es drei verschiedene Gruppen von Schutzgütern gibt, in die man alle Fälle einordnen kann und muss. Eine undifferenzierte Bestimmung des Tatortes würde diesem Ergebnis nicht gerecht. Das Postulat eines einheitlichen Schutzstatutes ist insoweit also abzulehnen.

Einige wenige Autoren nehmen ebenfalls eine Differenzierung vor, allerdings nicht die in dieser Arbeit vertretene: *Looschelders* unterscheidet zwischen dem Schutz des Einzelnen als Individuum und dem Schutz des Einzelnen in seiner Beziehung zur Umwelt. Unter die erste Gruppe soll vor allem die Privatsphäre fallen. Die zweite Gruppe umfasst „Störungen des Anerkenntnisverhältnisses" in der Umwelt, also vor allem Ehrverletzung und verfälschende Darstellungen.[26]

---

24 So *Staudinger/von Hoffmann*, Art. 40, Rn. 56; *Sonnenberger*, FS Hendrich, S. 582; *Wagner*, IPR bei Persönlichkeitsrechtsverletzungen, S. 59 f. („Schutz des sozialen Achtungsanspruches"); *ders.*, JZ 1993, 1040; *Bröcker*, Differenzierte Regelbildung, S. 181; zu differenzierenden Ansichten s. die sofort anschließenden Ausführungen; aus Frankreich z. B. *Kayser*, La protection de la vie privée, S. 407 ff.

25 *Wagner*, IPR bei Persönlichkeitsrechtsverletzungen, S. 60.

26 *Looschelders*, ZvglRWiss 1996, 76 f.; *W. Lorenz*, Vorschläge und Gutachten, S. 125; deutet an, dass eine differenzierende Betrachtung geboten sei, geht dieser Frage aber nicht

Eine andere Ansicht, die von *Trutmann* vertreten wird, unterscheidet zwischen „inneren" und „äußeren" Persönlichkeitsgütern, nämlich körperlicher und seelischer Integrität auf der einen und Stellung und Identifizierung der Person in der Öffentlichkeit sowie Schutz vor der Öffentlichkeit auf der anderen Seite.[27]
Beide Ansichten überzeugen nicht. Zunächst einmal bleibt bei *Trutmann* offen, welche Fälle mit den inneren Persönlichkeitsgütern gemeint sein sollen. Die äußeren Persönlichkeitsgüter auf der anderen Seite erfassen keine homogene Gruppe von Fällen: Das Ansehen, die Stellung in der Gesellschaft und die Privatsphäre können nicht als übereinstimmende Interessen aufgefasst werden. Die Privatsphäre bedeutet genau das Gegenteil von Publizität, nämlich nicht in die Öffentlichkeit zu geraten. Auch der Schutz der Identifizierung der Person ist zu differenzieren. Dieser dient entweder der Ehre und dem Ansehen, oder es steht ein wirtschaftliches Interesse dahinter.

Die Ansicht von *Looschelders* überzeugt hingegen eher, insoweit als sie zwischen dem Schutz der Stellung in der Öffentlichkeit und dem Schutz des Einzelnen als Individuum unterscheidet. Dies entspricht der hier vorgenommen Differenzierung von Ehre und Privatsphäre, also den ersten beiden Gruppen. Die Ansicht *Looschelders* berücksichtigt jedoch nicht, dass der Schutz wirtschaftlicher Interessen in Bezug auf Persönlichkeitsgüter nicht mit den beiden anderen Gruppen vermischt werden darf. Diese Fälle nennt er nicht und ordnet sie nicht ein.[28] Wie der rechtsvergleichende Teil gezeigt hat, fehlt damit ein bedeutender Bereich des Persönlichkeitsschutzes. Es ist also zwischen drei Schutzgütern zu unterscheiden.

Die in dieser Arbeit vorgenommene differenzierende Betrachtung bedeutet allerdings noch nicht, dass im Ergebnis Übereinstimmungen ausgeschlossen sind. Doch eine sachgerechte Anknüpfung muss zwischen den verschiedenen Interessen differenzieren, ohne zunächst auf das Ergebnis zu schauen. Die Anwendung der Tatortregel wird zeigen, welches Recht für den jeweiligen Fall anzuwenden ist. Schon vor dieser Diskussion eine einheitliche Anknüpfung zu verlangen, bedeutete eine Vernachlässigung der materiellen Interessen und Wertungen im IPR. Nach heutiger Auffassung dient das Kollisionsrecht jedoch nicht mehr nur zur Bestimmung irgendeines Rechtes, sondern hat auch mate-

---

weiter nach.

27 *Trutmann*, IPR der Deliktsobligationen, S. 186; der genaue Umfang der beiden Gruppen wird von *Trutmann* aber nicht erläutert; auch die Konsequenzen für die Anknüpfung bleiben offen.

28 Ferner übersieht er, dass Verletzungen der Privatsphäre nicht nur durch Realakte, sondern auch durch die Verbreitung von Fakten aus dem Privatleben erfolgen können. Bei der Diskussion des Schutzes der Person als Individuum wird dieser Aspekt nicht genannt.

rielle Gerechtigkeitserwägungen zu berücksichtigen.[29] Im Gegensatz dazu ist häufig festzustellen, dass im Schrifttum nicht zunächst vertieft auf das materielle Recht und die dahinterstehenden Interessen eingegangen wird, sondern abstrakte Anknüpfungen vorgenommen werden.

2. Handlungsort

a) Definition des Handlungsortes

Art. 40 EGBGB definiert den Handlungsort nicht. Der Handlungsort ist der Ort, an dem eine willensabhängige Tätigkeit an die Außenwelt tritt.[30] Entscheidend ist also die Umsetzung des Willensentschlusses, die Ausführung eines Verhalten, welches zu der Schadensverursachung führt. In der Regel ist eine Vielzahl von Handlungen für eine Schadenszufügung kausal. Mit der Definition des Handlungsortes sollen aber reine Vorbereitungshandlungen und untergeordnete Tätigkeiten ausgeschieden werden, da diese noch nicht als gefährdende Maßnahmen an die Außenwelt treten.[31]

Zur weitergehenden Bestimmung des Handlungsortes aus der Sicht des IPR muss bedacht werden, dass dieser in Abgrenzung zu dem Erfolgsort festzulegen ist. Diese oft vernachlässigte Abgrenzung „nach innen" (Handlung - Erfolg) ist nach der neuen Rechtslage ebenso wichtig wie die Abgrenzung „nach außen" (was ist nicht Tatort).[32]

Die Einteilung in Handlungs- und Erfolgsort verdeutlicht, dass der Handlungsort „näher" bei dem Handelnden, also dem Beklagten zu liegen hat, denn es geht um seinen Willensentschluss, der umgesetzt wird.[33] Der Erfolgsort hingegen ist eher im Hinblick auf den verursachten Schaden zu bestimmen. Bei der Festlegung der Handlungsorte für die verschiedenen Begehungsweisen einer Persönlichkeitsrechtsverletzung sollte man sich diese Abgrenzung immer in das Bewusstsein rufen. Wenn man vernachlässigt, dass es immer um Handlungs- *und* Erfolgsort geht, kann man nämlich leicht den Handlungsort als Ort der Rechtsgutsverletzung ansehen. Trennt man exakt zwischen Handlungs- und

---

29 *C. v. Bar*, JZ 1985, 964 f.; s. auch *Reimann*, Conflict of Laws in Western Europe, S. 9-12.

30 *Deutsch*, Haftungsrecht, Rn. 96; *von Hoffmann*, IPR, § 11, Rn. 27; weitere Definitionen bei *Riegl*, Streudelikte, S. 40 m. Nw.

31 Vgl. *Kegel/Schurig*, IPR, S. 629.

32 Vgl. auch *Kegel/Schurig*, IPR, S. 629; *Wagner*, IPRax 1998, 433; früher war sie aufgrund des herrschenden Günstigkeitsprinzips für viele irrelevant. Diese nach Art. 40 Abs. 1 EGBGB auch vorgegebene Abgrenzung vernachlässigt *Stoll*, GS Lüderitz, S. 742 ff., wenn er verlangt, dass am Handlungsort schon auf das geschützte Interesse eingewirkt worden sein muss; ebenso aber *Löffler*, Mediendelikte, S. 125 f.

33 S. auch *Kropholler*, IPR, S. 495 f.

Erfolgsort, so wie es auch Art. 40 EGBGB vorsieht, so muss man auch wirklich auf eine Handlung abstellen und kann die Handlung nicht als räumlich entfernt von dem Beklagten vorgenommen ansehen.

Dies sei denjenigen, die auch den Handlungsort im Hinblick auf den Ort der Verletzung oder der Auswirkungen bestimmen, schon im voraus entgegen zu halten, auch wenn dahinter der nach der hier vertretenen Ansicht richtige Gedanke steht, dass der Ort des Handelns nicht relevant sein sollte.[34] De lege lata ist der Handlungsort freilich von Relevanz (Art. 40 Abs. 1 S. 1 EGBGB).

b) Einzelfälle

Der Handlungsort bei Persönlichkeitsrechtsverletzungen hängt von der Art der Verletzungshandlung ab. Es gibt es einige charakteristische Begehungsweisen, nach welchen zu unterscheiden ist. Es wird hier nicht nach den drei Schutzkategorien differenziert, da, wie ausgeführt, der Handlungsort beklagtennah zu bestimmen ist. Das Rechtsgut wird erst bei dem Erfolgsort relevant.

aa) Veröffentlichungen, Kundgaben (Massenmedien)

Die meisten Persönlichkeitsrechtsverletzungen werden durch Veröffentlichungen oder Kundgaben von Erklärungen begangen. Im internationalprivatrechtlichen Bereich sind dabei insbesondere die Veröffentlichungen von Zeitungen und Zeitschriften, die Ausstrahlung von Fernsehsendungen und Filmen und die Publikation von Büchern relevant.

Im Schrifttum wird in der Regel der Verlagsort (Sitz) beziehungsweise Erscheinungsort als Handlungsort angesehen, nach anderer Ansicht der Ort der Herstellung; ferner werden Druck, Transport, Vertrieb und Senderaum genannt.[35] In der deutschen Rechtsprechung werden, ebenso wie nach der Lite-

---

34 Ort der Verletzung (Verbreitungsort) als Handlungsort bei *Schack*, UFITA 108 (1988), S. 65; *ders.*, Rechtsschutz gegen grenzüberschreitende Persönlichkeitsverletzungen, S. 122, gegen die Relevanz des Ausstrahlungsortes; so auch *Löffler*, Mediendelikte, S. 125 f.
Zu der hier vertretenen Irrelevanz des Ortes des Handelns siehe die Diskussion zum Verhältnis von Handlungs- und Erfolgsort, unten, S. 241 ff. Anstatt das Handlungsortsrecht anzuwenden, und den Handlungsort verletzungsbezogen zu bestimmen, sollte man lieber den Handlungsort in seinem eigentlichen und offensichtlichen Sinne bestimmen und im Anschluss entscheiden, was mit Handlungs- und Erfolgsort geschehen soll. Vgl. auch für eine klare Abgrenzung *Schönberger*, Tatortprinzip, S. 36 f.

35 H. M.: *von Hoffmann*, IPR, § 11, Rn. 28 (Sitz); *Kropholler*, IPR, S. 514 (Erscheinungsort bzw. Sitz); *Heldrich*, Vorschläge und Gutachten, S. 375 (Erscheinungsort bzw. Standort des Senders); *Riegl*, Streudelikte, S. 40 f. (Erscheinungs-, Redaktions-, Verlags-, Druck-, Ausgabeort); *Wagner*, IPR bei Persönlichkeitsrechtsverletzungen, S. 78 (Sitz); für Erscheinungsort oder Ausstrahlungsort aber gegen Sitz: *Stoll*, GS Lüderitz, S. 743 f.; für Druck,

ratur, Vorbereitungsorte ausgeschieden.[36] Nach der Rechtsprechung des *EuGH* zu der internationalen Deliktszuständigkeit liegt der Handlungsort am Ort der Niederlassung des Herausgebers einer Zeitung.[37] Nur eine Mindermeinung sieht den Ort der Verbreitung von Informationen als Handlungsort an.[38]

Um den Handlungsort im Bereich von Massenmedien zu bestimmen, muss man zunächst einmal festlegen, welche Einheit man aus kollisionsrechtlicher Sicht als (eine) Handlung ansieht. Dieses Problem ist aus der Diskussion um die *single-* beziehungsweise *multiple publication rule* in den Vereinigten Staaten bekannt. In der deutschen internationalprivatrechtlichen Diskussion ist dieser Punkt, soweit ersichtlich, noch nicht behandelt worden, obwohl die Anknüpfung hiervon durchaus beeinflusst werden könnte: Sieht man lediglich die gleichzeitige, parallele Veröffentlichung in mehreren Ländern als eine einheitliche Handlung an, so fallen viele der „Mehrstaatenveröffentlichungsfälle" als Problem weg. Oft ist es nämlich so, dass sich der Zeitpunkt der Erscheinung verschiebt.[39] Gerade angesichts dieser häufig zeitlich nicht parallelen Veröffentlichung im Vergleich zum Ausland ist diese Frage, wann von einer Handlung gesprochen werden kann, nicht einfach zu beantworten. Bei solchen Veröffentlichungen, die einen Aktualitätsbezug haben, kann man nach der hier vertretenen Ansicht von einer Handlung sprechen, wenn die Veröffentlichung in mehreren Ländern erfolgt. Darunter fallen die meisten Veröffentlichungen in Tages- und Wochenzeitungen und –zeitschriften. Ein etwas späteres Erscheinen in einem

---

Transport usw.: *Kegel/Schurig*, IPR, S. 631 (soweit dort ein schuldhaftes Handeln vorgenommen wurde); zum Fernsehen: *OLG München* v. 17.9.1986, RIW 1988, 647 (Ausstrahlung, Sendung; Sitz lag aber auch in Deutschland; zur internationalen Zuständigkeit); für Herstellungsort (allerdings nur bei Briefen): *Kropholler*, IPR, S. 495 und *Kegel/Schurig*, IPR, S. 631 (Ort des Schreibens) sowie *Soergel-Lüderitz*, Art. 38, Rn. 5; ebenso aus der Rechtsprechung *RG* v. 20.11.1888, RGZ 23, 305 f.; zu Briefen genauer unten im Abschnitt „sonstige Handlungen", (ee), S. 230 f.

36 Z. B. *OLG Oldenburg* v. 14.11.1988, NJW 1989, 400 (Aufnahme im Ausland, Veröffentlichung in Deutschland); *BGH* v. 19.12.1995, IPRspr. 1995, Nr. 39, S. 70 (Erscheinungsort bei Presseerzeugnissen); nach *Schack*, UFITA 108 (1988), S. 65, soll aber alles vorbereitend sein, was noch nicht eine Übermittlung / Vermittlung an den Empfänger bedeutet.

37 *EuGH* v. 7.3.1995, Rs. C-68/93, Slg. 1995 I, S. 415, abgedruckt in EuZW 1995, 248 (*Shevill v. Presse Alliance*; zu Art. 5 Nr. 3 EuGVÜ).

38 *Schack*, UFITA 108 (1988), S. 65, der aber generell das Vorliegen eines möglichen Erfolgsortes ablehnt; *Wolff*, IPR, S. 164; *C. v. Bar*, IPR II, Rn. 662; *ders.*, Waseda FS, S. 588 f.; *C. v. Bar* will aber daneben keine Erfolgsorte gelten lassen, IPR II, Rn. 662 ff.; *Raape*, IPR, 4. Aufl., S. 537 f., Fn. 166 (zum Brief; als zweiter Handlungsort neben dem Absendeort); *Binder*, RabelsZ 20 (1955) S. 477.

39 Z. B. wegen der verschiedenen Zeitzonen, vgl. *Warner*, 23 Law & Contemp. Probs. 32 f. (1958).

anderen Land hängt in der Regel von praktischen Problemen des Vertriebes beziehungsweise der Verbreitung ab und sollte daher vernachlässigt werden. Ein Aktualitätsbezug liegt vor, wenn der Inhalt durch gegenwartsbezogene Themen geprägt ist, ein späteres Erscheinen nicht mehr denselben Zweck erfüllte. Damit liegt in einer Ausgabe einer Zeitschrift oder Zeitung auch eine Handlung.
Auch im Fernsehen gibt es solche aktualitätsbezogene Sendungen. Hier muss unterschieden werden: Zunächst gibt es die parallele Sendung in das In- und das Ausland, wie zum Beispiel durch französische Sender, die in einigen Gebieten Deutschlands über das Kabel ständig zu empfangen sind. In diesem Fall muss stets von einer einheitlichen Veröffentlichung ausgegangen werden. Andererseits tritt auch die Konstellation auf, dass Sendungen erst Tage später gezeigt werden und trotzdem als aktuelle Sendungen zu bezeichnen sind.[40] Bei solchen, relativ kurzen Zeitunterschieden sollte nach der hier vertretenen Ansicht wegen des Aktualitätsbezuges von einer Veröffentlichung ausgegangen werden.

Wird der Abstand zwischen den Ausstrahlungen größer, dann wird die Abgrenzung schwieriger. Normalerweise kann man davon ausgehen, dass es sich bei größeren Zeitdifferenzen kaum um ein aktuelles Thema handeln wird, was gegen die Annahme einer Handlung spricht. Andererseits scheint es problematisch, von mehreren Handlungen zu sprechen, obwohl derselbe Inhalt verbreitet wird, bloß weil ein Zeitabstand dazwischen liegt. Die zeitliche Verschiebung ändert nichts an der Art der Verletzung, der Schutzrichtung und an den Interessen, die die Parteien vorweisen können. Deshalb sollte man auch eine solche Veröffentlichung in verschiedenen Ländern, zum Beispiel eines Buches, kollisionsrechtlich einheitlich begutachten, die nicht unbedingt innerhalb eines engen Zeitraumes erfolgt. Dies gilt jedenfalls bei einer Erstveröffentlichung, da dann die Verbreitung im Ausland schon vorbestimmt und bloß eine Frage der praktischen Durchführung ist. So erscheinen zum Beispiel amerikanische Kinofilme in Europa regelmäßig einige Monate später als in Amerika. Trotzdem wäre es falsch, die Zusammengehörigkeit der Vorgänge durch zweifache Anknüpfung dieser Veröffentlichung zu zerstören.

Für einen weiten Begriff der Handlungseinheit spricht vor allem, dass die Entscheidungen über den Inhalt bei der Produktion einer Sendung, einer Zeitung oder eines Buches durch einen einheitlichen Entschluss getroffen werden. Wie oben erwähnt, ist der Begriff der Handlung wesentlich durch den Willensentschluss geprägt, der umgesetzt wird. Bei den genannten Äußerungen ist nur ein Willensentschluss, der nicht zerlegt werden kann, zu finden. Das zentrale Verhalten, welches diesen Willensentschluss umsetzt, ist die Entscheidung über den

40 Als Beispiel können Sendungen der amerikanischen Sender genannt werden, die in Deutschland (über Kabel) oft als Aufzeichnung gezeigt werden.

Inhalt der Veröffentlichung. Die relevanten Entscheidungen werden nicht erst bei der Ausstrahlung oder jeweiligen Verbreitung im Ausland getroffen.

Freilich stellt sich dann das Problem der Verjährung. Unter Umständen kann ein Anspruch aus früherer Veröffentlichung durch Zeitablauf schon verjährt sein. In diesem Fall muss man die Regeln entsprechend flexibel anwenden und die Verjährung zum Beispiel erst mit der letzten Veröffentlichung, die noch zu der Handlungseinheit gehört, beginnen lassen.[41] Das nationale Recht muss den internationalen Bezügen eines entsprechenden Falles dann angepasst werden.

Ablehnen sollte man deshalb das Vorliegen einer einheitlich anzuknüpfenden Handlung lediglich bei weit entfernten Veröffentlichungen, bei denen man nicht mehr von einer konsequenten und planmäßigen Abfolge von (Teil-) Publikationen sprechen kann. Dies sind vor allem spätere Wiederholungen oder Zweitauflagen. Dabei kommt es jedoch auf den Einzelfall an.

Als Zwischenergebnis ist also festzuhalten, dass der Begriff einer kollisionsrechtlich gesehen einheitlichen (Veröffentlichungs-) Handlung bei Massenmedien als weit aufzufassen ist.

Daran muss sich auch die Bestimmung des Handlungsortes orientieren: Der Handlungsort sollte sich nicht an den (meist mehrfachen) Orten der Veröffentlichung oder Ausstrahlung im Sinne von Verbreitung orientieren, da sonst dem Charakter des einheitlichen Willensentschlusses nicht Rechnung getragen wird.[42] In dieselbe Richtung weist die schon oben erläuterte Differenzierung von Handlungs- und Erfolgsort. Als beklagten- und verhaltensbezogener Ort muss daher die Verhaltenszentrale[43] angesehen werden. An den einzelnen Verbreitungsorten wird der Inhalt der Veröffentlichung nicht mehr beeinflusst und geändert. Als Verhaltenszentrale ist der Verlags- oder Sitzort anzusehen. Dort erfolgen die relevanten Entscheidungen über den Inhalt einer Veröffentlichung, von dort nimmt das Delikt seinen Ausgangspunkt.

Keine Handlungsorte sind, wie bereits erwähnt, die Plätze der untergeordneten Vorbereitungshandlungen. An diesen ist der Entschluss bezüglich einer Veröffentlichung und ihrem Inhalt noch nicht endgültig gefallen. Deshalb ist es unerheblich, wo die Publikation verfasst wurde, ebenso wie die Vornahme anderer tatsächlicher Vorbereitungshandlungen, zum Beispiel das Fotografieren oder der

---

41 Sofern man nicht von einer rechtsmissbräuchlichen Ausnutzung dieser Umstände ausgehen muss.

42 Die Ansicht von *Schack*, UFITA 108 (1988), S. 65, ist daher abzulehnen.

43 So auch *Staudinger/von Hoffmann*, Art. 40, Rn. 58; vgl. *Schönberger*, Tatortprinzip, S. 95 (wo die verantwortlichen Entscheidungen über den Inhalt getroffen werden).

Ort eines Interviews irrelevant sind.[44] Jedoch können diese Handlungen für sich gesehen schon Delikte darstellen. Deren Handlungsort wird unter Punkt (ee) behandelt.

bb) Insbesondere elektronische Datenverarbeitung

Die Frage der elektronischen Datenverarbeitung und nach dem IPR des Datenschutzes sollte nach denselben Grundsätzen behandelt werden wie die anderen Bereiche des Persönlichkeitsschutzes. Das BDSG enthält in § 1 Abs. 5 zwar nunmehr eine eigene Kollisionsregel, sie betrifft aber nur das Verhältnis der Umsetzungen der EG-Datenschutzrichtlinie von 1995. Es bleiben also noch Fragen offen.[45] Die Tatsache, dass der Datenschutz teilweise konkret durch Gesetze und insbesondere in Deutschland durch das BDSG geregelt ist, ändert nichts daran, dass es sich um eine Frage des Deliktsrechtes handelt.[46] Es mag zur Verwirrung beitragen, dass es in weiten Bereichen der materiellen Diskussion um den Schutz gegenüber staatlichen Stellen geht, der Schutz im privatrechtlichen Verkehr hingegen nur zweitrangig ist. Der öffentlichrechtliche Bereich, welcher völlig anderen Anknüpfungskriterien unterliegt, ist aber hier ausgeschlossen.[47] Der Schutz gegenüber Privaten verdient in kollisionsrechtlicher Sicht keine Sonderbehandlung,[48] er gehört zu dem Schutz der Privatsphäre. Die Tatortregel ist anzuwenden, wobei lediglich bei der Bestimmung von Handlungs- und

---

44 So auch *OLG Oldenburg* v. 14.11.1988, NJW 1989, 400 (Aufnahme im Ausland, Veröffentlichung in Deutschland); auch *OLG München* v. 17.9.1986, RIW 1988, 647 (Interview als bloße Vorbereitungshandlung; zur Zuständigkeit); für „Druck, Transport, Vertrieb" bei Presse und „Senderaum" bei Rundfunk als Handlungsorte aber: *Kegel/Schurig*, IPR, S. 631 (soweit dort schuldhaftes Handeln).

45 Z.B. im außereuropäischen Kontext oder wenn der Datenschutz nicht auf das Richtlinienrecht gestützt wird.

46 Bezeichnend ist, dass nach deutschem Recht daneben das APR greift und auch in Fällen, in denen es materiell um den Schutz persönlicher Daten (Adresse, Name) geht, oft gar nicht der Begriff des Datenschutzes, sondern nur die Privatsphäre oder das Persönlichkeitsrecht genannt wird.

47 S. auch *Koch*, RDV 1991, 110 und *Rigaux*, Rev. crit. d.i.p. 1980, 476 f. Dies übersieht *Ellger*, Persönlichkeitsschutz, S. 596 ff, 622 ff.; auch *Bergmann*, Grenzüberschreitender Datenschutz, S. 236 ff., 246, der auf den grundrechtlichen Aspekt abstellt, welcher aber nicht stärker ist als bei den anderen Verletzungen der Privatsphäre; indiskutabel ist daher auch die Ansicht von *Hondius*, NILR 1983, 120, es gelte stets die *lex fori*, selbst wenn dies in der Praxis meist der Fall sein wird; falsch auch *Hahn*, Datenschutzrecht und grenzüberschreitender Datenverkehr, S. 203, der einen möglichst weiten Anwendungsbereich verlangt; dies widerspricht der Gleichwertigkeit der Zivilrechte und der Allseitigkeit von Anknüpfungen.

48 Es ist also auch nicht generell ein Frage des *ordre public*, wie *Hondius*, NILR 1983, 120, meint.

Erfolgsort Besonderheiten auftreten können.[49]

Sehr schwierig ist die Frage des Handlungsortes einer Datenverarbeitung zu beantworten, denn die Daten sind nicht körperlich verfestigt. Sie befinden sich meist irgendwo in Computersystemen und können an jedem möglichen Ort geladen und bearbeitet werden. Eine möglicher Handlungsort ist jeder Ort, an dem „ein Computer steht", an welchem die Daten bearbeitet wurden.[50] Dieser Ort ist aber zu willkürlich und zufällig gewählt.[51] Daten werden an sehr vielen Orten, von sehr vielen Personen bearbeitet, so dass eine derartige Bestimmung des Handlungsortes zu einer Vielzahl von Orten führt.[52] Damit würde man aber dem einheitlichen Charakter der unerlaubten Handlung nicht gerecht. Die Verletzung der Privatsphäre durch Datenverarbeitung sollte nicht aufgespalten werden, sondern ist, wie im materiellen Recht, als ein Delikt zu betrachten. Oft wäre es auch unmöglich, herauszufinden, an welchem konkreten Computer die Datenverarbeitung stattgefunden hat.[53]

Demnach ist es nicht angemessen, jeden Computerstandpunkt als Handlungsort anzusehen. Vielmehr ist ein zentraler Handlungsort zu bestimmen, der als beklagtennah zu definieren ist.[54] Zwar werden eventuell verschiedene Mitarbeiter die tatsächlichen Handlungen vornehmen, es geht aber in der Regel um die Haftung des Unternehmens. Wird die Datenverarbeitung in dem Computernetzwerk eines Unternehmens vorgenommen, so eignet sich daher als Anknüpfungspunkt für die Handlung am besten die Zentrale des Unternehmens, also sein Sitz. Die Bestimmung des Wohnsitzes des Klägers als Handlungsort ist abzulehnen, da der Handlungsort beklagtennah sein muss.

Diese Bestimmung entspräche auch in einem gewissen Maße dem Ziel, die Gefahr sogenannter „data havens", also die Verlegung der einzelnen Computer-

---

49 Insbesondere ist es daher falsch, wie *Ellger*, Persönlichkeitsschutz, S. 596 ff., 622 ff., zwischen der Anknüpfung des deutschen Rechtes und der ausländischen Rechte zu differenzieren. Es geht eben nicht um die Anwendung öffentlichen Rechts.

50 So *Bergmann*, Grenzüberschreitender Datenschutz, S. 244 ff.; auch *Sonnenberger*, FS Hendrich, S. 584.

51 Man bedenke, dass sich zum Beispiel ein Mitarbeiter mit seinem mobilen Computer bloß vorübergehend im Ausland befinden könnte und dennoch mit dem Netzwerk seines Unternehmens in Kontakt stehen kann.

52 *Wochner*, Persönlichkeitsschutz, S. 311; so will *Koch*, RDV 1991, 108 f., auf die Deliktshaftung alternativ das Recht jedes Ortes anwenden, „an den die Daten gelangen können". Die von ihm vorgenommene Trennung zwischen der Anknüpfung der Deliktshaftung und des Datenschutzes (S. 109 f.) scheint aber nicht zweckmäßig und undurchführbar. Sie führt zu der Anwendung von Mischrechten.

53 So auch *Staudinger/von Hoffmann*, Art. 40, Rn. 69; *Ellger*, Persönlichkeitsschutz, S. 589 f.; *Koch*, RDV 1991, 110; *Wochner*, Persönlichkeitsschutz, S. 311.

54 Ähnlich *Staudinger/von Hoffmann*, Art. 40, Rn. 69.

standorte in insoweit beklagtenfreundliche Rechtsordnungen, zu vermeiden.[55]

cc) Insbesondere Internet

Das Problem der fehlenden körperlichen Fixierung verschärft sich noch, wenn man das Internet betrachtet. Internet-Seiten werden in der Regel der ganzen Welt angeboten. Es muss daher damit gerechnet werden (und das ist in der Regel auch beabsichtigt), dass Äußerungen oder Bilder in der ganzen Welt wahrgenommen werden. Man könnte deshalb daran denken, den Handlungsort überall dort festzulegen, wo die Seite abgerufen wird.

Richtig ist aber, eine Parallele zum Brief[56] zu ziehen: Der „Absendeort" ist als Handlungsort anzusehen. Die Argumente für den Absendeort und gegen die Empfangsorte sind hier sogar noch stärker als beim Brief. Es ist realitätsfern, zu behaupten, der Internetseiten-Inhaber „verschicke" seine Seite in die ganze Welt. Er bietet sie lediglich an, und sie wird „abgerufen", also durch eine Handlung Dritter, nicht durch eine weitere eigene Handlung des Inhabers, weiterverbreitet und letztlich zur Kenntnis genommen.[57] Die Einheitlichkeit des Geschehens, die auf einen einzigen Handlungsort deutet, ergibt sich auch daraus, dass eine Veröffentlichung im Internet kaum auf bestimmte Länder beschränkt werden kann.[58]

Demnach sollte man den Ursprungsort der Internetseite, den Wohnsitz beziehungsweise gewöhnlichen Aufenthalt des Inhabers als zentralen Handlungsort ansehen.[59] Dieser ist gegenüber dem Einspeisungsort aufgrund der jenem inne-

---

55 Nach *Staudinger/von Hoffmann*, Art. 40, Rn. 69, soll die alternative Anknüpfung an den Erfolgsort dieses Ziel erreichen. Hierfür genügt aber auch schon die alleinige Anwendung des Erfolgsortsrechtes. *Koch*, RDV 1991, 110 und *Wochner*, Persönlichkeitsschutz, S. 319, meinen hingegen, dass die Anknüpfung an den Sitz Manipulation fördere. Diese Gefahr verwirklicht sich aber nicht, wenn man auf den faktischen Sitz der Verhaltenszentrale schaut. Wird dieser tatsächlich „verlegt", so kann man nicht mehr von Manipulation, sondern von einem legitimen „Ausnutzen" des IPR sprechen.

56 Dazu gleich unter Gliederungspunkt (ee), S. 230 f.

57 Falsch daher *Kuner*, Computer und Recht 1996, 455, der als Handlungsort den Abrufsort ansieht, allerdings bezogen auf wettbewerbswidrige Werbung und die Zuständigkeit; dagegen auch *Bachmann*, IPRax 1998, 184 (zur Zuständigkeit).

58 Vgl. Neue Zürcher Zeitung v. 27.1.1996, S. 20 (Mitterrand-Buch als Raubkopie im Internet).

59 Vgl. auch *Staudinger/von Hoffmann*, Art. 40, Rn. 58 (Ort der Einspeisung, Absendeort); ebenso *von Hinden*, Persönlichkeitsrechtsverletzungen im Internet, S. 68 f. (bei juristischen Personen Sitz); ähnlich *Kristin*, Deliktsstatut, S. 128 ff. (Einspeisung); für Sitzort: *Lütcke*, Persönlichkeitsrechtsverletzungen im Internet, S. 128 f.; *Mankowski*, RabelsZ 63 (1999), 257 f. (Einspeisungsort, daneben aber auch Ort der Entwicklung des Inhaltes, S. 262); *Neu*, Persönlichkeitsrechtsverletzungen im Internet, S. 39 (Absendeort); *Gautier*, D. 1996, chr.

wohnenden Manipulierungsgefahr vorzuziehen.[60] Der Einspeisungsort ist zudem eher von dem Standort der technischen Einrichtungen abhängig. Bei juristischen Personen ist es der tatsächliche Sitz, der Hauptgeschäftssitz. Bei Weiterverbreitungen der Nachricht oder Äußerung, also zum Beispiel den sogenannten Bulletin Boards, kommt es auf den Sitz der weiterverbreitenden Person an, allerdings nur, wenn es um deren Haftung geht.[61] Dies ist der Ort, an dem die Verbreitung gesteuert und die Kontrolle über die Kommunikation ausgeübt wird.[62] Irrelevant sollte deshalb auch der Standort der technischen Einrichtungen sein, ebenso wie eventuelle Länder, die ein Datenfluss auf dem Übermittlungsweg über das Internet tangiert.[63] Die Ansicht, auch der Ort der Entwicklung des Inhaltes sei Handlungsort,[64] ist abzulehnen. Dies ist ein bloßer Vorbereitungsort, das Handeln tritt noch nicht nach außen.[65]

Geht es nicht um die Haftung des ursprünglichen Verfassers, sondern um die Haftung für das Verändern von Seiten oder Einfügen von Äußerungen durch Dritte oder die Haftung der Service-Provider oder Netzbetreibe, die die technischen Mittel für Verfügung stellen und fremde Äußerungen weiterverbreiten, so sollte in Bezug auf diese dasselbe gelten. Deren Wohnsitz oder Geschäftssitz ist als ihr Handlungsort anzusehen.[66] Denn dort liegt ihre Verhaltenszentrale.

Hinsichtlich E-Mail können die Aussagen zum Brief[67] direkt angewendet

---

132, für Urheberrechtsverletzungen über das Internet; auch *Stäheli*, Kollisionsrecht auf dem Information Highway, S. 608; für den Standort seines Computers: *Bachmann*, IPRax 1998, 182 (zur Zuständigkeit). Diese letztgenannte Ansicht fordert aber Manipulationen heraus, s. z.B. Neue Zürcher Zeitung v. 27.1.1996, S. 20: Mitterrand-Buch als Raubkopie im Internet: Verschiebung auf einen Server im Ausland wird angekündigt. Gegen Sitzrecht *Sonnenberger*, FS Henrich, S. 584, der aber keinen eigenen Vorschlag macht.

60 Anders aber einige Stimmen in der Lit., s. vorige Fn. Praktisch wird sich hieraus kaum ein Unterschied ergeben.

61 So auch *Staudinger/von Hoffmann*, Art. 40, Rn. 58; *von Hinden*, Persönlichkeitsrechtsverletzungen im Internet, S. 202 f.; *Kristin*, Deliktsstatut, S. 135 f.; gleiches muss für die Haftung von Anbietern gelten, die den Zugang zum Internet ermöglichen.

62 So auch *Staudinger/von Hoffmann*, Art. 40, Rn. 58 und *Spindler*, ZUM 1996, 560, die zu den wenigen gehören, die überhaupt das IPR-Problem im Internet ansprechen.

63 *Mankowski*, RabelsZ 63 (1999), 257, 267; *von Hinden*, Persönlichkeitsrechtsverletzungen im Internet, S. 67; *Schwarz*, in: Rechtsprobleme grenzüberschreitender Datenflüsse, S. 33 (zum Urheberrecht); *Bachmann*, IPRax 1998, 183 f. (zur Zuständigkeit). Denn diese Zwischenspeicherungen sind zufällig und nicht durch den Handlenden steuerbar.

64 So *Mankowski*, RabelsZ 63 (1999), 262.

65 So auch *von Hinden*, Persönlichkeitsrechtsverletzungen im Internet, S. 71 ff.

66 Hierbei können sich freilich praktische Probleme ergeben, wenn die Texte nicht mehr einfach zuzuordnen sind. Doch dies ist eine Frage des materiellen Rechts und seiner Anwendung bzw. Durchsetzung.

67 Dazu gleich unter Gliederungspunkt (ee), S. 230 f.

werden. Handlungsort ist demnach als Absendeort in der Regel die „Heimat", der Wohnsitz des Verschickers.

dd) „Gebrauch" von Persönlichkeitsgütern

Der Handlungsort bei der wirtschaftlichen Verwertung von Persönlichkeitsgütern und Persönlichkeitsattributen sollte separat behandelt werden. Die Handlung, die diese Art von Verletzungen hervorruft, kann als Gebrauch (beziehungsweise „Missbrauch") von Persönlichkeitsgütern bezeichnet werden. Unabhängig davon, in welcher Form dieser Gebrauch stattfindet, sollte der Gebrauchsort als Handlungsort angesehen werden.

Allerdings wird dies oft dazu führen, dass man grundsätzlich mehrere Handlungsorte feststellen kann. Und eigentlich sollte als Handlungsort möglichst nur ein Ort, die Verhaltenszentrale, von der aus die Verletzung gesteuert wird, angesehen werden. Auf diese Ansicht kann man jedoch nur insoweit bestehen, als tatsächlich ein Ort als Verhaltenszentrale angesehen und die anderen Orte, an denen „gehandelt" wurde, als untergeordnet oder Vorbereitungsorte angesehen werden können. Hingegen kann man bei den Gebrauchsorten nicht von qualitativ verschiedenen Handlungen sprechen. Die einzelnen Gebrauchsorte unterscheiden sich höchstens quantitativ, nämlich im Hinblick auf das Ausmaß des auf dem Spiel stehenden kommerziellen Interesses.

Daher ist es grundsätzlich nicht gerechtfertigt, sich auf einen Handlungsort zu beschränken, wenn an vielen Orten ein „Gebrauch" vorliegt. Jeder Gebrauchsort ist ein Handlungsort. Dann liegen zum Beispiel bei der missbräuchlichen Verwendung von Abbildungen zu Werbezwecken in verschiedenen Ländern mehrere Handlungsorte vor.

ee) Sonstige Handlungen

Persönlichkeitsrechtsverletzungen, insbesondere Verletzungen des Rechts am Bild, der Privatsphäre und der Ehre, können auch durch andere tatsächliche Handlungen begangen werden. Solche Handlungen sind das Fotografieren, das Eindringen in den Privatbereich einer Person oder das Versenden eines Briefes. Auch in diesen Fällen kann sich ein Auslandsbezug wegen personenbezogener Kriterien (gewöhnlicher / tatsächlicher Aufenthalt, Staatsangehörigkeit) oder einer Versendung in ein anderes Land ergeben.

Hier ist unproblematisch der tatsächliche Handlungsort als kollisionsrechtlich relevanter Handlungsort anzusehen. Probleme ergeben sich bloß bei den Briefdelikten. Bei diesen könnte man sowohl Absende- als auch Zielort als Handlungsort auffassen.[68] Von dem Gesichtspunkt der Zurechenbarkeit aus könnte man auch den Empfangsort wählen.[69] Vorzugswürdig ist es, den Absendeort als Handlungsort zu bestimmen. Dort bringt der Handelnde die Äußerung in den Verkehr, eine wirkliche Handlung am Empfangsort zu sehen, wäre bloß das Ergebnis einer Konstruktion. Die Abgrenzung zum Erfolgsort würde verwischt.[70]

Wie oben bereits erwähnt, sind diese Handlungsorte bei tatsächlichen Eingriffen als bloße Vorbereitungsorte irrelevant, wenn es bloß um die Haftung wegen der späteren Veröffentlichung, zum Beispiel von Fotos oder privaten Fakten geht. Doch schon durch das Fotografieren oder Eindringen kann unter Umständen eine unerlaubte Handlung begangen werden.

3. Bestimmung des Erfolgsortes

a) Allgemeines zum Erfolgsort

Schwieriger und umstrittener als die Bestimmung des Handlungsortes ist die Festlegung des Erfolgsortes von Persönlichkeitsrechtsverletzungen. Der Erfolgsort ist nach allgemeiner Ansicht der Ort der Rechtsgutsverletzung, der Ort, an dem das geschützte Interesse beeinträchtigt wird.[71] Unbeachtlich ist, wo die Schadensfolgen endgültig eintreten, also zum Beispiel, wo sich ein weiterer Vermögensschaden realisiert.[72] Die Bestimmung ist deshalb schwierig, weil die Rechtsgüter von Persönlichkeitsverletzungen keine Körperlichkeit besitzen und daher die räumliche Fixierung problematisch ist.

---

68 Für Absendeort: *Staudinger/von Hoffmann*, Art. 40, Rn. 58; *Neuhaus*, Grundbegriffe, S. 241; *Wagner*, IPR bei Persönlichkeitsrechtsverletzungen, S. 76; *Soergel-Lüderitz*, Art. 38, Rn. 5; offengelassen von *dems.*, NJW 1962, 2143; *Beitzke*, JuS 1966, 140; *RG* v. 20.11.1888, RGZ 23, 305 f.; *RG* v. 22.12.1902, JW 1903, 63; *BGH* v. 2.10.1956, BGHZ 22, 1, 18 (zum Wettbewerbsrecht; ohne Diskussion von Handlungs- und Erfolgsort); *Kegel/Schurig*, IPR, S. 631; *Kegel* nennt aber auch den Ort des Schreibens; wie dieser: *Kropholler*, IPR, S. 495 und *Soergel-Lüderitz*, Art. 38, Rn. 5 und *RG* v. 20.11.1888, RGZ 23, 305 f.; für Empfangsort: *Wolff*, IPR, S. 164; *C. v. Bar*, IPR II, Rn. 662, Fn. 79.

69 Die Zurechenbarkeit ist zwar Voraussetzung, ihr Vorliegen bestimmt aber nicht zwingend die Anknüpfung, denn i.d.R. sind mehrere Rechte zurechenbar.

70 Gleiches sollte auch für den (eher akademischen) Fall einer mündlichen Äußerung gelten, die eine Landesgrenze überschreitet. Wichtiger ist hier die Frage des Erfolgsortes, denn bei einer klägerbezogenen Bestimmung könnte auch bei mündlichen Äußerungen ein internationaler Sachverhalt gegeben sein.

71 Vgl. z. B. *Soergel-Lüderitz*, Art. 38, Rn. 11; *von Hoffmann*, IPR, § 11, Rn. 30 m. Nw. aus der Rspr.; *Hohloch*, Deliktsstatut, S. 111; generell gegen die Möglichkeit eines Erfolgsortes bei Persönlichkeitsrechtsverletzungen aber *Schack*, UFITA 108 (1988), S. 64.

72 *von Hoffmann*, IPR, § 11, Rn. 30 m. Nw. aus der Rspr.; *BGH* v. 24.9.1986, BGHZ 98, 263, 275 (Eigentumsverletzung).

b) Mögliche Erfolgsorte

Es werden eine Vielzahl von Meinungen hinsichtlich des Erfolgsortes von Persönlichkeitsrechtsverletzungen vertreten. In der Regel wird nicht nach verschiedenen Arten von Persönlichkeitsrechtsverletzungen differenziert. Teilweise wird auf den Verbreitungsort von Zeitschriften oder Sendungen abgestellt.[73] Bei Briefdelikten soll der Empfangsort Erfolgsort sein.[74] Nach anderer Ansicht ist wegen des Persönlichkeitsbezugs auf den Wohnsitz beziehungsweise den gewöhnlichen Aufenthalt oder Lebensmittelpunkt des Betroffenen abzustellen.[75] Soweit ersichtlich, wird die Anknüpfung an das Heimatrecht des Betroffenen nicht mehr vertreten.[76] Bei Eingriffen in die Privatsphäre wird teilweise auf den tatsächlichen Aufenthaltsort abgestellt.[77]

C. von Bar spricht sich generell gegen eine Festlegung eines vom Handlungsort selbständigen Erfolgsortes aus.[78] Das Persönlichkeit habe keine „Belegenheit“ und wirke in der ganzen Welt. *von Bar* sieht jedoch die Orte, die hier und auch nach der überwiegenden Meinung als Erfolgsorte angesehen werden, als Handlungsorte an. Nach der hier vertretenen Ansicht ist durch eine exakte Bestimmung des bzw. der rechtlich geschützten Interessen auch die Festlegung eines Erfolgsortes (unter Umständen mehrerer Erfolgsorte) möglich. Dass nicht, entsprechend der „universalen Geltung der Persönlichkeit“, überall auf der Welt eine Verletzung bejaht werden müsste, ergibt sich indirekt schon daraus, dass eine Handlung (Veröffentlichung) kaum überall Wirkungen hervorrufen wird.

---

73 *Kropholler*, IPR, S. 514 (beschränkt auf vorhersehbare Verbreitungsorte); *Looschelders*, ZvglRWiss 1996, 77 f (für Verletzungen des „Anerkenntnisverhältnisses“ zur Umwelt); *Wagner*, IPR bei Persönlichkeitsrechtsverletzungen, S. 78; *Riegl*, Streudelikte, S. 44; *BGH* v. 19.12.1995, IPRspr. 1995, Nr. 39, S. 70; auch *OLG München* v. 17.9.1986, RIW 1988, 647 (zu Art. 5 Nr. 3 EuGVÜ); *Stoll*, GS Lüderitz, S. 744.

74 Z. B. *Beitzke*, Rec. des Cours 1965 II, S. 90; *Neuhaus*, Grundbegriffe, S. 242; *Wagner*, IPR bei Persönlichkeitsrechtsverletzungen, S. 75 f (als Ort der Wahrnehmung).

75 So *Staudinger/von Hoffmann*, Art. 40, Rn. 61; *Heldrich*, Vorschläge und Gutachten, S. 375 (als Schwerpunkt der sozialen Beziehungen); *Hohloch*, ZUM 1986, 178 f.; *Schwiegel-Klein*, Persönlichkeitsrechtsverletzungen, S. 82, 124 f.; *Birk*, Schadensersatz und sonstige Restitutionsformen im IPR, S. 223; *Neu*, Persönlichkeitsrechtsverletzungen im Internet, S. 110 (im Regelfall); vgl. auch *OGH* v. 19.3.197, JBl 1976, 102 (Hauptwirkungskreis, österreichischer Kläger, Schweizer Zeitung); im Rahmen des § 32 ZPO abgelehnt von *BGH* v. 3.5.1977, NJW 1977, 1590; aus der Rechtsvergleichung *Strömholm*, Torts in the Conflict of Laws, S. 136.

76 So noch *Lüderitz*, NJW 1962, 2144 (zum Namensrecht), der von dieser Meinung aber Abstand nahm, z. B. *Soergel-Lüderitz*, Art. 38, Rn. 22.

77 *Looschelders*, ZvglRWiss 1996, 77, wobei allerdings nicht ganz klar ist, ob dies auch Beeinträchtigungen durch Veröffentlichungen erfassen soll.

c) Eigener Vorschlag

In Abgrenzung zu dem Handlungsort ist davon auszugehen, dass der Erfolgsort tendenziell nicht dem Beklagten, sondern dem Kläger näher steht. Diese Aussage muss jedoch insoweit präzisiert werden, als es nicht unbedingt auf die Person des Klägers, sondern auf ihr Rechtsgut ankommt, welches verletzt wurde.[79] Der Erfolgsort ist ja der Ort der Rechtsgutsverletzung. Bei den nichtkörperlichen Rechtsgütern ist deshalb eine Lokalisation möglich, die nicht auf den tatsächlichen Aufenthaltsort des Betroffenen abstellt, sondern zum Beispiel einen Schwerpunkt ermittelt. Bei dem Erfolgsort muss im folgenden, entsprechend der aus dem materiell rechtsvergleichenden Teil abgeleiteten Gruppierungen, nach den jeweiligen Schutzgütern differenziert werden.

aa) Erörterung der Schutzgüter

In dem materiell rechtsvergleichenden Teil, wurden die Gruppen von Schutzgütern eingehend behandelt, welche unter den Begriff des Persönlichkeitsschutzes fallen. Es hat sich gezeigt, dass trotz des Begriffes des Persönlichkeitsrechts keine einheitliche, sondern drei Schutzrichtungen festzustellen sind.

Es handelt sich erstens um den Schutz der Ehre im weitesten Sinne, zweitens um den Schutz der Privatsphäre und drittens um den Schutz der kommerziellen Verwertung von Persönlichkeitsgütern.

Nach diesen drei Kategorien wird im folgenden differenzierend erörtert, an welchem Ort dieses Rechts- oder Schutzgut verletzt und beeinträchtigt wird.

bb) Ort der Verletzung

aaa) Ehre im weiten Sinne

Verletzungen der Ehre im oben definierten Sinn erfolgen stets durch die Verbreitung von Äußerungen über eine Person. Das Rechtsgut der Ehre betrifft die Einschätzungen in der Gesellschaft über eine Person. Es geht also um ihre Stellung in der Öffentlichkeit. Die Beziehung einer Person zu den anderen Menschen wird dort beeinträchtigt, wo Veröffentlichungen oder Verbreitungen über sie wahrgenommen werden.[80] Dabei kann es auch grundsätzlich nicht darauf ankommen, in welchem Umfang das Medium in einem Land wahrgenommen

---

78 IPR II, Rn. 662 ff. und Waseda FS, S. 588 f.; ebenso *Schack*, UFITA 108 (1988), S. 62 ff.

79 Im „Normalfall" fallen diese Punkte zusammen, z. B. Körperverletzung.

80 So u. a. auch *Staudinger/von Hoffmann*, Art. 40, Rn. 59; *Looschelders*, ZvglRWiss 1996, 77 f.; *Hillgenberg*, NJW 1963, 2200; *Beitzke*, JuS 1966, 142.

wird.[81] Wie erheblich die Verletzung der Ehre ist, ist eine Frage des materiellen Rechts, und ändert grundsätzlich nichts an dem Vorliegen einer Beeinträchtigung.

Demnach ist jeder Verbreitungsort grundsätzlich als Erfolgsort anzusehen. Damit ergibt sich das Problem, dass sehr häufig, z.B. im Rahmen von Pressedelikten mehrere Erfolgsorte festzustellen sind. Wie in diesem Fall vorzugehen ist, wird unten behandelt.[82]

Auch bei anderen Arten der Äußerung als der über Fernsehen und Presse, zum Beispiel über das Internet[83] oder brieflich[84], ist jeweils der Ort der Kenntnisnahme als Erfolgsort anzusehen, da das Ansehen der Person dort beeinträchtigt werden kann.

Dem kann nicht entgegengehalten werden, dass diese Orte nicht vorhersehbar und dem Beklagten zurechenbar seien. Erstens ist überhaupt fraglich, ob diese Kriterien bei der Bestimmung des Erfolgsortes berücksichtigt werden müssen, denn im Hinblick auf das Interesse des Beklagten wurde ja das Recht des Handlungsortes bestimmt. Dieses kann im Verhältnis zu dem Kläger genauso wenig, unter Umständen sogar gar keine Beziehungen aufweisen, wie mögliche Erfolgsorte im Verhältnis zu dem Beklagten.[85] Davon abgesehen ist der Verbreitungsort für den Beklagten vorhersehbar, da er die Äußerung wissentlich in den Verkehr gebracht hat und eine weite Verbreitung gerade gewollt ist. Auch der

---

81 So aber *Looschelders*, ZvglRWiss 1996, 78 („regelmäßig und in nennenswertem Umfang"); *C. v. Bar*, Waseda FS, S. 591; *ders.*, IPR II, Rn. 662; das sachgerechte Ziel dieser Ansichten, im Hinblick auf die Vorhersehbarkeit für den Beklagten und dessen Interessen und Rechte (insbesondere die Pressefreiheit) eine Reduzierung auf weniger anwendbare Rechte zu erreichen, wird nach der hier vertretenen Ansicht auf anderem Wege auch erreicht.

82 Unten, S. 241 ff. Der Vorschlag von *Kristin*, Deliktsstatut, S. 142, es sei an den bestimmungsgemäßen Verbreitungsort anzuknüpfen, hilft nicht weiter, da es sich hierbei nicht immer um nur ein Land handelt.

83 *Mankowski*, RabelsZ 63 (1999), 269 (Abrufbarkeit); *Bachmann*, IPRax 1998, 184 ff. (Ort der Abrufbarkeit); *von Hinden*, Persönlichkeitsrechtsverletzungen im Internet, S. 88 (Verbreitungsorte); ebenso *Lütcke*, Persönlichkeitsrechtsverletzungen im Internet, S. 129, 138 und *Löffler*, Mediendelikte, S. 129 ff.; s. auch *LG München I* v. 21.9.1999, RIW 2000, 466 f.: Ort, an dem die Internetseite abgerufen werden kann, als Erfolgsort (hier Markenrecht); *Stäheli*, Kollisionsrecht auf dem Information Highway, S. 609; *Page*, in: Information Highway, S. 418; so auch *Spindler*, ZUM 1996, 557 ff., der im Endeffekt eine Mosaikbetrachtung vertritt; für die Geltung des weltweit strengsten Rechts wegen des Günstigkeitsprinzips aber *Bachmann*, Internet und IPR, S. 181 (ohne Diskussion); s. auch (zur Zuständigkeit): *KG Berlin* v. 25.3.1997, NJW 1997, 3321.

84 Vgl. nur *RG* v. 20.11.1888, RGZ 23, 305 f.; a. A. zum beleidigenden Brief: *W. Lorenz*, Vorschläge und Gutachten, S. 104, der Ort der Kenntnisnahme sei irrelevant.

85 Auch ist die Frage der Vorhersehbarkeit eigentlich ein Problem des materiellen Rechts und

Betreiber einer Internet-Seite und jeder, der im Bereich des Internet handelt, weiß, dass die Äußerungen in der ganzen Welt empfangen werden können und will sie in der Regel so weit wie möglich verbreiten. Das Fehlen der Zurechenbarkeit kann deshalb der in dieser Arbeit vertretenen Bestimmung des Erfolgsortes nicht entgegen gehalten werden.[86] Der Streit, ob ein Vorhersehbarkeitserfordernis für die Anwendbarkeit des Erfolgsortsrechts aufzustellen ist,[87] ist daher praktisch nicht von Bedeutung. Dass potentiell in jedem Land ein Erfolg eintreten kann, ist charakteristisch für das Internet und bedeutet lediglich einen graduellen, jedoch nicht qualitativen Unterschied im Vergleich zu anderen Medien.[88]

bbb) Privatsphäre im weiten Sinne

Bei Verletzungen der Privatsphäre muss zwischen verschiedenen Arten differenziert werden. Es kommen Eingriffe durch tatsächliche Handlungen und Eingriffe durch Veröffentlichungen in Betracht. Ferner ist zu fragen, welche Regel für Datenverarbeitungen gelten soll.

(i) Verletzungen durch Veröffentlichungen

Die Privatsphäre ist der Raum, in den sich eine Person aus der Gesellschaft zurückzieht. Es ist der Bereich, in dem sie sich von der Öffentlichkeit abgrenzt und in dem sie alleine sein will. Zu fragen ist also, an welchem Ort man von einem Eingriff in diesen Raum sprechen kann. Richtigerweise muss dies der Lebensmittelpunkt, also der gewöhnliche Aufenthalt einer Person sein: Dort findet ihr Privatleben statt, definiert die Person ihr Verhältnis zur Öffentlichkeit. Das Privatleben kann nicht in dem Sinne von der Person abgetrennt werden, dass man an jedem Veröffentlichungsort eine Verletzung annehmen könnte. Denn die Privatsphäre ist, anders als das Rechtsgut der Ehre, gerade nicht öffentlichkeitsbezogen, besteht nicht in dem Auftreten und der Darstellung in der Gesellschaft. Vielmehr ist die Privatsphäre untrennbar mit der Person verbunden, und ein Verletzungsort sollte deshalb auch streng personenbezogen

---

nicht das zentrale Anknüpfungskriterium; vgl. dazu auch *Riegl*, Streudelikte, S. 178 f.

86 S. auch *Bachmann*, IPRax 1998, 184 (zur Zuständigkeit); *Page*, in: Information Highway, S. 417 f.

87 s. *von Hinden*, Persönlichkeitsrechtsverletzungen im Internet, S. 94 ff., der dafür ist; ebenfalls *Kropholler*, IPR, S. 514.

88 Es ist auch nicht deshalb anders zu beurteilen, weil die Kenntnisnahme erst durch die Handlung (das Abrufen) Dritter erfolgt. Auch bei den herkömmlichen Medien muss der Dritte mitwirken, entweder den Fernseher anschalten oder eine Zeitung kaufen. S. auch *Bachmann*, IPRax 1998, 184 zur Vergleichbarkeit.

definiert werden.

Bei Verletzungen durch Veröffentlichungen ist demnach der Wohnsitz oder gewöhnliche Aufenthalt im Sinne des Lebensmittelpunktes der Erfolgsort.[89] Dies sollte auch dann gelten, wenn sich die veröffentlichten Fakten oder die gezeigten Bilder gar nicht an dem Wohnsitz abgespielt haben. Die Privatsphäre als Rechtsgut ändert sich nicht, wenn die Person den Aufenthaltsort wechselt. Es sollte das Zentrum der Lebensführung entscheidend sein. Dafür spricht der unlösbare Bezug zu der Person. Es ist sowohl im Hinblick auf den Kläger als auch auf den Beklagten nicht sinnvoll, einen anderen Ort zu wählen. Für den veröffentlichenden Beklagten handelte es sich bloß um einen vorbereitenden Akt. Die eigentliche Verletzungshandlung erfolgt erst durch die Veröffentlichung, und diesem Schwerpunkt der Verletzung würde eine Anknüpfung an den tatsächlichen Eingriffsort nicht gerecht.[90]

Anders zu beurteilen ist die Situation möglicherweise, wenn sich das Delikt auf das tatsächliche Eindringen oder Fotografieren beschränkt. Dieser Fall wird im Anschluss unter (ii) erörtert.

Auch bei Verletzungen der Privatsphäre mittels des Internets ist der Erfolgsort am Lebensmittelpunkt des Betroffenen zu lokalisieren. Dieser Fall ist nicht von Veröffentlichungen zum Beispiel in Zeitungen zu unterscheiden.[91]

Es ergeben sich bei einem so festgelegten Erfolgsort wiederum keine Bedenken hinsichtlich der Zurechenbarkeit für den Beklagten. Es ist für ein Presseunternehmen und andere Beklagte durchaus vorhersehbar, dass bei der Berichterstattung über eine ausländische Person ausländisches Recht von Bedeutung sein könnte.

(ii) Tatsächliche Verletzungshandlungen

Es handelt sich bei den tatsächlichen Verletzungshandlungen zum Beispiel um das Fotografieren, das Ausspionieren oder das Eindringen in den Privatbereich.

---

89 Da im Schrifttum nicht in dem hier vertretenen Sinne differenziert wird, finden sich keine Aussagen speziell auf die Privatsphäre bezogen. Allgemein für eine Lokalisation des Erfolgsortes am Wohnsitz z. B. *Staudinger/von Hoffmann*, Art. 40, Rn. 61; *Binder*, RabelsZ 20 (1955), S. 477; *Schwiegel-Klein*, Persönlichkeitsrechtsverletzungen durch Massenmedien, S. 82

90 Durch eine Anknüpfung an den Lebensmittelpunkt erspart man sich die Heranziehung einer Ausweichklausel oder Auflockerung; denn der Ort der tatsächlichen Handlung trifft bei einer Veröffentlichung weder das Interesse des Betroffenen, noch des Beklagten.

91 In seinem Aufsatz, der auch das IPR im Bereich des Internet behandelt, diskutiert *Spindler* Verletzungen der Privatsphäre nicht separat. Er sieht bei Äußerungsdelikten generell die Empfangsorte als Erfolgsorte an, *Spindler*, ZUM 1996, 557 ff.; auch die anderen zum Internet existierenden Aufsätze differenzieren nicht.

Diese Handlungen sind im Regelfall bloß Vorbereitungshandlungen im Hinblick auf eine spätere Veröffentlichung. Unter Umständen können sie jedoch selbst schon ein Delikt darstellen.

Eine Anwendung des Rechts des gewöhnlichen Aufenthaltes des Betroffenen scheint dann nicht mehr angemessen zu sein. Zwar wurde oben festgestellt, dass sich die Privatsphäre an diesem Lebensmittelpunkt zentriert und in der Regel dort verletzt wird. Dieses Prinzip würde jedoch zu weit gedehnt, wendete man es auch hier an: Weder Handelnder noch Betroffener gingen davon aus, dass ein anderes als das Recht des Ortes in Betracht kommen könnte, an dem sich das gesamte Geschehen abgespielt hat.[92] Diese Erwartungshaltung kann man nicht vernachlässigen. Der Betroffene ist unmittelbar berührt, er ist, anders als bei Veröffentlichungen, bei der Verletzung anwesend. Als Erfolgsort sollte man daher den Ort ansehen, an dem sich das tatsächliche Geschehen abgespielt hat.[93] Mit diesem Geschehen hat sich das Delikt bereits „erledigt“. Es handelt sich also nicht um ein Distanzdelikt, sondern ein Platzdelikt, bei dem Handlungs- und Erfolgsort zusammenfallen.

Diese Ansicht führt dazu, dass es nicht mehr möglich ist, derartige Handlungen in einem Land vorzunehmen, in dem sie verboten sind und eine Veröffentlichung unzulässig wäre, mit dem Ziel, sie der Presse in einer weniger strengen Rechtsordnung anzubieten, ohne dass sich der Handelnde einer Schadensersatzpflicht ausgesetzt sähe.[94]

Gerade weil es sich oft nur um Vorbereitungshandlungen handelt, ergibt sich aus dieser Anknüpfung aber die Gefahr eines Wertungswiderspruches, wenn die tatsächliche Handlung anders behandelt wird als das darauffolgende Veröffentlichen. Dies könnte der tatsächlichen Einheit des Geschehens widersprechen. Dem kann entgegengehalten werden, dass es sich oft um verschiedene Beklagte handeln wird, wobei ein Hinweis auf die sogenannten Paparazzi, die ihre Bilder den Zeitungen anbieten und mit der Veröffentlichung direkt nichts zu tun haben, genügen mag. Bei Klagen im Hinblick auf die Veröffentlichung bleibt es dabei,

---

92 S. auch *Looschelders*, ZvglRWiss 95 (1996), S. 76 f.

93 Für Anwendung des Rechtes des Eingriffsortes auch: *Wagner*, IPR bei Persönlichkeitsrechtsverletzungen, S. 62 ff.; *Looschelders*, ZvglRWiss 95 (1996), S. 76 f.; vgl. *LG Frankfurt/Main* v. 22.4.1994, IPRspr. 1994, Nr. 48, S. 101 (Ort der störenden Kontaktaufnahme).

94 Man denke z. B. an das Fotografieren von Mitgliedern des englischen Königshauses in Paris mit der Absicht, diese Fotos nach England zu bringen. Eine Veröffentlichung in Frankreich würde sich dabei oft dem Einwand des Art. 9 C.c. und dessen strenger Anwendung ausgesetzt sehen. Auch die Aufnahme kann nach französischem Recht schon rechtswidrig sein. Nach englischem Recht hingegen wäre der Schutz der Privatsphäre unsicher.

dass die vorausgegangenen Handlungen nur als vorbereitend und kollisionsrechtlich irrelevant angesehen werden. Zudem ist nicht in jedem Fall die Absicht einer Veröffentlichung gegeben. Auch zu anderen, zum Beispiel privaten Zwecken können tatsächliche Eingriffe an einem anderen als dem gewöhnlichen Aufenthaltsort vorgenommen werden. Schließlich wird der Eingriffsort normalerweise mit dem Lebensmittelpunkt des Betroffenen zusammenfallen, denn dort verbringt jeder definitionsgemäß die meiste Zeit seines Privatlebens.[95]

(iii) Datenverarbeitung

Es bleibt noch zu erörtern, wie der Sonderfall der Verletzung der Privatsphäre durch die Verarbeitung privater Daten zu behandeln ist. Auch hier sollte man den gewöhnlichen Aufenthaltsort des Betroffenen als Erfolgsort ansehen.[96] Wie oben in dem materiellen Teil hervorgehoben, ist Rechtsgut des Datenschutzes die Privatsphäre. Zwar wird im Falle des Datenschutzes selten tatsächlich in die räumliche Privatsphäre an diesem Ort eingegriffen. Trotzdem ist der Kläger letztendlich an diesem Ort betroffen, denn dort liegt das Zentrum seiner Lebensführung. Das Rechtsgut der Privatsphäre als am Ort der tatsächlichen Datenverarbeitung (wo auch immer dieser liegen mag) belegen anzusehen, wird dem mit der Person unlösbaren Charakter nicht gerecht. Die Privatsphäre bleibt bei der Person, unabhängig davon, wo verletzende Handlungen vorgenommen werden.[97]

Für diese Ansicht spricht auch die Abgrenzung von Handlungs- und Erfolgsort, welche auf eine klägerbezogene Bestimmung des Erfolgsortes hindeutet.

Letztendlich ist es dem Beklagten auch zumutbar und für ihn vorhersehbar, dass er sich auf das Recht der ausländischen Personen einstellen muss, deren Daten er speichert und bearbeitet.

ccc) Wirtschaftliches Interesse

Die Anknüpfung der letzten Kategorie der Persönlichkeitsrechtsverletzungen ist, soweit ersichtlich, in Literatur und Rechtsprechung noch nicht (separat) erörtert

---

95 Z. B. *LG Frankfurt/Main* v. 22.4.1994, IPRspr. 1994, Nr. 48. Eine Ausnahme mag insoweit der Urlaub bilden.

96 So auch *Staudinger/von Hoffmann*, Art. 40, Rn. 69; *Rigaux*, Rev. crit. d.i.p. 1980, 470 f., 477; nicht treffend ist die Begründung von *Wochner*, Persönlichkeitsschutz, S. 307, der Schutz sei damit für den Betroffenen optimal; das Wohnsitzrecht muss nicht das strengste Recht sein.

97 *Rigaux*, Rev. crit. d.i.p. 1980, 471, nennt ferner das Argument, dass an diesem Ort i.d.R. auch die Daten erhoben wurden.

worden. Eine undifferenzierte Anknüpfung in Parallele zu den anderen Rechtsgütern ist jedoch abzulehnen, eine Differenzierung unbedingt erforderlich, um dem besonderen Charakter des Rechtsgutes oder Interesses gerecht zu werden.

Die dritte Gruppe der Schutzgüter von Persönlichkeitsrechtsverletzungen erfasst die Fälle, in denen der Betroffene die wirtschaftliche Verwertung seiner Persönlichkeitsgüter verteidigen will. Bei diesen handelt es sich nicht um von der Person unabtrennbare und immaterielle Persönlichkeitsrechte im herkömmlichen Sinne. Vielmehr geht es um den Schutz kommerzieller Interessen. Wie der rechtsvergleichende Teil dieser Arbeit gezeigt hat, sind diese Interessen, nach zunehmend vertretener Ansicht, auch zumindest in einem gewissen Umfang und jedenfalls in der Praxis übertragbar und veräußerlich.

Deshalb ist eine Anknüpfung, die sich an der Person des „Trägers des Persönlichkeitsrechts" orientiert, unangemessen. Abzulehnen sind daher der gewöhnliche Aufenthalt, der Wohnsitz und die Staatsangehörigkeit des Betroffenen.[98] Auch ist nicht das Ansehen der Person in der Öffentlichkeit berührt, so dass eine auf die Umweltbeziehung abstellende Anknüpfung ebenfalls zurückzuweisen ist. Vielmehr ist das rein wirtschaftliche Interesse dort verletzt, wo ein anderer von den Persönlichkeitsattributen des Betroffenen Gebrauch macht. Dort, wo die kommerzielle Auswertung vorgenommen wird, ist das Rechtsgut, nämlich die Möglichkeit, dort die eigenen Persönlichkeitsattribute auszuwerten, beeinträchtigt. Auch wenn man sich damit in Widerspruch zu der traditionellen Ansicht bezüglich des immateriellen Charakters der Persönlichkeitsrechte stellt, kann man eine Parallele zu reinen Vermögensverletzungen ziehen, die an das Recht des Ortes anzuknüpfen sind, an dem die Schäden entstanden sind.[99] Es liegt nicht einer der Fälle vor, in denen die endgültigen (Vermögens-) Schäden an einem anderen Ort als dem Ort der Rechtsgutsverletzung eintreten.[100] Vielmehr ist das Rechtsgut selbst das vermögenswerte Interesse, es fällt mit dem Schaden zusammen.

Eine weitere Parallele, die sich zur Begründung dieser Ansicht anbietet, besteht mit dem internationalen Wettbewerbsrecht: Der Anknüpfung an den

---

[98] Anders *Kayser*, La protection de la vie privée, S. 410 f., der eine Analogie zu Urheberrechten zieht, welche nach ihrem Ursprungsrecht geschützt sein müssen. Dieses liege in dem Personalstatut.

[99] *Kropholler*, IPR, S. 496 (Schadensort); *Soergel-Lüderitz*, Art. 38, Rn. 11 m. w. Nw.; vgl. auch *C. v. Bar*, IPR II, Rn. 665 (Lageort des Vermögens bei Verletzung reiner Vermögensinteressen); *Staudinger/von Hoffmann*, 13. Aufl., Art. 38, Rn. 498 (Ort, an dem sich das schädigende Ereignis vermögensmäßig auswirkt); *BGH* v. 28.2.1989, WM 1989, 1047, 1049; *OLG München* v. 22.3.1974, WM 1974, 583, 586 (beides zur Haftung wegen Auskunftserteilung).

[100] Dann wären diese Orte irrelevant, vgl. *von Hoffmann*, IPR, § 11, Rn. 28.

Marktort[101], an dem die Beteiligten konkurrieren und die Interessen kollidieren, entspricht der Anknüpfung an den Gebrauchsort bei Persönlichkeitsgütern. Die Parallele rechtfertigt sich dadurch, dass der Schwerpunkt des Deliktes jeweils in der Verletzung eines vermögenswerten, wirtschaftlichen Interesses liegt.

4. Vorliegen einer Vielzahl von Tatorten

Es muss nun festgestellt werden, in welchen Fällen nach der gerade vorgenommen Bestimmung von Handlungs- und Erfolgsorten mehrere Tatorte vorliegen können. Das Vorgehen in solchen Fällen wird im Anschluss, unter Gliederungspunkt (5), erörtert.

a) Vielzahl von Erfolgsorten

Liegen mehrere Erfolgsorte vor, so benutzt das deutsche IPR den Begriff Streudelikte.[102] Dies kommt im Fall der Ehrverletzung bei einer solchen Veröffentlichung (vor allem der Massenmedien und im Internet) vor, die in mehreren Ländern erfolgt.

Bei Verletzungen der Privatsphäre ist hingegen, nach der in dieser Arbeit vertretenen Auffassung, ein Auseinanderfallen in mehrere Erfolgsorte nicht denkbar. Das Rechtsgut ist stets nur an einem Ort beeinträchtigt, entweder dem gewöhnlichen oder dem tatsächlichen Aufenthaltsort des Betroffenen.

Hingegen wird bei dem dritten Schutzgut von Persönlichkeitsrechtsverletzungen häufig eine Aufspaltung festgestellt werden können. Das Interesse an der wirtschaftlichen Ausnutzung der Persönlichkeitsgüter kann zum Beispiel durch den Gebrauch des Bildes für Werbung in mehreren Staaten beeinträchtigt sein. Insbesondere bei international bekannten Persönlichkeiten wird die kommerzielle Gebrauchsmöglichkeit häufig in mehr als nur einem Land beeinträchtigt sein, da diese ihre „publicity" in mehreren Ländern geldmäßig verwerten können.

b) Vielzahl von Handlungsorten

In der Regel liegt nur ein Handlungsort vor, nämlich der Ort, an dem das

---

101 *MüKo-Kreuzer*, Art. 38, Rn. 233 f., 241; *Palandt-Heldrich*, Art. 40 EGBGB, Rn. 11 (Aufeinanderstoßen der Interessen der Konkurrenten); *BGH* v. 30.6.1961, BGHZ 35, 329, 334 (Kindersaugflaschenfall; Aufeinandertreffen der wettbewerblichen Interessen); ebenso: *BGH* v. 23.10.1970, GRUR 1971, 153, 154 (Tampax-Fall); ablehnend für den Bereich des Internet aber *Spindler*, ZUM 1996, 561.

102 Vgl. *Riegl*, Streudelikte, S. 3 f.; unter den amerikanischen Begriff *multistate* Delikte werden teilweise auch einfache Distanzdelikte gefasst.

Geschehen gesteuert wird, der Ort der Verhaltenszentrale. Mehrere Handlungsorte können, nach der oben bestimmten Zuordnung, nur im Falle des wirtschaftlichen Gebrauches von Persönlichkeitsgütern vorkommen. Dies ist der Fall, wenn dieser Gebrauch in mehreren Staaten erfolgt, wenn zum Beispiel Werbung mit dem Abbild einer Person nicht nur auf ein Land beschränkt ist. In allen anderen Fällen sind weitere Orte, an denen „gehandelt" wurde, bloß als Vorbereitungs- oder untergeordnete Handlungsorte anzusehen. Hier muss auf den Ort der Verhaltenszentrale abgestellt werden. Im Gegensatz dazu gibt es bei der wirtschaftlichen Verwertung von Persönlichkeitsgütern nur grundsätzlich gleichrangige Handlungsorte (Gebrauchsorte), die lediglich quantitative Unterschiede, in der Höhe des involvierten (finanziellen) Interesses aufweisen.

c) Auseinanderfallen von Handlungs- und Erfolgsort

Hinsichtlich der Ehrverletzungen wird nach der hier vertretenen Ansicht oft ein Auseinanderfallen von Handlungs- und Erfolgsort, also ein Distanzdelikt gegeben sein. Dies gilt für grenzüberschreitende Briefdelikte, insbesondere auch für die Presse- und Rundfunkdelikte sowie für das Internet, wo eine Verbreitung nicht nur am Sitz des Unternehmens erfolgt. Bei mehrstaatigen Verbreitungen kommt es zu einer Kombination von Distanz- und Streudelikt.

Auch bei Verletzungen der Privatsphäre wird häufigein Distanzdelikt vorliegen. Dies gilt einmal für die Veröffentlichungen in Massenmedien, bei denen der Sitz des Unternehmens nicht der Ort des gewöhnlichen Aufenthaltes des Betroffenen ist. Auch bei der Datenverarbeitung kann der Ort der Verhaltenszentrale ein anderer als der Wohnsitz des Klägers sein. Hingegen ist bei Eingriffen in die Privatsphäre durch tatsächliche Handlungen kein Auseinanderfallen von Handlungs- und Erfolgsort festzustellen. Es handelt sich um Platzdelikte.

Bei der dritten Kategorie von Rechtsgütern, dem Schutz der wirtschaftlichen Verwertung der Persönlichkeitsgüter, fallen Handlungs- und Erfolgsorte insofern nicht auseinander, als jedem Handlungsort auch ein Erfolgsort entspricht: An jedem Gebrauchsort wird auch die Möglichkeit der kommerziellen Nutzung für den Betroffenen beeinträchtigt sein, eine (mögliche) Rechtsgutsverletzung also vorliegen.[103]

5. Verhältnis von Handlungs- und Erfolgsorten

a) Neuregelung des EGBGB

Art. 40 Abs. 1 EGBGB regelt nur einen Teil der Problematik, nämlich das einfache Distanzdelikt. Er bestimmt, dass grundsätzlich das Handlungsortsrecht anwendbar ist, das Erfolgsortsrecht aber von dem Verletzen gewählt werden kann. Er enthält keine Vorgaben für den Fall, dass mehrere Handlungsorte oder mehrere Erfolgsorte vorliegen.

b) Überblick über die Lösungsmöglichkeiten

Im Hinblick auf das Verhältnis mehrerer Handlungs- und Erfolgsorte werden eine Reihe von Meinungen vertreten. Teilweise haben sich diese nun folgenden Meinungen de lege lata erledigt, da der Fall des Distanzdeliktes gesetzlich geregelt ist.

Nach wohl überwiegender Ansicht ist auf das Günstigkeitsprinzip abzustellen, so dass der Betroffene die Wahl zwischen mehreren in Betracht kommenden Tatortrechten hat.[104] Teilweise wird dieses Wahlrecht insoweit eingeschränkt, als bei mehreren möglichen Erfolgsorten nur bestimmte, aufgrund gewisser Kriterien herausstechende Erfolgsorte gewählt werden können.[105] Unter Art. 40 EGBGB wird ferner vertreten, dass die Erfolgsortsrechte jeweils nur für das einzelne Erfolgsortsland gewählt werden können.[106]

---

[103] So auch aus dem französischen Recht *Gaillard*, Rev. crit. d.i.p. 1984, 12, Fn. 33.

[104] Für Wahl zwischen mehreren Erfolgsorten und Handlungsorten auch bei Art. 40 Abs. 1 EGBGB (bei Pressedelikten aber auch Mosaik „denkbar"): *Spickhoff*, IPRax 2000, 5; *Lütcke*, Persönlichkeitsrechtsverletzungen im Internet, S.136 f. (Wahlrecht, sofern mit Erfolgsorten „qualifizierte Beziehung"); für Wahlrecht zwischen mehreren Handlungsorten: *Palandt/Heldrich*, Art. 40 EGBGB, Rn. 3; für Günstigkeitsprinzip nach alter Rechtslage: *MüKo-Kreuzer*, Art. 38, Rn. 212, 216 (bei mehreren Erfolgsorten aber Mosaik); *Boehmer*, AcP 1956, 181, 182 f. (zur Ehestörungsklage); speziell zu den Pressedelikten *Kegel/Schurig*, IPR, S. 626 ff., 633 (der aber das Wahlrecht nur zwischen auseinanderfallendem Handlungs- und Erfolgsort bejaht; bei mehreren Erfolgsorten hingegen Mosaikbetrachtung); so auch für den Bereich des Internet *Spindler*, ZUM 1996, 556 ff.; *Lüderitz*, IPR, Rn. 301 (nicht spezifisch für Pressedelikte, zumindest aber für Briefdelikte); *Trutmann*, IPR, S. 189, die aber ihre Ansicht im Hinblick auf mehrere Erfolgsorte nicht eindeutig klärt; ebenfalls aus der Schweiz *Delachaux*, Anknüpfung der Obligationen aus Delikt, S. 182, Fn. 175; *Dölle*, IPR, S. 126; *Wolff*, IPR, S. 165; *Nussbaum*, IPR, S. 288 f. (die letzten vier Autoren ohne Begründung); aus der Rechtsprechung: *RG* v. 20.11.1888, RGZ 23, 305 f. (Briefdelikt); *RG* v. 30.3.1903, RGZ 54, 198, 205 (Schuss über die Grenze); *OLG Köln* v. 22.5.1973, OLGZ 1973, 330, 335 (wegen Art. 12 EGBGB a.F. aber deutsches Handlungsortsrecht); für Anwendung des weltweit günstigsten Rechts im Bereich des Internet *Bachmann*, Internet und IPR, S. 181 (ohne Diskussion).

[105] So z. B. *Staudinger/von Hoffmann*, Art. 40, Rn. 60 f. (Wohnsitz); *Heldrich*, FS Zajtay, S. 230, 232 (i.d.R. gewöhnlicher Aufenthalt); *Wagner*, IPR bei Persönlichkeitsrechtsverletzungen, S. 78, 84 (Ort, mit dem der Verletzte am engsten verbunden ist); *ders.*: JZ 1993, 1035 f.; *Ehmann / Thorn*, AfP 1996, 23 (gew. Aufenthalt); *Schönberger*, Tatortprinzip, S. 93 f. (i.d.R. gew.).

[106] *Kropholler*, IPR, S. 514 f.

Nach der sogenannten Mosaikbetrachtung (in Frankreich *application distributive*) ist bei einer Mehrzahl von Erfolgsorten jedes Erfolgsortsrecht in Bezug auf den entsprechenden Teil der Verletzung anzuwenden.[107]
Andere Ansichten lehnten vor der IPR-Reform das Günstigkeitsprinzip grundsätzlich ab und sprachen sich für die Anwendung nur eines Rechts aus. Dabei wurde teilweise auf den Handlungsort, überwiegend jedoch auf einen Erfolgsort abgestellt.[108]

Frankenstein[109] meinte, wenn man die Handlung nicht zwanglos in einzelne Akte zerlegen könne, so sei, sozusagen residual, das Personalstatut des Beklagten anzuwenden, womit er in der Regel deutsches Recht meinte. Seine dahinterstehende Ansicht von der Unterscheidung zwischen primärem Statut (stets das Heimatrecht des Handelnden) und sekundärem Statut (ein eventuell von dem primären Statut bestimmtes, anderes Recht, hier Tatortrecht) hat sich nicht

---

107 So *Looschelders*, ZvglRWiss 1996, 81 f.; *Stoll*, GS Lüderitz, S. 748 f.; *Palandt/Heldrich*, Art. 40, Rn. 4; bei Pressedelikten: *Spickhoff*, IPRax 2000, 5; *Schneeweiß*, Verhältnis von Handlungs- und Erfolgsort, S. 98 f.; *Baur*, AcP 167 (1967), S. 558; *TGI Paris* v. 23.6.1976, Rev. crit. d.i.p. 1978, 132 m. Anm. *Gaudemet-Tallon*; *MüKo-Kreuzer*, Art. 38, Rn. 216; *Hillgenberg*, NJW 1963, 2200; *Riegl*, Streudelikte, S. 173 ff.; wohl auch *Trutmann*, IPR, S. 188 f. („Schadensersatzforderungen nach diesen Rechten einkalkuliert"); *Kegel/Schurig*, IPR, S. 633 (im Verhältnis zum Handlungsort Wahlrecht); wie dieser *Lüderitz*, IPR, Rn. 301 (nicht speziell für Persönlichkeitsrechtsverletzungen); *Beitzke*, JuS 1966, 144 (für den „geschäftlichen Ruf"), für die Ehre allg. aber Anwendung nur eines Rechts: vgl. *dens.*, Rec. des Cours 1965 II, S. 88; aus der Rechtsprechung *OLG* Hamburg v. 8.12.1994, IPRspr. 1994, Nr. 51, S. 106; *OLG Hamburg* v. 1897, Hans. Gerichtszeitung 1898 Beiblatt Nr. 136, S. 245 ff. (Verbreitungsorte allerdings noch als Handlungsorte bezeichnet).

108 Für Erfolgsort: *Birk*, Schadensersatz und sonstige Restitutionsformen im IPR, S. 203 f.; *Hohloch*, ZUM 1986, 178 f.; *Binder*, RabelsZ 20 (1955), S. 477, 499, der allerdings die Veröffentlichungsorte als Handlungsorte ansieht und auf den Wohnsitz oder Hauptwirkungskreis als (einzigen) Erfolgsort abstellen will; *Riegl*, Streudelikte, S. 60; *Schwiegel-Klein*, Persönlichkeitsrechtsverletzungen, S. 124 f. (gew. Aufenthalt bzw. Hauptwirkungskreis); *Beitzke*, JuS 1966, 142, lehnt die alternative Anwendung des Handlungsortsrechtes ab, lässt aber offen, ob eventuell im Einzelfall neben dem Wohnsitzrecht andere Erfolgsorte berücksichtigt werden sollen; nur für Erfolgsort *ders.*, Rec. des Cours 1965 II, 85 ff.; für Irrelevanz des Handlungsortes im Bereich des Wettbewerbsrechts vgl. *BGH* v. 30.6.1961, BGHZ 35, 329, 333 f.
Für Handlungsort: *OLG Hamburg* v. 19.2.1970, UFITA 60 (1971), 322 (was allerdings zur Anwendung deutschen Rechts führte; Deutschland war Erscheinungsort, Verbreitung aber auch in den Niederlanden, Kläger aus dem niederländischen Königshaus; ohne Diskussion); *Rabel*, Conflict of Laws II, S. 322 f. (Ort der Herausgabe); *Walker*, IPR, S. 525 f.; *Zitelmann*, IPR II, S. 480, Fn. 178; *Raape*, IPR, 4. Aufl., S. 536 f; s. auch *C. v. Bar*, IPR II, Rn. 664 (bei mehreren Handlungsorten Günstigkeitsprinzip, Rn. 662; s. aber auch Rn. 667 f.); kritisch zur Alternativität bei Persönlichkeitsrechtsverletzungen auch *W. Lorenz*, Vorschläge und Gutachten, S. 112.

109 *Frankenstein*, IPR II, S. 370 f., 359 ff.

durchgesetzt. Eine derartige Bevorzugung des Beklagten ist auch kollisionsrechtlich nicht gerecht. *Frankenstein* missachtete damit zudem die Vorgabe des Art. 38 a. F. EGBGB.

Kaum vertreten wird eine kumulative Anknüpfung, nach der ein Anspruch nur gegeben ist, wenn er von allen beteiligten Rechtsordnungen oder von Handlungs- und Erfolgsortsrecht zuerkannt würde.[110] Diese ist auch zurück zu weisen, da sie zu einem geringeren Schutz als bei reinen Inlandsfällen führt. Es wäre also im Ergebnis eine nicht gerechtfertigte Benachteiligung der Betroffenen festzustellen. Aus Rechtsschutzgründen ist diese Ansicht abzulehnen. Aufgabe des IPR sollte es sein, *eine* Rechtsordnung festzulegen, die über den Fall zu entscheiden hat.[111] Nach der neuen Gesetzeslage ist diese Ansicht ohnehin nicht mehr vertretbar.

Ebenfalls zurückzuweisen ist, jedenfalls für den Bereich des Persönlichkeitsschutzes, die Ansicht von *Rabel* und *Ehrenzweig*, je nach Funktion des konkreten Deliktsanspruches sei Handlungs- beziehungsweise Erfolgsortsrecht anzuwenden. Bei admonitorischer Funktion und Verschuldenshaftung entscheide der Handlungsort, bei schadensausgleichender Funktion der Erfolgsort.[112] Nach *Rabel* soll daher bei Pressedelikten der Handlungsort, das Recht des Handelnden entscheiden.[113] Wie mehrfach erwähnt, ist, gerade im Bereich des Persönlichkeitsschutzes, das Ziel der Rechtsregeln der Ausgleich zwischen beiden Parteien, das Deliktsrecht hat entschädigende *und* verhaltenssteuernde Funktion. Deshalb verbietet sich hier in besonderem Maße die Bevorzugung eines Aspektes und einer Seite.[114]

Der von *G. Wagner*[115] geforderte Gleichlauf von anwendbarem Recht und Zuständigkeit entsprechend der Regel des EuGH[116] ist abzulehnen. Nach dieser Ansicht wird das Prinzip des internationalen Entscheidungseinklangs praktisch

---

110 Dies wird aber teilweise für den Namensschutz von Ausländern im Inland vertreten, vgl. *Soergel-Schurig*, Art. 10, Rn. 21; für den Unterlassungsanspruch eines ausländischen Namensträgers: *Nussbaum*, IPR, S. 293; vgl. gegen Kumulation nur *W. Lorenz*, Vorschläge und Gutachten, S. 115.

111 Vgl. aus Frankreich *Bischoff*, Anm. zu *Cass.* v. 14.1 1997, Rev. crit. d.i.p. 1997, 504, 510.

112 *Rabel*, Conflict of Laws II, S. 328 ff., 334 (zu Verschuldens- und Gefährdungshaftung); *Ehrenzweig*, FS Rabel II, S. 656 ff., 683; gegen die Differenzierung nach Verschuldens- und Gefährdungshaftung schon *Beitzke*, Rec. des Cours 1965 II, S. 93 f.; auch *Neuhaus*, Grundbegriffe, S. 243, nimmt aber differenzierend an, das Günstigkeitsprinzip sei eher gerechtfertigt bei Verschuldens- als bei Gefährdungshaftung.

113 *Rabel*, Conflict of Laws II, S. 334 f., 322 f.

114 Auch ist eine Abgrenzung nicht möglich, so dass Ungewissheit die Folge wäre, vgl. genauer *Schönberger*, Tatortprinzip, S. 38 ff.

115 RabelsZ 62 (1998), 278 ff.; so aber auch *Mankowski*, RabelsZ 63 (1999) 275 f.

116 S. unten, S. 326.

zugunsten eines *lex fori*-Prinzipes aufgehoben und zu forum shopping herausgefordert.

Die möglichen Ansichten können demnach in solche eingeteilt werden, die von einer Wahlmöglichkeit des Klägers ausgehen, solche, die eine Mosaikbetrachtung vornehmen und letztlich solche, die nur ein Recht anwenden wollen. An dieser Aufgliederung werden sich die folgenden Erörterungen orientieren: Zunächst erfolgt die Diskussion einer Mosaikbetrachtung, im Anschluss die des Günstigkeitsprinzips. Nach der hier vertretenen Ansicht sind beide Ansichten abzulehnen und als einzige sinnvolle Lösung die Anwendung nur eines Rechts anzusehen. Auf der Basis dieses Zieles ist dann zu fragen, welchem der Tatorte dieses Recht zu entnehmen ist. Dabei ist freilich hervorzuheben, dass die hier vertretene Ansicht insoweit als sie das Erfolgsortsrecht dem Handlungsortsrecht vorzieht, im Hinblick auf Art. 40 Abs. 1 EGBGB nur als Anregung de lege ferenda anzusehen ist.

b) Mosaikbetrachtung

Die Mosaikbetrachtung bedeutet, dass man die Persönlichkeitsrechtsverletzung in so viele Verletzungen aufspaltet, wie es Erfolgsorte gibt. Jedes einzelne Erfolgsortsrecht entscheidet dann, ob im Hinblick auf den Erfolg eine Rechtsverletzung vorliegt und welcher Anspruch zuzuerkennen ist. Unter Art. 40 Abs. 1 EGBGB bedeutet dies, dass Erfolgsortsrechte für das jeweilige Land statt des im übrigen anwendbaren Handlungsortsrechts gewählt werden können.[117]

Dies ist, angesichts der oft weltweiten Verbreitung der Massenmedien, schlichtweg ein praktisch unmögliches Unterfangen.[118] Das Problem wird im Bereich des Internets noch extremer. Die für dieses Gebiet vertretene Ansicht einer Mosaikbetrachtung[119] ist abzulehnen. Der Überblick über die US-ameri-

---

117 S. *Kropholler*, IPR, S. 514 f.

118 So schon *Prosser*, Mich. L. Rev. 971 (1953); auch *Hohloch*, ZUM 1986, 178 f.; *Ehmann / Thorn*, AfP 1996, 23; *Wagner*, IPR bei Persönlichkeitsrechtsverletzungen, S. 86 f.; *Looschelders*, ZvglRWiss 1996, 81 f., bleibt auch eine genauere Erläuterung und praktische Anwendung seiner Mosaikbetrachtung in Verbindung mit einer „Zweistufentheorie" schuldig. Dies stellt den Richter vor eine unlösbare Aufgabe.

119 So aber *Spindler*, ZUM 1996, 559 f.; in Frankreich vertritt *Gautier*, D. 1996, chr. 132 f., für Urheberrechtsverletzungen via Internet eine distributive Anknüpfung; dagegen aber *Ginsburg*, 95 Tul. L. Rev. 1496 ff. (1995); dagegen auch *Stäheli*, Kollisionsrecht auf dem Information Highway, S. 609 f.; für die Anwendung des weltweit günstigsten Rechts auf Persönlichkeitsverletzungen im Internet *Bachmann*, Internet und IPR, S. 181 (ohne Diskussion); kritisch im Hinblick auf die Grundfreiheiten des Gemeinschaftsrechts: *Schaub*, RabelsZ 66 (2002), 43 ff.

kanischen Kollisionsrechte hat gezeigt, dass schon fünfzig Rechte nicht nebeneinander angewendet werden können. Das gilt erst recht bei 150 Rechten. Denn es ist anzunehmen, dass die Äußerungen über das Internet in den meisten Staaten gelesen werden. Die Gerichte müssten sich über alle Rechtsordnungen informieren, in denen ein Verletzungserfolg festzustellen ist.[120] Sie müssten diese Rechte anwenden, aber nur im Hinblick auf einen Teil des Deliktes. Schließlich müssten sie eventuelle Schadensersatzansprüche addieren. Dass dies für ein Gericht unzumutbar und unmöglich ist, ist offensichtlich. Insbesondere wird die mit Art. 40 Abs. 1 EGBGB erstrebte Prozessökonomie sicherlich nicht gefördert. Die Behauptung, eine derartige Anknüpfung sei möglich, ist realitätsfern. So gibt auch die einzige Gerichtsentscheidung,[121] in der diese Ansicht durchgeführt wird, bloß vor, den Schaden je nach Belegenheit aufzuteilen. Tatsächlich ist dies nicht der Fall, und die Höhe des Schadensersatzes wird nicht begründet. Die Anwendung dieser Theorie muss stets eine Farce bleiben. Zudem wird auch das Vorgehen im Hinblick auf andere als Schadensersatzansprüche nicht geklärt.

Man muss der Ansicht zugute halten, dass es nicht vorkommen kann, dass in einem internationalen Sachverhalt nach einem anwendbaren ausländischen Recht weniger Schadensersatz verlangt werden kann, als bei einem Inlandsfall (nach inländischem Recht).[122] Vom materiellen Standpunkt müsste man davon ausgehen, dass kein geringerer Schaden vorliegen kann, wenn die internationale ein „Mehr" ist als die nationale Verbreitung.[123] Genau das ist aber bei anderen

---

120 Dies wird von *Bachmann*, IPRax 1998, 187, tatsächlich für das Internet vertreten: Unterlassungsanspruch sei nach allen Rechtsordnungen zu prüfen.

121 *TGI Paris* v. 23.6.1976, Rev. crit. d.i.p. 1978, 132 m. Anm. *Gaudemet-Tallon*; aus dem deutschen Recht aber auch: *OLG Hamburg* v. 1897, Hans. Gerichtszeitung 1898, Beiblatt Nr. 146, S. 245 ff.; wegen Art. 38 EGBGB kommt es in Deutschland ohnehin nicht zu der tatsächlichen Anwendung einer Mosaikbetrachtung, vgl. *OLG Hamburg* v. 8.12.1994, IPRspr. 1994, Nr. 51.

122 Beispiel: Fall 1: Veröffentlichung nur in Deutschland, nach deutschem Recht ist ein Anspruch gegeben; Fall 2: Veröffentlichung in dem gleichen Umfang in Deutschland, aber auch in England; u. U. kann englisches Recht anwendbar sein; dies kann zu einem geringeren Schadensersatz (oder zur generellen Ablehnung) führen, obwohl Fall 1 in Fall 2 komplett enthalten ist; umgekehrt scheint es vom materiellen Recht her gesehen unlogisch, dass eine Handlung, die nach dem Recht ihres Verbreitungsortes als rechtmäßig angesehen würde, plötzlich als rechtswidrig angesehen wird, weil auch in einem anderen Staat veröffentlicht wurde; so *Looschelders*, ZvglRWiss 1996, 81; als unerträglich „choquant" sieht auch *Mestre* den entsprechenden Fall für Frankreich an, vgl. FS Kayser II, S. 255; vgl. auch *OLG Hamburg* v. 8.12.1994, IPRspr. 1994, Nr. 51, S. 106: die rechtliche Beurteilung der Tat im Inland könne nicht davon abhängen, ob eine zusätzliche Verbreitung in einem anderen Land stattfinde; ähnlich *Stoll*, GS Lüderitz, S. 748 f. und *Lütcke*, Persönlichkeitsrechtsverletzungen im Internet, S. 120.

123 Dieses Argument nennt auch ein amerikanisches Bundesgericht für eine *multistate invasion of privacy* Klage und schließt daraus ergebnisorientiert, dass wie auch immer ein

Ansichten als der Mosaikbetrachtung durchaus möglich. Dieses Argument verkennt jedoch die beiden verschiedenen Ebenen von Kollisions- und materiellem Recht. Das IPR schaut im Grundsatz nicht auf das Ergebnis der Rechtsanwendung, sondern untersucht den Fall nach kollisionsrechtlichen Gesichtspunkten. Es ist aus kollisionsrechtlicher Sicht nicht widersprüchlich, wenn ähnliche Fälle materiellrechtlich unterschiedlich behandelt werden. Die Auslandsberührung führt zu grundsätzlich anderen Erwägungen, da nicht nur die Rechtsauffassungen eines Landes berührt sind.

Nicht nur die praktische Undurchführbarkeit, sondern auch materielle Gesichtspunkte sprechen gegen die mosaikmäßige Anknüpfung: Erstens stehen die Schadensersatzansprüche nicht nur in Relation zu der Höhe des Schadens (z. B. der Ehrverletzung), sondern berücksichtigen auch andere Faktoren wie zum Beispiel das Verschulden des Beklagten. Diese Faktoren sind aber einer Aufteilung in verschiedene Erfolgsorte nicht immer zugänglich und deshalb dürfte insoweit der Schadensersatz auch nicht addiert werden.[124] Es müsste also letztlich wieder eine Gesamtbetrachtung erfolgen, was aber nur auf der Basis eines Rechts möglich wäre. Auch können die Rechtswidrigkeit und der Unrechtsgehalt einer Persönlichkeitsrechtsverletzung nur dann beurteilt werden, wenn man das Gesamtgeschehen betrachtet,[125] gerade dies darf aber bei der Mosaikbetrachtung eigentlich nicht der Fall sein. Man spaltet ein Delikt und eine Rechtsgutsverletzung künstlich auf. Es handelt sich aber nicht um die Verletzung eines eigenständigen Rechts in jedem Staat, sondern um ein einheitliches Delikt.[126]

Man könnte für die Mosaikbetrachtung argumentieren, dass sie die verhaltenssteuernde Funktion des Deliktsrechts am besten erfüllen könne. Der Handelnde könnte sich dann im Hinblick auf jeden Veröffentlichungsort sicher sein, wo die Grenze zum rechtswidrigen Handeln liegt und sein Verhalten darauf einrichten.[127] Zunächst läge es aber näher, dass sich der Handelnde an dem Recht

---

Anspruch gegeben werden müsse, den es schließlich mit der „better law“ Theorie begründet; *Gravina v. Brunswick Corp.*, 338 F. Supp. 1, 6 f. (D.R.I. 1972).

124 Vgl. auch *Pielemeier*, 133 U. Pa. L. Rev. 381, 435 f. (1985)

125 So wird z. B. ein Geldentschädigungsanspruch für immaterielle Schäden nach deutschem Recht nur bei einem gewissen Schadensumfang gegeben, der bei Berücksichtigung des in Deutschland entstandenen Schadens fehlen, bei Berücksichtigung des Gesamtumfanges aber vorliegen könnte.

126 So auch *Staudinger/von Hoffmann*, Art. 40, Rn. 60; *Beitzke*, Rec. des Cours 1965 II, 88; *Schönberger*, Tatortprinzip, S. 93; auch *Birk*, Schadensersatz und sonstige Restitutionsformen im IPR, S. 207, der aber bei dem Unterlassungsanspruch trotzdem eine Aufspaltung verlangt.

127 Dabei ist jedoch schon problematisch, dass in vielen Staaten die materielle Rechtslage nie eindeutig, sondern eine Frage des Einzelfalles ist. Ferner käme es auch darauf an, ob andere Staaten (mögliche Gerichtsstaaten) denselben kollisionsrechtlichen Regeln folgen.

des Handlungsortes orientiert oder sich darauf beruft. Zudem ist es kaum so, dass ein Unternehmen zum Beispiel vor der internationalen Verbreitung einer Tageszeitung im einzelnen prüft, in welchen Ländern das Recht die Handlung als noch rechtmäßig ansehen wird und sein Verhalten, also die Veröffentlichung oder ihren Inhalt, dementsprechend für jedes Land anpassen wird. Es wird im Normalfall immer nur eine „Version" einer Veröffentlichung geben, jedenfalls wenn die ausländische Leserschaft nur einen geringen Anteil ausmacht. Aus technischen Gründen ist etwas anderes ohne unverhältnismäßigen Aufwand kaum möglich, wobei dies ganz besonders für Fernsehausstrahlungen gilt.[128] Auch wird der Zeitdruck bei aktualitätsbezogenen Veröffentlichungen eine derartige Differenzierung unmöglich machen. Im Bereich des Internet ist eine Anpassung schon technisch nicht machbar.[129] Wenn es verschiedene Ausgaben für verschiedene Länder oder Kontinente gibt, so liegt dies eher daran, dass der Themenschwerpunkt angepasst werden soll.[130] Dass hierbei eine Adaption an die Rechtslage erfolgen wird, ist realitätsfern.

Ginge man davon aus, dass die Rechtslage in den einzelnen Ländern einigermaßen klar wäre, so könnte also bei einer Veröffentlichung trotzdem nicht jedes Land sein Recht für sein Gebiet in gleicher Weise durchsetzen: Wenn zum Beispiel nur eine Rechtsordnung einen Schadensersatzanspruch gibt, so bedeutet dies schon eine Beschränkung der Handlungsfreiheit des Beklagten. Ist nach zehn Rechtsordnungen ein Schadensersatzanspruch gegeben und nur nach einer nicht, dann wird sich diese eine Rechtsordnung faktisch nicht durchsetzen kön-

---

Da der Handelnde hiervon keinesfalls ausgehen kann, ist die Vorhersehbarkeit bzw. Steuerungsfunktion des internationalen Privatrechts generell ein fragwürdiges Kriterium. Zur geringen Bedeutung der Vorhersehbarkeit im int. Deliktsrecht s. z. B. *Reimann*, Conflict of Laws in Western Europe, S. 120.

128 So auch *Wagner*, IPR bei Persönlichkeitsrechtsverletzungen, S. 87; vgl. aber ausnahmsweise die Ausstrahlung einer amerikanischen Talkshow des Senders CNN in England im Jahre 1994, bei der die Stimme des Teilnehmers Gerry Adams ausgeblendet und seine Äußerungen von einer anderen Person vorgelesen wurden. Nach englischem Recht dürfen Mitglieder von Sinn Fein nicht im Fernsehen sprechen. Vgl. dazu *Maltby*, 94 Colum. L. Rev. 2008 (1994); hierbei handelte es sich aber, ganz im Gegensatz zu den Regeln des Persönlichkeitsschutzes, um eine klare und allgemein bekannte Rechtsnorm, die auch dem öffentlichen Recht angehören, also nach dem strikten Territorialitätsgrundsatz anzuknüpfen sein wird.

129 Vgl. *Waltl*, Online-Netzwerke und Multimedia, S. 191 (zum Wettbewerbsrecht); *Bachmann*, IPRax 1998, 187.

130 Selbst dann wird wohl höchstens ein einzelner Beitrag ersetzt, aber nicht ein Beitrag so geändert, dass er noch rechtmäßig wäre. Eine Inhaltsanpassung eines Beitrages wird kaum erfolgen. Eine derartige Alles-oder-Nichts-Lösung ist nicht im Sinn der Meinungsfreiheit, und das gänzliche Streichen entspricht nicht unbedingt dem Sinn einer stärker persönlichkeitsschützenden Rechtsordnung.

nen, da die Abschreckung durch die anderen Rechtsordnungen für den Handelnden zu groß ist. Die Veröffentlichung wird dann insgesamt unterbleiben, obwohl sie in dem einen Land zulässig wäre.[131] Umgekehrt könnte das Recht eines Veröffentlichungsstaates, der die Veröffentlichung als rechtswidrig ansieht, unbeachtet bleiben, wenn die Mehrzahl sie erlaubt. Der Handelnde nähme das „Risiko" dann eventuell in Kauf. Es besteht jedoch auch die Gefahr, dass sich generell das strengste Recht durchsetzt. Man kann daher nicht behaupten, dass jedes Recht im Hinblick auf sein Geltungsgebiet die verhaltenssteuernde Funktion erfüllen kann.[132]

Darüber hinaus ist es überhaupt unangemessen, die Interessen des Beklagten, im Sinne des Abstellens nur auf die Verhaltenssteuerung, einseitig zu bevorzugen. Der Betroffene hat ebenfalls gewichtige Interessen, nämlich das Kompensationsinteresse, das von der Mosaikbetrachtung nicht berücksichtigt wird.

Weiterhin klärt die Mosaikbeurteilung auch nicht, warum daneben der Handlungsort für die Verletzungen in allen, auch den Erfolgsstaaten gewählt werden kann.[133] Dies ist auch nach Art. 40 Abs. 1 EGBGB nunmehr zwingend, woraus sich eine unübersichtliche Vielzahl von Kombinationsmöglichkeiten ergibt. Auch damit machte man die verhaltenssteuernde Funktion wieder zunichte, da sich der Handelnde doch nicht auf die Rechtmäßigkeit nach einem Erfolgsort berufen kann, wenn nach dem Handlungsort eine rechtswidrige Verletzung gegeben ist.

Gegen eine Mosaikbetrachtung spricht, neben den bereits genannten praktischen und materiellen Bedenken, auch die grundsätzliche Einstellung des heutigen IPR: Das Kollisionsrecht sollte dazu dienen, das Recht zu bestimmen, welches

---

131 Vgl. schon *Note*, 60 Harv. L. Rev. 945 (1947): „would impede communication of an idea though it was wrongful in only one or two states"; vgl. auch *Pielemeier*, 133 U. Pa. L. Rev. 381, 435 f. (1985); diese Gefahr sieht auch *Riegl*, Streudelikte, S. 181 ff., allerdings ist sie entgegen seiner Ansicht nicht auf Unterlassungsansprüche beschränkt; *Schack*, Rechtsschutz gegen grenzüberschreitende Persönlichkeitsverletzungen, S. 123 f., scheint zu akzeptieren, dass sich der Handelnde an dem strengsten Recht ausrichten wird; dann sind aber entgegen seiner Ansicht (S. 124) die Rechte nicht gleichwertig .

132 Dies wäre ja grundsätzlich wünschenswert. Ähnlich ist auch das Argument von *Wagner*, IPR bei Persönlichkeitsrechtsverletzungen, S. 86 f., im Hinblick auf Unterlassungsansprüche, wenn es dem Handelnden unmöglich ist, eine Veröffentlichung auf bestimmte Gebiete zu beschränken, bzw. in bestimmten Gebieten andere Inhalte zu verbreiten. Faktisch herrscht dann das strengste Recht, nicht eine Mosaikbeurteilung.
Die Unmöglichkeit der Erfüllung der verhaltenssteuernden Funktion bei Anwendung einer Mosaikbetrachtung wird sogar von den Vertretern dieser Ansicht zugegeben, *Spindler*, ZUM 1996, 559.

133 So auch schon früher die h. M., vgl. z. B. *Spindler*, ZUM 1996, 557 ff.; Kegel/Schurig, IPR, S. 633; *MüKo-Kreuzer*, Art. 38, Rn. 216; a. A. *Riegl*, Streudelikte, S. 173 ff.

sinnvollerweise einen internationalen Sachverhalt zu regeln hat. Oben wurde dargelegt, warum man in einer internationalen Veröffentlichung eine einheitliche Handlung sehen sollte.[134] Bei einer Veröffentlichung verwirklicht sich im Hinblick auf den Inhalt ein einheitlicher Handlungsentschluss.[135] Es liegt also ein einheitliches Delikt vor. Bei der Vornahme einer Mosaikbeurteilung spaltete man ein Ereignis, das als Einheit angesehen wird, künstlich auf. Man zerteilt praktisch ein länderübergreifendes Delikt in so viele Einzeldelikte, wie Erfolgsorte vorliegen.[136] Dies bedeutet einen Rückschritt in der Entwicklung des IPR zurück zu dem herkömmlichen Prinzip, nach welchem ein Land immer nur das Geschehen auf seinem eigenen Territorium zu regeln hat.[137] Gerade gegen diese Grundeinstellung sollte das Kollisionsrecht wirken und ein Rechtsverhältnis nach der, durch sinnvolle und gerechte Anknüpfungsregeln bestimmten, damit am engsten verbundenen Rechtsordnung beurteilen, selbst wenn es in mehrere Länder wirkt.

Verknüpft man eine Mosaikbetrachtung mit der Ansicht des *EuGH*, die Zuständigkeit am Verbreitungsort beschränke sich lediglich auf den Schaden an eben diesem, so kommt man im Ergebnis zu einem lupenreinen *lex fori* Prinzip, die Allseitigkeit der Kollisionsnormen wird zerstört.[138] Das Mosaikprinzip bedeutet dann nach der hier vertretenen Ansicht praktisch die Kapitulation des IPR.

Eine Aufspaltung eines Streudeliktes in viele einzelne, gestreckte Delikte mit der entsprechenden Anwendung jeweils eines Rechts sollte auch dann nicht vorgenommen werden, wenn nur der Schaden in einem bestimmte Rechtsgebiet geltend gemacht wird.

---

134 Oben S. 222 ff.

135 Schon in einer *Note* von 1947 wurde mit dieser Begründung eine Mosaikbetrachtung abgelehnt, 60 Harv. L. Rev. 944 (1947); s. auch *Kayser*, La protection de la vie privée, S. 409, der aber trotzdem eine Mosaikbetrachtung vornimmt.

136 Das Argument von *Schneeweiß*, Verhältnis von Handlungs- und Erfolgsort, S. 98, es mache keinen Unterschied, ob die Verletzungen nun durch mehrere Handlungen oder „mit Hilfe der modernen Technik" durch eine Handlung begangen seien, verkennt diese Einheit.

137 Gegen das Territorialitätsprinzip grundsätzlich auch *Riegl*, Streudelikte, S. 78 ff. (insb. zum Wettbewerbsrecht); so aber gerade *Schneeweiß*, Verhältnis von Handlungs- und Erfolgsort, S. 98: es sei „unbillig", wenn die Rechtsverletzung in X nach dem Recht von Y beurteilt würde. S. auch *Bröcker*, Differenzierte Regelbildung, S. 189: ein völliger Verzicht auf das Prinzip der Territorialität sei nicht vertretbar.

138 *EuGH* v. 7.3.1995, Rs. C. 68/93, Slg. 1995 I, S. 415 (*Shevill v. Presse Alliance*), abgedruckt in EuZW 1995, 248; oder man zwingt den Kläger, am Sitz des Beklagten zu klagen, was ebenfalls unangemessen ist, da so die zuständigkeitsrechtliche Tatortregel überflüssig wäre.

Dieser Fall kommt aufgrund von restriktiven Zuständigkeitsvorschriften in Betracht oder weil sich der Kläger entschließt, seinen Klageantrag auf den Schaden in einem Land (*lex fori*) zu beschränken. In der Praxis wird es dann in der weit überwiegenden Zahl der Fälle zu der Anwendbarkeit der *lex fori* kommen, das IPR-Problem vielleicht gar nicht behandelt werden. Dies sollte aber nicht so sein. Die nur beschränkte Geltendmachung des Schadens dürfte auf das anwendbare Recht eigentlich keinen Einfluss haben, denn es handelt sich immer noch um das einheitliche Gesamtgeschehen, welches man aus kollisionsrechtlicher Sicht betrachten sollte. Richtigerweise sollte deshalb bei Geltendmachung dieses Schadens nicht zwingend die *lex fori* angewendet werden. Vielmehr muss das Gesamtgeschehen als Einheit angeknüpft werden und das entsprechende Recht auf den geltend gemachten Schaden angewendet werden. Nur so kann auch forum shopping im Sinne des Missbrauchs durch den Kläger verhindert und dem Prinzip des internationalen Entscheidungseinklanges entsprochen werden. Der Kläger soll durch die Wahl des Gerichtsstandes, verbunden mit einer Beschränkung des Klageantrags, nicht die Möglichkeit der einseitigen Rechtswahl haben. Dadurch würde der angestrebte Ausgleich der kollisionsrechtlichen Interessen beider Parteien unmöglich gemacht.[139]

Eine Mosaikbetrachtung und Aufspaltung des einheitlichen Delikt auf der kollisionsrechtlichen Ebene ist daher in jeder Form abzulehnen.

c) Günstigkeitsprinzip

Nach Art. 40 EGBGB kann der Verletzte statt des anwendbaren Handlungsortsrecht das Erfolgsortsrecht wählen. Faktisch ergibt sich daraus ein Günstigkeitsprinzip.[140] Dies war auch die überwiegende Meinung nach der früheren Rechtslage. Für das Günstigkeitsprinzip[141] werden zwei verschiedenartige Begründungen gegeben: Meist wird gesagt, das Günstigkeitsprinzip sei mit dem notwendigen Schutz desjenigen, dessen Rechtsgut verletzt worden sei, zu begründen. Mit dem „Opfer" eines Deliktes müsse man mehr Sympathie fühlen.[142]

---

139 Und der internationale Entscheidungseinklang, den allseitige Kollisionsnormen anstreben, zerstört; s. zu diesem Leitgedanken der westeuropäischen Kollisionsrechte (im Gegensatz zu USA): *Reimann*, Conflict of Laws in Western Europe, S. 108 f.

140 So auch *Schaub*, RabelsZ 66 (2002), 37.

141 Hier wird nicht unterschieden zwischen Günstigkeit nur im Verhältnis Handlungs- und Erfolgsort und Günstigkeit auch bei mehreren Erfolgsorten.

142 *Kegel/Schurig*, IPR, S. 628; Koch, RDV 1991, 108 ff., 112 („Opfersympathie"); für den Bereich des Internet *Spindler*, ZUM 1996, 556; s. auch für einfache Distanzdelikte: *Binder*, RabelsZ 20 (1955) S. 474 (angemessene Begünstigung des sozial Schwächeren); die

Dieser Argumentation ist nicht zu folgen. Jeder Deliktstatbestand hat die Aufgabe, die Interessen und Rechte von zwei Seiten abzugrenzen. Auf der einen Seite steht der Schutz der Rechtsgüter, auf der anderen der Schutz der Handlungsfreiheit. Deshalb ist der Kläger nicht als Opfer zu bezeichnen und nicht grundsätzlich zu bevorzugen.[143] Dieses allgemeine Argument ist im Bereich der Persönlichkeitsrechtsverletzungen noch verstärkt: Dem Schutz des Rechtsgutes der Persönlichkeit steht, z.B. mit der Meinungs- und Pressefreiheit, sogar oft ein spezifisch grundgesetzlich geschütztes Recht entgegen. Diese beiden Rechtspositionen sind gegeneinander abzuwägen. Deshalb kann in dem hier behandelten Bereich noch weniger von einer Bevorzugung des Betroffenen ausgegangen werden.[144]

Das Argument, der Rechtsgüterschutz müsse verbessert werden, geht ebenfalls fehl.[145] Das Schutzniveau im Hinblick auf die Persönlichkeitsrechte ist nicht von dem Kollisionsrecht festzulegen. Vielmehr hat das materielle Recht zu bestimmen, ob und in welchem Umfang ein Anspruch gegeben ist.[146] Das IPR hat lediglich die Aufgabe, zu regeln, welches materielle Recht über das Schutzniveau entscheidet.

Die zweite Argumentationsschiene beruft sich darauf, dass im Recht der unerlaubten Handlung die Interessen von Geschädigtem und Schädiger beachtet

---

Rechtsprechung gibt gar keine Begründung, vgl. z. B. *BGH* v. 17.3.1981, NJW 1981, 1606; *RG* v. 30.3.1903, RGZ 54, 198, 205 (Schuss über die Grenze); *RG* v. 22.12.1902, JW 1903, 63 (Brief).

143 S. auch *Lüderitz*, IPR, Rn. 301; *Baur*, AcP 167 (1967), S. 543.

144 So auch *Schack*, Rechtsschutz gegen grenzüberschreitende Persönlichkeitsverletzungen, S. 121; *Looschelders*, ZvglRWiss 1996, 69; *OLG Hamburg* v. 8.12.1994, IPRspr. 1994, Nr. 51, S. 106; *v. Hein*, Günstigkeitsprinzip, S. 103 f.; falsch daher *Schwiegel-Klein*, Persönlichkeitsrechtsverletzungen im IPR, S. 56: der schwächeren Partei müsse man ein Höchstmaß an Schutz angedeihen lassen.

145 Für „optimalen materiell-rechtlichen Schutz" durch das Günstigkeitsprinzip aber *Heldrich*, Vorschläge und Gutachten, S. 370, 376; auch: *Wagner*, IPR bei Persönlichkeitsrechtsverletzungen, S. 77 („rechtspolitischer Grund eines umfassenden Persönlichkeitsschutzes"); *MüKo-Kreuzer*, Art. 38, Rn. 216. Das Argument aus dem materiellen Recht, der Gläubiger habe immer das Wahlrecht zwischen mehreren Anspruchsgrundlagen, verkennt, dass sich dies auf einer anderen, der materiellen, und damit nicht vergleichbaren, Konkurrenzebene abspielt, vgl. *Riegl*, Streudelikte, S. 50.

146 Vgl. schon *Beitzke*, Rec. des Cours 1965 II, S. 91 f.; deshalb kann der „Schutz des Opfers" zur Begründung des Günstigkeitsprinzips nicht einmal im Hinblick auf Taten mit „erheblichem Täterverschulden" herangezogen werden; anders aber *von Hoffmann*, IPR, § 11, Rn. 23; ähnlich wie hier: *Neuhaus*, Grundbegriffe, S. 243; *Schneeweiß*, Verhältnis von Handlungs- und Erfolgsort, S. 65 f., nennt das damit zusammenhängende Argument, dass das Deliktsrecht nicht eine Straffunktion zu erfüllen und daher nicht ein möglichst hoher Schadensersatz das Ziel zu sein habe.

werden müssen.[147] Zudem bestehe ein Delikt nur, wenn Handlung und Erfolg gegeben seien. Dies bedeute, dass man grundsätzlich Handlungs- und Erfolgsort berücksichtigen müsse. Dann seien die beiden Möglichkeiten aber nur die kumulative und die alternative Anknüpfung. Davon sei die kumulative Anknüpfung abzulehnen, da sie zu weniger Rechtsschutz führt als jedes einzelne Recht.[148] Aus Rechtsgüterschutzgründen sei sie daher abzulehnen. Dieser letzten Aussage kann man sich ohne weiteres anschließen. Daraus wird dann die Anwendung des Günstigkeitsprinzips geschlossen, also „faute de mieux".[149]

Richtig hieran ist, dass das Deliktsrecht eine verhaltenslenkende und eine Schadensausgleichsfunktion hat. Die erste Funktion spricht dafür, das Recht anzuwenden, welches dem Schädiger näher steht, also das Handlungsortsrecht.[150] Die Ausgleichsfunktion weist auf das dem Geschädigten beziehungsweise seinen Rechtsgütern nahestehende Recht des Erfolgsortes.[151] Der Handelnde soll sich theoretisch an dem Recht orientieren können, in dessen Geltungsbereich er handelt. Die Interessen des Geschädigten aber zielen eher auf den Erfolgsort. Es wäre daher an sich wünschenswert, beide Interessenkreise, also beide Rechtsordnungen zu berücksichtigen.

Doch das Günstigkeitsprinzip kann sein anvisiertes Ziel der Beachtung beider Interessen nicht erreichen: Der Geschädigte wird schlichtweg bevorzugt. Der Handelnde kann sich nämlich nur dann auf sein Handlungsortsrecht verlassen, das heißt davon ausgehen, dass er keinen Schadensersatzansprüchen ausgesetzt ist, wenn er sich an diesen Handlungsnormen orientiert, wenn dieses Recht strenger ist als das Recht des Erfolgsortes.[152] Dann jedoch wäre den Interessen

---

147 *von Hoffmann*, IPR, § 11, Rn. 24; *Wagner*, IPR bei Persönlichkeitsrechtsverletzungen, S. 74 ff.; *Kegel/Schurig*, IPR, S. 626 f.; dagegen aber: *Heldrich*, Vorschläge und Gutachten, S. 370.

148 *von Hoffmann*, IPR, § 11, Rn. 24; auch *Riegl*, Streudelikte, S. 49.

149 Vgl. *Kropholler*, IPR, S. 498 („Verlegenheitslösung"); ebenso *Soergel-Lüderitz*, Art. 38, Rn. 16; *Schurig*, GS Lüderitz, S. 706.

150 Vgl. z. B. *Hohloch*, Deliktsstatut, S. 244 f., Fn. 159. Freilich gelten auch hier die oben dargestellten Bedenken: Die Frage der Haftung ist nach keiner Rechtsordnung einfach zu beantworten; insoweit wird die Verhaltenssteuerung relativiert. Gleiches gilt wegen der Ungewissheit der Kollisionsrechte anderer möglicher Gerichtsstaaten. Hiergegen sollte man aber einwenden, dass wenigstens wir es „richtig" machen sollten, auch wenn die anderen Länder ein „falsches" Kollisionsrecht haben sollten.

151 Kritisch gegen diese Funktionstrennung *v. Hein*, Günstigkeitsprinzip, S. 100 f.: es handele sich um Verhaltenssteuerung durch Rechtsgüterschutz. Die beiden Funktionen seien daher auch nicht getrennt zu lokalisieren. Aus beiden Funktionen folgt aber ein legitimes Rechtsanwendungsinteresse sowohl des Handlungs- als auch des Erfolgsortes. Insoweit ist eine Lokalisierung streng genommen nicht nötig.

152 Gibt ihm hingegen das Handlungsortsrecht einen größeren Spielraum, so ist dies für den Handelnden wegen der Anwendung des strengeren Erfolgsortsrechts unbeachtlich. S. auch

des Handelnden mit einer ausschließlichen Anwendung des Erfolgsortsrechtes noch mehr gedient.[153] Das Recht des Handlungsortes kann daher die verhaltenssteuernde Funktion nicht erfüllen. Es kommt zu einer nicht gerechtfertigten Bevorzugung des Geschädigten. Jedoch ist gerade im Bereich der Persönlichkeitsrechtsverletzungen Ziel des Deliktsrechts, einen gerechten Ausgleich zwischen Schädiger und Geschädigtem zu erreichen. Jede einzelne Rechtsordnung beansprucht für sich, diesen Ausgleich vorzunehmen. Das Kollisionsrecht hingegen darf diese Interessenabwägung und dieses Gleichgewicht nicht wieder zerstören, indem es eine Seite bevorzugt.[154]

Ein Ausgleich der Interessen ist, wie eben dargestellt, also bei der Berücksichtigung von Handlungs- *und* Erfolgsort unmöglich.[155] Daher ist nach der hier vertretenen Ansicht auch das Wahlrecht des Art. 40 Abs. 1 EGBGB abzulehnen.[156] Das gleiche gilt im Hinblick auf mehrere Erfolgsorte: Auch dann ist keine gerechte Verknüpfung der einzelnen Rechte möglich. Es kommt dann hinzu, dass zu viele Rechtsordnungen anwendbar sein können, als dass noch irgendein einzelnes Recht eine verhaltenssteuernde Funktion erfüllen könnte. Die Kritik der ungerechtfertigten Geschädigtenbevorzugung wird potenziert.

Lediglich bei der Anwendung einer einzigen Rechtsordnung kann man überhaupt beiden Seiten gerecht werden. Es ist daher vom Grundsatz her entweder Handlungs- oder Erfolgsortsrecht anzuwenden. Jede Lösung, die mehrere Rechte berücksichtigen will, ist abzulehnen, da das Ergebnis entweder ungerechtfertigter Schutz des Schädigers oder des Geschädigten sein wird.

Letztendlich ist das teilweise vorgebrachte Argument der einfachen Handhabung des Günstigkeitsprinzips[157] nicht als gültige Begründung anzuerkennen, jeden-

---

Koch, RDV 1991, 109: das strengste Recht setzt den Verhaltensmaßstab; dennoch sieht *Koch* wegen des Opferschutzes die Günstigkeitsregel als richtig an.

153 Falsch daher *R. Wagner*, IPR bei Persönlichkeitsrechtsverletzungen, S. 77 (die kollisionsrechtlichen Interessen beider Seiten seien berücksichtigt) und *Soergel-Lüderitz*, Art. 38, Rn. 22, der auf den Schutz der Handlungsfreiheit abstellt; wie hier auch *Looschelders*, ZvglRWiss 1996, 69.

154 S. auch *Bourel*, Conflits des lois, S. 256, der betont, durch die Anwendung mehrerer Rechtsordnungen werde der Ausgleich in den jeweiligen Rechten gestört; *G. Wagner*, RabelsZ 62 (1998), 258 f.; *Bröcker*, Differenzierte Regelbildung, S. 101 ff.

155 Die kumulative Anknüpfung geht zu Lasten des Geschädigten, die alternative zu Lasten des Schädigers; vgl. *Kegel/Schurig*, IPR, S. 627; s. auch *Schurig*, GS Lüderitz, S. 706.

156 Kritisch gegen Art. 40 Abs. 1 EGBGB hinsichtlich der erstrebten Prozessökonomie: *Junker*, RIW 2000, 247.

157 So *Wagner*, IPR bei Persönlichkeitsrechtsverletzungen, S. 75, 77; diese Annahme beruhte wohl letztendlich auf Art. 38 EGBGB a.F., der in der Regel die Anwendung deutschen

falls wenn zentralere Argumente wie die kollisionsrechtliche Anknüpfungsgerechtigkeit für eine andere Lösung sprechen. Abgesehen davon, ist die Anwendung nur eines Rechts allemal einfacher als die Untersuchung beider Rechtsordnungen mit dem Ziel, die günstigere zu finden.[158]

Es gibt also keine überzeugende Begründung für das Günstigkeitsprinzip. Vielmehr ist zu fordern, dass nur ein einziges Recht anzuwenden ist. An diesem Postulat wird sich die folgende Diskussion orientieren. Für die gegenwärtige Rechtslage unter Art. 40 EGBGB ist zumindest zu fordern, dass kein Wahlrecht zwischen mehreren Handlungs- bzw. Erfolgsorten zu gewähren ist.[159]

d) Möglichkeiten der Anwendung nur eines Rechts

Die unter diesem Abschnitt folgenden Erörterungen wurden vor der Einführung des Art. 40 Abs. 1 EGBGB verfasst. Da der Verfasser dieses Wahlrecht zwischen Handlungs- und Erfolgsortsrecht weiterhin ablehnt, wurde an der Darstellung nichts geändert. Es handelt sich insoweit um Ausführungen de lege ferenda. Auch unter der neuen Rechtslage sind aber die Ausführungen zur Bestimmung eines schwerpunktmäßigen Erfolgsortes relevant, da nach richtiger Ansicht bei Art. 40 Abs. 1 EGBGB nur dieses Erfolgsortsrecht gewählt werden kann.

Es hat sich gezeigt, dass eine gerechte und sinnvolle Anknüpfung unmöglich ist, wenn man mehrere Rechtsordnungen gleichzeitig berücksichtigen will: Die Mosaikbetrachtung sowie alternative und kumulative Anknüpfung führen zu unangemessenen Ergebnissen. Vielmehr kann nur bei der Anwendung eines einzigen und einheitlichen Rechtes kollisionsrechtliche Gerechtigkeit erreicht werden. Eine Berücksichtigung von Handlungs- und Erfolgsortsrecht ist nicht möglich, da die Entscheidung letzten Endes doch auf nur ein Recht fallen muss.[160]

Das Deliktsrecht hat handlungssteuernde und schadensausgleichende Funktion.[161] Es soll also die Interessen von Schädiger und Geschädigtem in einen gerechten Ausgleich bringen. Wie der rechtsvergleichende Teil gezeigt hat, ist

---

Rechts ermöglichte.

158 Auch ist fraglich, welches Recht günstiger ist, wenn verschiedenartige Rechtsfolgen gewährt werden; Praktikabilität ablehnend auch *Riegl*, Streudelikte, S. 51 f.; schon *Frankenstein*, IPR II, S. 369 („unmöglich"); Art. 40 EGBGB verschiebt insoweit die Last von den Gerichten auf den Kläger.

159 So auch *von Hoffmann*, IPR, § 11, Rn. 28, 32.

160 Vgl. *Schönberger*, Tatortprinzip, S. 40.

161 S. nur *Deutsch*, Haftungsrecht, Rn. 17 f.; *Löffler*, Mediendelikte, S. 123, möchte die verhaltenssteuernde Funktion jedoch vernachlässigen.

gerade im Bereich des Persönlichkeitsschutzes deutlich, dass sich nicht nur der Geschädigte, sondern auch der Schädiger auf ein legitimes und sogar im öffentlichen Nutzen stehendes Interesse berufen kann. Es ist daher auch kollisionsrechtlich nach einer ausgeglichenen Lösung zu suchen.[162]

Der hier vertretene Ansatz beruht also nicht auf dem Gedanken, dass es um die Anknüpfung eines untrennbar mit einer Person verbundenen Rechts geht, welches nicht aufgespalten werden kann.[163] Vielmehr wird versucht, eine kollisionsrechtlich sinnvolle Lösung zu finden, die auch auf die Vorstellungen des materiellen Rechts Rücksicht nimmt. Es bieten sich, wenn man von der Anwendung eines Rechtes ausgeht, zwei Möglichkeiten an.

aa) Anwendung des Handlungsortsrechts

Die einfachere Lösung wäre die Anknüpfung an den Handlungsort.[164] Dies ist in der Regel nur ein Ort, und er entspricht der verhaltenslenkenden Funktion des Deliktsrechtes.

bb) Bestimmung eines schwerpunktmäßigen Erfolgsortes

Bei einer Anknüpfung an den Erfolgsort stellte sich häufig das Problem, dass es mehrere Erfolgsorte gibt. Dann müsste man dann einen Schwerpunkt herausfinden. Für den Erfolgsort spricht die schadensausgleichende Funktion, das Interesse des Geschädigten.[165]

---

162 Der Ansicht von *Schwiegel-Klein*, Persönlichkeitsrechtsverletzungen im IPR, S. 53 f., die admonitorische Funktion trete im deutschen Deliktsrecht zurück, kann daher nicht zugestimmt werden; zu den beiden entgegengesetzten Funktionen des Deliktsrecht, Opferentschädigung und Schutz der Freiheitssphäre des Handelnden, auch *Hohloch*, Deliktsstatut, S. 244; insb. zum Persönlichkeitsschutz *Schack*, UFITA 108 (1988), S. 62 f.

163 Gegen dieses Argument auch *OLG Hamburg* v. 8.12.1994, IPRspr. 1994, Nr. 51, S. 106; hierauf beruhen aber die Meinungen, die eine Anknüpfung an das Personalstatut befürworten.

164 Dafür nach alter Rechtslage *C. v. Bar*, IPR II, Rn. 662 ff.; *ders.*, Waseda FS, S. 588 f.; *Schack*, UFITA 108 (1988), S. 51, 62 ff. (aber bei beiden als Verbreitungsort definiert); *OLG Hamburg* v. 19.2.1970, UFITA 60 (1971), 322 (ohne Diskussion; Anwendung deutschen Rechts); *Rabel*, Conflict of Laws II, S. 322 f. (Ort der Herausgabe); *Walker*, IPR, S. 525 f.; *Zitelmann*, IPR II, S. 480, Fn. 178; *Raape*, IPR, 4. Aufl., S. 536 f. Die Mehrzahl von Handlungsorten im Bereich der wirtschaftlichen Verwertung von Persönlichkeitsgütern kann hier zunächst außer Acht bleiben, da es jeweils genauso viele Erfolgsorte gibt.

165 Für die ausschließliche Anknüpfung an den Erfolgsort nach früherer Rechtslage: *Birk*, Schadensersatz und sonstige Restitutionsformen im IPR, S. 203 f.; *Hohloch*, ZUM 1986, 178 f.; *Binder*, RabelsZ 20 (1955), S. 477, 499 (Hauptwirkungsbereich); *Beitzke*, JuS 1966, 142; *Riegl*, Streudelikte, S. 53 ff.; *Schwiegel-Klein*, Persönlichkeitsrechtsverletzungen im IPR, S. 53 ff.; *Bröcker*, Differenzierte Regelbildung, S. 91 ff.; im Bereich des Datenschut-

cc) Diskussion

Die Anknüpfung an das Handlungsortsrecht hat den Vorteil, dass es sich dabei in der Regel nur um ein einziges Recht handelt.[166] Der Erfolgsort ist hingegen nach der hier vorgenommenen Lokalisation oft in mehreren Ländern belegen. Einfacher wäre deshalb die Anwendung des Handlungsortsrechts. Ferner spricht die verhaltenssteuernde Funktion für den Handlungsort. Im Bereich des Persönlichkeitsschutzes ist diese Funktion im Vergleich zu anderen Deliktstatbeständen besonders bedeutsam. Denn die Entscheidung, ob ein Verhalten rechtswidrig ist, ist nicht immer offensichtlich und variiert in den einzelnen Rechten. Es liegt im Interesse und vielleicht auch in den Erwartungen des Handelnden, dass er nach dem Recht beurteilt wird, in dessen Bereich er handelt.[167] Dies wäre ein Recht, welches ihm bekannt ist, an dessen Standards er sich ohne Probleme orientieren kann. Damit würden vor allem auch alle Handlungen des Beklagten gleich behandelt, unabhängig davon, wer der Kläger ist.[168]

Doch gibt es gegen eine solche Anknüpfung starke Bedenken. Zunächst einmal sollte die Problemlosigkeit der Anknüpfung nicht entscheidend sein. Vorrangig hat die kollisionsrechtliche Gerechtigkeit die Erwägungen zu leiten. Wichtiger ist aber, dass der Handlungsort dem Kläger in keiner Weise zure-

---

zes für den Wohnsitz, allerdings vor allem aus praktischen Gesichtspunkten und ohne auf Handlungs- und Erfolgsort einzugehen: *Koch*, RDV 1991, 110, der außerdem über eine Sonderanknüpfung das Datenschutzrecht bei jeder Datenverarbeitung im Inland anwenden will, damit also das Wohnsitzrecht meistens doch nicht anwendet, S. 111; für Klägerwohnsitz auch *Rigaux*, Rev. crit. d.i.p. 1980, 470; dagegen *Hondius*, NILR 1983, 120; für wettbewerbsrechtliche Pressedelikte (Werbung): *BGH* v. 23.10.1970, GRUR 1971, 153, 154 (Tampax-Fall: Anwendbarkeit des deutschen Werbeortsrechtes, nicht des englischen Beklagtenwohnsitzrechtes; Werbeort als Ort des Handelns bezeichnet).

166 S. *Binder*, RabelsZ 20 (1955) S. 476; allg. auch *Zitelmann*, IPR II, S. 484 f.; Ausnahme kann die dritte Gruppe der Persönlichkeitsrechtsverletzungen sein. Bei diesen erübrigt sich aber eine Entscheidung zwischen Handlungs- und Erfolgsort, da diese nach der hier vertretenen Ansicht übereinstimmen.

167 Die verhaltenssteuernde, präventive und pönale Funktion des Persönlichkeitsrechtsschutzes zeigt sich in den materiellen Rechten neben der allgemeinen Rechtswidrigkeitsprüfung auch an immateriellem Schadensersatz, Berücksichtigung der Verschuldenshöhe bei dem Schadensersatz, „punitive damages" usw.; vgl. im deutschen Recht vor allem die neuen Caroline-Entscheidungen, z. B. *BGH* v. 5.12.1995, NJW 1996, 984 f., zur Geldentschädigung.

168 Dies wäre insbesondere im Bereich des Datenschutzes relevant, vgl. *Koch*, RDV 1991, 110, der die Anwendung eines einheitlichen Standards im Ergebnis aber nicht für erforderlich hält; mit diesem Argument begründet aber *Hondius*, NILR 1983, 120, die Anwendung der *lex fori* im Hinblick auf den Datenschutz. Andererseits käme es so bei verschiedenen Beklagten (Redakteur, Autor, Verleger usw.) möglicherweise zu einer Anwendung unterschiedlicher Rechte. Der Fall, dass mehrere Personen Beklagte sind, ist wohl häufiger als mehrere Kläger.

chenbar ist. In dieser Arbeit wurde der Handlungsort, entsprechend der allgemeinen Begriffsauffassung, gerade im Hinblick auf die Interessen und das ursprüngliche Verhalten des Beklagten definiert. Dieser Ort steht in keinem Verhältnis zu dem Betroffenen. Die Anwendung dieses Rechts widerspräche der These, dass das Kollisionsrecht wie das materielle Recht auf einen Ausgleich und ein beiden Seiten zurechenbares Recht zielen soll. Der Betroffene kann den Handlungsort in keinster Weise beeinflussen. Im Gegensatz dazu hat der Kläger die Möglichkeit, diesen Ort zu bestimmen. Es bestünde sogar eine erhebliche Manipulationsgefahr, wendete man lediglich dieses Recht an.[169]

Schließlich ist es auch so, dass sich ein Handelnder, der durch sein Tun bewusst und gezielt Folgen im Ausland hervorruft, redlicherweise nicht darauf verlassen kann, dass das Handlungsortsrecht die Rechtsfolgen seines Verhaltens regelt.[170] Es handelt sich ja nicht um Fälle, in denen der Erfolg nur zufällig im Ausland eintritt, wie zum Beispiel, wenn ein vergiftetes Lebensmittel nach Überschreiten einer Grenze gegessen wird und Körperverletzungen hervorruft. Der Beklagte wird also nicht davon ausgehen, dass andere Rechte irrelevant sein müssen. Grundsätzliche Bedenken gegen ein „Vertrauen" des Handelnden auf die Rechtslage nach einer bestimmten Rechtsordnung wurden schon oben genannt.[171] Insgesamt ist daher die Anknüpfung an den Handlungsort starken Bedenken ausgesetzt.

Der Erfolgsort[172] hingegen liegt im Interesse des von dem Delikt Betroffenen. Es handelt sich nach der hier vorgenommen Festlegung um ein ihm und seinen Rechtsgütern nahestehendes Recht.[173] Es ist das Recht, welches dem Kläger ohne weiteres zurechenbar ist. Andererseits darf das Recht des Persönlichkeitsschutzes nicht generell den Geschädigten bevorzugen. Beide Seiten haben legitime Interessen zu verteidigen. Mit den Interessen des Betroffenen alleine darf daher die Anknüpfung an den Erfolgsort nicht begründet werden.

Jedoch liegt der Unterschied zu der Einseitigkeit des Handlungsortes darin,

---

169 *Staudinger/von Hoffmann*, Art. 40, Rn. 64; *Mankowski*, RabelsZ 63 (1999), 271; aus Frankreich: *Bourel*, Conflits des lois, S. 216.

170 So schon *Note*, 60 Harv. L. Rev. 947 (1947); *Bröcker*, Differenzierte Regelbildung, S. 95 f.; *Schwiegel-Klein*, Persönlichkeitsrechtsverletzungen im IPR, S. 55; *Riegl*, Streudelikte, S. 56-58, 175 ff.; allgemein auch *Beitzke*, JuS 1966, 140; für das Internet z. B. *Bachmann*, AfP 1998, 184 (zur Zuständigkeit).

171 S. oben, S. 247, Fn. 127; vgl. auch *Riegl*, Streudelikte, S. 54, 175 f., der grundsätzlich in Frage stellt, ob im Kollisions-, im Vergleich zum materiellen Recht die Steuerungsfunktion die gleiche Bedeutung hat.

172 Das Problem mehrfacher Erfolgsorte bleibt hier zunächst ausgeklammert.

173 *Riegl*, a.a.O., S. 47; *Schönberger*, Tatortprinzip, S. 27; *Kreuzer*, RabelsZ 65 (2001), 425.

dass der Handelnde den Erfolgsort beeinflussen kann und er ihm damit zurechenbar ist: Der Beklagte richtet sein Verhalten bewusst auf das Ausland. Er weiß auch, dass die Betroffenen ihren „Schwerpunkt" in einem anderen Staat als dem Handlungsort haben können.[174] Dies gilt insbesondere bei Veröffentlichungen über internationale Prominente in Rundfunk und Presse, aber auch zum Beispiel bei einer Internet-Seite.[175] Das Handeln ist darauf angelegt, Folgen im Ausland hervorzurufen. Zurechenbarkeit und Vorhersehbarkeit liegen demnach vor.[176] Auch ist eine Manipulation auf Seiten des Betroffenen nicht zu befürchten. Denn Ruf und Ehre sind nicht unmittelbar örtlich verschiebbar. Der Wohnsitz wird kaum bloß wegen der zivilrechtlichen Regeln des Persönlichkeitsschutzes gewechselt. Verlegen Prominente ihren Wohnsitz in Staaten, die die Privatsphäre stärker schützen (zum Beispiel von England nach Frankreich), so kann darin keine Manipulation gesehen werden. Der Wohnsitz einer Person ist frei wählbar. Vom Gesichtspunkt der Zurechenbarkeit spricht also einiges für den Erfolgsort.

Wegen der gleichen Erwägungen kann dieser Ort auch eher als der Ort bezeichnet werden, an dem die Rechte und Interessen der beiden Seiten aufeinandertreffen.[177] Der Handlungsort hat nur Verbindungen zu dem Beklagten und seinem Verhalten, während der Erfolgsort Verbindungen zu Kläger und Beklagten beziehungsweise seinem Verhalten aufweist. An diesem Ort ist daher der Interessenausgleich zu „lokalisieren", der im Bereich des Persönlichkeitsschutzes entscheidend ist.[178] Das Verhalten am Handlungsort alleine macht noch

---

174 S. *Kreuzer*, RabelsZ 65 (2001), 425, der daher Art. 40 Abs. 1 ablehnt und vorrangig Erfolgsortsrecht anwenden will; s. auch *Schwiegel-Klein*, Persönlichkeitsrechtsverletzungen im IPR, S. 71; trotzdem lehnt (ohne Begründung) *Spindler*, ZUM 1996, 557, eine Zurechenbarkeit ab, wenn eine Zeitung nicht im Ausland verbreitet wurde. Die von ihm vorher festgestellte Zurechenbarkeit des Handlungsortsrechts schließt dies nicht aus. Zudem ist unklar, wie ein Betroffener eine nur in Deutschland vertriebene Zeitung im Ausland erwerben können soll.

175 *Spindler*, ZUM 1996, 557, meint hingegen, gerade wegen der Vorhersehbarkeit des weltweiten Empfangs scheide ein Abstellen auf einen „bestimmungsgemäßen Verbreitungsraum" im Internet aus. Dabei handelt es sich aber nicht um einen qualitativen, sondern nur einen quantitativen Unterschied zu den sonstigen internationalen Medien.

176 S. auch *W. Lorenz*, Vorschläge und Gutachten, S. 116 f.; *G. Wagner*, RabelsZ 62 (1998), 260 f.; *Riegl*, Streudelikte, S. 175 ff.; *Hohloch*, ZUM 1986, 179; aus Frankreich *Santa-Croce*, Anm. zu *Cass.* v. 14.1.1997, D. 1997, jur. 177, 178; zum Internet: *Bachmann*, AfP 1998, 184.

177 Vgl. auch *Bröcker*, Differenzierte Regelbildung, S. 132 und *Wagner*, IPR bei Persönlichkeitsrechtsverletzungen, S. 79; dies ist ja auch die ursprüngliche Begründung für die Tatortregel, vgl. *Schönberger*, Tatortprinzip, S. 9, 23.

178 So auch *Schack*, Rechtsschutz gegen grenzüberschreitende Persönlichkeitsverletzungen, S. 121 ff. (der freilich den Verbreitungsort Handlungsort nennt); vgl. aus dem französischen

kein Delikt aus. Erst durch die hervorgerufenen Wirkungen am Erfolgsort wird daraus eine unerlaubte Handlung.[179]
Zusammenfassend kann man also sagen, dass am Handlungsort nur die Interessen einer Seite vertreten sind, während der Erfolgsort beiden Seiten gerecht wird. Der Erfolgsort ist daher zu bevorzugen. Es stellt sich nur noch das Problem, wie bei mehrfachen Erfolgsorten zu verfahren ist. Die grundsätzlichen Erwägungen im Verhältnis von Handlungs- und Erfolgsort treffen dann genauso zu. Eine gänzlich andere Anknüpfung ist deshalb abzulehnen.[180] Sinnvoll und praktikabel erscheint eine Schwerpunktlösung.[181] Denn das Auffinden des Schwerpunktes steht im Prinzip hinter jeder kollisionsrechtlichen Anknüpfung, auch der Tatortregel.[182] Aus der Weiterführung dieses Grundsatzes folgt die Bestimmung eines Haupt-Erfolgsortes, des Ortes, an dem die Rechtsgüter des Betroffenen am stärksten beeinträchtigt wurden.

e) Bestimmung des schwerpunktmäßigen Erfolgsortes

Diese Schwerpunktbestimmung ist auch unter Art. 40 EGBGB relevant. Denn de lege lata ist eine Ausdehnung des Wahlrechts aus den hier vorgetragenen Gründen abzulehnen. Insoweit als mehrere Handlungsorte vorliegen, ist nach der hier vertretenen Ansicht ebenfalls ein Schwerpunkt zu bestimmen. Da dies nur bei dem kommerziellen Schutzbereich möglich ist, ist insoweit auf die Schwerpunktbestimmung unter Abschnitt (cc) zu verweisen.[183] Denn die Handlungs- und Erfolgsorte stimmen dort überein. Bei der Bestimmung des Schwerpunktes des Erfolges ist nun wiederum zwischen den drei Gruppen von Persönlichkeitsrechtsverletzungen zu differenzieren. Es ist jeweils der Ort festzustellen, an dem das Interesse und die Rechtsgüter des Klägers am wesentlichsten und stärksten beeinträchtigt werden.

Recht *Bourel*, Anm. zu *Cass.* v. 13.4.1988, Rev. crit. d.i.p. 1988, 553.

179 Diese Erwägung entspricht der Begründung der „last-event-rule“ der Vereinigten Staaten, wobei aber nach der hier vertretenen Ansicht die kollisionsrechtliche Zurechenbarkeit für den Handelnden hinzukommen muss.

180 Die anderen Möglichkeiten, Mosaik und Günstigkeit, wurden schon abgelehnt.

181 So auch *Staudinger/von Hoffmann*, Art. 40, Rn. 61, der allerdings im Verhältnis zum Handlungsort das Günstigkeitsprinzip bejaht.

182 Dies zeigt schon Art. 41 EGBGB. Daher ist auch der Ansicht von *Kristin*, Deliktsstatut, S. 142, entgegenzutreten, Schwerpunktlösungen seien stets nur der letzte Ausweg. Die Schwerpunktbestimmung ist dabei nicht lediglich als „Zählen“ der Berührungspunkte mit den einzelnen Ländern, sondern als Gewichten dieser im Hinblick auf kollisionsrechtliche Interessen anzusehen; es gilt also nicht *grouping of contacts*, sondern *most significant relationship*.

183 S. S. 263.

aa) Ehre

Das Rechtsgut der Ehre, im oben festgelegten Sinn, betrifft die Beziehung zur und das Ansehen der Person in ihrer Umwelt. Eine solche Beziehung kann durch eine Veröffentlichung überall dort beeinträchtigt sein, wo diese Person überhaupt bekannt ist, also ein wie auch immer geartetes Ansehen hat. Der Schwerpunkt einer solchen Beeinträchtigung wird aber im Regelfall dort liegen, wo die Person ihren Lebensmittelpunkt hat, sich gewöhnlich aufhält.[184] Dort spürt die Person die Auswirkungen der Ansehensbeschädigung am erheblichsten. Das Recht dieses Ortes kann demnach auch am besten entscheiden, ob eine Aussage über den Betroffenen dessen Ehre verletzt und die Stärke der Verletzung bemessen.

Dies setzt jedoch voraus, dass es sich um einen Erfolgsort handelt, das heißt es muss dort an dem Wohnsitz zu einer Veröffentlichung gekommen sein. Ist dies nicht der Fall, so kann nur einer der sonstigen Orte in Betracht kommen, am Wohnsitz das Verhältnis der Umwelt gegenüber dem Betroffenen aber nicht verschlechtert sein.[185] Dann wird die Ehre in der Regel dort, wo die Veröffentlichung zahlenmäßig dominiert, am stärksten beschädigt sein. Es kommt hierbei aber auf die Umstände des Einzelfalles ab. Ist zum Beispiel auch der Beruf des Klägers betroffen, so kann dessen (Haupt-) Arbeitsort der Ort der erheblichsten Beeinträchtigung sein. Insofern kann auch der Inhalt oder das Thema der Veröffentlichung relevant sein, wenn diese nämlich vor allem auf ein örtliches Gebiet abzielt.

Auch dann, wenn an dem Wohnsitz nur eine geringfügige Anzahl von Veröf-

---

[184] So auch *Staudinger/von Hoffmann*, Art. 40, Rn. 61, der dies aber auf alle Persönlichkeitsrechtsverletzungen bezieht und alternativ auf das Handlungsortsrecht abstellt; ebenso *Schönberger*, Tatortprinzip, S. 93 f.; auch *Schwiegel-Klein*, Persönlichkeitsrechtsverletzungen im IPR, S. 68 ff., die dies aber als strikte Lösung ansieht; *von Hinden*, Persönlichkeitsrechtsverletzungen im Internet, S. 168 ff. (sofern dort Abrufbarkeit gegeben); dagegen *Riegl*, Streudelikte, S. 107 („Fiktion"); dagegen aber für international bekannte Personen auch *Spindler*, ZUM 1996, 558; dagegen auch *Wagner*, RabelsZ 62 (1998), 273 (dies sei der Ort der Folgeschäden).

[185] Durch diese Bedingung der Verbreitung wird die hier vorausgesetzte Zurechenbarkeit des Erfolgsortes für den Handelnden gewährleistet.
Sekundäre Verbreitung, wie z. B. über „Mundpropaganda", ist quantitativ zu vernachlässigen, ebenso wie das zufällige Wahrnehmen in einem anderen Land als dem Veröffentlichungsland, z. B. durch die Mitnahme von Exemplaren eines Druckerzeugnisses. Anders insoweit *Staudinger/von Hoffmann*, Art. 40, Rn. 62, der stets das Wohnsitzrecht (alternativ zum Handlungsortsrecht) anwenden will, auch wenn am Wohnsitz keine "planmäßige Verbreitung" erfolgte. Er will im Einzelfall eine Auflockerung der Tatortregel annehmen; wie dieser (Irrelevanz des Verbreitungsgebietes) *Schönberger*, Tatortprinzip, S. 95; insoweit wie hier: *BGH* v. 3.5.1977, NJW 1977, 1591, zur Zuständigkeit.

fentlichungen erfolgt, wenn also nur wenige Menschen diese zur Kenntnis nehmen, kann ein anderer Veröffentlichungsort unter Umständen vorzugswürdig sein. Dies ist der Fall, wenn eine erheblich größere Anzahl von Personen eine Publikation wahrnimmt und der Kläger dort „bekannt" ist. Zahlen- oder prozentmäßige Vorgaben sind insoweit aber nicht tunlich, denn die Quantität der Verbreitung ist bloß einer der zu berücksichtigenden Faktoren. Im jeweiligen Fall ist eine wertende Einschätzung aller Kriterien vorzunehmen.

Als Beispiel sei aber der Fall eines iranischen Politiker genannt, der behauptete, durch eine im deutschen Fernsehen gesendete Satire an seiner Ehre verletzt worden zu sein. Er wollte sich dabei auch auf iranisches Recht berufen, welches dies vermutlich eher bejaht hätte als das deutsche Recht. Es erfolgte vermutlich gar keine Verbreitung im Iran, zumindest werden dort kaum Menschen diese Sendung wahrgenommen haben. Es kann daher schwerpunktmäßig nur das Ansehen des Politikers in Deutschland relevant sein, so dass ausnahmsweise auf deutsches Recht und nicht das Wohnsitzrecht des Betroffenen abzustellen wäre.[186] Damit erübrigte sich auch der im Raum stehende *ordre public* Vorbehalt, der bei Anwendung iranischen Rechtes im Hinblick auf die Meinungsfreiheit durchaus greifen könnte. Bei derart weit (sowohl lokal als auch inhaltlich) entfernten Kulturen kommen auch Sprachgrenzen zum Tragen[187], die in der westlichen Hemisphäre geringere Bedeutung haben.

In der Praxis wird es nur in den seltensten Fällen so sein, dass die Verbreitung gerade an dem Lebensmittelpunkt bloß geringfügig ist, denn vor allem dort interessiert sich die Bevölkerung für diese Person. An anderen Orten mag sie weniger bekannt und damit für die Menschen sowie für die Medien uninteressant sein.

bb) Privatsphäre

Nach der hier vorgenommen Bestimmung des Erfolgsortes bei Persönlichkeitsrechtsverletzungen, die den Bereich der Privatsphäre betreffend, gibt es keine Vielzahl von Erfolgsorten. Das Rechtsgut ist (bei Distanzdelikten) stets am gewöhnlichen Aufenthaltsort als dem Lebensmittelpunkt „belegen". Bei tatsächlichen Eingriffen liegt ohnehin ein Platzdelikt vor, das nach dem tatsächlichen Aufenthaltsrecht zu beurteilen ist.

---

186 Die Rechtsprechung hätte diesen Fall früher unproblematisch über die Ausweichklausel des Art. 38 a.F. EGBGB gelöst. Nach der neuen Rechtslage käme es zur Anwendung des *ordre public* Vorbehaltes.

187 Das heißt, schon durch die Spreche wird der Umfang der Verbreitung und damit auch der mögliche Schaden an der Ehre beschränkt.

cc) Kommerzieller Schutzbereich

Im Bereich der dritten Gruppe von Persönlichkeitsrechtsverletzungen geht es um den wirtschaftlichen Wert von Persönlichkeitsgütern. Es ist folglich sinnvoll, auch den Schwerpunkt der Verletzung nach wirtschaftlichen Kriterien zu bestimmen. Persönliche Kriterien, wie der Wohnsitz oder Aufenthalt des Betroffenen, müssen irrelevant sein.[188] Freilich können sie im Hinblick auf das dort bestehende wirtschaftliche Interesse ein besonderes Gewicht besitzen.

Es muss der Schwerpunkt des „Gebrauches" oder der Verwertung der Persönlichkeitsgüter ermittelt werden.[189] Entscheidend ist damit der Ort, an dem die kommerzielle Nutzungsmöglichkeit des Klägers durch das Handeln des Beklagten am erheblichsten beeinträchtigt wird. Wo dies der Fall ist, muss dann im Einzelfall festgestellt werden, wobei aufgrund des quantitativen Kriteriums jedoch keine größeren Probleme auftreten dürften.[190]

Oft wird das wirtschaftliche Interesse an der Verwertung von Persönlichkeitsgütern im Bereich des beruflichen Hauptwirkungskreises der Person am stärksten verletzt sein,[191] denn dort ist diese Person bzw. ihre „publicity" normalerweise am gewinnbringendsten zu vermarkten. Dementsprechend wird dort auch eher ein „Missbrauch" der Persönlichkeitsgüter stattfinden. Andererseits sind in der heutigen Zeit viele Personen global bekannt und besitzen überall einen wirt-

---

188 Vgl. auch *Restatement (Second) Conflict of Laws*, § 145, comment e (1971): das Anwendungsinteresse des Wohnsitzstaates sei generell bei der Verfolgung wirtschaftlicher Interessen geringer als bei persönlichen Interessen, wie Ehre oder Privatsphäre; auch *Cray*, 31 UCLA L. Rev. 655 f. (1984) zum *right of publicity*.

189 So auch *Cray*, 31 UCLA L. Rev. 662 ff. (1984): „place of the greatest infringement".

190 Diese Anknüpfung rückt damit in die Nähe der sogenannten „reinen Vermögensverletzungen". Bei diesen soll es ja nach herrschender Auffassung auch auf die Belegenheit des Vermögens, also des wirtschaftlichen Interesses, ankommen, s. nur *Soergel-Lüderitz*, Art. 38, Rn. 11 m. w. Nw., und es soll nicht auf den Lageort einzelner Vermögensgegenstände abgestellt, sondern ein Schwerpunkt festgelegt werden, s. *Staudinger/von Hoffmann*, Art. 40, Rn. 282; *Birk*, Schadensersatz und sonstige Restitutionsformen im IPR, S. 123 (im Regelfall Wohnsitz); bei Wettbewerbsdelikten, zu welchen ebenfalls ein Parallele angesprochen wurde, nimmt jedoch die h. M. wohl keine Schwerpunktbestimmung bzgl. mehrerer in Betracht kommender Märkte an, sondern vertritt die territoriale Aufspaltung, vgl. *BGH* v. 30.6.1961, BGHZ 35, 329, 336 f. (Kindersaugflaschen); *BGH* v. 24.7.1957, GRUR 1958, 189, 197 ff. m. Anm. Hefermehl (Zeiß-Fall); vgl. auch *Riegl*, Streudelikte, S. 135 ff.; zu der Parallele zu Vermögens- und Wettbewerbsverletzungen s. schon oben, S. 239.

191 Für die Anwendung des Rechtes des gewöhnlichen Aufenthaltes des Geschädigten bei reinen Vermögensschäden, *W. Lorenz*, Vorschläge und Gutachten, S. 117; auch (im Regelfall) *Staudinger/von Hoffmann*, 13. Aufl., Art. 38, Rn. 498 f.; *Birk*, Schadensersatz und sonstige Restitutionsformen im IPR, S. 123.

schaftlichen Wert.[192] Wird also zum Beispiel mit dem Konterfei eines amerikanischen Stars nur in Japan Werbung gemacht, so ist die Rechtsgutsverletzung dort zentriert und japanisches Recht sollte angewendet werden.

f) Zwischenergebnis

Die Diskussion hat ergeben, dass lediglich die Anwendung des Rechts des Ortes der Rechtsgutsverletzung eine sinnvolle Anknüpfung im Bereich der Persönlichkeitsrechtsverletzungen darstellt.[193] Günstigkeitsprinzip und Mosaikbetrachtung sowie die Anwendung nur des Handlungsortsrechtes sind abzulehnen, wobei das Handlungsortsrecht de lege lata aber anzuwenden ist. Bei einer Vielzahl von Verletzungsorten muss es zu einer Schwerpunktbestimmung kommen.

Demnach sind im Bereich des Ehrenschutzes die Erfolgsorte an den Orten der Wahrnehmung von Veröffentlichungen zu lokalisieren. Bei einer Vielzahl ist das Rechtsgut in der Regel am Lebensmittelpunkt des Klägers am stärksten betroffen. Im Einzelfall kann die Berücksichtigung anderer Gegebenheiten, wie des Umfanges der Verbreitung, aber zu einer anderen Schwerpunktlokalisierung führen.

Bei dem Schutze der Privatsphäre ist zwischen tatsächlichen Eingriffen und solchen durch Veröffentlichungen zu unterscheiden. Bei Realakten ist auf den tatsächlichen Handlungsort abzustellen. Dieser fällt mit dem Erfolgsort zusammen. Bei Veröffentlichungen und sonstigen Verletzungen (z. B. Datenverarbeitung) ist sinnvollerweise nur der soziale Lebensmittelpunkt des Betroffenen als Ort der Belegenheit des Rechtsgutes zu verstehen, und dieses Recht anzuwenden.

Die wirtschaftliche Verwertungsmöglichkeit im Hinblick auf die Persönlichkeitsgüter ist grundsätzlich in jedem Land belegen, in dem ein wirtschaftlicher Wert zu bejahen ist, wo also ein Gewinn gemacht werden könnte. Der Schwerpunkt der Rechtsgutsverletzung ist quantitativ, nach wirtschaftlichen Kriterien zu bestimmen. Nicht selten wird dies der berufliche Hauptwirkungsbereich des Betroffenen sein.

Es kommt bei den Schwerpunktbestimmungen jedoch stets auf die Umstände des Einzelfalles an.

---

192 Anders als im Bereich der US-Bundesstaaten, wird im internationalen Bereich kaum eine relativ gleichmäßige Verteilung vorkommen. Die Bedenken, der Schwerpunkt sei mehr oder weniger zufällig und hänge vielleicht von einem Prozentpunkt ab, greift daher für uns nicht. Zu diesen Bedenken *Cray*, 31 UCLA L. Rev. 668 f. (1984).

193 Die Argumente zur Ablehnung insbesondere des Günstigkeitsprinzips legen aber auch im allgemeinen die Anwendung des Erfolgsortsrechtes als Deliktsstatut nahe.

VI. Einfluss der privatrechtsgestaltenden Wirkungen des Verfassungsrechts auf die Anknüpfung

Es soll nun gefragt werden, ob aufgrund der verfassungsrechtlichen Bezüge des Persönlichkeitsschutzes eine generell andere Anknüpfung als die oben bestimmte zu fordern ist. Diese Problematik ist bisher noch nicht ausreichend erörtert worden, meist wird nur auf die Existenz des *ordre public* Vorbehaltes hingewiesen.[194] Wegen der Bindung auch des Kollisionsrechts an die Verfassung[195] ist eine eingehendere Diskussion jedoch angezeigt.

Die folgenden Erörterungen wurden auf der Grundlage der alten Rechtslage erstellt. Sie sind nunmehr teilweise als Kritik an dem Wahlrecht des Art. 40 EGBGB zu verstehen insoweit als die verfassungsrechtlichen Bezüge durch diese Anknüpfung nicht adäquat berücksichtigt werden.

1. Erörterung der Einflüsse

Auf die privatrechtsgestaltenden Einflüsse des Verfassungsrechts auf den Schutz der Persönlichkeitsrechte in den einzelnen Rechtsordnungen wurde bereits oben bei der Zusammenfassung des materiell rechtsvergleichenden Teils eingegangen. Ergänzend sollte noch gesagt werden, dass über die Grundrechte in der Regel nur die Rahmenbedingungen des Zivilrechts gesetzt werden, also nicht stets nur eine Regelungsmöglichkeit als verfassungsgemäß angesehen wird. Zudem ist nicht in jedem Fall der Grundrechtsbezug gegeben, bzw. er ist manchmal nur sehr schwach. Dies gilt dies insbesondere für das wirtschaftliche Interesse an der Auswertung der Persönlichkeitsattribute. Rein kommerzielle Interessen sind weder von dem Grundrecht des Persönlichkeitsrechts noch von der Meinungsfreiheit geschützt. Das wird nicht nur in Deutschland so gesehen. Deshalb muss dieser Bereich aus dem Problemkreis der Berücksichtigung verfassungsrechtlicher Einschläge eigentlich überhaupt ausgeschieden werden. Auch sonst variiert die Stärke des Einflusses. So mag sie zum Beispiel bei Beleidigungen, die sich auf die Politik oder öffentliche Angelegenheiten eines Landes beziehen, größer sein. Auch kann sie von der Art des Beklagten abhängen, die Bedeutung der Meinungsfreiheit ist zum Beispiel für die Medien größer als für Privatpersonen.

---

194 Bsp.: *Looschelders*, ZvglRWiss 1996, 56, 88; *Ehmann / Thorn*, AfP 1996, 23 f.; noch nicht einmal Erwähnung des *ordre public* bei *Schwiegel-Klein*, Persönlichkeitsrechtsverletzungen durch Massenmedien im IPR, S. 29, 35 (es seien keine staatlichen Interessen auszumachen); s. aber *Schack*, Rechtsschutz gegen grenzüberschreitende Persönlichkeitsrechtsverletzungen, S. 120 f.

195 Vgl. nur *BVerfG* v. 4.5.1971, BVerfGE 31, 58 (Spanier-Entscheidung).

Im übrigen kann der Einfluss des Verfassungsrechts auf das Recht der Persönlichkeitsrechtsverletzungen für alle Rechtsordnungen folgendermaßen zusammengefasst werden: In dem Zivilrecht der deliktischen Haftung für Persönlichkeitsrechtsverletzungen drückt sich ganz konkret eine Abwägung zwischen zwei entgegengesetzten verfassungsrechtlichen Positionen, dem Persönlichkeitsrecht (Ehre oder Privatsphäre) und der allgemeinen Meinungs-, Presse- und Handlungsfreiheit, aus.[196] Es ist also nicht bloß das Problem der Beschränkung der Meinungs- und Pressefreiheit durch Haftungsrisiken, also die verhaltenssteuernde Funktion der Haftung für Persönlichkeitsrechtsverletzungen, die diesem Bereich seine verfassungsrechtliche Prägung gibt.[197] Es geht um konträre verfassungsrechtliche Positionen. Jede Rechtsordnung hat deren Verhältnis auf eine spezifische Weise geregelt, indem sie die Haftungsregeln je nach Fallgestaltung zugunsten der einen oder anderen Seite ausschlagen lässt. In diesem Recht spiegeln sich somit die gesellschaftlichen, kulturellen und politischen Ansichten und Grundeinstellungen des Landes wider. Damit spielen indirekt auch staatliche Interessen in das Zivilrecht hinein.[198]

Zusätzlich zu den einzelstaatlichen Verfassungsrechten muss auch auf die Bedeutung der internationalen Abkommen hingewiesen werden. In dieser Arbeit soll nur die Europäische Menschenrechtskonvention (EMRK) hervorgehoben werden, da sie wegen der Rechtsprechung des Gerichtshofes und den Entscheidungen der Kommission in dem hier interessierenden Bereich eine Konkretisierung erfahren hat. Die EMRK statuiert wie das deutsche und ausländische Verfassungsrechte die Grundrechtsposition beider Streitparteien, Meinungsfreiheit und Privatsphäre beziehungsweise Ehre.[199] Die EMRK hat zwar keine unmittelbare Wirkung zwischen Privatpersonen, doch hat der Staat die Voraussetzungen für den Schutz der Grundrechte zu gewährleisten.[200] Die EMRK lässt den Staa-

---

196 Vgl. z. B. *Kadner Graziano*, Europäisches Internationales Deliktsrecht, S. 86; für die USA, Kanada und England *Richards*, Transnat'l Law. 1990, 615 f., 632.

197 Freilich ist auch dieses Element sehr wichtig, wie die Darstellungen bereits gezeigt haben, und ein bedeutender Faktor, der die Anknüpfung bestimmen muss. Vgl. zu der Funktion z. B. *Ehrenzweig*, FS für Rabel I, S. 656; *Rose*, 30 Hastings L.J. 1516 (1979); zu einseitig für die Seite des Persönlichkeitsschutzes z. B. *Stäheli*, Persönlichkeitsverletzungen im IPR, S. 109 (er spricht den *ordre public* Vorbehalt nur bei unzureichendem Persönlichkeitsschutz an, vergisst den umgekehrten Fall); umgekehrt einseitig z. B. *Ehmann / Thorn*, AfP 1996, 23 f. (Art. 6 EGBGB nur zur Absicherung der Pressefreiheit).

198 Falsch daher *Schwiegel-Klein*, wenn sie behauptet, im Persönlichkeitsschutz seien keine staatlichen Interessen involviert, Persönlichkeitsrechtsverletzungen im IPR, S. 29, 35.

199 Art. 8 Abs. 1 EMRK (Privatsphäre); Art. 10 Abs. 1 EMRK (Meinungsfreiheit); Art. 10 Abs. 2 EMRK („guter Ruf und Rechte anderer").

200 S. mit Darstellung der Gegenansichten *Murswieck*, Pflicht des Staates zum Schutz vor Ein-

ten zwar einen großen Ermessensspielraum im Hinblick auf die Ausgestaltung des Verhältnisses beider Seiten.[201] Doch es ist möglich, dass eine nationale, zivilrechtliche Regelung gegen die EMRK verstößt oder zivilrechtliche Schutzansprüche nicht in dem erforderlichen Mindestmaß gegeben sind.[202] Auch die EMRK enthält also gewisse Grundvoraussetzungen, einen Rahmen für das Zivilrecht des Persönlichkeitsschutzes, wobei ebenfalls betont wird, dass es um den Ausgleich zwischen den beiden Menschenrechten geht.[203]

Der verfassungsrechtliche Bezug besteht demnach, stark vereinfacht, darin, dass das Zivilrecht das Verhältnis zweier Verfassungsgüter regelt, die Rechte von Handelndem und Verletztem gegeneinander abwägt.

2. Einfluss auf die Anknüpfung

a) Alternativen

Zu der hier vertretenen Anknüpfung an den Erfolgsort gibt es mehrere Alternativen, die auch oben schon erörtert wurden. Sie sollen jetzt nur dahingehend untersucht werden, ob sie den verfassungsrechtlichen Bezug des Persönlichkeitsschutzes besser berücksichtigen als die Anwendung des Erfolgsortsrechts. Ausschließen kann man allerdings ohne weiteres das Günstigkeitsprinzip und zwar auch in der Form des Art. 40 Abs. 1 EGBGB. Dieses widerspricht offensichtlich der Funktion, die verfassungsrechtlichen Positionen abzuwägen, da generell die Seite des Klägers bevorzugt und damit das Balanceverhältnis gestört wird. Das Günstigkeitsprinzip kann daher sicher nicht den verfassungsrechtlichen Einschlag widerspiegeln.[204] Deshalb werden hier die Mosaikbetrachtung,

---

griffen Dritter nach der EMRK, S. 215 ff., 229; zum Erfordernis eines staatlichen Eingriffes auch *Fahrenhorst*, ZEuP 1998, 89.

201 *Vgl. z. B. Winer / UK*, Yb. Eur. Conv. H.R. 29 (1986), S. 70, 84 f. (Kommission v. 10.7.1986, Nr. 10871/84); *Tsakiridis*, Das Recht der Meinungsäußerungsfreiheit nach Art. 10 EMRK, S. 243 ff.

202 *Engel*, RabelsZ 53 (1989), S. 16 f.; die überwiegende Anzahl der Entscheidungen ergeht allerdings zum Strafrecht, vgl. den Überblick bei *Probst*, Art. 10 EMRK – Bedeutung für den Rundfunk in Europa, S. 34 ff.

203 Vgl. *Winer / UK*, Yb. Eur. Conv. H.R. 29 (1986), S. 84 (Kommission v. 10.7.1986, Nr. 10871/84); auch Art. 8 Abs. 2 EMRK a.E. und Art. 10 Abs. 2 EMRK; *Tsakiridis*, Das Recht der Meinungsäußerungsfreiheit nach Art. 10 EMRK, S. 243 ff.; *Fahrenhorst*, ZEuP 1998, 97 ff.

204 Dies gilt nicht nur für Rechtsordnungen, die die Meinungsfreiheit bevorzugen. Auch bei stark persönlichkeitsbetonenden Rechtsordnungen wird die verfassungsrechtliche Position des Handelnden in Erwägung gezogen, soll aber eher zurücktreten; s. auch *Kadner Graziano*, Europäisches Internationales Deliktsrecht, S. 86 f.

das Handlungsortsrecht und die *lex fori* in Betracht gezogen.

Das Gegenmodell zu diesen Anknüpfungen, die insgesamt das oben bestimmte Erfolgsortsrecht ersetzen könnten, ist das bloß ausnahmsweise Eingreifen des *ordre public* Vorbehaltes, wenn die verfassungsrechtlichen Bezüge dies verlangen. Damit könnte man allerdings nur den deutschen *ordre public* durchsetzen. Im Gegensatz dazu wäre eine allgemein die verfassungsrechtlichen Wertungen berücksichtigende Anknüpfung ein allseitiges System, das über das Kollisionsrecht den in den Haftungsregeln zum Ausdruck kommenden Grundfunktionen und -wertungen aller materiellen Rechte Geltung verschafft.[205]

aa) Mosaikbetrachtung

Auf den ersten Blick scheint die Mosaikbetrachtung die optimale Lösung zu sein, um die, sich in den Haftungsregeln der betroffenen Staaten niederschlagenden Grundrechtspositionen zu berücksichtigen. Das Delikt wird territorial aufgespalten. Kein Land mischt sich in die Abwägung nach den anderen Rechten ein, und jedes Land setzt seine Grundwertungen für seinen Bereich durch.[206] Keine Rechtsordnung kann behaupten, sie werde diskriminiert, ihre Überzeugungen verdrängt.

bb) Handlungsortsrecht

Die Möglichkeit der Anwendung des Handlungsortsrechtes könnte hingegen besonders gut berücksichtigen, dass sich der Handelnde auf Grundfreiheiten berufen kann.[207] Die verhaltenslenkende Funktion des Persönlichkeitsschutzes und die Betonung der Beklagtenrechte sprechen für die Anknüpfung an den Handlungsort und begründen das Regelungsinteresse dieses Rechts.

cc) Lex fori

Aus der Sicht des richtenden Staates wäre letztendlich die Anwendung der *lex*

---

205 Soweit nicht unabdingbare Grundsätze des deutschen Rechts betroffen sind, ist eine allseitige Annäherung an das IPR Problem vorzugswürdig, vgl. nur *Kegel/Schurig*, IPR, S. 274; zur Abgrenzung von *ordre public* und Sonderanknüpfung s. unten, S. 275 ff.

206 So auch *Richards*, Transnat'l Law. 1990, 646 f., die diese Lösung aber im Ergebnis als undurchführbar ablehnt; in den Vereinigten Staaten wurde vereinzelt die Ansicht vertreten, andere Ansätze als die Mosaikbetrachtung seien verfassungsrechtlich nicht vertretbar, *Note*, 28 N.Y.U. L. Rev. 1013 (1953); s. auch *Pielemeier*, 133 U. Pa. L. Rev. 414 f. (1985).

207 In den Vereinigten Staaten wird von einer Mindermeinung vertreten, der verfassungsrechtliche Bezug verlange eine Anwendung des Handlungsortsrechts auf die Frage der Verhaltens- und Verschuldensstandards, *Rose*, 30 Hastings L. J. 1532 f., 1540 (1979).

fori konsequent, also des deutschen Rechtes für den Persönlichkeitsschutz vor deutschen Gerichten. Dies ist sicherlich in der Praxis auch das vorherrschende Modell.[208] Allerdings ist diese Praxis nicht zwingend auf besondere Merkmale des Persönlichkeitsschutzes zurückzuführen.[209]

Die Anwendung stets des deutschen Rechtes würde dazu führen, dass die konkreten Einflüsse des Grundgesetzes stets durchgesetzt, unsere Verfassungswerte am besten verteidigt würden.

b) Diskussion

Hier soll nicht erneut auf die praktische Unmöglichkeit der Durchführung einer Mosaikbetrachtung eingegangen werden.[210] Vielmehr soll es nur um die verfassungsrechtliche Problematik gehen. Vordergründig scheint die Mosaikbetrachtung die Lösung zu sein, die von allen beteiligten Rechten akzeptiert werden könnte. Denn die kulturellen und gesellschaftlichen Ansichten und die Grundeinstellung zur Presse werden für jedes Recht und sein „Territorium" anscheinend gleichberechtigt durchgesetzt. Die Mosaikbetrachtung kann jedoch, wie oben bereits ausgeführt[211], die verfassungsrechtlichen Bezüge aller involvierten Rechtsordnungen tatsächlich nicht in gleicher Weise berücksichtigen. Es setzen sich nämlich nicht alle Erfolgsortsrechte in gleicher Weise durch. Denn der Handelnde steht fast immer unter dem Zwang, eine Alles-oder-Nichts Entscheidung treffen zu müssen. Es gibt keine Anpassung an die Rechte jedes Erfolgs- (Verbreitungs-) Landes. Damit werden jedoch diejenigen Rechte verdrängt, die in ihren Regeln eine liberalere, die Meinungsfreiheit betonende Grundwertung niedergelegt haben. Der Handelnde muss sich an das restriktivste, den Kläger am meisten bevorzugende Recht halten, wenn er sich nicht der Gefahr einer Haftung aussetzen will. Damit ist die Bevorzugung des Klägers Ergebnis dieser Anknüpfung. Die verfassungsrechtliche Beeinflussung liegt jedoch gerade in dem Ausgleich, nicht der schlichten Bevorzugung einer Seite.[212]

Allgemein ist es sicher auch nicht unbedingt wünschenswert, die internationalen Medien zu zwingen, sich an jeder Rechtsordnung zu orientieren, die irgendwie berührt wird. Der Zwang zu unterschiedlichen Ausgaben für jedes Land

---

208 Was früher vor allem an Art. 38 a.F. EGBGB lag; *Hondius*, NILR 1983, 120, vertritt die Anwendung der *lex fori* für den Bereich des Datenschutzes. „*lex fori*" gilt aber genauso in der Praxis anderer Rechtsordnungen.

209 *C. v. Bar*, Waseda FS, S. 592 f.

210 S. zu der Mosaikbetrachtung oben, S. 245 ff.

211 a.a.O.

212 Umgekehrt kann es auch zu einer Nichtberücksichtigung einer (vereinzelten) persönlichkeitsschutzbetonten Rechtsordnung kommen, a.a.O.

würde einen extrem hemmenden Effekt ausüben und vielleicht zu dem generellen Unterlassen der Auslandsverbreitung führen, was jedenfalls in allen westlichen Demokratien nicht erwünscht wäre. Alleine die Unvorhersehbarkeit der Inhalte der anzuwendenden Recht brächte im Ergebnis eine unangemessene Beschränkung der Meinungsfreiheit.[213] Die Internationalisierung oder Globalisierung der Medien, die - ganz unabhängig von dem Inhalt derselben - für alle Empfänger Vorteile bringt, indem sie den Zugang zu einem größeren Medienangebot eröffnet, würde also durch eine Mosaikbetrachtung eher behindert.

Zudem hätte, wenn man alle Verbreitungsortsrechte berücksichtigt, sicher auch der Handlungsort ein berechtigtes Interesse daran, dass seine Abwägung zwischen Persönlichkeitsrecht und Handlungsfreiheit nicht gänzlich übergangen wird.[214] Dies gilt insbesondere dann, wenn dieser Ort die Rechte seiner ansässigen Presse betont. Will man auch den Handlungsort berücksichtigen, so hat man, wie oben dargestellt, nur die Wahl zwischen der Kumulation und der alternativen Anwendung. Wie ausgeführt, ist es dann jedoch unmöglich, den Ausgleich zwischen den entgegengesetzten Rechtspositionen auch in dem Kollisionsrecht auszudrücken. Die Kumulation bevorzugt den Beklagten, das Günstigkeitsprinzip bevorzugt den Kläger. Der Zweck der materiellen Recht würde dann in jedem Fall zunichte gemacht.

Ebenfalls ist umgekehrt anzunehmen, dass der Wohnsitzstaat des Betroffenen ein besonderes Interesse an dem Schutz von dessen Persönlichkeitsrechten haben kann. Auch dies bleibt bei einer Mosaikbetrachtung vernachlässigt, die lediglich auf die Verbreitung von Äußerungen abstellt.

Die Anwendung des Handlungsortsrechtes wäre aus der Sicht der Medien wünschenswert. Diese könnten sich auf das ihnen nahestehende und zurechenbare Recht verlassen, und die Rechtssicherheit wäre für sie sehr groß. Damit wäre die Meinungs- und Pressefreiheit ausreichend geschützt. Oben[215] wurden schon die entscheidenden Argumente gegen das Handlungsortsrecht genannt, die auch für den grundrechtlichen Bezug gelten: Es geht in dem zivilrechtlichen Bereich des Persönlichkeitsschutzes nicht nur um den Schutz der Meinungsfreiheit und um die Verhaltenssteuerung[216], sondern um den Ausgleich mit den

---

213 Vgl. *Note*, 60 Harv. L. Rev. 945 (1947).

214 Im Vergleich zu einem Ort einer geringfügigen Verbreitung kann der Handlungsort, der ja meist mit dem Sitz des Beklagten übereinstimmt, erhebliche und vielleicht stärkere Kontakte zu dem Sachverhalt geltend machen. Die Gleichwertigkeit der Rechte wäre dann nicht gewährleistet, wenn sich die Ansichten des einen, aber nicht des anderen Landes bei der Rechtsanwendung niederschlügen.

215 S. zu dem Handlungsortsrecht oben S. 257 ff.

216 Selbst wenn man auf die wichtige Verhaltenssteuerung abstellt, macht es einen Unterschied, was der Handelnde als anwendbares Recht bevorzugt und wovon er legitimerweise

Rechten des Betroffenen. Auch wenn ein Recht im Einzelfall zu einer Ablehnung eines Anspruches kommt, ist dies das Ergebnis einer Abwägung. Deshalb verbietet sich die Anwendung des Handlungsortsrechtes, welches die Interessen des Klägers unberücksichtigt lässt und diesem nicht zurechenbar ist. Die Manipulationsmöglichkeit für den Handelnden verstärkt dieses Argument. Die Wahl dieses Rechts ist daher auch aus der verfassungsrechtlichen Perspektive abzulehnen.

Es zeigt sich also, dass es unmöglich ist, die verfassungsrechtlichen Ansichten *jeder* an *einem* einschlägigen Sachverhalt beteiligten Rechtsordnung durch geeignete Kollisionsnormen *gleichzeitig* durchzusetzen. Es bleibt daher als letzte Lösung noch die Möglichkeit des *lex fori* Prinzips. Aus der deutschen Sicht käme unsere Grundeinstellung zu dem Verhältnis von Meinungsfreiheit und Persönlichkeitsrecht, die sich in dem Persönlichkeitsschutz niederschlägt, so optimal zur Geltung. Für diese Anknüpfung spricht daher allgemein der Vorrang des Verfassungsrechts. Man könnte annehmen, dass der Verfassungsbezug das *lex fori* Prinzip erzwingt, da die Durchsetzung der Grundrechte in der Normenhierarchie eine höhere Stufe einnehmen als die allgemeinen kollisionsrechtlichen Prinzipien.[217]

Der Vorrang des Verfassungsrechts soll freilich nicht geleugnet werden. Doch es ist zweifelhaft, dass unsere Abwägung der beiden Seiten tatsächlich in jedem Fall Anwendung verlangt.[218] Es handelt sich ja zunächst bloß um eine indirekte Wirkung des Verfassungsrechts. Es geht nicht um die direkte Abgrenzung der Rechte des Einzelnen zu der Staatsgewalt. Dieser Fall ist zu differenzieren von der hier vorliegenden Situation:[219] Ist der deutsche Staat beteiligt und durch die Grundrechte direkt „anspruchsverpflichtet", so ist die Durchsetzung des Verfassungsrechts ohne Zweifel. Bei der bloßen indirekten Drittwirkung ist aber das Anwendungsinteresse geringer beziehungsweise nicht so eindeutig. Denn die

---

ausgehen kann, wenn er eine Verbreitung im Ausland bewusst und planmäßig veranlasst. Mit einer Verhaltenssteuerung nur am Handlungsort darf er dann nicht mehr unbedingt rechnen.

217 Dazu *BVerfG* v. 4.5.1971, BVerfGE 31, 58, 72 ff. (unter C,III,3) (Spanier-Entscheidung); *Damm*, Einwirkungen der Grundrechte, S. 44; *Sonnenberger*, Die Bedeutung des Grundgesetzes für das IPR, S. 114 ff., bei bloßer Drittwirkung der Grundrechte aber anders, s. S. 164 ff.

218 Vgl. allgemein zur räumlichen Relativität der Grundrechte *Kegel/Schurig*, IPR, S. 467 f.; auch *BVerfG* v. 4.5.1971, BVerfGE 31, 58, 75, 77 (Spanier-Entscheidung); *Neuhaus*, RabelsZ 36 (1972), S. 130; gegen das Erfordernis einer Inlandsbeziehung für die Anwendung der Grundrechte aber *Schemmer*, *Ordre Public* Vorbehalt unter der Geltung des Grundgesetzes, S. 126 ff., 156.

219 Vgl. *Lüderitz*, RabelsZ 36 (1972), S. 36 ff.

Parteien müssen ihren Schwerpunkt nicht unbedingt in Deutschland haben. Bei der Anwendung gegenüber dem (deutschen) Staat hingegen, ist stets eine Seite der deutschen Rechtsordnung zuzuordnen. Die staatliche Souveränität ist betroffen. Hinzu kommt, dass eine Abgrenzung der Anwendungsbereiche und -interessen der verschiedenen Verfassungsrechte bei der Frage des „Kollisionsrechts der Verfassungen" im unmittelbar hoheitlichen Bereich klar und eindeutig ist: Es kommt jeweils nur der entsprechende Staat als Gegner in Betracht. Eine Verfassung kann keinen fremden Staat verpflichten.[220] Was die verfassungsrechtlichen Einwirkungen auf das Privatrecht betrifft, so ist eine scharfe Abgrenzung jedoch unmöglich. Die weite Verbreitung der internationalen Medien und die mögliche unterschiedliche Staatsangehörigkeit der Parteien bedingt das potentielle Involviertsein vieler Verfassungsrechte. Dass es dann nur auf den Gerichtsstand ankommen soll, der unmittelbar entscheidet, welche verfassungsrechtliche Abwägung sich durchsetzt, ist unangemessen.[221]

Zieht man den Gedanken der *comitas* und der Gleichwertigkeit der Rechte heran,[222] so folgt daraus, dass es bei der Existenz ähnlicher Verbindungen mehrerer Verfassungsrechte zu dem Sachverhalt (nämlich vor allem bei einer übereinstimmenden Verbreitung in diesen Ländern) nicht so sein kann, dass sich jedes uneingeschränkt durchsetzen will. Ein Recht sollte dann auch anerkennen, dass ein anderes Recht vielleicht geeigneter ist, diese Situation zu regeln, da es mit dem Sachverhalt enger verknüpft und als zuständig anzusehen ist. Es wäre provinziell, bei international gelagerten Sachverhalten immer auf den eigenen Interessen zu beharren.

Schließlich ist an dem *lex fori* Prinzip generell zu kritisieren, dass überhaupt nur das deutsche Verfassungsrecht berücksichtigt würde. Wie oben dargestellt, ist aber das Verfassungsrecht in allen beteiligten Rechtsordnungen ein Faktor, der das materielle Recht des Persönlichkeitsschutzes prägt. Das *lex fori* Prinzip kann als Steigerung des *ordre public* Vorbehaltes angesehen werden, die diesen zur Regelanknüpfung macht. Die Fragestellung in diesem Abschnitt sollte jedoch darauf hinauslaufen, ob die in *allen* Rechtsordnungen erkennbaren Verfassungsbezüge besser zu berücksichtigen sind als durch die Anwendung des Erfolgsortsrechts.

---

220 Vgl. nur *Stern*, Staatsrecht III/1, S. 1228 f. m. w. Nw.

221 Denn damit kann der Kläger unmittelbar über das anwendbare Verfassungsrecht entscheiden. Dies widerspricht dem Prinzip der Abwägung und Berücksichtigung beider Interessen. Ein derartiges Zulassen oder Fördern von forum shopping widerspräche den Interessen der meisten Staaten, man sollte es nicht durch die Kollisionsnormen herausfordern.

222 Vgl. auch *Kropholler*, IPR, S. 245 f.: allgemeine Selbstbeschränkung inländischen Rechts bei überwiegendem Auslandsbezug gelte auch für das Verfassungsrecht; auch *Drobnig / Puttfarken*, Arbeitskampf auf Schiffen fremder Flagge, S. 21.

Die Praxis der Gerichte geht zwar noch fast uneingeschränkt von der jeweiligen *lex fori* aus, soweit es um den Persönlichkeitsschutz geht. Das gilt für ausländische sowie für deutsche Gerichte. Diese Praxis ist ein sehr fragwürdiges Argument und beruht eher auf schlichtem Heimwärtsstreben und Angst vor dem Umgang mit fremdem Recht, als auf verfassungsrechtlichen oder kollisionsrechtlichen Erwägungen.[223] Sie ist auch insofern zu relativieren, als das Gerichtsland nach seinen Zuständigkeitsregeln zumindest schon gewisse Kontakte zu dem Sachverhalt besitzen muss. Ganz ohne jegliche Kontakte zu dem Fall wird daher eine *lex fori* nie sein.

Die Anwendung der *lex fori* bedeutete, dass man die räumliche Relativität des *ordre public* aufgäbe. Denn man wendete den deutschen *ordre public* ohne Rücksicht darauf an, ob der Inlandsbezug, im Vergleich zu den Auslandsbezügen, überhaupt das Eingreifen indiziert.[224] Zudem steht zwar hinter dem Persönlichkeitsschutz stets der Gedanke des Ausgleiches zwischen den beiden Verfassungswerten, doch ist es nicht so, dass andere zivilrechtliche Regelungen aus der Sicht des Grundgesetzes stets rechtswidrig wären. Das Verfassungsrecht gibt nur einen Rahmen vor, der von einfacher Gesetzgebung und Rechtsprechung auszufüllen ist.[225] Selbst auf Deutschland beschränkt handelt es sich bei dem Persönlichkeitsschutz in der konkreten Form also nicht um die einzig mögliche Lösung. Dann kann die zwingende Durchsetzbarkeit bei Internationalität jedoch noch weniger sinnvoll und erforderlich sein. Denn das, was noch nicht einmal intern „unabdingbar" ist, muss international noch flexibler gesehen werden. Damit ist die Anwendung des *lex fori* Prinzips schlicht nicht erforderlich und unangemessen, weil unverhältnismäßig. Der privatrechtsgestaltende Einfluss des Verfassungsrechts ist nicht in jedem Fall derart stark, dass die Anwendung deutschen Rechts immer angezeigt wäre und sollte daher nicht durch eine rigide *lex fori* Anwendung überbewertet werden, die keine Rücksicht auf den konkreten Fall nimmt und keine Abweichungen zulässt.[226] Die schlechthin unabdingbaren

---

223 So finden sich in den USA Äußerungen, das englische Recht schütze die Pressefreiheit unzureichend, z. B.: *Bachchan v. India Abroad Publications, Inc.*, 585 N.Y.S.2d 661 (Sup. Ct. 1992). In England hat aber die Presse Angst davor dass ein anderes als englisches Recht zur Anwendung kommen könnte und lehnt deshalb eine IPR Reform ab, vgl. *Morse*, 45 ICLQ 891, Fn. 27 (1996).

224 Vgl. auch *Kropholler*, IPR, S. 245 f., der mit diesem Argument vor der Sonderanknüpfung des Verfassungsrechts, im Gegensatz zu der Anwendung des *ordre public* Vorbehaltes, warnt.

225 Gleiches gilt für die EMRK, bei der stets der Ermessensspielraum der Vertragsstaaten betont wird, z. B. *markt intern Verlag GmbH u. K. Beermann / BRD*, *EuGHMR* v. 20.11.1989, EuGRZ 1996, 305 f. (zur Abwägung der Meinungsfreiheit mit dem guten Ruf und den Rechten anderer).

226 Letzten Endes könnte das gesamte Zivilrecht aus Ausgleich zwischen den Grundrechten

Grundsätze des deutschen Rechts können in ausreichender und vor allem flexibler Weise über den *ordre public* Vorbehalt durchgesetzt werden.[227] *Lex fori* hingegen zerstört die Gleichwertigkeit inländischen und ausländischen Zivilrechts.

Die oben vorgeschlagene Anknüpfung an den Erfolgsort war von dem Gedanken geprägt, dass dies die einzige sinnvolle Möglichkeit ist, den in dem Deliktsrecht ausgedrückten Ausgleich zwischen den beiden Parteien in das Kollisionsrecht zu überführen.[228] Gerade darin liegt auch die privatrechtsgestaltende Wirkung des Verfassungsrecht: Es geht um die Bestimmung des Verhältnisses von Meinungsfreiheit und Persönlichkeitsrecht. Deshalb ist die Anwendung des Erfolgsortsrechts die kollisionsrechtliche Lösung, die den Einfluss des Verfassungsrechts am besten widerspiegelt. Der Erfolgsort ist der Ort, an dem die beiden verfassungsrechtlich geschützten Interessen aufeinandertreffen, Persönlichkeitsrecht auf der einen und Handlungs- und Pressefreiheit auf der anderen Seite.[229] Dieser Ort, an dem die Interessen kollidieren, ist daher auch im Hinblick auf die Abgrenzung der Anwendungsbereiche und -interessen der Verfassungsrechte in ihrer privatrechtsgestaltenden Wirkung als dafür zuständig anzusehen, dieses Ausgleichsverhältnis zu definieren. Diese Bestimmung muss, angesichts der besonderen, bei den Persönlichkeitsrechtsverletzungen sehr oft auftretenden Auslandsbezügen auch für jedes der involvierten Rechte akzeptabel sein. Denn die Gleichwertigkeit der Rechte ist insoweit gewährleistet, als immer das Recht, welches die engste und zentralste Beziehung zum Fall aufweist, als entscheidend angesehen wird.[230]

Dieser Standpunkt basiert darauf, zunächst zu akzeptieren, dass es unterschiedliche Ansichten zu dem Verhältnis von Meinungsfreiheit und Persönlichkeitsrecht gibt, die in einem einzelnen Fall nicht alle durchsetzbar sind. Als Folge ist ein Kompromiss dergestalt zu finden, dass sich jeweils die Ansicht durchsetzt, deren Recht die engste Verbindung zum Fall besitzt. Hier ist es

---

auf Handlungsfreiheit angesehen und ihm so verfassungsrechtlicher Status zugesprochen werden.

227 Die Flexibilität des *ordre public* Vorbehaltes besteht sowohl auf der Tatbestands- als auch auf der Rechtsfolgenseite. Gegen eine „Entweder-Oder" Lösung auch *Henrich*, RabelsZ 36 (1972), S. 4; zu dem anwendbaren Ersatzrecht bei Eingreifen von Art. 6 EGBGB vgl. z. B. *C. v. Bar*, IPR I, Rn. 640 ff.

228 Alle anderen Möglichkeiten sind nicht durchführbar oder scheitern daran, dass sie nicht beiden Seiten zurechenbar sind.

229 *Schack*, Rechtsschutz gegen grenzüberschreitende Persönlichkeitsverletzungen, S. 120 f.; *Bourel*, Anm. zu *Cass.* v. 13.4.1988, Rev. crit. d.i.p. 1988, 546, 553.

230 Zur Gleichwertigkeit der Rechte im IPR allg. *Epe*, Funktion des Ordre Public, S. 16 ff.

allerdings mehr als die bloße kollisionsrechtliche Sachnähe, mit der die ausreichende Berücksichtigung der verfassungsrechtlichen Einflüsse begründet wird.[231] Die konkrete Wirkungsweise der privatrechtsgestaltenden Einflüsse des Verfassungsrechts wird durch die Anwendung des Erfolgsortsrechts in dem Kollisionsrecht synchronisiert.[232] Mit dieser Lösung wird kein Recht ungerechtfertigt bevorzugt, weshalb sie für alle Rechtsordnungen akzeptabel ist.[233]

Das deutsche Zivilrecht sollte sich dann nur über den *ordre public* Vorbehalt gegen das als zur Entscheidung zuständig bestimmte, materielle Recht durchsetzen.[234] Das heißt, es ist sowohl in sachlicher als auch in räumlicher Hinsicht die Relativität zu berücksichtigen. Es ist nicht das gesamte Recht des Persönlichkeitsschutzes in seiner konkreten Ausprägung als unabdingbarer Ausfluss des Verfassungsrechts anzusehen. Es kommt auf die Abweichung der ausländischen Regel sowie den entsprechenden Inlandsbezug an. Diese Lösung ist wegen der größeren Differenzierungsmöglichkeit vorzugswürdig. Die anderen vorgeschlagenen Lösungen, speziell die *lex fori* Lösung in ihrer Rigidität, überbewerten den verfassungsrechtlichen Einschlag.[235]

3. Sonderanknüpfung versus ordre public Vorbehalt

Erwägen muss man allerdings noch, ob nicht vielleicht die Möglichkeit eines Systems von Sonderanknüpfungen besteht. Dies bedeutete, dass man ein Verfassungskollisionsrecht entwickelt[236] und aus der Verfassung selbst heraus über deren Anwendungsbereich entscheidet. Hier muss man zwei Fragen unterscheiden; einerseits, ob der *ordre public* Vorbehalt dazu verwendet werden sollte, die

---

231 Mit dieser Begründung wird teilweise erklärt, eine von dem zivilrechtlichen Kollisionsrecht abweichende Bestimmung der Anwendungsbereiche des Verfassungsrechts erübrige sich, so *Drobnig / Puttfarken*, Arbeitskampf auf Schiffen fremder Flagge, S. 19 ff., 22; *Puttfarken*, RIW 1995, 617, 620 (beides zum Arbeitsrecht und Art. 9 Abs. 3 GG); für grundsätzlichen Gleichlauf des Verfassungs- mit dem Zivilrecht, mit Ausnahme des *ordre public*, auch *Beitzke*, GG und IPR, S. 35 f.

232 Deshalb greifen die von *Krebber*, IPR des Kündigungsschutzes bei Arbeitsverhältnissen, S. 317, für den Bereich des Arbeitsrechts vorgebrachten Bedenken gegen einen Gleichlauf von Zivil- und Verfassungsrecht hier nicht.

233 Dies setzt z. B. voraus, dass der *ordre public* Vorbehalt auch nur sehr zurückhaltend eingesetzt wird, da er sonst dieses System wieder aushöhlt und untergräbt.

234 So auch *Schack*, Rechtsschutz gegen grenzüberschreitende Persönlichkeitsrechtsverletzungen, S. 117.

235 Ausdrücklich gegen *lex fori*, trotz der verfassungsrechtlichen Bezüge des Persönlichkeitsschutzes, auch *Schack*, Rechtsschutz gegen grenzüberschreitende Persönlichkeitsrechtsverletzungen, S. 117; sowie *C. v. Bar*, Waseda FS, S. 592 ff.

236 So erstmals *Bernstein*, NJW 1965, 2275; dafür auch *Elbing*, Anwendbarkeit der Grundrechte bei Sachverhalten mit Auslandbezug, S. 36 ff.

unabdingbaren deutschen privatrechtsgestaltenden Vorstellungen des Verfassungsrechts durchzusetzen, oder ob dafür eine Sonderanknüpfung herangezogen werden muss oder sollte. Andererseits ist zu bedenken, ob nicht auch eine allseitige Sonderanknüpfung möglich und sinnvoll ist, indem man im Einzelfall auch ausländische entsprechende Wertungen berücksichtigt. Diese zweite Frage soll nun zunächst behandelt werden.

Für eine solche allseitige Anknüpfung ist hervorzubringen, dass den Interessen anderer Rechte Rechnung getragen wird. Doch sind die verfassungsrechtlichen Interessen, wie soeben dargestellt, bei einer Anknüpfung an den Erfolgsort in ausreichender, vor allem gleichberechtigter Weise erfasst. Eine weitergehende Berücksichtigung ausländischen Verfassungsrechts liefe dann wieder auf eine der anderen Lösungen (insbesondere Mosaikbetrachtung) hinaus: Die Sonderanknüpfung setzt eine spezifische Verbindung zu dem jeweiligen Staat voraus. Diese kann nur mittels der oben genannten Kriterien bestimmt werden. Abgesehen von dem Erfolgsort, sind diese Verbindungen zu dem Sachverhalt aber qualitativ nicht so, dass man eine Rechtsordnung mittels einer Sonderanknüpfung hervorheben dürfte. Die Sonderanknüpfung wäre deshalb keine Sonder-, sondern käme einer Regelanknüpfung an die Verbreitungsortsrechte bei *multistate* Delikten gleich. Die Mosaikbetrachtung ist jedoch abzulehnen. Die Sonderanknüpfung an ein anderes Recht durch Ersetzen der grundsätzlichen Anknüpfung an das Deliktsstatut ist unannehmbar, da das Tatortrecht als das zentrale Recht angesehen wird, dessen Wertungen entscheidend sein sollen. In Betracht käme daher nur eine solche Sonderanknüpfung, die territorial beschränkt wäre. Dann ergäbe sich wieder eine Mosaikbetrachtung, die wie oben ausgeführt, abzulehnen ist.

Ist deutsches Recht *lex loci delicti*, dann ergibt sich ein weiteres Argument gegen die Sonderanknüpfung ausländischen Rechtes. Nach unseren Kollisionsregeln ist dann unsere Rechtsordnung diejenige mit der stärksten Verbindung zum Fall und damit die zur Definition des Ausgleichsverhältnisses zwischen den beiden involvierten Verfassungsgütern angemessenste Rechtsordnung. Gegen unser so bestimmtes deutsches *ordre public* Interesse und den starken Inlandsbezug kann sich ein ausländischer *ordre public* generell nicht mehr durchsetzen, so dass eine Sonderanknüpfung ausscheidet.

Verfassungsrechtliche Einwirkungen eines ausländischen Rechtes werden also nur berücksichtigt, wenn dieses *lex loci* ist.[237] Das ausländische Recht ist

---

[237] Zur Anwendung insoweit *Sonnenberger*, Die Bedeutung des Grundgesetzes für das IPR, S. 165; allerdings kann auch ein ausländischer *ordre public*, im Rahmen eines rechtsvergleichenden Ausblickes, von Einfluss sein, soweit es um die Auslegung des deutschen *ordre public* geht, s. dazu unten den „internationalen ordre public", z. B. zu *punitive damages*

nach dem Grundsatz der internationalen Entscheidungsharmonie genauso anzuwenden, wie es der ausländische Richter anwendet[238], also unter Einschluss der verfassungsrechtlichen Einflüsse auf das Zivilrecht.

Es bleibt dann noch die Frage der Abgrenzung des *ordre public* Vorbehaltes und der Sonderanknüpfung der privatrechtsgestaltenden Wirkungen lediglich des deutschen Verfassungsrechts zu behandeln.

Es wird teilweise angenommen, der *ordre public* Vorbehalt könne nicht herangezogen werden, soweit es um die Anwendung der Grundrechte oder des Verfassungsrechtes gehe. Insoweit bestimme das Grundgesetz selbst seinen Anwendungsbereich. Die in der Normenhierarchie höher liegenden Verfassungsnormen könnten in ihrer Anwendung nicht davon abhängen, dass eine einfachgesetzliche Norm ihre Geltung für einen bestimmten Fall festlege.[239] Demnach müsste jeweils im Einzelfall das Verfassungsrecht befragt werden, ob es sonderanzuknüpfen ist. Die Anwendungsbestimmung soll sich direkt aus dem Grundrecht ergeben.[240]

Zunächst spricht für die Anwendung des *ordre public* Vorbehaltes, dass der Gesetzgeber in Art. 6 S. 2 EGBGB seinen Willen ausgedrückt hat, dass das Grundgesetz bei internationalprivatrechtlichen Fällen über diese Norm einfließen soll.[241] Freilich kann, wegen des Vorranges des Verfassungsrechts, nach Art. 6 EGBGB nicht die Anwendung eines Grundrechtes abgelehnt werden, das selbst bestimmt, es wolle angewendet werden. Doch mit der Entscheidung, dass

---

unten S. 300.

238 *Jürgens*, IPR und Verfassung, S. 75; *Matscher*, FS Neumayer, S. 478.

239 *Sonnenberger*, Die Bedeutung des Grundgesetzes für das IPR, S. 114 ff. (zu Art. 30 a.F. EGBGB), anders aber bei bloßer Drittwirkung: S. 164 ff.; *Krebber*, IPR des Kündigungsschutzes bei Arbeitsverhältnissen, S. 317; *Damm*, Einwirkung der Grundrechte, S. 44, 168; *Bernstein*, NJW 1965, 2275 f.; zur Bindung des Kollisionsrechts an das Grundgesetz *BVerfG* v. 4.5.1971, BVerfGE 31, 58, 72 ff. (Spanier-Entscheidung).

240 Im Bereich der Persönlichkeitsrechtsverletzungen stellte sich dann aber das Problem, dass nicht nur der Anwendungsbereich eines Grundrechtes zu bestimmen ist, was vielleicht aus dem Sinn des Grundrechtes noch möglich wäre. Hier sind es ja im Regelfall mehrere Grundrechte, die kollidieren. Unklar ist, wie zu verfahren ist, wenn ein Grundrecht Anwendung verlangt, das andere aber nicht. Sinnvoller wäre es vielleicht, zu fragen, wann sich das durch das Grundgesetz beeinflusste Balanceverhältnis durchsetzen muss. Diese Frage kann aber nicht mit der Frage der Anwendbarkeit eines Grundrechtes gleichgestellt werden. Insoweit ist schon die Fragestellung von *Lüderitz*, RabelsZ 36 (1972), S. 38, wann Art. 5 GG im Rahmen des deliktischen Schutzes anzuwenden sei, zu kritisieren. Gegen die technische Möglichkeit eines aus der Verfassung entwickelten Grundrechtskollisionsrechts *Jürgens*, IPR und Verfassung, S. 53 f.

241 s. *Looschelders*, RabelsZ 65 (2001), 474 f.; *Jayme*, Methoden der Konkretisierung des ordre public, S. 14; diese Option erlaubte der Spanier-Beschluß, vgl. *Stern*, Staatsrecht

das Grundgesetz selbst den Anwendungsbereich bestimmt, ist das Problem noch längst nicht gelöst. Die Verfassung enthält keine ausdrücklichen Kollisionsnormen.[242] Deshalb müsste man ohnehin Kriterien suchen, anhand derer man zu einer Bestimmung des Anwendungsbereiches kommen kann.[243] Dazu bieten sich gerade die Kriterien des Art. 6 EGBGB an, die freilich in spezifisch verfassungsrechtlicher Weise zu analysieren sind.[244] Dadurch wird dann auch die Normenhierarchie gewahrt, denn der *ordre public* Vorbehalt darf nicht in verfassungswidriger Weise ausgelegt werden.[245] Dieselben Erwägungen, nämlich ob eine Anwendung deutschen Rechts angesichts der zeitlichen, räumlichen und sachlichen Relativität zwingend ist, müssten auch bei einer Sonderanknüpfung angestellt werden. Deshalb braucht der Streit, ob eine Sonderanknüpfung vorzunehmen, oder der *ordre public* Vorbehalt anzuwenden ist, eigentlich nicht zu entschieden werden.[246]

Hier wird im folgenden aus Zweckmäßigkeitsgründen von der Anwendung des *ordre public* Vorbehaltes ausgegangen.[247] Dies hat auch den Vorteil, dass eine restriktive Haltung gegenüber der Durchsetzung der deutschen Vorstellungen indiziert ist, wenn die Verbindungen zum Ausland überwiegen und damit die Gleichwertigkeit ausländischer Rechtsordnungen möglichst erhalten wird.[248] Die Relativität des *ordre public* wird besser betont.

Das hier vorgeschlagene System einer allseitigen Kollisionsnorm, die trotz des verfassungsrechtlichen Bezuges auf die stärkste Beziehung zum Sachverhalt

---

III/1, S. 1240.

242 *Beitzke*, GG und IPR, S. 34; *Looschelders*, RabelsZ 65 (2001), 474 f.

243 Vgl. *Spickhoff*, Ordre public im IPR, S. 117; *Kropholler*, IPR, S. 232.

244 Vgl. *MüKo-Sonnenberger*, Art. 6, Rn. 38.

245 Vgl. *Schemmer*, *Ordre public*-Vorbehalt unter der Geltung des Grundgesetzes, S. 46; s. auch *Spickhoff*, Ordre public im IPR, S. 120.

246 Gegen das Kriterium der Inlandsbeziehung bei den Grundrechten aber *Schemmer*, *Ordre Public*-Vorbehalt unter der Geltung des Grundgesetzes, S. 126 ff., 156

247 Vgl. auch *Kegel/Schurig*, IPR, S. 469; *Jayme*, Methoden der Konkretisierung des ordre public, S. 14 f.; s. auch *BVerfG* v. 30.11.1988, NJW 1989, 1275 (Anwendung von Art. 30 a.F. EGBGB); dagegen aber *Sonnenberger*, Die Bedeutung des Grundgesetzes für das IPR, S. 114 ff. (anders aber bei Drittwirkung der Grundrechte, S. 164 ff.); gegen die Anwendung der EMRK über Art. 6 EGBGB *Engel*, RabelsZ 53 (1989), S. 49.

248 So auch *Kropholler*, IPR, S. 246; wegen mangelnder Flexibilität eines Grundrechtskollisionsrechts ist gegen dieses und für Art. 30 a.F. EGBGB *Epe*, Funktion des Ordre Public, S. 120 f.; kritisch aus der Sicht des Öffentlichrechtlers zu der tendenziellen Zurückhaltung der Internationalprivatrechtler im Hinblick auf den Export der eigenen Grundwertungen: *Elbing*, Anwendbarkeit der Grundrechte bei Sachverhalten mit Auslandbezug, S. 20 ff. (der sich aber eher auf die unmittelbare Wirkung der Grundrechte gegenüber dem Staat, als auf eine Drittwirkung bezieht, vgl. S. 41 f.).

abstellt, also von der Gleichwertigkeit aller Rechte ausgeht,[249] birgt aber eine Gefahr in sich: Ein allseitiges System kann eigentlich nur dann funktionieren, wenn auch die anderen Kollisionsrechte entsprechende Regeln haben, das heißt es basiert auf Gegenseitigkeit.[250] Nur dann kann sich der Handelnde z.B. auf die Anwendbarkeit und Standards eines bestimmten Rechtes verlassen, also eine sinnvolle Verhaltenssteuerung möglich sein. Nur dann ist es für eine Rechtsordnung zumutbar, bedenkenlos ein fremdes Recht anwenden, das als für die Interessenkollision zuständig angesehen wird, denn bei einem entsprechenden schwerpunktmäßigen Bezug der eigenen Rechtsordnung würde dann die eigene berücksichtigt. Hier ist jedoch tatsächlich das Misstrauen gegenüber anderen Rechten noch recht hoch. Man müsste deshalb den anderen Kollisionsrechten bei der Anwendung des eigenen IPR eine Art Vertrauensvorschuss geben, ohne die Sicherheit zu haben, dass man nicht nur gibt, aber nichts bekommt. Nach der gegenwärtigen Lage scheinen Gerichte kaum dazu bereit zu sein, ein fremdes Recht des Persönlichkeitsschutzes anzuwenden.[251]

Dennoch sollte man nicht von der hier vorgeschlagenen Anknüpfung an den Erfolgsort Abstand nehmen. Die als richtig angesehene Lösung darf nicht wegen bestehender „falscher" ausländischer Kollisionsrechte zurückgenommen werden. Nach der in dieser Arbeit begründeten Ansicht ist das Erfolgsortsrecht die einzige Lösung, die dem materiellen Recht des Persönlichkeitsschutzes entspricht und seine Zielsetzungen durchsetzen kann. Sie korrespondiert auch am besten mit den verfassungsrechtlichen Bezügen, die der Persönlichkeitsschutz besitzt und ist deshalb in jeder Hinsicht die (kollisionsrechtlich) „gerechteste" Regelung. Deshalb muss dieser Lösungsweg verfolgt werden.

Was die ausländischen Kollisionsrechte betrifft, so muss man darauf hinwirken und hoffen, dass diese eine entsprechende allseitige Anknüpfung vornehmen. In diesem Zusammenhang ist auf die immer noch bestehende Möglichkeit einer Vereinheitlichung der Kollisionsrechte auf dem Gebiete des Deliktsrechtes auf europäischer Ebene hinzuweisen. Dies wäre der geeignete Ort, um eine Gegenseitigkeit zu erreichen. Sollte es allerdings dort bei einer bloßen Feststellung der Anwendung der Tatortregel bleiben, dann ist es eher wahrscheinlich, dass die allgemein existierende Unklarheit für den Bereich des Persönlichkeitsschutzes bestehen bleibt.

---

249 Mit Ausnahme des *ordre public* Vorbehaltes.

250 Zu den Grundsätzen der Gegenseitigkeit, allseitigen Anknüpfung und Gleichheit der Rechte in den westeuropäischen Kollisionsrechten s. z. B. *Reimann*, Conflict of Laws in Western Europe, S. 105-109.

251 Aus deutscher Sicht gab es hierfür bislang in der Regel die bequeme Begründung des Art. 38 a.F. EGBGB.

VII. Ordre Public Vorbehalt

1. Allgemeines

Es wurde gerade herausgearbeitet, dass die verfassungsrechtlichen Einflüsse auf das Privatrecht des Persönlichkeitsschutzes im allgemeinen mittels des oben vorgeschlagenen Anknüpfungssystems am besten durchgesetzt und widergespiegelt werden. Doch bleibt der Vorbehalt eines *ordre public* Verstoßes bestehen. Im Bereich des Deliktsrechts sind insoweit Art. 40 Abs. 3 und Art. 6 EGBGB anwendbar. Dabei betrifft der vorrangig anzuwendende Art. 40 Abs. 3 die Haftungsbegrenzung hinsichtlich der Rechtsfolgen. Art. 6 erfasst die Fälle, in welchen eine Haftungsbegrenzung dem Grunde nach, eine Haftungsbegründung oder eine Haftungserweiterung erforderlich sind, um einen *ordre public* Verstoß zu vermeiden.[252] Im Bereich des Persönlichkeitsschutzes werden über den *ordre public* Vorbehalt den verfassungsrechtlichen Einflüssen sowie sonstigen Grundsätzen von *ordre public* Rang Geltung verschafft.[253]

a) Abgrenzung zu funktionsverwandten Rechtsinstituten

Nach der Rechtsprechung des *BGH* ist ein *ordre public* Verstoß gegeben, wenn das Ergebnis der Anwendung des ausländischen Rechts im Einzelfall zu den Grundgedanken der deutschen Regelung und den hinter ihnen stehenden Gerechtigkeitsvorstellungen in einem so schwerwiegenden Widerspruch steht, dass seine Anwendung als untragbar angesehen werden muss.[254] Der *ordre public* („public policy") sind die Elemente der deutschen Rechtsordnung, die auch bei Sachverhalten mit Auslandsbezug als unantastbar angesehen werden. Daher wird die Anknüpfung an ein diesem widersprechendes fremdes Recht wieder aufgehoben. Aus der Formulierung des Art. 6 EGBGB lässt sich dementsprechend die nach herkömmlicher Meinung auf eine negative Wirkung beschränkte Funktion ablesen, d.h. das ausländische Recht wird nicht angewendet.[255] Art. 40 Abs. 3 EGBGB beschränkt demgegenüber nur den Anspruch, der nach ausländi-

[252] Vgl. *Staudinger/von Hoffmann*, Art. 40 EGBGB, Rn. 430; *Spickhoff*, NJW 1999, 2213; a.M. *Palandt/Heldrich*, Art. 40 Rn. 20: Art 40 Abs. 3 auch zum Ausschluss der Haftung dem Grunde nach.

[253] Im folgenden wird insoweit nicht mehr unterschieden, zumal eine Grenzziehung sehr unsicher ist; denn jede Regel des deutschen Rechts kann letzten Endes auf das grundgesetzlich abgesicherte Persönlichkeitsrecht und die widerstreitende Meinungsfreiheit zurückgeführt werden.

[254] *BGH* v. 17.9.1968, BGHZ 50, 370, 376.

[255] S. dazu ausführlich *Schwung*, Rechtsfolgen aus der Anwendung der ordre public-Klausel, S. 62 ff., 74 (zu Art. 30 a.F. EGBGB).

schem Recht geltend gemacht werden kann.[256] Er versagt also nicht der ausländischen als solcher Norm die Anwendung.

Durch die grundsätzlich negative Funktion unterscheidet sich der *ordre public* Vorbehalt von der Sonderanknüpfung, welche sich auf die zwingende Durchsetzung einer deutschen Rechtsnorm bezieht.[257] Oben wurde bereits diskutiert, dass die verfassungsrechtlichen Einwirkungen auf das Zivilrecht im Bereich des Persönlichkeitsschutzes nicht über ein Grundrechtskollisionsrecht sonderangeknüpft werden, sondern bei ausländischem Deliktsstatut mittels des *ordre public* Vorbehaltes einfließen sollten. Die dort genannten Argumente gelten in gleicher Weise für die Grundwerte des deutschen Rechts im Bereich des Persönlichkeitsschutzes, die nicht auf die Verfassung zurückzuführen sind. Für den *ordre public* Vorbehalt gibt es gesetzliche Normen, die seine Voraussetzungen bestimmen.[258] Der *ordre public* Vorbehalt hat gegenüber der Sonderanknüpfung auch den Vorteil der Flexibilität, was Anwendungsvoraussetzungen und Rechtsfolgen betrifft. Dadurch wird eine übermäßige und der Anknüpfungsgerechtigkeit widersprechende Durchsetzung der deutschen Rechtsvorstellungen vermieden.

Die Frage der Abgrenzung zwischen *ordre public* und Sonderanknüpfung, das heißt der Entscheidung, welches der beiden Institute heranzuziehen ist, stellt sich auch im Bereich internationaler Abkommen, die Bedeutung für den Persönlichkeitsschutz besitzen, also insbesondere der Europäischen Menschenrechtskonvention. Teilweise wird vertreten, man solle nicht Art. 6 EGBGB anwenden, da dies ein zusätzlicher und der internationalen Konvention nicht unbedingt entsprechender Filter sei, der zu einer Beschränkung der Konventionen führen könne.[259] Mehrheitsmäßig wird jedoch die Ansicht vertreten, derartige aus internationalen Abkommen fließende Einwirkungen auf das Zivilrecht seien über den *ordre public* zu berücksichtigen.[260]

Dem sollte zugestimmt werden. Erstens erübrigt sich auch bei einer Sonder-

---

256 Zu den Rechtsfolgen bei beiden Vorschriften s.u. S. 310.

257 Vgl. *Schwung*, Rechtsfolgen aus der Anwendung der ordre public-Klausel, S. 48 einer- und S. 74 andererseits.

258 Die Anwendung entspricht daher dem Willen des Gesetzgebers. Eine gesetzliche Regelung der Sonderanknüpfung gibt es im Bereich des Deliktsrechts nicht. Art. 34 EGBGB ist ein Beispiel für eine gesetzliche Regelung im Bereich der Schuldverträge.

259 *Engel*, RabelsZ 53 (1989), S. 49, die EMRK solle demgemäss autonom ihren Anwendungsbereich bestimmen. Ablehnend auch *Stöcker*, StAZ 1981, 20 f.

260 *von Hoffmann*, § 6, IPR, Rn. 147; *MüKo-Sonnenberger*, Art. 6, Rn. 69; *Kreuzer*, RabelsZ 43 (1979), S. 577 f.; *Jayme*, Methoden der Konkretisierung des ordre public, S. 51 ff.; *Matscher*, FS Neumayer, S. 476 f.; s. auch *Staudinger/Blumenwitz*, 13. Aufl., Art. 6, Rn. 56 f., unter Hinweis auf Art. 25 des Grundgesetzes.

anknüpfung nicht die Frage, unter welchen Voraussetzungen eine privatrechtsgestaltende Wirkung anzuwenden ist. Zudem bezieht sich eine Sonderanknüpfung stets auf die Anwendung einer konkreten Rechtsregel. Im Bereich der internationalen Abkommen sind solche Regeln für das Privatrecht kaum aufzufinden. Normalerweise wird aus den Abkommen bloß eine Berechtigung und Verpflichtung staatlicher Stellen gefolgert, die sich meist auf ein allgemeines Schutzgebot hinsichtlich Meinungsfreiheit oder / und Persönlichkeitsrecht beschränkt. Selbst die EMRK, bei der eine (indirekte) Drittwirkung konstruiert wird, verlangt nach der Rechtsprechung des Gerichtshofes und den Entscheidungen der Kommission keine bestimmte positive Regelung, sondern hat bisher immer nur die Rechtswidrigkeit der Rechtslage in einem Staat festgestellt, ohne diesem jedoch eine konkrete Regelung vorzuschreiben. Selbst das Urteil des Ausgangsstaates bleibt zunächst bestehen, wenn ein Verstoß gegen die EMRK festgestellt wurde.[261] Dem entspricht die negative Funktion des *ordre public* besser.[262] Bei einer Sonderanknüpfung bestünde das schwer lösbare Problem, was denn sonderanzuknüpfen sein soll. Deshalb sollte eine Berücksichtigung auf dieselbe Weise erfolgen wie bei den deutschen unabdingbaren Grundsätzen und verfassungsrechtlichen Einwirkungen. Diese Lösung verdeutlicht auch, dass die von Deutschland gezeichneten Abkommen stets einen deutschen, nationalen *ordre public* verkörpern.

Letztlich ist im Bereich der Abgrenzung des *ordre public* Vorbehaltes zu ähnlichen Rechtsinstituten fraglich, ob man den deutschen *ordre public*, vor allem die Grundrechte, bei der Anwendung ausländischen Rechts über dessen Generalklauseln einfließen lassen sollte. Diese Möglichkeit steht nicht in einem Ausschließlichkeitsverhältnis zu Art. 6 EGBGB, das heißt man könnte dies in Ergänzung zu Art. 6 EGBGB erwägen. Zu denken ist zum Beispiel an die deliktische Generalklausel des französischen Rechts, Art. 1382 Code civil. Klar ist jedoch, dass diese Alternative keinesfalls den *ordre public* Vorbehalt ersetzen kann. Denn, soweit ersichtlich, sind Generalklauseln in dem hier interessierenden Rechtsgebiet eher die Ausnahme, so dass den unabdingbaren Grundsätzen des deutschen Rechtes nur selten in dieser Weise zur Geltung verholfen werden könnte. Nach der in dieser Arbeit vertretenen Ansicht ist dieser Ansatz auch

---

261 *Engel*, RabelsZ 53 (1989), S. 32.

262 Auch *Engel*, RabelsZ 53 (1989), S. 48, verweist darauf, dass sich bei einem festgestellten Konventionsverstoß ein zu Art. 6 EGBGB paralleles Problem ergibt, welches Ersatzrecht anwendbar sein soll. Er will die zu Art. 6 EGBGB vorgeschlagenen Lösungen auch für die EMRK akzeptieren.

generell abzulehnen.[263] Denn das Recht soll nach allgemeinen Grundsätzen des IPR so angewendet werden, wie es der ausländische Richter anwendet. Das Ergebnis dieser Methode wären hingegen Hybridrechtsordnungen, die man generell vermeiden sollte. Weitere unerwünschte Folge wäre auch eine große Rechtsunsicherheit. Im Ergebnis bedeutet die Anwendung deutscher Regeln bei ausländischen Generalklauseln zudem, dass man die Wertungen des anwendbaren Rechtes missachtet. Damit untergräbt man jedoch die Bestimmung dieser Rechtsordnung als für die Regulierung des Verhältnisses von Meinungsfreiheit und Persönlichkeitsrecht zuständig. Generalklauseln werden durch die Rechtsprechung des ausländischen Staates konkretisiert. Es gibt keinen Grund, diese richterrechtliche Konkretisierung zu missachten und anders zu behandeln als ausländische, geschriebene Rechtsnormen, die konkrete Regeln enthalten. In beiden Fällen läge ein gleich schwerer Eingriff in die Integrität der ausländischen Rechtsordnung vor.

Theoretische Bedenken gegen diese Durchsetzung der Grundrechte bestehen zudem insoweit, als das Grundgesetz nicht in einer fremden Rechtsordnung wirken kann. Nach Art. 1 III GG ist nur die deutsche Gesetzgebung an das Grundgesetz gebunden. Deshalb mangelt es an einer logischen Begründung für diese Methode. Mit dem *ordre public* Vorbehalt steht hingegen sogar eine gesetzliche Grundlage zur Verfügung. Letzten Endes besteht auch bei der Anwendung deutschen Rechtes über ausländische Generalklauseln, wie bei einer Sonderanknüpfung, die Gefahr, dass man die deutschen Gerechtigkeitsvorstellungen in unverhältnismäßig starker Weise durchsetzt, indem man die Relativität des *ordre public* nicht beachtet. Eine Anwendung des deutschen Rechtes, insbesondere der Grundrechte, über Generalklauseln des anwendbaren ausländischen Deliktsstatuts ist deshalb abzulehnen.

b) Allgemeine Voraussetzungen

Art. 40 Abs. 3 EGBGB ist eine Konkretisierung des allgemeinen *ordre public* Vorbehaltes des Art. 6 EGBGB. Es gelten für die Anwendung die gleichen Grundsätze.[264] Daher ist von beiden Vorbehalten in restriktiver Weise Gebrauch zu machen. Ferner gilt die Relativität des *ordre public*. Diese bezieht sich auf drei Aspekte: Die sachliche Relativität bedeutet, dass der Maßstab bei einer

---

263 So auch *Bernstein*, NJW 1965, 2276; dafür aber *Lüderitz*, RabelsZ 36 (1972), S. 38, Fn. 25; s. auch *Krebber*, IPR des Kündigungsschutzes bei Arbeitsverhältnissen, S. 317 f. für die Generalklauseln eines ausländischen Arbeitsvertragsstatuts.

264 So auch *Staudinger/von Hoffmann*, Art. 40, Rn. 411; *Kreuzer*, RabelsZ 65 (2001), 430; *Spickhoff*, NJW 1999, 2213; *Junker*, RIW 2000, 249.

Neben- oder Vorfrage weniger streng ist als bei einer Hauptfrage des Falles.[265] Über die zeitliche Relativität werden Wandelungen des *ordre public* Maßstabes berücksichtigt.[266] Die wesentlichen Grundsätze des deutschen Rechtes sind im Laufe der Zeit Veränderungen unterworfen, was sich bei der Anwendung des *ordre public* Vorbehaltes niederschlagen muss. Als relevant gilt deshalb auch der Zeitpunkt der Entscheidung. Das wichtigste Kriterium zur Einschränkung ist die räumliche oder örtliche Relativität, welche besagt, dass der Fall einen ausreichenden Inlandsbezug haben muss, damit eine *ordre public* Widrigkeit festgestellt werden kann.[267] Dabei steht dieses Erfordernis in einer Wechselbeziehung zu dem Umfang der Abweichung des ausländischen Rechts und der Bedeutsamkeit der deutschen Regel.[268]

Nach richtiger Ansicht ist auch bei Grundgesetzverstößen (Art. 6 S. 2 EGBGB) nicht auf die Relativität des *ordre public*, insbesondere in örtlicher Hinsicht, zu verzichten.[269] Es ist abzulehnen, dass die Grundrechte, so wie sie auf das deutsche Zivilrecht einwirken, ohne Rücksicht auf die Inlandbeziehung des Falles durchzusetzen sein sollen.[270] Im Bereich des Persönlichkeitsschutzes kann nahezu immer ein grundrechtlich geschütztes Interesse geltend gemacht werden, so dass der *ordre public* zum Regelfall würde, obwohl durchaus mal ein sehr starker, mal aber auch nur ein schwacher Grundrechtsbezug gegeben sein kann.

Art. 40 Abs. 3 EGBGB gibt gegenüber Art. 6 konkretere Vorgaben für seine Anwendung, Nach S. 1 können Ansprüche nach ausländischem Recht nicht geltend gemacht werden, soweit sie wesentlich weiter gehen als zur angemessenen Entschädigung erforderlich. Nach S. 2 können Ansprüche nach ausländischem

---

265 Vgl. *Staudinger/Blumenwitz*, 13. Aufl., Art. 6, Rn. 127 f.

266 Vgl. *Staudinger/Blumenwitz*, 13. Aufl., Art. 6, Rn. 123 ff.

267 Geltung auch bei Art. 40 Abs. 3: Kreuzer, RabelsZ 65 (2001), 430; *Staudinger/von Hoffmann*, Art. 40 EGBGB, Rn. 416; allg. s. *Kegel/Schurig*, IPR, S. 463 f.

268 *Staudinger/von Hoffmann*, Art. 40, Rn. 416; *von Hoffmann*, IPR, § 6, Rn. 152; *Neuhaus*, RabelsZ 36 (1972), S. 130; *Müko-Sonnenberger*, Art. 6, Rn. 73.

269 *Schemmer*, Ordre public Vorbehalt unter der Geltung des Grundgesetzes, S. 155; *Looschelders*, RabelsZ 65 (2001), 479, sieht das Maß der Inlandsbeziehung als Kriterium bei der Anwendung des *ordre public* an, geht aber von einem absolut geschützten Bereich (Menschenrechtsgehalt) aus; gegen das Erfordernis einer Binnenbeziehung bei aus internationalen Abkommen fließenden Grundrechten *Engel*, Ausstrahlungen der EMRK auf das Kollisionsrecht, S. 35 f. Für die gegenteilige Ansicht scheint die Normenhierarchie zu sprechen. Allerdings sieht Art. 6 EGBGB in Satz 2 auch nur einen Unterfall des Satz 1. Diese Ansicht führt auch zu einem unverhältnismäßigen „Grundrechtsimperialismus".

270 *Stern*, Staatsrecht III/1, S. 1241 f.; *Neuhaus*, RabelsZ 36 (1972), S. 130; *Lüderitz*, RabelsZ 36 (1972), S. 38 f.; *Henrich*, RabelsZ 36 (1972), S. 6; vgl. auch *BVerfG* v. 4.5.1971, BVerfGE 35, 58, 75,77 (Spanier-Beschluß).

Recht nicht geltend gemacht werden, soweit sie offensichtlich keine Entschädigungsfunktion haben. Wie bei der allgemeinen Vorbehaltsklausel genügt also nicht jede Abweichung vom deutschen Haftungsrecht.[271] Bei Art. 40 Abs. 3 EGBGB hat sich die Diskussion insoweit auf die Begriffe „wesentlich", „angemessen" und „offensichtlich" zu konzentrieren.

Konsequenz der Relativität des *ordre public* ist, dass sich für sein Eingreifen keine starren Regeln entwickeln lassen. Doch entspricht dies der geforderten Flexibilität des *ordre public*, wodurch die deutschen Gerechtigkeitsvorstellungen nicht strikt durchgesetzt werden, sondern der deutsche Anwendungsanspruch in einen gerechten Ausgleich mit dem legitimen Beachtungsanspruch des ausländischen Rechts gebracht wird.

Im folgenden wird daher allgemein dargestellt, welche Inlandsbezüge für die jeweilige Frage erheblich sind und wie stark die *ordre public* Relevanz der einzelnen deutschen Zivilrechtsregelungen ist. In Bezug auf den letzten Punkt wird sich im Bereich des Persönlichkeitsschutzes erweisen, dass es meist um aus dem Grundgesetz abgeleitete Prinzipien geht, welche aber einer weiteren Abstufung zugänglich sind. Weiterhin ist im folgenden auch auf die ausländischen Regeln einzugehen, welche *ordre public* widrig sein könnten. Die Faktoren, aus welchen sich ein ausreichender Inlandsbezug ergeben kann, können nur solche sein, die selbst als Anknüpfungspunkte für die Rechtsfrage geeignet wären.[272] Dies können verschiedene persönliche und sachliche Elemente sein, wie die obige Diskussion des Kollisionsrechts des Persönlichkeitsschutzes gezeigt hat.

Soweit es darum geht, einen „internationalen" *ordre public* durchzusetzen, der sich aus einem internationalen Abkommen ergibt, müssen Besonderheiten bei der Frage des Inlandsbezuges beachtet werden. Es ist darauf abzustellen, ob die Summe der Verknüpfungen des Sachverhaltes mit den Vertragsstaaten als ausreichend betrachtet wird.[273] Dies folgt aus der Zugehörigkeit der durchzusetzenden Grundsätze zu dem *ordre public* jedes Vertragsstaates. Dieser *ordre public* muss also unter Umständen auch durchgesetzt werden, wenn die Verbindungen zu Deutschland eher schwach sind. Fraglich ist allerdings, ob man im Bereich des zivilrechtlichen Persönlichkeitsschutzes aus internationalen Abkommen tatsächlich konkrete *ordre public* Grundsätze wird ableiten können.

---

271 *Wagner*, RabelsZ 1998, 433; *Kreuzer*, RabelsZ 65 (2001), 429 f.

272 *Staudinger/Blumenwitz*, 13. Aufl., Art. 6, Rn. 116.

273 *Kreuzer*, RabelsZ 43 (1979), S. 577 f.; *Staudinger/Blumenwitz*, 13. Aufl., Art. 6, Rn. 105, drückt diesen Gedanken so aus, dass ein solcher *ordre public* auch bei einem geringen Inlandsbezug Anwendung finde; vgl. auch *Engel*, Ausstrahlungen der EMRK auf das Kollisionsrecht, S. 35, der aber im Ergebnis das Erfordernis eines Inlandsbezuges ablehnt; gegen dieses Erfordernis auch *Stöcker*, StAZ 1981, 21 f.

2. *Ordre Public im Persönlichkeitsschutz*

a) Allgemeines

Bislang wurde die Frage des *ordre public* Vorbehaltes bei Persönlichkeitsrechtsverletzungen nicht umfassend erörtert.[274] Dies mag sich in der Zukunft ändern, da Art. 40 Abs. 3 EGBGB zu entsprechenden Diskussionen Anlass gibt. Er betrifft nämlich insbesondere den Fall von Strafschadensersatz nach ausländischem Recht, welcher im Bereich des Persönlichkeitsschutzes von erheblicher Bedeutung ist.

Die restriktive Auslegung des *ordre public* Vorbehaltes gilt speziell im Bereich des Persönlichkeitsschutzes und auf dem Hintergrund der hier vorgeschlagenen Anknüpfung [275] Bei dieser wurde bereits das am engsten mit einem Sachverhalt und der Rechtsfrage verbundene Recht bestimmt. Dabei wurde auch auf die starke verfassungsrechtliche Prägung der Haftung für Persönlichkeitsrechtsverletzungen Rücksicht genommen. Eine für die Durchsetzung des deutschen *ordre public* demgegenüber ausreichende Beziehung des Falles zu Deutschland kann daher nicht oft bestehen.[276] Eine Anwendung des ordre public Vorbehaltes würde auch stets die hinter der hier vorgeschlagenen Anknüpfung stehenden Gesichtspunkte zerstören.

Als für den *ordre public* relevante Inlandsbeziehungen kommen nur solche Beziehungen in Betracht, die selbst als Anknüpfungsmoment für das jeweilige Rechtsgebiet geeignet wären.[277] Die Ausführungen zu der Anknüpfung des Persönlichkeitsschutzes zeigten, dass insbesondere bei den Streudelikten viele

---

274 Kürzere Erörterungen z.B. bei *Ehmann / Thorn*, AfP 1996, 23 f.; *C. v. Bar*, Waseda FS, S. 593 f.; *Looschelders*, ZvglRWiss 1996, 56, 88; wenig Ausführungen auch bei *Wagner*, IPR bei Persönlichkeitsrechtsverletzungen, S. 93 f.; gar keine Erwähnung bei *Schwiegel-Klein*, Persönlichkeitsrechtsverletzungen durch Massenmedien im IPR; ausführlicher: *Spickhoff*, Ordre public im IPR, S. 202 ff. In der Rechtsprechung gibt es nur Entscheidungen zu Strafschadensersatz nach US-Recht, aber diese ergingen bloß zur Anerkennung und Vollstreckung ausländischer Entscheidungen, s. unten S. 300.

275 Vgl. *Wagner*, IPR bei Persönlichkeitsrechtsverletzungen, S. 93; *Ehmann / Thorn*, AfP 1996, 24; allg.: *Staudinger/Blumenwitz*, 13. Aufl., Art. 6, Rn. 20; *Schwung*, Rechtsfolgen aus der Anwendung der ordre public-Klausel, S. 3, unter Hinweis auf die Gleichwertigkeit der Rechte als Prämisse des IPR; A.A.: *Stäheli*, Persönlichkeitsrechtsverletzungen im IPR, S. 109 (für Schweiz): die Vorbehaltsklausel greife immer, wenn der Schutz der Persönlichkeitsrechte hinter dem nach Schweizer Recht zurückbleibe.

276 S. auch *C. v. Bar*, Waseda FS, S. 593 f., der davon ausgeht, dass die Anwendung des Vorbehaltes über eine sinnvolle Bestimmung des Deliktsstatuts größtenteils vermieden werden könne. Hieraus ergibt sich eine Stütze für die hier vorgeschlagene Anknüpfung. Denn andere Anknüpfungen, insbesondere Mosaikbetrachtung und Günstigkeitsprinzip machen eine Heranziehung der Vorbehaltsklausel eher erforderlich.

277 *Staudinger/Blumenwitz*, 13. Aufl., Art. 6, Rn. 116.

Staaten ein legitimes Anwendungsinteresse geltend machen können. Vorrangig ist dabei das Element der Verbreitung bedeutsam, wobei dies jedoch eine substanzielle Verbreitung sein muss, da sonst der Ausnahmecharakter des *ordre public* Vorbehaltes aufgehoben würde. Weiterhin die Verknüpfungen der beteiligten Personen durch Wohnsitz oder Staatsangehörigkeit zu Deutschland können als Inlandsbeziehung relevant sein. Auch der inhaltliche Bezug zu dem öffentlichen Leben oder politischen Geschehen in Deutschland vermag einen Inlandsbezug zu vermitteln und so den Anwendungsanspruch zu erhöhen.

Tendenziell ist ein Eingreifen des Vorbehaltes bei der hier vertretenen Anknüpfung wahrscheinlicher wenn es sich um ein Streudelikt und nicht bloß ein einfaches Distanzdelikt handelt. Bei einem Streudelikt ist der Unterschied des Hauptverbreitungssortes zu anderen Verbreitungsorten nämlich bloß quantitativer Natur.

Nach *Lüderitz* soll es für die „Anwendbarkeit" der Meinungsfreiheit genügen, wenn eine zu schützende Äußerung in Deutschland „wirke", denn Art. 5 des Grundgesetzes schütze die demokratische Meinungsbildung zum Wohle des eigenen Staatswesens.[278] Folge dieser Ansicht wäre, dass jede Veröffentlichung, die auch in Deutschland zu vernehmen oder wahrzunehmen ist, deutschem Recht unterstehen müsste. Damit würde aber die Gleichwertigkeit der Rechtsordnungen aufgehoben. Des weiteren ist zu kritisieren, dass sich die Aussage einseitig auf die Meinungsfreiheit bezieht und den Persönlichkeitsschutz unberücksichtigt lässt. Auch durch Kriterien, die diesen betreffen, kann aber ein Kontakt zur deutschen Rechtsordnung hergestellt, oder umgekehrt gemindert werden. Eine solch pauschalisierte Aussage kann für den *ordre public* Vorbehalt nicht richtig sein, da die konkreten Umstände des Einzelfalles nicht berücksichtigt werden.

Der zeitlichen Relativität kommt im Bereich des Persönlichkeitsschutzes ebenfalls eine wichtige Bedeutung zu, da das materielle Recht die gesellschaftlichen und politischen Grundeinstellungen des Landes widerspiegelt, welche dem Wandel durch die Zeit unterworfen sind.[279] Die gegenwärtige Rechtslage kann aber auch von den „Grundgedanken der deutschen Rechtsordnung und ihren Gerechtigkeitsvorstellungen" insoweit abweichen, als eine Regel möglicherweise als antiquiert oder nicht mehr akzeptabel angesehen wird. Eine solche Norm kann nicht verlangen, im internationalen Raum als Regel von *ordre public* Rang durchgesetzt zu werden.[280]

---

278 *Lüderitz*, RabelsZ 36 (1972) S. 38.

279 S. *Kötz*, FS Engelschall, S. 35.

280 S. *MüKo-Sonnenberger*, Art. 6, Rn. 51 (sog. „Vorwirkung"); vgl. auch *Burst*, Pönale Momente und ordre public, S. 118, die darauf hinweist, dass dies umgekehrt auch für den

Als Beispiel hierfür möge nur der Hinweis auf den Wandel der Funktionen des Geldersatzes für immaterielle Schäden dienen. Weiterhin ist auch daran zu denken, dass der Schutz des Persönlichkeitsrechts zunehmend dazu verwendet werden, wirtschaftliche, kommerzielle Interessen zu verfolgen. Auf die zeitliche Relativität ist also besonders zu achten, damit traditionelle, jedoch nicht mehr zeitgemäße oder aus gegenwärtiger Sicht weniger fundamentale Bestimmungen nicht in unangemessener Weise für international zwingend gehalten werden.

Hinsichtlich des sogenannten internationalen *ordre public*[281] sind für den Persönlichkeitsschutz es zwei Aspekte relevant: Einerseits sollte im Einzelfall rechtsvergleichend vorgegangen werden, denn das Eingreifen des *ordre public* Vorbehaltes wird eher anzunehmen sein, wenn das anwendbare Recht eine Außenseiterposition einnimmt, unsere Regelung hingegen der von vielen anderen Staaten entspricht.[282] Andererseits haben internationale Abkommen einen großen Einfluss auf den *ordre public* im Bereich des Persönlichkeitsschutzes. Dabei müssen die für Deutschland geltenden Abkommen als Bestandteil des deutschen *ordre public* angesehen werden. Insbesondere ist auf die Entscheidungen zu der EMRK abzustellen. Im allgemeinen können aber aus Konventionen kaum konkrete Hinweise gewonnen werden, da es keine Rechtsprechung gibt und Ermessens- und Entscheidungsspielräume des einzelnen Staates bestehen. Regelungen, die nach deutscher Ansicht *ordre public* widrig sind, können noch im Einklang mit den Vorschriften internationaler Abkommen stehen. Deshalb wird es im Bereich des Persönlichkeitsschutzes auch kaum Konflikte dergestalt geben, dass eine deutsche Regelung oder der deutsche *ordre public* einer Konvention widerspräche.[283] Auch wird kaum der „ordre public" der Konvention, nicht aber der deutsche verletzt sein.[284] Deshalb wird, mit Ausnahme der EMRK, der Komplex der internationalen Abkommen in dieser Arbeit nicht behandelt. Die EMRK wird innerhalb der Diskussion des (deutschen) *ordre*

---

zu beurteilenden ausländischen Rechtssatz gilt. Dem ist zuzustimmen, weil die Zurückhaltung bei der Anwendung des Vorbehaltes damit begründet wird, dass dem ausländischen Recht grundsätzlich der Vortritt gelassen werden soll. Hängt dieses Recht aber gar nicht so sehr an seiner Norm, dann kann eine weniger restriktive Auslegung zulässig sein. *Spickhoff*, Ordre public im IPR, S. 290, weist aber darauf hin, dass bei einem bewussten Aufrechterhalten der Rechtsnorm insoweit Vorsicht geboten sei.

281 S. dazu *Burst*, Pönale Momente und ordre public, S. 118.

282 *MüKo-Sonnenberger*, Art. 6, Rn. 56, 67; *von Hoffmann*, IPR, § 6, Rn. 143; entsprechendes gilt umgekehrt. Zudem kann der Blick auf andere Rechte auch bei der Frage helfen, ob die deutsche Regelung noch zeitgemäß ist (zeitliche Relativität des *ordre public*).

283 S. z. B. *Fahrenhorst*, ZEuP 1988, 100 f., zur Privatsphäre Prominenter.

284 In einem solchen Falle ginge der internationale *ordre public* wegen des Grundsatzes der Völkerrechtsfreundlichkeit vor, vgl. *Staudinger/Blumenwitz*, 13. Aufl., Art. 6, Rn. 67.

public behandelt, da dieser das Einfalltor hierfür ist.[285]

Letztlich ist es für die Anwendung der Vorbehaltsklausel, d.h. der Prüfung der Abweichung von dem deutschen Recht wichtig, das gesamte Zivilrecht zu untersuchen.[286] Denn, wie in dem materiell rechtsvergleichenden Teil dargestellt, kann ein wirksamer Schutz in den einzelnen Rechtsordnungen durchaus über unterschiedliche Rechtsinstitute erfolgen. Es muss daher gefragt werden, ob es funktionsäquivalente Ansprüche gibt.[287] Dies folgt schon daraus, dass man nicht Rechtsnormen in den unterschiedlichen Rechtsordnungen, sondern das Ergebnis im Einzelfall und vergleicht.

b) Anwendungsfälle des ordre public Vorbehaltes

Die folgende Darstellung stellt teilweise auf deutsche Regeln ab, die einen *ordre public* Gehalt haben könnten.[288] Andererseits wird auch erörtert, ob eine bestimmte ausländische Norm gegen die deutschen Grundsätze verstoßen könnte.[289] Diese Unterscheidung folgt aus den möglichen Anwendungsfällen, die bei der rechtsvergleichenden Bearbeitung des materiellen Rechts hervorgetreten sind. In der Sache ergibt sich aus dieser Trennung kein Unterschied, denn aus dem deutschen *ordre public* folgt, welche möglichen ausländischen Regelungen Art. 6 bzw. Art. 40 Abs. 3 EGBGB widersprechen. Umgekehrt lässt sich aus dem Verstoß einer konkreten ausländischen Norm gegen Art. 6 bzw. 40 Abs. 3 EGBGB spiegelbildlich herauslesen, was unter den deutschen *ordre public* Begriff fällt.

Die Anwendungsfälle werden – je nach Konstellation – nach Art. 6 bzw. 40 Abs. 3 EGBGB behandelt.[290]

---

285 Eine Entscheidung zu der EMRK wirkt sich ja nicht unmittelbar auf ein zivilrechtliches Rechtverhältnis aus. Rechtsfolgen eines Verstoßes sind nicht geregelt; vgl. *Frowein / Peukert*, EMRK-Kommentar, Art. 53, Rn. 3, Art. 25, Rn. 2 f.; s. auch *Engel*, RabelsZ 53 (1989), S. 48. Bei einer Individualbeschwerde nach Art. 25 EMRK wird nur festgestellt, dass der Antragsteller in seinen Rechten verletzt wurde, das zivilrechtliche Urteil wird nicht aufgehoben und das zivilrechtliche Verhältnis nicht geregelt, vgl. *ebda*, Art. 25, Rn. 2 f.; der betroffene Staat ist aber verpflichtet, dem Urteil zu entsprechen, *ebda*, Art. 53, Rn. 1 ff. Darüber hinaus kann der Gerichtshofes gem. Art. 50 EMRK auch eine Entschädigungspflicht des Staates gegenüber dem Betroffenen festlegen. Allerdings sind in dem Bereich des deliktsrechtlichen Schutzes der Persönlichkeit keine entsprechenden Entscheidungen nachzuweisen, vgl. Darstellung der Fälle bei *Frowein / Peukert*, EMRK-Kommentar, Art. 50, Rn. 51; vgl. aus dem strafrechtlichen Bereich *Lingens / Österreich*, EuGRZ 1986, 429 f. (*EuGHMR* v. 8.7.1986): knapp 300.000 öS.

286 Vgl. allgemein *MüKo-Sonnenberger*, Art. 6, Rn. 48.

287 Vgl. z. B. *Burst*, Pönale Momente und ordre public, S. 118 f., für pönale Momente.

288 Z. B.: Existenz eines Gegendarstellungsanspruches.

289 Z. B.: Zuerkennung von *punitive damages*.

290 Zur Abgrenzung s. oben S. 280.

aa) Güterabwägung bei der Anwendung von § 823 BGB

Nach deutschem Recht muss bei der Anwendung von § 823 BGB auf Persönlichkeitsrechtsverletzungen stets eine Abwägung der entgegengesetzten Positionen, Persönlichkeitsrecht und Meinungs- oder Pressefreiheit, vorgenommen werden. Man könnte deshalb annehmen, dass diese Güterabwägung wegen des Grundrechtsbezuges *ordre public* Rang haben müsse. Nähme man dies an, so müsste man stets einen Vergleich des ausländischen Rechtsanwendungsergebnisses mit der deliktischen Güterabwägung nach § 823 BGB vornehmen und bei jeder Abweichung Art. 6 EGBGB durchgreifen lassen.

Dass auch bei der Berücksichtigung der Grundrechte über die Vorbehaltsklausel eine undifferenzierte, nicht auf die Bedeutung des Rechtssatzes, die Inlandsbeziehung und die Stärke der Abweichung des ausländischen Rechtes achtende Anknüpfung falsch ist, wurde bereits erläutert. Entscheidend ist jedoch, dass die Anwendung des *ordre public* Vorbehaltes zum Regelfall würde, mit dem Ergebnis eines faktischen *lex fori* Prinzips.

Darüber hinaus gibt es auch im deutschem Recht viele Fälle, in welchen der Ausgang der Abwägung nicht von vorneherein eindeutig ist. Dies bedeutet, dass einem gewissen Mittelbereich von vornherein ein *ordre public* Gehalt abgesprochen werden muss.[291] Was nach deutschem Recht nicht ganz klare Rechtslage ist, kann nicht international Durchsetzung verlangen.

Bezogen auf das allgemeine Verhältnis von Persönlichkeitsrecht und Meinungsfreiheit, ist vielmehr über den Vorbehalt bloß ein Rahmen zu setzen. In beide Richtungen – zu viel Schutz des Persönlichkeitsrechtes und zuwenig Schutz der Meinungsfreiheit beziehungsweise zu starkes Bevorzugen der Meinungsfreiheit zulasten des Verletzten – sind Grenzen zu ziehen. Die diesen Grenzen entsprechenden beiden folgenden Gliederungspunkte (bb) und (cc), wobei einige Spezialfragen (dd) bis (ii) aufgrund der besonderen Relevanz separat bearbeitet werden.

bb) Hinter dem deutschen Recht zurückbleibender Schutz der Persönlichkeit

In diesem Bereich, der Art. 6 EGBGB unterfällt, sind theoretisch zwei Kategorien von Fällen denkbar: Einerseits ist möglich, dass das ausländische Recht den Schutz der Persönlichkeit gänzlich ablehnt, andererseits kann bei Anerkennung eines gewissen Schutzes die Ablehnung im Einzelfall zu beanstanden sein.

Der erste Fall ist in der Praxis kaum denkbar, da irgendein Schutz – wenn auch nicht über ein Allgemeines Persönlichkeitsrecht – in jeder Rechtsordnung

---

[291] Vgl. allgemein *Spickhoff*, Ordre public im IPR, S. 206.

gegeben sein wird.[292] Denkbar ist jedoch, dass ein Recht einem bestimmten Bereich des Persönlichkeitsschutzes jeglichen Schutz versagt.[293] Aus dem Grundgesetz folgt zwar, dass ein Mindestschutz der Persönlichkeit gewährleistet werden muss.[294] Dieser bezieht sich aber auf das Gesamtbild, während der *ordre public* den Einzelfall beurteilt.[295] Deshalb muss auch gefragt werden, ob die Ablehnung im Einzelfall noch akzeptabel ist. Die generelle Ablehnung eines Persönlichkeitsrechts mag den Rechtsanwender zwar auf das Problem des Art. 6 EGBGB stoßen, Beurteilungsmassstab ist aber wie bei der nun zu behandelnden zweiten Kategorie das Anwendungsergebnis, nicht die abstrakte Rechtsnorm.

Deshalb ist der Regelfall der Anwendbarkeit des *ordre public* Vorbehaltes in der hier untersuchten Konstellation der, dass ein allgemeines Persönlichkeitsrecht oder einzelne Schutzbereiche anerkannt sind, der Schutz aber im Einzelfall hinter dem nach deutschem Recht zurückbleibt.

Abgesehen von dem erforderlichen Inlandsbezug ist für die Anwendbarkeit von Art. 6 EGBGB entscheidend, wie eng der Bezug des geltend gemachten Rechtes zu dem grundrechtlichen Gehalt des Persönlichkeitsrechtes ist.[296] So ist von einem geringeren Bezug auszugehen, wenn es dem Betroffenen um den Schutz der Persönlichkeit in wirtschaftlicher Hinsicht geht. Im Gegensatz dazu steht die persönliche Integrität im Zentrum des grundrechtlichen Schutzbereiches.[297] Der bloße Hinweis auf das einschlägige Grundrecht des Persönlichkeitsrechts genügt also nicht.[298]

Die Zuerkennung eines Anspruchs zum Schutze der Persönlichkeit ist jedoch

---

292 Dabei ist stets zu prüfen, ob nicht ein indirekter Schutz über andere Rechtsinstitute erfolgt; vgl. *Winer / UK*, Yb. Eur. Conv. H.R. 29 (1986), S. 84 f. (Kommission v. 10.7.1986, Beschwerde-Nr. 10871/84), wo die Europäische Menschenrechtskommission entschied, dass in dem Fall die Privatsphäre nach englischem Recht ausreichend über die *defamation* Tatbestände geschützt sei.

293 Z.B. dem wirtschaftlichen Aspekt oder der Privatsphäre.

294 S. nur *BGH* v. 25.5.1954, BGHZ 13, 334 ff. (Schachtbrief).

295 S. nur *Staudinger/Blumenwitz*, 13. Aufl., Art. 6, Rn. 86.

296 Vgl. allgemein für die Differenzierung zwischen den verschiedenen Schutzgütern, auch bei einem einzigen Grundrecht, bei der Anwendung der *ordre public* Klausel: *Spickhoff*, Ordre public im IPR, S. 287.

297 Vgl. z. B. *BGH* v. 24.10.1961, BGHZ 36,77 (Waffenhandelfall, bei geschäftlicher Sphäre seien stärkere Eingriffe erlaubt).

298 Hier zeigt sich auch die zeitliche Relativität des *ordre public*, da ein Eingreifen mit der wachsenden Bedeutung des wirtschaftlichen und kommerziellen Aspektes des Persönlichkeitsrechtes seltener werden wird. S. auch *markt intern / BRD*, EuGRZ 1996, 305 f. (*EuGHMR* v. 20.11.1989) und *Jacubowski / BRD*, EuGRZ 1996, 308 (*EuGHMR* v. 23.6.1994), wo der *EuHHMR* im Rahmen des Abwägens zwischen Meinungsfreiheit und Ehre hervorhebt, dass der wirtschaftliche Bereich ein weniger zentrales Gebiet der Menschenrechte und deshalb der Beurteilungsspielraum der Staaten weit sei.

nicht bloß Ergebnis einer einseitigen Betrachtung der Beeinträchtigung des Persönlichkeitsrechts, sondern Resultat eines Abwägens. Deshalb muss bei der Beurteilung, ob die Versagung eines Anspruches noch tolerabel ist, auch für die andere Seite gefragt werden, wie relevant seine Position im Hinblick auf die grundgesetzliche Meinungsäußerungsfreiheit ist.[299] Dabei gilt wieder, dass wirtschaftliche Interessen weniger schützenswert sind, da sie eine geringere grundrechtliche Bedeutung haben.[300] Sodann ist zu prüfen, ob die relative Wichtigkeit dieser beiden Rechtspositionen nach dem ausländischen Recht von unserem Standpunkt grundsätzlich abweicht. Dabei hängt der zu gewährende Spielraum von dem Inlandsbezug des Sachverhaltes ab.

Eine ausländische Regelung, die im konkreten Fall einen Anspruch verneint, im Falle der Bejahung aber einen höheren Anspruch vorsieht als das deutsche Recht, kann eher akzeptabel sein, da bei der Beurteilung der *ordre public* Widrigkeit Haftungsvoraussetzungen und Haftungsfolgen gemeinsam betrachtet werden müssen.[301] Dieses Argument ist jedoch Bedenken ausgesetzt, da der *ordre public* nicht eine gesamte Rechtsordnung, sondern das Ergebnis im Einzelfall beurteilt.[302]

Als Beispiel soll jetzt näher auf den Schutz der Privatsphäre eingegangen werden. Im englischen Recht ist ein allgemeines Recht auf die Privatsphäre nicht anerkannt, wodurch das Schutzgebot aus dem Grundgesetz im Einzelfall verletzt sein kein. Der Schutz der Privatsphäre ist ein zentraler Bestandteil des deutschen Persönlichkeitsschutzes und dient der freien Entfaltung des Menschen.[303] Da die Rechtslage in England selbst als unbefriedigend und der Schutz als unzureichend angesehen wird, kann von dem *ordre public* Vorbehalts eher Gebrauch gemacht werden.[304] Dies gilt umso mehr, als die EMRK nunmehr auch als innerstaatliches englisches Gesetz (*Human Rights Act 1998*) in Kraft gesetzt ist. Zudem ist der Schutz des Privatlebens in den meisten anderen westlichen Rechtsordnungen mittlerweile anerkannt. Ein rechtsvergleichender Blick bestätigt also die deutschen Rechtsvorstellungen.

Neben Art. 2 Abs. 1 GG ist insbesondere auf den aus der EMRK fließenden

---

299 So aber für Schweiz *Stäheli*, Persönlichkeitsrechtsverletzungen im IPR, S. 109.

300 S. nur *Borchardt*, Grundrechte in Europa und USA, S. 167 f.

301 *Spickhoff*, Ordre public im IPR, S. 205.

302 Die Einheit der Haftungsvoraussetzungen und -folgen ist aber dann relevant, wenn es darum geht, eine nach unserer Ansicht überhöhte Rechtsfolge zu beurteilen. S. u., S. 297.

303 Z. B. *BGH* v. 19.12.1995, NJW 1996, 1228 ff.

304 Vgl. *BGH* v. 17.9.1968, BGHZ 50, 370, 376; *Burst*, Pönale Momente und ordre public, S. 118; *Palandt-Heldrich*, Art. 6, Rn. 6; *Spickhoff*, Ordre public im IPR, S. 290; s. dazu auch oben, S. 287, Fn. 280.

internationalen *ordre public* zu verweisen, denn dieser ist durch die Rechtsprechung des *EuGHMR* schon in gewissem Maße konkretisiert.[305] Aus Art. 8 EMRK folgt eine Schutzpflicht bezüglich des Privatlebens.[306] Diese Pflicht umfasst auch den Schutz des Privatlebens im Verhältnis zweier Privater, also das Vorhandensein zivilrechtlicher.[307]

Art. 8 Abs. 2 EMRK stellt Rechtfertigungsvoraussetzungen für einen Eingriff in das Privatleben auf. Dabei ist in dem hier interessierenden Bereich die Alternative „Schutz der Rechte und Freiheiten anderer" einschlägig. Bei dem Kriterium der Notwendigkeit, also Verhältnismäßigkeit wird der den Vertragsstaaten gewährte Beurteilungsspielraum relevant, da sie gerade bei der Privatsphäre von den Lebensumständen und den Grundeinstellungen des Ausgangsstaates abhängt[308] und eine Interessenabwägung voraussetzt.[309] Die Europäische Menschenrechtskommission hat in einem englischen Fall eine Verletzung der Schutzpflicht aus Art. 8 EMRK durch England verneint, da ein Schutz in einem gewissen Umfang über die *defamation* Tatbestände gegeben war.[310] Wichtiger als die Ablehnung des Verstoßes in diesem Fall ist der Umkehrschluss aus der Entscheidung. Ist ein *defamation* Tatbestand nicht einschlägig, geht es also nur um die Privatsphäre, so läge ein Verstoß gegen die Konvention und damit auch gegen den deutschen *ordre public* vor. Deutsche Gerichte müssten also nach dieser Rechtsprechung die Anwendung des englischen Rechts nach Art. 6 EGBGB ablehnen.[311]

---

305 Dies hat Auswirkungen auf das Erfordernis des Binnenbezuges. Für die Anwendbarkeit der Schutzpflicht aus Art. 8 EMRK genügt auch ein Sachverhaltsbezug zu England, selbst wenn der Bezug zu Deutschland nicht ausreichend wäre.

306 *Fahrenhorst*, ZEuP 1998, 96 f.; zur mittelbaren Drittwirkung von Art. 8 EMRK vgl. nur *Breitenmoser*, Schutz der Privatsphäre gemäß Art. 8 EMRK, S. 67 ff.

307 Vgl. *Winer / UK*, Yb. Eur. Conv. H.R. 29 (1986), S. 84 f. (Kommission v. 10.7.1986, Beschwerde-Nr. 10871/84); *Fahrenhorst*, ZEuP 1998, 96 f.; *Frowein / Peukert*, EMRK-Kommentar, Art. 8, S. 342 f., Rn. 9; für Forderung nach zivilrechtlichen Abwehr- und Schadensersatzansprüchen für Privatsphäre und Ehre z. B. *Engel*, RabelsZ 53 (1989), S. 16 f.; auch *Murswieck*, Pflicht des Staates zum Schutz vor Eingriffen Dritter nach der EMRK, S. 236 f.

308 *Fahrenhorst*, ZEuP 1998, 98; *Engel*, RabelsZ 53 (1989), S. 38; bei der Einschränkung der Meinungsfreiheit zum Schutze des Gerichtsverfahrens bestehen hingegen objektive Kriterien, und damit erfolgt eine strenge Kontrolle durch den *EuGHMR*, z. B. in dem *Sunday Times* Fall, vgl. dazu *Duffy*, Human Rights Review, 1980, 31 f.

309 Vgl. *markt intern / BRD*, EuGRZ 1996, 302 ff., 305 f. (*EuGHMR* v. 20.11.1989, zu Art. 10 EMRK und der Ehre).

310 *Winer / UK*, Yb. Eur. Conv. H.R. 29 (1986), S. 84 f. (Kommission v. 10.7.1986, Beschwerde-Nr. 10871/84).

311 Für Schutzpflicht bzgl. Privatsphäre auch *Fahrenhorst*, ZEuP 1998, 96 f., 100 f.

Aus der EMRK ist auch die allgemeine Pflicht abzuleiten, die Ehre von Personen durch das Festlegen zivilrechtlicher Schutzansprüche ausreichend zu schützen.[312] Wiederum liegt das wirkliche Problem nicht bei dem Feststellen der allgemeinen Schutzpflicht, sondern bei dem Umfang des Ermessensspielraumes. Konkretere Regeln sind durch den *EuGHMR* und die Kommission noch nicht herausgebildet, sondern der Beurteilungsspielraum der Einzelstaaten aber sehr weit gesteckt worden.[313]

Die Frage, ob englisches Recht gegen den deutschen *ordre public* verstoßen könnte liegt zwar praktisch näher, ein Verstoß kommt aber eher bei entfernteren Kulturen in Betracht, wo der Ehr- oder Persönlichkeitsschutz eher rudimentär ausgestaltet sein könnte. Nach der in dieser Arbeit vertretenen Anknüpfung des Persönlichkeitsschutzes ist die Anwendung eines solchen Rechtes als Deliktsstatut durchaus möglich, was vor allem an dem Kriterium des Klägerwohnsitzes liegt. Im Hinblick auf das Erfordernis des Inlandsbezugs ist darauf abzustellen, wie stark das Delikt in das deutsche Gebiet hineinwirkt. Oben wurde schon erläutert, dass tendenziell eher bei Streu- als bei Distanzdelikten ein - im Vergleich zu der Verbindung zu der *lex loci* - ausreichender Inlandsbezug bestehen wird.

Ein großer Spielraum für alternative, weniger starken Persönlichkeitsschutz gewährende Lösungen nach ausländischem Recht sollte in dem Bereich gewährt werden, den man als den wirtschaftlichen Aspekt des Persönlichkeitsrechtes bezeichnen kann.[314] Das deutsche Recht umfasst mit dem Persönlichkeitsrecht auch kommerzielle Interessen an der Verwertung von Persönlichkeitsgütern. Es gibt zwar auch Rechtsordnungen, die diesen Aspekt noch stärker ausgebaut haben (*right of publicity*, USA), aber auch solche, die dem rein immateriellen Charakter des Persönlichkeitsrechts stärker verhaftet geblieben sind. Wegen der weniger zentralen Stellung dieses Aspektes aus der Sicht des Grundgesetzes müssen andere Auffassungen in weitem Maße anerkannt werden. Hierfür spricht auch, dass dieser wirtschaftliche Blickwinkel in Deutschland selbst noch umstritten ist. Von einer starken „policy" kann daher nicht die Rede sein.

---

312 Vgl. *Engel*, RabelsZ 53 (1989), S. 17.

313 Vgl. z. B. *Fayed / UK*, HRLJ 1994, 344, 355, 357 (*EuGHMR* v. 21.9.1994); s. auch unten zu Art. 10 EMRK, S. 296.

314 Vgl. für einen weiten Ermessensspielraum bei der Abwägung von Meinungsfreiheit und Ehre im Bereich der EMRK, im lediglich kommerziellen Kontext, auch den *EuGHMR* v. 23.6.1994 (*Jacubowski / BRD*), EuGRZ 1996, 308 und v. 20.11.1989 (*markt intern / BRD*), EuGRZ 1996, 305 f.

Unter den hier untersuchten Gliederungspunkt fällt auch die Frage, ob bestimmte Rechtsfolgen des deutschen Rechts *ordre public* Rang haben.[315] Hierbei kommt vor allem der stark ausgeprägte negatorische Rechtsschutz über Unterlassungs- und Beseitigungs- (Widerrufs-) Ansprüche in Betracht. Der ordre public verlangt aber nicht das Vorhandensein bestimmter Anspruchsarten, sondern dass deren Funktionen, also Kompensation, aber in gewissem Maße auch Abschreckung im ausländischen Recht in effektiver Weise erfüllt werden. Dabei wird ein Schadensersatzanspruch als gegenüber negatorischem Rechtsschutz stärkere Rechtsfolge angesehen. Ein symbolischer Schadensersatz- oder ein Feststellungsanspruch werden zudem als das Äquivalent eines Widerrufs- oder Unterlassungsanspruches angesehen. Mit dem Fehlen dieser Rechtsfolgen als solchem kann also das Eingreifen des *ordre public* nicht begründet werden.

cc) Weitergehende Ansprüche als nach deutschem Recht

Der *ordre public* kann auch einschlägig sein, wenn Ansprüche nach ausländischem Recht weitergehen als nach deutschem Recht. Dies bedeutet umgekehrt, die Meinungs- oder Pressefreiheit des Beklagten zu sehr vernachlässigt wird.

Da Art. 40 Abs. 3 EGBGB Ansprüche nur der Höhe nach begrenzt, kommt auch die Anwendung des Art. 6 EGBGB in Betracht, wenn nämlich die Haftung dem Grunde nach *ordre public* widrig ist.[316] Letzteres ist der Fall, wenn das Recht der Meinungsfreiheit durch einen Anspruch zu stark beeinträchtigt ist. Trotz der großen Bedeutung des Art. 5 GG für das demokratische Gemeinwesen, ist auch bei diesem Grundrecht anerkannt, dass die Stärke des Schutzes variiert und zwar je nachdem, welcher Bereich der Meinungsfreiheit betroffen ist, welche Ziele hinter einer Meinungsäußerung stehen und um welche Angelegenheit es geht.[317] Auch die Organe der EMRK betonen, dass die Meinungsfreiheit des Art. 10 EMRK hauptsächlich dem Schutz der öffentlichen Diskussion über ein politisches Geschehen dient, und im übrigen ein weiter Ermessensspielraum zu gewähren ist.[318]

Da es sich um die Abgrenzung der grundrechtlichen Positionen handelt, hat

---

[315] Weiterhin gehören hierzu die Problematik von Gegendarstellungsanspruch, Datenschutz, postmortalem Schutz und Geldentschädigung für immaterielle Schäden (vgl. die Gliederungspunkte ee), ff), gg), ii)).

[316] S. *Staudinger/von Hoffmann*, Art. 40 EGBGB, Rn. 430.

[317] S. *Borchardt*, Grundrechte in Europa und USA, S. 167 f.

[318] Vgl. einerseits *Lingens / Österreich*, EuGRZ 1986, 424, 428 f. (*EuGHMR* v. 8.7.1986), Beleidigung eines Politikers (allerdings Strafrecht); andererseits *Jacubowski / BRD*, EuGRZ 1996, 306, 308 (*EuGHMR* v. 23.6.1994) und *markt intern / BRD*, EuGRZ 1996, 305 f. (*EuGHMR* v. 20.11.1989).

die Prüfung hier parallel zu dem Gliederungspunkt (bb) zu erfolgen. Ein Ansatz, der lediglich fragt, wie die Meinungsfreiheit im Bereich des *ordre public* anzuknüpfen und durchzusetzen sei, ist daher nicht richtig.[319]

Im Hinblick auf den zu geringen Schutz der Meinungs- und Pressefreiheit können sich Anwendungsfälle wie im umgekehrten Fall eher aus einer Verbindung zu entfernteren Rechtsordnungen ergeben, in welchen das Prinzip der Meinungsfreiheit nicht so ausgeprägt wie bei uns und Berichterstattung beschränkt wird. Da es sich aber meist um politische Gründe handelt, wegen derer Ansprüche gegeben werden, diese also öffentliche Personen oder Fragen des öffentlichen Interesses betreffen, sind diese Prinzipien für das entsprechende Land von besonderer Wichtigkeit. Dies spricht gegen eine Anwendung des *ordre public* Vorbehaltes. Auf der anderen Seite besitzt die Meinungsfreiheit bei uns eine große Bedeutung für die Demokratie. Bei der Beurteilung der *ordre public* Widrigkeit kommt es im Hinblick auf den Binnenbezug vor allem darauf an, inwieweit der Inhalt der Äußerung auch Deutschland oder lediglich den ausländischen Staat und sein öffentliches Leben betrifft. Im letzteren Falle ist der Anwendungsanspruch der deutschen Grundsätze geringer. Als Beispielsfall käme eine Beleidigungsklage eines ausländischen Politikers gegen eine deutsche Zeitung wegen einer international verbreiteten Veröffentlichung in Betracht. Die Veröffentlichung wird sich dabei wegen des fehlenden Interesses an solchen Themen kaum um eine rein interne Angelegenheit des anderen Staates drehen, so dass wahrscheinlich ist, dass auch eine Frage des deutschen öffentlichen Interesses betroffen ist. Insgesamt ist daher ein Eingreifen des *ordre public* Vorbehaltes gegen einen solchen Anspruch aus Beleidigung ziemlich wahrscheinlich, wenn der andere Staat die Meinungsfreiheit stark beschränkt.

Auch die EMRK statuiert in ihrem Art. 10 eine Pflicht zum ausreichenden Schutz der Meinungsfreiheit, welche auch im Verhältnis zwischen Privaten zu gewährleisten ist.[320] Nach Art. 10 Abs. 2 EMRK kann eine Beschränkung der Meinungsfreiheit durch den Schutz des guten Rufes und der Rechte anderer gerechtfertigt sein, wobei eine Güterabwägung zwischen den entgegengesetzten Positionen vorzunehmen ist.[321] Auch hier wird der weite Ermessensspielraum

---

319 So aber *Lüderitz*, RabelsZ 36 (1972), S. 38: Art. 5 GG sei anwendbar, wenn eine Äußerung in Deutschland wirke. S. auch oben S. 287.

320 In *markt intern / BRD*, EuGRZ 1996, 302 ff., 304 (*EuGHMR* v. 20.11.1989) wird die Frage der Drittwirkung schon gar nicht mehr problematisiert. Die entschiedenen Fälle betreffen jedoch in der Regel das Strafrecht; z.B. *Thorgeir Thorgeirson / Island*, HRLJ 1992, 440 (*EuGHMR* v. 25.6.1992), *Barfod / Dänemark*, EuGRZ 1988, 91 f. Beschwerde-Nr. 11508/85; *Castells / Spanien*, ÖJZ 1992, 803 (*EuGHMR* v. 24.4.1992).

321 *markt intern / BRD*, EuGRZ 1996, 305 (*EuGHMR* v. 20.11.1989).

der staatlichen Gerichte betont und ihre Abwägung von dem *EuGHMR* nicht durch eine eigene Beurteilung ersetzt.[322] Dies gilt insbesondere bei Äußerungen im wirtschaftlichen Bereich, da Art. 10 EMRK vorrangig dem Schutz der Diskussion öffentlicher Angelegenheiten dient.[323]

Die hier untersuchte Konstellation des zu geringen Schutzes der Meinungsfreiheit wird häufig relevant werden, wenn lediglich die Haftungsfolge von der nach deutschem Recht abweicht. Bei der Beurteilung der *ordre public* Widrigkeit einer Haftungsfolge, also zum Beispiel der Höhe eines Schadensersatzes, müssen auch die jeweiligen Haftungsvoraussetzungen berücksichtigt werden.[324] So kann ein höherer Schadensersatz unter der Voraussetzung des Bestehens eines subjektiven Schuldvorwurfes eher akzeptiert werden. Denn auch nach deutschem Recht ist dies ein Faktor, der die Höhe des Schadensersatzes beeinflussen kann.

Das Zuerkennen einer Geldentschädigung für immaterielle Schäden in extremer Höhe, kann zur Anwendbarkeit des Art. 40 Abs. III S. 1 oder 2 EGBGB führen. Durch diese Vorschriften wird dem Kompensationsgebot oder Ausgleichsprinzip des deutschen Haftungsrechtes *ordre public* Rang verliehen.[325] Eine Unterscheidung zwischen beiden Alternativen erscheint nicht sinnvoll, da jeder Anspruch, der einen anderen Zweck als die Entschädigung hat, nicht mehr der Entschädigung des Verletzten dient.[326] Art. 40 Abs. 3 EGBGB stellt nunmehr klar, dass aber nur ein wesentliches Überschreiten der Kompensation *ordre public* widrig sein kann. Der Ersatz von immateriellem Schaden („damages for pain and suffering") als solcher verletzt, den deutschen *ordre public* nicht, da es sich um Kompensation handelt.[327] Art. 40 Abs. 3 EGBGB beschränkt den Geldersatz nämlich nicht auf materielle Schäden. Die Frage, inwieweit Abweichungen akzeptiert werden, hängt auch von dem Inlandsbezug ab. Denn grundsätzlich muss sich der Umfang des Schadens, das heißt die zum Ausgleich erforderliche Summe nach den gesellschaftlichen Ansichten der

---

322 *markt intern / BRD*, EuGRZ 1996, 302, 305 f. (*EuGHMR* v. 20.11.1989).

323 Vgl. einerseits *Lingens / Österreich*, EuGRZ 1986, 424, 428 f. (*EuGHMR* v. 8.7.1986), Beleidigung eines Politikers (allerdings Strafrecht); andererseits *Jacubowski / BRD*, EuGRZ 1996, 306, 308 (*EuGHMR* v. 23.6.1994) und *markt intern / BRD*, EuGRZ 1996, 305 f. (*EuGHMR* v. 20.11.1989).

324 *Spickhoff*, Ordre public im IPR, S. 205.

325 S. *Staudinger/von Hoffmann*, Art. 40, Rn. 418; vgl. *Spickhoff*, Ordre public im IPR, S. 197. Diese Frage ist von der *ordre public*-Widrigkeit des Strafschadensersatzes zu trennen (dazu unten unter dd).

326 So auch *Staudinger/von Hoffmann*, Art. 40 EGBGB, Rn. 417.

327 Vgl. *Bungert*, ZIP 1992, 1721 f. (zur Urteilsanerkennung).

Rechtsordnung, in der sich der Verletzte bewegt, beurteilt werden. Nach der hier vertretenen Ansicht ist daher auch das Kriterium der „wesentlichen" Überschreitung flexibel zu handhaben.

Sieht das ausländische Recht einen Feststellungsanspruch vor, der im deutschen Recht verneint wird, so ergeben sich auch unabhängig von der Frage einer *ordre public* Widrigkeit Probleme bei der Durchsetzung dieses Anspruches. Diese sollen wegen des Zusammenhanges hier behandelt werden. Nach deutschem Recht ist die auf Feststellung der Rechtswidrigkeit eines Eingriffes gerichtete Klage im Bereich des Persönlichkeitsschutzes nicht zulässig. Es fehlt wegen der Möglichkeit, negatorischen Rechtsschutz und Schadensersatz geltend zu machen, an einem Feststellungsinteresse. In anderen Rechtsordnungen gibt es im Bereich des Persönlichkeitsschutzes hingegen einen Feststellungsanspruch.[328] Darunter sind auch die symbolischen Schadensersatzansprüche (insb. Frankreich) zu fassen. Diese haben die gleiche Funktion, weil sie eine Rechtsverletzung ahnden, ohne dass es auf das Entstehen von Schäden ankäme.[329]

Die herrschende Meinung qualifiziert die Feststellungsklage als prozessrechtlich[330] und wendet dementsprechend *lex fori* an. Demnach werden solche Ansprüche nach dem ausländischen Recht nicht durchgesetzt. Grundlage dieser Ansicht ist, dass der Feststellungsklage kein materieller Anspruch zugrunde liege. Dies mag für das deutsche Recht stimmen, kollisionsrechtlich gesehen darf diese Ansicht aber nicht dazu führen, dass Ansprüche des ausländischen Rechts ausgeschlossen werden. Folge dessen wäre eine Rechtsschutzverkürzung. Das ausländische Recht würde nicht so angewendet, wie es der ausländische Richter anwendet. Das Festhalten an internen Einordnung, welches missachtet, dass nach den ausländischen Rechten ein materieller Anspruch festzustellen ist, ist daher abzulehnen.[331] Richtigerweise ist deshalb der Ansicht von *Stoll*[332] zu folgen, nach welcher die im Bereich des Persönlichkeitsschutzes existierenden Feststellungsansprüche der *lex causae* zuzuordnen sind, denn diese Meinung geht richtig davon aus, dass nach der Funktion der Ansprüche zu qualifizieren ist. Diese Feststellungsansprüche entsprechen im wesentlichen den

---

328 S. Nw. bei *Stoll*, FS Bötticher, S. 352, 355 ff.

329 Vgl. *Birk*, Schadensersatz und sonstige Restitutionsformen im IPR, S. 173 f.; aus funktioneller Sicht dürfen diese beiden Restitutionsformen daher nicht unterschiedlich qualifiziert werden.

330 Für *lex fori* z. B. *Schnorr von Carolsfeld*, FS Lent, S. 252 f.; w. Nw. bei *Stoll*, FS Bötticher, S. 365.

331 Vgl. *Birk*, Schadensersatz und sonstige Restitutionsformen im IPR, S. 175 ff.

332 *Stoll*, FS Bötticher, S. 366.

negatorischen Ansprüchen des deutschen Rechts,[333] so dass das anwendbare Deliktsrecht entscheidet, ob ein Feststellungsanspruch gegeben ist.[334] Hieraus ergeben sich Probleme bei der Anwendung des ausländischen Deliktsstatutes. Es ist erforderlich, das deutsche Prozessrecht, die Zulässigkeitsvoraussetzungen der Feststellungsklage anzupassen, was jedoch nicht sehr schwierig ist, da die Feststellungsklage im deutschen Recht ja durchaus bekannt ist. Es ist also möglich, eine Analogie zu ziehen.

Aus den obigen Ausführungen ergeben sich schon die Argumente gegen eine *ordre public* Widrigkeit einer Feststellungsklage oder eines Feststellungsanspruches im Bereich des Persönlichkeitsschutzes. Die Funktion des Feststellungsanspruches ist auch unserem Deliktsrecht nicht fremd, es gibt bei uns funktionsäquivalente Rechtsfolgen. Die Feststellungsklage wird im deutschen Recht des Persönlichkeitsschutzes nicht wegen grundsätzlicher Bedenken abgelehnt, sondern nur weil es andere Haftungsfolgen gibt, die ihre Funktion erfüllen. Lediglich der Grundsatz der Subsidiarität führt im deutschen Recht zu der Verneinung des Anspruches. Deshalb sprechen keinen prinzipiellen Erwägungen gegen einen Feststellungsanspruch im Persönlichkeitsschutz. Der *ordre public* wird hierdurch nicht betroffen.

Nach der in dieser Arbeit vertretenen Ansicht verstößt es auch nicht zwingend gegen den deutschen *ordre public*, wenn nach ausländischem Recht der Widerruf, eine Gegendarstellung oder Berichtigung zu einer Meinung, einem Werturteil verlangt werden kann, auch wenn sich der Anspruch gegen ein deutsches Presseunternehmen richtet. Derartige Ansprüche sind in anderen europäischen Ländern zulässig (z. B. Frankreich), weshalb sich Deutschland bei der Anwendung der Vorbehaltsklausel restriktiv verhalten sollte.[335]

Ein Urteilsveröffentlichungsanspruch nach ausländischem Recht verstößt nicht gegen den deutschen *ordre public*, da er als Teil der Naturalrestitution einer Persönlichkeitsrechtsverletzung auch nach deutschem Recht als Schadensersatz zulässig wäre.

Neben Zuerkennung bestimmter Haftungsfolgen in der ausländischen *lex loci delicti* könnte auch die Ausweitung des Schutzes auf neue Schutzbereiche zu der Anwendung der Vorbehaltsklausel führen. Dies kommt für den Bereich des „wirtschaftlichen Persönlichkeitsrechts" in Betracht: In einigen US-Bundesstaaten gibt es ein sogenanntes *right of publicity*, welches die Möglichkeit der

---

333 Ausführlich dazu *Stoll*, FS Bötticher, S. 355 ff.

334 *Wagner*, IPR bei Persönlichkeitsrechtsverletzungen, S. 95; *Stoll*, FS Bötticher, S. 366.

335 Vgl. *Gerth*, Diskussionsbericht, S. 138.

kommerziellen Verwertung der Persönlichkeit, alleine dem Träger des Persönlichkeitsrechts zuweist. Die Zuerkennung entsprechender Ansprüche könnte den nach immateriellen, ideellen Charakter des Persönlichkeitsrechtes verletzen. Oben wurde jedoch gezeigt, dass auch das deutsche Deliktsrecht des Persönlichkeitsschutzes bei funktioneller Betrachtung durchaus kommerzielle Interessen der Betroffenen schützt und diese Tendenz stärker wird. So erfolgt der Schutz der „gewerblichen Persönlichkeitsrechte" auch über das Bereicherungsrecht.[336] Die zeitliche Relativität spricht daher gegen eine Anwendung. Allenfalls könnte Art. 40 Abs. 3 EGBGB verletzt sein, wenn die Schadensersatzsummen nach unserem Verständnis nicht mehr vorrangig von dem Kompensationsgedanken geprägt sind. Dann wäre das Übermaßverbot verletzt und eine Kürzung müsste erfolgen.[337]

Von den unten ausführlicher behandelten Einzelfragen gehören zu dem Gliederungspunkt (cc) systematisch gesehen die Übertragbarkeit des Persönlichkeitsrechts, der postmortale Schutz, und vor allem die *punitive damages*.[338]

dd) Insbesondere punitive damages

Die Zuerkennung von punitive damages also Strafschadensersatz nach ausländischem Recht kann nach Art. 40 Abs. 3 Nr. 2 EGBGB *ordre public* widrig sein. Diese Vorschrift hebt das Kompensationsprinzip auf *ordre public* Niveau. Die Abgrenzung von *punitive damages* und Geldersatz für immaterielle Schäden ist schwierig, wenn nicht unmöglich. Der Geldersatz hat im Gegensatz zu *punitive damages* grundsätzlich kompensierende Funktion im Hinblick immaterielle Schäden.[339] Doch schon der Blick auf die deutsche Rechtsprechung zeigt, dass der Schadensersatz nicht nur Kompensationsfunktion hat.[340] Problematisch ist zudem, dass in den Rechtsordnungen, die *punitive damages* anerkennen, in Urteilen nicht zwischen verschiedenen Funktionen unterschieden wird. Im folgenden wird aus praktischen Gründen darauf abgestellt, ob die *punitive damages*, so wie sie vom ausländischen Recht (englisch oder amerikanisch) definiert werden, *ordre public* widrig sind.[341]

---

336 Vgl. *BGH* v. 14.10.1986, JZ 1987, 158 (Nena-Fall). Bei funktioneller Betrachtung ist dies deliktsrechtlich zu qualifizieren.

337 Zu den Rechtsfolgen der Anwendbarkeit der Vorbehaltsklausel ausführlich unten, S. 310.

338 Gliederungspunkte (dd), (hh) bzw. (ii).

339 Zur kompensierenden Funktion des Geldentschädigungsanspruches vgl. *Schwerdtner*, Persönlichkeitsrecht, S. 249 f.

340 Vgl. nur *Burst*, Pönale Momente und ordre public, S. 126 ff.

341 Oben 8nter cc) wurde die Frage, ob ein zu hoher Geldersatz ordre public-widrig ist, behan-

Art. 40 Abs. 3 Nr. 2 EGBGB regelt nunmehr die Behandlung von Strafschadensersatz im IPR. Bislang wurde diese Frage häufiger bei der Vollstreckbarkeit US-amerikanischer Urteile erörtert, die *punitive damages* zuerkennen.[342] Die Überlegungen zu dem *ordre public* Vorbehalt bei der Vollstreckung können argumentativ herangezogen werden.

Aus Art. 40 Abs. 3 Nr. 2 EGBGB ergibt sich, dass Strafschadensersatz als deliktsrechtlich zu qualifizieren ist.[343] Es handelt sich um Sanktionen des Zivilrechts. Trotz des Art. 40 Abs. 3 Nr. 2 EGBGB ist Strafschadensersatz nicht generell die Anerkennung zu versagen, weil etwa die repressive und präventive Funktion dem deutschen Deliktsrecht wesensfremd wäre.[344] Hinter dem deutschen Schadensersatz, und insbesondere der Geldentschädigung bei Persönlichkeitsrechtsverletzungen, stehen nicht nur der Kompensations-, sondern auch ein Genugtuungs-, Straf- und Abschreckungsgedanke.[345] Nach der neuen Rechtsprechung des *BGH* zum Persönlichkeitsschutz wird die Höhe des Schadensersatzes an den Gewinn angepasst, so dass eine Abschreckungswirkung erreicht wird.[346] Darüber hinaus zeigt sich in anderen Bereichen des deutschen Delikts- und Schadensrechts eine Loslösung von der reinen Kompensation.[347] Daher kann

---

delt. Der Unterschied ergibt sich aus dem Ausgangspunkt der Betrachtung. Nicht unterschieden wird hier zwischen verschiedenen Arten von Strafschadensersatz. Dazu *Burst*, Pönale Momente und ordre public, S. 41 ff.

342 Wegen Art. 38 EGBGB a.F. trat die Frage im Rahmen des Kollisionsrechts kaum auf. Wegen der neuen Regelung des Art. 40 Abs. 1 EGBGB wird das Problem relevanter; vgl. auch *Coester-Waltjen*, Deutsches IZVR und die punitive damages, S. 23; *BGH* v. 4.6.1992, ZIP 1992, 1263 f.

343 S. schon *BGH* v. 4.6.1992, ZIP 1992, 1266. A. A. früher: *Firsching / von Hoffmann*, IPR, 5. Aufl., § 11, Rn. 19: wegen Straf- und Präventionszweck nicht vom Deliktsstatut erfasst.

344 Der Kritik von *Hay*, FS Stoll, S. 527 f., an dem Wortlaut von Art. 40 Abs. 3 EGBGB ist daher zuzustimmen.

345 So auch *Graf von Westphalen*, RIW 1991, 147 ff.; *Kern*, AcP 191 (1991), 248 f., 253 f., 168; vgl. z. B. *BGH* v. 6.7.1955, BGHZ 18, 150, 154 ff.; *Burst*, Pönale Momente und ordre public, S. 129 ff. auch aus rechtsvergleichender Sicht („internationaler ordre public") ist sagen, dass *punitive damages* keine nur vereinzelt auftretende Absonderlichkeit darstellen, sondern der Strafgedanke in dem Zivilrecht vieler Rechtsordnungen zu finden ist, mag er auch dort in der Regel umstritten sein; vgl. *Burst*, Pönale Momente und ordre public, S. 68 ff., 160 f.; zu USA: *Stiefel / Stürner / Stadler*, Am. J. Comp. L. 1991, 783 f.

346 *BGH* v. 5.12.1995, NJW 1996, 984 f. (Caroline v. Monaco).

347 *Coester-Waltjen*, Deutsches IZVR und die punitive damages, S. 30 ff., nennt z. B. die Möglichkeit einer abstrakten Schadensberechnung, die ja auch im Bereich des Persönlichkeitsschutzes (dreifache Schadensberechnung bei der Verwertung von Persönlichkeitsattributen) besteht. Eine Loslösung von dem Kompensationsprinzip ist auch in umgekehrter Richtung zu erkennen: der Anspruchsverpflichtete hat zu Lasten des Geschädigten oft nicht den ganzen Schaden zu ersetzen, z. B. bei gesetzlichen Schadensersatzhöchstgrenzen oder auch im Falle des § 251 II BGB.

eine fehlende Kompensationsfunktion alleine die Anwendbarkeit des *ordre public* nicht begründen.[348] *Punitive damages* sind nicht generell abzulehnen. Art. 40 Abs. 3 Nr. 2 EGBGB kann sich nur auf eine über die nach deutschem Recht hinausgehende Straffunktion beziehen.

Darüber hinaus ist auch der zum Teil hinter den *punitive damages* stehende Gedanke der Gewinnabschöpfung[349] dem deutschen Recht nicht fremd. So wird vertreten, dass zum Beispiel bei unbefugter kommerzieller Bildverwendung der von dem Beklagten erzielte Gewinn als Schadenersatz verlangt werden kann.[350] Auch wird teilweise ein Anspruch aus Eingriffskondiktion befürwortet.[351] Zudem haben auch die *punitive damages* zum großen Teil kompensierende Funktion, etwa als Ersatz des immateriellen Schadens oder für die hohen Kosten eines Gerichtsverfahrens, die nicht unbedingt von der unterliegenden Partei getragen werden müssen.[352] Insofern müsste bei einem in Deutschland stattfindenden Verfahren einen Anteil von den *punitive damages* abgezogen werden, da die Kosten nach deutschem Prozessrecht im wesentlichen ohnehin ersetzt werden..[353] Man könnte insoweit auch von einer Anpassung sprechen.[354]

---

348 So auch *Coester-Waltjen*, Deutsches IZVR und die punitive damages, S. 33; und *Graf von Westphalen*, RIW 1991, 147 ff.; hierfür spricht auch die fehlende Abgrenzbarkeit des kompensatorischen und nichtkompensatorischen Teiles, die selbst bei einer Aufschlüsselung in ausländischen Urteilen zweifelhaft ist. So kann ein US-Richter statt der Zuerkennung von *punitive damages* auch einfach das Schmerzensgeld erhöhen, weil z. B. *punitive damages* größere, schwer beweisbare Voraussetzungen haben oder in dem Staat unzulässig sind. Anders aber *BGH* v. 4.6.1992, ZIP 1992, 1265 ff., der den Anteil der „exemplary and punitive damages" an der gesamten Summe generell der Anerkennbarkeit entzieht; auch *Bezirksgericht Sargans* (Schweiz) v. 1.10.1982, SJZ 1986, 311.

349 Vgl. *Graf von Westphalen*, RIW 1991, 147 m. Nw.; *Bungert*, ZIP 1992, 1716; zur Unbedenklichkeit einer Gewinnabschöpfung nach ausländischem Recht vgl. *BGH* v. 4.6.1992, ZIP 1992, 1267.

350 Vgl. *Schwerdtner*, Das Persönlichkeitsrecht, S. 246 f., der aber dagegen ist; tendenziell geht auch die von dem *BGH* verlangte „Fühlbarkeit des materiellen Verlustes" für den Handelnden bei Persönlichkeitsrechtsverletzungen in die Richtung einer Berücksichtigung des Gewinnes, vgl. schon *BGH* v. 19.6.1961, BGHZ 35, 363, 369 f. (Ginseng-Fall).

351 Vgl. *BGH* v. 8.5.1956 , BGHZ 20, 345, 354 ff. (Dahlke), Werbung mit Bild.

352 Vgl. *Hay*, FS Stoll, S. 524; *Coester-Waltjen*, Deutsches IZVR und die punitive damages, S. 17; *Graf von Westphalen*, RIW 1991, 143, 147; *Stäheli*, Persönlichkeitsrechtsverletzungen im IPR, S. 111.

353 Ein entsprechender Teil des Schadensersatzes wäre also „prozessrechtlich" zu qualifizieren und der Schadensersatz zu reduzieren Zur Unbedenklichkeit der Anerkennung des entsprechenden Teiles eines US-Urteils, bei dem der Schadensersatz in der Höhe durch die prozessualen Gegebenheiten in den USA beeinflusst sein könnte s. auch *BGH* v. 4.6.1992, ZIP 1992, 1264 f.

354 So *Wagner*, Persönlichkeitsrechtsverletzungen im IPR, S. 94, der aber zu Unrecht davon ausgeht, zu hohe Schmerzensgeldansprüche nach US-amerikanischem Recht könnten deshalb nie gegen den deutschen *ordre public* verstoßen. Die hohen Summen beruhen nicht

Darüber hinaus haben *punitive damages* gerade im Bereich des Persönlichkeitsschutzes auch deshalb eine kompensierende Funktion, weil sie eine Art pauschalierter Schadensersatz sind. Das Problem der Bezifferung einer Verletzung immaterieller Güter wird damit umgangen.[355]

Ein Überschreiten deutscher Schadensersatzsummen genügt daher ebenfalls noch nicht für die *ordre public* Widrigkeit. Dies ergibt sich auch aus Art. 40 Abs. 3 Nr. 2 EGBGB, da dieser von „Offensichtlichkeit" der Funktionsabweichung spricht. Dabei ist darauf abzustellen, ob die Höhe des Schadensersatzes im Vergleich zu der Verletzung unverhältnismäßig ist[356], das Übermaßverbot verletzt ist.[357] Dabei ist zu berücksichtigen, dass auch die deutschen Schadensersatzsummen noch im Steigen begriffen sind.

Im Ergebnis ist daher nur ein starkes Abweichen *ordre public* erheblich. Für den Regelfall scheint der Vorschlag von *Staudinger/von Hoffmann*[358] der Analogie zu der Rechtsprechung zu Wucherzinsen angemessen und praktikabel zu sein. Strenge summenmäßige Angaben sind nach hier vertretener Ansicht allerdings nicht angebracht, da im Einzelfall auch auf die Umstände der Verletzung Rücksicht genommen werden muss. Dies sind vor allem die Anspruchsvoraussetzungen nach ausländischem Recht, das Verschulden, die Gewinnerzielungsabsicht, die erforderliche Abschreckungswirkung und der Inlandsbezug.

Dabei ist zu berücksichtigen, dass zum Beispiel im amerikanischen Recht aufgrund des Verfassungsrechts bei *defamations* und *invasions of privacy* schon sehr hohe Anforderungen an das Verschulden gestellt werden.[359] Da bei der Beurteilung der Haftungsfolge auch die Haftungsvoraussetzungen zu bedenken sind, ist hier ein höherer Schadensersatz akzeptabel als gegebenenfalls bei einem verschuldensunabhängigen Anspruch.[360]

Nach der hier vertretenen Ansicht ergibt sich aus der „Wesentlichkeitsvoraussetzung" auch ein Erfordernis eines ausreichenden Inlandsbezuges. In einer Entscheidung des *BGH* zu der Vollstreckung eines US-Urteils aus dem Jahre 1992 genügte als Inlandsbezug, dass der Handelnde auch (neben der amerikanischen) die deutsche Staatsangehörigkeit hatte und zum Vollstreckungszeitpunkt in

---

nur auf dem Prozessrecht.

355 Vgl. *Stäheli*, Persönlichkeitsrechtsverletzungen im IPR, S. 111; *Coester-Waltjen*, Deutsches IZVR und punitive damages, S. 17; s. auch *BGH* v. 4.6.1992, ZIP 1992, 1267.

356 So auch *Coester-Waltjen*, Deutsches IZVR und die punitive damages, S. 33; *Dethloff*, FS Stoll, S. 484.

357 *Spickhoff*, Ordre public im IPR, S. 205 f.

358 Art. 40 EGBGB, Rn. 423 (100%iges Überschreiten ist *ordre public* widrig); nach *Dethloff*, FS Stoll, S. 484, soll aber unter Umständen auch ein mehrfaches Übersteigen zulässig sein.

359 S. oben, S. 123 ff.

360 *Spickhoff*, Ordre public im IPR, S. 205.

Deutschland wohnte.[361] Diese Ansicht war sehr weitgehend, da alle anderen Faktoren, Deliktsort, früherer Wohnsitz, Verbindungen des Klägers nur auf die USA deuteten. Das personale Moment ist aber tatsächlich deshalb besonders bedeutend, weil nach den Ansichten der Rechtsordnung, in denen sich die Personen bewegen, entschieden werden muss, was zur Kompensation, Genugtuung beziehungsweise Bestrafung ausreichend ist. Denn diese Frage hängt von der sie umgebenden Gesellschaft ab. Anders als bei Schadensersatz von rein kompensatorischem Charakter, sind allerdings die Verbindungen sowohl des Klägers als auch des Beklagten erheblich, denn die Funktion der *punitive damages* stellt auf beide ab. Die Genugtuung müsste eher aus Sicht der Rechtsumgebung des Betroffenen beurteilt werden, die Bestrafungsfunktion aus der Sicht des Beklagten. Beide Faktoren könnten also zu einer ausreichenden Inlandsbeziehung führen. Sofern ein gemeinsamer ausländischer Wohnsitzstaat (an dem Deliktsort) gegeben ist, ist diese Verbindung hingegen nur schwerlich über die Vorbehaltsklausel zu umgehen. Bei gemeinsamem Wohnsitz in Deutschland ist zwar ohnehin deutsches Recht anwendbar (Art. 40 Abs. 2 EGBGB). Hier wäre aber auch ein ausreichender Inlandsbezug zu bejahen.

ee) Insbesondere Fehlen einer Geldentschädigung für immaterielle Schäden

Die Situation, dass der Geldentschädigungsanspruch für immaterielle Schäden nach der *lex loci delicti* zu hoch ist, fällt entweder unter den Gliederungspunkt (cc) oder unter den Spezialfall der *punitive damages*.[362] Hier soll der Fall behandelt werden, dass das ausländische Recht einen solchen Anspruch nicht vorsieht. In allen hier untersuchten Rechtsordnungen ist dies zwar nicht der Fall, es ist aber durchaus denkbar. Es ist Art. 6 EGBGB anwendbar.

Nach einer Ansicht liegt grundsätzlich nie ein *ordre public* Verstoß vor, wenn das ausländische Recht keine Geldentschädigung für immaterielle Schäden zuerkennt.[363] Auch der österreichische *OGH* hat in einem Fall entschieden, dass es nicht gegen den österreichischen *ordre public* verstößt, wenn das ausländische Tatortrecht keinen solchen Anspruch vorsieht.[364] Nach der Gegenposition soll generell eine Verletzung des deutschen *ordre public* vorliegen, wenn ein solcher Anspruch bei schwersten Persönlichkeitsrechtsverletzungen versagt

---

[361] *BGH* v. 4.6.1992, ZIP 1992, 1279.

[362] Z. B.: *C. v. Bar*, Waseda FS, S. 594: zu hoher Schmerzensgeldanspruch nach ausländischem Recht sei möglicher Anwendungsfall des *ordre public*.

[363] So *Wagner*, IPR bei Persönlichkeitsrechtsverletzungen, S. 94.

[364] *OGH* v. 31.10.1974, JBl 1975, 426 f. (im Fall konstruierte er aber einen vertraglichen Anspruch auf Schmerzensgeld).

wird.[365] Diese beiden Lösungsansätze sind in ihrer extremen Einstellung gleichermaßen abzulehnen: Die Ablehnung jeglicher Anwendung der Vorbehaltsklausel verkennt den Grundrechtsbezug des Anspruches.[366] Nach deutschem Recht wird die Geldentschädigung als unabdingbare Absicherung des Schutzes des in der Verfassung niedergelegten Persönlichkeitsrechts angesehen. Aufgrund des Grundgesetzes wurde § 253 BGB bei den Persönlichkeitsrechtsverletzungen durchbrochen.[367] Auch die Gegenansicht ist jedoch zu verallgemeinernd. Sie blickt nicht auf den Einzelfall und berücksichtigt die Relativität des *ordre public* nicht.

Es ist vielmehr zu untersuchen, wie stark der Grundsrechtsbezug im Einzelnen ist. Dabei wird vor allem zu unterscheiden sein, inwieweit lediglich ein Vermögensinteresse verfolgt wird. Der Grundrechtsschutz zielt primär auf den Schutz des immateriellen Interesses ab.[368] Im übrigen ist zu fragen, ob nach dem anwendbaren Recht nicht möglicherweise eine andere Schadensersatzart die Aufgaben der deutschen Geldentschädigung übernimmt.[369] Schon nach deutschem Recht ist die Abgrenzung zu einem materiellen Schadensersatz sehr schwierig, weshalb insbesondere auf die Höhe des Anspruches nach dem Deliktsstatut zu schauen und weniger auf die „Qualifizierung" oder Benennung des Anspruches.

ff) Insbesondere Gegendarstellungsanspruch

Das deutsche Gegendarstellungsrecht ist so stark ausgeprägt, dass praktisch nur der Fall eines dahinter zurückbleibenden ausländischen Rechts relevant ist.[370] Dieser Fall ist nach Art. 6 EGBGB zu beurteilen.

Für den *ordre public* Rang des Gegendarstellungsanspruches spricht der oft betonte Zusammenhang mit den grundgesetzlich geschützten Rechten der Persönlichkeit auf der einen und der Meinungsfreiheit auf der anderen Seite. Es wird zwar demgemäss gesagt, der Gegendarstellungsanspruch sei eine Konkretisierung des Persönlichkeitsrechtes des Grundgesetzes und diene dem Ausgleich von Art. 5 GG, doch wird nicht behauptet das Grundgesetz verlange zwingend einen Gegendarstellungsanspruch. Dem ist zuzustimmen. Denn der Gegendar-

---

365 *Looschelders*, ZvglRWiss 1996, 56.

366 S. auch *Spickhoff*, Ordre Public im IPR, S. 203; *Looschelders*, ZvglRWiss 1996, 56.

367 Vgl. *Schwerdtner*, Persönlichkeitsrecht, S. 250 f., 255.

368 Mit dem deutschen Geldentschädigungsanspruch für immaterielle Schäden werden oft vermögensrechtliche Zwecke verfolgt, vgl. *Schwerdtner*, Persönlichkeitsrecht, S. 255, m.Bsp.

369 So auch *Spickhoff*, Ordre Public im IPR, S. 204.

370 Es wird dem Umfang nach sogar noch eher ausgeweitet; z.B. wurde der Anspruch auf Abdruck auf der Titelseite kürzlich bejaht: *BVerfG* v. 14.1.1998, NJW 1998, 1381.

stellungsanspruch dient dem Ausgleich eines starken Schutzes der Meinungsfreiheit. Begrenzt das ausländische Recht die Meinungsfreiheit ohnehin stärker als deutsches Recht oder erkennt es andere Ansprüche zu, dann ist es gar nicht erforderlich, zum Schutze des Betroffenen ein Gegendarstellungsrecht einzuführen.

Aus Art. 8 EMRK in Verbindung mit Art. 10 EMRK wird teilweise gefolgert, dass ein Staat die Pflicht zur Einführung eines Gegendarstellungsrechtes habe.[371] Der Gerichtshof und die Kommission haben dazu bisher noch nicht Stellung bezogen. Für das deutsche Recht könnte diese These insofern von Relevanz sein, als ein Gegendarstellungsrecht dann nicht nur im Bereich der Presse, sondern auch für den Rundfunk zwingend wäre.[372] Zudem müsste gegen Rechtsordnungen, die dieses Recht verneinen, Art. 6 EGBGB angewendet werden, obwohl ein Gegendarstellungsrecht aus dem Grundgesetz nicht zwingend abgeleitet werden kann.

Es dürfte allerdings zweifelhaft sein, dass der Gerichtshof eine solche Pflicht zur Statuierung eines Gegendarstellungsrechtes bejahte, wenn in einem Fall andere Schutzansprüche gegeben sind. Er verlangt grundsätzlich nur, dass ausreichender Schutz gewährleistet wird, gleichgültig auf welche Weise.[373] Zudem weist er stets auf den Ermessensspielraum der Staaten hin. Dies ist auch im Rahmen der *ordre public* Klausel vorzugswürdig. Denn es ist unverhältnismäßig, auf eine bestimmte Rechtsfolge zu bestehen, obwohl es andere Instrumente gibt mit ähnlicher Funktion gibt.[374] Zudem sollte berücksichtigt werden, dass ein Gegendarstellungsrecht aus rechtsvergleichender Sicht durchaus nicht als weit verbreitet bezeichnet werden kann. Anders also als zum Beispiel bei dem Schutz der Privatsphäre und dem Beispiel Englands, ist also kein anerkannter „internationaler ordre public“ zu finden.

Deshalb ist eine uneingeschränkte Pflicht zur Einführung eines Gegendarstellungsrechtes abzulehnen, vielmehr im Einzelfall zu prüfen, ob Rechtsschutz durch andere Instrumente in angemessener Weise zu erlangen ist. Dies gilt sowohl für die mögliche Ableitung aus dem Grundgesetz als auch für die Europäische Menschenrechtskonvention.

---

371 *Probst*, Art. 10 EMRK, S. 26; *Frowein / Peukert*, EMRK-Kommentar, Art. 10, Rn. 16.

372 Vgl. *Frowein / Peukert*, EMRK Kommentar, Art. 10, Rn. 19.

373 Art. 8 und 10 EMRK sprechen nur von dem Schutzobjekt, nicht von bestimmten Rechtsfolgen. S. auch die Entscheidung *Winer / UK*, Yb. Eur. Conv. H.R. 29 (1986), S. 84 (Kommission v. 10.7.1986, Nr. 10871/84), in der ein Schutz der Privatsphäre nach anderen Grundlagen als dem Persönlichkeitsrecht als ausreichend angesehen wurde.

374 Dies sind insbesondere Widerrufs- und Berichtigungs- aber auch Schadensersatzansprüche.

gg) Insbesondere Datenschutz

Der Bereich des Datenschutzes bietet sich auf den ersten für den *ordre public* Vorbehalt (Art. 6 EGBGB) an, da er von staatlichen und öffentlichen Interessen geprägt und in einem eigenen Gesetz geregelt ist.[375]

Es wird teilweise verlangt, deutsches Datenschutzrecht immer dann anzuwenden, wenn die Datenverarbeitung im Inland stattfindet.[376] Diese Ansicht von *Koch* bezieht sich aber nicht auf die haftungsrechtlichen Folgen. Er tritt für eine Trennung zwischen Datenschutz und Deliktsrecht ein. Diese Trennung ist jedoch, wie oben bereits ausgeführt, abzulehnen.[377] Nach anderer Ansicht soll mit der Begründung, es handele sich um eine Frage des *ordre public*, stets das Datenschutzrecht der *lex fori* anzuwenden sein.[378] Ähnlich ist die von *Wochner* vertretene Ansicht zu verstehen: die grundsätzliche Anwendung des Wohnsitzrechts des Betroffenen dürfe natürlich nicht dazu führen, dass es zu einer Sanktion komme, obwohl nach dem Recht des Verarbeitungsortes kein Rechtsbruch vorlag.[379]

Diese Ansichten sind abzulehnen. Zunächst muss man den Bereich der privatrechtlichen Regelungen des Datenschutzes strikt von dem den öffentlichrechtlichen trennen. Die wenigen zivilrechtlichen Anspruchsgrundlagen, die das Bundesdatenschutzgesetz enthält, sind von ihrer Bedeutung her anders einzuschätzen, und deshalb auch kollisionsrechtlich anders zu behandeln als die Regeln im Verhältnis zum Staat. Zudem ist in funktioneller Hinsicht nicht das gesamte Recht des zivilrechtlichen Datenschutzes in dem BDSG enthalten. Vielmehr erfolgt dieser auch über das allgemeine Deliktsrecht des Persönlichkeitsschutzes. Die Regelung in einem separaten Gesetz beruht ferner nicht darauf, dass der Datenschutz bedeutsamer wäre als der übrige Persönlichkeitsschutz,[380] sondern vielmehr darauf, dass es sich um eine Umsetzung der Europäischen Datenschutzrichtlinie handelt. Die Bedeutung einer Regelung kann auch grundsätzlich nicht davon abhängen, ob sie auf Richterrecht oder auf Gesetzesrecht beruht. Diese Erwägungen sprechen dafür, den zivilrechtlichen Datenschutz im Hin-

---

375 Da das Datenschutzrecht auf europäischer Ebene geregelt ist, werden sich Anwendungsfälle eher im Zusammenhang mit dem außereuropäischen Ausland ergeben, was aufgrund der internationalen Vernetzungen aber auch praktisch denkbar ist.

376 *Koch*, RDV 1991, 111, der im übrigen das Wohnsitzrecht des Betroffenen anwenden will.

377 S. oben, S. 226.

378 *Hondius*, NILR 1983, 120.

379 *Wochner*, Persönlichkeitsschutz, S. 307, Fn. 28. Dies kommt einer Kumulation gleich. Außerdem verlangt *Wochner* stets einen Gleichlauf von anwendbarem Recht und Zuständigkeit, S. 305 f.

380 Vgl. *Auernhammer*, BDSG, Einf. Rz. 31: Rechtsgut des BDSG sei die Privatsphäre.

blick auf den *ordre public* Vorbehalt nicht anders zu behandeln als den sonstigen Persönlichkeitsschutz. Eine Anwendung des Art. 6 EGBGB würde praktisch zu einer regelmäßigen Sonderanknüpfung führen, die dem internationalen Entscheidungseinklang widerspricht. Die Interessenlage ist nicht anders als bei sonstigen Persönlichkeitsrechtsverletzungen.

Eine Anwendung des *ordre public* Vorbehaltes kann daher, gemäß der allgemeinen Kriterien (s. Gliederungspunkt (bb)), nur dann erfolgen, wenn das fremde Recht einen völlig unzureichenden Schutz gewährt und sich ein erheblicher Teil des Deliktes in Deutschland abgespielt hat.

hh) Insbesondere Übertragbarkeit

Das Persönlichkeitsrecht des Grundgesetzes soll prinzipiell unübertragbar und unveräußerlich, untrennbar mit seinem Träger verbunden sein.[381] Dies ist zwar auch in manchen anderen Rechtsordnungen der Fall, doch es gibt auch Länder, eine Übertragbarkeit und Veräußerlichkeit in mehr oder weniger starkem Umfang annehmen. Diese Regeln, die es dem Rechtsinhaber ermöglichen sollen, aus seiner Persönlichkeit und seinem Ruf Kapital zu erwirtschaften, könnten gegen den deutschen *ordre public* des Art. 6 EGBGB verstoßen.

Nach deutschem Recht ist zwar „das Persönlichkeitsrecht" als solches nicht übertragbar, doch ist anerkannt, dass Einwilligungen in Eingriffe möglich sind. Meist geht es darum, dass durch diese Einwilligung der kommerzielle Wert der Persönlichkeit ausgenutzt werden soll. So ist die entgeltliche Einwilligung in die Abbildung und die Einräumung von Nutzungsrechten, zum Beispiel zu Werbezwecken, gerade im Bereich des Bildnisschutzes zulässig und gängige Praxis. Es wurde von dem *BGH* auch schon ein Bereicherungsanspruch der Person anerkannt, der die Befugnis zur Nutzung des Bildes übertragen wurde.[382] Somit zeigt die Entwicklung im deutschen Recht die Tendenz, dass Persönlichkeitsrechte beziehungsweise ihre wirtschaftlicher Verwertungsmöglichkeit, wirtschaftlich gesehen, übertragbar sind.[383] Der Unterschied zwischen der Position des deutschen Rechts und eine Übertragbarkeit des Persönlichkeitsrechtes ist daher überwiegend formaler Art. Zudem ist in der Regel der wirtschaftliche Aspekt und nicht so sehr der grundrechtsrelevantere immaterielle Aspekt des Persönlichkeitsrechtes betroffen.

Aus diesen Gründen widerspricht die Übertragbarkeit von Persönlichkeitsrechten nach ausländischem Deliktsstatut als solche grundsätzlich nicht Art. 6

---

[381] *Ernst-Moll*, GRUR 1996, 561 m. w. Nw.

[382] Nena-Fall, *BGH* v. 14.10.1986, JZ 1987, 158.

[383] Die zeitliche Relativität des *ordre public* spricht daher für eine restriktive Anwendung.

EGBGB, wenn nicht nach den allgemeinen Prinzipien die Anwendung der Vorbehaltsklausel erforderlich ist.

ii) Insbesondere postmortaler Schutz

Die Ausgestaltung des postmortalen Persönlichkeitsschutzes nach dem Deliktsstatut kann wegen zu geringen oder zu starken Schutzes nach *Art. 6 EGBGB* zu beanstanden sein.

Der *ordre public* ist verletzt, wenn ein postmortaler Schutz generell abgelehnt wird und dieser aber im Einzelfall unabdingbar ist. Das *BVerfG* hat in seinem Mephisto-Urteil in Anlehnung an den grundrechtlichen Persönlichkeitsschutz festgestellt, dass es zum Schutze der Persönlichkeit unerlässlich sei, diesen Schutz auch auf die Zeit nach dem Tode des Betroffenen zu erstrecken.[384] Dies scheint also klar ein *ordre public* Grundsatz des deutschen Rechtes zu sein. Auch das KUG weitet den Schutz des Bildnisses nach § 22 noch 10 Jahre über den Tod des Abgebildeten aus. Damit verstößt eine Rechtsordnung, die keinerlei postmortalen Schutz vorsieht, gegen Art. 6 EGBGB.

Es muss aber untersucht werden, ob in dem anderen Recht ein Schutz nicht über die allgemeinen Regeln erfolgt. Insbesondere kann unter Umständen ein Anspruch auf eine Verletzung der Rechte der Nachkommen des eigentlich Betroffenen gestützt werden. Dies ist, auch nach in Deutschland vertretener Ansicht, eine Schutzrichtung des sogenannten postmortalen Persönlichkeitsschutzes. In jedem Fall ist zu berücksichtigen, dass eine Abwägung mit den Interessen anderer Personen, d.h. Meinungsfreiheit und auch Informationsfreiheit erfolgen muss. Zudem ist in dem Bereich des postmortalen Schutzes eventuell auch ein historisches Interesse zu berücksichtigen, welches vorrangig nach der Rechtsordnung zu beurteilen, die ein solches Interesse haben könnte. Dies ist aber eher das Verletzungsortsrecht. Deshalb kann, wie schon bei Gliederungspunkt (bb) dargestellt, im Einzelfall auch eine Verneinung akzeptabel sein.

Auch der umgekehrte Fall kann zu einer *ordre public* Widrigkeit führen, wenn nämlich der Schutz nach dem Tode des Persönlichkeitsträgers zu weit ausgeprägt ist, insbesondere zu lange andauert. Nach dem Grundgesetz sollte ja das Persönlichkeitsrecht mit dem Tode erlöschen und nicht vererblich sein.[385] Hiervon werden aber Ausnahmen gemacht, z.B. wenn es um den Schutz des wirtschaftlichen Interesses oder aber um den Schutz der Ehre und Privatsphäre der Nachkommen, nicht des Verstorbenen geht. Der Schutz der Persönlichkeit der noch lebenden Personen verstößt jedoch keinesfalls gegen den deutschen

---

384 *BVerfG* v. 24.2.1971, BVerfGE 30, 173 (*BGH* v. 20.3.1968, BGHZ 50, 133 bestätigend).

385 *BGH* v. 4.6.1974, GRUR 1974, 797 (Fiete Schulz).

ordre public, selbst wenn er im Einzelfall stärker ist. Gegen das Übermaßverbot könnte allerdings eine Regelung verstoßen, die den Erben unangemessen hohe Schadensersatzsummen zuerkennt. Denn nach deutschem Recht können im Bereich des postmortalen Schutzes keine Geldentschädigungen für immaterielle Schäden geltend gemacht werden, wenn nicht das eigene Persönlichkeitsrecht des Erben betroffen ist.[386]

3. Rechtsfolgen des Eingreifens der ordre public Klausel

Die spezielle Vorbehaltsklausel des Art. 40 Abs. 3 EGBGB regelt die Rechtsfolge ausdrücklich. Ansprüche können nicht geltend gemacht werden, soweit sie gegen den *ordre public* verstoßen. Ansprüche nach ausländischem Recht sind folglich von den deutschen Gerichten auf das akzeptable Maß zu kürzen, bzw. im Falle anderer als Geldansprüche abzulehnen.[387]

Nach Art. 6 EGBGB ist hingegen als Rechtsfolge eines Verstoßes entsprechend der traditionellen negativen Funktion der Vorbehaltsklausel vorgesehen, dass der ausländische Rechtssatz nicht anzuwenden ist. Der Vorbehalt soll also fremdes Recht abwehren und nicht positiv einem deutschen Rechtssatz zu Durchsetzung verhelfen. Dabei ist entsprechend dem Prinzip des geringst möglichen Eingriffes in das ausländische Recht[388] nicht die gesamte ausländische Rechtsordnung, sondern nur der untragbare Rechtssatz zurückzuweisen.[389]

Doch ist es damit in vielen Fällen nicht getan. Zwar kann gelegentlich die Abwehr des ausländischen Rechtssatzes genügen, um den deutschen *ordre public* durchzusetzen,[390] etwa wenn es sich um eine Verbotsregel des ausländischen Rechts handelt. Häufig ergibt sich aber ein Normenmangel. Dann muss – wie bei Art. 40 Abs. 3 EGBGB – die negative Funktion überwunden werden. Dem steht Art. 6 EGBGB nicht entgegen: Es ist zunächst einmal zweifelhaft, ob sich die positive und die negative Funktion des *ordre public* strikt trennen lassen. Wehrt man eine ausländische Norm wegen eines Vergleiches mit inländischen Positionen ab, so bedeutet dies indirekt eine materielle, positive Verwirklichung der inländischen Positionen von *ordre public* Rang.[391] Die Nichtdurchsetzung der konkreten deutschen Norm bedeutet nicht, dass der deutsche *ordre public* nicht durchgesetzt würde, denn dieser muss ja gerade nicht mit einer Einzelregel

---

386 S. *Ernst-Moll*, GRUR 1996, 563 f. m. w. Nw.

387 S. auch *Staudinger/von Hoffmann*, Art. 40 EGBGB, Rn. 421 – 423.

388 *Begründung des RegE zu dem Gesetz zur Neuregelung des IPR*, BT-Drucks. 10/504, 44; *Schwung*, Rechtsfolgen aus der Anwendung der ordre public-Klausel, S. 99.

389 *Begründung des RegE zu dem Gesetz zur Neuregelung des IPR*, BT-Drucks. 10/504, 43 f.

390 Vgl. *Kegel/Schurig*, IPR, S. 472 f.; *MüKo-Sonnenberger*, Art. 6, Rn. 83.

übereinstimmen. Einer Ablehnung einer in diesem Sinne positiven Funktion des *ordre public* aufgrund des Wortlauts des Art. 6 EGBGB kann also nicht gefolgt werden.[392] Deshalb spricht grundsätzlich nichts dagegen, die Lücke, die bei der Abwehr einer ausländischen Rechtsnorm entstehen kann, auszufüllen.

Prinzipiell werden dafür zwei Lösungswege vorgeschlagen.[393] Nach der Mindermeinung soll als Ersatzrecht stets die deutsche *lex fori* anzuwenden sein.[394] Nach der herrschenden und vorzuziehenden Meinung bedeutet dies einen zu starken und unverhältnismäßigen Eingriff in das ausländische Recht. Es ist – wie in Art. 40 Abs. 3 EGBGB – eine Anpassung des ausländischen Rechtes vorzuziehen. Diese flexible Rechtsfolge ist aus mehreren Gründen vorzuziehen.[395] Zunächst einmal ist Grundprinzip des *ordre public* Vorbehaltes, dass der Eingriff so gering wie möglich gehalten werden muss.[396] Eine Ersetzung durch die *lex fori* beeinträchtigt auch den internationalen Entscheidungseinklang und die Gleichwertigkeit der Rechtsordnungen zu stark.[397] Entsprechend der Funktion des *ordre public* ist nicht das deutsche Recht durchzusetzen, sondern nur der krasse Widerspruch zu den deutschen Grundprinzipien zu lösen. Ferner relativiert der Auslandsbezug den *ordre public*, das heißt die Grenze dessen, was wir noch akzeptieren können, variiert je nach Stärke des Inlandsbezuges.

Richtig ist also, dass das Recht bis zu der Grenze des im Hinblick auf die Stärke des Auslands- und Inlandsbezuges noch Erträglichen angepasst werden muss. Dies bietet sich insbesondere dann an, wenn der Unterschied im deutschen und ausländischen *ordre public* bloß quantitativ, nicht qualitativ ist.[398]

---

391 Vgl. *Staudinger/Blumenwitz*, 13. Aufl., Art. 6, Rn. 25.

392 *von Hoffmann*, IPR, § 6, Rn. 142 f.; *Epe*, Funktion des Ordre Public, S. 146 f.; *Staudinger/Blumenwitz*, 13. Aufl., Art. 6, Rn. 25; *Siehr*, RabelsZ 37 (1973), S. 477.

393 Zu Varianten und sonstigen Meinungen vgl. *Schwung*, RabelsZ 49 (1985), S. 408 ff.

394 Für das Eintreten des deutschen Rechts an Stelle des abgewehrten (allg.): *Epe*, Funktion des Ordre Public, S. 146 f.; *Raape / Sturm*, IPR I, S. 219 f.; *OLG München* v. 12.10.1979, IPRspr. 1979, S. 293, 296; dagegen aber schon *RG* v. 19.12.1922, RGZ 106, 82, 85 f.; der *lex fori* Ansatz ist einhellige Meinung im romanischen Rechtskreis, vgl. *Schwung*, RabelsZ 49 (1985), S. 409 ff. m. Nw.

395 *Staudinger/Blumenwitz*, 13. Aufl., Art. 6, Rn. 139; für Flexibilität auch *Kegel/Schurig*, IPR, S. 473 f.; s. auch *Begründung des RegE zu dem Gesetz zur Neuregelung des IPR*, BT-Drucks. 10/504, S.44; das gilt auch für die Grundrechte, s. *Stern*, Staatsrecht III/1, S. 1242.

396 *Kegel/Schurig*, IPR, S. 473; für Lösung des Problems „primär aus dem Geiste des ausländischen Rechts heraus": *von Hoffmann*, IPR, § 6, Rn. 154; s. auch *Begründung des RegE zu dem Gesetz zur Neuregelung des IPR*, BT-Drucks. 10/504, 44.

397 *von Hoffmann*, IPR, § 6, Rn. 154; anders die *lex causae* Lösung, vgl. *Schwung*, RabelsZ 49 (1985), S. 414, 420.

398 Vgl. auch *Staudinger/Blumenwitz*, 13. Aufl., Art. 6, Rn. 139; *Begründung des RegE zu dem Gesetz zur Neuregelung des IPR*, BT-Drucks. 10/504, S. 44; s. auch schon oben die Erläuterungen zu den *punitive damages*.

Das Problem einer daraus entstehenden gewissen Rechtsunsicherheit[399] wiegt weniger schwer als die oben genannten Nachteile einer rigiden *lex fori* Lösung und schwindet mit zunehmender gerichtlicher Anwendung der Klausel ohnehin.

Letzten Endes wird es jedoch auch Fälle geben, in denen kein anderer Weg bleibt, als schlicht das deutsche Recht bzw. eine seiner Regeln anzuwenden. Sieht z.B. eine Rechtsordnung keinerlei Gegendarstellungs- oder Widerrufsansprüche vor, so könnte im Einzelfall, bei entsprechendem Binnenbezug und unter Berücksichtigung des in der EMRK vorgeschriebenen Mindestschutzes durchaus eine *ordre public* Widrigkeit bestehen. Dieser kann man aber nur entgegenwirken, indem man einen Anspruch bejaht, also praktisch deutsches Recht anwendet.[400] Insoweit kann die Anwendung der *lex fori* als letzter Ausweg notwendig sein.[401]

VIII. Sonderfragen

1. Art. 40 Abs. 2, Art. 41 EGBGB, Auflockerung

Art. 40 Abs. 2 EGBGB regelt nunmehr ausdrücklich, dass das Deliktsstatut aufgelockert und vorrangig an den gemeinsamen gewöhnlichen Aufenthalt der Parteien angeknüpft wird. Nach der Ausweichklausel des Art 41 EGBGB gilt jedoch für diesen Fall ebenso wie für die übliche Anknüpfung nach Art 40 Abs. 1 EGBGB, dass das Recht einer wesentlich engeren Verbindung dem hiernach bestimmten Recht vorgeht. Dies entspricht früheren Forderungen in der Literatur, wonach der Tatort nicht stets die engste Verbindung vermittelte.[402] Eine Auflockerung wurde allerdings vor allem im Bereich des internationalen (Verkehrs-) Unfallrechts diskutiert.[403]

Eine Auflockerung im Sinne einer Anknüpfung an das gemeinsame Aufenthaltsrecht der Parteien ist nach hier vertretener Ansicht im Bereich des Persönlichkeitsschutzes abzulehnen.[404] Die Relevanz der parteiennahen Rechtsordnun-

---

[399] *Staudinger/Blumenwitz*, 13. Aufl., Art. 6, Rn. 136.

[400] Vgl. hierzu allgemein *Schwung*, Rechtsfolgen aus der Anwendung der ordre public-Klausel, S. 115.

[401] Freilich kann der Übergang zwischen beiden Methoden so fließend sein, dass im Einzelfall eine Unterscheidung gar nicht zu treffen ist. Darauf weist auch *Schwung*, Rechtsfolgen aus der Anwendung der ordre public-Klausel, S. 158 f., hin. Dies ist auch unerheblich, solange auf das Kriterium des geringst möglichen Eingriffes abgestellt wird.

[402] S. nur *Firsching / von Hoffmann*, IPR, 5. Aufl., § 11, Rn. 32.

[403] S. nur *Firsching / von Hoffmann*, IPR, 5. Aufl., § 11, Rn. 32 ff.

[404] Dagegen nach alter Rechtslage auch *Wagner*, IPR bei Persönlichkeitsrechtsverletzungen, S. 90 ff.; gegen die Anknüpfung an das gemeinsame Heimatrecht auch *Schack*, Rechts-

gen wurde bereits in die Anknüpfungsregeln integriert, ein gemeinsamer Wohnsitz bedeutet demgegenüber keine engere Verbindung mit dem Delikt. Zudem kommt es nicht wie bei den Verkehrsunfällen, für die eine Auflockerung meist diskutiert wird, zu einem „rein zufälligen" Kontakt zwischen Kläger und Beklagtem. Vielmehr wird die Handlung in der Regel bewusst auf den Tatort gerichtet und auch der Kläger hat eine starke Verbindung zu dem Tatort. Daraus folgt, dass Art. 40 Abs. 2 EGBGB nach der hier vertretenen Ansicht durch Anwendung des Art. 41 EGBGB überwunden und das Erfolgsortsrecht als Recht der wesentlich engeren Verbindung angewendet werden muss.[405]

Eine akzessorische Anknüpfung (Art. 41 Abs. 2 Nr. 1 EGBGB) wird mangels eines vertraglichen oder sonstigen bestehenden Verhältnisses zwischen den Parteien wohl kaum einschlägig sein. Abs. 1 des Art. 41 EGBGB kommt hingegen in Betracht, um die Ubiquitätsregel des Art. 40 Abs. 1 EGBGB zu beschränken.[406] Dabei ist dies angesichts der gesetzlich vorgesehenen Relevanz von Handlungs- und Erfolgsort allerdings nur selten denkbar.[407] Nach der hier vertretenen Ansicht kann insoweit nur der Erfolgsort den Handlungsort verdrängen, da nur der Erfolgsort beide Parteien berücksichtigt, der Handlungsort einseitig auf eine beklagtennahe Rechtsordnung weist. Dies kommt in Betracht, wenn der Handlungsort bei einer Ehrverletzung nicht gleichzeitig auch *ein* – nicht unbedingt schwerpunktmassiger – Erfolgsort, also kein Verbreitungsort ist.

Eine im Ergebnis nach hier vertretener Ansicht wünschenswerte regelmäßige Anknüpfung an den Erfolgsort wäre zwar über Art. 41 EGBGB möglich, entspräche aber nicht dem Willen des Gesetzgebers.

2. Namensrecht

Nach einer teilweise vertretenen Ansicht ist das Deliktsstatut nicht auf die Frage anzuwenden, ob der Person ein Recht an dem Namen zusteht.[408] Diese Vorfrage

---

schutz gegen grenzüberschreitende Persönlichkeitsverletzungen, S. 120 f.; dafür aber *von Caemmerer* (Hrsg.) u. a., Entwurfsbegründung, Vorschläge und Gutachten, S. 23; *C. v. Bar*, Waseda FS, S. 584; *Hohloch*, ZUM 1986, 176; *Riegl*, Streudelikte, S. 254 ff.; eine Aussage für andere Delikte soll hier nicht getroffen werden.

405 Dies wird aber praktisch nur wenig Relevanz haben, da Erfolgsortsrecht sehr oft auch das Wohnsitzrecht des Klägers ist.

406 S. auch *Staudinger/von Hoffmann*, Art. 41 EGBGB, Rn. 32 f.; *Sonnenberger*, FS Hendrich, S. 585, möchte Art. 41 im Einzelfall zur Vermeidung einer Mosaikanwendung heranziehen.

407 Auch wenn es nach der hier vertretenen Anknüpfung im Ergebnis wünschenswert wäre, den Handlungsort zu verdrängen.

408 *Baur*, AcP 167 (1967), S. 558 f. (zum Namen); *Lüderitz*, NJW 1962, 2143; auch *Riegl*, Streudelikte, S. 92 ff., 100 (zu Name und APR); *Soergel-Schurig*, Art 10, Rn. 22; *MüKo-*

soll selbständig von der Frage des Namensschutzes an das Personalstatut angeknüpft werden. Diese Ansicht wurde allgemein bereits im Rahmen der Qualifikation abgelehnt. Ebenso wie bei den anderen Persönlichkeitsrechten sind Bestand und Schutz des Rechtes nicht zu trennen. Das Problem eines Namensrechtes stellt sich nur, wenn andere Personen um das Recht konkurrieren, also im Rahmen von Namensverletzungen. Dann eine nur auf eine Partei bezogene Anknüpfung jedoch abzulehnen.[409] Eine solche Vorfragenanknüpfung würde durch kumulative Anknüpfung auch zu einer nicht hinnehmbaren Rechtsschutzverkürzung führen.

Weiterhin wird vertretender Schutz des Namens sei generell an das Personalstatut des Verletzten anzuknüpfen.[410] Die Rechtsprechung und ein Teil des Schrifttums ging davon aus, dass das Namensrecht grundsätzlich nach dem Personalstatut des Betroffenen beurteilt werde, ein Ausländer wegen in Deutschland begangener Tat jedoch nicht mehr als nach deutschem Recht beanspruchen könne.[411] Hier gelten dieselben Bedenken wie gegen eine allgemeine Anknüpfung des Persönlichkeitsschutzes an das Personalstatut. Auch der Schutz des Namens ist deliktsrechtlicher Schutz. Es geht also um den Ausgleich von Interessen, ein Verhältnis zwischen zwei Beteiligten, nicht um eine Statusfrage.[412] Richtig ist daher, dass die allgemeinen Ausführungen zur Anknüpfung gelten.[413]

Kreuzer, Art. 38, Rn. 206, 208, 210, 214 f. (zu Name, Ehre, Bild und APR); auch *Wolff*, IPR, S. 165 (nicht speziell für Persönlichkeitsrechte, sondern allgemein für „subjektive Rechte"); *Schönberger*, Tatortprinzip, S. 89 f.; *von Caemmerer* (Hrsg.) u. a., Entwurfsbegründung, Vorschläge und Gutachten, S. 23.

409 S. oben, S. 215; s. auch *Wagner*, JZ 1993, 1040 f.

410 Vgl. *Wolff*, IPR, S. 112 (für Name, Bild, Stimme); *Frankenstein*, IPR I, S. 393 ff.; *Dölle*, IPR, S. 124 („Schutz der Persönlichkeitsgüter, insbesondere Name"); *Kegel/Schurig*, IPR, S. 521, 529 (für den Namensschutz); aus der Rechtsprechung *RG* v. 29.10.1920, RGZ 100, 182, 185 f. (aber beschränkt durch deutsches Recht bei Inlandsverletzung; zum Namen); ebenso *BGH* v. 15.1.1953, BGHZ 8, 318, 319 f. (auch zum Persönlichkeitsrecht); dagegen: *Baur*, AcP 167 (1967), S. 559 f.

411 *RG* v. 29.10.1920, RGZ 100, 182, 185 f.; *BGH* v. 15.1.1953, BGHZ 8, 318, 319 f. (auch für das Persönlichkeitsrecht allgemein); unklar ist, ob die deutsche Rechtsprechung die Anwendung des ausländischen Personalstatuts dann durchgreifen lässt, wenn dieses weniger weitgehend ist als deutsches Tatortrecht; dies bezweifelnd: *Baur*, AcP 167 (1967), S. 540 f., der aus der Rechtsprechung die generelle Geltung des Tatortprinzips abliest; nach *LG Leipzig* v. 9.4.1919, GRUR 1919, 222 f. generelle Anwendung des deutschen Tatortrechts bei einem Ausländer; aus der Literatur (wie *BGH*): *Kegel/Schurig*, IPR, S. 521, 529; *Soergel-Schurig*, Art. 10. Rn. 20 f; auch noch *Palandt-Heldrich*, 49. Aufl., 1990, Art.10, 2)f); *Nussbaum*, IPR, S. 126 (Begrenzung durch *lex fori* gelte immer); für generelle Anwendbarkeit der *lex fori* sogar *Ficker*, Anm. zu *BGH* v. 15.1.1953, JZ 1953, 728, 730; deutsche Rechtsprechung zu Namensverletzungen im Ausland gibt es nicht.

412 Vgl. auch *Birk*, Schadensersatz und sonstige Restitutionsformen im IPR, S. 195.

413 Für die Anwendung der Regeln zur Anknüpfung des Persönlichkeitsschutzes vgl. nur *C. v.*

Der Namensschutz hat keine einheitliche Schutzrichtung, sondern es muss auch bei der Anknüpfung nach den oben genannten Zwecken differenziert werden. Auch dies spricht im übrigen gegen eine strikte Anknüpfung an das Personalstatut.[414] Abzulehnen ist auch die Ansicht, der negatorische Namensschutz (z. B. § 12 BGB) unterfalle dem Namens- also Personalstatut.[415] Diese Trennung zwischen allgemeinem deliktischem Schutz und § 12 BGB wäre gar nicht durchführbar und stellt zu sehr auf die Kategorien des deutschen materiellen Rechts ab.

Richtigerweise ist aber bei deliktsrechtlicher Anknüpfung des Bestehens und des Schutzes des Namensrechtes eine dritte Frage selbständig hiervon anzuknüpfen: Die Frage, welchen Namen eine Person besitzt, der dann eventuell geschützt ist, ist eine Statusfrage, die nicht davon abhängen sollte, wo das Delikt der Namensverletzung begangen wurde. Insoweit besteht das Bedürfnis nach Kontinuität der Anknüpfung, weshalb das Personalstatut des Klägers heranzuziehen ist.[416]

3. *Unterlassungsanspruch*

Im folgenden Abschnitt ist zu diskutieren, ob auch das Bestehen und die Voraussetzungen eines Unterlassungsanspruches nach dem allgemeinen Deliktsstatut anzuknüpfen ist. Anders als das deutsche Recht lehnen einige ausländische Rechtsordnungen Unterlassungsklagen, insbesondere vorbeugender Art, ab.

Grundsätzlich ist es einem staatlichen Gericht nicht verboten, eine Unterlassung für das Gebiet eines anderen Staates anzuordnen, auch wenn dies nicht nach dem Recht des anderen Staates erfolgt.[417] Der Unterlassungsanspruch ist deliktsrechtlich zu qualifizieren, und stellt eine dem Schadensersatz vergleichbare privatrechtliche Sanktion dar.[418] Diese berührt genauso wenig wie andere Urteile, die sich auf fremdem Staatsgebiet auswirken können, die staatliche Souveränität des anderen Landes, sondern es handelt sich lediglich um eine zivilrechtliche Anweisung an einen Privaten.[419]

Bar, IPR II, Rn. 684.

414 Vgl. auch *Baur*, AcP 167 (1967), S. 539.

415 S. dazu schon oben S. 218; so aber *Soergel-Schurig*, Art. 10, Rn. 20.

416 Wie hier *Staudinger/von Hoffmann*, Art. 40, Rn. 55; *Wagner*, IPR bei Persönlichkeitsrechtsverletzungen, S. 18 f.; *Bröcker*, Differenzierte Regelbildung, S. 183.

417 So auch *Riegl*, Streudelikte, S. 185 f.

418 Vgl. nur *BGH* v. 19.12.1995, IPRspr. 1995, Nr. 39; *Sonnenberger*, FS Hendrich, S. 587 hält ihn eher für ein prozessrechtliches Instrument, auf welches lex fori anzuwenden sei.

419 A. A. *Birk*, Schadensersatz und sonstige Restitutionsformen im IPR, S. 186, 189 ff.: Anordnung für das Ausland nur zulässig, wenn dessen Recht sie auch zulässt.

Wegen des Erfordernisses der einheitlichen Anknüpfung der verschiedenen Ansprüche bei einer einheitlichen Verletzung, muss auch der Unterlassungsanspruch dem Deliktsstatut unterfallen.[420] Dies gilt auch für einen vorbeugenden Anspruch.[421] Denn der Unterlassungsanspruch ist ein wichtiger und zentraler Anspruch bei Persönlichkeitsrechtsverletzungen und wird teilweise statt eines anderen, nicht neben einem anderen Anspruch gewährt. Die Funktionen der verschiedenen Anspruchsarten überschneiden sich, und die Schutzfunktion des deutschen Unterlassungsanspruches wird in ausländischen Rechten unter Umständen von Schadensersatzansprüchen erfüllt. Der symbolische Schadensersatz nach französischem Recht stellt z.B. wie der Unterlassungsanspruch die Rechtswidrigkeit einer Handlung fest. Eine gesonderte Anknüpfung würde daher zu Widersprüchen führen. Darüber hinaus bedeutet das Ablehnen eines Unterlassungsanspruches auch nicht, dass die Regelung für den Handelnden weniger streng ist. Der Unterlassungsanspruch, der im Vorfeld gewährt wird, ist insoweit für den Beklagten weniger einschneidend als ein Schadensersatzanspruch, als er dem Handelnden Sicherheit gibt, welche Handlungen rechtmäßig sind. Zudem kann auch ein (drohender) Schadensersatzanspruch praktisch die Wirkung einer Untersagung haben.

Auch die Annahme einer Mosaikbetrachtung ist hier ebenso abzulehnen wie bei sonstigen Ansprüchen zum Schutze der Persönlichkeit.[422] Das ergibt sich schon aus der in der Regel fehlenden Teilbarkeit des Geschehens, welche eine Umsetzung der Mosaikbetrachtung unmöglich macht.[423] Eine Beschränkung einer Unterlassungsanordnung auf das deutsche Gebiet könnte faktisch auch in anderen Staaten den Zwang zur Unterlassung bedeuten und damit die dortigen Interessen genauso berühren, wie eine direkte Anordnung.

Auch die Ansicht, nach welcher eine Unterlassungsverfügung für das Ausland nur ergehen kann, wenn auch nach dem dortigen Recht ein Unterlassungsanspruch gegeben ist, ist abzulehnen.[424] Eine solche kumulative Anknüpfung ist

---

420 So auch *Staudinger/von Hoffmann*, Art. 40, Rn. 56 m. w. Nw.; *BGH* v. 19.12.1995, NJW 1996, 1128; s. auch oben S. 218.

421 *Staudinger/von Hoffmann*, 13. Aufl., Art. 38, Rn. 190.

422 Gegen einheitliche Anknüpfung aber *Birk*, Schadensersatz und sonstige Restitutionsformen im IPR, S. 207 f.

423 So auch *Riegl*, Streudelikte, S. 184 f.; allerdings widerspricht die von ihm, mit der Begründung des erforderlichen Rechtsgüterschutzes, vertretene Anwendung des strengsten Rechtes dem mehrfach erwähnten, dem gesamten Deliktsrecht zugrundeliegenden Interessenausgleich zwischen Geschädigtem und Handelndem. Sie ist deshalb abzulehnen. Vgl. a.a.O., S. 186.

424 So aber *Birk*, Schadensersatz und sonstige Restitutionsformen im IPR, S. 186, 191; *Nussbaum*, IPR, S. 293.

aus den oben bei der Tatortregel ausführlich dargestellten Gründen strikt abzulehnen. Sie vereitelt den Zweck des Deliktsrechts, nämlich den Ausgleich zwischen den Interessen des Handelnden und des Geschädigten zu regeln. Die Interessen des anderen Staates verlangen zudem nicht, dass eine Unterlassungsverfügung nur ergehen kann, wenn dessen Recht dies vorsieht, da es sich nicht um eine Maßnahme gegen den Staat, sondern eine privatrechtliche Sanktion handelt. Es ist auch nicht einsichtig, wieso sich ein Staat, der eine strenge Schadensersatzpflicht festlegt, durch einen Unterlassungsanspruch beeinträchtigt fühlen soll.

Die „Beeinträchtigung der Interessen" des anderen Staates ist bei einem Unterlassungsanspruch nach deutschem Recht qualitativ nicht anders, als bei jeder sonstigen Anwendung des deutschen Persönlichkeitsschutzrechtes. Diese allgemeinen Anwendungsinteressen aller beteiligten Staaten im Hinblick auf ihren Persönlichkeitsschutz sind schon bei der in dieser Arbeit vorgenommenen Bestimmung des Deliktsstatutes berücksichtigt worden. Der Unterlassungsanspruch darf insoweit nicht von den sonstigen Deliktsansprüchen differenziert werden, da er dies auch nicht gebietet.

Probleme könnten sich allerdings bei der Durchsetzbarkeit und Vollstreckbarkeit eines entsprechenden Urteiles im Ausland ergeben.[425] Dies wird in den meisten Fällen der Grund dafür sein, dass es schon kaum zu einer vorbeugenden Unterlassensanordnung für das Ausland kommen wird: Da eine Vollstreckung im Ausland zu lange dauert, um das Ziel, vorbeugenden Rechtsschutz, zu erreichen, werden diese Klagen in der Regel in dem anderen Land anhängig gemacht und eventuell auch auf dieses Land beschränkt werden.[426]

Die Probleme einer rechtzeitigen Vollstreckbarkeit gelten insbesondere für eine einstweilige Verfügung im Zusammenhang mit einem Unterlassungsanspruch. Das Vorliegen eines vorbeugenden Unterlassungsanspruches richtet sich zwar nach dem Deliktsstatut. Die Zulässigkeit einer einstweiligen Verfügung bestimmt sich aber alleine nach dem deutschen Recht, da es sich um eine prozessuale Frage handelt.[427] Bei der Frage, ob eine Rechtsverletzung gegeben wäre, ist aber die *lex loci delicti* zugrunde zu legen.

---

425 *MüKo-Kreuzer*, Art. 38, Rn. 298 ff.; *Riegl*, Streudelikte, S. 185 f.

426 Vgl. schon *Birk*, Schadensersatz und sonnige Restitutionsformen im IPR, S. 186; und aus Frankreich *Mestre*, FS Kayser II, S. 240 f.

427 *Birk*, Schadensersatz und sonstige Restitutionsformen im IPR, S. 185 f.

4. Gegendarstellungsanspruch

Die umstrittene[428] Anknüpfung des Gegendarstellungsanspruchs besitzt auch eine interlokale Dimension, denn Landesgesetze regeln Umfang und Voraussetzungen des Gegendarstellungsanspruches.[429]

a) Qualifikation

Zur Qualifikation des Gegendarstellungsanspruches gibt es zwei Meinungen, die entscheidend für die kollisionsrechtliche Anknüpfung sind. Nach der einen Ansicht ist er deliktsrechtlich zu qualifizieren.[430] Nach der anderen handelt es sich um ein spezifisch presserechtliches Institut, dessen Anknüpfung nicht von der Tatortregel, sondern nach eigenen Prinzipien bestimmt wird.[431] Die zweite Ansicht, die in der Praxis vorherrscht, kommt zu der Anwendung des Sitzrechts der Presseunternehmen und ist dabei von der räumlichen Selbstbeschränkung geprägt, die die deutschen Pressegesetze enthalten.[432]

Es geht aber nicht nur um die Anknüpfung dieser deutschen Gesetze, sondern auch die Anknüpfung vergleichbarer ausländischer Ansprüche, die zwanglos als deliktsrechtliche Folge einer Persönlichkeitsverletzung angesehen werden.[433] Zudem waren die Selbstbeschränkungen der deutschen Gesetze ursprünglich bloß für die interlokale Abgrenzung der Anwendungsbereiche gedacht. Im internationalen Bereich sind aber andere Überlegungen anzustellen. Wie oben ausgeführt, entscheidet nicht die rechtliche Einordnung nach deutschem Recht, sondern die Funktion des Anspruches (aus deutscher Sicht) über die Qualifikation.

---

428 Vgl. hierzu aus neuer Zeit die Arbeit von *Gudd*, Gegendarstellungsanspruch, 1990.

429 Unterschiede sind wegen der Modellgesetzestechnik allerdings nur gering, vielleicht mit Ausnahme der Fristenregelungen.

430 *Thümmel / Schütze*, JZ 1977, 787; *MüKo-Kreuzer*, Art. 38, Rn. 220 (deliktsähnlich); *Riegl*, Streudelikte, S. 225 f.; *Wagner*, IPR bei Persönlichkeitsrechtsverletzungen, S. 106; *Hohloch*, ZUM 1986, 174 f.; *Schönberger*, Tatortprinzip, S. 98; *Brandt*, Sonderanknüpfung im int. Deliktsrecht, S. 106; *Lütcke*, Persönlichkeitsrechtsverletzungen im Internet, S. 126 ff.; vgl. mit Darstellung der verschiedenen Ansichten zur Qualifikation: *Gudd*, Gegendarstellungsanspruch, S. 88-97; *Spindler*, ZUM 1996, 560; vgl. auch *OLG Hamburg* v. 22.1.1976, ArchPR 1976, 29, welches sich auf eine analoge Anwendung von Art. 12 EGBGB a.F. stützt.

431 *Staudinger/von Hoffmann*, Art. 40, Rn. 74 f. m. w. Nw.; *Sonnenberger*, FS Hendrich, S. 588; *Soergel-Lüderitz*, Art. 38, Rn. 22 („Ausfluss des örtlichen Medienrechts").

432 Vgl. *Wenzel*, Recht der Wort- und Bildberichterstattung, Rn. 11.6 (Erscheinungsort bzw. Sitz); *Schack*, Rechtsschutz gegen grenzüberschreitende Persönlichkeitsverletzungen, S. 118 f., der dieser Anknüpfung zustimmt.

433 Z.B. das *droit de réponse* in Frankreich, das auch nicht nur gegenüber der Presse gilt; s. *Kayser*, La protection de la vie privée, Rn. 79 ff.

Kaum jemand bestreitet, dass der Gegendarstellungsanspruch letztlich dem Persönlichkeitsschutz dient, selbst wenn er als presserechtliches Institut angesehen wird.[434] Zudem ist der Anspruch in materieller Sicht eng mit den anderen Ansprüchen wegen Persönlichkeitsrechtsverletzungen verknüpft, weshalb eine gleichlaufende Anknüpfung notwendig ist.[435] Er kann als Vorstufe der anderen deliktischen Ansprüche angesehen werden, da er – z.B. im Vergleich zu einem Widerruf – geringere Tatbestandvoraussetzungen und eine weniger weitgehende Rechtsfolge hat. Dass der Gegendarstellungsanspruch kein Verschulden voraussetzt, ist schon deshalb irrelevant, da auch negatorische, verschuldensunabhängige Ansprüche unter die Tatortregel fallen.[436]

Der Gegendarstellungsanspruch ist auch nicht deshalb anders anzuknüpfen, da er völlig aus dem Bereich des Schadensausgleiches zwischen Privaten auszuscheiden wäre.[437] Denn er kann nur von privaten Personen zur Verteidigung ihrer Rechte geltend gemacht werden. Dass er Korrelat der Pressefreiheit ist,[438] ist im Bereich des Persönlichkeitsschutzes nichts Außergewöhnliches, da stets eine Berücksichtigung beider Seiten zu erfolgen hat. Der Gegendarstellungsanspruch verkörpert in einer konkreten Norm die Abwägung der entgegengesetzten Rechte. Wegen der zivilrechtlichen Bedeutung ist eine Anwendung ausländischen Rechts auch nicht aus *ordre public* Gründen ausgeschlossen.[439]

Aus diesen Gründen ist der Gegendarstellungsanspruch deliktsrechtlich zu qualifizieren.

b) Bestimmung des Rechtsgutes

Es muss nach der in dieser Arbeit vertretenen Anknüpfung geklärt werden, welcher der drei Gruppen von Rechtsgütern der Anspruch dient, denn davon hängt die Bestimmung des Tatortes ab. Der Gegendarstellungsanspruch schützt nicht

---

434 *BGH* v. 9.4.1963, GRUR 1963, 639 („im wesentlichen persönlichkeitsrechtlicher Charakter des Instituts“); obwohl er ihn als spezifisch presserechtliches Institut ansieht, vgl. *BGH* v. 31.3.1965, NJW 1965, 1230; so stützt sich auch *OLG Hamburg* v. 22.1.1976, ArchPR 1976, 29 auf Art. 12 EGBGB a.F. Gegen den Persönlichkeitsschutz: *Neumann-Duesberg*, NJW 1960, 2033 f.

435 Z. B. kann seine Geltendmachung der Schadensminderungspflicht entsprechen oder die Möglichkeit seiner Geltendmachung einen Schadensersatzanspruch ausschließen, insb. in den USA.

436 So auch *Thümmel / Schütze*, JZ 1977, 786 f., die darauf hinweisen, dass es sich außerdem um vermutetes Verschulden handele.

437 S. aber *Staudinger/von Hoffmann*, Art. 40, Rn. 75; *Romatka*, ZUM 1985, 400, 408.

438 Vgl. *Löffler/Ricker*, Handbuch des Presserechts, S. 128 f.; *Thümmel/Schütze*, JZ 1977, 786;

439 Für bloß einseitige Kollisionsnormen aber *Birk*, Schadensersatz und sonstige Restitutionsformen im IPR, S. 233.

die in der dritten Gruppe zusammengefassten Rechtsgüter wie Bild oder Name. Ferner dient er auch nicht dem Schutz der Privatsphäre. Es geht nicht darum, die Verbreitung von privaten Fakten zu sanktionieren, sondern (angeblich) unwahren Tatsachenbehauptungen entgegenzutreten. Der Antragsteller versucht also gerade, Aufmerksamkeit in der Öffentlichkeit zu erlangen.

Gegen eine Zuordnung zu der Gruppe des Ehrenschutzes könnte man einwenden, der Gegendarstellungsanspruch setze die Unwahrheit einer Behauptung gerade nicht voraus und durch eine wahre Tatsache könne niemand in seiner Ehre verletzt werden. In dieser Arbeit wurde aber für die kollisionsrechtliche Anknüpfung des Persönlichkeitsschutzes ein weiter Ehrbegriff zugrundegelegt. Ferner setzt der Gegendarstellungsanspruch nur deshalb nicht die Unwahrheit voraus, weil er auf schnelle Geltendmachung angelegt ist. Der Grund ist also nicht, dass auch vor Wahrheiten geschützt werden soll. Das zeigt sich auch an der ausnahmsweisen Ablehnung des Anspruches, wenn die Wahrheit feststeht oder keine vernünftigen Zweifel daran bestehen können.[440]

Die Anknüpfung des Gegendarstellungsanspruches hat daher parallel zu der Anknüpfung von Ehrverletzungen zu erfolgen.

c) Zuständigkeit

Richtigerweise ist die Zuständigkeit entsprechend der herausgearbeiteten Qualifikation und Bestimmung des Schutzgutes der Gegendarstellung auf § 32 ZPO beziehungsweise Art. 5 Nr. 3 der Verordnung[441] über die Zuständigkeit und die Anerkennung und Vollstreckung von Entscheidungen in Zivil- und Handelssachen zu bestimmen.[442] Nach herrschender Meinung ist der Gerichtsstand der unerlaubten Handlung jedoch nicht auf den Gegendarstellungsanspruch anwendbar, ein Kläger kann sich vielmehr nur auf den Beklagtengerichtsstand berufen.[443] Deshalb sollen deutsche Gerichte nach herrschender Meinung nicht für im Ausland erscheinende Publikationen und ausgestrahlte Sendungen

---

440 S. *Ebert*, Gegendarstellung in Deutschland und den USA, S. 53 f.

441 VO (EG) Nr. 44/2001 v. 22.12.2000, EG-Abl. 2001 L 12, S. 1 (Brüssel I-VO). Diese ersetzt das insoweit wortgleiche EuGVÜ.

442 So auch *MüKo-Kreuzer*, Art. 38, Rn. 223; *Thümmel / Schütze*, JZ 1977, 788; *Wagner*, IPR bei Persönlichkeitsrechtsverletzungen, S. 55; *Riegl*, Streudelikte, S. 227 f.; im Ergebnis auch *Birk*, Schadensersatz und sonstige Restitutionsformen im IPR, S. 234 f.; s. genauer zu der Bestimmung des Tatortes i.S.d. § 32 ZPO unten S. 325.

443 Vgl. nur *Schack*, Rechtsschutz gegen grenzüberschreitende Persönlichkeitsverletzungen, S. 128 f.; *Neumann-Duesberg*, NJW 1960, 2034 f. (§ 32 ZPO nicht anwendbar, nur § 12 ZPO greife).

zuständig sein.[444] Das entspricht der Ansicht zum Kollisionsrecht, dass deutsche Gegendarstellungsgesetze nur bei Beklagtenwohnsitz in Deutschland anwendbar seien, was aber aus den oben genannten Gründen abzulehnen ist. Die Zuständigkeit folgt vielmehr der Tatortregel.

d) Anknüpfung

aa) International

Der Qualifikation des Rechtsgutes entsprechend, ist nach Art. 40 Abs. 1 EGBGB Handlungsortsrecht oder Erfolgsortsrecht anwendbar. Bei mehreren Veröffentlichungsorten ist das Recht des Staates, in dem der Schwerpunkt der Betroffenheit liegt, der Erfolgsort. Dies ist regelmäßig der gewöhnliche Aufenthalt des Verletzten.[445]

Nach der hier vertretenen Ansicht wäre zudem eine Anwendung nur eines Rechts (Erfolgsortsrecht) vorzuziehen, da auch der Gegendarstellungsanspruch einen Interessenausgleich darstellt. Auch dem Argument, die schon einseitige Belastung der Presseunternehmen durch die Gegendarstellungspflicht dürfe nicht kollisionsrechtlich durch die Anwendung der Tatortregel verschärft werden,[446] würde dadurch Rechnung getragen.

bb) Interlokal

Wird auf deutsches Recht verwiesen wird, dann ist fraglich, das Recht welchen Bundeslandes anzuwenden ist.[447] Dies ist unproblematisch, wenn der Beklagte ein Unternehmen mit Sitz in Deutschland ist. Nach allgemeiner Meinung sind die Landesgesetze jeweils auf die Presseunternehmen anwendbar, die ihren Sitz in dem Gebiet des Landes haben.[448] Schwierig wird es, wenn für den Anspruch gegen ein ausländisches Unternehmen auf deutsches Recht verwiesen wird.

---

444 *Staudinger/von Hoffmann*, Art. 40, Rn. 77.

445 Genauer oben S. 233 und S. 261; für Anwendung des Günstigkeitsprinzips nach alter Rechtslage z. B. *Wagner*, IPR bei Persönlichkeitsrechtsverletzungen, S. 106 ff.; *Thümmel / Schütze*, JZ 1977, 787; für die Anwendung des Sitzrechtes des Beklagten z. B. *Staudinger/von Hoffmann*, 13. Aufl., Art. 38, Rn. 495 f. m. w. Nw.

446 So *Schack*, Rechtsschutz gegen grenzüberschreitende Persönlichkeitsverletzungen, S. 119 f., in Begründung der Anwendung des Sitzrechtes und Ablehnung des Deliktsstatuts.

447 Bei Verweisung auf ausländische Rechte stellt sich die Frage nicht, denn der föderale Staat USA besitzt kein Gegendarstellungsrecht und z. B. Frankreich, das ein *droit de réponse* kennt, hat eine einheitliche Regel.

448 *Gudd*, Gegendarstellungsanspruch, S. 67 ff.; dies kann teilweise unmittelbar aus den Gesetzen abgeleitet werden; *Staudinger/von Hoffmann*, 13. Aufl., Art. 38, Rn. 492 m. w. Nw.; aus der Rechtsprechung z. B. *OLG Hamburg* v. 22.1.1976, ArchPR 1976, 29.

Nach der herrschenden Meinung kann das gar nicht geschehen, da deutsche Gerichte nur dann zuständig sein sollen, wenn der Beklagte seinen Sitz in Deutschland hat.[449] Diese Ansicht wurde aber abgelehnt, so dass deutsche Gerichte auch dann für einen Gegendarstellungsanspruch zuständig sein können, wenn sich der Anspruch gegen ein ausländisches Unternehmen richtet.

Die Frage des interlokal anwendbaren Rechts stellt hat kaum praktische Relevanz, weil die landesrechtlichen Regeln überwiegend übereinstimmen.[450] Und bezüglich der variierenden Fristlängen müsste nach hier vertretener Ansicht ohnehin eine Anpassung an den Auslandssachverhalt erfolgen, da eine Geltendmachung nicht innerhalb der kurzen Fristen verlangt werden kann.[451] Im übrigen scheint der Vorschlag von *Kreuzer*[452] sinnvoll zu sein, bundeseinheitlich geltende Regelungen (ZDF-Staatsvertrag usw.) auf diese Fälle analog anzuwenden.

5. Art der Verweisung

Nach Art. 4 Abs. 1, S. 1 EGBGB handelt es sich bei den Verweisungen des EGBGB grundsätzlich um Gesamtverweisungen. Ausnahmsweise liegt nach Art. 4 Abs. 1, S.1, 2. HS EGBGB nur eine Sachnormverweisung vor, wenn die Gesamtverweisung dem „Sinn der Verweisung" widerspräche. Bei einfachen Delikten (Platzdelikten) wird nach umstrittener, aber vorherrschender Ansicht angenommen, es handele sich um eine Gesamtverweisung.[453] Dem kann, angesichts der gesetzlich vorgeschriebenen Vermutung für den *renvoi*, zugestimmt werden, zumal dann in der Regel auch das ausländische IPR die Tatortregel

---

449 *Staudinger/von Hoffmann*, 13. Aufl., Art. 38, Rn. 497.

450 Darüber hinaus ist die Relevanz auch deshalb gering, weil das Problem der rechtzeitigen Durchsetzbarkeit gegen ein ausländisches Unternehmen Kläger von einer Geltendmachung abhalten könnte. Allerdings werden auch bei internen Streitigkeiten oft wochenlange Auseinandersetzungen um den Abdruck einer Gegendarstellung geführt und ein Urteil könnte auch freiwillig befolgt werden.

451 Vgl. auch *Riegl*, Streudelikte, S. 232.

452 *MüKo-Kreuzer*, Art. 38, Rn. 225; so auch *Wagner*, IPR bei Persönlichkeitsrechtsverletzungen, S. 107; dagegen: *Gudd*, Gegendarstellungsanspruch, S. 115. Vielleicht erledigt sich dieses Problem in der Zukunft, wenn es zu dem geplanten Multimedia-Staatsvertrag kommen sollte (vgl. *Spindler*, ZUM 1996, 540 f.), der im Hinblick auf die internationalen Medien eine nicht derart restriktive Anwendbarkeit vorsehen könnte.

453 Für *renvoi* bei Platzdelikt *MüKo-Kreuzer*, Art. 38, Rn. 28; generell für *renvoi* im Deliktsrecht: *Palandt-Heldrich*, Art. 40, Rn. 1; *Soergel-Lüderitz*, Art. 38, Rn. 119; aus der Rechtsprechung z. B. *OLG Köln* v. 4.2.1980, NJW 1980, 2646 (*BGH*-Entscheidungen gibt es nicht); kein Ausschluss der Gesamtverweisung auch in dem Referentenentwurf von 1993, vgl. *von Hoffmann*, IPRax 1996, 7, der dies kritisiert; Nw. zur Gegenmeinung (Sachnormverweisung) bei *Palandt-Heldrich*, Art. 40, Rn. 1; generell ablehnend z. B. *Staudinger/von Hoffmann*, 13. Aufl., Art. 38, Rn. 169.

anwenden wird.

Der *renvoi* könnte wegen des Wahlrechts des Art. 40 Abs. 1 EGBGB ausgeschlossen sein.[454] Im Fall des Art. 40 Abs. 2 und Art. 41 EGBGB ist eine Rück- und Weiterverweisung abzulehnen, da dies dem Sinn der Bestimmung des am engsten mit dem Sachverhalt verbundenen Rechts widerspräche. Nach der hier vertretenen Ansicht ist ein *renvoi* im Bereich des Persönlichkeitsschutzes jedoch generell nicht anzunehmen.[455] Kriterium dafür, ob der Sinn der Verweisung betroffen ist, müssen die hinter der Anknüpfung stehenden Zwecke der Kollisionsnorm sein. Bei einer Anknüpfung, die versucht, das materielle Recht und dessen Zwecke zu berücksichtigen, sollte eine Sachnormverweisung bejaht werden. Nach *Neuhaus* darf eine Gesamtverweisung nicht angenommen werden, wenn die inländische Kollisionsnorm von positiven Vorstellungen über eine sachgerechte Anknüpfung getragen, also nicht bloß eine Notlösung, mangels einer besseren Anknüpfung ist.[456] Wird das Recht der engsten Verbindung oder das sachnächste Recht bestimmt, so wird ebenfalls ein *renvoi* abgelehnt.[457]

Die hier vorgenommene Anknüpfung bestimmt das anwendbare Recht für jeden Einzelfall konkret und differenzierend, unter dem Gesichtspunkt, welches das sachnächste Recht im Hinblick auf den Sachverhalt ist. Die Bestimmung beruht auf dem Gedanken der engsten Verbindung, dem Auffinden des Schwerpunktes des Deliktes. Insbesondere wurde auf den materiellen Zweck des Persönlichkeitsschutzes und die dahinter stehenden Ziele Rücksicht genommen. Es wurde nämlich gerade das Deliktsrecht bestimmt, welches für die Definition und Ausgestaltung des Interessenausgleiches zwischen Schädiger und Geschädigtem örtlich am geeignetsten ist und daher zuständig sein sollte. Die Anknüpfung ist so ausgestaltet, dass auf die Interessen beider Parteien Rücksicht genommen wird. Bei einer Rück- oder Weiterverweisung würden diese Gesichtspunkte zerstört. Ein renvoi, selbst ein nur möglicher, nähme den Kollisionsnormen zudem

---

454 So für das Günstigkeitsprinzip *von Hoffmann*, IPR, § 11, Rn. 56; *von Hoffmann.*, JuS 1986, 388; *Kreuzer*, RabelsZ 65 (2001). 424 f. möchte eine Sachnormverweisung annehmen, wenn das Erfolgsortsrecht gewählt wurde oder sich der Kläger ausdrücklich auf Handlungsortsrecht beruft; dies kann allerdings nicht mit Art. 4 Abs. 2 EGBGB begründet werden, da es sich nicht um eine Rechtswahl handelt, s. *Stoll*, GS Lüderitz, S. 709.

455 So auch *W. Lorenz*, Vorschläge und Gutachten, S. 128; *Wagner*, IPR bei Persönlichkeitsrechtsverletzungen, S. 92 f.; für *renvoi* aber *Spickhoff*, NJW 1999, 2212; *Riegl*, Streudelikte, S. 240 ff.; Nw. zu den Meinungen: *Palandt-Heldrich*, Art. 40, Rn. 1.

456 *Neuhaus*, Grundbegriffe, S. 269; auch *von Hoffmann*, IPR, § 11, Rn. 61; *W. Lorenz*, Vorschläge und Gutachten, S. 128: von der als richtig erkannten Verweisung dürfe man nicht wieder abgehen.

457 *Palandt-Heldrich*, Art. 4, Rn. 8, bei Delikt aber Rn. 9; Stellungnahme des *Max-Planck-Instituts* zu dem Regierungsentwurf von 1983, RabelsZ 47 (1983), S. 607; *Rauscher*, NJW 1988, 2151, 2154.

die von ihnen angestrebte Vorhersehbarkeit. Insbesondere das Argument der Verhaltenssteuerung fiele also weg, obwohl es im Bereich des Persönlichkeitsschutzes eine große Bedeutung hat. Letzten Endes wurde auch festgestellt, dass die Berücksichtigung des verfassungsrechtlichen Einschlages im Persönlichkeitsschutz für bestimmte Anknüpfungsregeln spricht.
Es handelt sich mithin nicht bloß um eine Notlösung. Ein *renvoi* sollte nicht zugelassen werden, um nicht die hinter der Anknüpfung stehenden Überlegungen zu zerstören. Generell hat auch das Interesse am internationalen Entscheidungseinklang im internationalen Deliktsrecht keine große Bedeutung,[458] zumal insbesondere im Bereich des Persönlichkeitsschutzes, wie der rechtsvergleichende Überblick gezeigt hat, das Erreichen des internationalen Entscheidungseinklangs illusorisch ist.

Eine Rück- oder Weiterverweisung ist daher für den deliktsrechtlichen Persönlichkeitsschutz generell abzulehnen.

6. Umfang der Verweisung

Der Umfang der Verweisung wurde zum Teil bereits erläutert. Alle Arten von Ansprüchen zum Schutz der Persönlichkeitsrechte sind nach dem einheitlichen Statut anzuknüpfen, also auch eventuelle Bereicherungsansprüche, Feststellungsansprüche usw. Insbesondere entscheidet das Deliktsstatut über die Höhe eines Schadensersatzanspruches, inklusive des Ersatzes immaterieller Schäden und Geldentschädigungsanspruches.[459] Haftungsmaßstab und Höhe des Anspruchs sind Bestandteile eines einheitlichen Haftungssystems, die nicht auseinandergerissen werden dürfen. Auch der Bestand des Persönlichkeitsrechts fällt unter das Deliktsstatut.[460] Die Zuerkennung von *punitive damages* ist eben-

---

458 Vgl. *von Hoffmann*, IPR, § 11, Rn. 61; vielmehr müsste mit der hier vorgestellten, allseitigen Anknüpfung, die auf der Gleichwertigkeit der Rechtsordnungen basiert, das Ziel des internationalen Entscheidungseinklanges erreichbar sein.

459 *Firsching*, Vorschläge und Gutachten, S. 185; *Staudinger/von Hoffmann*, 13. Aufl., Art. 38, Rn. 197; vgl. *BGH* v. 13.3.1984, BGHZ 90, 294, wo keine gesonderte Diskussion des auf den Geldentschädigungsanspruch für immaterielle Schäden anzuwendenden Rechts erfolgte; eine Berechnung des Entschädigungsanspruches nach dem Recht des Klägers ließe unberücksichtigt, dass auch dieser Anspruch eine verhaltenslenkende, nicht nur opferschützende Funktion hat, vgl. *Brandt*, Sonderanknüpfung im int. Deliktsrecht, S. 98 f.; a. A. (Geldentschädigungsanspruch nach Recht des gewöhnlichen Aufenthaltes): *C. v. Bar*, JZ 1985, 968.

460 Außerdem die Frage, ob eine Verletzung gegeben ist, wie hoch der Schadensersatz ist, wem das Recht zusteht, ob es übertragbar ist und ob postmortaler Schutz gewährt wird.

falls nach dem Deliktsstatut zu beurteilen.[461]

Die Frage einer möglichen Beschlagnahme von Presseerzeugnissen könnte eventuell prozessrechtlich einzustufen sein. Dabei ist insbesondere an das französische Recht zu denken, z.B. Art. 9 Code civil. Es ist im Einzelfall zu fragen, ob hinter einer solchen Vorschrift ein materieller Gehalt steckt, der nicht als Prozessrecht anzusehen und folglich nach dem Deliktsstatut anzuknüpfen ist. Das ist insoweit zu bejahen, als der Vorschrift ein Unterlassungsanspruch oder Beseitigungsanspruch entspricht. Dann darf wegen einer prozessrechtlichen Qualifikation nicht ein Anspruch versagt werden. Im französischen Recht steht dieser Anspruch hinter der Beschlagnahme von Druckerzeugnissen, so dass Art. 9 C.c. nicht prozessrechtlich zu qualifizieren, sondern bei französischem Deliktsstatut anzuwenden ist.[462] Gegebenenfalls muss dann das deutsche (Prozess-) Recht dem Auslandssachverhalt angepasst werden.

Auf die selbständige Anknüpfung der Frage nach dem richtigen Namen einer Person, sowie die Sonderprobleme von Unterlassungs- und Gegendarstellungsanspruch wurde bereits oben eingegangen.

IX. Internationale Zuständigkeit

Die Anwendbarkeit des deutschen Kollisionsrechts setzt voraus, dass überhaupt ein deutsches Gericht über einen internationalen Fall der Persönlichkeitsrechtsverletzung zu entscheiden hat. Als Grundlage einer Zuständigkeit kommt einerseits die Verordnung über die gerichtliche Zuständigkeit und die Anerkennung und Vollstreckung von Entscheidungen in Zivil- und Handelssachen (*Brüssel I-VO*)[463], andererseits die Regeln der ZPO in Betracht.[464]

1. Brüssel I-VO

Einschlägig ist der allgemeine Gerichtsstand des Beklagtenwohnsitzes (Art. 2, 3 Brüssel I-VO), sowie vor allem der Tatortgerichtsstand (Art. 5 Nr. 3 Brüssel I-

---

461 Dies ergibt sich schon aus Art. 40 Abs. 3 EGBGB. S. hierzu die Erörterungen zu dem *ordre public*. A. A. früher *Staudinger/von Hoffmann*, 13. Aufl., Art. 38, Rn. 205 ff., soweit dahinter Straf- oder generalpräventive Zwecke stünden.

462 Anders *Wagner*, IPR bei Persönlichkeitsrechtsverletzungen, S. 95 f.

463 VO (EG) Nr. 44/2001 v. 22.12.2000, EG-Abl. 2001 L 12, S. 1 (*Brüssel I-VO*). Diese ersetzt seit dem 1.3.2002 das insoweit wortgleiche EuGVÜ (Brüsseler EWG-Übereinkommen über die gerichtliche Zuständigkeit und die Vollstreckung gerichtlicher Entscheidungen in Zivil- und Handelssachen von 1968).

464 Die Brüssel I-VO ist vorrangig anwendbar, s. Bachmann, IPRax 1998, 181. Zu ihrem Anwendungsbereich s. nur *von Hoffmann*, IPR, § 3, Rn. 194 ff.

VO). Bei dem Gerichtsstand des Beklagtenwohnsitzes ergeben sich keine besonderen Probleme. Bei der Anwendung von Art. 5 Nr. 3 Brüssel I-VO ist jedoch fraglich, welches Gericht bei Persönlichkeitsrechtsverletzungen benannt, und wie bei Distanz- und Streudelikten zu verfahren ist.

Grundsätzlich ist seit *Mines de Potasse d'Alsace* von 1976 durch die Rechtsprechung des *EuGH* geklärt, dass Art. 5 Nr. 3 Brüssel I-VO sowohl am Handlungs- als auch am Erfolgsort des Deliktes eine Zuständigkeit begründet.[465] Grund dafür ist, dass regelmäßig beide Orte eine Sachnähe zu dem Fall besitzen, so dass eine sachgerechte Gestaltung des Verfahrens möglich ist. Das Interesse an der Verhinderung von *forum shopping* und an dem Erreichen von internationalem Entscheidungseinklang soll deshalb zurücktreten.[466]

Im Jahre 1995 hat der *EuGH* in *Shevill v. Presse Alliance*[467] schließlich entschieden, dass bei Ehrverletzungen durch die Presse ebenfalls sowohl Handlungs- als auch Erfolgsort zuständig seien. Handlungsort sei die Niederlassung der Herausgebers, die Erfolgsorte seien die Verbreitungsorte.[468] Allerdings sei die Zuständigkeit der Verbreitungsorte auf die jeweilige Verbreitung in dem Land beschränkt, während der Handlungsort für den gesamten Schaden zuständig sei.[469]

Diese Ansicht ist abzulehnen.[470] Faktisch wird der Betroffene dadurch gezwungen, am Niederlassungsort des Beklagten zu klagen. Durch diese prakti-

---

465 *EuGH* v. 30.11.1976, Rs. 21/76, Slg. 1976 III, S. 1735 (*Bier / Mines de Potasse d'Alsace S.A.*) abgedruckt in NJW 1977, 493 (zu dem entsprechenden Art. 5 Nr. 3 EuGVÜ; kein Fall der Persönlichkeitsrechtsverletzung, sondern Umweltverschmutzung in den Niederlanden durch elsässische Kaliminen).

466 Vgl. *Kropholler*, Europäisches Zivilprozessrecht, Rn. 43.

467 *EuGH* v. 7.3.1995, Rs. C-68/93, Slg. 1995 I, S. 415, abgedruckt in ZEuP 1996, 295; zustimmend *Wagner*, RabelsZ 62 (1998), 284; hierauf gestützt auch *Berezovsky v. Forbes*, [1999] E.M.L.R. 278 (H.L.).

468 Zum Verbreitungsort als Erfolgsort nach Art. 5 Nr. 3 Brüssel I-VO auch *OLG München* v. 17.9.1986, RIW 1988, 647 (Ausstrahlung einer Sendung in Deutschland); zum Ort der Abrufbarkeit als Erfolgsort beim Internet vgl. *Fahrenhorst*, ZEuP 1998, 184 und *Kuner*, Computer und Recht 1996, 456.

469 Zustimmend: *Hohloch*, IPRax 1997, 312; *Lagarde*, Rev. crit. d.i.p. 1996, 498 und schon in seiner Anm. zu *TGI Paris* v. 7.6.1974, Rev. crit. d.i.p. 1974, 696, 702 ff.

470 So auch *Schack*, IZVR, § 8, Rn. 306; noch *Firsching / von Hoffmann*, IPR, 5. Aufl., § 3, Rn. 228. Das dort genannte Argument, der mit der Tatortregel bezweckte Opferschutz werde ausgehöhlt, greift nach der hier vertretenen Ansicht von der Funktion der Tatortregel aber nicht. Vor der Entscheidung des *EuGH* für die Zuständigkeit an jedem Verbreitungsort auch *Gaudemet-Tallon*, Anm. zu *TGI Paris* v. 23.6.1976, Rev. crit. d.i.p. 1978, 137 - 139 (Privatsphäre); auch *Reinmüller*, Anm. zu *CApp Paris* v. 19.3.1984, IPRax 1985, 235; *Wagner*, IPR bei Persönlichkeitsrechtsverletzungen, S. 54; *Riegl*, Streudelikte, S. 204 f.; dem EuGH zustimmend aber *Mankowski*, RabelsZ 63 (1999), 276; *Bachmann*, IPRax 1998, 186 f.

sche Beschränkung auf den Gerichtsstand des Handlungsortes wird der Tatortgerichtsstand überflüssig, da er keine weitergehende Zuständigkeit begründet als der allgemeine Gerichtsstand.[471] Es ist auch prozessökonomisch und materiell nicht sinnvoll und angemessen, den einheitlichen Lebenssachverhalt in mehrere Prozesse aufzuspalten.[472] Der Beklagte wird zu sehr bevorzugt, obwohl er bewusst in andere Rechtsordnungen hineingewirkt hat. Der Veröffentlichungsort (Beklagtensitz) hat auf der anderen Seite nicht immer die Sachnähe zur Ermittlung des gesamten Schadens.[473]

Angemessener ist es deshalb, die Zuständigkeit im Hinblick auf mehrere Verbreitungsorte so zu beschränken, dass nur ein Hauptverbreitungsort für den gesamten Schaden zuständig ist. Sinnvoll wäre unter Umständen auch eine Regel, nach der Orte einer nur geringfügigen Verbreitung ausgeschieden werden, die verbleibenden aber für den gesamten Schaden zuständig sind.[474] Hierfür bietet die Brüssel I-VO in ihrer gegenwärtigen Fassung allerdings kaum eine Grundlage. Die Annahme einer vollen Zuständigkeit jedes Verbreitungsortes brächte eine zu große Vervielfältigung der möglichen Gerichtsstände, die dem Sinn der Brüssel I-VO nicht entspräche.[475] Sie führte zu Unsicherheit für den Handelnden und einer zu einseitigen Bevorzugung des Klägers.[476]

Der Gerichtsstand der unerlaubten Handlung sollte, wie oben dargestellt, auch die Zuständigkeit für einen eventuellen Gegendarstellungsanspruch umfassen.

2. ZPO

Als Grundlage einer Zuständigkeit nach den deutschen Regel der ZPO kommt nach §§ 12, 13, 17, 21 ZPO der Beklagtenwohnsitz beziehungsweise die Niederlassung in Frage. Daneben kann auch der Vermögensgerichtsstand des § 23

---

471 Vgl. *Kropholler*, Europäisches Zivilprozessrecht, Rn. 43; *Schack*, IZVR, § 8, Rn. 306.

472 Vgl. *Reinmüller*, Anm. zu *CApp Paris* v. 19.3.1984, IPRax 1985, 235.

473 So auch *Gaudemet-Tallon*, Anm. zu *CApp Paris* v. 19.3.1984 und *TGI Paris* v. 30.6.1984, Rev. crit. d.i.p. 1985, 141, 147 f.

474 Für eine Einschränkung der möglichen Erfolgsorte, an denen geklagt werden kann, für den Bereich des Internet auch *Fahrenhorst*, ZEuP 1998, 185 f.; s. auch *Kuner*, Computer und Recht 1996, 456 ff.

475 So auch *Lagarde*, Anm. zu *EuGH* v. 7.3.1995, Rev. crit. d. i. p. 1996, 500; dafür aber *Wagner*, IPR bei Persönlichkeitsrechtsverletzungen, S. 53 f.; *Gaudemet-Tallon*, Anm. zu *TGI Paris* v. 23.6.1976, Rev. crit. d.i.p. 1978, 137 ff; dafür auch *Schack*, IZVR, § 8, Rn. 303, der die Verbreitungsorte als Handlungsorte ansieht.

476 S. z.B. das amerikanische Beispiel *Keeton v. Hustler*, 465 U.S. 770 (1984), wo die Klage in New Hampshire (ca. 10.000 Exemplare der Zeitschrift vertrieben) in Bezug auf die bundesweite Verbreitung zugelassen wurde, obwohl der Anspruch in allen anderen Staaten verjährt gewesen wäre.

ZPO greifen. Die größte Bedeutung hat aber auch hier die Tatortzuständigkeit nach § 32 ZPO.

Grundsätzlich ist nach deutscher Ansicht sowohl das Gericht des Handlungs- als auch (jedes) Erfolgsorts zuständig, über den gesamten Schaden zu urteilen.[477] Handlungsort ist bei Massenmedien der Erscheinungsort bzw. Sitz des Beklagten und Erfolgsort der Verbreitungsort, nicht jedoch der Wohnsitz des Verletzten als solcher.[478] Es ist zu vermuten, dass die Interpretation der ZPO durch die deutschen Gerichte in der Zukunft von der oben dargestellten Rechtsprechung des *EuGH* beeinflusst werden wird. Danach wäre die Zuständigkeit eines Verbreitungsortes auf sein Gebiet beschränkt. In der deutschen Rechtsprechung ist bisher noch kein entsprechender Fall zu entscheiden gewesen. Aus den oben dargestellten Gründen ist es nicht sinnvoll, der Rechtsprechung des *EuGH* zu folgen. Keinesfalls sollte die Zuständigkeit von Verbreitungsorten territorial beschränkt werden. Die Begrenzung der Gerichtsstände sollte dadurch erfolgen, dass man nicht alle Verbreitungsorte als zuständig ansieht.

Bei der örtlichen Zuständigkeit der Verbreitungsorte sollte man einen großzügigen Maßstab gelten lassen und jedes Gericht für zuständig ansehen, in dessen Bezirk eine Verbreitung erfolgt.[479] Die Zuständigkeit umfasst alle genannten Ansprüche, auch den Gegendarstellungsanspruch.[480]

---

477 *BGH* v. 3.5.1977, NJW 1977, 1590 f.; gegen Zuständigkeit am Handlungsort aber *Löffler*, Mediendelikte, S. 218 (Handlungsort sei ebenso wie der Erfolgsort der Verbreitungsort).

478 *BGH* v. 3.5.1977, NJW 1977, 1590 f.; vgl. m. Nw. *Wagner*, IPR bei Persönlichkeitsrechtsverletzungen, S. 56.

479 So auch *OLG München* v. 17.9.1986, RIW 1988, 647.

480 So auch *Wagner*, IPR bei Persönlichkeitsrechtsverletzungen, S. 55.

X. Gesamtergebnis

Der Persönlichkeitsschutz ist deliktsrechtlich zu qualifizieren und daher nach Art. 40 Abs. 1 EGBGB an das Tatortrecht anzuknüpfen. Das ist auch eine in den anderen untersuchten Rechtsordnungen häufig vertretene Anknüpfung, Argumente aus dem nicht folgenden Kollisionsrechten können jedoch ebenfalls bei der Lokalisation des Tatortes berücksichtigt werden. Unter dem Tatort ist nach der Ubiquitätsregel grundsätzlich sowohl der Handlungs- als auch der Erfolgsort zu verstehen, wobei das Verhältnis dieser beiden Orte nunmehr in Art. 40 Abs. 1 EGBGB geregelt ist.

Der Handlungsort ist in der Regel ein beklagtennaher Ort. Bei Veröffentlichungen, z.B. mittels Presse, Fernsehen aber auch Internet, sowie bei der Datenverarbeitung ist es der (Wohn-)sitz des Handelnden. Bei einem wirtschaftlichen Verwerten von Persönlichkeitsattributen ist jeder Gebrauchsort Handlungsort. Schließlich liegt der Handlungsort bei sonstigen Eingriffen, also zum Beispiel Briefdelikten oder tatsächlichen Eingriffen, wie Fotografieren, am „tatsächlichen" Handlungsort, also dem Aufenthaltsort des Handelnden bei Begehung.

Der materiell rechtsvergleichende Teil hat für die Anknüpfung ergeben, dass nach drei verschiedenen Schutzbereichen des Persönlichkeitsschutzes zu differenzieren ist. Die Schutzbereiche sind Ehre, Privatsphäre und wirtschaftlicher Aspekt des Persönlichkeitsrechtes.

Diese drei Bereiche führen im Hinblick auf den Erfolgsort zu unterschiedlichen Bestimmungen der *lex loci delicti*: Der Erfolgsort von Ehrbeeinträchtigungen liegt dort, wo eine Äußerung verbreitet wird. Der Erfolgsort von Verletzungen der Privatsphäre ist wegen der untrennbaren Verbindung mit der Person am Lebensmittelspunkt des Betroffenen zu lokalisieren, es sei denn, es handelt sich um einen tatsächlichen Eingriff. In diesem Fall ist der Eingriffsort auch der Verletzungsort, so dass stets nur ein Tatort gegeben ist, der zugleich Handlungs- als auch Erfolgsort ist. Bei dem dritten Schutzbereich ist an jedem Gebrauchsort zugleich auch ein Eingriff in das wirtschaftliche Persönlichkeitsrecht also ein Erfolgsort gegeben.

Diese Lokalisation von Handlungs- sowie Erfolgsorten macht es erforderlich, eine Regelung für das Vorliegen mehrerer Tatorte zu treffen, denn Distanz-, Streudelikte und auch eine Kombination dieser beiden werden oft vorkommen. Abzulehnen sind kumulative und alternative Anknüpfung sowie eine Mosaikbetrachtung. Lediglich bei der Anwendung nur einer Rechtsordnung können die materiellen Zwecke des Persönlichkeitsschutzes auf seine Anknüpfung übertragen, sowohl Kompensation als auch Verhaltenssteuerung berücksichtigt werden. Hierbei ist die Anwendung eines, gegebenenfalls schwerpunktmäßigen, Erfolgsortsrechtes der des Handlungsortsrechtes vorzuziehen. Denn nur der Erfolgsort ist beiden Parteien zurechenbar und sollte daher für die Bestimmung des Rechtsverhältnisses beider Parteien zuständig sein. Art. 40 Abs. 1 EGBGB sieht zwar de lege lata ein Bestimmungsrecht des Verletzten vor. Dieses darf jedoch keinesfalls auf ein Wahlrecht zwischen mehreren Handlungs- oder Erfolgsorten ausgeweitet werden. Zudem ist ein solches Wahlrecht aus den genannten Gründen de lege ferenda abzulehnen.

Bei dem Rechtsgut der Ehre ist eine Schwerpunktbestimmung im Einzelfall erforderlich. Im Regelfall ist der Wohnsitz des Betroffenen als Ort der erheblichsten Ansehensminderung anzusehen, sofern dort eine Verbreitung der Äußerung erfolgte. Die Privatsphäre ist - bei anderen als tatsächlichen Eingriffen - am Lebensmittelpunkt, Wohnsitz des Betroffenen, verletzt. Bei dem kommerziellen Aspekt des Persönlichkeitsrechtes ist eine Schwerpunktbestimmung nach wirtschaftlichen Kriterien angezeigt. Bei den Schwerpunktbestimmungen kommt es auf den konkreten Einzelfall an.

Der materiell rechtsvergleichende Teil hat einen starken privatrechtsgestaltenden Einfluss der Verfassungsrechte aufgezeigt. Dieser drückt sich in der Interessenabwägung zwischen dem Persönlichkeitsrecht beziehungsweise der Ehre und der Meinungs- bzw. Pressefreiheit aus, die das Deliktsrecht des Persönlichkeitsschutzes verkörpert. Bei einem international gelagerten Fall können nicht gleichzeitig alle Rechtsordnungen ihre verfassungsrechtlichen Wertungen durchsetzen. Ein Kompromiss muss gefunden werden. Die Anknüpfung an den Erfolgsort ist die einzige Lösung, die den Konflikt von Persönlichkeitsrecht und Meinungsfreiheit widerspiegeln kann, Kompensationszweck und verhaltenssteuernde Funktion berücksichtigt. Der Staat des Erfolgsortes sollte deshalb auch dafür zuständig sein, dieses Verhältnis zu definieren, und seine verfassungsrechtlich geprägten Regeln durchzusetzen. De lege lata ist allerdings nach Art. 40 Abs. 1 EGBGB auch der Handlungsort zu berücksichtigen.

Eine Anknüpfung an die *lex fori* widerspräche den Grundsätzen des internationalen Privatrechts, insbesondere der Gleichwertigkeit der Rechtsordnungen und bedeutete eine unverhältnismäßige Durchsetzung der deutschen verfassungsrechtlichen Einflüsse. Vielmehr ist der *ordre public* Vorbehalt dafür ausreichend und angemessener. Er sollte zurückhaltend eingesetzt werden, um nicht die hinter der Anknüpfung stehenden Gedanken und damit ihr Fundament zunichte zu machen.

Das anwendbare Recht umfasst alle Arten von Ansprüchen und Rechtsfolgen, insbesondere auch den Gegendarstellungsanspruch. Im Bereich des Namensschutzes ist lediglich die Frage, welches der richtige Name einer Person ist, separat nach dem Personalstatut anzuknüpfen. Über Art. 41 Abs. 1 EGBGB ist im Bereich des Persönlichkeitsschutzes die Anknüpfung an das gemeinsame Wohnsitzrecht (Art. 40 Abs. 2 EGBGB) auszuschließen, da dieses gegenüber dem Tatortrecht keine engere Verbindung besitzt. Ferner kann über die Auflockerung des Art. 41 Abs. 1 EGBGB in manchen Fällen das Wahlrecht des Art. 40 Abs. 1 EGBGB beschränkt und zwar das Handlungsortsrecht ausgeschlossen werden.

Die Rechtsprechung des *EuGH* zu der - auf das eigene Territorium beschränkten - internationalen Tatortzuständigkeit des Erfolgsortes bei Pressedelikten ist abzulehnen. Vorzugswürdig ist eine Beschränkung der Orte, die als Erfolgsorte im Sinne des Tatortgerichtsstandes angesehen werden.

Das vorgeschlagene Anknüpfungssystem basiert auf dem Grundgedanken der Gleichwertigkeit aller Zivilrechtsordnungen und ist auf Allseitigkeit sowie Gegenseitigkeit angelegt. Die Funktionsfähigkeit setzt voraus, dass andere Kollisionsrechte die gleichen Anknüpfungsregeln anwenden. Deshalb wäre eine internationale Regelung in diesem Sinne wünschenswert, da der internationale Persönlichkeitsschutz in den untersuchten Rechtsordnungen bisher von einer starken *lex fori* Praxis geprägt ist.

STUDIEN ZUM VERGLEICHENDEN UND INTERNATIONALEN RECHT

Herausgeber: Bernd von Hoffmann, Erik Jayme und Heinz-Peter Mansel

Band 1 Ferdinand Henke: Die Datenschutzkonvention des Europarates. 1986.

Band 2 Peter Czermak: Der express trust im internationalen Privatrecht. 1986.

Band 3 Peter Kindler: Der Ausgleichsanspruch des Handelsvertreters im deutsch-italienischen Warenverkehr. Eine rechtsvergleichende und kollisionsrechtliche Untersuchung. 1987.

Band 4 Wilhelm Denzer: Stellung und Bedeutung des Engineers in den FIDIC-Bauvertragsbedingungen. 1988.

Band 5 Marijan-Maximilian Lederer: Die internationale Enteignung von Mitgliedschaftsrechten unter besonderer Berücksichtigung der französischen Enteignungen 1982. 1989.

Band 6 Rainer Esser: Klagen gegen ausländische Staaten. 1990.

Band 7 Chang Jae-Ok: Auf dem Weg zu einer Materialisierung des Immateriellen ? Personen-, Persönlichkeitsschutz und Geldersatz des immateriellen Schadens in rechtsvergleichender Hinsicht am Beispiel des koreanischen und japanischen Zivilrechts unter besonderer Berücksichtigung des deutschen Rechts. 1990.

Band 8 Paul-Frank Weise: Lex mercatoria. Materielles Recht vor der internationalen Handelsschiedsgerichtbarkeit.1990.

Band 9 Werner Born: Der Auftrittsvertrag für Musikgruppen im Bereich der Rock- und Popmusik. 1990.

Band 10 Ralf Erich Jürgens: IPR und Verfassung in Italien und in der Bundesrepublik Deutschland. 1990.

Band 11 Rainer Gildeggen: Internationale Schieds- und Schiedsverfahrensvereinbarungen in Allgemeinen Geschäftsbedingungen vor deutschen Gerichten. 1991.

Band 12 Klaus Grabinski: Die kollisionsrechtliche Behandlung des Durchgriffs bei rechtlich verselbständigten Unternehmen in privater oder öffentlicher Hand. 1991.

Band 13 Dieter Stummel: Konkurs und Integration. Konventionsrechtliche Wege zur Bewältigung grenzüberschreitender Insolvenzverfahren. 1991.

Band 14 Joachim Güntzer: Die Rechtsstellung des Geschäftsführers im spanischen Aktienrecht. Die Neuregelung des spanischen Aktienrechts nach dem Beitritt Spaniens zur EG. 1991.

Band 15 Sabine Isenburg-Epple: Die Berücksichtigung ausländischer Rechtshängigkeit nach dem Europäischen Gerichtsstands- und Vollstreckungsübereinkommen vom 27.9.1968. Untersuchungen zum Anwendungsbereich von Art. 21 EuGVÜ unter schwerpunktmäßiger Behandlung der Frage nach der Bestimmung eines europäischen Streitgegenstandsbegriffs. 1992.

Band 16 Ulrich Nickl: Die Qualifikation der culpa in contrahendo im Internationalen Privatrecht. 1992.

Band 17 Theo Rauh: Leistungserschwerungen im Schuldvertrag. Eine rechtsvergleichende Untersuchung des englischen, US-amerikanischen, französischen und deutschen Rechts unter besonderer Berücksichtigung der gerichtlichen Praxis. 1992.

Band 18 Bernadette Chaussade-Klein: Vorvertragliche "obligation de renseignements" im französischen Recht. 1992.

Band 19 Josef Sievers: Verbraucherschutz gegen unlautere Vertragsbedingungen im französischen Recht. Vom Code civil zum "Code de la consommation" – die Entstehung eines Sonderprivatrechts für Verbraucher. 1993.

Band 20 Achim Schäfer: Grenzüberschreitende Kreditsicherung an Grundstücken, unter besonderer Berücksichtigung des deutschen und italienischen Rechts. 1993.

Band 21 Eugenio Hernández-Breton: Internationale Gerichtsstandsklauseln in Allgemeinen Geschäftsbedingungen. Unter besonderer Berücksichtigung des deutsch-südamerikanischen Rechtsverkehrs (dargestellt am Beispiel Argentinien, Brasilien und Venezuela). 1993.

Band 22 Ingo Reng: Unterhaltsansprüche aufgrund nichtehelicher Lebensgemeinschaft – Internationales Privatrecht und ausländisches materielles Recht. 1994.

Band 23 Stefanie Roloff: Die Geltendmachung ausländischer öffentlicher Ansprüche im Inland. 1994.

Band 24 Katharina Ludwig: Der Vertragsschluß nach UN-Kaufrecht im Spannungsverhältnis von Common Law und Civil Law. Dargestellt auf der Grundlage der Rechtsordnungen Englands und Deutschlands. 1994.

Band 25 Malte Diesselhorst: Mehrparteienschiedsverfahren. Internationale Schiedsverfahren unter Beteiligung von mehr als zwei Parteien. 1994.

Band 26 Manfred Kost: Konsensprobleme im internationalen Schuldvertragsrecht. 1995.

Band 27 Wolff-Heinrich Fleischer: Das italienische Wettbewerbsrecht und die Probleme des selektiven Parfümvertriebs unter Berücksichtigung der Rechtslage in Frankreich und Deutschland. 1995.

Band 28 Angelika Fuchs: Lateinamerikanische Devisenkontrollen in der internationalen Schuldenkrise und Art. VIII Abschn. 2 b) IWF-Abkommen. 1995.

Band 29 Jacques Matthias Aull: Der Geltungsanspruch des EuGVÜ: "Binnensachverhalte" und Internationales Zivilverfahrensrecht in der Europäischen Union. Zur Auslegung von Art. 17 Abs. 1 S. 1 EuGVÜ. 1996.

Band 30 Hartmut Ost: EVÜ und fact doctrine. Konflikte zwischen europäischer IPR-Vereinheitlichung und der Stellung ausländischen Rechts im angelsächsischen Zivilprozeß. 1996.

Band 31 Stefan Wagner: Die Testierfähigkeit im Internationalen Privatrecht. 1996.

Band 32 Wolfgang Jakob Hau: Positive Kompetenzkonflikte im Internationalen Zivilprozeßrecht. Überlegungen zur Bewältigung von *multi-fora disputes*. 1996.

Band 33 Markus Schütz: UN-Kaufrecht und *Culpa in contrahendo*. 1996.

Band 34 Volker Geyrhalter: Das Lösungsrecht des gutgläubigen Erwerbers. Ein "vergessener" Kompromiß und die Auswirkungen auf das heutige deutsche Recht unter besonderer Berücksichtigung des internationalen Sachenrechts. 1996.

Band 35 Andreas Kramer: Abwicklungsstörungen bei Kaufverträgen. Die Lieferung vertragswidriger Sachen im deutschen und italienischen Recht. 1996.

Band 36 Petra Krings: Erfüllungsmodalitäten im internationalen Schuldvertragsrecht. 1997.

Band 37 Tonja Gaibler: Der rechtsgeschäftliche Irrtum im französischen Recht. 1997.

Band 38 Dirk Otto: Rechtsspaltung im indischen Erbrecht. Bedeutung und Auswirkungen auf deutsch-indische Nachlaßfälle. 1997.

Band 39 Gregor W. Decku: Zwischen Vertrag und Delikt. Grenzfälle vertraglicher und deliktischer Haftung dargestellt am Beispiel der Berufs- und Expertenhaftung zum Schutze des Vermögens Dritter im deutschen und englischen Recht. 1997.

Band 40 Ulrike Höpping: Auswirkungen der Warenverkehrsfreiheit auf das IPR unter besonderer Berücksichtigung des Internationalen Produkthaftungsrechts und des Internationalen Vertragsrechts. 1997.

Band 41 Andreas Bartosch: Die vermögensrechtlichen Beziehungen der Ehegatten bei bestehender Ehe im englischen Recht – Eigentum, Besitz, Schuldvertrag. 1997.

Band 42 Helene Boriths Müller: Die Umsetzung der europäischen Übereinkommen von Rom und Brüssel in das Recht der Mitgliedstaaten. Dargestellt am Beispiel Deutschlands und Dänemarks. 1997.

Band 43 Bernd von Hoffmann / Myong-Chang Hwang (eds.): The Public Concept of Land Ownership. Reports and Discussions of a German-Korean Symposium held in Seoul on October 7-9, 1996. 1997.

Band 44 Oliver Heeder: Fraus legis. Eine rechtsvergleichende Untersuchung über den Vorbehalt der Gesetzesumgehung in Deutschland, Österreich, der Schweiz, Frankreich und Belgien unter besonderer Berücksichtigung des Internationalen Privatrechts. 1998.

Band 45 Heinrich Schütt: Deliktstyp und Internationales Privatrecht. Dargestellt an grenzüberschreitenden Problemen der Arzthaftung. 1998.

Band 46 Axel Steiner: Die stillschweigende Rechtswahl im Prozeß im System der subjektiven Anknüpfungen im deutschen Internationalen Privatrecht. 1998.

Band 47 Martina Schulz: Der Eigentumsvorbehalt in europäischen Rechtsordnungen. Rechtsvergleichende Untersuchung des deutschen, englischen und französischen Rechts unter besonderer Berücksichtigung von Erweiterungen und Verlängerungen. 1998.

Band 48 Karin Dreher: Die Rechtswahl im internationalen Erbrecht. Unter besonderer Berücksichtigung des italienischen IPR-Reformgesetzes N. 218 vom 31. Mai 1995. 1999.

Band 49 Giuliano Gabrielli: Das Verhältnis zwischen der Anfechtung wegen Eigenschaftsirrtums und den Gewährleistungsansprüchen im deutschen, österreichischen und italienischen Recht. 1999.

Band 50 Bernd von Hoffmann / Myong-Chan Hwang (eds.): Developments in Land Law. Reports and Discussions of a German-Korean Symposium held in Berlin and Trier on July 21-24, 1997. 1999.

Band 51 Volker Heidbüchel: Das UNCITRAL-Übereinkommen über unabhängige Garantien und Standby Letters of Credit. Vergleiche mit den Richtlinien der Internationalen Handelskammer, dem deutschen, englischen und US-amerikanischen Recht. 1999.

Band 52 Jan Christoph Nordmeyer: Pflichtteilsansprüche und Wiedervereinigung. Eine systematische Analyse der Ausgleichsansprüche nach BGB-Pflichtteilsrecht unter besonderer Berücksichtigung der durch den Wiedervereinigungsprozeß eingetretenen Wertveränderungen. 1999.

Band 53 Bettina Linder: Vertragsabschluß beim grenzüberschreitenden Verbraucherleasing. 1999.

Band 54 Almontasser Fetih: Die zivilrechtliche Haftung bei Vertragsverhandlungen. Eine rechtsvergleichende Studie zum deutschen, französischen, ägyptischen und islamischen Recht. 2000.

Band 55 Sona Rajani: Die Geltung und Anwendung des Gemeinschaftsrechts im Vereinigten Königreich von Großbritannien und Nordirland. Der Grundsatz der Parlamentssouveränität im Wandel. 2000.

Band 56 Joachim Kayser: Gegenmaßnahmen im Außenwirtschaftsrecht und das System des europäischen Kollisionsrechts. Eine Analyse der EU-Abwehrverordnung gegen die Auswirkungen extraterritorialer Rechtserstreckung eines Drittlandes. 2001.

Band 57 Albrecht Conrad: Qualifikationsfragen des Trust im Europäischen Zivilprozeßrecht. 2001.

Band 58 Bernd Borgmann: Die Entsendung von Arbeitnehmern in der Europäischen Gemeinschaft. Wechselwirkungen zwischen Kollisionsrecht, Grundfreiheiten und Spezialgesetzen. 2001.

Band 59 Aleksandar Jaksic: Arbitration and Human Rights. 2002.

Band 60 Islamisches und arabisches Recht als Problem der Rechtsanwendung. Symposium zu Ehren von Professor Emeritus Dr. iur. Omaia Elwan. Veranstaltet vom Institut für ausländisches und internationales Privat- und Wirtschaftsrecht der Universität Heidelberg und der Gesellschaft für Arabisches und Islamisches Recht e.V. Herausgegeben von Herbert Kronke, Gert Reinhart und Nika Witteborg. 2001.

Band 61 Patrick Fiedler: Stabilisierungsklauseln und materielle Verweisung im internationalen Vertragsrecht. 2001.

Band 62 Werner Mangold: Die Abtretung im Europäischen Kollisionsrecht. Unter besonderer Berücksichtigung des spanischen Rechts. 2001.

Band 63 Eike Dirk Eschenfelder: Beweiserhebung im Ausland und ihre Verwertung im inländischen Zivilprozess. Zur Bedeutung des US-amerikanischen discovery-Verfahrens für das deutsche Erkenntnisverfahren. 2002.

Band 64 Bernd Ehle: Wege zu einer Kohärenz der Rechtsquellen im Europäischen Kollisionsrecht der Verbraucherverträge. 2002.

Band 65 Heiko Lehmkuhl: Das Nacherfüllungsrecht des Verkäufers im UN-Kaufrecht. 2002.

Band 66 Jochen Nikolaus Schlotter: Erbrechtliche Probleme in der Société Privée Européenne. IPR-Harmonisierung im einheitlichen Europäischen Rechtsraum. 2002.

Band 67 Konrad Ost: Doppelrelevante Tatsachen im Internationalen Zivilverfahrensrecht. Zur Prüfung der internationalen Zuständigkeit bei den Gerichtsständen des Erfüllungsortes und der unerlaubten Handlung. 2002.

Band 68 Tobias Bosch: Die Durchbrechungen des Gesamtstatuts im internationalen Ehegüterrecht. Unter besonderer Berücksichtigung deutsch-französischer Rechtsfälle. 2002.

Band 69 Ursula Philipp: Form im amerikanischen Erbrecht. Zwischen Formalismus und harmless error. 2002.

Band 70 Christian Stefan Wolf: Der Begriff der wesentlich engeren Verbindung im Internationalen Sachenrecht. 2002.

Band 71 André Fomferek: Der Schutz des Vermögens Minderjähriger. Ein Vergleich des deutschen und des englischen Rechts unter Berücksichtigung des schottischen und irischen Rechts. 2002.

Band 72 Nicolas Blanchard: Die prozessualen Schranken der Formfreiheit. Beweismittel und Beweiskraft im EG-Schuldvertragsübereinkommen in deutsch-französischen Vertragsfällen. 2002.

Band 73 Markus Dreißigacker: Sprachenfreiheit im Verbrauchervertragsrecht. Der Verbraucher im Spannungsfeld zwischen kultureller Identität und Privatautonomie. 2002.

Band 74 Vassiliki Myller-Igknay: Auskunftsansprüche im griechischen Zivilrecht. Auswirkungen im deutsch-griechischen Rechtsverkehr sowie im deutschen internationalen Privat- und Verfahrensrecht. 2003

Band 75 Stefan Bruinier: Der Einfluss der Grundfreiheiten auf das Internationale Privatrecht. 2003.

Band 76 Nika Witteborg: Das gemeinsame Sorgerecht nichtverheirateter Eltern. Eine Untersuchung im soziologischen, rechtsgeschichtlichen, verfassungsrechtlichen, rechtsvergleichenden und internationalen Kontext. 2003.

Band 77 Peter Stankewitsch: Entscheidungsnormen im IPR als Wirksamkeitsvoraussetzungen der Rechtswahl. 2003.

Band 78 Jan Wilhelm Ritter: Euro-Einführung und IPR unter besonderer Berücksichtigung nachehelicher Unterhaltsverträge. Eine Untersuchung mit Blick auf das deutsche, französische und schweizerische Recht. 2003.

Band 79 Wolf Richard Herkner: Die Grenzen der Rechtswahl im internationalen Deliktsrecht. 2003.

Band 80 Ira Ditandy: Internationale Zuständigkeit. Neuregelung durch die LOPJ 1985. Vergleich mit dem europäischen Vorbild und Auswirkungen auf das spanische internationale Zivilverfahrensrecht. 2003.

Band 81 Andrea Verena Schefold: Werbung im Internet und das deutsche Internationale Privatrecht. 2003

Band 82 Klaus Herkenrath: Die Umsetzung der Richtlinie 93/13/EWG über missbräuliche Klauseln in Verbraucherverträgen in Deutschland, dem Vereinigten Königreich, Frankreich und Italien. Auswirkungen nationaler Umsetzungstechniken auf dem Harmonisierungserfolg. 2003.

Band 83 Alexander Thünken: Das kollisionsrechtliche Herkunftslandprinzip. 2003.

Band 84 Barbara v. Daumiller: Die Rechtswahl im italienischen internationalen Erbrecht: und ihre Auswirkungen im deutsch-italienischen Rechtsverkehr. 2003.

Band 85 Robert Mödl: Macht, Verantwortlichkeit und Zurechnung im Konzern. Eine rechtsvergleichende Untersuchung auf der Grundlage des deutschen, spanischen und US-amerikanischen Rechts. 2003.

Band 86 Ursula Kerpen: Das Internationale Privatrecht der Persönlichkeitsrechtsverletzungen. Eine Untersuchung auf rechtsvergleichender Grundlage. 2003.

Stefanie Klein

Der zivilrechtliche Schutz des einzelnen vor Persönlichkeitsrechtsverletzungen durch die Sensationspresse

Frankfurt/M., Berlin, Bern, Bruxelles, New York, Oxford, Wien, 2000. 215 S.
Europäische Hochschulschriften: Reihe 2, Rechtswissenschaft. Bd. 2976
ISBN 3-631-37019-9 · br. € 40.–

Seit einigen Jahren ist eine Zunahme von Übergriffen der Sensationspresse in den durch das Persönlichkeitsrecht geschützten Bereich zu vermerken. Um in dem umkämpften Markt zu bestehen, bedienen sich die Verlage der Regenbogenpresse immer skrupelloseren Methoden zur Informations- und Materialerlangung. Vor diesem Hintergrund stellt sich die Frage, ob die bestehenden zivilrechtlichen Mittel ausreichen, um einen wirksamen Schutz des einzelnen vor Übergriffen der Sensationspresse zu gewährleisten. Dieser Frage geht die Arbeit nach. Im Vordergrund steht dabei der Entschädigungsanspruch, dem der Bundesgerichtshof nunmehr ausdrücklich Präventionsfunktion zuspricht. Dies wird im Hinblick auf die Rechtsnatur des Entschädigungsanspruchs als Schadensersatzanspruch kritisch gewürdigt. Weiterer Schwerpunkt der Arbeit ist die Untersuchung des Bereicherungsanspruchs, dem bisher als Schutzinstrument gegen Persönlichkeitsrechtsverletzungen zu wenig Beachtung geschenkt wurde.

Aus dem Inhalt: Gegendarstellungs-, Widerrufs- und Unterlassungsanspruch · Entschädigungsanspruch · Bereicherungsanspruch · Angemaßte Eigengeschäftsführung